公路统计工作实务

朱理平／主编

内 容 提 要

本书是在总结多年公路统计工作的基础上，应用现代统计理论，结合新形势、新任务、新要求，从基础知识、统计理论、调查方法、指标体系、统计分组、统计分析、统计电算化等方面进行了探索，并作了比较全面、系统的阐述。

本书力求科学、前瞻、实用、全面、通俗，体现了公路统计自身特性，能够满足广大公路交通统计人员日常工作的需要。

图书在版编目(CIP)数据

公路统计工作实务/朱理平主编.—北京：人民交通出版社，2009.7

ISBN 978-7-114-07761-6

Ⅰ.公… Ⅱ.朱… Ⅲ.道路工程－预算定额 Ⅳ.U415.2

中国版本图书馆 CIP 数据核字(2009)第 081114 号

书　　名：公路统计工作实务
著 作 者：朱理平
责任编辑：赵瑞琴
出版发行：人民交通出版社
地　　址：(100011)北京市朝阳区安定门外外馆斜街 3 号
网　　址：http://www.ccpress.com.cn
销售电话：(010)59757969，59757973
总 经 销：北京中交盛世书刊有限公司
经　　销：各地新华书店
印　　刷：北京交通印务实业公司
开　　本：787×1092　1/16
印　　张：32.5
字　　数：813 千
版　　次：2009 年 7 月　第 1 版
印　　次：2009 年 7 月　第 1 次印刷
书　　号：ISBN 978-7-114-07761-6
定　　价：58.00 元

《公路统计工作实务》编委会

主　　编	朱理平
副 主 编	张长林　赵红梅　元秀林　昌宏哲
编写人员	赵红梅　武景顺　元秀林　耿蕴华　韦丰才
	徐　涛　蒋君锋　昌宏哲　史会民　徐晓伟
	周　晖　毛运亮　许志红　赵长青　陈乃华
	李　晋　张淑红　王保忠　史西凤　孙　楠
	黎　博　姜卢萍　刘继良　张传银　詹菲菲
	陈建兴　李二兵　吴文竹　张俊平　范慧鹤

前　　言

随着公路管理、建设、养护体制改革的不断深入和交通公路事业的快速发展，公路技术标准、规范和评定标准有了新的变化，公路统计调查对象、指标设置、统计口径、报表范围和计算方法等随之也发生了较大变化。为适应新形势，更好地发挥统计的信息、咨询、监督职能，满足公路统计工作培训需要，河南省交通厅公路局抽调具有较高理论水平和实践经验的业务技术骨干编写了《公路统计工作实务》一书。

《公路统计工作实务》是在总结多年公路统计工作的基础上，应用现代统计理论，结合新形势、新任务、新要求，从基础知识、统计理论、调查方法、指标体系、统计分组、统计分析、统计电算化等方面进行了探索，并作了比较全面、系统的阐述。本书力求科学、前瞻、实用、全面、通俗，体现了公路统计自身特性，能够满足广大公路交通统计人员日常工作的需要。

本书共三篇。第一篇公路基础知识：第一章由张传银、孙楠编写，第二章由耿蕴华编写。第二篇统计学基础知识：第一章、第二章由赵红梅编写，第三章、第四章由徐涛编写，第五章由韦丰才编写，第六章至第九章由史会民编写。第三篇公路统计工作实务：第一章由姜卢萍编写，第二章、第十三章由元秀林编写，第三章由陈乃华、刘继良、李二兵编写，第四章由许志红、张淑红、陈建兴编写，第五章由昌宏哲编写，第六章由周晖、张俊平编写，第七章由徐晓伟、王保忠、吴文竹编写，第八章由赵长青、张淑红、黎博编写，第九章由毛运亮、詹菲菲、范慧鹤编写，第十章由武景顺编写，第十一章、第十四章由蒋君锋编写，第十二章由徐晓伟、李晋、史西凤编写。

全书由朱理平、张长林总纂。

在编写过程中，我们参阅借鉴了一些有关著作的研究成果，得到了河南省交通厅、省统计局等有关部门领导、专家学者的大力支持和指导，同时也得到了有关市公路局的热情帮助，在此一并表示衷心的感谢。

由于编写时间较短，加上受主观条件限制，错漏之处在所难免，希望有关专家、学者和使用本书的同志多提宝贵意见，以便使之日臻完善。

本书编委会
2008 年 12 月

前言

目　　录

第一篇　公路基础知识

第二篇　统计学基础知识

第三篇　公路统计工作实务

第一篇　公路基础知识

第一章　公路基本知识

第一节　公路一般知识

一、公路的基本组成

公路由线形和结构工程两部分组成。

1. 线形

道路的路线是一条以中线为代表的三维空间曲线。线形就是指道路中线的空间的几何形状和尺寸。在道路线形设计中，为了便于确定道路中线的位置、形状、尺寸，应从路线平面、路线纵断面和空间线形三方面研究路线，如图1-1-1所示。

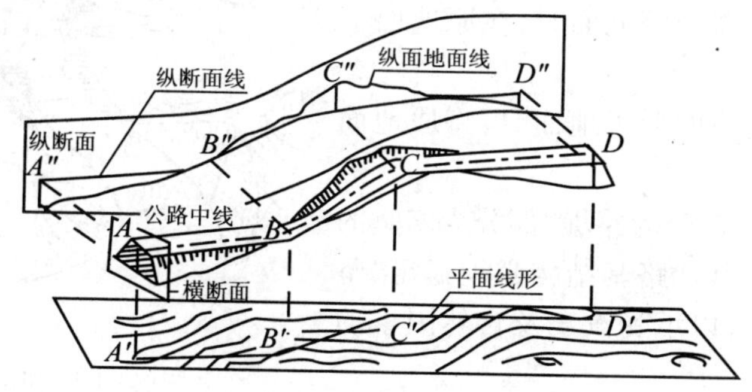

图1-1-1　公路的线形组成

道路中线在水平面上的投影称为中线平面，反映路线在平面上的形状、位置及尺寸的图形称为路线平面图。用一曲面沿道路中线竖直剖切展开的平面称为路线纵断面，反映道路中线在纵断面上的形状、位置及尺寸的图形称为路线纵断面图。

2. 结构工程

公路的结构工程主要包括路基、路面、桥涵、隧道 、路线交叉、交通工程及沿线设施等。

1）路基

路基是按照路线位置和一定技术要求修筑作为路面基础的带状构造物，一般由土、石按照一定结构尺寸要求所构成，承受由路面传递下来的行车荷载。路基使道路连续，构成车辆及行人的通行部分。

（1）路基横断面

用一法向切面通过道路中线各点沿法线方向剖切路基得到的图形称为路基横断面。路基横断面由行车道、中间带、路肩、边沟、边坡、截水沟、碎落台及护坡道等部分组成，如图1-1-2所示。

（2）路基横断面形式

路基横断面形式通常有路堤、路堑、半填半挖路基三种形式，如图1-1-3所示。

高速公路、一级公路的路基横断面分为整体式和分离式两类。整体式断面包括车道、中间带（中央分隔带及左侧路缘带）、路肩（硬路肩及土路肩）以及紧急停车带、爬坡车道、加（减）速车道等组成部分；分离式断面包括行车道、路肩（硬路肩及土路肩）以及紧急停车带、爬坡车道、加（减）速车道等组成部分。

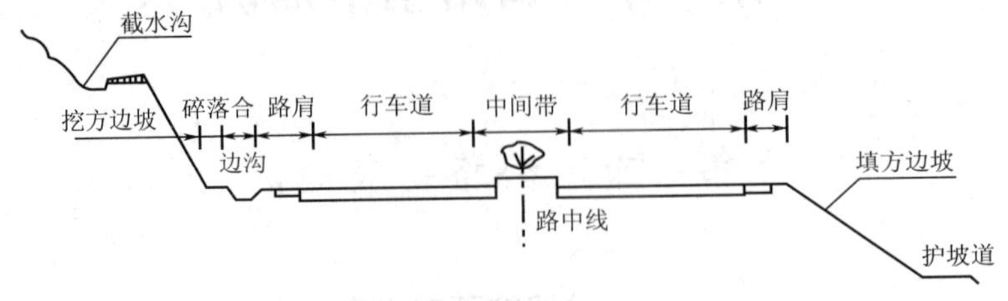

图 1-1-2　路基横断面组成

二级公路的路基横断面包括行车道、路肩、爬坡车道等组成部分。二级公路位于中、小城市城乡结合部、混合交通量大的连接线路段，实行快、慢车道分开行驶时，可根据当地经验设置右侧硬路肩，并应符合规定。

三、四级公路的路基横断面包括行车道、路肩以及错车道等组成部分。

路堤是指路基顶高于原地面时，在原地面上填筑构成的路基。

路堑则是指路基顶面低于地面时，将原地面下挖而构成的路基。

在一个横断面内，部分为路堤，部分为路堑的路基称为半填半挖路基。路基结构必须稳定、坚实并符合规定的尺寸，以承受汽车及自然因素的作用。

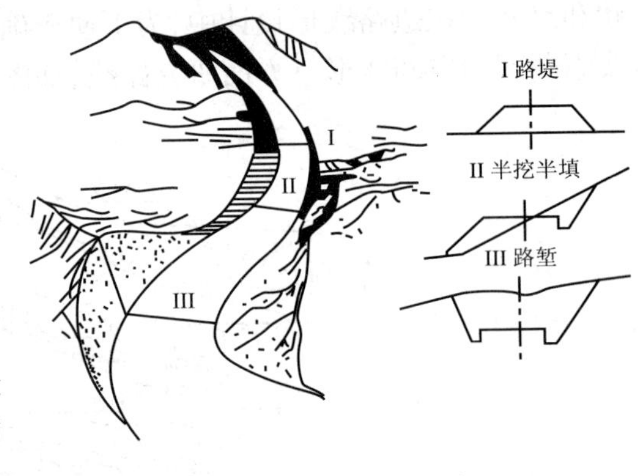

图 1-1-3　路基横断面形式

（3）路基排水设施

为了保持路基稳定，需设置地面和地下排水设施。道路排水设施按其排水方向可分纵向排水设施和横向排水设施。

纵向排水设施常见的有边沟、截水沟、排水沟等。

横向排水设施常见的有路拱、桥涵、透水路堤、过水路面、渡槽等。

排水设施按其排水位置不同又分为地面排水和地下排水两部分。

地面排水是用于排除危害路基的雨水、积水及外来水等地面水。在地下水位较高的位置还应设置地下排水设施。盲沟是常见的地下排水结构物。

（4）路基防护工程

在横坡较陡的山坡上或沿河一侧路基边坡受水流冲刷威胁的路段，为保证路基稳定和加固路基边坡修建的构造物。

2）路面

路面是在路基表面用各种材料分层铺筑的结构物，以供车辆在其上以一定速度安全、舒适地行驶。其主要作用是加固行车部分，使之具有一定的强度、平整度和粗糙度。路面各结构层次组成如图 1-1-4 所示。

3）桥涵

在跨越河流、沟谷和其他障碍物时所使用的构筑物称为桥涵。当桥涵的单孔跨径大于或等于5m,多孔跨径总长大于或等于8m时称为桥梁,反之则称为涵洞。

4)隧道

公路穿越山岭、置于地层内的结构物称为隧道。隧道能缩短公路里程、避免车辆翻越山岭,保证行车的快速便捷。隧道是山区公路常采用的特殊构造物之一,如图1-1-5所示。

明挖岩(土)体后修筑棚式或拱式洞身再覆土建成的隧道称为明洞,如图1-1-5所示。明洞常用于地质不良或土层较薄的地段。

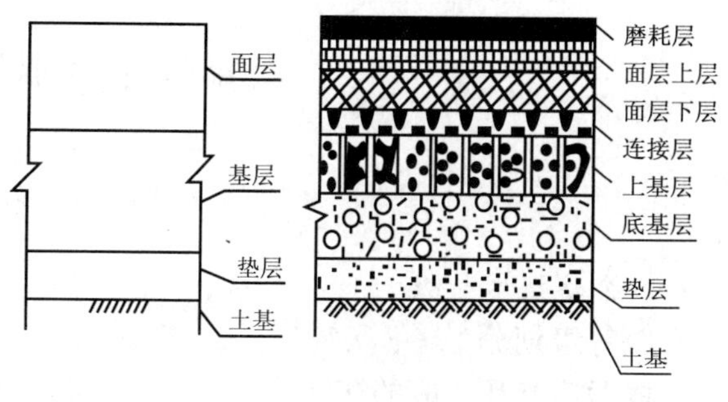

图1-1-4 路面结构层次图

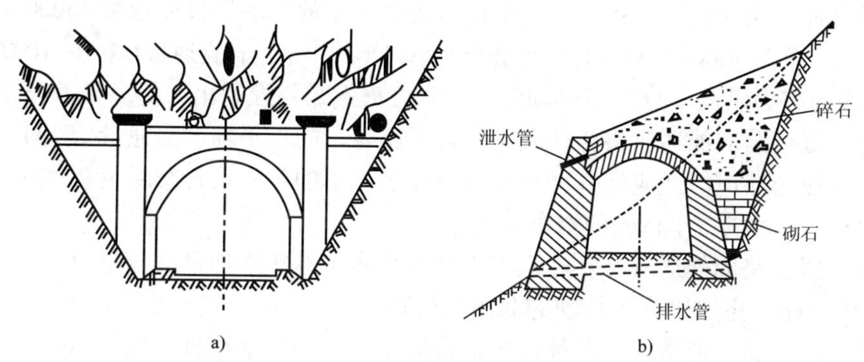

图1-1-5 隧道与明洞

a)隧道;b)明洞

二、公路的行政等级

根据公路在国民经济、社会生活、国防建设以及国际交往中的地位,为管理的需要而进行的分类,共分以下6个等级:

(1)国家干线公路(简称国道)。指具有全国性的政治、经济、国防意义,并经确定为国家级干线的公路。包括重要的国际公路、国防公路、连接首都与各省、自治区首府和直辖市的公路,连接各大经济中心、港站枢纽、商品生产基地和战略要地。

(2)省(自治区、直辖市)干线公路(简称省道)。指具有全省(自治区、直辖市)政治、经济意义,连接省中心城市和主要经济区的公路,以及不属于国道的省际间的重要公路。

(3)县公路(简称县道)。指具有全县(旗、县级市)的政治、经济意义,连接县城和县内主要乡(镇)、主要商品生产和集散地的公路,以及不属于国道、省道的县际间的公路。

(4)乡公路(简称乡道)。指主要为乡(镇)内部经济、文化、行政服务的公路,以及不属于县道及以上公路的乡与乡之间和乡与外部联络的公路。

(5)村公路。指直接为农民群众生产、生活服务,不属于乡道及以上公路的建制村与建制村之间和建制村与外部联络的主要公路。

(6)专用公路。指专供或主要供厂矿、林区、油田、农场、旅游区、军事要地等与外部联络的公路。

第二节 技术标准

一、一般规定

1. 公路技术等级

1）等级划分

根据功能和适应的交通量，公路分为高速公路、一级公路、二级公路、三级公路、四级公路5个等级。

（1）高速公路为专供汽车分向、分车道行驶并应全部控制出入的干线公路。

四车道高速公路应能适应将各种汽车折合成小客车的年平均日交通量25000～55000辆。

六车道高速公路应能适应将各种汽车折合成小客车的年平均日交通量45000～80000辆。

八车道高速公路应能适应将各种汽车折合成小客车的年平均日交通量60000～100000辆。

（2）一级公路为供汽车分向、分车道行驶，并可根据需要控制出入的多车道公路。

四车道一级公路应能适应将各种汽车折合成小客车的年平均日交通量15000～30000辆。

六车道一级公路应能适应将各种汽车折合成小客车的年平均日交通量25000～55000辆。

（3）二级公路为供汽车行驶的双车道公路。

双车道二级公路应能适应将各种汽车折合成小客车的年平均日交通量5000～15000辆。

（4）三级公路为主要供汽车行驶的双车道公路。

双车道三级公路应能适应将各种汽车折合成小客车的年平均日交通量2000～6000辆。

（5）四级公路为主要供汽车行驶的双车道或单车道公路。

双车道四级公路应能适应将各种汽车折合成小客车的年平均日交通量2000辆以下。单车道四级公路应能适应将各种汽车折合成小客车的年平均日交通量400辆以下。

2）公路等级选用

公路等级的选用应根据公路功能、路网规划、交通量，并充分考虑项目所在地区的综合运输体系、远期发展等，经论证后确定。

一条公路可分段选用不同的公路等级或同一公路等级不同的设计速度、路基宽度，但不同公路等级、设计速度、路基宽度间的衔接应协调，过渡应顺适。

预测的设计交通量介于一级公路与高速公路之间时，拟建公路为干线公路，宜选用高速公路；拟建公路为集散公路，宜选用一级公路。

干线公路宜选用二级及二级以上公路。

2. 公路设计交通量的预测

各级公路设计交通量的预测应符合下列规定：

（1）高速公路和具干线功能的一级公路的设计交通量应按20年预测；具集散功能的一级公路，以及二、三级公路的设计交通量应按15年预测；四级公路可根据实际情况确定。

（2）设计交通量预测的起算年为该项目可行性研究报告中的计划通车年。

（3）设计交通量的预测应充分考虑走廊带范围内远期社会、经济的发展和综合运输体系的影响。

3. 公路用地

公路建设应贯彻保护耕地、节约用地的原则，在确定公路用地范围时应符合以下规定：公路用地范围为公路路堤两侧排水沟边缘（无排水沟时为路堤或护坡道坡脚）以外，或路堑坡顶截水沟外边缘（无截水沟为坡顶）以外不小于1m范围内的土地；在有条件的地段，高速公路、一级公路不小于3m，二级公路不小于2m范围内的土地为公路用地范围。

公路用地还包括桥梁、隧道、互通式立体交叉、分离式立体交叉、平面交叉、交通安全设施、服务设施、管理设施、绿化以及料场、苗圃等的用地范围。

4. 环境保护

公路建设必须重视环境保护。应贯彻“以防为主、以治为辅、综合治理”的原则。公路建设应根据自然条件进行绿化、美化路容、保护环境。

修建高速公路、一级公路和有特殊要求的公路建设项目，应作出环境影响评价。

生态环境脆弱的地区，或因工程施工可能造成环境近期难以恢复的地带，应作环境保护设计。

5. 公路设计速度

各级公路设计速度，见表1-1-1所列。

各级公路设计速度 表1-1-1

公路等级	高速公路			一级公路			二级公路		三级公路		四级公路
设计速度（km/h）	120	100	80	100	80	60	80	60	40	30	20

6. 公路建筑限界

公路建筑限界应符合图1-1-6的规定。

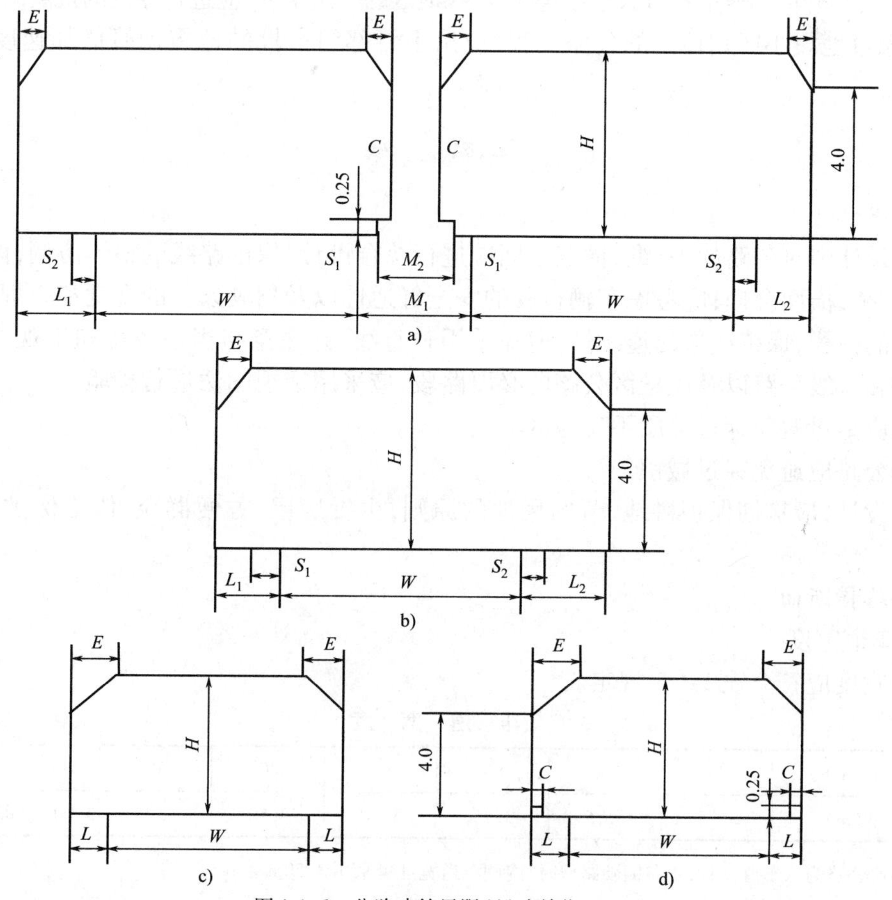

图1-1-6 公路建筑界限（尺寸单位：m）

a）高速公路、一级公路；b）高速公路、一级公路（分离式）；c）二、三、四级公路；d）隧道

注：当桥梁、隧道设置检修道、人行道时，建筑限界应包括相应部分的宽度。检修道、人行道、自行车道与行车道分开设置时，其净高一般为2.5m

图中：W——行车道宽度；

C——当计算行车速度大于100km/h时为0.5m，等于或小于100km/h时为0.25m；

S_1——行车道左侧路缘带宽度；

S_2——行车道右侧路缘带宽度；

M_1、M_2——中间带或中央分隔带宽度；

E——建筑限界顶角宽度；

H——净空高度。一条公路应采用一个净空高度，高速公路和一级、二级公路为5.0m，三级、四级公路为4.5m；

L_1——左侧硬路肩宽度；

L_2——右侧硬路肩或应急停车带宽度；

L——侧向宽度。

7. 抗震设防

(1)地震动峰值加速度系数小于或等于0.05地区的公路工程，除有特别规定者外，可采用简易设防。

(2)地震动峰值加速度系数等于0.10、0.15、0.20、0.30地区的公路工程，应进行抗震设计。

(3)地震动峰值加速度系数大于或等于0.40地区的公路工程，应进行专门的抗震研究和设计。

(4)做过地震小区划地区的公路工程，应按主管部门审批的地震动峰值加速度系数进行抗震设计。

二、路　　线

1. 路线设计

路线设计中对公路的平、纵、横三个面应进行综合设计，保证路线的整体协调，做到平面顺适、纵坡均衡、横面合理；应考虑车辆行驶的安全舒适性以及驾驶人员的视觉和心理反应，引导驾驶人员的视线，保持线形的连续性，避免采用长直线，并注意与当地环境和景观相协调。对高速公路和一级公路以及风景区公路的必要路段，应采用透视图法进行检验。

路线应尽量避免穿过地质不良地区。

干线公路应避免穿过城镇。

路线设计，应贯彻保护耕地、节约用地的原则，少拆房屋，方便群众，依法保护环境、保护古迹。

2. 公路横断面

(1)车道宽度

车道宽度应符合表1-1-2规定。

车　道　宽　度　　　　表1-1-2

设计速度(km/h)	120	100	80	60	40	30	20
车道宽度(m)	3.75	3.75	3.75	3.50	3.50	3.25	3.00(单车道时为3.50)

注：高速公路为八车道，当设置左侧硬路肩时，内侧车道宽度可采用3.50m。

(2)车道数

①高速公路、一级公路各路段的车道数应根据预测交通量、服务水平等确定，其车道数为四车道以上时，应按双数增加。

②二级公路、三级公路应为双车道。

③四级公路宜采用双车道，交通量小且工程艰巨的路段可采用单车道。

(3)爬坡车道

高速公路、一级公路以及二级公路的连续上坡路段，当通行能力、运行安全受到影响时，应设置爬坡车道，爬坡车道宽度应为3.50m。

(4)加速车道、减速车道

高速公路、一级公路的互通式立体交叉、服务区、停车区、公共汽车停靠站、管理与养护设施等与主线相衔接处，应设置加速车道和减速车道。加(减)速车道宽度应为3.50m。

(5)错车道

四级公路路基宽度采用4.5m时，应在不大于300m的距离内选择有利地点设置错车道，并使驾驶者能看到相邻两错车道之间的车辆。设置错车道路段的路基宽度应不小于6.5m，有效长度应不小于20m。

(6)避险车道

连续长、陡下坡路段，为减轻失控车辆的损失或危及第三方安全，宜在长、陡下坡地段的右侧视距良好的适当位置设置避险车道，其宽度不应小于4.50m。

3. 中间带宽度

高速公路、一级公路整体式断面必须设置中间带。中间带由两条左侧路缘带和中间分隔带组成，其各部分宽度应符合表1-1-3规定。

中间带宽度 表1-1-3

设计速度(km/h)		120	100	80	60
中间分隔带宽度(m)	一般值	3.00	2.00	2.00	2.00
	最小值	2.00	2.00	1.00	1.00
左侧路缘带宽度(m)	一般值	0.75	0.75	0.50	0.50
	最小值	0.75	0.50	0.50	0.50
中间带宽度(m)	一般值	4.50	3.50	3.00	3.00
	最小值	3.50	3.00	2.00	2.00

注："一般值"为正常情况下的采用值；"最小值"为条件受限制时可采用的值。

4. 路肩

1)路肩宽度

路肩宽度应符合表1-1-4规定。

路 肩 宽 度 表1-1-4

设计速度(km/h)		高速公路、一级公路				二级公路、三级公路、四级公路				
		120	100	80	60	80	60	40	30	20
中间硬路肩宽度(m)	一般值	3.00或3.50	3.00	2.50	2.50	1.50	0.75	—	—	—
	最小值	3.00	2.50	1.50	1.50	0.75	0.25			
土路肩宽度(m)	一般值	0.75	0.75	0.75	0.50	0.75	0.75	0.75	0.50	0.25(双车道)
	最小值	0.75	0.75	0.75	0.50	0.50	0.50			0.50(单车道)

注：①"一般值"为正常情况下的采用值；"最小值"为条件受限制时可采用的值；

②设计速度为120km/h的四车道高速公路，采用3.50m的右侧路肩；六车道、八车道高速公路采用3.00m的右侧硬路肩。

(1)高速公路、一级公路应在右侧硬路肩宽度内设右侧路缘带，其宽度为0.50m。

(2)高速公路、一级公路采用分离式断面时，应设置左侧硬路肩，其宽度应符合表1-1-5规定。左侧硬路肩宽度包含左侧路缘带宽度。

分离式断面高速公路、一级公路左侧硬路肩宽度 表1-1-5

设计速度(km/h)	120	100	80	60
左侧硬路肩宽度(m)	1.25	1	0.75	0.75
左侧土路肩宽度(m)	0.75	0.75	0.75	0.50

(3)八车道高速公路宜设置左侧硬路肩，其宽度应为2.50m。左侧硬路肩宽度包含左侧路缘带宽度。

2)紧急停车带

高速公路、一级公路的右侧硬路肩宽度小于2.50m时，应设置紧急停车带。紧急停车带宽度应为3.50m，有效长度不应小于30m，间距不宜大于500m。

5. 公路平面

1)直线

直线路段，应根据路线所处地段的地形、地物、驾驶人员的视觉、心理状态以及保证行车安全等合理布设。直线的最大与最小长度应有所限制，一条公路的直线与曲线长度设计应合理。

2)圆曲线

(1)各级公路平面不论转角大小，均应设置圆曲线。在选用圆曲线半径时，应与设计速度相适应。圆曲线最大半径值不宜超过10000m。

(2)圆曲线最小半径

圆曲线最小半径应符合表1-1-6规定。

圆曲线最小半径 表1-1-6

设计速度(km/h)		120	100	80	60	40	30	20
一般值(m)		1000	700	400	200	100	65	30
极限值(m)		650	400	250	125	60	30	15
不设超高最小半径(m)	路拱≤2.0%	5500	4000	2500	1500	600	350	150
	路拱>2.0%	7500	5250	3350	1900	800	450	200

3)回旋线

直线与小于表1-1-6所列不设超高的圆曲线最小半径相衔接处，应设置回旋线。回旋线参数及其长度应根据线性设计以及对安全、视觉、景观等的要求，选用较大的数值。

四级公路的直线与小于不设超高的圆曲线最小半径相衔接处，可不设置回旋线，用超高、加宽缓和段相连接。

4)平曲线长度

平曲线最小长度规定见表1-1-7所列。

平曲线最小长度 表1-1-7

设计速度(km/h)		120	100	80	60	40	30	20
平曲线最小长度(m)	一般值	600	500	400	300	200	150	100
	最小值	200	170	140	100	70	50	40

注："一般值"为正常情况下的采用值；"最小值"为条件受限制时可采用的值。

5)视距

视距应符合以下规定：

(1)高速公路、一级公路的停车视距应符合表1-1-8规定。

高速公路一级公路的停车视距 表1-1-8

设计速度(km/h)	120	100	80	60
停车视距(m)	210	160	110	75

(2)二、三、四级公路的停车视距、会车视距与超车视距应符合表1-1-9规定。

二、三、四级公路的停车视距、会车视距与超车视距 表1-1-9

设计速度(km/h)	80	60	40	30	20
停车视距(m)	110	75	40	30	20
会车视距(m)	220	150	80	60	40
超车视距(m)	550	350	200	150	100

(3)双车道公路应间隔设置具有超车视距的路段。

(4)高速公路、一级公路以及大型车比例高的二、三级公路，应采用货车停车视距对相关路段进行检验。

(5)积雪冰冻地区的停车视距宜适当增长。

6)回头曲线

越岭路线应利用地形自然展线，避免设置回头曲线。三级公路、四级公路在自然展线无法争取需要的距离以克服高差，或因地形、地质条件所限不能采取自然展线时，可采用回头曲线，见表1-1-10所列。

回头曲线技术指标 表1-1-10

主线设计速度(km/h)	40		30	20
回头曲线设计速度(km/h)	35	30	25	20
圆曲线最小半径(m)	40	30	20	15
回旋线最小长度(m)	35	30	25	20
超高横坡度(%)	6	6	6	6
双车道路面加宽值(m)	2.5	2.5	2.5	3
最大纵坡(%)	3.5	3.5	4	4.5

6. 公路纵断面

1)纵坡

(1)最大纵坡。最大纵坡应符合表1-1-11的规定。

最　大　纵　坡 表1-1-11

设计速度(km/h)	120	100	80	60	40	30	20
最大纵坡(%)	3	4	5	6	7	8	9

(2)平均纵坡

二级公路、三级公路、四级公路越岭路线连续上坡(或下坡)路段，相对高差为200～500m时平均纵坡不应大于5.5%；相对高差大于500m时平均纵坡不应大于5%，且任意连续3km路段的平均纵坡不应大于5.5%。

2)纵坡长度

(1)纵坡的最小坡长应符合表1-1-12规定。

最 小 坡 长 表1-1-12

设计速度(km/h)	120	100	80	60	40	30	20
最小坡长(m)	300	250	200	150	120	100	60

(2)不同纵坡的最大坡长应符合表1-1-13规定。

不同纵坡最大坡长 表1-1-13

设计速度(km/h)		120	100	80	60	40	30	20
纵坡坡度(%)	3	900	1000	1100	1200			
	4	700	800	900	1000	1100	1100	1200
	5		600	700	800	900	900	1000
	6			500	600	700	700	800
	7					500	500	600
	8					300	300	400
	9						200	300
	10							200

(3)连续上坡(或下坡)时,应在不大于表1-1-13所规定的纵坡长度范围内设置缓和坡段。缓和坡段的纵坡不大于3%,其长度应符合纵坡长度的规定。

3)合成坡度

公路最大合成坡度值规定见表1-1-14所列。

公路最大合成坡度 表1-1-14

公路等级	高速公路			一级公路			二级公路		三级公路		四级公路
设计速度(km/h)	120	100	80	100	80	60	80	60	40	30	20
合成坡度值(%)	10	10	10.5	10	10.5	10.5	9	9.5	10	10	10

4)竖曲线

公路纵坡变更处应设竖曲线。竖曲线最小半径和最小长度应符合表1-1-15规定。

竖曲线最小半径和最小长度 表1-1-15

设计速度(km/h)		120	100	80	60	40	30	20
凸性竖曲线半径(m)	一般值	17000	10000	4500	2000	700	400	200
	极限值	11000	6500	3000	1400	450	250	100
凹性竖曲线半径(m)	一般值	6000	4500	3000	1500	700	400	200
	极限值	4000	3000	2000	1000	450	250	100
竖曲线最小长度(m)		100	85	70	50	35	25	20

三、路　　基

1.路基设计

路基应根据公路功能、等级、交通量,结合沿线地形、地质及路用材料等进行设计,保证其具有足够强度、稳定性和耐久性。

路基设计应重视排水设施与防护设施的设计,取土、弃土应进行专门设计,防止水土流失、堵塞河道和诱发路基病害。

路基断面形式应与沿线自然环境相协调,避免因深挖、高填对其造成不良影响。高速公路、一级公路宜采用浅挖、低填、缓边坡的路基断面形式。

通过特殊地质和水文条件的路段,必须查明其规模及对公路的危害程度,采取综合治理措施,增强公路防灾与抗灾能力。

2. 路基宽度

公路路基宽度为行车道与路肩宽度之和。当设有中间带、变速车道、爬坡车道、应急停车带等时,还应包括这些部分的宽度。

路基标准横断面组成如下:

(1)高速公路、一级公路的路基标准横断面分为整体式路基和分离式路基两类。

整体式路基的标准横断面应由车道、中间带(中央分隔带、左侧路缘带)、路肩(右侧硬路肩、土路肩)等部分组成。

分离式路基的标准横断面应由车道、路肩(右侧硬路肩、左侧硬路肩、土路肩)等部分组成。

(2)二级公路路基的标准横断面应由车道、路肩(右侧硬路肩、土路肩)等部分组成。

(3)三级公路、四级公路路基的标准横断面应由车道、路肩等部分组成。

路基宽度见表 1-1-16、表 1-1-17 所列。

整体式路基宽度 表 1-1-16

公路等级		高速公路							
设计速度(km/h)		120			100			80	
车道数		8	6	4	8	6	4	6	4
路基宽度(m)	一般值	42	34.5	28	41	33.5	26	32	24.5
	最小值	40	–	25	38.5	–	23.5	–	21.5

公路等级		一级公路				
设计速度(km/h)		100		80		60
车道数		6	4	6	4	4
路基宽度(m)	一般值	33.5	26	32	24.5	23
	最小值	–	23.5	–	21.5	20

公路等级		二级公路		三级公路		四级公路	
设计速度(km/h)		80	60	40	30	20	
车道数		2	2	2	2	2 或 1	
路基宽度(m)	一般值	12	10	8.5	7.5	6.5 (双车道)	4.5 (单车道)
	最小值	10	8.5	–	–		

注:“一般值”为正常情况下的采用值;“最小值”为条件受限制时可采用的值。

3. 路基高度

路基高度的设计,应使路肩边缘高出路基两侧地面积水高度,同时要考虑地下水、毛细水和冰冻的作用,不致影响路基的强度和稳定性。

新建公路的路基设计高程为路基边缘高程,在设置超高、加宽地段,则为设置超高、加宽前的路基边缘高程;改建公路的路基设计高程可与新建公路相同,也可采用路中线高程。设有中央分隔带的高速公路、一级公路,其路基设计高程为中央分隔带的外侧边缘高程。

高速公路、一级公路分离体式路基宽度 表 1-1-17

公路等级		高速公路							
设计速度(km/h)		120			100			80	
车道数		8	6	4	8	6	4	6	4
路基宽度(m)	一般值	22	17	13.75	21.8	16.75	13	16	12.25
	最小值	–	–	13.25	–	–	12.5	–	11.25

公路等级		一级公路				
设计速度(km/h)		100		80		60
车道数		6	4	6	4	4
路基宽度(m)	一般值	16.75	13	16	12.25	11.25
	最小值	–	12.5	–	11.25	10.25

注:①八车道的内侧车道宽度如采用3.50m,相应路基宽度可减0.25m;

②表中所列“一般值”为正常情况下的采用值;“最小值”为条件受限制时可采用的值。

沿河及受水浸淹的路基设计高程,应高出按表 1-1-18 规定设计洪水频率的计算水位加壅水高、波浪侵袭高和0.5m 的安全高度。

路基设计洪水频率 表 1-1-18

公路等级	高速公路	一级公路	二级公路	三级公路	四级公路
设计洪水频率	1/100	1/100	1/50	1/25	按具体情况确定

4. 路基压实度

路基压实度应符合表 1-1-19 规定。

路基压实度 表 1-1-19

填挖类别	路床顶面以下深(m)	路基压实度(%)		
		高速、一级公路	二级公路	三级、四级公路
零填及挖方	0~0.30	—	—	≥94
	0~0.80	≥96	≥95	—
填方	0~0.80	≥96	≥95	≥94
	0.80~1.50	≥94	≥94	≥93
	>1.50	≥93	≥92	≥90

注:①表列数值以重型击实实验法为准;

②特殊干旱或特殊潮湿地区的路基压实度,表列数值可适当降低;

③三级公路修筑沥青混凝土或水泥混凝土路面时,其路基压实度应采用二级公路标准。

5. 护坡道

当路肩边缘与路侧取土坑底的高差小于或等于 2m 时,取土坑内侧坡顶可与路堤坡脚径相衔接,并采用路堤边坡坡度;当高差大于 2m 时,应设置宽 1m 的护坡道;当高差大于 6m 时,应设置宽 2m 的护坡道。

6. 路基防护

路基防护应根据公路功能，结合当地气候、水文、地质等情况，采取相应防护措施，保证路基稳定。

(1)路基防护，应采取工程防护和植物防护相结合的防护措施，并与景观相协调。

(2)深挖、高填路基边坡路段，应查明工程地质情况，针对其工程特性进行路基防护设计。对存在稳定性隐患的边坡，应进行稳定性分析，采用加固、防护措施。

(3)沿河路段，应查明河流特性及其演变规律，采取防止冲刷路基的防护措施。凡侵占、改移河道的地段，必须做出专门防护设计。

7. 路基排水

各级公路应根据沿线的降水与地质水文等具体情况，设置必要的地面排水、地下排水、路基边坡排水等设施，并与沿线桥涵配合，形成良好的排水系统，以保证路基及其边坡的稳定。

四、路　　面

1. 路面设计

公路路面应根据交通量及其组成情况和公路等级、使用任务、功能、当地材料及自然条件，结合路基进行综合设计。

路面应具有良好的稳定性和足够的强度，其表面应满足平整、抗滑和排水的要求。

各级公路的行车道、路缘带、匝道、变速车道、爬坡车道、硬路肩和应急停车带等均应铺筑路面。

2. 标准轴载

路面设计以双轮组单轴100kN为标准轴载。

3. 路面等级

路面等级一般按表1-1-20的规定选用。

路面面层类型及适用范围　　表1-1-20

面层类型		适用范围
《公路工程技术标准》(JTJ 001—97)	《公路工程技术标准》(JTG B01—2003)	
沥青混凝土	有铺装路面(高级路面)	高速公路、一级公路、二级公路、三级公路、四级公路
水泥混凝土	有铺装路面(高级路面)	高速公路、一级公路、二级公路、三级公路、四级公路
沥青贯入、沥青碎石、沥青表面处治路面	简易铺装路面(次高级路面)	三级公路、四级公路
砂石路面、石质路面、渣石路面、砖铺路面、混凝土预制块、无路面	未铺装路面(中级或低级路面)	四级公路

4. 路面结构

路面结构一般由面层、基层、底基层与垫层组成。面层类型规定见表1-1-21所列。

高速公路、一级公路基层，应采用水泥稳定粒料、石灰粉煤灰稳定粒料、沥青混合料以及级配碎砾石等材料铺筑。高速公路、一级公路底基层和二级及二级以下公路基层和底基层，除上述类型材料外，也可采用水泥稳定土、石灰稳定土、石灰粉煤灰稳定土、石灰工业废渣、填隙碎石等或其他适宜的当地材料铺筑。

各级公路当需要设置垫层时，一般可采用水稳性好的粗粒料或各种稳定类材料铺筑。

路面面层类型 表 1-1-21

路面等级	面层类型	路面等级	面层类型
高级路面	(1)沥青混凝土	中级路面	(1)碎砾石(泥结或级配)
	(2)水泥混凝土		(2)半整齐石块
次高级路面	(1)沥青贯入式		(3)其他粒料
	(2)沥青碎石	低级路面	(1)粒料加固土
	(3)沥青表面处治		(2)其他当地材料加固或改善土

5. 路拱坡度

路拱坡度应根据路面类型和当地自然条件,按表 1-1-22 规定的数值采用。路拱横向坡度一般应较路面横向坡度大 1% ~2%。

六车道、八车道的高速公路宜采用较大的路面横坡。

路拱坡度 表 1-1-22

面层类型	路拱坡度(%)	面层类型	路拱坡度(%)
沥青混凝土、水泥混凝土	1 ~2	碎砾石等粒料路面	2.5 ~3.5
其他沥青路面	1.5 ~2.5	低级路面	3 ~4
半整齐石块	2 ~3		

6. 路面排水

各级公路,应根据当地降水与路面的具体情况设置必要的排水设施,及时将降水排出路面,保证行车安全。高速公路与一级公路的路面排水,一般由路肩排水与中央分隔带排水组成;二级及二级以下公路的路面排水,一般由路拱坡度、路肩横坡和边沟排水组成。

五、桥　涵

1. 桥涵设计

(1)公路桥涵应根据公路功能、等级、通行能力及抗洪防灾要求,结合水文、地质、通航、环境等条件进行综合设计。

(2)特大桥、大桥的桥位应选择河道顺直稳定、河床地质良好、河槽能通过大部分设计流量的河段,不宜选择在断层、岩溶、滑坡、泥石流等不良地质地带。

(3)桥梁设计应遵循安全、适用、经济、美观和有利环保的原则,并考虑因地制宜、便于施工、就地取材和养护等因素。

(4)桥涵的设置应结合农田基本建设考虑排灌的需要。靠近村镇、城市、铁路及水利设施的桥梁,应适当考虑综合利用。

(5)特殊大桥应进行景观设计。上跨高速公路、一级公路的桥梁,应与自然环境和景观相协调。

(6)桥梁结构应考虑桥面铺装进行综合设计。桥面铺装应有完善的桥面防水、排水系统。

(7)采用标准化跨径的桥涵宜采用装配式结构,机械化和工厂化施工。

2. 桥涵跨径

1)桥涵划分

桥梁及涵洞按单孔跨径或多孔跨径总长进行划分,一般规定见表 1-1-23 所列。

桥 涵 分 类 表 1-1-23

桥 涵 分 类	多孔跨径总长 L(m)	单孔跨径 L_k(m)
特大桥	$L>1000$	$L_k>150$
大桥	$100 \leqslant L \leqslant 1000$	$40 \leqslant L_k \leqslant 150$
中桥	$30<L<100$	$20 \leqslant L_k<40$
小桥	$8 \leqslant L \leqslant 30$	$5 \leqslant L_k<20$
涵洞		$L_k<5$

注:①单孔跨径系指标准跨径。

②梁式桥、板式桥的多孔跨径总长为多空标准跨径的总长;拱式桥为两岸桥台内起拱线间的距离;其他形式桥梁为桥面系车道宽度。

③管涵及箱涵不论管径或跨径大小、孔数多少,均称涵洞。

④标准跨径:梁式桥、板式桥以两桥墩中线间距离或桥墩中线与台背前缘间距为准;拱式桥和涵洞以净跨径为准。

2)标准跨径

桥涵的跨径小于或等于50m时宜采用标准化跨径。桥涵标准化跨径规定如下:0.75 m、1.0 m、1.25 m、1.5 m、2.0m、2.5 m、3.0 m、4.0 m、5.0 m、6.0 m、8.0 m、10 m、13 m、16 m、20 m、25 m、30 m、35 m、40 m、45 m、50 m。

3)桥梁全长(总长度)

有桥台的桥梁,其总长度为两岸桥台侧墙或八字墙尾端间的距离;无桥台的桥梁为桥面行车道长度。

3. 设计洪水频率

永久性桥涵设计洪水频率,一般规定见表1-1-24所列。

桥涵设计洪水频率 表 1-1-24

公路等级	设计洪水频率				
	特大桥	大桥	中桥	小桥	涵洞及小型排水构造物
高速公路	1/300	1/100	1/100	1/100	1/100
一级公路	1/300	1/100	1/100	1/100	1/100
二级公路	1/100	1/100	1/100	1/50	1/50
三级公路	1/100	1/50	1/50	1/25	1/25
四级公路	1/100	1/50	1/50	1/25	不作规定

4. 净空

1)桥面净空

桥面净空应符合公路建筑限界的规定。特大桥及大桥的侧向宽度可适当减小。中、小桥和涵洞宜与路基同宽。

三级公路山岭重丘区及四级公路上桥梁的行车道宽度一般采用7m,仅在路基宽度为4.5m的路段上采用4.5m。当改建四级公路时,在满足行车条件下,对桥面行车道宽度为6m的原有特大桥及大中桥可暂不加宽。

高速公路、一级公路一般宜设计为上、下行的两座独立桥梁。

人行道的宽度一般为0.75m或1.0m;大于1.0m时,按0.5m的倍数增加。一级、二级、三级、四级公路上不设人行道的桥梁应设置栏杆和安全带。小桥和涵洞可仅设缘石或栏杆。

2)桥下净空

桥下净空应根据计算水位或最高流冰水位加以确定,当在河流中有形成流冰阻塞的危险或有漂浮物通过时,桥下净空应按当地具体情况确定。对于有淤积的河床,应适当增加桥下净空的高度。

在通航的河流上,桥下净空应符合通航标准。

3)渡口码头

渡口位置应尽量选择在河床稳定、水利水文状态适宜、无淤积或少淤积的河段。

码头引道纵坡:直线码头一般为9% ~10%;锯齿式码头一般为4% ~6%。引道宽度:二级、三级公路不应小于8.5m;四级公路不应小于7m。

六、隧　　道

1. 隧道设计

隧道必须根据隧道所处地区的工程地质和水文地质等情况,综合考虑运营和施工条件,按照安全、经济、合理的原则进行设计。

高速公路、一级公路上的隧道和二级、三级、四级公路上的短隧道的线形及其与公路的衔接应符合路线布设的规定。

二级、三级、四级公路上的特长及长、中隧道位置,原则上应服从路线走向,路、隧综合考虑。当隧道线形为曲线时,其各项技术指标应符合路线布设的规定。隧道洞口的连接线应与隧道线形相配合。

隧道内的纵坡一般应小于3%;但短于100m的隧道其纵坡不受此限制。

2. 隧道净空

隧道净空应符合公路建筑限界的规定。高速公路、一级公路和二级公路平原微丘区的隧道,其侧向宽度可适当减小。

三级公路山岭重丘区及四级公路上隧道的行车道宽度一般采用7m,仅在路基宽度为4.5m的路段上采用4.5m。

高速公路、一级公路上的隧道,一般应设计为上、下行两座独立隧道。

3. 隧道分类

隧道按长度可分为4类,一般规定见表1-1-25所列。

隧道按长度分类　　表1-1-25

隧道分类	特长隧道	长隧道	中隧道	短隧道
隧道长度 L(m)	$L>3000$	$3000\geq L>1000$	$1000\geq L>500$	$L\leq 500$

注:隧道长度系指进出口洞端墙墙面之间的距离,即两端墙墙面与路面的交线同路线中线交点间的距离。

4. 隧道防水和排水

隧道应根据防、截、排、堵相结合的综合治理原则,对地表水和地下水作妥善处理。高速公路和一级公路上的隧道,应有可靠的防、排水措施,保证行车安全及隧道结构和设备的正常使用。

5. 附属设施

隧道应根据需要设置通风设备和照明设备。高速公路、一级公路上的特长及长隧道应设置通信、警报、消防及其他应急设施;二级、三级、四级公路上的特长及长隧道亦可根据需要设置必要的上述设施。

七、路 线 交 叉

1. 公路与公路交叉

1)平面交叉

公路与公路平面交叉的形式，应根据交通量大小及交叉口地形等情况选定。

平面交叉路线应为直线并尽量正交。当必须斜交时，交叉角应大于45°。平面交叉点前后各交叉公路的停车视距长度所构成的三角形范围内，应保证通视。当条件受限制时，这两个停车视距均可减少30%，并应在适当位置设置限制车速的标志。

平面交叉范围内的纵坡宜设置为平坡。紧接该段的纵坡，一般不应大于3%，困难地段不应大于5%。

一级、二级公路的平面交叉，根据需要应设转弯车道、变速车道、交通岛或加铺平缓的转角。转弯车道的宽度一般为3m，并根据各交叉路的等级设置适当的缓和段。

四车道以上的多车道公路的平面交叉必须做渠化设计；二级公路的平面交叉，应作渠化设计；三级公路的平面交叉，当转弯交通量较大时应做渠化设计。

2）立体交叉

高速公路与其他各级公路交叉，应采用立体交叉。立体交叉形式可根据具体情况采用互通式立体交叉或分离式立体交叉。互通式立体交叉的形式、设置的间距及加（减）速车道、匝道的设计，应根据有关规范及具体情况确定。

一级公路与交通量大的其他公路交叉，宜采用立体交叉。

其他各级公路的交叉，当交通条件需要或有条件的地点，也可采用立体交叉。

2. 公路与铁路交叉

1）平面交叉

公路与铁路平面交叉时，交叉路线两侧应各有不小于50m的直线路段，并尽量正交；当必须斜交时，交叉角应大于45°。

公路在平交道口两端钢轨的外侧，应有不小于16m的水平路段，该水平路段不包括竖曲线在内。紧接水平路段的纵坡，一般不应大于3%，困难地段不应大于5%。

平交道口应设置易于翻修的铺砌层，如钢筋混凝土预制块等，其长度应延至钢轨以外2m。平交道口垂直于公路的宽度，不应小于平交公路路基宽度。

2）立体交叉

高速公路、一级公路与铁路相交叉时，必须设置立体交叉。

准高速铁路、路段旅客列车设计行车速度为140km/h的铁路与公路相交叉时，必须设置立体交叉。

公路、铁路相交叉符合下列情况之一者应设置立体交叉：

①铁路、二级公路相交时；

②路段旅客列车设计行车速度为120km/h的铁路、公路相交时；

③由于铁路调车作业对公路上行驶的车辆会造成较严重延误时；

④受地形等条件限制、采用平面交叉会危及行车安全时。

公路与铁路立体交叉，应符合公路路线布设的要求。

3. 公路与乡村道路交叉

高速公路、一级、二级公路与乡村道路交叉的数量，应予以控制，在乡村道路密集地区，当交叉点过密影响行车安全时，应合并交叉点。高速公路与乡村道路交叉时，应采用分离式立体交叉；一级公路与交通繁忙的乡村道路交叉时，也可采用分离式立体交叉；其余各级公路与乡村道路交叉时，可采用平面交叉。平面交叉应选在视距良好的地点，乡村道路应设置一段水平路段并加铺与交叉公路相同的路面。

乡村道路从公路上面跨越时，跨线桥的桥下净空应符合相关的规定。乡村道路从公路下面穿过时，应做好通道排水设计，保持畅通。其净空可根据当地通行的车辆组成和交叉情况确定，一般人行通道的净高不小于2.2m；畜力车及拖拉机通道的净高不小于2.7m；净宽不小于4.0m。

4.公路与管线等交叉

各种管线如通信线、电力线、电缆、管道、渠道等均不得侵入公路建筑限界，也不得妨害公路交通安全，并不得损害公路构造物和设施。

八、沿线设施

1.交通安全设施

为保证行车与行人的安全和充分发挥公路的作用，各级公路应按规定设置必要的交通安全设施。

(1)高速公路应在中央分隔带设置防止车辆闯入对向行车道的护栏，并在公路用地外缘设置防止行人等横穿公路的防护网。高速公路及一级公路的桥梁，以及各级公路的高路堤、桥头引道、极限最小半径、陡坡等地段均应设置护栏。

(2)一级公路在未设置行人及自行车跨线桥或地下通道地点，宜设置行人安全管理设施；其他各级公路可根据实际情况设置必要的设施。

(3)为使夜间交通畅通和保证行车安全，在夜间交通量较大的公路上，应尽量采用反光标志及防眩设施；在运输特别繁忙和重要的路段内，可配置路灯，在有条件的交叉道口、人行横道等处可采用局部照明。

(4)为诱导驾驶人员的视线，保证行车安全，在需要的路段上，可设置路边线轮廓标。在积雪严重的地段和漫水桥、过水路面上，应设置标杆。

(5)在视距不良的急弯和交叉处，宜配合其他保证行车安全的措施，设置警告标志、反光镜或设分道行驶的行车道中心线。

2.交通管理设施

不同等级的公路应按相应规定设置必要的公路交通标志、标线、立面标记、紧急电话、公路信息板、公路通信、监控、收费设施等交通管理设施。高速公路交通管理设施应按交通量增长情况，采取"总体规划、分期实施"的原则进行设计。

(1)公路上应设置必要的警告标志、禁令标志、指示标志及指路标志等交通标志。

(2)高速公路和一级、二级公路应设置齐全的交通标线。运输繁忙的三级公路以及视距不符合要求的路段，应设分道行驶的行车道中心线。

(3)应尽量利用跨线桥的墩(台)、上部构造以及交通岛、安全岛等设施设置立面标记。

(4)高速公路应在适当的间隔内设置紧急电话，供驾驶人员及时向管理机构报告事故、故障和求援等。特大桥可根据需要设置紧急电话。

(5)高速公路在必要时应设公路信息板，随时将气象、交通情况以及与之有关的交通限制等告知驾驶人员。

(6)高速公路应在可能发生事故(如火灾、交通事故、堵塞等)的地段，根据需要设置交通监控设施。

3.防护设施

在各级公路上，由于积雪、积沙、波浪、坠石、弃物等而妨碍交通安全的地点，均应根据实际情况设置适当的防护设施。

4.服务设施

高速公路应根据交通量大小、路段长度、沿线景观、地形条件，选择适当地点设置服务区，并合理确定服务区的功能和规模。

一级、二级公路可视实际需要设置简易的服务设施。

5. 公路管理房屋

公路管理房屋包括生产生活用房及场地，应以布局合理、设施适用、环境整洁、方便生产与生活为原则，根据不同等级公路管理工作的具体内容、劳动组织、机械配备等在适宜的地点设置。

6. 绿化

在公路用地范围内应进行绿化，以美化路容，保护环境。高速公路应进行专门的绿化设计，协调环境景观。

在公路路肩上不得植树。在公路交叉范围内和弯道内侧植树，应满足视距要求。粗细树枝及矮林均不得伸入公路建筑限界内。

第二章　公路技术及管理知识

第一节　公路一般术语及公路类型

一、公路一般术语

(1)公路:连接城市、乡村和工矿基地等,主要供汽车行驶、具备一定技术条件和设施的道路。

(2)道路:供各种车辆(无轨)和行人等通行的工程设施。按其使用特点分为公路、城市道路、林区道路、厂矿道路及乡村道路等。

(3)公路工程:以公路为对象而进行的规划、设计、施工、养护与管理工作的全过程及其所从事的工程实体。

(4)公路网:一定区域内相互连接、交织成网状分布的公路系统。

(5)公路(网)密度:一定区域内的公路总里程与该区域面积之比。

(6)公路等级:根据交通量及其使用任务、性质,对公路进行的技术分级。我国现行《公路工程技术标准》将公路划分为高速公路和一、二、三、四级公路。

(7)公路自然区划:根据全国各地气候、水文、地质、地形等条件对公路工程的影响而划分的地理区域,用以为路基、路面设计和路线勘测提供有关参数。我国现行《公路自然区划标准》中列有《中华人民共和国公路自然区划图》。

二、公 路 类 型

(1)高速公路:具有 4 个或 4 个以上车道,并设有中央分隔带,全部立体交叉并具有完善的交通安全设施与管理设施、服务设施,全部控制出入,专供汽车高速度行驶的公路。

(2)等级公路:技术条件符合国家规定标准的公路。

(3)辅道:设在公路的一侧或两侧,供不允许在该公路上与汽车混合行驶的非机动车辆、拖拉机等以及准备由出入口驶入该公路的汽车行驶的道路。

(4)干线公路:在公路网中起骨架作用的公路。

(5)支线公路:在公路网中起连接作用的一般公路。

(6)辐射式公路:在公路网中,自某一中心向外呈辐射状伸展的公路。

(7)环形公路:在公路网中,围绕某一中心呈环状的公路。

(8)绕行公路:为使干线上的行驶车辆避开城镇或交通拥挤路段而修建的公路。

第二节　公路交通规划与计划管理

一、交 通 结 构

(1)交通结构:在一定区域内,构成公路交通各种特征的总称。包括交通流、交通量、交通组成以及决定交通性质的其他因素的特征。

(2)交通组成:在交通流中各类运行单元的数量及其所占百分比。

(3)混合交通:机动车与非机动车或车辆与行人,在同一行车道上混行的交通状态。

(4)交通流:公路上车流和人流的统称。

(5)交通流理论:分析研究交通流特性及其规律的理论。

(6)车流:众多车辆在车道上连续行驶所形成的具有流体运动特性的状态。

(7)车流密度:一个车道单位长度内某一瞬时存在的车辆数,以辆/公里表示。

(8)车头间距:在同一车道上行驶的车辆队列中,前后相邻两车车头之间的距离。

(9)平均车头时距:一段时间内行车道上某地点全部车头时距的平均值。

(10)车头时距:在同一车道上行驶的车辆队列中,前后相邻两车车头通过某一断面的时间间隔。

(11)车间净距:在同一车道上行驶的车辆队列中,前后相邻两车的前车车尾至后车车头之间的距离。

(12)延误:由于驾驶人员无法控制的因素所引起的行驶时间的损失。

(13)地点速度:车辆驶过公路某断面时的瞬时速度。

(14)行驶速度:车辆驶过某一区间正常运行时间(不包括停车时间)除其区间距离所得之值。

(15)区间速度:车辆驶过某一区间所需的总时间(包括停车时间)除其区间距离所得之值。

(16)运行速度:驾驶人员根据实际公路条件、交通条件、良好气候条件等能保持安全行驶的最高车速。

(17)临界速度:在某一路段上通行能力最大时的空间平均车速。

(18)平均速度:①时间平均车速。在给定的时间内通过某一断面所有行驶车辆地点速度的平均值;②空间平均车速。在给定的时间内,在某一路段上所有车辆行驶距离的总和除以行驶时间的总和。

(19)设计速度:公路几何设计所采用的车速。

(20)交通量:在单位时间内通过公路某一断面的车辆数。我国现行公路交通量调查中,交通量系指折合成小客车后的总数,一般以日、小时或年计算。

(21)年平均日交通量:全年的日交通量观测结果的平均值。

(22)月平均日交通量:全月的日交通量观测结果的平均值。

(23)年30位最大小时交通量:将一年内所有小时交通量,按从大到小的顺序排列,序号30位的小时交通量。

(24)年最大小时交通量:一年内所有小时交通量中的最大值。

(25)设计小时交通量:根据交通量预测所选定的作为公路设计标准的小时交通量。

(26)通行能力:在一定的公路和交通条件下,公路上某一路段适应车流的能力,以单位时间内通过的最大车辆数表示。

(27)基本通行能力:在理想的公路和交通条件下,单位时间内一个车道或一条公路某一路段可以通过的小客车最大数。

(28)可能通行能力:在现实的公路和交通条件下,单位时间内一个车道或一条公路某一路段可以通过的最大车辆数。

(29)设计通行能力:公路交通的运行状态保持在某一设计的服务水平时,单位时间内公路上某一路段可以通过的最大车辆数。

(30)公路服务水平:表示公路服务质量的综合性指标,主要以公路上的运行速度和交通量与可能通行能力之比来反映。

(31)高速公路通行能力:在一般交通状况和道路条件下,让各种车辆通过高速公路上的某车道或路段,并连续测量15min内的单向最大交通流率。

(32)高速公路基本路段:除了入口匝道、出口匝道及立体交叉以外的高速公路路段。亦称高速公路主线。

(33)车辆比重:交通流量中各种车型或车重所占的比例。

二、公路交通规划

(1)公路交通规划:为适应国民经济和客、货运输发展以及政治、国防等的需要,在确定规划期限、目标的基础上,进行交通调查分析和预测以及社会效益估价,结合考虑土地使用、资金来源等,制订的交通结构与公路网的长远计划。

(2)交通调查:交通量调查、交通运行特征调查、起讫点调查、交叉口调查、交通事故调查、交通环境调查等的总称。

(3)交通量调查:一定时间、一定期间或连续期间内,对通过公路某一断面各种类型车辆数量的观测记录工作。

(4)交通量观测站:设在公路沿线的某些特定地点观测记录交通量的工作站。

(5)起讫点调查(OD调查):对车辆出行的出发地和目的地进行的综合调查。

(6)出行:车辆从出发地向目的地的移动。

(7)境内交通:起讫点与交通过程均在调查区域内的交通。

(8)过境交通:起讫点不在调查区域内,但通过该区域的交通。

(9)交通发生:调查区域内各小区中出行量的总和。

(10)交通分布:调查区域内各小区之间出行的数量在整个调查区域内出行总数量中所占比例。

(11)交通分配:将起讫点调查所得的交通量,合理分配到调查区域内各条公路(包括规划线)上的作业。

(12)交通预测:根据交通调查资料和发展规律,推算地区或路线、路段等未来交通量的工作。

三、计 划 管 理

(1)计划管理:按计划要求,组织、协调和控制公路整个系统的活动沿着预定的目标运作,实现预定的目标而进行的管理。

(2)养护规划:根据交通量发展等情况制定较长时间内分阶段实现公路养护目标的计划。

(3)贷款偿还计划:根据贷款合同编制分期偿还贷款的时间期限及额度的计划。

(4)年度计划:根据规划和上级下达的计划指标编制的全年度各项技术、经济、管理的全面计划。

(5)养护工程计划:根据年度计划和养护管理系统提出的要求,对养护工程规模、数量,以及所需材料、设备、资金等进行编制的计划。

(6)物资设备计划:根据年度计划的要求,编制所需物资及设备采购、供应的计划。

(7)通行费收支计划:根据收费标准及交通量预测,编制的通行费收入及支出计划。

(8)劳动工资计划:根据国家工资政策和工资增长预测以及上级下达的年度计划,编制所需劳动力及工资的计划。

(9)财务计划:为完成年度计划指标的要求及国家有关规定,编制资金需求及收入支出的计划。一般包括财政拨款、通行费、贷款、融资、养护工程费、事业费、其他费等。

(10)人才培训计划:根据上级及本部门的规划,编制人才需求以及职工培训的计划。

(11)科技开发计划:为不断提高公路交通建设技术水平,推动公路运输持续发展,对公路建设、养护、运营、管理、安全等方面的关键技术进行研究、开发、引进、推广而编制的计划。

(12)目标管理:根据一定时期的总目标,制定方针、分解目标、确定标准、落实措施、安排进度、组织实施、严格考评,达到内部自我控制,实现目标的一种管理方法。

第三节　路政管理与运营管理

一、路 政 管 理

(1)路政管理:交通主管部门及公路管理机构,为保障公路正常使用,防止非法侵占和人为破坏公路及沿线设施,依据国家有关法律、法规对公路所进行的行政管理。

(2)路产:交通主管部门及公路管理机构依法管理的公路、公路用地、公路设施等有形和无形的公路资产。

(3)路权:交通主管部门及公路管理机构,为维护公路路产,由法律赋予的行政管理权和民事权益。

(4)建筑控制区:为控制公路两侧建筑物用地,防止公路街道化,依照有关法律、法规在公路沿线一定范围内所划定的区域。

(5)超限运输:超过公路管理有关法规所规定的长、宽、高和总重、轴载标准的车辆行驶公路的行为。

(6)桥梁限载:为防止超过桥梁实际承载能力的车辆通行,引起桥梁损坏,限制过桥车辆总重、轴载的措施。

(7)公路用地:用于修建、养护公路及其沿线设施,依照国家规定所征用或划定的地幅。

(8)路界线:公路留地的限界线。

(9)公路界碑:设在公路两侧用地范围分界线上的标志。

(10)收费公路:依法对过往车辆征收通行费用的公路。

(11)收费桥隧:依法对过往车辆征收通行费用的桥梁、隧道。

(12)开放交通:公路工程竣工或障碍排除后,允许车辆正常通行的一种管理措施。

(13)封闭交通:由于公路施工、交通事故、公路损毁等原因,禁止车辆通行的一种管理措施。

二、运 营 管 理

(1)运营管理:公路交通运输业务中,对公路及沿线设施的维修养护、汽车运行的监控及收费等的管理。

(2)高速公路管理系统:由监控、调度、收费、通信、服务、养护、安全等子系统组成的综合管理系统。

(3)公路交通控制:为保证公路行车安全和提高交通效率,对交通进行的管理、警告和指挥。

(4)高速公路交通信息系统:通过信息板、电台、电话、网络等设施给管理人员和驾驶员传递交通信息的系统。

(5)匝道车流控制:控制由匝道进入高速公路的车流量的方式。

(6)可变速度控制:通过速度控制系统对行车速度进行调节以改善交通流的主线控制方式。

(7)车道关闭控制:在高速公路特定的车道上禁止车辆通行的主线控制方法。

(8)可逆车道控制:在特定的时间内改变车道行车方向以提高主要交通流的通行能力的方法。其车道称可逆车道。

(9)车道占有率:在某路段内、某时刻车辆通过所占有车道长度总和与该路段长度之比。

(10)瓶颈路段:交通需求超过容量,发生拥挤以至阻滞的路段。

(11)连续流:公路上行驶的车流,不因外界因素干扰而停车的连续流动状态。

(12)间断流:公路上行驶的车流,因外界因素干扰而停车的间断流动状态。

(13)最小尾随间距:汽车尾随行驶,当前车减速或停止时,后车为了避免追尾,能够安全减速或制动必须保持与前车所需的最小距离。

(14)交叉口饱和交通:在一次连续的绿灯时间内,一列连续的车队能通过交叉口进口道停车线的最大流量。

(15)加速干扰:通常指一辆车的速度变化对车流产生的影响。

(16)交通流率:由小于小时的时段内(一般取5min或15min)通过公路某一断面的车辆数换算而成的小时车流量。

(17)小客车当量:为统一计算各类车辆的通过能力,以小客车作为基本单位,将不同类型的车辆乘以相应的换算系数而得。

(18)交通阻塞:在某一路段上行驶的车辆由于过分的密集或拥挤,从而使得后续车辆低速间断行驶或无法行驶的状态。

第四节　公路路线与沿线设施

一、横断面组成

(1)行车道:公路上供各种车辆行驶部分的总称,包括快车行车道和慢车行车道。

(2)分离式行车道:局部路段采用的各自具有独立路基的供往返车辆分道行驶的行车道。

(3)车道:在路面上供单一纵列车辆行驶的部分。

(4)变速车道:高等级公路上的加速车道和减速车道的总称。

(5)加速车道:供车辆驶入高速车流之前加速专用的车道。

(6)减速车道:供车辆驶离高速车流之后减速专用的车道。

(7)爬坡车道:设置在上坡路段,供慢速上坡车辆行驶专用的车道。

(8)停车带:为使汽车停车而不妨碍交通安全,在高等级公路行车道的右侧设置的供临时停车用的地带。

(9)错车道:在单车道的公路可通视的一定距离内,供车辆交错避让用的一段加宽车道。

(10)自行车道:专供自行车行驶的车道。

(11)(路侧)人行道:用路缘石或护栏及其他类似设施加以分隔的专门供人行走的部分。

(12)分隔带:沿公路纵向设置的分隔行车道用的带状设施。

(13)中央分隔带:沿路中线设置的分隔带。

(14)中间带:由中央分隔带及其两侧的路缘带组成的地带。

(15)路肩:位于行车道外缘至路基边缘,具有一定宽度的带状结构部分(包括硬路肩与土路肩)。为保持行车道的功能和临时停车使用,并作为路面的横向支承。

(16)路缘带:路肩或中间带的组成部分,与行车道相连接,用行车道的外侧标线或不同的路面颜色来表示。其作用主要是诱导驾驶员视线和分担侧向余宽功能,以利于行车安全。

(17)路缘石:路面边缘与其他构造物分界处的标石。一般用石块或混凝土块砌筑。

(18)侧向余宽:从行车道边缘至路旁障碍物所应保持的一定的横向距离。

(19)路拱:路面的横向断面做成中央高于两侧,具有一定坡度的拱起形状。其作用是利于路面横向排水。

(20)路拱横坡:路拱横向的倾斜度,以百分率表示。

(21)公路建筑限界:为保证车辆、行人通行的安全,对公路和桥面上以及隧道中规定的高度和宽度范围内不允许有任何障碍物的空间界限。又称为净空。

二、线形与视距

(1)公路路线:公路中线的空间位置。

(2)公路线形:公路中线的立体形状。它由若干直线段和曲线段连接构成。

(3)平面线形:公路中线在水平面上的投影形状。

(4)纵面线形:公路中线在纵剖面上的起伏形状。

(5)线形要素:构成平面线形及纵面线形的几何特征。前者为直线、平曲线(主圆曲线及缓和曲线);后者为直线和竖曲线(圆曲线或抛物线)。

(6)平曲线:在平面线形中,路线转向处曲线的总称,包括圆曲线和缓和曲线。

(7)极限最小平曲线半径:为保证车辆按设计车速安全行驶,对平曲线半径所规定的最小值。

(8)复曲线:两个或两个以上半径不同、转向相同的圆曲线相连接或插入缓和曲线相连接而成的平曲线。

(9)反向曲线:两个转向相反的圆曲线中间连以短直线或径相连接或插入缓和曲线相连接而成的平曲线。

(10)断背曲线:两个转向相同的圆曲线中间连以短直线而成的平曲线。

(11)回头曲线:山区公路在同一坡面上回头展线时所采用的回转形曲线。

(12)缓和曲线:在直线与圆曲线之间或半径相差较大的两个转向相同的圆曲线之间设置的一种曲率连续变化的曲线。

(13)竖曲线:在公路纵坡的变坡处设置的竖向曲线。

(14)弯道加宽:汽车在曲线路段上行驶时,后轮轨迹偏向曲线内侧,为适应行车需要,弯道内侧相应增加路面、路基宽度。

(15)加宽缓和段:设置弯道加宽时,从加宽值为零逐渐加宽到全加宽值的过渡段。

(16)超高:为抵消车辆在曲线路段上行驶时所产生的离心力,在该路段横断面上设置的外侧高于内侧的单向横坡。

(17)超高缓和段:从直线路段的横向坡渐变到曲线路段具有超高单向坡的过渡段。

(18)纵坡:路线纵断面上同一坡段两点间的高差与其水平距离的比值,以百分率表示。

(19)最大纵坡:根据公路等级与自然条件等因素所限定的路线纵坡最大值。

(20)最小纵坡:为纵向排水的需要,对长路堑路段以及其他横向排水不畅的路段所规定的纵坡最小值。

(21)变坡点:路线纵断面上两相邻不同坡度线的相交点。

(22)平均纵坡:一定路段两端点的高差与该路段长度的比值。

(23)坡长限制:对较大纵坡坡段所限定的长度。

(24)高原纵坡折减:对海拔3000m以上的高原地区,降低最大纵坡的规定。

(25)缓和坡段:在纵坡长度达到坡长限制时,按规定设置的较小纵坡路段。

(26)合成坡度:公路路面上的纵向坡度和横向坡度或超高的矢量和(其方向即路面流水线方向)。

(27)视距:从车道中心线上1.2m的高度,能看到该车道中心线上高为10cm的物体顶点的距离。指沿该车道中心线量得的长度。

(28)停车视距:汽车行驶时,驾驶人员自看到前方障碍物时起,至到达障碍物前安全停车止,所需的最短行车距离。

(29)超车视距:在双车道公路上,后车超越前车时,从开始驶离原车道之处起,至可见逆行来车并能超车后安全驶回原车道所需的最短距离。

三、公 路 交 叉

(1)路线交叉:两条或两条以上公路的交会。

(2)道口:公路与铁路平面相交处的总称。

(3)平面交叉:公路与公路在同一平面上的公路交叉。

(4)正交叉:两条公路呈近似直角的平面交叉。

(5)斜交叉:两条公路呈锐角(75°以下)的平面交叉。

(6)环形交叉:多条公路交会处设有中心岛的平面交叉。所有横穿交通流都被交织运行所代替,而形成一个单向行驶的环行交通系统。

(7)十字形交叉:四岔公路呈“十”字形的平面交叉。

(8)T形交叉:三岔公路呈“T”形的平面交叉。

(9)错位交叉:一条公路与另一条公路垂直相交于两个距离很近的交点上,可以看作两个反向T形交叉相连接。

(10)Y形交叉:三岔公路呈“Y”形的平面交叉。

(11)立体交叉:公路与公路或公路与铁路在不同高程上的立体空间交叉。

(12)分离式立体交叉:上下各层公路之间互不连通的立体交叉。

(13)互通式立体交叉:上下各层公路之间用匝道或其他方式互相连通的立体交叉。

(14)菱形立体交叉:设有4条匝道通向被交公路,在次要公路上的连接部分有平面交叉,呈菱形的互通式立体交叉。

(15)定向式立体交叉:为左转弯运行设有一个以上的直接或半直接匝道相连接的互通式立体交叉。

(16)喇叭形立体交叉:以喇叭形匝道连接的三岔(T形或Y形)互通式立体交叉。

(17)环形立体交叉:主干线为直通式,次要路线与主干线转弯车道呈环形的互通式立体交叉。

(18)匝道:互通式立体交叉上下各层公路之间供转弯车辆行驶的连接道。

(19)平面交叉口:公路与公路平面相交处的总称。

(20)交叉口进口:车流进入公路平面交叉处的路口。

(21)交叉口出口:车流离开公路平面交叉处的路口。

(22)加铺转角式交叉口:用圆曲线展宽各个转角构成的平面交叉口。

(23)拓宽路口式交叉口:在接近交叉口的公路两侧展宽或增辟辅助车道的平面交叉口。

(24)分道转弯式交叉口:采用设导流岛、划分车道等措施使转弯车辆分道行驶的平面交叉口。

(25)渠化交通:在平面交叉口设置交通标志、标线和交通岛等,引导车流和行人各行其道的方法。

(26)交织:两股车流在短距离内连续进行合流、分流的交通现象。

(27)交织路段:能安全、顺畅地进行交织的路段,其长度为两导流岛端部间的距离。

(28)合流:两股车流合为一股车流的交通现象。

(29)分流:一股车流分为两股或多股车流的交通现象。

(30)冲突点:在交叉口内,各方向车流固定行驶轨迹的交会点。

(31)交通岛:为控制车辆行驶方向和保障行人安全,在车道之间设置的高出路面的岛状设施。包括导流岛、中心岛、安全岛等。

(32)导流岛:为把车流导向指定的行进路线而设置的交通岛。

(33)中心岛:设置在平面交叉口中央的圆形或椭圆形的交通岛。

(34)安全岛:设置在往返行车道之间,供行人横穿道路时临时停留的交通岛。

四、沿线设施

(1)沿线设施:公路沿线交通安全、管理、服务、环保等设施的总称。

(2)交通安全设施:为保障行车和行人的安全和充分发挥公路的作用,在公路沿线所设置的人行地道、人行天桥、照明设备、护栏、标柱、标志、标线等设施的总称。

(3)人行横道:在行车道上用斑马纹等标线或其他方法标示的、规定行人横穿行车道的步行范围。

(4)人行地道:专供行人横穿公路用的地下通道。

(5)人行天桥:专供行人跨越公路用的高出地面的桥梁。

(6)护栏:沿危险路段的路基边缘设置的警戒车辆驶离路基和沿中央分隔带设置的防止车辆闯入对向行车道的防护设施以及为使行人与车辆隔离而设置的保障行人安全的设施。

(7)防护栅:为防止牲畜、行人、非机动车辆等进入高速公路,而在路基以外设置的栅栏。

(8)遮光栅:为使夜间行车的驾驶人员免受对向来车前灯眩光干扰而设置在中央分隔带上的设施。

(9)紧急电话:在高速公路路侧每隔一定距离设置的供紧急情况时使用的电话。

(10)反光标志:在灯光照射下,能反光显示图案、文字,便于夜间识别的标志。

(11)反光路钮:按一定间隔埋置在路面车道分界线或其他标线上的点状反光标识。例如“猫眼”。

(12)弯道反光镜:设置在视距不足的转弯处,能使驾驶员从镜中看到对方来车的凸面镜。

(13)公路交通标志:应用图形符号和文字符号传递特定信息,用以管理交通安全的设施。一般设在路侧或路的上方。

(14)警告标志:警告驾驶人员和行人注意前方有急弯、陡坡、交叉口及其他道路状态信息的标志。

(15)禁令标志:禁止或限制车辆、行人交通行为的标志。

(16)指示标志:指示车辆、行人行进的标志。

(17)指路标志:传递公路方向、地点、距离信息的标志。

(18)辅助标志:附设在主标志的下方,起辅助说明作用的一种标志。

(19)可变信息标志:通过自动或手动变换图形、文字、符号,传递交通信息的标志。

(20)路面标线:在路面上用镶嵌、涂料等标出的线、图形、文字等,作为引导车流、人流的标记。包括行车道中心线、车道分界线、行车道边缘线、停止线、减速让行线、人行横道线、导流标线等。

(21)防雪设施:在易于发生雪害的路段设置的防护设施。如防雪栅、防雪棚等。

(22)防沙设施:在防治公路沙害路段设置的控制风蚀过程的发生和改变沙粒搬运及堆积条件的设施。

(23)隔音墙:为减轻行车噪声对附近居民的影响而设置在公路侧旁的墙式构造物。

(24)停车场:设在公路外,供存放车辆的场所。

第五节　公 路 勘 测

一、勘察与选线

(1)踏勘:对公路建设的可能方案进行野外勘察和技术经济调查并估算投资的工作。

(2)可行性研究:为确定公路基本建设项目的规模、方案、效益提供依据,在投资决策前所进行的技术经济论证工作。

(3)线形设计:路线立体形状及其相关诸因素的综合设计。

(4)公路景观设计:公路的立体线形、构造物形式与沿线自然景观相协调的美学设计。

(5)选线:根据路线基本走向和技术标准,结合地形、地质条件,考虑安全、环保、土地利用和施工条件以及经济效益等因素,通过全面比较,选择路线方案的全过程。

(6)路线控制点:任务书中指定通过的地点以及为便于分段布线,在选线过程中选定的对路线走向起控制作用的点。

(7)定线:根据既定的技术标准和路线方案,结合有关条件,从平面、纵断面、横断面综合考虑,具体定出公路中线的工作。

(8)比较线:选线或定线时选出的作为比较方案的路线。通过技术经济比较,采用最合理的路线。

(9)展线:为使山岭区路线纵坡能符合技术标准,采取顺应地形,延伸路线长度的布线方法。

(10)初测:根据任务书确定的修建原则和路线基本走向方案,通过现场对各有价值的路线方案的勘测,进行导线、高程、地形、桥涵、路线交叉及其他资料的测量调查工作,并进行纸上定线和有关内业工作,从中确定采用的路线;搜集提供编制初步设计文件所需的资料。

(11)定测:根据批准的初步设计文件,在现场进行具体方案的勘测落实,并通过定线、测角、中桩、高程、横断面等以及其他勘测资料的测量调查及内业工作,为施工图设计搜集、提供有关资料。

(12)地貌:地表高低起伏的自然形态。

(13)地物:地面上各种有形物(如山川、森林、建筑物等)和无形物(如省界、县界等)的总称。

(14)地形:地物和地貌的总称。

(15)台地:沿河谷两岸和海岸隆起的呈带形分布的阶梯状地貌。

(16)垭口:山脊上呈马鞍状的明显下凹处。

(17)平原区:地形宽广平坦或略有起伏,地面自然坡度很小的地区。

(18)微丘区:丘岗低矮,顶部浑圆,地面自然坡度平缓,相对高差不大的地区。

(19)重丘区:丘岗较高,地面起伏较大,但无明显的山岭自然形态要素(如山顶、山坡、山脚),地面自然坡度较陡,相对高差不大的地区。

(20)山岭区:地形变化很大,有明显的山岭形态要素(如山顶、山坡、山脚),地面自然坡度较陡,相对高差较大的地区。

(21)沿溪线:沿河溪走向布设的路线。

(22)山脊线:沿山脊布设的路线。

(23)山坡线(山腰线):沿山坡布设的路线。

(24)越岭线:翻越山岭布设的路线。

(25)土方调配:在路基设计和施工中,经济合理地调运挖方作为填方的作业。

(26)土方调配图:表示路基土方纵向调运数量及位置的图。

(27)土方调配经济运距:路基土方纵向调运与路外借土费用相等时的纵向运距。

二、测　　量

(1)导线:在地面上布设的由若干段直线连成的折线,作为测量路线平面图和地形图的控制线。

(2)导线测量:测量导线长度、转角和高程,以及推算坐标等工作。

(3)中线:在公路定线和线形设计过程中所定出的公路中心线。

(4)中线测量:沿选定的中线,量测转角,测定中桩,定出公路中线平面位置的工作。

(5)施工测量:工程开工前及施工中,根据设计图在现场进行恢复公路中线,定出构筑物位置等测量放样工作。

(6)竣工测量:工程竣工后,为编制工程竣工图表、决算,对实际完成的各项工程进行的一次全面测量工作。

(7)路线平面图:公路中线及沿线地貌、地物在水平面上的投影图。

(8)交点:路线改变方向时,两相邻直线段的延长线相交的点。

(9)虚交点:当交点太远或无法安置仪器时,一般在交点前后两直线段上另选能通视的点安置仪器,经量测、计算而得到的原交点。

(10)转点:中线测量时,因相邻两点不能通视所增设的测站;水准测量时,为传递高程所设的过渡测点。

(11)转角:交点处后视线的延长线与前视线的夹角。

(12)偏角:在曲线测设中,曲线上任意点的弦与切线所夹的角。

(13)方位角:由子午线的北端顺时针方向量到测线上的夹角。以真子午线为准者称“真方位角”;以磁子午线为准者称“磁方位角”。

(14)象限角:子午线的一端(北端或南端)与测线所夹的锐角。

(15)方向角:采用某坐标轴方向作为标准方向所确定的方位角(又称坐标方位角)。

(16)切线长:路线交点至曲线起点或终点的直线距离。

(17)曲线长:曲线的起点至终点之间的弧线长度。

(18)外(矢)距:交点至曲线中点的距离。

(19)测站:外业测量时安放仪器进行观测的地点。

(20)测点:外业测量时被观测的目标点。

(21)中桩:为表示中线位置和线形等,沿路线中线所设置的编有桩号的桩或标记。

(22)加桩:路线整桩号的中桩之间,在线形或地形变化等处而加设的中桩。

(23)护桩:为便于恢复路线位置,在交点等重要桩位周围,按一定要求设置的起固定该桩位作用的附加桩。

(24)断链:局部改线或分段测量等原因造成的桩号不相连接的现象。

(25)水准测量:测定各点高程的作业。

(26)水准点:经精确测定高程控制水准测量的固定标点。

(27)绝对基面:以某一海滨地点平均海水面高程定为零的水准基面。我国沿用的有大连、大沽、黄河、废黄河口、吴淞、珠江等基面。

(28)高程:某点沿铅垂线方向到绝对基面的距离,称绝对高程。某点沿铅垂线方向到某假定水准基面的距离,称为假定高程。

(29)地面高程:地面某点的高程。

(30)设计高程:工程设计中对某点所要求达到的高程。

(31)路线纵断面图:沿路线中线所作的竖向断面图。

(32)中桩填挖高度:路线各中桩的设计高程与地面高程的差值。

(33)地形测量:测绘地形图的作业。

(34)基线:经精确测定的直线段,在三角测量中作为推算其他边长的依据。

(35)地形图:描述地表起伏形态和地物位置、形状的平面投影图。

(36)等高线:地形图上高程相等的各点所连成的闭合曲线。

(37)横断面测量:在中桩处,测量垂直于中线方向的地表起伏形态的作业。

(38)横断面图:中桩处垂直于公路中线方向的剖面图。

(39)坑探:用挖坑方式观察地层地质情况的作业。

(40)钻探:用机具钻孔取样,判定地层地质情况的作业。

(41)摄影测量:以地面摄影或航空摄影等方法得到的相片,经处理后绘制出地形图的作业。

(42)航空摄影测量:在飞机上用航摄仪器对地面连续摄取相片,结合少量地面控制点测量,调绘和立体测图等步骤,绘制出地形图的作业。

(43)地面立体摄影测量:在地面布设的基线两端,用摄影经纬仪摄取需要的立体像对,经地面立体测图仪处理,绘制出地形图的作业。

(44)地面控制点测量:用精密测量仪器测定地面控制点的平面位置和高程的作业。

(45)航摄基线:在航空摄影作业中,航摄仪器接连两次曝光瞬间镜头中心间的距离。

(46)影像地图:以地面摄影、航空摄影等方法得到的相片,经处理后拼制的地图。

第六节　公　路　工　程

一、路　基　工　程

(1)路基:按照路线位置和一定技术要求修筑的带状构造物。路基是路面的基础,承受由路面传递下来的行车荷载。

(2)路堤:高于原地面的填方路基。

(3)路堑:低于原地面的挖方路基。

(4)半填半挖式路基:在一个横断面内,部分为路堤,部分为路堑的路基。

(5)台口式路基:在山坡上,以山体自然坡面为下边坡,全部开挖而成的路基。

(6)路基宽度:在一个横断面上两路肩外缘之间的宽度。

(7)路基设计高程:一般公路指路肩外缘的设计高程;高速公路和一级公路指中央分隔带外侧边缘的设计高程。

(8)(路基)最小填土高度:为保证路基稳定,根据土质、气候和水文地质条件,所规定的路肩边缘至原地面的最小高度。

(9)边坡:为保证路基稳定,在路基两侧做成的具有一定坡度的坡面。

(10)边坡坡度:边坡的高度与宽度之比。

(11)(边)坡顶:路基边坡的最高点。挖方路基为边坡与原地面相接处;填方路基为路肩外缘。

(12)(边)坡脚:路基边坡的最低点。填方路基为边坡与原地面相接处;挖方路基为边坡底。

(13)护坡道:当路堤较高时,为保证边坡稳定,在取土坑与坡脚之间,沿原地面纵向保留的有一定宽度的平台。

(14)边坡平台:当路堤较高时,为保证边坡稳定,在边坡坡面上沿纵向做成的有一定宽度的平台。

(15)碎落台:在路堑边坡坡脚与边沟外侧边缘之间或边坡上,为防止碎落物落入边沟而设置的一定宽度的纵向平台。

(16)护坡:为防止边坡受冲刷,在坡面上所做的各种铺砌和栽植的总称。

(17)挡土墙:为防止路基填土或山坡土体坍塌而修筑的承受土体侧压力的墙式构造物。

(18)重力式挡土墙:依靠墙身自重抵抗土体侧压力的挡土墙。

(19)衡重式挡土墙:利用衡重台上部填土的重力和墙体重心的后移而抵抗土体侧压力的挡土墙。

(20)悬臂式挡土墙:由立壁、趾板、踵板三个钢筋混凝土悬臂式构件组成的挡土墙。

(21)扶壁式挡土墙:沿悬臂式挡土墙的立壁,每隔一定距离加一道扶壁,将立壁与踵板连接起来的挡土墙。

(22)柱板式挡土墙:由立柱、挡板、腰梁、腰板、基座和拉杆组成,借助腰板上部填土的重力平衡土体侧压力的挡土墙。

(23)锚杆式挡土墙:由钢筋混凝土墙板和锚杆组成,依靠锚固在岩层内的锚杆的水平拉力以承受土体侧压力的挡土墙。

(24)锚定板式挡土墙:由钢筋混凝土墙板、拉杆和锚碇板组成,借埋置在破裂面后部稳定土层内的锚碇板和拉杆的水平拉力,以承受土体侧压力的挡土墙。

(25)填方:路基表面高于原地面时,从原地面填筑至路基表面部分的土石体积。

(26)挖方:路基表面低于原地面时,从原地面至路基表面挖去部分的土石体积。

(27)借土:为填筑路基,在沿线或路线以外选定的地点所取的土。

(28)弃土:利用挖方填筑路基所剩余的土或不适宜筑路而废弃的土。

(29)取土坑:在公路沿线挖取土方填筑路基或用于养护所留下的整齐土坑。

(30)弃土堆:将开挖路基所废弃的土堆放于公路沿线一定距离的整齐土堆。

(31)回填土:工程施工中,完成基础等地面以下工程后,再返还填实的土。

(32)黄土:在干燥气候件下形成的多孔性具有柱状节理的黄色粉质土,干燥时能保持壁立。湿陷性黄土受水浸湿后产生较大沉陷。

(33)软土:主要是由天然含水率大、压缩性高、承载能力低的淤泥沉积物及少量腐殖质所组成的土。

(34)淤泥:在静水或缓慢的流水环境中沉积并含有机质的细粒土;其天然含水率大于液限,天然孔隙比大于1.5。当天然孔隙比小于1.5而大于1.0时称为淤泥质土。

(35)泥沼:表层有泥炭覆盖,以下为淤泥或淤泥质土的低洼潮湿地带。

(36)泥炭:喜水植物遗体在缺氧件下,经缓慢分解而形成的泥沼覆盖层。其特点是持水性大、容重较低。

(37)盐渍土:不同程度盐碱化土的总称。在公路工程中一般指地表下1.1m内土中易溶盐含量平均大于1.3%的土。

(38)膨胀土:具有较大吸水膨胀、失水收缩特性的高液限黏土。

(39)冻土:温度低于零摄氏度且含有冰晶的土。

(40)多年冻土:又称永冻土。指持续3年或3年以上冻结不融的土层。其顶面以上的上层,冬冻夏融,称季节融化层。永冻土层顶面距地表的深度,称冻土上限,是永冻土地区公路设计的重要数据。

(41)流砂:含水饱和的细砂、微细砂或亚砂土等,由于动水压力的作用而发生流动的现象。

(42)软弱地基:天然含水率过大,承载力低,在荷载作用下易产生滑动或固结沉降的地基。

(43)强夯法:为提高软弱地基的承载力,用重锤自一定高度下落夯击土层使地基迅速压实的方法。又称动力固结法。

(44)预压法:为提高软弱地基的承载力和减少构造物建成后的沉降量,预先在拟建构造物的地基上施加一定静荷载,使地基上压密后再将荷载卸除的压实方法。

(45)反压护道:为防止软弱地基产生剪切、滑移,保证路基稳定,在路堤两侧填筑起反压作用的具有一定宽度和厚度的土体。

(46)砂井:为加速地基排水固结,在软弱地基中钻孔,灌入中、粗砂而成的排水柱体。

(47)路基砂垫层:为防止地下水的毛细上升和排除路基的水分,保证路基的强度和稳定,在路堤底部铺设的砂层。

(48)压实:对土或其他筑路材料施加动的或静的外力,以提高其密实度的作业。

(49)压实度:土或其他筑路材料压实后的干容重与标准最大干容重之比,以百分率表示。

(50)(标准)最大干容重:按照标准击实试验方法,土或其他筑路材料在最佳含水量时得到的干容重。

(51)相对密实度:砂土在最疏松状态和天然状态下孔隙比之差与最疏松状态和最密实状态下孔隙比之差的比值。

二、路面工程

(1)路面:用各种筑路材料铺筑在公路路基上供车辆行驶的构造物。

(2)弹性层状体系理论:柔性路面设计的理论基础之一。即假设路面各结构层在水平方向是无限大的等厚层，土基在水平方向和向下深度也都是无限大的；各层材料（包括土基）为均质的各向同性的弹性材料，服从弹性规律。

（3）（回弹）弯沉：路基或路面在荷载作用下产生的垂直弹性变形。

（4）加州承载比（CBR）：路基土、粒料、稳定土等在规定贯入量时所施加的试验荷载与标准碎石材料的同一贯入量时所施加的荷载之比。以百分率表示。

（5）路面宽度：公路上供车辆行驶的路面面层的宽度。一般指行车道的宽度。

（6）路槽：为铺筑路面，在路基上按设计要求修筑的浅槽。分挖槽、培槽、半挖半培槽三种形式。

（7）刚性路面：面层板体刚度较大，抗弯拉强度较高的路面。一般指水泥混凝土路面。

（8）柔性路面：刚度较小，抗弯拉强度较低，主要靠抗压、抗剪强度来承受车辆荷载作用的路面。

（9）路面结构层：构成路面的各铺砌层。按其所处的层位和作用，主要有面层、基层和垫层。

（10）面层：直接承受车辆荷载及自然因素的影响，并将荷载传递到基层的路面结构层。

（11）磨耗层：面层顶部用坚硬的细粒料和结合料铺筑的薄结构层。其作用是改善行车条件，防止行车对面层的磨损，延长路面的使用周期。

（12）联结层：为加强面层与基层的共同作用或减少基层裂缝对面层的影响，而设在基层上的结构层，为面层的组成部分。

（13）基层：设在面层以下的结构层。主要承受由面层传递的车辆荷载，并将荷载分布到垫层或土基上。当基层分为多层时，其最下面的一层称底基层。

（14）垫层：设于基层以下的结构层。其主要作用是隔水、排水、防冻以改善基层和土基的工作条件。

（15）隔水层：为隔断毛细水侵入路面基层，在基层和土基之间用透水性良好的或不透水的材料铺筑的垫层。

（16）隔温层：为防止或减轻土基的冻害，在基层和土基之间用导温性低的材料铺筑的垫层。

（17）封层：为封闭表面空隙、防止水分侵入面层或基层，在面层或基层上铺筑的沥青薄层。

（18）透层：为使沥青面层与无沥青材料的基层结合良好，在基层上浇洒低黏度液体沥青而形成的透入基层表面的薄层。

（19）保护层：用粗砂或砂土混合料铺在中、低级路面上的薄层，前者称为松散保护层，后者称为稳定保护层。其作用是减轻行车对面层或磨耗层的磨损，并易于恢复平整。

（20）补强层：当原有路面的强度不适应交通要求时，在其上加铺的结构层。

（21）高级路面：用水泥混凝土、沥青混凝土、热拌沥青碎石或整齐石块作面层的路面。一般适用于交通量大、行车速度高的公路。

（22）次高级路面：用沥青贯入碎（砾）石、冷拌沥青碎（砾）石、半整齐石块、沥青表面处治等作面层的路面。一般适用于交通量较大、行车速度较高的公路。

（23）中级路面：用水结碎石、泥结碎石、级配砾（碎）石、不整齐石块等作面层的路面。一般适用于中等交通量的公路。

（24）低级路面：用各种材料改善土的路面。适用于交通量很小的公路。

（25）水泥混凝土路面：用水泥混凝土板作面层的路面。

(26)沥青路面:用沥青作结合料铺筑面层的路面的总称。

(27)沥青混凝土路面:按级配原理选配的矿料与适量沥青均匀拌和,经摊铺压实而成的沥青路面。

(28)沥青碎石路面:由一定级配的集料与适量沥青均匀拌和,经摊铺压实而成的沥青路面。

(29)沥青贯入碎(砾)石路面:用沥青贯入法施工的沥青路面。

(30)沥青表面处治:用沥青和集料按层铺法或拌和法铺筑而成的厚度不超过3cm的沥青面层。

(31)块料路面:用石块、水泥混凝土块及木块等铺砌而成的路面的总称。

(32)石块路面:用坚硬耐磨石料经加工成型的石块铺砌而成的路面。

(33)泥结碎石路面:以碎石为集料,经初步碾压后灌泥浆,依靠碎石的嵌锁和黏土的黏结作用形成的路面。

(34)水结碎石路面:碎石层经洒水碾压,依靠碎石的嵌锁和石粉的胶结作用形成的路面。

(35)级配路面:按密实级配原理选配的砾(碎)石集料和适量黏性土,经拌和、摊铺、压实而成的路面。

(36)稳定土基层:用石灰、水泥、粉煤灰、沥青等结合料与土、砂砾或其他集料,经拌和、摊铺、压实而成的路面基层的总称。

(37)工业废渣基层:用适合于路用的工业废渣修筑的路面基层。

(38)块石基层:用一定规格的锥形块石,经手工铺砌、碎石嵌缝并压实而成的路面基层。

(39)层铺法:集料与结合料分层摊铺、洒布、压实的路面施工方法。

(40)拌和法:集料与结合料按一定配比拌和均匀、摊铺、压实的路面施工方法。

(41)厂拌法:在固定的拌和工厂或移动式拌和站拌制混合料的施工方法。

(42)路拌法:在路上或沿线就地拌和混合料的施工方法。

(43)热拌法:将一定配比的集料和沥青分别加热至规定温度,然后拌和的施工方法。

(44)冷拌法:将一定配比的集料和液体沥青在常温下进行拌和的施工方法。

(45)热铺法:沥青混合料加热拌和后,在规定温度下摊铺、压实的路面施工方法。

(46)冷铺法:沥青混合料拌和后,在常温下摊铺、压实的路面施工方法。

(47)贯入法:在初步压实的碎石层上浇灌沥青,再分层撒铺嵌缝料和洒布沥青,并分层压实的路面施工方法。

(48)铺砌法:用手工或机械铺筑块料路面的施工方法。

(49)缩缝:在水泥混凝土路面板上设置的横缝。其作用是使混凝土板在温度降低时不致因收缩而产生不规则的裂缝。一般采用假缝。

(50)胀缝:在水泥混凝土路面板上设置的横缝。其作用是使混凝土板在温度升高时能自由延伸。应采用真缝。

(51)真缝:在水泥混凝土路面板的整个厚度上断开的缝。又称平缝。

(52)假缝:在水泥混凝土路面板上不贯通整个板厚的缝。

(53)横缝:在水泥混凝土路面板上设置的与公路中线垂直或接近垂直的缝。

(54)纵缝:在水泥混凝土路面板上设置的平行于公路中线的缝。

(55)施工缝:因施工需要设置的接缝。

(56)传力杆:沿水泥混凝土路面板胀缝,每隔一定距离在板厚中央布置的圆钢筋,其一端固定在一侧板内,另一端可以在邻侧板内滑动,其作用是在两块路面板之间传递行车荷载和防止错台。

(57)拉杆:沿水泥混凝土路面板的纵缝每隔一定距离在板厚中央布置的变型钢筋,其作用是防止路面板错动和纵缝间隙扩大。

(58)路面平整度:路表面纵向的凹凸量的偏差值。

(59)路面粗糙度:路表面集料的棱角阻止轮胎滑动的能力。通常以路面摩擦系数和路表构造深度来表示。

(60)路面摩擦系数:路面对轮胎的滑动阻力与车轮荷载的比值。

(61)附着力:路面对轮胎的滑动摩擦阻力。

(62)水滑现象:车辆高速行驶时,当路面有薄层积水,由于水膜作用而使车轮滑动,产生漂浮滑移失控的现象。

三、桥 涵 工 程

1. 桥涵类型

(1)桥梁:为公路、铁路、城市道路等跨越河流、山谷等天然或人工障碍物而建造的建筑物。

(2)公路桥:主要供汽车行驶的桥梁。

(3)公铁两用桥:可供汽车和火车分道(分层或并列)行驶的桥梁。

(4)人行桥:专供行人通过的桥梁。

(5)跨线桥:跨越公路、铁路和城市道路等交通线路的桥梁。

(6)高架桥:在公路上代替高路堤的桥梁。

(7)永久性桥:用耐久性材料(如钢、钢筋混凝土、石料等)建造的供长期使用的桥梁。

(8)半永久性桥:下部结构采用耐久性材料(如石料、混凝土等)、上部结构采用木材建造的桥梁。

(9)临时性桥:用非耐久性材料(如木料)建造的或供短期使用的桥梁。

(10)钢筋混凝土桥:以钢筋混凝土作为上部结构主要建筑材料的桥梁。

(11)预应力混凝土桥:以预应力混凝土作为上部结构主要建筑材料的桥梁。

(12)钢桥:以钢材作为上部结构主要建筑材料的桥梁。

(13)圬工桥:以石料、砖或水泥混凝土作为主要建筑材料的桥梁。

(14)木桥:以木材作为主要建筑材料的桥梁。

(15)正交桥:桥梁的纵轴线与其跨越的河流流向或路线轴向相垂直的桥梁。

(16)斜交桥:桥梁的纵轴线与其跨越的河流流向或路线轴向不相垂直的桥梁。

(17)弯桥:桥面中心线在平面上为曲线的桥梁。有主梁为直线而桥面为曲线和主梁与桥面均为曲线两种情况。

(18)坡桥:设置在路线纵坡上的桥梁。

(19)斜桥:桥梁的纵轴线与其墩台轴线不相垂直的桥梁。

(20)正桥:桥梁的纵轴线与其墩台轴线相垂直的桥梁。

(21)上承式桥:桥面系位于上部结构上部的桥梁。

(22)中承式桥:桥面系位于上部结构中部的桥梁。

(23)下承式桥:桥面系位于上部结构下部的桥梁。

(24)梁桥:以梁作为上部结构主要承重构件的桥梁。

(25)简支梁桥:以简支梁作为上部结构主要承重构件的梁桥。

(26)连续梁桥:以连续梁作为上部结构主要承重构件的梁桥。

(27)悬臂梁桥:以悬臂梁作为上部结构主要承重构件的梁桥。

(28)联合梁桥:钢主梁和钢筋混凝土或预应力混凝土桥面板结合成整体的梁桥。

(29)板桥:以板作为上部结构主要承重构件的桥梁。

(30)拱桥:在竖直平面内以拱(拱圈)作为上部结构主要承重构件的桥梁。

(31)双曲拱桥:拱圈由纵向拱肋和横向一个或多个拱波组成,其外形在纵、横两个方面均呈曲线形的拱桥。

(32)空腹拱桥:拱圈上设有腹拱,立柱或横墙以支承桥面系的拱桥。

(33)实腹拱桥:拱圈上为实体建筑或填料的拱桥。

(34)系杆拱桥:拱与拉杆共同受力的一种拱桥。拱与拉杆间以竖杆或斜杆联结。

(35)桁架桥:以桁架作为上部结构主要承重构件的桥梁。

(36)刚构桥:梁与墩(台)为刚性联结的桥梁。

(37)T形刚构桥:主梁为跨中设铰或挂梁的多跨刚构桥。

(38)连续刚构桥:主梁为连续梁的多跨刚构桥。

(39)斜腿刚构桥:桥墩为斜向支撑的刚构桥。

(40)斜拉桥(斜张桥):以通过或固定于索塔并锚固于桥面系的斜向拉索作为上部结构主要承重构件的桥梁。

(41)悬索桥(吊桥):以通过两索塔悬垂并锚固于两岸(或桥两端)的缆索(或钢链)作为上部结构主要承重构件的桥梁。

(42)漫水桥:允许洪水漫过桥面的桥梁。

(43)浮桥:上部结构架设在水中浮动支承(如船、筏、浮箱等)上的桥梁。

(44)开启桥:为通航需要,上部结构能以竖旋、平旋或提升等方式开合的桥梁。

(45)装配式桥:上部结构由预制构件组合成整体的桥梁。

(46)装拆式桥:上部结构主要承重构件是以标准单元金属构件组装而成并可快速拼、拆的桥梁。

(47)涵洞:主要为宣泄地面水流而设置的横穿路堤的小型排水构造物,一般由基础、洞身、洞口组成。

(48)管涵:洞身以圆形管节修筑的涵洞。

(49)拱涵:洞顶呈拱形的涵洞。

(50)箱涵:洞身为钢筋混凝土箱形截面的涵洞。

(51)盖板涵:洞身以钢筋混凝土板、条石等作盖板的涵洞。

(52)无压力式涵洞:入口处水流水位(不是涵前积水)低于洞口高度,在洞身全长范围内水面均不接触洞顶的涵洞。

(53)压力式涵洞:入口处水位高于洞口高度,洞身全长范围内充满水流、洞顶承受水头压力的涵洞。

(54)半压力式涵洞:入口处水位高于洞口高度,部分洞顶承受水头压力的涵洞。

(55)倒虹吸涵:渠道与道路平面交叉时,为连接渠道而设在道路下面洞身形似倒置的虹吸管的压力式涵洞。

2. 桥涵构造

(1)上部结构:桥梁支座以上(无铰拱起拱线或框架底线以上)跨越桥孔部分的总称。

(2)主梁:在上部结构中,支承各种荷载并将其传递至墩(台)的梁。

(3)横梁:在上部结构中,沿桥轴横向设置并支承于主要承重部件上的梁。

(4)纵梁:在上部结构中,沿桥梁轴向设置并支承于横梁上的梁。

(5)挂梁:搁支于悬臂端的简支梁,为主梁的一部分。

(6)拱圈:拱桥上部结构中,支承各种荷载并将其传递至墩台的拱形结构。

(7)拱上结构:拱桥拱圈以上各部分结构的总称。

(8)腹拱:设置在空腹式拱桥拱圈上的小拱。

(9)拱上侧墙:拱圈以上沿桥轴两侧的边墙。

(10)桥面系:上部结构中,直接承受车辆、人群等荷载并将其传递到主梁的整个桥面构造系统。包括桥面铺装、桥面板、纵梁、横梁及人行道等。

(11)桥面铺装:用沥青混凝土、水泥混凝土等材料铺筑在桥面板上的保护层,其作用是保护桥面板和分布车轮的集中荷载。

(12)伸缩缝:为适应材料胀缩变形对结构的影响而在结构中设置的间隙。

(13)桥面伸缩装置:为使车辆平稳通过桥面并满足桥面变形的需要,在桥面伸缩缝处设置的各种装置的总称。

(14)安全带:当桥面不设人行道时,为保障交通安全,在行车道边缘设置的高出行车道的带状构造物。

(15)桥头搭板:搁置在桥台或悬臂梁端与路堤之间的连接板。其作用是调节板两端的不均等沉陷,以减轻车辆对桥头的冲击。

(16)下部结构:支承桥梁上部结构并将其荷载传递给地基的桥墩(台)和基础的总称。

(17)桥墩:多孔桥梁中,处于相邻桥孔之间支承上部结构的构造物。

(18)墩身:墩帽或盖梁以下、基础或承台以上的桥墩主体部分。

(19)墩帽:桥墩顶部有出檐的部分。

(20)盖梁:柱式桥墩顶部联结各柱顶的横梁。其作用是支承、分布和传递上部结构的荷载。

(21)破冰体:为防止或减轻流冰和漂浮物对桥墩的撞击,在桥墩的迎水面或前方设置的棱状构造物。

(22)重力式桥墩:在承受外力时,依靠自身重力来保持稳定的桥墩。这种桥墩一般体积和重量较大。

(23)实体桥墩:墩身为实体的桥墩。

(24)空心桥墩:墩身为空腔体的桥墩。

(25)柱式桥墩:墩身由一个或两个立柱所组成的桥墩。

(26)排架桩墩:由成排的桩在桩顶以盖梁联结构成的桥墩。

(27)柔性墩:墩身较细长、墩顶可随着上部结构的位移而相应变位的桥墩。

(28)制动墩:多跨桥梁设计中,考虑承受全桥或分段水平推力的桥墩。

(29)单向推力墩:多孔拱桥设计中,考虑承受单向恒载推力的桥墩。

(30)桥台:位于桥梁两端并与路基相连接的支承上部结构和承受台背填土压力的构造物。

(31)刀台身:由前墙和翼墙组成的桥台主体部分。

(32)前墙:桥台中对上部结构起支承作用的横桥向墙体。

(33)翼墙:桥台前墙两侧或涵洞洞口两侧设置的挡土墙。涵洞的翼墙还起疏导水流的作用。

(34)台帽:桥台前墙顶部出檐的部分。

(35)锥坡:在桥涵与路基相接处,为保持路堤土坡的稳定而在桥台两侧构筑的带有铺砌的锥形体。

(36)耳墙:在埋置式桥台中,与台帽或盖梁两端连接的小型挡土墙。

(37)U 形桥台:前墙和两侧翼墙连成一体,在平面上呈 U 字形的桥台。

(38)八字形桥台:两侧翼墙在平面上呈八字形的桥台。

(39)一字形桥台:前墙与两侧翼墙在平面上呈一字形的桥台。

(40)重力式桥台:在承受外力时,依靠自身重力来保持稳定的桥台。

(41)埋置式桥台: 台身大部分埋于土中,不设置翼墙仅设耳墙局部挡土的桥台。

(42)扶壁式桥台:由钢筋混凝土前墙、底板和扶壁构成的桥台。

(43)锚碇板式桥台:借埋置在台后稳定土体内的锚碇板和锚杆拉住台身以抵抗土压力的桥台。

(44)支撑式桥台:台身顶部与梁或板铰接、下部设置支撑梁,在立面上构成四铰框架系统的桥台,仅用于小跨径桥梁。

(45)地基:直接承受构造物荷载影响的地层。

(46)加固地基:用换土、夯实、有机或无机结合料稳定等方法加固处理的地基。

(47)天然地基:未经加固处理的地基。

(48)基础:将桥梁墩(台)所承受的各种荷载传递到地基上的结构物。

(49)扩大基础:扩大承载面积以适应地基容许承载力的基础。一般为明挖浅基础。

(50)沉井基础:带刃脚的井筒状构造物,用人工或机械方法清除井内土石,主要借自重力克服井壁与上层的摩阻力逐节下沉至地基中设计高程处成为桥梁的基础。沉井有圆形、椭圆形、多边形等。

(51)管柱基础:直径大于 1.5m 的钢筋混凝土或预应力混凝土圆管,用人工或机械方法清除管内土石,主要借振动逐节下沉至地基中设计高程处所构成的桥梁基础。

(52)桩基础:由桩构成的桥梁基础。

(53)桩:沉入(打入)或浇筑于地基中的柱状支承构件。如木桩、钢桩、混凝土桩等。

(54)预制桩:钢、木、钢筋混凝土等材料制作的柱状构件,以锤击、振动、射水静压等方式沉入或埋入地基而成的桩。

(55)就地灌注桩:在地基中以人工或机械成孔,在孔中灌注混凝土而成的桩。

(56)摩擦桩:主要靠桩表面与地基之间的摩擦力支承荷载的桩。

(57)支承桩:主要靠桩的下端反力支承荷载的桩。

(58)承台:在群桩顶部浇筑的钢筋混凝土平台。其作用是承受、分布由墩身传来的荷载。

(59)支座:设在桥梁上部结构与下部结构之间,使上部结构具有一定活动性的传力装置。

(60)固定支座:使上部结构能转动而不能水平移动的支座。

(61)活动支座:使上部结构能转动和水平移动的支座。

(62)索塔:悬索桥或斜张桥支承主索的塔形构造物。

(63)索鞍:悬索桥或斜张桥的索塔上,供悬索或拉索通过塔顶的鞍状支承装置。

(64)调治构造物:为引导和改变水流方向,使水流平顺通过桥孔并减缓水流对桥位附近河床、河岸的冲刷而修建的水工构造物。如丁坝、顺坝、梨形堤、护岸等。

(65)丁坝:修筑于河岸或河滩路堤旁,坝根与河岸相连、坝头伸向水流(正交或斜交)的堤坝。其主要作用是束狭河床、挑流护岸,又称挑水坝。

(66)顺坝：修筑于河岸或河滩路堤旁。坝根与河岸相连，下游坝头与河岸间留有缺口，坝身与水流大致平行的堤坝。其主要作用是束狭河床、导流护岸。

3. 桥涵设计

(1)桥位:为建桥所选择的位置。

(2)桥梁全长:有桥台的桥梁为两岸桥台翼墙(侧翼或八字墙)尾端间的距离;无桥台的桥梁为桥面系行车道长度。

(3)主桥:多孔桥梁的主要跨段,由设计时根据宣泄设计流量、通航要求或结构构造等确定。

(4)引桥:桥梁中连接主桥和路堤的部分。

(5)跨径:结构或构件支承间的水平距离。

(6)桥涵计算跨径:设支座的桥涵为相邻两支座中心间的水平距离,不设支座的桥涵(如拱桥、刚构桥、箱涵)为上、下部结构相交面中心间的水平距离。

(7)桥涵净跨径:设支座的桥涵为相邻两墩(台)身顶内缘之间的水平距离;不设支座的桥涵为上、下部结构相交处内缘间的水平距离。

(8)矢跨比:拱的计算矢高与计算跨径之比。

(9)计算矢高:拱轴线顶点至拱脚连线的距离。

(10)桥下净空:为满足桥下通航(或行车、行人)的需要和保证桥梁安全而对上部结构底缘以下规定的空间界限。

(11)桥面净空:桥梁行车道、人行道上方应保持的空间界限。

(12)桥梁建筑高度:上部结构底缘至桥面顶面的竖直距离。

(13)荷载:使结构或构件产生内力和变形的外力及其他因素。

(14)永久荷载:在结构的设计使用期内,其值不变或变化值与平均值相比可忽略不计的荷载。如结构重力、预加应力、土的重力及土侧压力等。

(15)可变荷载:在结构的设计使用期内,其值可变且变化与平均值相比不可忽略的荷载。按其对桥涵结构的影响程度,分为基本可变荷载(活载,如车辆、人群等)和其他可变荷载(如风力、汽车制动力等)。

(16)偶然荷载:在结构的设计使用期内偶然出现(或不出现),其数值很大、持续时间很短的荷载。如地震力、船只或漂浮物撞击力等。

(17)荷载组合:根据桥涵特性、使用要求、桥位处自然件以及荷载发生的频率等因素,由规范规定在设计时应考虑的可能在结构上同时出现的若干荷载。

(18)车辆荷载标准:由国家标准规定作为桥涵设计依据的若干等级的标准车辆和车队。

(19)设计荷载:设计时所采用的荷载。

(20)施工荷载:施工阶段为验算桥梁结构或构件安全度所考虑的临时荷载。如结构重力、施工设备、风力、拱桥的单向推力等。

(21)梁:直线或曲线形构件。主要承受各种荷载产生的弯矩和剪力,有时也承受扭矩。

(22)简支梁:一端支承在固定支座上,另一端支承在活动支座上的梁。

(23)连续梁:由 3 个或 3 个以上支座支承的梁。

(24)悬臂梁:一端固定另一端自由的梁。

(25)板:宽而薄(宽厚比大于一定规定)的平面构件。主要承受各种荷载产生的弯矩和剪力。

(26)拱:曲线或折线形构件。主要承受各种荷载产生的轴向压力。有时也承受弯矩、剪力或扭矩。

(27)桁架：由若干杆件构成的平面或空间格架式结构或构件。各杆件主要承受各种荷载产生的轴向力。

(28)刚构：由梁和柱固接而构成的框架结构。

(29)柱：主要承受轴向压力的竖向直线形构件。

(30)强度：材料或构件受力时抵抗破坏的能力。其值为在一定的受力状态或工作状态条件下，材料所能承受的最大应力或构件所能承受的最大内力，后者亦称承载能力。

(31)刚度：结构或构件受力时抵抗变形的能力。包括构件刚度和截面刚度。按受力状态不同可分为轴向刚度、弯曲刚度、剪力刚度、扭转刚度等。构件刚度的值为施加于构件上的力(力矩)与其引起的线位移(角位移)之比；截面刚度的值在弹性阶段为材料弹性模量或剪切模量与截面面积或惯性矩的乘积。

(32)抗裂度：结构或构件受力时抵抗开裂的能力。

(33)稳定性：结构或构件受力时保持稳定状态的能力。

(34)位移：荷载引起的结构或构件中某点位置的改变或某线段方向的改变。前者称为线位移，后者称为角位移。

(35)变形：荷载引起的结构或构件中各点间的相对位移。可恢复的变形为弹性变形，不可恢复的变形为塑性变形。

(36)挠度：结构或构件在荷载作用下产生的竖向位移。

(37)预拱度：为抵消梁、拱、桁架等结构在荷载作用下产生的挠度，而在施工或制造时所预留的与位移方向相反的校正量。

4. 桥涵水文

(1)流域：河流的集水区域。是地表水及地下水分水线所包围的集水区域的统称。习惯上指地表水的集水面积。

(2)集水面积(汇水面积)：流域分水线所包围的面积。

(3)径流：由于降水而从流域内地面与地下汇集到河沟，并沿河槽下泄的水流。可分地面径流和地下径流两种。

(4)水文测量：为测量桥位处河流的水位、流速、流量、流向、河床断面、比降等水文要素所进行的全部技术工作。

(5)河床：河谷底部有河水流动的部分，由河槽底部和河滩底部组成。

(6)河槽：河床中在洪水期床面上有推移质运动的部分，包括主槽和边滩。

(7)主槽：河槽中常水位以下的部分。

(8)边滩：河槽中中水位与常水位之间的部分。

(9)河滩：河床中在洪水期淹水、但床面上无底沙运动的部分。

(10)河床宽度：与高水位相对应的河道宽度。

(11)河槽宽度：与中水位相对应的河道宽度。

(12)过水断面：水流中与流速方向垂直的横断面，以平方米(m^2)计。

(13)水位：河流或其他水体的自由水面相对于某一基面的高程，以米(m)计。

(14)最高(最低)水位：一定时期内，在江河、湖泊等水域中的某一观测点出现的最高(最低)瞬时水位。

(15)通航水位：在各级航道中，能保持船舶(队)正常航行时的最高和最低水位，并据以确定桥梁的桥下净空。

(16)设计水位:与设计流量相对应的水位。

(17)水面比降:水面沿水流方向的纵向坡度。

(18)河床比降:河流主槽的纵向坡度。

(19)湿周:过水断面上水流与河床接触部分的周长,以米(m)计。

(20)糙率:综合反映河床粗糙程度对水流起摩阻影响的系数。

(21)水力半径:过水断面的面积与湿周的比值。

(22)水文计算:为工程建设提供各种水文特征值所进行的水文数据的分析计算工作。

(23)设计流量:桥涵设计中所采用的与某一设计洪水频率相对应的洪水流量。

(24)设计流速:与设计流量相对应的流速。

(25)行近流速:邻近建筑物上游某一距离处的流速。

(26)洪水调查:调查洪水痕迹、搜集水文资料、推算洪峰流量、估算洪水总量、研究洪水过程及洪水重现期等技术工作的总称。

(27)洪水频率:某一洪水发生的可能性大小或出现的频繁程度。以分数表示,其倒数为重现期。

(28)设计洪水频率:由有关技术标准规定作为桥涵设计依据的洪水频率。根据桥涵和公路的等级不同而不同。

(29)潮汐河流:海洋潮汐周期变化影响所及的河段。

(30)悬移质:悬浮于河道中随水流移动的较细泥沙及胶质物等。

(31)推移质:在河道水流中沿河底滚动、移动或跳跃前进的泥沙。

(32)水力计算:依据设计流量的需要,为确定桥涵构造物的有关结构尺寸(如基础埋深、桥下净空等)提供数据而进行的计算工作。

(33)水头:单位质量液体所具有的机械能。包括位置水头、压力水头和流速水头三项,以米(m)或厘米(cm)计。

(34)冲刷:由于水流冲击而引起地表、河床表层剥蚀的现象。

(35)桥下一般冲刷:由于桥梁墩台压缩水流,导致桥下流速增大而引起桥下河床断面冲刷。

(36)桥墩(台)局部冲刷:由于桥墩(台)的阻碍,水流在桥墩周围以强烈的涡流形式冲刷床面泥沙,在墩(台)前产生冲刷坑。

(37)自然演变冲刷:在不受水工建筑物影响的情况下,由水流行进携带泥沙而引起的河床冲刷。

(38)冲刷系数:桥下需要的过水面积与建桥后未经冲刷的过水面积之比值。

(39)淤积:水流挟带的泥沙由于流速减缓而沉积的现象。

(40)壅水:水流受到压缩或潮水水位、干流水位顶托而导致上游水位抬高的现象。

(41)流冰:河面上漂浮、流动的冰块。

5.桥涵施工

(1)先张法:先在台座上张拉预应力钢材,然后浇筑混凝土以形成预应力混凝土构件的施工方法。

(2)后张法:先浇筑混凝土,待达到规定的强度后再张拉预应力钢材以形成预应力混凝土构件的施工方法。

(3)缆索吊装法:利用支承在索塔上的缆索运输和安装桥梁构件的施工方法。

(4)悬臂拼装法:在桥墩两侧设置吊架,平衡地逐段向跨中悬臂拼装预应力混凝土桥梁体预制块件并逐段施加预应力的施工方法。

(5)悬臂浇筑法:在桥墩两侧设置工作平台,平衡地向跨中逐段悬臂浇筑预应力混凝土桥梁体并逐段施加预应力的施工方法。

(6)移动支架逐跨施工法:采用可在桥墩上纵向移动的支架(及模板)在其上逐跨拼装梁体预制块件或现浇梁体混凝土,并施加预应力的施工方法。

(7)纵向拖拉法:将预制的单根梁或预拼的整孔梁,用拖拉设备从桥头纵向拖到墩台上的施工方法。

(8)顶推法:在桥头逐段浇筑或拼装梁体,在梁前端安装导梁,用千斤顶纵向顶推,使梁体通过各墩顶的临时滑动支座而就位的施工方法。

(9)转体架桥法:利用河岸地形预制两个半孔桥跨结构,在岸墩或桥台上旋转就位跨中合龙的施工方法。

(10)浮运架桥法:利用潮水涨落或调节船舱内的水量,将船载的整孔主要承重结构置于墩台上的施工方法。

(11)顶入法:利用顶进设备边顶边挖,将预制的箱形或圆形构件顶入路堤就位以形成立体交叉通道或涵洞的施工方法。

(12)围堰:水下基础施工时,为了排水挖坑,在基坑周围修建的临时性挡水设施。常用的有土围堰、木板桩或钢板桩围堰等。

(13)护筒:在钻孔桩施工中,为保护孔口壁不坍塌而埋置的套管。

四、隧 道 工 程

(1)隧道:为道路从地层内部或水底通过而修筑的建筑物。主要由洞身和洞门组成。

(2)洞门:为保持洞口上方及两侧路堑边坡的稳定,在隧道洞口修筑的墙式构造物。

(3)衬砌:为防止围岩变形或坍落,沿隧道洞身周边用水泥混凝土等材料修筑的永久性支护结构。

(4)明洞:明挖岩(土)体后修筑棚式或拱式洞身再覆土建成的隧道。常用于地质不良地段。

(5)围岩:隧道周围一定范围内,对洞身的稳定有影响的岩体。

(6)隧道建筑限界:为保障车辆、行人通行的安全,在隧道内应保持的空间限界。

(7)明挖法:先将隧道底部以上岩(土)体全部挖除,然后修筑洞身,再进行回填的施工方法。

(8)矿山法:用一般开挖地下坑道的作业方式修筑隧道的施工方法。此法以钻孔爆破开挖为主,根据隧道所处地质件、断面大小和施工机具能力等,可采取全断面一次开挖或将断面分层、分块依次开挖。

(9)盾构法:采用"盾构"进行隧道施工的方法。

(10)沉埋法(沉管法):将矩形或圆形预制混凝土构件,分段沉埋至河底或海底而形成隧道的施工方法。

(11)导坑:隧道断面首先开挖的部分,具有先导和探坑的作用。按其所在位置不同,称上导坑、下导坑、侧导坑等。

(12)隧道支撑:隧道开挖过程中,为了防止围岩变形和坍落所设置的临时支护结构。常用的有构件支撑和喷锚支护两类。

(13)构件支撑:用钢、木等材料制作构件架设的临时支撑。如木支撑、金属支撑、钢木混合支撑等。

(14)喷锚支护:利用高压喷射混凝土和打入岩层中的金属锚杆的联合作用加固岩层(根据地质情况也可分别单独采用),以达到支撑的目的。可以作为临时或永久性支撑。

(15)隧道通风:在隧道开挖和营运中,为了排除和冲淡洞(坑)内有毒气体和粉尘,所采取的净化空气的措施。

(16)隧道照明:为使隧道内有足够亮度以保障隧道的通行能力和行车安全所采取的照明措施。

第七节 排 水 工 程

一、路基与路面排水

(1)地表水:存在于地壳表面、暴露于大气的水。

(2)地下水:存在于地壳岩土裂隙、孔隙或空洞中的水。

(3)毛细水:地下水受土粒间孔隙的毛细作用而上升的水。

(4)排水系统:由各种拦截、汇集、拦蓄、输送、排放地表水或地下水的设施和构造物组合成的总体。

(5)排水设施:排除地表水、地下水的设备和措施的总称。

(6)路界表面排水:公路用地范围内的表面排水,包括路面排水、中央分隔带排水、坡面排水和由相邻地带或交叉道路流入路界内的地表水的排除等。

(7)路基排水:危害路基强度和稳定的地表水和地下水的排除。

(8)路面排水:路面和路肩范围内的表面水的排除。

(9)拦水带:沿硬路肩外侧或路面外侧边缘设置的拦截路面和路肩表面水的堤埂。又称拦水缘石。

(10)泄水槽:为排除拦水带或缘石所拦截的路面和路肩表面水,在拦水带或缘石适当处开口成喇叭形的泄水凹槽。

(11)集中排水:设置拦水带和泄水槽将路面和路肩表面水集中排离路堤的排水方式。

(12)分散排水:路面和路肩表面水横向漫流排离路堤的排水方式。

(13)路面内部排水:排除或疏干通过裂缝、接缝或面层空隙下渗到路面结构(面层、基层和垫层)内部,或由地下水、公路两侧滞水浸入路面结构内部的水。

(14)中央分隔带排水:降落和流向中央分隔带范围内的表面水的排除。

(15)坡面排水:路堤边坡坡面、路堑边坡坡面和倾向路界的自然坡面范围内的表面水的排除。

(16)明沟:暴露于地面的排水沟。

(17)暗沟:埋设在地面下的排水沟。

(18)边沟:为汇集和排除路面、路肩及边坡的流水,在路基两侧设置的纵向水沟。

(19)截水沟:为拦截山坡上流向路基的水,在路堑坡顶或路堤坡脚以外设置的水沟。

(20)排水沟:将边沟、截水沟等沟槽及路基附近低洼处汇集的水引向路基以外的水沟。

(21)盲沟:沟内用碎石、砾石等粗粒材料填满,以排除或拦截地下水的暗沟,又称填石渗沟。

(22)渗沟:为拦截或降低地下水位,在地面下或路基内设置的排水沟。由排水管或排水洞、渗水性回填粒料和反滤层组成。

(23)反滤层:为防止携带细粒土的水流在渗流过程中将排水设施或构造物的孔隙堵塞而设置的滤层,由具有不同粒度的粒料或具有渗滤功能的土工织物构成。

(24)雨水口:地下排水沟管收集地面上雨水的进水设施,由进水箅、井身及支管等组成,又称雨水井、进水井。

(25)检查井:供检查、清理、疏通和维修地下排水管沟及用以连接不同方向、不同高度的地下管沟而设置的竖井。

(26)跌水井:地下排水管沟的上、下游管底跌差较大的检查井。

(27)急流槽:在陡坡或深沟地段设置的坡度较陡、水流不离开槽底的沟槽。

(28)跌水:在陡坡或深沟地段设置的沟底为阶梯形、水流呈瀑布跌落式通过的沟槽。

(29)保温沟:在寒冷地区的排水沟槽顶部设置一定厚度的保温覆盖物,保持水流动的沟槽。又称防冻沟。

(30)冻结沟:寒冷地区为了使地下水迅速冻结而开挖的沟槽。

(31)蒸发池:在年降雨量不大、气候干燥、排水困难的路段,为汇集边沟流水任其蒸发所设置的水池。

(32)沉淀池:为沉积水中的泥沙等所设置的水池。

(33)泵站:为排除公路立体交叉路段等低洼处降雨积水而设置的抽水站。由泵房及集水设施等组成。

(34)泄水孔:为疏干挡土墙、护墙等构造物背后土体中的水分,设置在构造物上的排水孔。

(35)渗水井:为将边沟排不出的水渗到地下透水层中而设置的充填碎、砾石等粗粒材料并铺以反滤层的竖井。

(36)透水路堤:用大石块或卵石堆筑的具有透水能力的路堤。

(37)管道排水:利用设在地下的相互连通的管道及相应设施,汇集和排除公路的地表水。

(38)渠道排水:利用设在地面上的沟渠及相应设施,汇集和排除公路的地表水。

二、桥 梁 排 水

(1)桥面排水:为使桥梁结构免受雨水侵蚀,保障其耐久性以及防止桥面车行道积水影响行车安全而采取的排水措施。

(2)桥面防水层:防止雨水下渗侵蚀桥体结构,用防水材料铺筑的保护层。

(3)泄水孔:为排除桥面雨水,设置在桥面行车道两侧缘石边的水口。

(4)泄水管:与泄水口相衔接的排水管。

(5)桥头排水沟:桥面雨水从桥头引道排走时,为防止水流冲坏引道路基而在引道两侧设置的水沟。

(6)桥头横向排水:横向截、排桥头处来自桥面或引道路面雨水的措施。

(7)台背排水:在桥台背后回填透水性材料,设置排水层、盲沟及泄水孔等,将渗入台背后土体内的水排除。

(8)拱背排水:在实腹式拱桥的拱背及护拱上面铺筑防水层并填以透水性材料,通过盲沟、泄水孔将桥面渗入拱背的水排除。

三、隧道排水

(1)隧道排水:为保证隧道的稳定、安全,对隧道范围内的地表水和地下水采取防、排、截、堵的措施。

(2)横向截水设施:防止洞外路面雨水流入洞内,在洞门外设置与路线中线垂直的截、排设施。

(3)衬砌背面排水:在边墙内设置竖向盲沟及泄水管,将衬砌背后的渗漏水排入边沟的方法。

(4)埋管排水:在衬砌裂缝集中处的下部凿孔嵌入排水管,并固定在侧墙上将裂缝漏水排入边沟的方法。

(5)环形暗槽排水:沿衬砌工作缝中心设环形暗槽,将工作缝处漏水通过暗槽内的半圆管排入边沟的方法。

(6)表面导流管排水:顺漏水量大的裂缝走向开槽,嵌入半圆管接水,用引水管将漏水排入边沟的方法。

(7)隧道防水层:防止隧道衬砌渗漏水,在衬砌内、外用防水材料铺筑的保护层。

(8)洞门排水:将仰坡流下的水引离隧道而在洞门顶部采取的排水措施。

(9)洞顶排水:为防止隧道顶山坡上的地表水渗入洞身,对地表水采取的截、排措施。

第八节　渡口、浮桥与渡口管理

一、渡　　口

(1)渡口:公路越过河流或水域以船渡方式衔接两岸交通的地点。渡口由码头、引道、船舶及其他附属设施组成。

(2)渡口作业区:两岸码头上、下游一定范围内进行渡运的作业区。

(3)码头:专供停靠船舶、上下旅客和过渡车辆的建筑物。

(4)码头引道:连接公路与码头的路段。

(5)码头引桥:连接趸船与引道之间的一种特殊桥梁。

(6)趸船:固定在码头边、供船舶停靠和旅客、车辆上下的驳船或平底船。

(7)系泊设备:渡口船舶区停泊船舶用的系船缆、桩、锚、链等的总称。

(8)引道码头病害整治:引道码头由于经常受水位涨落和渡船停靠冲撞而出现坑洞、沉陷、倒塌等病害的处治和修复。

(9)防撞垫:减轻渡船停靠时的撞击,保护码头和船舶的设施。又称缓冲垫。

二、浮　　桥

(1)浮桥:上部结构架设于水中浮动支承(如船、筏、浮箱等)上的桥梁。

(2)浮桥检查:指为确保浮桥处于良好状态和车辆通行安全,对浮桥所进行的经常检查、定期检查和特殊检查的工作。

(3)浮船:作为支承桥面结构的船体浮墩。

(4)浮箱:作为支承桥面结构的箱体浮墩。

三、渡口管理

(1)渡口管理:公路管理机构对连通水域两岸公路的引道、码头、引航道及其安全设施、服务设施的维护和对渡船安全运营的管理。

(2)渡口管理区:连通水域两岸公路的引道、码头、生活服务区及办公区。

(3)渡口守则标牌:公路管理机构制定的渡运管理规定的公告牌。

(4)过渡须知标牌:公路管理机构制定的过渡汽车驾、乘人员安全过渡常识的公告牌。

(5)危险品:易爆、易燃、腐蚀、剧毒、放射性等物品的总称。

(6)渡口养护:对渡口引道、码头、建筑物和其他渡运服务设施等的维修保养和修复,清除淤积泥沙、杂物和其他碍航物,维护更新有关指示标志、导航设施、照明设施。

(7)过渡费:公路管理机构按规定对过往渡口的车辆征收的用于渡运和渡口养护的费用。

(8)渡船:载运车辆及其随车驾、乘人员等横渡江河的船舶。

(9)救生设备:救护随船人员生命财产的设备。如救生圈、救生衣、救生艇、救生船等。

(10)警报系统:由灯号、旗号、声号、通信、监控组成的报警系统。

(11)适航状态:船舶处于安全航行的状态。

(12)航前检查:每次开航之前的例行安全检查。

(13)定期检查:定期对船舶安全及技术状况的检查。

(14)渡运:渡船将车辆、人员、货物安全运载到对岸的过程。

(15)渡运量:渡口每日安全渡运机动车的数量。

(16)汛期:季节性降雨、融雪等导致江河水位上涨的时期。

(17)潮汛:由于月亮和太阳的引力引起的海平面周期性涨落现象。

(18)碍航物:妨碍船舶安全航行的障碍物。

(19)船舶吃水:船舶入水深度。

(20)载重水线:船舶安全载重的吃水深度。

(21)航线:船舶根据河流自然条件、客观规律和有关规定,所选择的航行路线。

(22)瞭望:驾驶人员用视觉手段了解和注视航行水域周围环境和过往船只的动态情况。

(23)能见度:正常人的视力在不同条件下能将目标物从背影中区别出来的最大距离所对应的等级。以米或公里为单位。

(24)能见度不良:由于雾、霾、下雪、暴风雨、沙暴等原因使能见度受到限制的现象。

(25)避碰:在航船舶按规则用声号、灯号、旗号以及无线通信等手段联系约定,以避免船只发生碰撞的过程。

(26)封渡:为确保渡船安全航行,在洪水期、枯水期、结冰期、大风、浓雾、大雪、风沙、暴雨及能见度不良等不利渡船安全航行的时期所采取的禁止渡运的措施。

(27)封渡水位:河流洪水期,渡口禁止渡运时的水位。

(28)封冻水位:河流结冰期,河面达到无流动水时的水位

第九节　工程材料与试验

(1)粒料:呈颗粒状松散材料的统称

(2)集料:在混合料中起骨架或填充作用的粒料。包括碎石、砾石、石屑及砂等。

(3)矿料:包括矿粉在内的集料。

(4)矿粉:石粉和工业废渣粉末的总称。

(5)砂:岩石经风化或轧制而成的粒径为0.074~2mm的粒料。

(6)砾石:风化岩石经水流长期搬运而成的粒径为2~60mm的无棱角的天然粒料。

(7)砂砾:砂和砾石的混合物,又称砾石砂。

(8)卵石:风化岩石经水流长期搬运而成的粒径为60~200mm的无棱角的天然粒料。

(9)碎石:符合工程要求的岩石,经开采并按一定尺寸加工而成的有棱角的粒料。

(10)片石:符合工程要求的岩石,经开采选择所得的形状不规则的、边长一般不小于15cm的石块。

(11)块石:符合工程要求的岩石,经开采并进行加工而成的形状大致方正的石块。

(12)料石:按规定要求经凿琢加工而成的形状规则的石块。

(13)石屑:轧制和筛分碎石所得的3~10mm的粒料。

(14)工业废渣:作为筑路材料用的铁渣、钢渣和炉渣等的总称。

(15)结合料:用以黏结松散材料使其成为整体的有机或无机材料。

(16)有机结合料:具有良好胶结性能的有机化合物。在公路工程中主要是指沥青材料。

(17)沥青:由极复杂的高分子碳氢化合物及其非金属(氧、硫、氮等)衍生物所组成的有机胶凝材料。

(18)地沥青:天然沥青和石油沥青的总称。

(19)天然沥青:石油受自然因素的作用所形成的沥青。

(20)石油沥青:石油经提炼出轻质油分后而得到的残留物。

(21)煤沥青:煤焦油经蒸馏后所得到的残留物。

(22)乳化沥青:沥青在含有乳化剂的水溶液中,经机械搅拌使沥青微粒分散于水中而形成的沥青乳液。

(23)氧化沥青:稠度低的沥青经过氧化处理而变稠的沥青。

(24)路用沥青:技术指标符合道路使用要求的各种沥青的总称。

(25)无机结合料:具有胶结性能的无机化合物。在公路工程中主要是指水泥、石灰等材料。

(26)粉煤灰:发电厂锅炉燃烧煤粉,从其烟气中收集的灰色粉状物。

(27)混合料:集料或矿料与结合料经拌和而成的混合材料。

(28)沥青混合料:沥青和级配矿料或集料按一定比例拌和而成的混合料。

(29)沥青混凝土混合料:沥青和级配矿料按一定比例拌和而成的混合料。根据所用矿料粒径大小的不同,可分为粗粒式、中粒式和细粒式三种。

(30)沥青碎石混合料:沥青和集料按一定比例拌和而成的混合料。压实以后其剩余空隙率大于10%。

(31)沥青砂:沥青和砂按一定比例拌和而成的混合料。

(32)沥青膏:沥青和一定比例的石粉、石棉粉等拌制而成的膏状物。

(33)水泥砂浆:水泥、砂和水按一定比例拌和而成的混合料。

(34)石灰砂浆:用石灰膏、砂和水按一定比例拌和而成的混合料。

(35)水泥混凝土混合料:水泥、集料和水按一定比例拌和而成的混合料。

(36)水泥混凝土:水泥混凝土混合料经浇筑、振捣并硬化后形成的固体材料。

(37)钢筋混凝土:配置有受力钢筋的水泥混凝土。

(38)预应力(钢筋)混凝土:通过张拉钢材对混凝土预加应力的水泥混凝土。

(39)早强混凝土:用早强水泥或普通水泥掺加早强剂拌制而成的能在早期达到规定强度的水泥混凝土。

(40)干硬性混凝土:水灰比小、坍落度极小、硬化较快,经强力振实后强度较高的水泥混凝土。

(41)贫混凝土:单位体积内水泥含量较低的水泥混凝土。

(42)轻质混凝土:采用轻质集料的水泥混凝土。

(43)纤维混凝土:掺有短纤维(如钢纤维、玻璃纤维、聚丙烯纤维)、具有较高抗拉强度的水泥混凝土。

(44)外掺剂:为改善材料的某些性能而加入的化学制剂。

(45)减水剂:能减少水泥混凝土混合料拌和用水量,降低水灰比,提高混凝土的早期强度和抗冻性能的外掺剂。

(46)加气剂:能使水泥混凝土混合料在拌和过程中产生大量微细气泡,可以改善混合料的和易性,提高水泥混凝土的抗冻、抗渗及抗侵蚀性能的外掺剂。

(47)早强剂:能促进水泥的水化和硬化,提高水泥混凝土早期强度的外掺剂。

(48)缓凝剂:能延缓水泥混凝土混合料凝结时间的外掺剂。

(49)钢筋:置入水泥混凝土中用以加强构件的抗拉、抗弯及抗压能力的建筑钢材。

(50)预应力钢材:预应力混凝土中所用的高强钢丝、钢绞线、高强粗钢筋等的总称。

(51)高强钢丝:优质高碳钢经冷拔和热处理而成的抗拉强度很高的钢丝。

(52)钢绞线:由若干根高强钢丝绞捻,消除内应力后而制成的钢丝束。

(53)冷拉钢筋:在常温下经拉伸而提高屈服强度的钢筋。

(54)冷拔钢丝:直径为6~8mm的低碳钢筋,在常温下用专用拔丝设备加工而成的较细钢丝。

(55)高强螺栓:用优质高强钢材制成的螺栓。其连接的传力方式是依靠构件接触面的摩擦力,不同于一般螺栓。

(56)空隙率:材料的颗粒之间空隙体积占总体积的百分率。

(57)孔隙比:材料的孔隙体积与其同体颗粒体积之比值。

(58)粒径:集料的颗粒尺寸。一般以筛分试验方法确定。

(59)颗粒组成:在集料中,各种不同粒径颗粒的重量占总重量的百分率。

(60)细度:粉状材料的粗细程度。一般以筛孔或比表面积表示。

(61)筛分:用标准筛对矿料进行粒径分级的方法。

(62)级配:矿料粒径分级和各级颗粒重量的分配比例。

(63)级配曲线:按矿料各级粒径通过规定筛孔的重量百分率绘制的曲(折)线图。

(64)最佳级配:能使矿料的颗粒组成满足工程技术要求的级配。

(65)含水率:材料内水分的重量与材料干重之比,以百分率表示。

(66)最佳含水率:材料在标准击实试验条件下,能达到最大干容重时的含水率。

(67)稠度界限:土从一种稠度状态变到另一种稠度状态的分界含水量。

(68)液限:土从可塑状态变为流动状态时的分界含水率。

(69)塑限:土从半固体状态变为可塑状态时的分界含水率。

(70)缩限:土从固体状态变为半固体状态时的分界含水率。

(71)塑性指数:土的液限与塑限的差值。

(72)水泥强度等级:代表水泥强度等级的数值。即水泥标准试件在规定条件下经28天养生后的抗压强度。

(73)水泥混凝土强度等级:代表水泥混凝土强度等级的数值。即水泥混凝土标准试件在规定条件下经28天养生后的抗压强度。

(74)水泥混凝土配合比:按水泥混凝土设计强度等级所采用的水泥、砂、石和水的配合比。

(75)水灰比:水泥混凝土混合料中所用的水与水泥重量的比值。

(76)和易性:水泥混凝土混合料在施工过程中的流动性和不易离析、易于捣实等综合性质。

(77)坍落度:水泥混凝土混合料流动性指标。即按规定的试验方法测得的新拌制的混合料下坍落的竖直距离。以mm计。

(78)硬化:新拌制的水泥砂浆或水泥混凝土混合料经化学作用逐渐失去塑性而变硬的现象。

(79)水硬性:无机结合料遇水后,能在水中硬化并继续增长其强度的性质。

(80)气硬性:无机结合料能在空气中硬化并继续增长其强度的性质。

(81)离析:各种混合料出现的集料与结合料或粗集料与细集料的分离现象。

(82)徐变:固体材料的塑性变形随荷载作用时间的延续而逐渐增长的性质。

(83)老化:材料受自然件的影响,其性能随时间的增长而衰退的现象。

(84)沥青稠度:材料的软硬、稀稠程度。对黏稠沥青以针入度表示:对液体沥青以黏(滞)度表示。

(85)针入度:沥青稠度的指标。即沥青试样在规定的温度、时间和荷载件下,标准针垂直贯入试样中的深度。以1/10mm计。

(86)黏(滞)度:沥青稠度的指标。即沥青试样在规定的温度下,通过规定尺寸的流孔流出规定体积所需的时间。以s计。

(87)软化点:沥青温度稳定性的指标。即沥青由固体状态转变为流动状态时的温度。

(88)延度:沥青变形能力的指标。即沥青试样在规定的温度和拉伸速度条件下被拉断时的延伸长度。以mm计。

(89)闪点:沥青和油类可燃性的指标。即沥青或油类按规定试验方法加热,液面产生的易燃气体遇火初次出现一瞬即灭的闪火时的温度。

(90)溶解度:沥青在规定的有机溶剂中可溶解部分的重量占原重量的百分率。

(91)热稳性:沥青混合料在高温条件下能保持稳定的能力。

(92)水稳性:材料在水的作用下能保持原有强度的能力。

(93)油石比:在沥青混合料中,沥青重量与集料或矿料重量之比。以百分率表示。

(94)含油率:沥青混合料中,沥青重量占混合料总重量的百分率。

(95)压碎值:集料抵抗压碎的性能指标。按规定试验方法测得的被压碎碎屑的重量与试样重量之比。以百分率表示。

(96)磨耗度:石料在撞击、剪切和摩擦的综合作用下,抵抗磨耗的性能指标。

(97)弹性模量:材料在弹性极限内应力与应变的比值。

(98)回弹模量:路基、路面及筑路材料在荷载作用下产生的应力与其相应的回弹应变的比值。

(99)劲度:沥青材料或沥青混合料在一定温度和一定受荷时间下的应力与应变的比值。

(100)模量比:在多层路面中,相邻两层材料的回弹模量之比;在钢筋混凝土中,是指钢筋与混凝土的弹性模量之比。

(101)泊松比:材料轴向受力时,横向应变与纵向应变之比。

(102)疲劳试验:测定材料承受重复荷载性能的试验。

(103)劈裂试验:按规定试验方法对试件加压,使产生劈裂破坏,借以间接求得水泥混凝土或沥青混凝土的抗拉强度的方法。

(104)三轴试验:测定材料在三向受力条件下抗剪强度的方法。

(105)击实试验:在一定夯击功能条件下:测定材料的含水率与干重度关系的方法。

(106)触探试验:测定地基土中不同土层的贯入阻力和承载能力的方法。

(107)弯沉试验:用弯沉仪测定路面或路基强度的方法。

(108)环道试验:在环道中进行的大型模拟试验,借以量测静、动载及自然因素作用下路基、路面的应力、应变及材料的耐磨性等。

(109)承载板试验:用规定的圆板测定路基土或路面各结构层的单位压力与回弹变形关系,以评定其承载能力的方法。

(110)透水性试验:用路面透水度测定仪测定沥青路面透水性的方法。

(111)车辙试验:评定沥青混凝土路面在高温时抵抗产生轮迹能力的室内模拟试验。

(112)马歇尔试验:用马歇尔稳定度仪测定沥青混合料的稳定度和流值的方法。

(113)压实度试验:测定材料压实后的密实程度的试验。

(114)铺砂法:测定路面表面粒料之间的平均构造深度,用以表示路面的粗糙程度。

(115)硬练胶砂强度试验:用于硬水泥胶砂(水灰比 1:3)按照规定操作程序测试水泥标号的方法。简称硬练法。

(116)软练胶砂强度试验:用软塑水泥胶砂(水灰比 1:2.5),按照规定操作程序测试水泥标号的方法。简称软练法。

(117)水泥安定性试验:检验水泥硬化过程中体积变化是否均匀,技术性质是否符合国家标准的试验方法。

第十节 施工机具

一、土石方施工机具

(1)单斗挖掘机(万能挖掘机):在土体中开挖堑壕、基坑和挖装砂石类材料的机具。按工作装置不同,分为正铲、反铲、拉铲、抓斗 4 种;按行走装置不同,分为履带式和轮胎式两种;按传动机构不同,分为机械式和液压式两种。需要时,还可换装夯土、打桩、起重等工作装置。

(2)推土机:近距离铲、推土体和清除障碍物的机具。常用的推土机按行走装置不同,分为履带式和轮胎式两种;按传动机构不同,分为机械式和液压式两种。

(3)除根机:拔除树根和清除灌木的机具。需要时,还可换装推土工作装置。

(4)铲运机:中距离铲、装、运、卸土体和控制厚度(分层)填土以及整平、局部碾压土体的机具。常用的铲运机按行走方式不同,分为拖式和自行式两种;按传动机构不同,分为机械式和液压式两种。

(5)平地机:铺平松散填土和刮平路基(包括边坡)、路面、场地以及开挖路槽,还可用于路基上拌和路面材料、养护土路、铲除杂草、清除积雪及松土(附有齿耙)的机具。常用的平地机的种类,按行走方式不同,分为拖式和自行式两种;按传动机构不同,分为机械式和液压式两种。需要时,还可加装推土工作装置。

(6)挖沟机:在土体中开挖矩形、梯形、阶梯形截面沟槽的机具。按工作装置不同,分为链斗式和轮斗式两种。

(7)耕耘机:翻挖路基土和挖松稳定土的机具。

(8)松土机:耙松坚硬的土和含有树根或大量砂砾土的机具。

(9)松土搅拌机:可就地将土翻挖、破碎并与结合料混合、搅拌、捣实的机具。按行走方式不同,分为拖式和自行式两种。

(10)稳定土拌和机:将土破碎并与其他材料混合、搅拌的机具。按拌和方式不同,分为集中拌和式(又分为固定式和移动式两种)和路上拌和式两种。

(11)凿岩机:在岩石上钻凿炮眼的机具。按工作原理不同,分为冲击式和旋转式两种;按动力形式不同,冲击式凿岩机又分为风动、电动,内燃、液压4种;按操作方式不同,风动凿岩机还可分为导轨式、气腿式、手持式3种。

(12)碎石机:破碎石块的机具。按工作原理不同,分为鄂式、锥式、滚筒式、锤式4种。

(13)碎石撒布机:按规定的宽度、厚度摊铺路面碎石材料的机具。

(14)装载机:铲、装松软土体和松散材料的机具,还可用以整平地面、清理场地等。

二、压实用施工机具

(1)羊足压路机(羊足碾):碾压土体的机具。按行走方式不同,分为拖式(分为单筒和双筒)和自行式两种。

(2)手扶式单轮压路机:滚压土体的机具。按行走方式不同,分为手推式和手扶自行式两种。

(3)蛙式打夯机:夯实小块土体和整平地面的机具。

(4)内燃夯实机:夯实小块土体和修复路面坑槽的机具。

(5)铁夯(铁撞柱):在压路机不易压实处靠手工夯实沥青混合料的工具。

(6)压路机:压实路基路面的机具。按重量不同,分为轻型、中型、重型3种;按行走装置不同,分为钢筒式(又分为光面和钉痕两种)和轮胎式两种;按构造形式不同,分为两轮两轴式、三轮两轴式、三轮三轴式3种。

(7)振动压路机:压实路基路面、具有振动滚轮的机具。按行走方式不同,分为拖式和自行式(有单轮手扶式、双轮手扶式、驾驶式3种)两种;按构造形式不同,驾驶式振动压路机还可分为铰接式、串联式、双轮式、组合式4种。

三、沥青路面施工机具

(1)沥青加热器:加热沥青的器具。

(2)沥青泵:输送沥青的机具。

(3)沥青洒布机:将沥青加热并喷洒到路面上的机具。按行走方式不同,分为拖式和手推式两种;按构造形式不同,分为电动喷洒和手摇喷洒两种。

(4)沥青洒布车:将沥青加热并喷洒到路面上的车辆。按构造形式不同,分为专用自行式和临时装载式两种。

(5)沥青混合料拌和设备:拌制沥青混合料的整套装置。按拌和方式不同,分为固定式和移动式两种;按生产工艺方法不同,分为间歇分拌投料强制搅拌式和连续投料式(又分为强制搅拌和筒体拌和)两种。

(6)沥青混合料摊铺机:摊铺沥青混合料的机具。按行走装置不同,分为履带式和轮胎式两种;按型号不同,分为大型、中型、小型3种。

四、水泥混凝土路面施工机具

(1)散装水泥运输车:将散装水泥从水泥厂运输到拌和厂(站)或工地现场的车辆。按构造形式不同,分为专用式、改装式、袋式、箱式4种。

(2)水泥混凝土混合料拌和设备:拌制水泥混凝土混合料的整套装置。按拌和方式不同,分为固定式和移动式两种;按生产工艺方法不同,分为间歇式和连续式两种;按构造形式不同,分为自落式和强制式两种。

(3)水泥混凝土混合料搅拌运输车:将水泥混凝土混合料从拌和厂(站)运输到工地现场并在途中慢速搅动的车辆。

(4)水泥混凝土混合料摊铺机:摊铺水泥混凝土混合料的机具。按摊铺方式不同,分为滑模式和轨模式两种;按行走装置不同,滑模式水泥混凝土混合料摊铺机又分为履带式和轮胎式两种;按工作装置不同,轨模式水泥混凝土混合料摊铺机又分为斗式和螺旋式两种。

(5)振捣器:捣实水泥混凝土混合料的器具。按动力形式不同,分为风动和电动两种;按构造形式不同,电动振捣器又分为附着式、平板式、插入式3种。

(6)水泥混凝土混合料整面机:捣实、整平、抹光水泥混凝土混合料的机具。按整面方式不同,分为轨模式和履带式两种。

(7)真空泵:从水泥混凝土混合料表面吸出一部分多余水分和气泡的机具。

(8)水泥混凝土路面切缝机:切割水泥混凝土路面缩缝的机具。按工作装置不同,分为振动刀、振动圆盘刀、金刚砂轮3种。

(9)水泥混凝土路面锯缝机:切割水泥混凝土路面假缝的机具,还可用以锯开水泥混凝土路面埋置管线。按行走方式不同,分为手推式、半自行式、自行式3种。

(10)水泥混凝土路面清缝机:在水泥混凝土路面缝中灌入密封材料前清除缝中石屑、砂土、旧填缝料等杂物的机具。

(11)水泥混凝土路面填缝机:在水泥混凝土路面接缝或裂缝处灌入密封材料的机具。

五、桥梁施工机具

(1)水泵:给水、排水的机具。

(2)泥浆泵:输送泥浆的机具。按工作原理不同,分为活塞式和离心式两种。

(3)张拉钢筋油泵:张拉预应力钢筋的机具。

(4)砂浆泵:输送或灌压砂浆的机具。按动力形式不同,分为风动和电动两种。

(5)水泥混凝土混合料的机具。按动力形式不同,分为风动和电动两种。

(6)钢筋切断机:切断钢筋的机具。按传动机构不同,分为机械机和液压式两种。

(7)钢筋冷轧机:在常温下将圆钢筋轧制成变形钢筋的机具。

(8)钢筋冷拉机:在常温下对钢筋进行强力拉伸以提高钢筋强度的机具。按传动机构不同,分为机械式(又分为卷扬机工和阻力轮式两种)和液压式两种。

(9)钢筋冷拔机:在常温下将圆钢筋或钢丝拉过不同尺寸拔丝模孔以减小圆钢筋或钢丝直径的机具。

(10)钢筋冷镦机:在常温下镦粗预应力钢筋或钢丝端头的机具。按动力形式不同,分为手动,电动、液压3种。

(11)钢筋调直机:调直圆形钢筋盘并可将其剪切成需要长度的机具。

(12)对焊机(碰焊机):焊接钢筋、钢板的机具。

(13)钻孔机(钻探机):地层钻孔的机具。按工作原理不同,分为螺旋式、回转式、冲抓式、全套管式、振动冲击式5种;按构造形式不同,螺旋式钻孔机分为螺旋钻孔机、长螺旋钻孔机、短螺旋钻孔机、钻扩机4种;按泥浆运行方向不同,回转式钻孔机分为正循环和反循环两种。

(14)打桩机:将桩打入地层的机具。按锤体动力形式不同,分为人力、蒸气、内燃、振动、液压5种;按桩架形式不同,分为直式、塔式、多能式、起重机式、简易式5种;按工作条件不同,分为陆上、水上、潜水3种;按锤体升降方式不同,蒸气打桩机分为单作用式、双作用式、差动式3种;按构造形式不同,振动打桩机分为刚式、柔式、冲击式3种。

(15)拔桩机:将已打入地层的桩拔出的机具。按锤体动力形式不同,分为蒸气、振动、液压3种。

(16)千斤顶:将沉重物体抬举到一定高度的机具。按工作原理不同,分为齿式、螺旋式、液压式3种;按油泵部分与起升部分分离与否,液压千斤顶分为为离式和整体式两种。

(17)张拉预应力钢筋千斤顶:张拉预应力混凝土构件中的钢筋或钢丝的机具。按构造形式不同,分为台座式、拉杆式、锥锚式、三作用式4种。

(18)手拉葫芦(神仙葫芦):起吊重物的简易机具。

(19)起重葫芦(起重滑车):起吊重物的机具。按动力形式不同,分为手动和电动两种。

(20)卷扬机(绞车):起吊、拖运重物和打桩的机具。按动力形式不同,分为手动和电动两种。

(21)缆索吊装设备:起吊、运输和安装预制构件的整套装置。

(22)起重机:起吊重物的机具。按构造形式不同,分为缆索式、无轨式、有轨式、浮式、水陆两用式5种;按底盘和行走装置不同,无轨式起重机又分为履带式、轮胎式、汽车式3种;按轨道和结构不同,有轨式起重机又分为门式、桥式、轨道式3种;按工作装置不同,浮式起重机又分为臂式和塔式两种。

(23)架桥机:整孔架设钢板梁和分片架设钢筋混凝土梁或顶应力混凝土梁的机具。按构造形式不同,分为板梁式和构架式两种。

(24)砂筒:拱桥卸落支架或先张法顶应力混凝土松放钢筋的器具。

六、隧道施工机具

(1)盾构(盾构挖掘机):用暗挖法修筑隧道的机具。按构造和开挖方法不同,分为手掘式、挤压式、半机械式、机械式4种;按进土孔关闭情况不同,挤压式盾构又分为闭胸式(还可分为全闭胸和局部闭胸两种)和网格式两种;按进土孔关闭情况不同,机械式盾构又分为闭胸式(还可分为局部气压、泥水加压、土压平衡3种)和开胸式两种。

(2)全气压盾构:用暗挖法在水底修筑隧道或在松软含水地层修筑隧道的机具。

(3)半盾构:用暗挖法在上下两层软硬不同的地层修筑隧道的机具。

(4)隧道掘进机:用暗挖法在山岭地区掘进钻凿隧道的机具。

(5)全断面隧道掘进机:用暗挖法在山岭地区全断面同时掘进钻凿隧道的机具。

(6)喷枪:喷射水泥混凝土混合料修补加固或喷锚支护的机具。

(7)装渣机:清除装运石渣的机具。按工作原理不同,分为铲斗式、耙斗式、耙抓式3种;按行走方式不同,分为自行式和非自行式两种;按行走装置不同,自行式装渣机又分为履带式、轮胎式、轨轮式3种;按动力形式不同,分为风动、电动、内燃、液压4种。

(8)盾构千斤顶:推动盾构前进并可实现盾构纠偏的机具。

(9)拉合千斤顶:沉管隧道施工中用于水下联结的机具。

七、养护机械

(1)养护机械:公路小修保养、中修、大修和改善等工程中使用的机具。

(2)路面铣削机(刨路机):铣削挖掘原有沥青路面面层的机具。按铣削时加热与否,分为加热铣削和冷式铣削两种。

(3)回砂车(回砂机):将飞散滚落到路边的保护层粒料扫回到路面并刮平的机具。

(4)除雪机:清除道路上厚层积雪的机具。

(5)装雪机:向卡车上装雪的机具。按构造形式不同,分为皮带输送、螺旋输送、螺旋滑槽装载、牵引铲斗装载4种。

(6)洗净剂喷布车:刷洗隧道墙面的车辆。

(7)清扫车:清扫道路的车辆。按工作原理不同,分为刷扫式和真空抽吸式两种;按行走装置不同,分为三轮式和四轮式两种。

(8)洒水车:为养护路面、冲洗、防尘、降温、绿化等而洒水的专用车辆。

(9)路面画线机(车):标画路面标线的机具。按行走方式不同,分为手推式和车载式。

(10)路面标线清除机:磨除路面标线漆的机具。

(11)割草机:清除路肩、边坡等处杂草的机具。常用的有可自动行走的机动除草机、手推式的电动除草机等。

(12)撒盐机(车):为融化积雪将盐均匀撒布在路面上的机具。

(13)综合养护车:路面局部养护、翻修、补强的机具(有破碎、挖掘、洒布、沥青、拌和、整平、压实等工作装置)。

(14)多功能养护机(车):公路维修多种用途的机具(有破碎、挖掘、运输、推雪、洒水、割草等工作装置)。常以拖拉机为动力源,变换液压镐、抓斗、拖斗装置。

(15)路面破碎机:破碎原有水泥混凝土路面的机具。一般分为风镐、液压镐两种。风镐的动力源为空压机,液压镐的动力源多为拖拉机和翻斗车。

(16)路面铣刨机:铣削、挖掘原有沥青路面面层的机具。按铣刨时加热与否,分为加热铣刨和冷式铣刨;按使用功能,分为单一式铣刨和联合式铣刨。

(17)沥青路面加热器:对局部沥青路面表层加温的设备。

(18)移动式沥青炉:可行走的自行式沥青加热保温的设备。

(19)沥青贮罐:储存保温沥青的容器。

(20)沥青加热设备:沥青加热的装置。按加热方式,分为太阳能加热、远红外加热、导热油加热、电加热、燃油加热、煤加热等。

(21)沥青混合料搅拌设备:拌制沥青混合料的整套装置。按搅拌方式不同,分为固定式和移动式;按生产工艺方法不同,分为间歇式和连续式(有强制搅拌和筒式搅拌之分)。

(22)稀浆封层机:将细集料、填料、水、乳化沥青拌和成稀浆混合料,摊铺成薄层路面的机械。按行走方式不同,分为自行式和拖式。

(23)沥青混合料旧料再生设备:利用沥青块旧料加入一定比例的新料(沥青和砂石材料)和再生剂,重新拌和,使旧料再生的设备。

(24)灌缝机:在水泥混凝土路面或沥青混凝土路面接缝、裂缝处灌入密封材料的机具。

(25)砂浆搅拌机:拌制砂浆的机具。

(26)砂浆灌注机:灌压砂浆的机具。按动力形式不同,分为风动和电动。

(27)刻槽机:水泥混凝土路面刻防滑槽的机具。

(28)研磨机:磨除水泥混凝土路面接(裂)缝的错台和表面凸出部分的机具。

(29)水泥混凝土搅拌运输车:将水泥混凝土混合料从拌和厂(站)运输到工地现场,并在途中慢速搅拌的车辆。

(30)混凝土输送泵:连续输送水泥混凝土混合料的机具。按动力形式不同,分为电动和风动。

(31)路缘石铺筑机:铺筑路缘石或拦水带的机具。按路缘石所用材料不同,分为沥青混凝土路缘石铺筑机、水泥混凝土路缘石铺筑机。

(32)石屑撒布机:按规定的宽度、厚度撒布路面石屑材料的机具。

(33)撒砂机:按路面宽度、厚度摊铺砂粒材料的机具。

(34)平板振动夯实机:用于小范围夯实、整平地面,夯实沥青混合料,修复路面坑槽的机具。

(35)除锈机:清除钢筋表面锈蚀的机具。常见的有风动刷、除锈枪、电动刷、电动砂轮。

(36)喷漆机:喷涂桥梁等构造物及构件表面涂料的机具。

(37)喷浆机:喷射水泥砂浆的机具。

(38)混凝土喷射机:喷射水泥混凝土混合料,修补、加固或喷锚支护的机具。

(39)隧道清洗车:刷洗、冲洗隧道表面、灯具等专用的车辆。

(40)车载升降机:自行式液压升降设备。用于桥梁检测,路灯、标牌等维修。按升降平台分为斗式和桁架式。

八、其他施工机具

(1)振动筛:将不同粒径的集料筛分成各种规格的粒料的机具。按筛面不同,分为格筛、多孔板、金属丝网、楔形钢丝网4种。

(2)撒布机:将各种路面材料均匀撒布在路槽上的机具,还可用以撒布氯化钙融化积雪。

(3)输送机:水平或小倾角连续输送物料的机具。按工作原理不同,分为皮带输送、链式输送、螺旋输送3种;按构造形式不同,皮带输送机又分为移动式、固定式、可逆式、伸缩式4种;按工作装置不同,链式输送机又分为链式、链板式、刮板式3种;按螺纹形式不同,螺旋输送机又分为连续式、带条式、铲式3种。

(4)提升机:垂直或倾斜连续输送物料的机具。按构造形式不同,分为带斗和链斗两种;按外形装置不同,分为敞开式和封闭式两种。

(5)翻斗车:短距离运输物料的小型车辆。

(6)自卸汽车:运输松散材料和刚拌制的沥青或水泥混凝土混合料并可自行卸料的车辆。按倾卸装置不同,分为手摇式、机械式、液压式3种;按倾卸方向不同,分为单面倾卸、双面倾卸、三面倾卸3种。

(7)牵引车:用以迅速拖出事故车辆、排除交通障碍的车辆。

(8)拖车头:拖带挂车的车辆。

(9)挂车:自身无动力需要牵引的载客、载货车辆。按构造形式不同,分为全挂车(简称挂车)和半挂车两种。

(10)平板车:装运各种笨重庞大的货物、超重型的机械设备、大型的桥梁构件等的低车架车辆。

(11)工程车:承担施工机械现场修理或完成某种特定工程作业或提供能源等的车辆。按行走方式不同,分人拖式和自行式两种;按功能不同,分为机具修理车、汽车修理车、工程急救车、焊接作业车、发电车5种。

(12)万能杆件:用以拼装各种形式的脚手架或临时性设施的多功能杆件。

第十一节　检测仪具和材料试验仪具

一、检 测 仪 具

(1)击实仪:用以测得土的含水率与干容重关系曲线并可间接测定土的最佳含水率和最大干容重的仪具。分为轻型和重型两种,均由底座、试模、模套、导杆、击锤、击锤垫、把手等组成。

(2)长杆贯入仪:间接测定土基回弹模量的仪具。由贯入锥、贯入杆、导杆、击锤、击锤垫、把手等组成。

(3)承载板:测定土基和路面材料回弹模量的仪具。由刚性承载板、竖杆等组成。

(4)杠杆弯沉仪(贝克曼弯沉仪):测定路面在车轮荷载作用下测点表面回弹弯沉值的仪器。由底座、前杠杆、后杠杆、测头、百分表等组成。

(5)路面曲率半径测定仪:测定路面在车轮荷载作用下测点与支点表面垂直变形的差值并可间接测定路面曲率半径的仪器。由导轮、上杆、下杆、前支点、后支点、测头、百分表等组成。

(6)路面平整度测定仪:测定路面平整程度的仪器。由直尺、支承轮、量测轮、传感装置、记录装置等组成。

(7)路面透水度测定仪:测定路面透水程度的仪器。由底座、小量筒、大量筒、旋塞等组成。

(8)(第)五轮仪:测量车速并可间接测定路面摩擦系数的仪器。由量测轮(即第五轮)、传感装置、记录装置等组成。

(9)制动仪:测量车辆制动过程中减速度的变化并可间接测定路面摩擦系数的仪器。由导杆、重陀、弹簧、记录装置等组成。

(10)速度检测器:测量车速的仪器。由雷达、瞄准器、拨码盘、数码管、报警器等组成。

二、综合类材料试验仪具

(1)万能试验机:测定材料试件拉伸、压缩、弯曲、剪切等多种力学性能的机具。由底座、立柱、加荷装置、测力装置等组成。

(2)三轴(剪切)仪:测定材料黏结力和内摩擦角并可间接测定材料抗剪强度的仪具。按施加轴向压力方式不同,分为应变控制式和应力控制式两种;按施加轴向压力时侧向压力稳定与否,分为开式和闭式两种。三轴(剪切)仪由机架、压力室、加荷装置、测力装置、水压测定装置等组成。

(3)加州承载比(CBR)测定仪:测定加州承载比(CBR)的仪具。由机架、加荷装置、测力装置,贯入压头、百分表等组成。

(4)标准筛:按规定尺寸的筛孔系列筛分集料的器具,分为水筛和干筛两种。由若干个筛孔尺寸按系列规定的筛以及筛底盘、筛盖等组成。

三、沥青类材料试验仪具

(1)沥青针入度仪:测定黏稠石油沥青和中凝液体石油沥青蒸馏后残留物稠度的仪器,由支架、圆台、盛样皿、齿杆、连杆、刻度盘、按钮、标准针、小镜等组成。

(2)沥青黏度仪:测定低稠度的黏稠石油沥青、液体石油沥青、软煤沥青等黏度的仪器。由支架、盛样筒,保温浴筒、保温浴盖、球棒、搅拌器等组成。

(3)沥青延度仪:测定黏稠石油沥青和液体石油沥青蒸馏后残留物变形能力的仪器。由水槽、螺旋杆、滑动器、指针、标尺、试模、电动机等组成。

(4)沥青软化点仪(环—球法):测定黏稠石油沥青和液体石油沥青、软煤沥青蒸馏后残留物耐热性质的仪器。由烧杯、环架、试件环、定位环、钢球等组成。

(5)闪点仪(开口杯式):测定黏稠石油沥青、慢凝液体石油沥青、液体页岩沥青等加热后产生闪火或燃烧时的最低温度的仪器。由支架、坩埚托、内川埚、外柑埚、温度计、引火管、防护罩等组成。

(6)马歇尔稳定度仪:测定沥青混合料稳定度和流值的仪器。由支架、加荷装置、测力环、百分表、流值计、试模、击锤、击实台等组成。

(7)(沥青混合料)抽提仪:测定沥青混合料中沥青含量和矿料级配的仪器。由底座、加热装置、保温筒、内筒、外环、虹吸管、铜丝笼、冷凝管、漏斗等组成。

四、水泥类材料试验仪具

(1)砂浆稠度仪:测定砂浆在自重或外力作用下流动性的仪器。由支架、盛砂浆桶、圆锥、连杆、制动螺丝、标尺等组成。

(2)坍落度圆锥筒:测定水泥混凝土混合料稠度的仪具。由附有把手、踏脚板的标准圆锥筒、弹头棒等组成。

(3)标准工业黏度计:测定低流动性和干硬性水泥混凝土混合料稠度的仪具。由附有漏斗的截头圆锥筒、圆柱筒、圆环、圆盘、测杆等组成。

五、砂石类材料试验仪具

(1)饱和面干吸水率试模:测定砂饱和面干吸水率的仪具。由试模、捣棒、玻璃板等组成。

(2)撞击韧度试验机:测定石料冲击韧度的机具。由底座、导杆、撞锤、锤座、下锤座、电动机等组成。

(3)圆盘耐磨硬度试验机:测定石料耐磨硬度或耐磨硬度系数的机具。由机架、磨盘、支筒、砂斗、电动机等组成。

(4)狄法尔磨耗试验机(双筒式磨耗试验机):测定碎石或砾石磨耗度的机具。由机架、水平架、圆柱筒(2 个)、计数器、电动机等组成。

(5)洛杉矶磨耗试验机(搁板式磨耗试验机):测定碎石或砾石磨耗度的机具,由机架、圆柱筒(附有搁板)、钢球、计数器、电动机等组成。

(6)压碎率试模:测定碎石或砾石压碎率的仪具。由底盘、圆柱筒、加压盖等组成。

第十二节　养护与管理

一、养　　护

(1)养护:为保持公路的正常使用而进行的经常性保养、维修作业,预防和修复灾害性损坏,以及为提高使用质量和服务水平而进行的加固、改善或增建。

(2)定期养护:对公路及沿线设施按一定时间进行保养、维修的养护方式。

(3)巡回养护:在管养的路段上巡回检查,发现病害、交通障碍及其他异常情况及时进行处理的养护方式。

(4)大中修周期:自公路开始使用至第一次大、中修的间隔时间、或两次大、中修的间隔时间。

(5)小修保养:对公路及沿线设施经常进行维护保养和修补轻微损坏部分的作业。

(6)中修:对公路及沿线设施的一般性磨损和局部损坏部分进行修理加固、更换或局部改善,以恢复公路原有技术状况的工程。

(7)大修:对公路及沿线设施的较大损坏进行全面综合修理,以恢复原设计标准;或在原技术等级范围内局部改善或个别增建,以提高公路通行能力的工程。

(8)好路率:公路技术状况标准,分为优、良、中、次、差5个等级。优、良级路段的里程占养护里程的百分率称为好路率。

(9)路容:公路及其沿线设施等的外观整洁状况。

(10)路况:现有公路路基、路面、构造物及沿线设施等的技术经济状况。

(11)路况调查:对现有公路技术经济状况的调查、检验、评价并存档等工作的全过程。目的是为改进服务、制订规划和计划提供依据。

(12)民工建勤:根据国家有关规定,农民为养护公路和修建地方道路所出的义务工日及车日。

(13)养路费:按照国家有关规定,由交通公路管理部门向拥有车辆单位或个人征收的用于公路养护的费用。费改税后以燃油税代为征收。

(14)养路道班:在公路沿线设置的进行公路养护作业的基层单位。

(15)罩面:为恢复或提高路面的使用功能(如平整度和抗滑等),在原有沥青路面上加铺的沥青面层。

(16)稀浆封层:用适当级配的石屑或砂、填料(如水泥、石灰、粉煤灰、石粉等)与乳化沥青、外掺剂和水,按一定比例拌和成流动状态的沥青混合料铺筑在路面上的薄层。

(17)灌缝:用热沥青、乳化沥青、细粒式沥青混合料或乳化沥青混合料灌入沥青路面裂缝的方法。

(18)铣刨:用铣刨机铣除沥青路面拥包、油包和车辙的方法。

(19)挖补:对原有路面的局部损坏挖除并用相同的材料修补的方法。

(20)再生利用:将旧沥青(或水泥)面层材料进行再生,组配成合格的再生沥青(或水泥)混合料,重新铺筑路面。

(21)路面补强:提高原有路面结构强度的措施。

(22)水泥混凝土加铺层:为提高原有水泥混凝土路面的结构强度和改善表面功能,在其上加铺的水泥混凝土面层。

(23)直接式混凝土加铺层:在经过清理的原有水泥混凝土路面上直接铺筑的水泥混凝土面层。

(24)结合式混凝土加铺层:在经过凿毛并彻底清理的原有水泥混凝土路面上涂水泥浆、水泥砂浆或环氧树脂等黏结料,再铺筑的水泥混凝土面层。

(25)分离式混凝土加铺层:在原有水泥混凝土路面上铺沥青类材料或其他材料的隔离层,再铺筑的水泥混凝土面层。

(26)路面翻修:对损坏的路面,经挖除或翻松处理后重新铺筑路面的作业。

(27)防滑处理:为恢复或提高路面抗滑能力而采取的措施。

(28)刻槽:在水泥混凝土面层上纵向、横向或斜向等间距或随机间距刻出的凹槽,以提高其抗滑能力的方法。

(29)研磨:在水泥混凝土面层上用研磨机具研磨,以消除接缝或裂缝错台,改善平整度和抗滑性能的方法。

(30)补坑:对路面坑槽进行清理后,用原路面结构同类型的或与之相适应的材料进行修补的作业。

(31)热法补坑:用热拌沥青混凝土混合料或热拌沥青碎石混合料修补沥青路面坑洞、坑槽的方法。

(32)冷法补坑:用冷沥青混凝土混合料或冷沥青碎石混合料修补沥青路面坑洞、坑槽的方法。

(33)回砂:在碎、砾石或其他粒料路面上,采用机械或人力匀砂器,顺路线方向将松散保护层匀平的作业。

(34)裂缝灌浆:修补水泥混凝土路面的裂缝。采用环氧树脂与固化剂拌匀后直接灌入裂缝的为直接灌浆;采用埋设灌浆嘴,封闭裂缝后用压力将灌浆器中的灌缝料通过埋设的各个灌浆嘴灌入裂缝的为压注灌浆。

(35)板下封堵:对水泥混凝土板下和基(垫)层中的空隙进行灌浆以恢复板的支撑,使板稳定的方法。

(36)板体抬升:将局部沉陷的水泥混凝土板提升,并通过灌浆使板恢复到原有位置的方法。

(37)桥梁技术状况评定将桥梁分为一类桥、二类桥、三类桥、四类桥、五类桥。

(38)一类桥:技术状况处于完好或良好状态,即重要部件功能与材料均良好,次要部件功能良好、材料有少量(3%以内)轻度缺损或污染,承载能力和桥面行车条件符合设计指标,仅需对桥梁进行保养维护。

(39)二类桥:技术状况处于良好或较好状态,即重要部件功能良好、材料有局部(3%以内)轻度缺损或污染、裂缝宽小于限值,次要部件有较多(10%以内)中等缺损或污染,承载能力和桥面行车条件达到设计指标,仅需对桥梁进行小修或保养。

(40)三类桥:技术状况处于较差状态,个别重要构件有轻微缺损或部分次要构件有较严重缺损,但桥梁尚能维持正常使用功能。即重要部件材料有较多(10%以内)中等缺损,裂缝宽超限值,或出现轻度功能性病害,但发展缓慢,尚能维持正常使用功能;次要部件有大量(10%~20%)严重缺损、功能降低,进一步恶化将不利于重要部件和影响正常交通;承载能力比设计降低10%以内,桥面行车不舒适。

(41)四类桥:技术状况处于差的状态,部分重要构件有较严重缺损或部分次要构件有严重缺损,桥梁正常使用功能明显降低,桥梁承载能力降低但尚未直接危及桥梁安全。即重要部件材料有大量(10%~20%)严重缺损,裂缝宽超限值,风化、剥落、露筋、锈蚀严重,或出现轻度功能性病害,且发展较快,结构变形小于或等于规范值,功能明显降低;次要部件有20%以上的严重缺损,失去应有功能,严重影响正常交通;承载能力比设计降低10%~25%。

(42)五类桥:技术状况处于危险状态,部分重要构件出现严重缺损,桥梁承载能力明显降低并直接危及桥梁安全。即重要部件出现严重的功能性病害,且有继续扩张现象,关键部位的部分材料强度达到极限,出现部分钢筋断裂、混凝土压碎或杆件失稳变形的破损现象,变形大于规范值,结构的强度、刚度、稳定性和动力响应不能达到平时交通安全通行的要求;承载能力比设计降低25%以上。

二、路　　基

(1)堆料台:在公路路肩以外堆放养路材料的台地。

(2)路基病害:路基发生的各种损坏、变形和其他缺陷的总称。

(3)边坡冲沟:路基边坡或山坡受流水的冲刷作用而形成的沟。

(4)沉陷:路基压实度不足或构造物地基土质不良,在水、荷载等作用下产生的不均匀下陷。

(5)沉降:地基在荷载作用下受压缩而产生的竖向变形。

(6)崩塌:陡峻山坡上的岩土体,由于自然因素、人为因素的影响,破坏了岩土体的平衡,在重力作用下,向下、向外崩解坍落的现象。

(7)坍方:路基边坡因坡度过陡,或受水冲刷,或岩土风化,或地震造成边坡土坡坍塌的现象。

(8)滑坡:在自然或人为因素的影响下,山坡上不稳定的岩土体沿山坡内部某一软弱面或软弱带向下滑动的现象。

(9)翻浆:季节性冰冻地区,春融时路基或路面基层含水量过大,强度急剧降低,在行车作用下造成路基湿软弹簧、路面破裂,冒出泥浆等的现象。

(10)弹簧现象:路基或路面上出现的受压下陷、去压回弹的现象。

(11)溶陷:盐渍土路基受到雨水、冰雪融化的淋溶,含水率急增,路基发软、下沉的现象。

(12)碎落:易风化的岩石山坡或路堑边坡表层的风化产物脱离母岩掉落于坡脚下的现象。

(13)岩溶:可溶性岩层受水的溶蚀作用产生的沟槽、裂缝、空洞,以及由于溶洞顶板塌落,使地表产生陷穴、洼地等的现象。

(14)湿陷:黄土遇水后,由于水薄膜的楔入作用及土内易溶盐的溶解,在重力和外力作用下产生的沉陷。

(15)陷穴:黄土地区台地边缘、沟谷两岸等处,由于坡面径流集中,流水沿节理下渗侵蚀黄土而成的穴孔。

(16)危岩:路堑边坡及其顶上呈不稳定状态、可能坠落,危及行车和行人安全的岩石。

(17)冻胀:寒冷地区的冬季,路基土层或路面基层内的水分集聚冻结,发生体积膨胀,造成隆起的现象。

(18)盐胀:盐渍土中碳酸钠超过一定含量时,遇水发生膨胀的现象。

(19)路基修整:为保持路基各部分尺寸和坡度符合要求,排水畅通,路基稳定,对路基边坡、路肩、防护构造物及排水设施等所进行的修理、整理和清理。

(20)护坡:为防止边坡受侵蚀,在坡面上所做的各种铺砌和栽植的统称。

(21)圬工护坡:防止路基边坡风化、冲刷等侵蚀破坏作用,在边坡坡面上用块、片石或混凝土块干砌或浆砌而成的保护坡面的覆盖层。

(22)植物护坡:在易被雨水冲刷或可能损毁的土质路基边坡上种植植物的防护措施。

(23)土工织物加固:防止路基边坡风化剥蚀,引起坍落等病害,采用土工布袋或土工网格铺筑于坡面的加固措施。

(24)圬工骨架防护:路堑或高路堤边坡上用块、片石或混凝土块浆砌成方格形、菱形、人字形或拱形骨架,其间铺种草皮或栽植小灌木的加固与防护的措施。

(25)喷射混凝土防护:防止岩土边坡风化、冲蚀、剥落等病害,在坡面上喷射一层混凝土的加固与防护的措施。

(26)喷浆:在易风化岩层的路堑边坡上喷射水泥砂浆,形成一层保护层,以防止坡面风化的措施。

(27)灌浆:为防止岩层节理发育及破碎的路堑边坡崩塌、落石等病害,对岩层较大的裂缝灌注小石子混凝土或水泥砂浆,使之胶结成一整体的措施。

(28)抹面:易受雨水冲刷的土质边坡或易风化的石质边坡上抹涂一层水泥砂浆或三合土、四合土并夯拍、磨平的加固与防护的措施。

(29)勾缝:为防止雨水沿裂缝侵入岩层内部的有害作用,对裂缝多而细的岩石路堑边坡用水泥砂浆或水泥石灰砂浆勾涂的措施。

(30)软弱地基:天然含水率过大,承载力低,在荷载作用下易产生滑动或固结沉降的地基。

(31)反压护道:防止软弱地基产生剪切、滑移,保证路基稳定,在路堤两侧填筑起反压作用的具有一定宽度和厚度的土体。

(32)换土:将一定深度范围内的软弱土层挖除,填筑符合规定要求的填料,以改善和加强路基的方法。

(33)抛石挤淤:用较大的块石、片石、卵石从路堤中部向两侧对称地抛填,使泥沼或软土侧向挤出的措施。

(34)加固土桩:用带有回转、翻松、喷粉和搅拌的机械,将软土地基局部范围的某一深度、某一直径内的软土用固化材料予以改良、加固形成的柱体。

(35)石灰桩:为加速软弱地基的固结,在地基上钻孔并灌入生石灰而成的吸水柱体。

(36)侧向压缩法:为保持软弱地段的路基稳定,沿路堤坡脚打入排桩、板桩,以限制软土侧向挤出的方法。

(37)袋装砂井:为加速软弱地基排水固结,在地基中钻孔,将灌入砂的编织袋放进孔内而成的排水柱体。

(38)塑料排水板法:为加速软弱地基排水固结,将由芯体和包围芯体的合成纤维透水膜构成的板插入地基中的排水措施。

(39)路基砂垫层:为防止地下水的毛细上升和排除路基的水分,保证路基的强度和稳定性,在路堤底部铺设的砂层。

(40)灌浆加固地基土:对基础下面的松软土基,或上层土质比较好,但下卧层土质不良的土基,灌压水泥浆液或化学浆液,以提高地基承载能力的方法。

(41)旋喷注浆:利用钻机将旋喷浆管置于预计的地基加固深度,用一定压力喷射液冲击土体,旋喷成圆柱形固结体,并和原有基础联成一体,增加地基承载力的措施。

(42)锚固抗滑:山体滑动可能引起构造物破坏,且当滑动面以上的岩体不厚时,在滑动面下端设置锚固桩,以阻止其滑动的措施。

(43)挡土墙加固:挡土墙发生倾斜、鼓肚、滑动或下沉时而进行的加固。

(44)锚固法:在原有挡土墙上钻孔穿入锚杆,并插入墙后岩体的钻孔内,加以固定的加固方法。

(45)套墙加固法:在原有挡土墙外侧加宽墙基,加厚墙身,并使新、旧基础和墙身结合成整体的加固方法。

(46)支撑墙加固法:在原有挡土墙外侧,每隔一定的间距,增建支撑墙的加固方法。

(47)基底防护:为防止沿河、湖、水库或海岸附近挡土墙的基底受水流冲刷或波浪侵袭,导致墙身破坏而对基底进行的防护。

三、路　　面

(1)路面病害:路面发生的各种损坏、变形和其他缺陷的统称。

(2)功能性衰减:路面平整度、抗滑能力已达不到或不再具有规范要求的路面功能。

(3)结构性损坏:路面结构或路面组成中的一部分或不止一部分发生的、影响路面承载能力的损坏。

(4)松散:路面由于结合料黏性降低或消失,在行车作用下集料松动、散开的现象。

(5)裂缝:路面产生的裂隙或开裂。

(6)网裂:路面表面产生纵横交错呈网状的裂缝。

(7)龟裂:路面表面产生形似龟背花纹的较宽裂缝。

(8)反射裂缝:路面基层开裂或下层设有接缝而在面层出现的相对应的裂缝。

(9)纵向裂缝:路面上产生的顺路线方向的裂缝。

(10)横向裂缝:路面上产生的与顺路线方向相垂直的裂缝。

(11)斜向裂缝:路面上产生的与顺路线方向斜交的裂缝。

(12)麻面:路面表面出现麻点的现象。

(13)油包:沥青面层局部沥青过多,表面出现聚油凸起的现象。

(14)拥包:沥青面层因受行车推挤而形成局部隆起的现象。

(15)泛油:沥青路面因沥青含量偏多或稠度偏低,在气温较高时表面形成薄油层的现象。

(16)车辙:路面上沿行车轮迹产生的纵向带状凹槽。

(17)搓板:在行车作用下,路面纵向产生的似洗衣搓板状的波浪形变形。又称路面波浪。

(18)坑槽:在行车作用下,路面集料局部脱落、散失而形成的坑洼。

(19)啃边:在行车作用下,路面边缘破损、脱落的现象。

(20)脱皮:路面表面产生层状或片状剥离、失落的现象。

(21)路面滑溜:由于路面表面光滑、潮湿、结冰等原因造成行车滑溜现象。

(22)剥落:水泥混凝土路面板接缝附近或板边、板角处混凝土挤碎、破裂的现象。

(23)路面沉陷:因路基的竖向变形而导致路面下沉的现象。

(24)露骨:水泥混凝土路面水泥砂浆磨损或剥落后露出粗集料的现象。

(25)错台:水泥混凝土路面接缝或裂缝处两侧的板产生相对的竖向位移。

(26)唧泥:在行车的重复作用下,引起板体上下运动而产生抽吸作用,使板下的水与细料形成泥浆从接缝或裂缝处挤出的现象。

(27)拱起:水泥混凝土路面在气温升高时,横向接缝或裂缝两侧的板体抬高的现象。

(28)补丁损坏:路面坑洞、坑槽、局部碎裂等损坏经修补后的再次损坏。

(29)填缝料损坏:水泥混凝土路面板接缝处填缝料挤出、散失、老化、脆裂、与缝壁黏结失效等。

(30)角隅断裂:水泥混凝土面层的角隅发生的斜向裂缝与横向和纵向接缝相交,将板角切断的损坏。

(31)板体断裂:水泥混凝土面层发生的裂缝逐渐扩展、贯通,将板体分割成两块以上的损坏。通常称为断板。

(32)路面冻胀:寒冷地区结冰初期,土基下部的水分向上集聚并冻结成冰,引起膨胀,造成柔性路面拱起开裂、刚性路面错台或折断的现象。

(33)漂滑现象:当路面有薄层积水,车辆高速行驶时,由于水膜作用使车轮滑动,产生漂浮滑移失控的现象。

四、桥梁与涵洞

(1)桥梁病害整治:对遭受自然因素影响和车辆通过时的冲击及磨耗产生的病害或损坏的桥梁所进行的修理、加固等。

(2)桥涵检查:为掌握桥涵技术状况,及时发现问题和采取相应的养护措施,对桥涵各部分的技术状况进行的检查工作,包括经常检查、定期检查和特殊检查。

(3)预防性修理:防止桥梁某些部位可能遭受自然损坏而在事前进行的养护措施。

(4)桥梁抢修:对遭受自然因素或人为因素损坏的桥梁而进行的紧急、快速的修复工作。

(5)危桥:处于危险状态、不能达到通行安全要求的桥梁。

(6)油漆失效:金属构件漆膜粉化、露底、龟裂、剥落、起泡等,不能起到保护和延长金属构件使用寿命作用的现象。

(7)露筋:钢筋混凝土部件、构件的钢筋外露的现象。

(8)腐蚀:混凝土部件等受到污水、咸水、有害气体或微生物侵蚀而逐渐损坏的现象。

(9)锈蚀:金属构件表面受自然因素的作用而逐渐氧化、侵蚀的现象。

(10)裂缝:混凝土部件、构件或砖石砌体由于自身应力和荷载作用下产生的裂纹、裂隙或开裂。

(11)变形:荷载引起的结构或构件中各点间的相对位移。

(12)位移:荷载引起的结构或构件中某点位置的角变位或线变位。

(13)桥面铺装损坏:沥青类铺装层出现裂缝、松散、泛油等或水泥混凝土铺装层出现断裂、剥落、露骨等。

(14)伸缩缝损坏:桥面伸缩缝出现老化、脱落、断裂、剥离等。

(15)支座错位:桥梁支座的实际位移超过容许位移,失去其正常功能,使上、下部结构异常约束,造成支座部位损坏的现象。

(16)支座失效:支座损坏、锈蚀、老化、变质、断裂或破裂等,丧失其功能的现象。

(17)滑移:基础或结构物受洪水冲刷、推移或土的侧压力而发生移动的现象。

(18)桥头跳车:桥梁与路面衔接处沉降不均,或交接段引道纵坡与桥面纵坡不一、衔接不顺,或桥梁端与桥台之间的伸缩缝不平整而引起行车跳动、颠簸的现象。

(19)基础冲刷:桥梁墩(台)基础、地基遭受水流冲刷、侵蚀而产生空洞、剥落等现象。

(20)淘空:基础遭受水流冲刷,其底部产生洞穴的现象。

(21)不均匀沉降:桥梁下部结构,由于作用于地基压力的不同或地基的土质不一而引起的沉降值差异。

(22)墩(台)变形:墩(台)在外力作用下,其形状与位置的变化。

(23)颈缩:桩基顶段在水位涨落、干湿交替变化处的截面受冲刷、磨损等作用而变小的现象。

(24)冻拔:寒冷地区,桥梁基础桩因地基土冻胀而上拔的现象。

(25)浅基防护:为避免受冲刷淘空或受冻害的影响,对天然地基上的浅基础进行的防护。

(26)河床疏浚:为使水流顺畅宣泄,对桥孔附近河床上的漂流物和堆积物等进行的清除、疏导。

(27)桥墩防撞设施:为保护桥墩免遭船舶或漂流物撞击而设置的防护设施。

(28)桥面铺装修复:针对铺装层损坏的原因和程度,采用相适应的方法进行修补,或罩面,或凿除重铺的维修措施。

(29)缆索防护:对斜拉桥或悬索桥的缆索,采用具有附着钢丝表面的防锈层以及为保护防锈层而设置的保护层,以防止缆索锈蚀的防护措施。

(30)拉索更换:对被车辆撞坏,或因锈蚀而无法继续使用的斜拉桥拉索予以置换的维修措施。

(31)构件更换:对出现扭曲变形、局部损伤、断裂、锈蚀、腐蚀等缺陷的构件予以拆换的维修措施。

(32)支座更换:对失效的支座予以拆换的维修措施。

(33)伸缩缝修复:对出现损坏、老化、脱落、断裂、剥离等缺陷的伸缩缝予以修补或更换的维修措施。

(34)栏杆修复:对被撞坏和有缺损、裂缝或剥落等缺陷的栏杆予以修补或更换的维修措施。

(35)加固:通过加强桥梁部件、构件和对重大病害进行彻底整治,以恢复或提高整座桥梁承载能力的措施。

(36)墩(台)加固:对强度不足,或出现变形、裂缝、位移、倾斜等缺陷或损坏的墩(台)进行的修复和补强。

(37)基础加固:对发生沉降、位移,或出现冲空、冻拔等缺陷或损坏的墩台基础进行的修复和补强。

(38)压力灌浆:施加一定的压力,将浆液灌入结构物内部裂缝中封闭裂缝,提高结构强度和抗渗能力;或灌入地基中,提高其承载能力的措施。

(39)桥面补强加固法:在原有混凝土或钢筋混凝土桥面板上,加铺混凝土或钢筋混凝土补强层,以加高原有梁板的有效高度,提高梁板的抗弯能力的加固方法。

(40)预应力加固法:运用预应力原理,在增设的构件或原有构件中,施加一定初始应力(即预应力)的加固方法。

(41)梁底添置钢筋加固法:在钢筋混凝土或预应力混凝土梁桥的梁底添置钢筋的加固方法。

(42)梁底贴板加固法:将钢板或碳纤维板用化学黏结剂粘贴在梁(板)底混凝土面上的加固方法。

(43)加大杆件截面加固法:钢桥个别杆件补加钢板或型钢,以加大杆件截面的加固方法。

(44)加设加劲杆加固法:钢桥增设加劲杆件的加固方法。

(45)增大拱圈截面加固法:在拱桥原有拱圈上部或下部,紧贴原拱圈喷射钢丝网水泥拱圈或浇筑钢筋混凝土拱圈的加固方法。

(46)拱肋贴板加固法:在双曲拱桥拱肋表面粘贴钢板的加固方法。

(47)增大拱肋截面加固法:采用钢筋和混凝土外包加大原拱肋,扩大拱肋的截面尺寸,增加拱肋断面的含筋率或变无筋拱肋为有筋拱肋的加固方法。

(48)增设加劲桁架加固法:对柔性桥面的吊桥,增设加劲桁架的加固方法。

(49)扩大基础加固法:在刚性实体式基础周围用混凝土扩大基础底面积的加固方法。

(50)增补桩基加固法:在桩基的周围补设钻孔灌注桩或沉入桩并扩大原承台的加固

方法。

(51)套箍法:桥梁墩(台)出现贯通裂缝,采用钢筋混凝土围带或钢箍进行加固的措施。

(52)抗震加固:为了适应地震区现有桥梁抗震的要求,针对上、下部结构的薄弱部位,采取相应的提高桥梁抗震能力的措施。

(53)防止落梁措施:为防止地震时梁(板)桥纵、横向落梁,采用挡块、螺栓连接、钢夹板连接等加固的措施。

(54)涵洞口隆起:寒冷地区,由于冻胀而引起涵洞口凸起的现象。

(55)涵洞沉降:由于地基不良,基础埋置深度不够,导致涵洞基础及洞身下沉的现象。

(56)涵洞端墙、翼墙位移:涵洞端墙或翼墙墙体外移、倾斜及鼓肚等。

(57)涵底铺砌:为防止水流对涵洞洞底及进出口的冲刷,采用浆砌或干砌片、块石、铅丝笼等护底的措施。

(58)涵洞疏浚:为保证水流顺畅地通过涵孔,对涵洞洞内、进出水口及上、下游水槽的杂物进行的清除、疏通。

(59)涵洞加固:对有缺陷、损坏,或承载力不足的涵洞而进行的修复和补强。

(60)涵洞接长:对路基加宽或加高路段长度不足的涵洞,在其一端或两端按设计要求加长。

五、隧　道

(1)隧道:为使公路从地层内或水底通过而修建的建筑物,由洞身、洞门等组成。

(2)洞门:为保持洞口上方及两侧路堑边坡的稳定,在隧道洞口修筑的构造物。

(3)横向联络通道:在较长的道路隧道中,设于相邻双孔隧道之间,专供巡查、维修、救援及车辆转换方向用的行人横洞及行车横洞。

(4)围岩:隧道周围一定范围内,对洞身的稳定性有影响的岩土。

(5)衬砌:为防止围岩变形或坍塌,沿隧道洞身周边用水泥混凝土等材料修筑的支护结构。

(6)隧道清扫:对隧道内路面、墙面、照明灯具、边沟、信号及标志等进行清扫、冲洗、刷洗的养护作业。

(7)围岩破碎:无衬砌隧道的围岩,在长期使用过程中,由于岩石松动、风化、行车振动等的影响而产生裂缝、危石等现象。

(8)侧墙位移:由于围岩侧压力过大,致使侧墙外移或外凸(鼓肚)。

(9)端墙、翼墙位移:由于洞口的边坡和仰坡不稳定,端墙或翼墙墙背填土膨胀或冻胀,使墙体外移或外倾。

(10)侧墙、端墙与翼墙开裂:由于侧墙、端墙或翼墙发生位移,或基底承载力不足,引起地基的不均匀沉降,导致墙体裂缝或断裂。

(11)衬砌开裂:隧道衬砌由于强度不足,或受力不均匀等原因而产生的较大裂缝。

(12)衬砌渗漏水:由于隧道的防水、排水不良,衬砌有裂缝或空隙,致使水自缝隙内渗漏出的现象。

(13)衬砌剥落:隧道衬砌由于材料质量或施工质量不好,或年久变质、侵蚀等原因而产生剥离、脱落的现象。

(14)侵蚀:隧道衬砌受水、烟、空气等作用而风化、剥蚀的现象。

(15)坍体护拱:隧道衬砌局部坍塌范围内的围岩不稳定,在处理坍方过程中有继续坍塌的可能时所做的拱式支撑。

(16)坍穴回填:隧道衬砌局部坍塌后,随着坍渣的清除和衬砌的恢复,用浆砌片石、干砌片石等填满衬砌背后坍塌的洞穴。

(17)套拱加固:由于衬砌厚度不足,年久变质,侵蚀剥落严重或裂缝区域较大而影响衬砌强度时,在原衬砌下加设新拱,并使之与原衬砌形成整体的加固方法。

(18)仰拱加固:当围岩压力过大,或地基承载力不足而引起侧墙内移或局部下沉时,在路面下加设水泥混凝土或钢筋混凝土仰拱的加固方法。

(19)扩大基础加固:当地基承载力不足,端墙、侧墙、翼墙局部下沉时,加大原基础承载面积以适应地基容许承载力的加固方法。

(20)固结注浆:为固结围岩,充填围岩的裂缝,提高其整体性和承载能力,以及防止渗漏水,对隧道四周一定深度的围岩所进行的注浆。

(21)回填注浆:为了填充隧道衬砌与围岩之间的空隙,改善围岩传力条件和减少渗漏水而进行的注浆。

(22)高分子化学液注浆:用具有黏度低、可灌性好和有一定强度特点的高分子化学浆液(丙烯酰胺、聚氨酯类)注入混凝土衬砌的施工缝或裂缝中,处理渗漏水的方法。

(23)锚杆锚固:隧道衬砌变形,侧墙、端墙、翼墙位移,采用金属或其他高强性能材料的锚杆锚入稳定的岩体内,并在钻孔中灌浆封固的加固措施。

(24)保护性填土:山体滑动可能引起隧道破坏时,在山坡外侧修建挡土墙并填土,使山体受力平衡和稳定的防护措施。

(25)保护性开挖:山体滑动可能引起隧道破坏时,挖除洞顶部分山体,减少下滑重力的防护措施。

(26)隧道通风:在隧道开挖和运营中,为了排除和冲淡洞内有害气体和粉尘所采取的净化空气的措施。

(27)隧道照明:为使隧道内有足够亮度以保障隧道的通行能力和行车安全所采取的照明措施。

(28)隧道防火:为预防隧道内发生火灾和及时扑灭火灾而采取的措施。包括禁止洞内存放易燃物品、明火作业及在横向联络通道等处堆放杂物,并设置报警装置、消防设备等。

六、绿　　化

(1)公路绿化:在公路用地范围内可绿化的两侧边坡、分隔带及沿线空地,利用乔木、灌木及花草等植物合理覆盖的工程。

(2)可绿化路段:在公路用地范围内,能人工栽植或自然生长乔木、灌木和花草的路段。

(3)不可绿化路段:在公路用地范围内,不能人工栽植或不能自然生长乔木、灌木和花草的路段。

(4)人工造景:采用不同的绿化植物品种,以不同高度、不同株距和多种形式进行的综合性人工方式的绿化工程。

(5)自然景观:大自然固有的山川、河流、森林等地貌形成的景色。

(6)成活率:植物栽植后发芽、长叶至少在一个生长季节以上的成活株数(平方米、丛、延米)占总栽植株数(平方米、丛、延米)的百分数。

(7)保存率:植物栽植后成活两年以上的株数(平方米、丛、延米)占总栽植株数(平方米、丛、延米)的百分数。

(8)风景林:在旅游区公路旁栽植有观赏价值的常绿乔木、灌木及珍贵树种和果树等而形成的树林。

(9)树冠:乔木主干以上集生枝、叶的部分。

(10)冠幅:树冠的圆周度。

(11)根幅:树根在地下向四周扩展的宽度。

(12)郁闭:绿化植物冠幅投影面积与绿化面积之比,其值大于0.6时为郁闭。

(13)绿篱:公路用地范围内密植于路旁或中央分隔带等处,起隔离、围护和美化作用的树丛带。

(14)透视度:从一定高度和距林带一定距离的视点处透视林带另一面物体的程度。

(15)透风系数:林带背风靠近林缘处林带高度范围内的平均风速与空旷地同高度范围内平均风速之比。

(16)抚育采伐:伐除过密或生长不良的树木,促进树木生长的措施。

(17)更新采伐:用新的幼树更替原有的路树所进行的采伐。

(18)修剪:为使乔木、灌木及花草合理生长,有利于公路美化和发挥公路功能所进行的整修。

(19)苗圃:培育公路绿化所用苗木、花草的场地。

(20)苗木:供植树造林所用的幼小树苗。

(21)行道树:在公路用地范围内,沿公路两侧栽植成行的树木。

(22)绿化带:在公路用地范围内,供绿化的条形地带。

(23)绿地:配合环境,创造自然条件,种植乔木、灌木和草本植物而形成一定范围的绿化地面。

(24)绿荫栽植:在停车场、服务区等地,以夏日遮阴为主要目的一种栽植。

(25)管护:对公路用地范围内种植的树木、花草进行浇水、施肥、松土、修剪、补植、更新和病、虫害防治等的护养和管理。

七、环 境 保 护

(1)环境保护:保护人类生存的环境不受污染和破坏所采取的各项措施。

(2)生态平衡:在自然规律支配下,生物与环境间所形成的平衡状态。

(3)环境监测:运用化学、生物学、物理学和公共卫生学等方法,对环境中某些有害因素的来源、数量、性质、影响范围及后果进行的监视和测定。

(4)环境污染:由人类活动所引起的环境质量下降或环境状况恶化,到一定程度时而有害于人类及其他生物的正常生存和发展的现象。

(5)大气污染:人类在各种活动中,向周围空气里所排放的各种有毒有害物质并在一段时间里超过了一定浓度,给人类健康和生活带来直接或间接危害的现象。

(6)噪声污染:不同频率和强度的声音,无规则地组合在一起,造成对人和环境影响的现象。

(7)水质污染:人在生产和生活中排放的废水、污水和废弃物,使水体的质量出现明显恶化到一定程度,影响水生物正常生存及人类健康的现象。

(8)消冰剂污染:使用消冰剂引起周围环境的水和土壤发生质的变化,对生物和人造成影响的现象。

(9)一氧化碳浓度:一氧化碳在空气中的含量。

(10)烟尘浓度:灰尘、烟雾等在空气中的含量。

(11)隔音墙:为减轻行车噪声对附近居民的影响而设置在公路侧旁的墙式构造物。

(12)隔音堤:为减少声音的传播,用筑堤的形式设置的构造物。

(13)隔振沟:为减少汽车在公路上行驶引起的振动的传播而在公路侧旁设置的沟槽。

(14)隔音栽植:为减少声音的传播而在公路侧旁进行的植物栽植。

(15)防尘栽植:为降低尘埃数量和防止尘埃飞扬而进行的植物栽植。

(16)水土流失:在山区或丘陵区,由于雨水不能就地消纳,顺着坡沟下流,冲刷土壤,使水分和土壤同时流失的现象。

(17)水土保持:防治水土流失,建立良好的生态环境的措施。

(18)环境质量评价:通过环境调查和监测,了解环境污染状况,对环境质量优劣的定量描述。

八、防　洪

(1)调治构造物:为引导或改变水流方向,使水流平顺通过桥孔并减慢水流对桥位附近河床、河岸及沿河路堤的冲刷而修建的水工建筑物。

(2)洪水观测:为了掌握洪水的动态,借以分析判断洪水对公路及其构造物的危害程度,以采取必要的抢修措施,对洪水水位、河床断面、流速、流向及浪高等进行的观测。

(3)冲刷深度观测:洪水期间,对深槽区桥墩、浅埋式基础、丁坝和导流堤等调治构造物的墩前、堤头等水流冲击处的冲刷深度所进行的观测。

(4)水毁:因暴雨、洪水造成公路路基、路面、桥涵及其他设施的损毁。

(5)泥石流:由暴雨、融雪、冰川等造成的一种突发性挟带大量泥沙、石块等固体物质的洪流的现象。

(6)抗洪能力:公路和桥梁等构造物抵抗洪水灾害的能力。

(7)抗洪能力评价:根据公路和桥涵等构造物的使用状况,按照一定的标准,对公路的抗洪能力作出评价。

(8)导流堤:在河道的一侧或两侧修建的、引导桥孔以外河滩水流平顺进人桥孔的纵向建筑物。

(9)防波堤:为防御波浪、泥沙、冰凌入侵,形成掩蔽水域所需要的水工建筑物或其他设施。常用1~2道与岸连接的突堤或不连接的岛堤,或由突堤和岛堤共同组成。

(10)丁坝:修筑于河岸或河滩路堤旁,坝根与河岸相连、坝头伸向水流(正交或斜交)的堤坝。又称挑水坝。

(11)顺坝:修筑于河岸或河滩路堤旁,坝根与河岸相连、下游坝头与河岸间留有缺口,坝身与水流大致平行的堤坝。

(12)防浪措施:防止桥涵、路基和导流堤等被水浪冲击和水流冲刷的措施。常用的有土袋、芦排、草席、铁丝石笼和抛石等。

(13)护岸:保护河段的岸坡,防止水流、波浪侵蚀的工程措施。

(14)抛石防护:为防止河岸或构造物受水流冲刷而抛填较大石块的防护措施。

(15)石笼防护:为防止河岸或构造物受水流冲刷而铺设装填石块的铁丝笼或竹笼的防护措施。

(16)柴束防护:为防止暂时或经常浸水边坡受水流冲刷,用荆条、铅丝或耐腐绳索将树枝捆扎成束,铺筑于土质边坡上的防护措施。

九、防　冰

(1)冰坎:寒冷地区,路外水流随流随冻,冰层不断增厚,延伸至路上形成的坎状冰。

(2)流冰:河流解冻时,河面上漂浮、流动的冰块。

(3)涎流冰:在寒冷气候条件下,地下水或地面水漫溢到地面或冰面上,从下而上逐层冻结的现象。

(4)冰阻:在河流解冻期顺流而下的冰块受地形、河型或河上构筑物的阻挡,不能下泄时所造成的拥塞现象。

(5)冰锥:地基土在冻结过程中,地下水受超压,突破地表,冻结成冰,如此反复,形成锥状的冰体。

(6)储冰池:在公路外侧修筑的,用以防止涎流冰积上路面的坑池。

(7)冰池:解冻临近时,为使流水从桥下顺利通过,在桥位下游处对封冻的冰面开成的流冰路。

(8)解冻:冰层开始融化、崩解的现象。

(9)冰封期:水面形成整片固定冰盖现象的时期。

(10)流冰期:冰封之前或解冻之初,河面上冰块随水流漂浮、流动的时期。

(11)破冰体:为防止和减轻流冰对桥墩的撞击,在桥墩的迎水面或前方设置的棱状构造物。

(12)冰凌爆破:解冻前对桥墩附近的冰块进行爆破,以保护桥梁免受冰害的措施。

(13)防滑处理:冬季路面产生薄层冰膜后,采取撒砂、矿渣屑或吸湿盐类等,以处理路面防滑的方法。

十、防　雪

(1)雪害:因积雪或雪崩而阻碍公路交通或造成行车事故的现象。

(2)风雪流:穿过雪原的气流达到一定速度后,带动大量雪粒随风运行的现象。

(3)雪崩:山地的大量积雪,由于重力和自然因素的影响而发生突然崩落的现象。

(4)雪辙:车辆在积雪的公路上行驶而形成的凹槽。

(5)防雪设施:防止公路雪害的各种设施的总称。

(6)防雪栅:阻挡风雪流移动的设施。由立柱、栅栏板条和加固板条等组成。按设置形式分为固定式和移动式;按构造分为透雪栅和不透雪栅。

(7)防雪墙(堤、板):为使风雪流通过路基时无大量雪沉积而在公路上风侧设置的阻雪设施。一般用土、石、树枝或草皮等筑成。

(8)防雪林:为防止或减轻道路雪害,使风雪携带的雪粒在其附近堆积而在路基一侧或两侧营造的林带。

(9)导风板:为改变风雪流运行的方向或速度,阻止风雪流携带的雪粒到达路面,用薄板制成的防雪设施。常分为下导风板和侧导风板两种。

(10)防雪走廊:为防止雪崩和风吹雪的堆积而修筑的与隧道明洞相似的构造物。

(11)导雪槽:在地面上挖掘的用以导引雪流行进方向的凹槽。

(12)导雪堤:为改变雪崩运动方向,使雪体堆积到指定地点的防雪害设施。

(13)稳雪栅栏:为防止山坡上积雪的蠕动而沿等高线设置的防雪设施,一般由立柱、栅板组成。

十一、防　　沙

(1)沙害:通过沙漠地区的路段,因风的作用造成大量积沙而阻碍交通的现象。

(2)沙丘:在风力作用下沙粒呈丘状或垄岗状堆积的地貌。

(3)片状积沙:公路积沙呈整片相连的现象。

(4)舌状积沙:公路积沙呈前低后高、前窄后宽,状似舌头的现象。

(5)堆状积沙:沙丘前移到公路上,形成堆状沙的现象。

(6)沙埋:由于沙流受阻和沙丘移动而掩埋公路的现象。

(7)风蚀:风沙对公路路基、路面、构造物吹蚀和磨蚀的总称。

(8)吹蚀:风沙地区公路路基受风力的作用,修筑路基的沙粒被风吹走的现象。

(9)磨蚀:风沙流中的沙粒不断冲击公路,造成路基、路面和构造物表面磨损的现象。

(10)防沙设施:防治公路沙害的各种设施的总称。

(11)固沙措施:采用各种材料作为覆盖物或设置各种沙障,将沙质表土与风的作用分离或降低地表风速,减少风沙流危害的措施。

(12)阻沙设施:在公路迎风侧的适当距离和位置设置人工障碍物,以降低近地表的风速,使沙粒沉积在一定的范围内,减少和抑制沙丘前移的设施。

(13)输(导)沙措施:借助人工构造物或人为地改变地形,以加大地面风速,使公路两侧的防护范围内成为非堆积搬运地带的治沙措施。

(14)沙障:在流沙上设置的用于减低近地表的风速,削弱风沙活动强度,阻挡外来流沙的设施。

(15)防沙栅栏:在路基迎风侧适当距离处设置一排或多排人工障碍物,以阻挡前移的流沙,切断沙源,抑制沙丘前移的防沙措施。

(16)挡沙墙(堤):在路基迎风侧适当距离处,用黏土或沙砾石等材料筑成的墙或堤。

(17)聚风板:埋设于风侧路肩上,以加大贴地面层的风速,使风沙流以不堆积状态通过公路的防沙设施。由立柱、横撑木和栅板等组成。

(18)风力堤:在路基迎风侧设置,用以加大风速,达到输沙目的的措施。

(19)导沙堤:为使沙堆积在对公路无害的地方,用土、石等材料堆砌成堤或墙,借助风的冲力作用,改变风沙流或沙运动的方向设施。

(20)植物固沙:在路基边坡及两侧沙地里种草育林,以逐步控制以至最后消灭风沙对公路危害的防沙措施。

第十三节　交 通 管 理

(1)交通规则:为维护交通秩序,保障交通安全,所颁布的管理车辆和行人在道路上的行为的各种明文规定。

(2)交通事故:车辆有道路上运行或停放时,由各种原因引起的人员伤亡和车、物受损失的意外事件。

(3)交通事故率:宏观评价交通事故危害程度的指标,一般以人口事故率、车辆事故率和运行事故率表示。

(4)人口事故率:在所调查的期间和区域内,平均每10万人口发生的交通事故的次数、死亡人数。

(5)车辆事故率:在所调查的期间和区域内,用该区域内机动车拥有量求得平均每万车交通事故次数,伤亡人数和直接经济损失额。

(6)运行事故率:在所调查的期间和区域内,平均每亿车公里所发生的交通事故次数、伤亡人数和直接经济损失额。

(7)交通控制:为预防交通阻塞、促进交通畅通而采取的控制、协调和诱导交通的手段,有孤立交叉口控制、路线交通信号协调控制系统和区域控制系统等类型。控制系统一般采用与变化的交通情况相适应的设备,如电子计算机等。

(8)中央控制台:用电子设备控制和协调道路交通的指挥中心。

(9)点控制:同相邻交叉口没有制约关系的单交叉口的信号控制。

(10)线控制:连续几个交叉口互相关联的自动信号协调控制。

(11)面控制:在交叉口较密集的大城市中,采用电子计算机进行区域性的信号控制。

(12)交通信号:为指挥交通而直接给道路使用者显示的各种信号的总称。

(13)交通信号灯:在道路上设置的一般用绿、黄、红色显示的指挥交通的信号灯。

(14)信号周期:通行信号和禁止通行信号显示的每一循环所需的时间。

(15)绿信比:在一个信号周期内通行信号所占的时间百分率。

(16)信号相位:在一个信号周期内有若干种信号,各显示不同的交通控制功能。每种不同功能的信号即为一个相位。

(17)相位差:线控制系统中,两相邻交叉口在同一方向上的绿灯起始时间的间隔。

(18)绿波:在线控制系统中,若干个连续的交叉口信号灯的协调控制,使行驶车辆所形成的车队到达每个交叉口时均显示绿灯的状态。

(19)交通监视系统:为给交通控制系统提供信息,在沿线适当地点配置的各种监视装置所组成的信息体系。

(20)交通公害:在交通过程中产生的废气、噪声、眩光、尘土和振动等对人和生活环境所造成的不良影响和危害。

第二篇　统计学基础知识

第一章 绪　论

第一节　统计的含义、统计学性质和研究对象

一、统计的含义

统计有统计工作、统计资料和统计学三种不同的含义。

统计工作是从数量方面对社会经济现象作调查研究的一种工作，是人们为认识客观事物而进行的搜集、整理、分析和提供统计资料的工作过程。

统计资料是统计工作的成果，是指在统计实践活动中所取得的，反映统计研究对象有关特征的各种综合性的数字资料和分析报告。

统计学是阐述统计理论与方法的系统性科学，是统计工作实践的理论概括和科学总结，是研究、整理、分析统计资料的理论和方法的科学。

统计的三种涵义又是密切联系的。首先，统计工作与统计资料的关系是统计活动与统计成果的关系。一方面，统计资料的需求支配着统计工作的布局；另一方面，统计工作的好坏又直接影响着统计资料的数量和质量。统计工作的现代化是关系到向社会提供丰富资料灵通信息，提高决策可靠性和工作效率的问题。其次，统计工作与统计学的关系是统计实践和统计理论的关系。统计理论是统计工作经验的总结，统计工作的现代化和统计科学的进步是分不开的。

二、统计学的性质

统计学是一门认识社会经济现象总体数量特征的方法论科学。

（1）作为方法论科学，统计学适应于统计工作实际发展的需要，对统计工作有指导作用。

（2）统计学是从数量方面认识社会的有力武器之一。

三、统计学的研究对象

统计学的研究对象是社会经济现象总体的数量方面，即社会经济现象总体的数量特征和数量关系。

四、统计学的特点

作为认识社会经济现象数量方面特征的统计学，与其他社会学科相比有自己的特点，具体表现在以下几个方面：

（1）数量性。社会经济统计研究的对象是社会经济现象的数量方面，包括数量多少，现象之间的数量关系，质和量互变的数量界限。

（2）总体性。统计学研究社会现象的数量方面是指由许多个体现象构成的总体的数量方面，而不是个体的数量方面。

(3)具体性。统计认识的对象是具体事物的数量方面,不是抽象的量。统计研究的量是具体事物在一定时间、地点条件下的数量表现,是与现象的质密切结合在一起的。

(4)社会性。统计研究对象是大量社会经济现象的数量方面,而社会经济现象是人类社会活动的条件、过程和结果,包括经济、政治、军事、文化、教育、卫生、法律道德等。

第二节　统计的作用、研究方法及统计工作过程

一、统计的作用

在社会经济生活中,统计发挥着反馈信息、提供咨询、实施监督的作用。

二、统计的研究方法

1. 大量观察法

大量观察法是指统计研究社会经济现象时,要从总体上加以考察,对总体中的全部或足够多的单位进行调查并进行综合分析的方法。

2. 统计分组法

统计分组法是根据研究事物总体的特点和统计研究的任务,按照一定的标志,将所研究的现象总体划分为不同性质或类型的组成部分的方法。

3. 综合分析法

综合是指对于大量观察所获得的资料运用各种综合指标以反映总体一般数量特征。常用的综合指标有总量指标、相对指标、平均指标、标志变异指标等。

分析是指对综合指标进行分解对比,以研究总体的差异程度和数量关系。常用的统计分析方法有时间数列分析法、因素分析法、相关分析与回归分析法等。

4. 归纳推断法

归纳是指从个别到一般,由事实到概括的推理方法。推断是以一定的置信标准,根据样本的数据来推断总体数量特征的归纳推理方法。常用的归纳推断法有重点调查、典型调查、抽样调查、统计预测与决策等。

三、统计工作过程

一个完整的统计工作过程分为统计设计、统计调查、统计整理和统计分析 4 个阶段。

1. 统计设计

统计设计是统计活动的准备阶段,其任务是根据统计对象的性质和研究任务、目的,对统计工作活动的各个方面和各个环节作出全面的规划和安排,拟订统计设计方案。

统计设计方案的主要内容有:明确规定工作的目的与任务;设计统计指标与指标体系、统计调查表、搜集统计资料的方法,以及资料汇总程序、资料整理方案;设计各阶段工作进度与力量安排;落实经费来源与物质保证等。

2. 统计调查

统计调查是指统计工作中搜集原始统计资料的阶段,其任务是根据统计设计的要求,有计划有组织地搜集完整的原始资料。这一阶段的工作是认识事物的起点,同时也是进一步进行资料整理和分析的基础环节。

3. 统计整理

统计整理是对统计调查所得到资料加以科学汇总，使之条理化、系统化的工作过程。

4. 统计分析

统计分析就是对经过加工汇总的资料加以分析研究。

第三节　统计学中几个概念

一、统计总体和总体单位

1. 统计总体与总体单位的概念

统计总体是指客观存在的，在某一相同性质基础上结合起来的许多个别事物的整体，就是统计总体，简称总体。例如，当研究我国工业企业生产情况时，全国工业企业是一个总体。

构成统计总体的个别事物称为总体单位，也称为个体。上例中的全国工业企业是总体，每个工业企业就是总体单位。

统计总体按所包含的总体单位是否可以计数分为有限总体和无限总体。

2. 总体的特点

(1)同质性

同质性即构成总体的所有个别事物都必须在某一个或几个方面具有共同的性质。

(2)大量性

大量性即统计总体一定是由大量事物组成的。

(3)差异性

差异性即构成总体的个别事物在某些方面是有差异的。

3. 统计总体与总体单位的关系

统计总体与总体单位是相对而言的，随着研究目的的不同，两者是可以互相转换的。

二、标志与统计指标

1. 标志

标志是说明总体单位属性或特征的名称。标志按其表现形式分为数量标志和品质标志两种。品质标志是表明总体单位所具有的属性方面的特征，如人的性别、工人的工种等，是不能用数值表示的。数量标志是表明总体单位数量方面的特征，如人的年龄、企业的总产值等，是可以用数值表示的。

标志表现是标志在各个总体单位中的具体表现，根据标志的性质可以分为品质标志表现和数量标志表现。品质标志表现只能用文字表示，如某工人的性别是女、民族是汉族。这里“女”和“汉族”分别是品质标志名称“性别”和“民族”的属性，是这类标志的具体表现。数量标志表现是用数字表示的，如该工人的年龄是 30 岁，工资是 100 元，则“年龄”和“工资”是数量标志的名称。

2. 统计指标

统计指标是说明总体特征的，简称为指标。每个指标都包括指标名称、计量单位、计算方法、时间限制、空间限制、指标数值 6 个构成要素。

(1)统计指标的特点

①数量性。只有那些在性质上属于同类，而数量上又是可计量的大量现象，才能成为统计

指标反映的对象。

②综合性。统计指标既是同质总体大量个别单位的总计，又是个别单位标志值差异的总和。

③具体性。统计指标不是抽象的概念和数字，它是一定社会经济现象在具体时间、地点、条件下量的反映。

(2)统计指标的分类

①统计指标按反映总体现象的内容不同，可分为数量指标和质量指标两种。

数量指标是反映总体规模、水平和绝对数量的统计指标，通常以实物量或货币为计量单位，使用绝对数表现的。例如，人口数、职工人数等。质量指标是说明总体内部数量关系和总体单位一般水平的统计指标，表现形式为相对数或平均数。例如，平均工资、劳动生产率、单位成本、人口密度、人口出生率等。

②统计指标按其作用和表现形式，可分为总量指标、相对指标和平均指标。

总量指标是反映总体现象的规模、水平和绝对数量的统计指标，是说明总体现象的广度的，表明总体现象发展的结果，特别是用来说明生产或工作的总成果。相对指标是由两个有联系的总量指标相互对比形成的，而平均指标是按某个数量标志来说明总体单位一般水平的统计指标。

③统计指标按其计量单位的特点不同，又可以分为实物量指标和价值量指标。

④统计指标按其在管理工作中的作用，可分为考核指标和非考核指标。

3. 标志和指标的区别与联系

①标志和指标两者既有联系又有区别。

第一，两者说明对象不同。指标是说明总体特征的，而标志则是说明总体单位特征的。

第二，两者在表现形式上不同。指标都是用数值表示的，而标志则有能用数值表示的数量标志和不能用数值表示的品质标志两种。

②标志和指标两者之间同时也具有密切联系。

第一，统计指标是建立在标志表现基础上的，它是各类总体单位数或各种数量标志值的加总。

第二，指标与数量标志之间存在着变换关系。由于研究目的不同，原来的统计总体如变成总体单位，则相对应的统计指标也就变成数量标志了。反过来也是这样。

三、变异和变量

1. 变异

统计中的标志和指标都是可变的，即标志和指标的具体表现各不相同，它们之间的这种差异与变化称为变异。

变异有属性的变异和数值的变异两种。

变异是普遍存在的，这是统计的前提条件，有变异才有统计，没有变异就用不着统计了。

2. 变量

变量即可变的数量标志和所有的统计指标。

可变的数量标志表现和所有的统计指标的取值都是标量值。

变量按其数值是否连续可以分为离散变量和连续变量两种。

变量按性质不同，又可分为确定性的变量与随机变量。

第二章　统计工作过程

一个完整的统计工作过程分为统计设计、统计调查、统计整理和统计分析4个阶段。

第一节　统 计 设 计

一、统计设计的概念和意义

1.统计设计的概念

统计设计是统计工作的第一阶段，是根据统计研究的目的和研究对象的特点，对统计工作的各个方面和各个环节所作的全面考虑和安排部署。

统计设计的结果表现为各种设计方案、分类目录等。例如，调查方案、汇总整理方案、统计报表、统计指标体系等。

2.统计设计的意义

统计工作的全过程包括统计设计、统计调查、统计整理和统计分析4个阶段。统计设计是统计工作的第一阶段。

统计设计是根据统计研究的目的和研究对象的特点，对统计工作的各个方面和各个环节的通盘考虑和安排，设计出具体实施方案的工作阶段。

统计设计是开展统计调查、统计整理、统计分析前的必要准备阶段，它是从定性认识过渡到定量认识的连接点，它是使整个统计工作协调有序顺利进行的重要保证。

二、统计设计的分类

统计设计从不同的角度考察有不同的分类方法，现分述如下。

1.从统计设计所包括的研究对象的范围看

可分为整体设计和专项设计。

整体设计是指把研究对象作为一个整体而对整个统计工作进行的全面设计。

专项设计是指对研究对象的某一组成部分的统计设计。

例如，从全社会看，工业统计设计是专项设计，但就工业作为独立研究对象来说，工业统计设计则是整体设计。对一个企业来讲，整个企业统计工作的通盘安排是整体设计，而人力、物资、资金、生产、供应销售的统计设计则是专项设计。

2.从统计设计所包括的工作阶段看

可分为全阶段设计和单阶段设计。

全阶段设计是对统计工作全过程的设计，从确定统计任务、内容、统计指标体系开始到分析研究的全过程的通盘安排。

单阶段设计则是指统计工作过程中某一个阶段的设计。例如统计调查的设计、统计整理的设计、统计专题分析的设计等。

3. 从统计设计所包括的时期看

可分为长期设计、短期设计和中期设计。

长期设计是指5年及5年以上的统计设计;短期设计一般是指1年或年度之内的统计设计;至于2年或3年的统计设计称为中期设计。

三、统计设计的内容

这里仅就统计设计属于共性方面的内容作概括的说明:

(1)明确规定统计研究的目的和任务。

(2)确定统计指标和统计指标体系。

(3)确定统计分类和统计分组。

(4)研究设计统计表。

(5)决定统计分析研究的内容。

(6)制定统计调查方案。

(7)规定各个阶段的工作进度和时间安排。

(8)考虑各部门和各阶段的配合和协调。

(9)统计力量的组织和安排。

第二节　统 计 调 查

一、统计调查的概念

统计调查是统计工作工程的第二阶段,它是根据统计工作任务和统计设计的要求,采用科学的方法,有计划有组织地向调查单位搜集调查资料的过程。统计调查搜集的资料有两类:一是原始资料,是在调查中得到的第一手资料;另一类是次级资料,是已经经过初步加工的资料。

二、统计调查的种类

统计调查按不同的分类标准,可分成多种相应的方式和方法。

1. 按调查对象包括的范围分类

(1)全面调查。是对研究对象总体全部单位一一进行调查登记的一种调查方式方法。例如,要了解钢的产量,对全国所有钢铁厂的钢产量都进行统计调查,就属于全面调查。普查、全面统计报表都属于全面调查。

(2)非全面调查。是对调查对象总体的一部分单位进行调查登记的一种调查方式方法。例如,为了了解农村经济中的新情况、新问题,就不需要对所有的乡村一一进行调查,而只需要选出其中一部分乡村进行调查,这样的调查就称为非全面调查。重点调查、抽样调查、典型调查及非全面统计报表都属于非全面调查。

2. 按调查登记的时间是否带有连续性分类

(1)经常性调查。要随着调查对象情况的变化,随时进行连续不断的登记。例如,产品产量。这类指标的数值变动很大,必须进行经常登记,才能满足需要。

(2)一次性调查。是间隔一定时间,一般是相当长的时期进行的调查。例如,土地面积、生产设备的数量。这类指标的数值在一定时期内变动不大,往往可以采用一次性调查的方式搜集资料。经常性调查都是定期调查。一次性调查可以是定期进行的,也可以是不定期进行的。

3. 按组织方式分类

(1)统计报表。是按一定的表式和要求,自上而下统一布置,自下而上提供统计资料的一种统计调查方式方法。

(2)专门调查。是为了研究某些专门问题由进行调查的单位专门组织的调查。这种调查多属一次性调查,如普查、抽样调查、典型调查等。

4. 按搜集资料的方法分类

可分为直接观察法、报告法、采访法、被调查者自填法。

三、统计报表的种类

1. 按报表内容和实施范围分类

(1)国民经济基本统计报表。是根据国家统计调查项目和统计调查计划相应制定的统计报表。也称国家统计报表。

(2)专业统计报表。也称部门统计报表。

(3)地方统计报表。地方统计报表由各地方编制,在各地区范围内使用。

2. 按报送周期的长短分类

可分为日报、旬报、月报、季报、半年报和年报。

3. 按报送方式分类

可分为电信和邮寄两种报表。

电信报表可分为电报、电话、传真、电子邮件、网络传输等方式。邮寄的报表可以是纸张、也可以是数据软盘和光盘。

四、专 门 调 查

1. 普查

(1)普查的概念

普查是专门组织的一次性的全面调查。在我国,普查是对统计报表制度的一种重要补充。

(2)普查的方式

普查的进行方式主要有两种:一种是组织专门的普查机构,配备一定数量的调查人员,对调查单位直接进行登记;另一种是利用基层单位原有的原始记录和核算资料,颁发一定的调查表格,由这些基层单位进行填报。

2. 重点调查

(1)重点调查的概念

重点调查是一种非全面调查。它是从所要调查的单位中选择一部分重点单位进行调查。所谓重点单位,是指在总体中举足轻重的那些单位。这些单位可能数目不多,但就调查的标志值来说,它们在总体中却占有很大的比重,能够反映出总体的基本情况。例如,为了了解我国钢铁工业生产的基本情况,我们只要调查鞍钢、宝钢、包钢、武钢等 10 余个重点企业就可以掌握全国钢铁生产的基本情况。

(2)重点调查的优点

重点调查的优点在于只要花费较少的人力、物力和时间,即可把握客观事物的基本情况。重点调查既可以用于一次性调查,又可以用于经常性调查。

3. 抽样调查

(1)抽样调查概念

抽样调查也是一种非全面调查。它是按照随机原则从被研究总体中抽出一定数量的单位(样本)进行调查,根据样本指标值来推算总体指标数值的一种调查。

(2)抽样调查区别于其他全面调查之处是:①它遵循"随机原则"抽取调查单位,也就是使每个总体单位都有同等机会被抽取,不受调查人员任何主观愿望的影响,而重点调查、典型调查中被调查的单位都是经过人们有意识的选择确定的;②它能从数量上推算总体。而重点调查只能掌握总体的基本情况,没有推断总体数量的条件。

4. 典型调查

典型调查是一种非常重要的、行之有效的非全面调查方法。它是从研究总体中有意识地选取若干代表性单位(典型单位)进行调查,用来了解总体的详细情况。

第三节　统 计 整 理

一、统计整理的概念

统计整理是根据统计研究的目的,将统计调查所得的原始资料进行科学的分类和汇总,或者对已初步加工的次级资料进行再加工,为统计分析准备系统化、条理化的综合资料的工作过程。可从以下几个方面来理解统计整理的内涵:

(1)统计整理的对象主要是统计调查得到的原始资料。

(2)统计整理的对象还包括已经加工、整理过的历史资料或称作次级资料。

(3)统计整理的主要方法是分组法。

(4)统计整理的主要内容是汇总。

(5)统计整理的目的是保证统计资料的集中化、条理化和系统化。

二、统计分组的概念

统计分组是根据统计研究的需要,将统计总体按照一定的标志区分为若干组成部分的一种统计方法。

第四节　统 计 分 析

统计在研究大量自然现象和社会经济现象时,发现许多客观现象之间存在着相互依存、相互影响、相互制约的关系,分析研究这种现象之间的相互关系,有助于了解客观现象发展变化的规律,寻找影响现象发展变动的关键因素,也有助于人们进行统计预测。研究社会经济现象之间相互关系的基本方法就是相关分析与回归分析,相关分析着重研究现象之间的联系程度,回归分析则着重研究现象之间关系的形式。

第三章 总量指标和相对指标

通过统计调查搜集到大量能够说明总体单位特征的原始资料，对这些资料加以整理、汇总和计算，就可以得到反映社会经济现象总体特征的统计指标，这些指标一般称为综合指标。

综合指标按其反映现象总体数量特征的不同，分为总量指标、相对指标和平均指标 3 种不同的形式。本章只介绍其中的总量指标和相对指标。

第一节 总 量 指 标

一、总量指标的概念和作用

总量指标是反映社会经济现象的总体规模和水平的统计指标。总量指标通常是将总体单位数相加或总体单位某一数量标志值相加得到的，大多数是统计整理的直接成果，是用绝对数的形式表示的，因此也称为统计绝对数。例如，一个国家或地区某一时间上的人口数、耕地面积、粮食产量、工农业总产值、国民收入等，这些都称为总量指标。总量指标都是有名数，其数值大小受总体范围的制约，随着研究总体范围的大小呈同向变化，总体范围大，指标数值大；总体范围小，指标数值就小。

总量指标是人们认识社会经济现象总体数量特征的基础指标，是经济分析的基础，是最基本的统计指标，在社会经济统计中起着十分重要的作用。

(1)总量指标是对社会经济现象总体认识的起点。这是因为社会经济现象基本情况往往表现为总量，即总规模、总水平。要想了解一个国家的国情和国力，一个地区或一个企业人力、财力、物力的基本状况必须通过总量指标。

(2)总量指标是制定政策、编制计划、实行管理的依据。无论是宏观调控还是微观管理工作，都要从客观实际出发。

(3)总量指标是计算相对指标和平均指标的基础。反映现象联系程度的相对指标和反映总体一般水平的平均指标大都是将两个总量指标对比而得到的，是在总量指标的基础上派生出来的。总量指标的计算是否科学，结果是否正确，直接关系到相对指标和平均指标的准确。

二、总量指标的种类

总量指标按说明现象的内容不同，反映现象的时间状态不同，有以下几种分类。

1. 按其反映的内容分类

按其反映的内容不同，总量指标可分为总体单位总量和总体标志总量。

总体单位总量即总体单位数，它是由每个总体单位加总得到的。总体标志总量即总体各单位某一数量标志值之和，它是总体单位的某一数量标志值加总得到的。

一个总量指标是总体单位总量还是总体标志总量不是固定不变的，而是随着研究目的和研究对象不同而发生变化的。例如，研究全国工业企业生产情况时，全国工业企业为总体，每一个工业企业为总体单位，“全国工业企业职工人数”为各工业企业职工人数之和，为总体标志总量；而当研究全国工业企业职工工资情况时，全国工业企业职工为总体，每一个职工为总体单位，此时“全国工业企业职工人数”就成了总体单位总量。

2. 按其反映现象的时间状况分类

按反映现象的时间状况不同，总量指标可分为时期指标和时点指标。

（1）时期指标。是反映总体在某一段时间内发展过程的总数量的总量指标。它反映的是一段时间连续发生变化的过程。如国内生产总值、工资总额、产品产量、商品销售额等都是时期指标。时期指标具有以下特点：

①时期指标可以累计相加。连续的、各不同时期的总量指标相加，会得到一个新的、更长时期的累积总量，表示现象较长时期总的发展水平。这一结果仍然是总量指标。

②时期指标数值的大小与时期长短有直接关系。一般情况下，指标包含的时期越长，指标的数值就越大；时期越短，指标数值越小。

③时期指标数值是连续登记、累计的结果。例如，月销售额是对每天的销售额进行登记然后累计得到的，年销售额是将 12 个月的销售额累计得到的。

（2）时点指标。是反映总体在某一时点上（某一时刻或某一瞬间）的数量状况的总量指标。例如，人口数、企业数、商品库存量、银行储蓄存款余额等。时点指标具有以下特点：

①时点指标不能累计相加，即相加后不具有实际意义。

②时点指标数值大小与时点间隔时间长短没有直接关系。

③时点指标数值是间断计数的，是通过一次性调查取得的。因为不可能对现象在每一个时点上的数量表现进行登记，因此时点指标通常是隔一段时间登记一次。

三、总量指标的计量单位

总量指标是反映社会经济现象的总体规模和水平的，都具有一定的经济内容和相应的计量单位。总量指标的计量单位包括实物单位、价值单位和劳动单位。

1. 实物单位

实物单位是反映现象总体的使用价值总量的计量单位，是根据社会经济现象的自然属性和特点采用自然物理计量单位。有自然单位、度量衡单位、双重单位、复合单位和标准实物单位等。

（1）自然单位。自然单位是根据现象的自然状态来度量的。例如人口以“人”、汽车以“辆”、电视机以“台”为单位等。

（2）度量衡单位。度量衡单位是以长度、面积、重量等度量衡制度规定的单位来计量。例如，粮食产量以“吨”或“千克”，耕地面积按“公顷”，公路长度用“千米”来计量等。

（3）双重单位。双重单位是同时以两个单位分别反映事物的真实规模和水平。例如，发电机按“台/千瓦”、轮船按“艘/马力”计量等。

（4）复合单位。复合单位是把两种计量单位有机的结合在一起来表示事物的数量。例如，运输业货物运输量用“吨千米”、电力企业发电量用“千瓦时”、博物馆参观人数用“人次”表示等。

（5）标准实物单位。标准实物单位是按照统一折算的标准度量被研究现象数量的一种计量单位。

2. 价值单位

价值单位是以货币来度量社会财富或劳动成果的一种计量单位。例如，国内生产总值、工业总产值、产品销售总额、利润额、工资总额等都是用货币计量的。反映一个国家或一个地区经济运行状况的价值量指标主要有国内生产总值、国民总收入、增加值等。

国内生产总值(GDP)是一个国家或地区在一定时期内其常住单位所生产和提供的最终产品和服务的总价值。它是国民经济总量的核心指标。

国民总收入(GNI)是一个国家或地区在核算期内的国内生产总值与来自国外的劳动者报酬净额和来自国外的财政收入净额之和。

增加值是一个企业或部门在一定时期内从事生产经营活动所增加的价值,它是总产出减去中间投入后的余额,是计算国内生产总值和国民总收入的基础。

3. 劳动单位

劳动单位是用劳动时间为单位计算产品产量或完成的工作量的一种计量单位,通常用工时或工日等计算。劳动单位也具有综合性,人们可以把不同种类、规格的产品产量或作业量进行加总。劳动单位在基层生产企业中应用最普遍,主要用于编制和检查企业的生产作业计划和核定工人的劳动成果。

第二节　相 对 指 标

一、相对指标的概念和作用

相对指标就是将两个有联系的反映社会经济现象的统计指标相互对比得到的一种抽象的比值,是反映社会经济现象间数量对比关系的综合指标。

利用相对指标可以反映事物发生和发展变化的程度,事物之间的关联程度或差别程度,以及强度、密度、计划完成程度和经济效益等。例如,将实际完成指标数值与计划数值对比,可以反映某一指标的计划完成程度;将不同时间的同类指标对比,可以反映现象的发展程度等。相对指标通过不同指标数值的对比,将现象总体数量上的绝对差异抽象化,因此,可以使那些由于规模不同、条件不同、无法直接对比的现象找到了比较的基础。相对指标是经济管理、指标考核及进行各种经济活动分析的工具。它在统计研究中的作用主要有以下几个方面:

(1)利用相对指标,能够更加清晰地反映事物之间的对比关系,通过对比,对事物作出正确的结论。例如,我国《2006 年国民经济和社会发展统计公报》中公布,经初步核算,全年国内生产总值 209407 亿元,比上年增长 10.7%。其中,第一产业增加值 24700 亿元,增长 5.0%;第二产业增加值 102004 亿元,增长 12.5%;第三产业增加值 82703 亿元,增长 10.3%。第一、第二和第三产业增加值占国内生产总值的比重分别为 11.8%、48.7% 和 39.5%。这些数据反映了 2006 年我国国民经济发展的程度及总体的经济结构。

(2)利用相对指标,可以消除一些不可比因素,使一些不能直接对比的现象找到共同对比的基础。例如,不同的企业,由于所属行业不同、生产或销售产品不同,一般不能直接将其成果进行直接对比。但如果都以各自的计划指标为基础、计算计划完成相对指标,或者都以各自去年水平为基础,计算增长(或下降)百分比,就能够对比不同企业的计划完成程度或某一项指标的发展程度。

二、相对指标的表现形式

相对指标又称相对数,其表现形式有无名数和有名数两种。

1. 无名数

无名数是一种抽象化的数值,当相对指标中相互比较的分子分母两个统计指标计量单位相同时，即可用无名数表示。常见的无名数有系数、倍数、成数、百分数、千分数以及翻番等。

(1)系数和倍数

它是将对比的基数抽象为1计算出来的相对指标。当两个指标数值对比，其分子和分母差别不大就用系数表示，如果差别很大时就用倍数表示。例如，某企业某种产品出厂价格一级品为11元/千克，二级品价格为10元/千克，则这种产品价格的等级系数为1.1。

又如，某一年甲企业的工业总产值为1000万元，乙企业工业总产值为200万元，则甲企业工业总产值是乙企业工业总产值的5倍。

(2)成数

成数是将对比的基数抽象为10计算出来的相对指标。例如，某地今年的粮食产量因灾减产1成，即今年粮食产量比正常产量减少10%。

(3)百分数和千分数

百分数是把对比基数抽象为100而计算出来的相对数，用符号"%"表示，是相对数中最常见的形式。千分数是将对比基数抽象为1000而计算出来的相对数，用符号"‰"表示。一般来讲，如果相对数分子分母相差不大时，采用百分数比较合适；如果分子分母相差较大，则采用千分数形式。如果分子分母相差特别大时，还可以采用万分数的形式。例如，计划完成程度相对数、结构相对数等多用百分数形式，而人口出生率、人口死亡率等则多用千分数形式表示。

这里还要对经济分析中经常用到的"百分点"的概念加以说明。百分点相当于百分数的单位，一个百分点就是1%。百分点常用于两个百分数相减的场合。例如，上海证交所2007年4月16日某只股票的价格由11.5元上升到12.2元，价格上涨了6.09%，我们就称该股票价格上升了6.09个百分点。

(4)翻番

表示基期数值按几何级数成倍地增长，它是发展速度的一种特殊表现形式。翻一番就是比基期数增加一倍，翻两番就是在基期数增加一倍的基础上再增加一倍。例如，我国1981～2000年的经济战略发展目标就是使国民生产总值在1980年的基础上翻两番，即等于1980年国民生产总值的400%。

2. 有名数

如果相对指标中相互对比的两个统计指标的计量单位不同，就需要将其分子和分母指标的计量单位结合使用，作为相对指标的计量单位。通常反映现象的强度、密度和普遍程度的强度相对指标用有名数表示较为常见，例如，人口密度用"人/平方千米"，人均粮食产量用"千克/人"等。

三、相对指标的种类和计算方法

相对指标按说明问题不同、所起作用不同及在计算方法上的差别，大致可以分为以下6种：结构相对指标、比例相对指标、比较相对指标、动态相对指标、强度相对指标和计划完成程度相对指标。

1. 结构相对指标

总体是在同一性质基础上由各种有差异的部分所组成的。结构相对指标又称为结构相对数，就是利用分组法，将总体区分为具有不同性质的各部分，将总体各部分的总量指标与总体总量指标对比求得的比率或比重，用来反映总体内部的构成情况。计算公式为：

$$结构相对指标=\frac{总体内某一部分总量指标}{总体总量指标}\times 100\%$$

结构相对指标都表现为无名数，一般用百分数形式表示。同一总体各组成部分的结构相对指标的总和等于100%或1。结构相对指标的分子分母在计算过程中不可以互换。

结构相对指标是统计分析中常用的指标，其作用表现在以下几个方面。

(1)反映总体内部的结构特征

我国2006年人口统计资料见表2-3-1所列。

我国2006年人口数及其构成 表2-3-1

指　　标		年末数(万人)	比重(%)
全国总人口		131448	100.0
其中	城镇	57706	43.9
	乡村	73742	56.1
其中	男性	67728	51.5
	女性	63720	48.5
其中	0~14岁	25961	19.8
	15~59岁	90586	68.9
	60岁及以上	14901	11.3
其中	65岁以上	10419	7.9

资料来源：国家统计局《2006年国民经济和社会发展统计公报》。

由表2-3-1可以了解到我国总人口中城乡结构、性别结构和年龄结构状况。

(2)通过不同时期结构相对数的变动反映客观事物的变化过程及发展趋势

2000~2004年我国农业增加值构成见表2-3-2所列。

我国2000~2004年农业增加值构成 表2-3-2

年　份	农业增加值(%)	林业增加值(%)	牧业增加值(%)	渔业增加值(%)
2000	59.5	4.5	24.9	11.1
2001	59.2	4.3	25.6	10.8
2002	58.8	4.4	25.9	10.9
2003	55.6	4.8	26.8	10.3
2004	55.7	4.3	28.1	9.8

资料来源：中华人民共和国农业部《中国农业发展报告》。

由表2-3-2可以观察到2000~2004年5年间我国农业增加值的发展变化的过程，也可以判断出我国农业产业结构的发展变动趋势：农业(种植业)、渔业增加值比重逐年下降，牧业增加值比重不断上升。

2. 比例相对指标

比例相对指标是总体中某一部分指标数值与另一部分指标数值之比，用以分析总体范围内各个组成部分之间的比例关系的一种相对指标。其计算公式为：

$$\text{比例相对指标}=\frac{\text{总体中某一部分指标数值}}{\text{总体中另一部分指标数值}}\times 100\%$$

比例相对指标一般是无名数，通常用系数或倍数形式来表示，也可以用百分数等形式表示。它可以在两个组成部分之间对比，也可以在多个组成部分之间进行连比，但连比数不宜太多。进行连比时，一般选用较小的数值作为基础，将它抽象为1或100%，这样便于计算，也便于观察。

例如,根据表 2-3-1 可知,我国 2006 年年末总人口为 131448 万人,其中男性人口为 67728 万人,女性人口为 63720 万人,则全国总人口中男性与女性的性比例为 106.29%(=67728/63720)或 1.0629∶1。按国际标准来衡量,属正常的性别比例关系。

比例相对指标和结构相对指标一样可以反映总体内部的结构比例关系,因此其作用是相同的,但两者对比的方法不同。结构相对指标是总体指标数值和总体中某一部分指标数值的比,分子和分母是一种包含关系;而比例相对指标是总体中某一部分指标数值与另一部分指标数值的比,分子和分母是一种并列关系。结构相对指标的分子和分母不能颠倒,而比例相对指标的分子和分母可以互换。

3. 比较相对指标

比较相对指标是同一时间不同国家、不同地区、不同单位的同类现象的数值对比的结果。其表现形式为系数、倍数或百分数。其计算公式为:

$$\text{比较相对指标}=\frac{\text{某地区某种现象指标数值}}{\text{另一地区同种现象指标数值}}\times 100\%$$

比较相对指标的分子分母可以颠倒,颠倒后指标数值虽然改变,但两者之间的对比关系不变。比较相对指标主要用于研究客观事物发展的不均衡性,研究某种现象在不同国家、地区、单位之间表现的差异程度。通过将不同国家、不同地区的某项指标数值进行对比,可以看出两者之间的差距,将先进单位和落后单位的某项指标数值进行对比,可以寻找不足,以利于挖掘潜力。

例如,甲、乙两个企业 2006 年的工业总产值分别为 1500 万元和 1000 万元,则甲企业工业总产值为乙企业的 1.5 倍(=1500/1000)。

4. 动态相对指标

动态相对指标也称为发展速度,它是某一同类指标不同时间上的数值对比的结果,用来说明同类现象在不同时间上的发展程度。动态相对指标一般用百分数表示。其计算公式为:

$$\text{动态相对指标}=\frac{\text{报告期水平}}{\text{基期水平}}\times 100\%$$

公式中的基期是指作为比较标准的时期,报告期则是用来与基期对比的时期,是人们观察研究的时期。二者在计算过程中不能互换。

例如,我国农民人均纯收入 2004 年为 2936.4 元,2005 年为 3254.9 元,则 2005 年我国农民人均纯收入为 2004 年的 110.85%(=3254.9/2936.4)。

动态相对指标常用于对社会经济现象的发展变化过程的研究,其详细内容将在本书时间数列中详细介绍。

5. 强度相对指标

强度相对指标是由两个性质不同而又联系的总量指标对比得到的比值,用来反映现象的强度、密度和普遍程度。其计算公式为:

$$\text{强度相对指标}=\frac{\text{某一总量指标数值}}{\text{另一性质不同而又联系的总量指标数值}}$$

强度相对指标可以用有名数表示,多数是用分子分母的计量单位组成,如人口密度用"人/平方千米",人均粮食产量用"千克/人"表示等。也有些强度相对指标有独立的计量单位,如商品周转次数用"次"表示。强度相对指标也可以用无名数表示,如人口死亡率、人口迁移率、资金利税率等。

强度相对指标不是同类现象指标的对比,它的分子和分母可能分别属于不同的总体,也可能是同一总体中的不同标志或指标，但二者之间必然有一定的联系，没有联系的两个指标之间的对比是毫无疑义的。例如，以人口数与土地面积相比得到的人口密度指标，以国民收入与人口数相比得到的人均国民收入。计算强度相对指标必须从社会经济现象的本质方面去寻找它们之间的内在联系。在社会经济活动中，某一个指标可能与两个或两个以上的指标有联系，这时可以根据统计研究任务的要求来选择对比的指标。

【例 2-3-1】 某地区 2006 年总人口为 400 万人，拥有的医院床位数为 4.8 万张，则反映该地区医疗保障程度的相对指标为：

$$每千人拥有医院床位数=\frac{医院床位数(张)}{总人口(千人)}=\frac{4.8}{400}=12(张/千人)$$

这一指标说明该地区每千人分摊到的医院床位数为 12 张，指标数值越大说明该地区医疗卫生保障程度越高，是正指标。将这一指标的分子和分母互换可以得到：

$$每张医院床位负担的人口数=\frac{总人口数}{医院床位数}=\frac{400}{4.8}=83.3(人/张)$$

这一指标说明该地区每张医院床位负担 83.3 人，指标数值越大，说明该地区医疗卫生保障程度越差，是逆指标。

强度相对指标是统计中重要的分析指标，它可以说明一个国家、地区或部门的经济实力及为社会服务的能力，可以用来反映现象的密度或普遍程度，还可以反映社会生产活动的条件和效果。

6.计划完成程度相对指标

(1)计划完成程度相对指标的基本计算公式

计划完成程度相对指标又称为计划完成相对数或计划完成百分比，它是现象在某一时期内的实际完成指标数值与计划指标数值对比的结果。一般用百分数表示，用来检查和监督计划的执行情况。其基本计算公式为：

$$计划完成程度相对指标=\frac{实际完成指标数值}{计划指标数值}\times 100\%$$

计划完成程度相对指标的分子是根据实际完成情况进行统计而得到的数据，分母是计划指标，由于计划数总是用来衡量计划完成情况的标准，所以该公式的分子和分母不得互换，而且指标在计算过程中，要求分子和分母的指标含义、计算口径、计算方法、计量单位，以及空间范围和时间长短等方面都要一致。公式的分子、分母相减则表明计划执行的绝对效果。

(2)计划完成相对指标的计算

计划指标数值是计算计划完成程度相对指标的基数，其表现形式有绝对数、相对数和平均数 3 种，计划指标表现形式不同，计划完成程度相对指标的计算形式有所不同。

①计划任务指标为绝对数。计划任务指标为绝对数时，计划完成程度相对指标的计算一般就采用上述基本公式，即将实际完成数与计划数值直接对比。其计算公式为：

$$计划完成程度相对指标=\frac{实际完成的总量指标}{计划总量指标}\times 100\%$$

它用来考核社会经济现象规模及水平的计划完成情况。

【例 2-3-2】 某公司 2006 年计划商品销售额为 2000 万元，实际完成了 2300 万元，则：

$$计划完成程度相对指标=\frac{2300}{2000}\times 100\%=115\%$$

结果表明，该公司 2006 年商品销售额计划完成相对数为 115%，超额 15% 完成计划。

②计划任务指标为相对数。计划任务指标为相对数时，一般有两种情况：一种是由两个计

划的总量指标对比得到的相对指标。例如,计划商品流通费用率是计划商品流通费与计划商品销售额对比的结果,又如,计划销售利润率是计划利润额与计划销售额对比的结果。另一种形式计划指标规定的是提高率或降低率。例如,劳动生产率计划比上年提高5%或单位产品成本计划比上年降低5%等。

计算两个总量指标对比的相对指标的计划完成程度可将实际完成的相对指标数值与计划规定相对指标数值直接对比。其计算公式为:

$$计划完成程度相对指标=\frac{实际完成(\%)}{计划完成(\%)}\times 100\%$$

【例2-3-3】 某公司2006年第一季度计划销售利润率为12%,实际销售利润率为14%,则:

$$销售利润率计划完成程度相对指标=\frac{14\%}{12\%}=116.67\%$$

说明该公司2006年第一季度超额16.67%完成了销售利润率计划。计划完成较好。在这里要注意有些指标的计划完成程度相对指标越大,说明计划完成得越好,如例[2-3-2]。而有些指标的计划完成程度指标越小,说明计划完成得越好。

【例2-3-4】 某公司2006年第一季度计划商品流通费用率为4%,实际为4.5%,则:

$$商品流通费用率计划完成程度相对指标=\frac{4.5\%}{4\%}=112.5\%$$

说明该公司差12.5%未完成流通费用率计划。计划完成情况不好。

计划指标为提高率或降低率时,由于计划数是以比上期提高或降低百分之几的形式出现的,要使其符合基本公式的要求,在计算计划完成程度相对指标时,分子、分母都应包括原有的基数100%在内,不能用实际提高率(或实际降低率)与计划提高率(或降低率)直接对比。其计算公式为:

$$计划完成程度相对指标=\frac{1+实际提高率(或-实际降低率)}{1+计划提高率(或-计划降低率)}\times 100\%$$

【例2-3-5】 某企业劳动生产率计划规定2006年要比2005年提高5%,实际提高了7%,则:

$$计划完成程度相对指标=\frac{1+7\%}{1+5\%}=101.9\%$$

计算结果表明,该企业劳动生产率提高率计划完成程度为101.9%,超额1.9%完成任务,完成任务情况较好。

【例2-3-6】 某企业2006年计划单位产品成本要比上年降低5%,实际降低了3%,则:

$$计划完成程度相对指标=\frac{1-3\%}{1-5\%}=102.11\%$$

计算结果表明,该企业单位产品成本降低率计划完成程度为102.11%,差2.11%未完成任务。

③计划指标为平均数。计划指标为平均数时计算计划完成程度相对指标的计算也直接采用基本公式,用实际完成的平均水平与计划平均水平相比较即可。其计算公式为:

$$计划完成程度相对指标=\frac{完成平均水平}{计划平均水平}\times 100\%$$

它一般适用于考核以平均指标表示的各项经济技术指标的计划完成情况。例如企业生产经营中的劳动生产率、单位产品成本、平均工资、平均亩产量等的计划完成情况。

【例 2-3-7】 某企业 2006 年计划甲产品单位成本为 10 元/件,实际为 9.5 元/件,则:

$$计划完成程度相对指标 = \frac{9.5}{10} \times 100\% = 95\%$$

计算结果说明,该企业甲产品单位成本计划完成情况较好,实际比计划降低了 5%。

(3)中长期计划完成情况的检查

前面所述的计划完成程度指标的计算方法主要适用于短期计划(1 年)完成情况的检查,对于计划期为 5 年或 5 年以上的中长期计划执行情况的检查,根据计划中所规定的指标性质不同、表示方法不同,则要相应采用水平法和累计法来进行。

①水平法。当计划指标规定的是计划期最后一年应达到的水平时,应该采用水平法来检查计划完成情况。这种方法是以计划期最后一年的水平为考核对象,一般用于检查产量、产值、销售额等指标的计划完成情况。其计算公式为:

$$计划完成程度相对指标 = \frac{计划期最后一年实际达到的水平}{计划规定最后一年应达到的水平} \times 100\%$$

【例 2-3-8】 我国某地区“十五”计划规定 2005 年某种产品产量应达到 5 亿件,实际达到了 5.4 亿件,则有:

$$计划完成程度相对指标 = \frac{5.4}{5} \times 100\% = 108\%$$

计算结果表明该地区该种产品超额 8% 完成任务。

按水平法检查中长期计划完成情况,除了要计算计划完成百分比以外,有时还需要计算提前完成任务的时间。判断计划完成的标准是:只要有连续一年的时间(可以跨年度)的实际完成指标数值达到计划规定最后一年应达到的水平时,就算完成了任务,而剩下的时间为提前完成任务的时间。

【例 2-3-9】 同【例 2-3-8】,假定该“十五”计划期间各年产品产量具体资料见表 2-3-3 所列。

某地区“十五”计划期间某种产品各年产量 表 2-3-3

年份	2001	2002	2003	2004				2005			
				一季度	二季度	三季度	四季度	一季度	二季度	三季度	四季度
产品产量(万件)	4000	4300	4650	1150	1200	1250	1200	1250	1300	1400	1450

由于该地区该种产品产量在 2004 年第三季度至 2005 年第二季度这连续一年时间内实际产量刚好达到 5000 万件,因此可以确定该产品产量提前半年完成 5 年的计划任务。

如果不能取得各季度的产量数据,或连续一年时间里的实际产量已超过计划数时,可以假定在这一年或一个季度里产品生产是均衡的,由此可以推算出提前完成任务的具体时间。

②累计法。当计划指标规定的是计划期内各年累计总量应达到某一水平时,应采用累计法检查计划完成情况。这种方法以计划期内各年计划数量的累积总和为考核对象,一般用于检查固定资产投资额、新增生产能力、造林面积等指标等。计算时用整个计划期间实际累计完成数与计划指标相比较来检查计划完成程度。其计算公式为:

$$计划完成程度相对指标 = \frac{计划全期实际累计完成数}{计划全期计划累计完成数} \times 100\%$$

【例 2-3-10】 某地区“十五”计划规定 2001 ~ 2005 年间固定资产投资额为 420 亿元,实际 5 年间累计完成固定资产投资额为 480 亿元,则:

$$\text{计划完成程度相对指标} = \frac{480}{420} \times 100\% = 114.29\%$$

计算结果表明，该地区超额 14.29% 完成“十五”期间固定资产投资额计划任务。

按累计法检查中长期计划完成情况，除了要计算计划完成百分比以外，有时也需要计算提前完成任务的时间。判断计划完成的标准是：只要计划期开始某一时间至实际完成数达到了计划规定的累积应完成数值就算完成计划，剩下的时间就是提前完成任务的时间。

【例 2-3-11】 同【例 2-3-10】，假定某地区“十五”期间各年固定资产投资额的具体情况见表 2-3-4 所列。

某地区“十五”计划期间各年固定资产投资额 表 2-3-4

年份	2001	2002	2003	2004	2005			
					一季度	二季度	三季度	四季度
固定资产投资额(亿元)	70	85	95	110	28	32	31	29

则该地区固定资产投资额累计到 2005 年第二季度时就已经达到 420 亿元，因此可以确定该地区提前半年完成固定资产投资额计划。

（4）计划进度执行情况检查

为了保证计划能均衡地完成，避免前松后紧的现象产生，检查计划完成情况时还要考虑计划执行的进度，要计算一个与计划完成相对指标密切相关的计划进度执行情况指标来监督计划的顺利完成。计划进度执行情况指标是将计划期内自计划执行之日起至某一时期止的实际累计完成数与全计划期计划任务数对比计算的比值，通常也用百分数表示，其计算公式为：

$$\text{计划进度执行情况} = \frac{\text{累计至本期止实际完成数}}{\text{全期计划数}} \times 100\%$$

【例 2-3-12】 某企业某年计划工业总产值为 500 万元，至 6 月末实际完成 300 万元，则有：

$$\text{上半年计划进度执行情况} = \frac{300}{500} \times 100\% = 60\%$$

计算结果表明，该企业在这一年时间过半时，进度已完成计划任务的 60%，说明计划进度执行较快。

计划完成相对指标在社会经济活动中有着广泛的应用，发挥着重要的作用。计划完成相对指标可以准确地说明国民经济计划完成程度，为正确评估工作成绩提供了依据，也是监督检查计划执行情况的重要方法和计划管理的重要依据。通过对计划完成相对指标的比较分析，可以反映国民经济计划执行过程中的薄弱环节，为采取措施进行补救和完善提供了依据；通过将计划执行进度与计划进度相比较可以及时发现问题，采取措施，改进工作，更有效地督促计划的均衡执行。

第四章 平 均 指 标

平均指标又称平均数,是统计综合指标的一种。大多数的平均指标都是利用总量指标相互对比求得的,因此,它和总量指标有着非常密切的联系。平均指标不论在统计理论研究上,还是在统计工作实践中,都占有重要的地位。同时,利用平均指标反映社会经济现象的数量特征也是统计分析的一种重要方法。

第一节 平均指标概述

一、平均指标的概念和特点

平均指标是反映总体各单位某一数量标志值一般水平的综合指标,又称统计平均数。它是人们认识事物一般特征的重要指标。例如,要说明全国工业企业职工在一定时期内的收入水平,显然不能用个别职工的工资额来代表,因为总体各单位的某一标志值在客观上存在数量差异,每个职工的工资额由于受行业、工龄等多种因素影响各不相同;同时也不能用全部职工的工资总额来表示,因为工资总额随着人数的多少而变化,不能说明职工的收入水平。只有计算每个职工的平均工资才可以反映我国工业企业职工收入的一般水平。平均指标与其他统计指标相比具有以下特点。

(1)平均指标是一个代表性的数值,说明总体各单位某一数量标志值的一般水平。统计总体存在着差异性的特点,虽然总体各单位某一标志值大小不同,但可以用平均指标这一个数值来代表总体各单位某一数量标志值的一般水平。

(2)平均指标是一个抽象化的数值,把总体单位某一数量标志上的差异抽象化了。虽然总体内各单位标志值之间存在着差异,但平均指标把各单位标志值之间的差异抽象化了。

二、平均指标的作用

1. 平均指标可以反映现象总体的综合特征

总体各单位的数量标志值的大小受多种因素的综合影响,其中有些是必然影响因素,对所有的变量值都会起着决定性的作用;有些是偶然影响因素,对某些总体单位标志值起着影响作用,使各单位在数量上存在差异。通过平均,可以消除偶然因素造成的差异,显示出由于必然因素影响达到的一般水平。

2. 平均指标可以反映总体各单位变量值分布的集中趋势

社会经济现象总体中,每个总体单位都有区别于其他单位的特征,这些特征表现在数量上就是大小不一、高低有别。但就绝大多数社会经济现象而言,把总体按某一标志分组形成分布数列后,总体各单位的次数分布都呈正态分布或近似于正态分布,总体各单位标志值分布的一般规律是,接近于平均数的标志值居多,而远离平均数的标志值很少,并且与平均数离差越小的标志值出现次数越多,而离差越大的标志值出现次数越小,形成正离差和负离差大体相等,整个变量数列以平均数为中心左右波动。把这种总体中各单位的次数分布从两边向中间集中的趋势称作集中趋势,也称趋中性,作为中心的变量值就是平均指标,所以可以用平均指标来反映变量数列的集中趋势。

3. 平均指标经常用来揭示现象在不同时间的发展趋势

平均指标经常用来进行同类现象在不同时间、不同空间条件下的对比分析,从而反映现象在不同地区之间的差异,揭示现象在不同时间的发展趋势。由于受到总体规模不同的影响,许多现象指标不能够直接对比。

4. 平均指标可以用于分析现象之间的依存关系

世界上任何事物都不是孤立存在的,很多现象之间都存在着相互依存的关系,而研究现象之间相互依存关系的数量表现,也需要计算平均指标。例如,劳动生产率与收入水平之间,农作物的施肥量与产量之间,商品流转规模与流通费用之间,都存在着相互依存的关系。分析这些依存关系时,都需要计算平均指标。

5. 平均指标在抽样推断中是一个重要指标

平均指标是抽样推断中应用得最广泛的指标之一。抽样推断的一项重要工作内容就是用样本的平均数来推断总体平均数,进而可以估计总体总量。

三、平均指标的种类

1. 按所反映现象的时间状态分类

(1)静态平均数

又称一般平均数,是反映现象在同一时间条件下不同总体单位标志值的一般水平的平均指标。例如,在掌握某企业全部职工 2006 年工资额的基础上,计算平均每位职工的平均工资。

(2)动态平均数

又称序时平均数,是反映同一事物在不同时间条件下具体表现的一般水平的平均指标。例如,在掌握某商店 2000 ~ 2007 年各年商品销售额的基础上,计算平均每年商品销售额。本章所介绍的平均指标主要是指静态平均数,动态平均数将在时间数列中详细介绍。

2. 按计算和确定的方法分类

按计算和确定的方法不同,平均指标可以分为算术平均数、调和平均数、几何平均数、众数和中位数 5 种。

第二节　算术平均数

算术平均数是计算平均指标的基本方法,因为平均指标是表示社会经济现象总体单位某一标志值的平均水平的,而算术平均数的计算方法与许多社会经济现象中客观存在的数量关系相符合,因而是最适合于计算标志值的平均水平的方法。算术平均数是统计研究和统计实务中应用得最广泛的一种平均指标。

一、算术平均数的基本形式

算术平均数的基本形式是总体标志总量与总体单位总量之比。其计算公式为:

$$\text{算术平均数}=\frac{\text{总体标志总量}}{\text{总体单位总量}}$$

例如,某企业某月工人工资总额为260000元,工人人数为200人,则该月工人的平均工资为1300元/人(260000/200 = 1300)。

算术平均数在计算过程中,根据掌握的资料不同,在计算方法上又可以分为简单算术平均数和加权算术平均数两种。二者的主要区别在于计算总体标志总量的方法不同。

二、简单算术平均数

简单算术平均数是根据总体各单位标志值的原始资料,通过直接加总的方式计算总体标志总量,进而计算算术平均数的方法。简单算术平均数主要适用于未分组资料。其计算公式为:

$$\bar{x} = \frac{x_1 + x_2 + x_3 + \cdots + x_n}{n} = \frac{\sum x}{n}$$

式中: $\bar{x}$——算术平均数;

$x_1, x_2, x_3, \cdots, x_n$——各单位的标志值;

n——总体单位数。

【例2-4-1】 某村民小组有10户农民,每户人口分别为2人、3人、5人、7人、6人、5人、4人、6人、8人、4人,则平均每户人口数为

$$\bar{x} = \frac{\sum x}{n} = \frac{2+3+5+7+6+5+4+6+8+4}{10} = 5(\text{人/户})$$

三、加权算术平均数

如果所掌握资料是分组资料,计算平均指标时则需采用加权算术平均数。加权算术平均数计算时,先用各组标志值乘以相应的各组次数,求出各组标志总量,然后将各组标志总量加总求得总体标志总量。同时将各组次数相加求出总体单位数,用总体标志总量除以总体单位数即得加权算术平均数。其计算公式为

$$\bar{x} = \frac{x_1 f_1 + x_2 f_2 + \cdots + x_n f_n}{f_1 + f_2 + \cdots + f_n} = \frac{\sum xf}{\sum f}$$

式中:$x_1, x_2, \cdots, x_n$——各组变量值;

$f_1, f_2, \cdots, f_n$——各组次数,也称为权数。

【例2-4-2】 某车间工人按日产量分组资料见表2-4-1所列。

某车间工人日产量 表2-4-1

按日产量分组 x(件)	工人人数 f(人)	各组产量 xf(件)
19	5	95
20	15	300
21	17	357
22	11	242
23	2	46
合计	50	1040

该车间工人平均日产量为:

$$\bar{x} = \frac{\sum xf}{\sum f} = \frac{19 \times 5 + 20 \times 15 + 21 \times 17 + 22 \times 11 + 23 \times 2}{5 + 15 + 17 + 11 + 2} = \frac{1040}{50} = 20.8(\text{件/人})$$

【例2-4-3】 某储蓄所某年年末为120个贷款户贷款情况见表2-4-2所列。

某储蓄所某年贷款情况 表 2-4-2

贷款额(万元)	组中值 x	贷款户数 f(户)	各组贷款额 xf(万元)
20 万元以下	10	16	160
20~40	30	28	840
40~60	50	45	2250
60~80	70	21	1470
80~100	90	10	900
合 计	—	120	5620

则该储蓄所平均每个贷款户贷款额为

$$\bar{x}=\frac{\sum xf}{\sum f}=\frac{10\times16+30\times28+50\times45+70\times21+90\times10}{16+28+45+21+10}=\frac{5620}{120}=46.83(\text{件/人})$$

加权算术平均数中的权数可以用绝对数表示,也可以用相对数表示。用相对数表示的权数也称为比重权数,即各组的频率。实际上权数对平均数的影响作用,不决定于权数本身绝对数值的大小,而决定于作为权数的各组单位数在总体单位数中所占比重的大小。哪一组单位数所占的比重大,哪一组标志值对平均数的影响就大。在许多情况下,可以直接利用各组标志值乘以相应的比重,然后加总来计算加权算术平均数。其计算公式为

$$\bar{x}=x_1\cdot\frac{f_1}{\sum f}+x_2\cdot\frac{f_2}{\sum f}+\cdots+x_n\cdot\frac{f_n}{\sum f}=\sum x\cdot\frac{f}{\sum f}$$

【例 2-4-4】 根据表 2-4-1 资料计算加权算术平均数见表 2-4-3 所列。

加权算术平均数计算 表 2-4-3

日产量 x(件)	工人人数 f(人)	各组工人数占总人数比重 $\frac{f}{\sum f}$(%)	$x\cdot\frac{f}{\sum f}$
19	5	10	1.9
20	15	30	6
21	17	34	7.14
22	11	22	4.84
23	2	4	0.92
合计	50	100	20.8

则平均每人日产量为

$$\begin{aligned}\bar{x}&=\sum x\cdot\frac{f}{\sum f}=19\times10\%+20\times30\%+21\times34\%+22\times22\%+23\times4\%\\&=20.8\ (\text{件/人})\end{aligned}$$

计算结果和前面采用绝对数权数计算的加权算术平均数完全相同。由此看出,各组单位数占总体单位数的比重是计算加权算术平均数的实质权数。它比绝对数权数更能准确地表现出各组次数在总体中所占的份额。

加权算术平均数计算过程中,如果各组单位数相等,即 $f_1=f_2=\cdots=f_n=f$,则

$$\bar{x}=\frac{\sum xf}{\sum f}=\frac{f\sum x}{nf}=\frac{\sum x}{n}$$

所以,简单算术平均数是加权算术平均数的一个特例,是在各组次数都相等的条件下的加权算术平均数。

计算加权算术平均数就会遇到权数选择的问题,如果被平均的标志值本身是绝对数,且根据分配数列计算算术平均数时,一般来说,各组次数就是权数。但如果被平均的标志值本身是相对数或平均数,次数就不一定适合作权数,此时,必须寻找有意义的权数,使各组标志值与权数相乘有经济意义,正好等于相对数或平均数基本公式中的分子,然后再计算平均数。

【例 2-4-5】 某煤矿管理局所属 10 个煤矿企业产值计划完成情况见表 2-4-4 所列，求该管理局 10 个煤矿的平均计划完成程度。

某煤矿管理局所属企业产值计划完成情况 表 2-4-4

计划完成程度(%)	组中值 x(%)	企业数	计划产值 f(万元)	实际产值 xf(万元)
90～100	95	2	300	285
100～110	105	5	1000	1050
110～120	115	3	550	632.5
合计	—	10	1850	1967.5

本例中，由于该管理局 10 个企业的计划完成程度各不相同，产值多少也有差别，因此不能用简单算术平均数的形式计算平均计划完成程度，必须用加权算术平均数形式。此时，虽然企业数为总体单位在各组分布的次数，但它并不适合作权数，因为计划完成程度与企业数相乘没有任何经济意义。正确计算产值的平均计划完成程度，需要用计划产值来加权，计划产值与计划完成程度相乘正好等于实际产值，即相对指标计划完成程度的分子，这样才符合这一指标的性质。计算为

$$平均计划完成程度=\frac{95\%\times 300+105\%\times 1000+115\%\times 550}{300+1000+550}=\frac{1967.5}{1850}=106.35\%$$

第三节　调和平均数

调和平均数是算术平均数的一种变形，是计算同质总体各单位标志值平均水平的另一种表现形式。它是标志值的倒数的算术平均数的倒数，又称为倒数平均数。根据掌握资料的不同，调和平均数可分为简单调和平均数和加权调和平均数两种计算方法。

一、简单调和平均数

简单调和平均数是先计算总体单位标志值倒数的简单算术平均数，然后求其倒数。主要用于未分组资料。其计算公式为

$$H=\frac{1}{\dfrac{\dfrac{1}{x_1}+\dfrac{1}{x_2}+\cdots+\dfrac{1}{x_n}}{n}}=\frac{n}{\dfrac{1}{x_1}+\dfrac{1}{x_2}+\cdots+\dfrac{1}{x_n}}=\frac{n}{\sum\dfrac{1}{x}}$$

式中：H——调和平均数；

x——各总体单位标志值；

n——总体单位数。

【例 2-4-6】 早市上某种蔬菜的价格为 0.5 元/斤，中午市场价格为 0.4 元/斤，晚上市场价格为 0.25 元/斤，现在市场上早、中、晚各买 1 元钱的菜，求平均价格。

$$H=\frac{3}{\dfrac{1}{0.5}+\dfrac{1}{0.4}+\dfrac{1}{0.25}}=\frac{3}{8.5}=0.35(元/斤)$$

二、加权调和平均数

加权调和平均数用于分组资料的计算，它是先计算总体单位标志值倒数的加权算术平均数，然后求其倒数。计算公式为

$$H=\frac{1}{\frac{\frac{1}{x_1}m_1+\frac{1}{x_2}m_2+\cdots+\frac{1}{x_n}m_n}{m_1+m_2+\cdots+m_n}}=\frac{m_1+m_2+\cdots+m_n}{\frac{1}{x_1}m_1+\frac{1}{x_2}m_2+\cdots+\frac{1}{x_n}m_n}=\frac{\sum m}{\sum\frac{1}{x}m}$$

式中：m——权数，即各组的标志总量。

【例 2-4-7】 仍用工人日产量资料说明见表 2-4-5 所列。

某车间工人日产量 表 2-4-5

按日产量分组 x(件)	各组产量 m(件)	工人人数$\frac{m}{x}$(人)
19	95	5
20	300	15
21	357	17
22	242	11
23	46	2
合计	1040	50

则工人平均日产量为：

$$H=\frac{\sum m}{\sum\frac{m}{x}}=\frac{95+300+357+242+46}{\frac{95}{19}+\frac{300}{20}+\frac{357}{21}+\frac{242}{22}+\frac{46}{23}}=\frac{1040}{50}=20.8(\text{件/人})$$

由计算结果可以看出，调和平均数的计算结果和算术平均数相同，这是因为各组总产量 m 等于日产量 x 与各组人数 f 的乘积，即 $m=xf$，则

$$H=\frac{\sum m}{\sum\frac{m}{x}}=\frac{\sum xf}{\sum\frac{xf}{f}}=\frac{\sum xf}{\sum f}$$

可见，调和平均数实际是算术平均数的一种变形，它仍然是总体标志总量除以总体单位总量。调和平均数和算术平均数在经济意义上是一致的。在社会经济统计过程中，由于受到所掌握资料的限制，有时算术平均数很难计算。此时，计算平均指标就可以考虑采用调和平均法。

第四节　几何平均数

几何平均数是另一种平均指标，是 n 个变量值连乘积的 n 次方根，用字母 G 表示。社会经济统计中，几何平均数适用于计算平均比率和平均速度。几何平均数应用时应满足两个条件：①若干个比率或速度的连乘积等于总比率或总速度；②相乘的各比率或速度不得为负值。几何平均数也分为简单几何平均数和加权几何平均数两种。

一、简单几何平均数

简单几何平均数适用于计算未分组资料的平均比率或平均速度，其计算公式为

$$G=\sqrt[n]{x_1\cdot x_2\cdots x_n}=\sqrt[n]{\Pi x}$$

式中：G——几何平均数；

$x_1,x_2,\cdots,x_n$——总体各单位标志值；

n——标志值的个数；

Π——连乘符号。

【例 2-4-8】 某企业有 5 个流水作业的车间，1 月份第 1 车间产品合格率为 98%，第 2 车

间产品合格率为96%，第3车间产品合格率为95%，第4车间产品合格率为94%，第5车间产品合格率为92%。试求该厂1月份平均产品合格率。

由于这5个车间是流水作业车间，各车间的产品合格率都会影响产品总合格率。各车间产品合格率的连乘积等于产品总合格率，因此，计算平均产品合格率不能用算术平均数或调和平均数，而应采取几何平均数计算，即1月份平均产品合格率为：

$$G=\sqrt[n]{\Pi x}=\sqrt[5]{98\%\times 96\%\times 95\%\times 94\%\times 92\%}=94.98\%$$

在无法开高次方，不能直接得出计算结果时，也可采用两边先取对数，然后再求反对数的方法来计算平均产品合格率。

$$\lg G=\frac{\sum \lg x}{n}$$

$$G=\mathrm{arclg}G$$

二、加权几何平均数

加权几何平均数适用于计算分组资料的平均比率或平均速度，其公式为：

$$G=\sqrt[f_1+f_2+\cdots+f_n]{x_1^{f_1}\cdot x_2^{f_2}\cdots x_n^{f_n}}=\sum\sqrt[f]{\Pi x^f}$$

式中：$f_1, f_2, \cdots, f_n$——各变量值出现的次数。

【例2-4-9】 某企业一笔长期贷款按复利计算利息，10年间年利率为9%的有3年，年利率为11%的有4年，年利率为12%的有2年，年利率为13%的有1年。试计算10年间该笔贷款的平均年利率。

$$G=\sqrt[3+4+2+1]{1.09^3\times 1.11^4\times 1.12^2\times 1.13^1}=\sqrt[10]{2.786672}=110.79\%$$

$$110.79\%-1=10.79\%$$

因此，该笔贷款10年间平均年利率为10.79%。

同样，在不能直接得出计算结果时，也可采用对数方法计算平均产品合格率。

$$\lg G=\frac{f_1\lg x_1+f_2\lg x_2+\cdots+f_n\lg x_n}{f_1+f_2+\cdots+f_n}=\frac{\sum f\lg x}{\sum f}$$

$$G=\mathrm{arclg}G$$

第五章　标志变异指标

统计在研究大量社会经济现象时，构成统计总体的各个单位一方面要求是同质的，另一方面，总体单位的标志值又应是有差异的。例如，在研究全国工业企业总产值时，构成全国工业企业这一统计总体的单位必须具有工业企业这一共同的性质，同时，各企业的总产值数值又应是有差异的，不能完全相同，否则，统计工作就失去了它的意义。统计上把总体各单位标志值的差异称为变异，要研究总体标志变异的数量表现，就需要计算标志变异指标。

第一节　标志变异指标概述

一、标志变异指标的概念和作用

标志变异指标是反映总体各单位标志值的差异程度的，即反映分配数列中各标志值的变动范围或离差程度的综合指标，也称为标志变动度，简称变异指标。

研究社会经济现象总体数量特征时，可以运用平均指标反映总体某一数量标志值的一般水平，但由于平均指标是一个抽象化的数值，它不能反映总体各单位标志值之间的差异程度。所以，只用平均指标表示不能充分说明总体各单位的数量特征。要想对被抽象化了的各单位的标志值的差异程度进行测定，就需要计算标志变异指标。如果说平均指标能说明分配数列中变量值的集中趋势，说明总体各单位某一标志值的共性。那么，标志变异指标就能说明变量值的离中趋势，说明总体各单位标志值的差异性。在应用平均指标表现总体单位标志值的一般水平时，必须应用标志变异指标来补充说明各单位标志值的差异，以全面分析现象总体的共同特征。

在统计研究过程中，标志变异指标的作用主要表现在以下几个方面。

(1)标志变异指标可以用来衡量平均数代表性的大小。平均指标是一个代表性的数值，可以代表现象总体各单位某一数量标志值的一般水平，但不同数列的变量值差异程度不同，因此平均数的代表性大小也不相同。例如，有两组人口，每组 5 人，甲组 5 个人的年龄分别为 18、19、20、21、22 岁；乙组 5 个人的年龄分别为 10、15、20、25、30 岁。两组人口的平均年龄均为 20 岁，但很显然，由于甲组 5 个人年龄差异较小，平均年龄 20 岁就能代表 5 个人年龄的一般水平；而乙组平均年龄的代表性就要差一些。可见，标志变异程度越大，平均数的代表性越小；反之，标志变异程度越小，平均数的代表性就越大。

(2)标志变异指标是反映社会经济活动过程均衡性和节奏性及产品质量稳定性的一个重要指标。在社会经济统计中，经常运用标志变异指标分析工农业生产过程的均衡性和节奏性。例如，在研究农业劳动力的合理利用问题时，不仅要计算全年 12 个月的平均用工量，还必须进一步分析每个月用工量的差异程度，计算标志变异指标。标志变异指标越小，说明劳动力利用越均衡，对劳动力的利用越合理；反之亦然。又如，对某种灯泡的质量进行检验，除了要检查其发光效率外，还要检查它的使用寿命，如果被检验灯泡的平均使用寿命长，同时使用寿命的变动幅度小，则说明产品质量好，同时质量稳定性强；否则，如果使用寿命的变动幅度大，则说明该种产品质量的稳定性差。

二、标志变异指标的种类

标志变异指标按照计算方法不同有全距、平均差、标准差和标志变动系数4种。

第二节　全距和平均差

一、全　　距

全距又称极差，是指总体各单位标志值中最大值与最小值之差。用公式表示为

$$R = x_{max} - x_{min}$$

式中：R ——变异全距；

x_{max}——最大标志值；

x_{min}——最小标志值。

从定义上可以看出，全距是根据标志值差距的大小来表明标志值在总体范围内变动的最大距离。全距数值大，说明标志值变动范围大，平均数代表性小；反之，则说明标志值变动范围小，平均数代表性大。

【例2-5-1】 有甲、乙两组工人，每组有工人7名，其工资资料见表2-5-1所列。

两组工人工资资料　　表2-5-1

组别	1	2	3	4	5	6	7
甲（元）	1100	1120	1150	1200	1250	1280	1300
乙（元）	900	1000	1100	1200	1300	1400	1500

甲组全距：

$$R_{甲} = 1300 - 1100 = 200(\text{元})$$

乙组全距：

$$R_{乙} = 1500 - 900 = 600(\text{元})$$

可见，甲、乙两组平均数虽然相同，均为1200元，但乙组全距要比甲组大，说明乙组工人工资差异程度大，乙组工人工资平均数代表性小。

如果统计资料已经过分组，形成了组距分配数列的话，则可以用最高组的上限作为 x_{max}，用最低组的下限作为 x_{min}，全距公式可以写成最高组上限与最小组下限之差。

用全距测定标志变异程度的优点是计算方法简便，容易理解，意义明确，能比较准确地反映总体中标志值的变动范围，据以衡量平均数的代表性。因此，全距用于检查产品质量的稳定性和进行产品质量控制时就比较方便。当生产出现波动时，全距就变大，此时就应采取相应措施，以保证产品质量。此外，全距在编制次数分配数列时，可作为确定组数、组距的重要依据。

但全距也有明显的缺点，全距的大小取决于总体中两个极端数值的差距，因而容易受极端数值的影响，而且无法反映众多中间数值的差异情况。因而测定的结果往往不能充分反映现象的离散程度。在组距资料中遇到开口组时较难准确确定组距。

二、平　均　差

平均差是指总体各单位标志值对其算术平均数的平均离差，用 $A \cdot D$ 表示。

根据概念，平均差应是计算$(x-\bar{x})$的算术平均数，计算公式在根据未分组资料计算时应为$\frac{\sum(x-\bar{x})}{n}$，但由于各标志值与其算术平均数的离差有正有负，根据算术平均数的数学性质可知$\sum(x-\bar{x})=0$，此时，平均差难以计算。为消除离差的正、负号，平均差在计算时采用的是离差的绝对值，即$\sum|x-\bar{x}|$的算术平均数的形式。

根据掌握资料不同，平均差可以分为简单式和加权式两种。

1. 简单平均差

根据未分组资料计算平均差应该采用简单式，其计算公式为

$$A\cdot D=\frac{\sum|x-\bar{x}|}{n}$$

式中：$A\cdot D$——平均差；

x——总体各单位标志值；

$\bar{x}$——总体各单位标志值的算术平均数；

n——标志值的项数。

【例 2-5-2】 由甲、乙两组各 7 名工人的日产量资料见表 2-5-2 所列。

甲、乙两组工人日产量平均差计算 表 2-5-2

甲			乙		
日产量(件)	$x-\bar{x}_{甲}$	$\|x-\bar{x}_{甲}\|$	日产量(件)	$x-\bar{x}_{乙}$	$\|x-\bar{x}_{乙}\|$
17	-3	3	10	-10	10
18	-2	2	14	-6	6
19	-1	1	17	-3	3
20	0	0	20	0	0
21	1	1	23	3	3
22	2	2	26	6	6
23	3	3	30	10	10
合计	0	12	合计	0	38

甲组工人平均日产量和平均差为：

$$\bar{x}_{甲}=\frac{\sum x}{n}=\frac{17+18+19+20+21+22+23}{7}=20(件)$$

$$A\cdot D_{甲}=\frac{\sum|x-\bar{x}_{甲}|}{n}=\frac{12}{7}=1.71(件)$$

乙组工人平均日产量和平均差为：

$$\bar{x}_{乙}=\frac{\sum x}{n}=\frac{10+14+17+20+23+26+30}{7}=20(件)$$

$$A\cdot D_{乙}=\frac{\sum|x-\bar{x}_{乙}|}{n}=\frac{38}{7}=5.43(件)$$

比较两组工人日产量平均差，甲组为 1.71 件，乙组为 5.43 件，在两组工人平均日产量均为 20 件的情况下，说明乙组工人日产量差异大于甲组工人，乙组工人平均日产量的代表性比甲组小。

2. 加权平均差

根据分组资料计算平均差时宜采用加权式平均差。其计算公式为

$$A\cdot D=\frac{\sum|x-\bar{x}|f}{\sum f}$$

式中：f——权数。

【例 2-5-3】 某车间 50 名工人日产量资料见表 2-5-3 所列。

某车间工人日产量加权平均差计算　　表 2-5-3

按日产量分组 x（件）	工人人数 f（人）	各组产量 xf（件）	$\lvert x-\bar{x}\rvert$	$\lvert x-\bar{x}\rvert f$
19	5	95	1.8	9
20	15	300	0.8	12
21	17	357	0.2	3.4
22	11	242	1.2	13.2
23	2	46	2.2	4.4
合计	50	1040	—	42

$$\bar{x}=\frac{\sum xf}{\sum f}=\frac{1040}{50}=20.8(\text{件})$$

$$A\cdot D=\frac{\sum\lvert x-\bar{x}\rvert f}{\sum f}=\frac{42}{50}=0.84(\text{件})$$

计算结果说明 50 个工人日产量的差异程度平均为 0.84 件。

平均差的优点在于相对于全距来讲，平均差能将总体中各单位的标志值的差异情况全部包括进去，较准确地反映了总体各单位标志值的离差程度，受极端数值的影响比全距小。而且计算也较简便，意义明确。

平均差的缺点在于运用绝对值的方法消除离差的正、负号，虽然解决了正、负离差相互抵消的问题，但公式中的绝对值不利于数学处理。

第三节　标准差和标志变动系数

由于全距是以数列两个极端数值的差距来反映标志值的变动程度，没有考虑全部标志值的变化，容易受极端数值的影响。因此，应用范围较小。平均差虽是总体各单位标志值与其算术平均数之间离差的平均，计算过程中考虑了所有标志值的变动情况，但由于离差的绝对值不是消除正、负离差的最好方法，不利于进行数学处理。所以，一般用得也比较少。为克服以上两者的缺点，在现实统计工作中，常用标准差来测定标志变异程度。

一、标　准　差

标准差是总体各单位标志值与其算术平均数离差平方的算术平均数的平方根，简称均方差，通常用 σ 表示。标准差的平方称为方差，用 σ^2 表示。

标准差与平均差的意义其实是相同的，也是标志值对其算术平均数的平均离差，只不过数学处理方法不同。标准差是用平方来消除正、负号的，而平均差用的是绝对值。标准差更利于进行数学处理。

同平均差一样，标准差的数学公式也分为简单式和加权式两种。

1. 简单标准差

根据未分组资料计算标准差时，采用简单式。其计算公式为

$$\sigma=\sqrt{\frac{\sum(x-\bar{x})^2}{n}}$$

式中：σ——标准差；

x——总体各单位标志值；

$\bar{x}$——总体各单位标志值的算术平均数；

n——标志值的项数。

【例 2-5-4】 仍用表 2-5-2 数据，有标准差计算见表 2-5-4 所列。

甲、乙两组工人日产量标准差计算 表 2-5-4

甲			乙		
日产量(件)	$x-\bar{x}_甲$	$(x-\bar{x}_甲)^2$	日产量(件)	$x-\bar{x}_乙$	$(x-\bar{x}_乙)^2$
17	-3	9	10	-10	100
18	-2	4	14	-6	36
19	-1	1	17	-3	9
20	0	0	20	0	0
21	1	1	23	3	9
22	2	4	26	6	36
23	3	9	30	10	100
合计	0	28	合计	0	290

甲组工人日产量平均数为 20 件，标准差为

$$\sigma_甲=\frac{\sqrt{(x-\bar{x})^2}}{n}=\sqrt{\frac{28}{7}}=2(件)$$

乙组工人平均日产量也为 20 件，标准差为

$$\sigma_乙=\frac{\sqrt{(x-\bar{x})^2}}{n}=\sqrt{\frac{290}{7}}=6.44(件)$$

同样，虽然甲、乙两组工人平均日产量相同，但由于 $\sigma_甲<\sigma_乙$，所以，甲组工人平均日产量更具代表性。

2. 加权标准差

根据分组资料计算标准差时采用，其计算公式为

$$\sigma=\sqrt{\frac{\sum(x-\bar{x})^2f}{\sum f}}$$

式中：f——权数。

【例 2-5-5】 某村劳动力全年劳动情况见表 2-5-5 所列。

某村劳动力全年劳动情况 表 2-5-5

全年劳动天数(天)	组中值 x	劳力数 f(人)	xf	$(x-\bar{x})^2$	$(x-\bar{x})^2f$
240 以下	230	8	1840	3639	31752
240～260	250	11	2750	1849	20339
260～280	270	13	3510	529	6877
280～300	290	24	6960	9	216
300～320	310	20	6200	289	5780
320～340	330	18	5940	1369	24642
340 以上	350	6	2100	3249	19494
合计	—	100	29300	—	109100

该村劳动力全年平均劳动天数和标准差为

$$\bar{x}=\frac{\sum xf}{\sum f}=\frac{29300}{100}=293(天)$$

$$\sigma=\sqrt{\frac{\sum(x-\bar{x})^2f}{\sum f}}=\sqrt{\frac{109100}{1000}}=33.03(天)$$

3. 标准差的简捷算法

(1)简单式

$$\sigma=\sqrt{\frac{\sum(x-A)^2}{n}-\left[\frac{\sum(x-A)}{n}\right]^2}$$

式中:A—— 一般取中间位置的标志值或组中值。

(2)加权式

在组距数列中,结合算术平均数的简捷法公式,可得出标准差的简捷法公式如下:

$$\sigma=\sqrt{\frac{\sum(x-A)^2f}{\sum f}-\left[\frac{\sum(x-A)f}{\sum f}\right]^2}$$

或

$$\sigma=\sqrt{\frac{\sum\left(\frac{x-A}{d}\right)^2f}{\sum f}-\left[\frac{\sum\left(\frac{(x-A)}{d}\right)f}{\sum f}\right]^2}\times d$$

式中:A——假定平均数,一般取靠近数列中间的某组中值;

d——该组组距。

【例 2-5-6】 现以表 2-5-5 资料为例,令 $A=290$,$d=20$,用简捷法计算标准差,见表 2-5-6 所列。

某村劳动力劳动情况简捷法标准差计算 表 2-5-6

组中值 x(天)	劳力数 f(人)	xf	$\frac{x-290}{20}$	$\frac{x-290}{20}f$	$\left(\frac{x-290}{20}\right)^2$	$\left(\frac{x-290}{20}\right)^2f$
230	8	1840	−3	−24	9	72
250	11	2750	−2	−22	4	44
270	13	3510	−1	−13	1	13
290	24	6960	0	0	0	0
310	20	6200	1	20	1	20
330	18	5940	2	36	4	72
350	6	2100	3	18	9	54
—	100	29300	—	15	—	275

$$\sigma=\sqrt{\frac{\sum\left(\frac{x-A}{d}\right)^2f}{\sum f}-\left[\frac{\sum\left(\frac{x-A}{d}\right)f}{\sum f}\right]^2}\times d=\sqrt{\frac{275}{100}-\left(\frac{15}{100}\right)}\times 20=33.03(\text{元})$$

二、交替标志的标准差

当一个总体可以按某一标志划分为两个组成部分,其中一部分总体单位具有某一标志,而另一部分总体单位不具有这一标志时,可以用"是"、"否"、"有"、"无"来表示的标志即交替标志,也称是非标志。在社会经济现象中,有些现象的特征只表现为两种性质上的差别。例如,人的性别表现为男或女;产品的质量表现为合格与不合格;对某一电视节目,观众表现为收看或不收看;农田按灌溉情况分为水浇田或旱田等。这样在进行统计调查时,如统计合格产品数量时,若某件产品合格,则标志表现为"是",若某件产品不合格,则标志表现为"否"。这就是交替标志。在进行抽样估计时,交替标志的标准差或方差有着重要的意义。

1. 成数

总体中,交替标志只有两种表现,我们把具有某种表现或不具有某种表现的单位数占全部总体单位数的比重称为成数。例如,一批产品共 5000 件,其中合格品 4750 件,不合格品 250

件,合格品占全部产品的95%(4750/5000),不合格品占全部产品的5%(250/5000)。在这里95%和5%均为成数。若用N_1表示具有某一标志的总体单位数,N_0表示不具有这一标志的总体单位数,N表示总体单位数,则成数可以写成

$$p=\frac{N_1}{N}\text{或}\ q=\frac{N_0}{N}$$

式中:p、q——分别表示具有与不具有某种标志的成数。

由于$N_1+N_0=N$,所以,同一总体两种成数之和等于1。用公式表示为

$$p+q=1\ \text{或}\ q=1-p$$

2. 交替标志的平均数

交替标志表现了现象质的差别,其标志表现为文字,若想计算其平均数,首先必须将其标志表现进行量化处理。由于交替标志只有两种表现:是或否、有或无。所以,可以用“1”代表“是”或“有”,表示总体单位具有某种表现;用“0”代表“否”或“无”,表示总体单位不具有某种表现。例如,在前面例子中,以“1”代表合格,以“0”代表不合格,然后以“1”和“0”作为变量值,计算其加权算术平均数。其公式为

$$\bar{x}=\frac{1\times N_1+0\times N_0}{N_1+N_0}=\frac{N_1}{N}=P$$

或

$$\bar{x}=1\times P+0\times q=p$$

【例2-5-7】 仍用前面的例子说明,见表2-5-7所列。

交替标志平均数计算 表2-5-7

交替标志	变量值x	单位数N_1(件)	成数(%)
合　格	1	4750	95
不合格	0	250	5
合　计		5000	100

$$\bar{x}=\frac{1\times 4750+0\times 250}{4750+250}=\frac{4750}{5000}=95\%$$

或

$$\bar{x}=1\times 95\%+0\times 5\%=95\%$$

可以看出,交替标志的平均数即为被研究标志表现的成数。在上例中,即为合格品占全部产品的比重,即合格率。

3. 交替标志的标准差

根据前面所述的标准差的计算方法,交替标志的标准差是将变量值“1”、“0”分别减去其平均数“p”的离差平方的平均数再开方。即

$$\begin{aligned}\sigma&=\sqrt{\frac{(1-p)^2N_1+(o-p)^2N_0}{N}}\\&=\sqrt{(1-p^2)\frac{N_1}{N}+(0-p^2)\frac{N_0}{N}}\\&=\sqrt{(1-p)^2p+(0-p)^2q}\\&=\sqrt{q^2p+p^2q}\\&=\sqrt{pq(q+p)}=\sqrt{qp}=\sqrt{p(1-p)}\end{aligned}$$

由此可见，交替标志的标准差为被研究标志表现的成数 p 与另一种表现的成数 $q(q=1-p)$ 乘积的平方根。

【例 2-5-8】 仍用前面例子，其合格品的成数（即合格率）是 95%，其标准差为：

$$\sigma=\sqrt{p(1-p)}=\sqrt{95\%\times5\%}=21.79\%$$

4. 总方差、组内方差和组间方差

用组距分组数列计算标准差时，可以按总体各单位标志值来计算，也可以按组距分组的组平均数代表各组平均水平来计算，其结果是不同的，前者是整个总体的总离差，它是各单位标志值与总平均数计算的标准差，后者是组间离差，它是各组平均数与总平均数计算的标准差。前者称为总方差，后者称为组间方差。总方差除了包括组间方差外，还包括组内方差。组内方差是各组内各单位标志值与组平均数计算的方差。它们的关系如下：

总方差 = 组间方差 + 组内方差的算术平均数

即

$$\sigma_{总}^2=\sigma_{组间}^2+\overline{\sigma_{组内}^2}$$

上面各个方差的计算公式如下：

(1) 组内方差

$$\sigma_{组内}^2=\frac{\sum(x_i-\bar{x}_i)^2}{n_i}\qquad(i=1,2,3\cdots)$$

式中：$\sigma_{组内}^2$——组内方差；

x_i——各组内单位的标志值；

$\bar{x}_i$——各组的平均数；

n_i——各组的单位数。

组内方差的算术平均数为

$$\overline{\sigma_{组内}^2}=\frac{\sum\sigma_{组内}^2\cdot n_i}{\sum n}$$

(2) 组间方差

$$\sigma_{组间}^2=\frac{\sum(\overline{x_i}-\bar{x})^2\cdot n_i}{\sum n_i}$$

式中：$\sigma_{组间}^2$——组间方差；

$\bar{x}$——总体平均数。

(3) 总方差

$$\sigma_{总}^2=\sigma_{组间}^2+\overline{\sigma_{组内}^2}$$

或

$$\sigma_{总}^2=\frac{\sum(x_i-\bar{x})^2}{\sum n_i}\qquad(i=1,2,3\cdots)$$

式中：x_i——总体的每个单位的标志值。

【例 2-5-9】 某班 10 名同学数学考试成绩（分）如下：

50　52　62　66　71　73　76　78　80　82

按学习成绩分为两组：

第一组：50　52

第二组：62　66　71　73　76　78　80　82

根据上面资料可计算：

总平均学习成绩：

$$\overline{X} = 69 \text{ 分}$$

学习成绩的总方差：

$$\sigma^2_{总} = 114.8 \text{ 分}$$

第一组平均学习成绩：

$$\overline{x_1} = 51 \text{ 分}$$

组内方差：

$$\sigma^2_1 = 1$$

第二组平均学习成绩：

$$\overline{x_1} = 73.5 \text{ 分}$$

组内方差：

$$\sigma^2_2 = 42 \text{ 分}$$

组内方差的算术平均数：

$$\overline{\sigma^2_{组内}} = \frac{1 \times 2 + 42 \times 8}{10} = \frac{338}{10} = 33.8 \text{ 分}$$

组间方差：

$$\overline{\sigma^2_{组内}} = \frac{(51-69)^2 \times 2 + (73.5-69)^2 \times 8}{10} = \frac{648+162}{10} = \frac{810}{10} = 81 \text{ 分}$$

$$\sigma_{总}{}^2 = \sigma^2_{组间} + \sigma^2_{组内}$$

$$81 + 33.8 = 114.8$$

计算结果与前面直接用各单位标志值与总平均数的离差计算的总方差完全一致。

三、标志变动系数

以上所计算的全距、平均差、标准差都是绝对数，可以说明总体内部数值变动的绝对程度。这三种标志变异指标的大小不仅受总体单位标志值变动程度的影响，同时也受标志值本身数量水平高低的影响。对于不同水平的标志值数列来说，同样大小的标志变异指标所表明的经济意义是不一样的。例如，人均收入标准差同样是50元，对于人均收入5000元的高收入家庭组来说，这变异不算大；但对于人均收入300元的低收入家庭来说，这样的变异就相当可观了。因此，对具有不同平均水平的数列或总体，就不宜通过全距、平均差、标准差这类以绝对数形式表现的标志变异指标来说明比较其标志变异程度的大小，而要将全距、平均差或标准差与相应的平均数对比，计算全距系数、平均差系数、标准差系数等标志变动系数来比较相应的标志变异程度。另外，如果总体计量单位不一致，不同总体的全距、平均差、标准差也不能直接对比。此时，也要用全距系数、平均差系数、标准差系数等标志变动系数来衡量不同总体平均数代表性的大小。

标志变动系数是指绝对数的标志变异指标与相应的算术平均数相对比计算出来的相对数，又称为离散系数、变异系数。其计算公式为：

$$\text{标志变动系数} = \frac{\text{绝对数的标志变异指标}}{\text{算术平均数}} \times 100\%$$

标志变动系数可以分别用全距系数、平均差系数、标准差系数表示。具体计算方法为

全距系数：

$$V_R = \frac{R}{\overline{x}} \times 100\%$$

平均差系数：

$$V_{A \cdot D}=\frac{A \cdot D}{\bar{x}} \times 100\%$$

标准差系数：

$$V_{\sigma}=\frac{\sigma}{\bar{x}} \times 100\%$$

由于绝对数标志变异指标中应用最广泛的是标准差，所以与之相对应的标准差系数应用也十分广泛，下面举例说明其应用。

【例 2-5-10】 甲、乙两地区早稻生产情况见表 2-5-8 所列。

甲、乙两地区早稻生产情况 表 2-5-8

地　区	平均亩产(千克)	标准差(千克)	标准差系数(%)
甲	490	24	4.9
乙	350	18	5.1

从标准差看，甲地区标准差比乙地区大，但这并不能说明甲地区的标志变异程度高，平均数代表性低。因为甲地区早稻平均亩产比乙地区高，虽然甲地区标准差大于乙地区，但相对于较高的平均亩产而言，其标准差系数还是低于乙地区。所以，相对来说，甲地区标志变异程度低于乙地区，甲地区平均亩产比乙地区更具代表性。

社会经济现象总是不断地变化，这是不以人们的意志为转移的。但是，社会经济现象的发展变化是有规律的，这种规律可以通过人们的实践活动来认识。时间数列是社会经济现象发展变化的真实记录，是人们认识社会经济现象的一种重要方法。人们通过对时间数列的长期观察和研究，就可以发现社会经济现象发展过程的特点、趋势和规律性；通过比较计算时间数列上的各项数值，找到社会经济现象之间在数量上的联系。

第六章 时间数列

社会经济现象总是不断地变化,这是不以人们的意志为转移的。但是,社会经济现象的发展变化是有规律的,这种规律可以通过人们的实践活动来认识。时间数列是社会经济现象发展变化的真实记录,是人们认识社会经济现象的一种重要方法。人们通过对时间数列的长期观察和研究,就可以发现社会经济现象发展过程的特点、趋势和规律性;通过比较计算时间数列上的各项数值,找到社会经济现象之间在数量上的联系。

第一节 时间数列概述

一、时间数列的概念和构成要素

时间数列是将说明社会经济现象在各个不同时期或时点上某种数量特征的指标数值,按时间的先后顺序排列起来而形成的统计数列。由于时间数列中每项数值是与时间相对应的,所以又称为动态数列。

时间数列由两个基本要素构成:一个是资料所属的时间;另一个是各时间上的统计指标数值。表 2-6-1 所列即为一个时间数列。

我国社会消费品零售总额的发展情况 表 2-6-1

年份	1998	1999	2000	2001	2002	2003	2004	2005	2006
消费品零售总值(亿元)	29152	31134	34152	37595	42027	45842	53950	60884	68165

资料来源:2006 年中国经济形势分析与预测,社会科学文献出版社,第 339 页。

由以上的时间数列我们可以看出,我国社会消费品零售总额呈逐年增长的趋势。动态分析法就是应用统计分析方法研究现象总体数量方面随时间变化而变化发展的过程,而时间数列则是动态分析时必须具备的统计资料。

二、时间数列的种类

时间数列按其所排列的统计指标数值的不同,可分为绝对数时间数列、相对数时间数列和平均数时间数列 3 种。其中,绝对数时间数列是最基本数列,而相对数时间数列和平均数时间数列则是由绝对数时间数列派生而得出的数列。

1. 绝对数时间数列

绝对数时间数列是由一系列同类的总量指标,按着时间的先后顺序排列而成的时间数列,用以反映所研究现象的规模或水平的变动情况,又称为总量指标时间数列。如果按照指标所反映的社会经济现象所属的时间不同,绝对数时间数列又可分为时期数列和时点数列两种。

(1)时期数列

在绝对数动态数列中,如果各项指标都是反映某种现象在一段时间内发展过程的总量,这种绝对动态数列就称为时期数列。表 2-6-1 中所列的我国 1998 ~ 2006 年社会消费品零售总额就是一个时期数列。时期数列具有以下特点：

①数列中各个指标的数值是可以相加的,即相加具有一定的经济意义。由于时期数列中每个指标的数值都是表示在一段时间内发展过程的总量,从本质上讲,属于流量指标,所以相加后的数值就表示现象在更长一段时间内发展过程的总量。表2-6-1中将2001~2005年消费品零售总额相加,就是我国"十五"期间社会消费品零售总额。

②数列中每一个指标数值的大小与所属的时期长短有直接的联系。在时期数列中,每个指标所属时间的长度,称为"时期"。时期的长短主要根据研究目的而定,可以是一日、一旬、一月、一季度或更长时期。由于每个指标是反映现象在某一段时期内发展过程的总量,除了个别可能出现负值的总量指标,如利润总额等,一般来说,时期越长,指标的数值就越大。

③数列中每个指标数值,通常是通过连续不断的登记取得的。

(2)时点数列

在绝对数动态数列中,如果每个指标所反映的是现象在某一时点上(瞬间)所处状态的数量水平,这种绝对数动态数列就称为时点数列。在时点数列中,相邻两个指标值在时间上的间距称为"间隔",见表2-6-2所列。

我国城乡储蓄存款余额 表2-6-2

年　份	1998	1999	2000	2001	2002	2003	2004	2005	2006
年末储蓄存款余额(亿元)	53407	59621	64332	73762	86910	103617	119555	139062	163211

资料来源:2006年中国经济形势分析与预测,社会科学文献出版社,第340页。

从以上数列,反映出1998~2006年之间我国城乡储蓄存款余额不断增加。由于该数列的每个指标数值都说明在该年年底时点上的存款余额,所以为时点数列。时点数列具有以下特点：

①数列中每个指标数值除非计算过程需要相加外,一般不能相加。由于时点数列中每个指标数值表明在某一时点上现象的数量,从本质上讲,属于存量指标,几个指标相加后无法说明属于哪一个时点的数量,因此,时点指标相加不具有实际经济意义。

②数列中每一个指标数值的大小与其间隔长短没有直接的联系。由于时点数列中每个指标的数值,只表明现象在某一时点上的数量,因此它的指标数值大小与时间间隔长短没有直接联系。

③数列中每个指标数值,通常是间隔一段时间登记一次而取得的。

2. 相对数时间数列

由一系列同类的相对指标,按着时间先后顺序排列而成的时间数列,用以反映现象之间的数量对比关系或相互联系的发展变化状况及过程,又称为相对指标时间数列,见表2-6-3所列。

我国乡村人口占全国总人口比重 表2-6-3

年　份	2000	2001	2002	2003	2004
全国总人口(万人)	126583	127627	128453	129227	129988
乡村人口(万人)	92820	93383	93503	93751	94254
乡村人口占全国总比重(%)	73.3	73.2	72.8	72.5	72.5

资料来源:2005年中国农业发展报告。

相对数时间数列是由两个绝对数时间数列对比计算而产生,由于绝对数时间数列可以分为时期数列和时点数列,因此,相对数时间数列可以由两个时期数列对比所派生,也可以是两个时点数列对比所派生,或者是一个时期数列和一个时点数列对比所派生。相对数时间数列中的各个指标数值是不能直接相加的。

3. 平均数时间数列

由一系列同类的平均数指标数值,按时间先后顺序排列而成的数列,用以反映现象一般水平的发展变化过程及趋势,又称为平均指标时间数列,见表 2-6-4 所列。

我国 1991 ~ 1998 年职工年平均工资 表 2-6-4

年 份	1991	1992	1993	1994	1995	1996	1997	1998
职工年平均工资(元)	2340	2711	3371	4538	5500	6210	6470	7479

资料来源:中国统计摘要,中国统计出版社,第 77 页。

显然,平均数时间数列中,各个指标数值也是不能相加的,相加后没有实际意义。但有时为了计算序时平均数,在计算过程中需要相加。

为了对社会经济现象发展过程进行全面分析,在实际工作中,上述各种时间数列经常结合起来进行运用。

第二节 时间数列水平指标

时间数列虽描述了现象的发展过程和结果,但它还不能直接反映现象各期的增减数量、变动速度和规律性。为深刻揭示现象的这些特征,需计算一系列的动态分析指标,常用的有:发展水平、平均发展水平、增长量、平均增长量;发展速度、增长速度、平均发展速度、平均增长速度等。其中前 4 种称为动态分析的水平指标,后 4 种称为动态分析的速度指标。

一、发 展 水 平

时间数列中按时间顺序记录下来的,反映现象在不同时期或时点所达到的水平的指标数值就是发展水平,它可以是总量指标、相对指标或平均指标。发展水平是计算其他动态分析指标的基础。根据各指标值在时间数列中所处的位置,通常把时间数列中的第一个指标值称为最初水平,最后一个指标值称为最末水平,其他中间各指标值称为中间水平。在对比时间数列中的两个发展水平时,把用作比较基础的数值称为基期发展水平,把要分析计算的那个时间上的指标数值称为报告期发展水平,如果用符号 α 代表各期的发展水平,则 α_1、α_2、…、α_n 就代表数列中各期的发展水平。当然,这些发展水平的概念并不是固定不变的,而是随着研究的目的和时间的改变会相应变化。发展水平在文字表达上,常常用“增加到”、“增加为”、“降低到”、“降低为”表示。

二、平均发展水平

平均发展水平可以由绝对数时间数列计算,也可由相对指标或平均指标的时间数列计算。其中,由绝对数时间数列计算序时平均数是最基本的方法。

1. 根据绝对数时间数列计算序时平均数

(1)时期数列序时平均数的计算

由于时期数列中的各指标是反映事物在一段时期内发展过程的结果,其数值可以相加,而且编制时期数列一般要求时期长短相等。因此,计算方法较为简单,可以采用简单算术平均法,把时期数列中各个时期的发展水平数值相加之和除以时期项数即可。其计算公式为:

$$\bar{a}=\frac{a_1+a_2+\cdots+a_n}{n}=\frac{\sum a}{n}$$

式中：$\bar{a}$——序时平均数；

a_1——各期发展水平；

n——时期项数。

(2)时点数列序时平均数的计算

由于资料不同，时点数列有连续时点和间断时点之分，其计算序时平均数的方法也不同。

①连续时点数列。如果时间数列的资料是按日登记按日排列的，则为连续时点数列。它又可分为间隔相等和间隔不等两种。

a. 间隔相等的连续时点数列：数列中各时点指标值之间的时间间隔相等，都是以日为间隔，可用简单算术平均法计算。计算公式为：

$$\bar{a}=\frac{\sum a}{n}$$

【例 2-6-1】 某企业 9 月上旬每天的职工人数见表 2-6-5 所列。

某企业职工人数 表 2-6-5

日　期	1	2	3	4	5	6	7	8	9	10
职工人数	250	260	240	262	261	263	258	266	272	272

则该企业平均职工人数为：

$$\bar{a}=\frac{\sum a}{n}=\frac{250+260+240+262+261+263+258+266+272+272}{10}=260(\text{人})$$

b. 间隔不等的连续时点数列：这种数列其数值不是逐日排列的，而是按时间顺序把数值相同的天数归在一起，即每变动一次，记录一次，实际上形成一个分组数列。此时，应用加权算术平均法计算。用每次变动持续的时间间隔长度(f)为权数对各时点水平(a)加权，其计算公式为：

$$\bar{a}=\frac{a_1f_1+a_2f_2+\cdots+a_nf_n}{f_1+f_2+\cdots+f_n}=\frac{\sum af}{\sum f}$$

【例 2-6-2】 某企业 9 月份职工人数资料见表 2-6-6 所列。

某企业 9 月份职工人数 表 2-6-6

日　期	9.1～9.8	9.9～9.13	9.14～9.24	9.25～9.30
职工人数(人)	1200	1240	1220	1230

则该企业 9 月份平均职工人数为：

$$\bar{a}=\frac{\sum af}{\sum f}=\frac{1200\times8+1240\times5+1220\times11+1230\times6}{30}=1220(\text{人})$$

②间断时点数列。在实际统计工作中，要统计每一个时点上的数字显然是一项相当繁杂的工作，为方便起见，通常只能每隔一定的时间统计一次，时点一般定在期初或期末(如月初月末、年初年末等)，这样每次统计的间隔相等；或者仅当现象的数量发生变动时进行统计，这样每次统计的间隔就不相等。因此，间断的时点数列分为间隔相等的和间隔不等的两种。

a. 间隔相等的间断时点数列：它是根据间隔相等的各期期初或期末时点资料编制的时点数列。此时可以假定相邻两个时点之间的现象变动是均匀的，于是将这两个时点指标数值相加除以 2，即可得到这两个时点之间的序时平均数，再用简单算术平均法求得整个时点数列的序时平均数。

【例 2-6-3】 某企业 2005 年第二季度的商品库存额见表 2-6-7 所列。

某企业2005年第二季度商品库存额 表2-6-7

月　份	3	4	5	6
月末库存额(万元)	100	86	104	114

根据表2-6-7资料,可计算各月和第二季度平均商品库存额为:

$$4\text{ 月份的平均库存额}=\frac{100+86}{2}=93(\text{万元})$$

$$5\text{ 月份的平均库存额}=\frac{86+104}{2}=95(\text{万元})$$

$$6\text{ 月份的平均库存额}=\frac{104+114}{2}=109(\text{万元})$$

$$\text{第二季度的平均库存额}=\frac{93+95+109}{3}=99(\text{万元})$$

上述计算第二季度平均库存额的两个步骤,可以合并简化为:

$$\text{第二季度平均库存额}=\frac{\frac{100+86}{2}+\frac{86+104}{2}+\frac{104+114}{2}}{3}=\frac{93+95+109}{3}=99(\text{万元})$$

上面计算过程概括为一般公式:

$$\bar{a}=\frac{\frac{a_1+a_2}{2}+\frac{a_2+a_3}{2}+\cdots+\frac{a_{n-1}+a_n}{2}}{n-1}=\frac{\frac{a_1}{2}+a_2+a_3+\cdots+a_{n-1}+\frac{a_n}{2}}{n-1}$$

式中:$\bar{a}$——序时平均数;

a_1——各项时点指标数值;

n——时点个数。

根据上述计算公式,间隔相等间断时点数列的序时平均数等于首末项两指标数值之半,加中间各项指标数值,除以时点项数减一,故称为首末折半法。

b. 间隔不等的间断时点数列:它是根据间隔不等的各期期初或期末时点资料编制的时点数列。同样要假定间断的各时点之间的指标值是均匀变动的,由于各时点之间的间隔不等,可用各个间隔的长度(f)为权数,对各相应时点的平均值进行加权平均,求得序时平均数。

计算公式为:

$$\bar{a}=\frac{\frac{a_1+a_2}{2}f_1+\frac{a_2+a_3}{2}f_2+\cdots+\frac{a_{n-1}+a_n}{2}f_{n-1}}{f_1+f_2+\cdots+f_{n-1}}$$

【例2-6-4】 根据表2-6-8资料计算2005年某商品的平均库存量。

某商品2005年平均库存量 表2-6-8

时　间	1月初	3月初	7月初	10月初	12月末
库存量(套)	1500	600	900	1600	1000

根据上表资料,计算某商品2005年的平均库存量为:

$$\bar{a}=\frac{\frac{1500+600}{2}\times2+\frac{600+900}{2}\times4+\frac{900+1600}{2}\times3+\frac{1600+1000}{2}\times3}{2+4+3+3}=1062.5(\text{套})$$

根据间断时点数列计算序时平均数,是假定两个相邻时点之间现象数量的变动是均匀的,而实际上各种现象不可能都是均匀变动的,故所得的结果只能是一个近似值。如果时点数列的间隔越小，则所求得的结果越接近实际。因此，间断时点数列的间隔不宜太长。

2. 根据相对数时间数列计算序时平均数

由于相对数时间数列是派生数列，不能用相对指标时间数列的各个指标数值直接相加除以项数来求得序时平均数，而要利用其相应的两个绝对数时间数列，分别计算分子数列的序时平均数和分母数列的序时平均数，然后加以对比，即可求得。其基本计算公式为：

$$\bar{c}=\frac{\bar{a}}{\bar{b}}$$

式中：$\bar{c}$——相对数的序时平均数；

$\bar{a}$——相对数的分子数列的序时平均数；

$\bar{b}$——相对数的分母数列的序时平均数。

计算时，应先分析对比的分子和分母是时期数列还是时点数列，是哪一种时点数列，然后再按照前面所述的相应公式计算。具体有以下 3 种情形：

①分子和分母均为时期数列。则有：

$$\bar{c}=\frac{\bar{a}}{\bar{b}}=\frac{\sum a}{n}\div\frac{\sum b}{n}=\frac{\sum a}{\sum b}$$

上式中 $\bar{a}$、$\bar{b}$ 需根据所掌握的资料不同采取不同的计算，当所掌握的资料不全时，即 a、b、c 有缺项时，同样可以计算 $\bar{c}$。

因为 $c=\frac{a}{b}$，所以 $a=bc$，代入上式，得

$$\bar{c}=\frac{\sum bc}{\sum b}。$$

这个公式实际就是加权算术平均数公式。

同理 $c=\frac{a}{b}$，所以 $b=\frac{a}{c}$，代入上式，得

$$\bar{c}=\frac{\sum a}{\sum\frac{a}{c}}。$$

这个公式实际上就是加权调和平均数公式。

根据所掌握的实际资料来确定选用哪个公式，3 个公式的计算结果应完全相同。

【例 2-6-5】 某企业第一季度产量计划完成情况见表 2-6-9 所列。

某企业产品第一季度产量完成情况 表 2-6-9

月　　份	1	2	3
a 实际产量(t)	420	560	714
b 计划产量(t)	400	500	700
c 计划完成(%)	105	112	102

$$\bar{c}=\frac{\sum a}{\sum b}=\frac{420+560+714}{400+500+700}=1.059=105.9\%$$

$$\bar{c}=\frac{\sum bc}{\sum b}=\frac{400\times105\%+500\times112\%+700\times102\%}{400+500+700}=1.059=105.9\%$$

或

$$\bar{c}=\frac{\sum a}{\sum\frac{a}{c}}=\frac{420+560+714}{\frac{420}{105\%}+\frac{560}{112\%}+\frac{714}{102\%}}=1.059=105.9\%$$

②分子和分母均为时点数列。由于时点数列计算序时平均数，有连续与间断之分，而每种

又有间隔相等和间隔不等之分，这就形成4种不同的情况，但其基本的计算方法不变。现以最常见的间隔相等间断时点数列对比所形成的相对指标和间隔不相等的间断时点数列对比所形成的相对指标时间数列序时平均数的计算为例，说明其一般的计算方法。

a. 时间间隔相等间断时点数列。对于该数列，根据前边的基本思路，可采用如下公式：

$$\bar{c}=\frac{\bar{a}}{\bar{b}}=\frac{\dfrac{\dfrac{a_1}{2}+a_2+\cdots\dfrac{a_n}{2}}{n-1}}{\dfrac{\dfrac{b_1}{2}+b_2+\cdots\dfrac{b_n}{2}}{n-1}}=\frac{\dfrac{a_1}{2}+a_2+\cdots\dfrac{a_n}{2}}{\dfrac{b_1}{2}+b_2+\cdots\dfrac{b_n}{2}}$$

当所掌握的资料不全时，可将 $a=bc$ 及 $b=\dfrac{a}{c}$ 代入上式，即可得出两个变形公式为：

$$\bar{c}=\frac{\bar{a}}{\bar{b}}=\frac{\dfrac{b_1c_1}{2}+b_2c_2+\cdots\dfrac{b_nc_n}{2}}{\dfrac{b_1}{2}+b_2+\cdots+\dfrac{b_n}{2}}\text{或}\ \bar{c}=\frac{\bar{a}}{\bar{b}}=\frac{\dfrac{a_1}{2}+a_2+\cdots\dfrac{a_n}{2}}{\dfrac{a_1}{2c_1}+\dfrac{a_2}{c_2}+\cdots\dfrac{a_n}{2c_n}}$$

【例2-6-6】 某地区2002～2006年年末第三产业从业人员情况见表2-6-10所列。

某地区2002～2006年末第三产业从业人员情况 表2-6-10

年　　份	2002	2003	2004	2005	2006
a 第三产业从业人员数（百人）	15456	16851	17901	18375	18679
b 全部从业人员数（百人）	67199	67947	68850	69600	69957
c 第三产业从业人员所占比重（%）	23.0	24.8	26.0	26.4	26.7

根据表2-6-10的资料，某地区2002～2006年间第三产业从业人员数占全部从业人员数的年平均比重为：

$$\bar{c}=\frac{\bar{a}}{\bar{b}}=\frac{\dfrac{15456}{2}+16851+17901+18375+\dfrac{18679}{2}}{\dfrac{67199}{2}+67947+68850+69600+\dfrac{69957}{2}}=25.53\%$$

若用两个变形公式计算，则：

$$\bar{c}=\frac{\dfrac{67199}{2}\times0.23+67947\times0.248+68850\times0.26+69600\times0.264+\dfrac{69957}{2}\times0.267}{\dfrac{67199}{2}+67947+68850+69600+\dfrac{69957}{2}}=25.53\%$$

或

$$\bar{c}=\frac{\dfrac{15456}{2}+16851+17901+18375+\dfrac{18679}{2}}{\dfrac{15456}{2\times0.23}+\dfrac{16851}{0.248}+\dfrac{17901}{0.26}+\dfrac{18375}{0.264}+\dfrac{18679}{2\times0.267}}=25.53\%$$

b. 时间间隔不等间断时点数列。如果间隔不等，则要用各个间隔长度作权数，用加权平均法计算分子和分母的序时平均数，然后再对比。其计算公式为：

$$\bar{c}=\frac{\bar{a}}{\bar{b}}=\frac{\dfrac{\dfrac{a_1+a_2}{2}f_1+\dfrac{a_2+a_3}{2}f_2+\cdots+\dfrac{a_{n-1}+a_n}{2}f_{n-1}}{\sum f}}{\dfrac{\dfrac{b_1+b_2}{2}f_1+\dfrac{b_2+b_3}{2}f_2+\cdots+\dfrac{b_{n-1}+b_n}{2}f_{n-1}}{\sum f}}$$

③分子和分母为不同性质的时期数列和时点数列。其基本公式不变,仅分子数列和分母数列的序时平均数的计算方法,应依据数列的具体性质、类别而定。举例如下:

【例 2-6-7】 某地区 2005 年第三季度各月商品流转情况见表 2-6-11 所列。

某地区 2005 年第三季度各月商品流转次数 表 2-6-11

月 份	6	7	8	9
a 商品销售额(万元)	—	144.0	146.2	154.7
b 月末商品库存额(万元)	64.2	51.0	47.8	52.0
c 商品流转次数	—	2.5	3.0	3.1

要求计算该商场第三季度平均商品流转次数和第三季度商品流转次数。

由于商品销售额是时期指标,月末商品库存额是时点指标,故两者不能直接比较,需求出各月平均商品库存额,才能对比求出各月的商品流转次数。计算第三季度月平均商品流转次数,不能直接将各月的商品流转次数相加平均,而应按照基本公式分别求出分子数列和分母数列的序时平均数,再对比求得

$$\bar{c}=\frac{\bar{a}}{\bar{b}}=\frac{\dfrac{\sum a}{3}}{\dfrac{\left(\dfrac{b_1}{2}+b_2+b_3+\dfrac{b_4}{2}\right)}{4-1}}=\frac{\dfrac{(144.0+148.2+154.7)}{3}}{\dfrac{\left(\dfrac{64.2}{2}+51.0+47.8+\dfrac{52.0}{2}\right)}{3}}=2.848(\text{次})$$

计算第三季度商品流转次数,同样也不能将各月的商品流转次数直接加总,它等于第三季度的商品销售总额除以第三季度月平均商品库存额;或等于第三季度的月平均商品流转次数乘以月数。即

$$\text{第三季度商品流转次数}=\frac{\sum a}{\bar{b}}=\frac{144.0+148.2+154.7}{\dfrac{\dfrac{64.2}{2}+51.0+47.8+\dfrac{52.0}{2}}{3}}$$

或 $$2.848\times 3=6.544(\text{次})$$

3. 根据平均数时间数列计算序时平均数

平均指标时间数列可分为一般平均数时间数列和序时平均数时间数列两种。

(1)一般平均数时间序列

由一般平均数组成的平均指标时间数列,实际上是由两个绝对数时间数列对比形成的,其方法和由相对数时间数列计算序时平均数的方法基本相同,即分别计算分子数列和分母数列的序时平均数,然后将这两个序时平均数进行对比,就可求得这两个平均数时间数列的序时平均数。其中,分子是标志总量数列,通常为时期数列,分母是总体单位总数数列,一般为时点数列。其具体计算方法可参照前例中平均商品流转次数的计算。

(2)序时平均数时间数列

由序时平均数组成的平均指标时间数列计算序时平均数,在时期相等时,可直接采用简单算术平均法来计算;如时期不相等,则可以时期为权数,采用加权算术平均法计算。

【例 2-6-8】 某商场 2005 年第二季度各月平均商品库存额见表 2-6-12 所列。则该商场 2005 年第二季度月平均商品库存额为:

$$\bar{a}=\frac{\sum a}{n}=\frac{57.6+49.4+49.4}{3}=52.3(\text{万元})$$

某商场2005年第二季度平均各月商品库存额 表2-6-12

月 份	4	5	6
平均商品库存额(万元)	57.6	49.4	49.9

【例2-6-9】 某商场2005年各月商品库存额情况见表2-6-13所列。

某商场2005年各月商品库存额 表2-6-13

月 份	1~5	6~7	8~11	12
平均商品库存额(万元)	50	48	70	65

则该商场2005年全年平均各月的库存额为：

$$\bar{a}=\frac{\sum af}{\sum f}=\frac{50\times5+48\times2+70\times4+65\times1}{5+2+4+1}=57.58(\text{万元})$$

三、增长量和平均增长量

1. 增长量

增长量是指某种现象在一定时期内所增长的绝对数量，它是报告期水平与基期水平之差。即：

增长量 = 报告期水平 - 基期水平

增长量可以为正，表示增加额；也可以为负数，表示减少额。

增长量由于采用的基期不同，可以分为逐期增长量和累计增长量。逐期增长量是报告期水平与前一时期水平之差，说明本期比上期增长或减少的绝对数量；累计增长量是报告期水平与某一固定时期水平之差，用以说明本期比某一固定时期水平增加或减少的绝对数，说明在某一段较长时期内总的增长(或减少)量。

可用符号表示如下：

逐期增长量：$a_1-a_0, a_2-a_1, \cdots a_n-a_{n-1}$；

累计增长量：$a_1-a_0, a_2-a_1, \cdots a_n-a_0$。

显见，两者之间具有一定的关系，累计增长量等于相应各个逐期增长量之和，即：

$$a_n-a_0=(a_1-a_0)+(a_2-a_1)+\cdots(a_n-a_{n-1})$$

现举例说明：

【例2-6-10】 2000~2006年全社会固定资产投资规模情况如表2-6-14所示。

2000~2006年全社会固定资产投资规模情况 表2-6-14

年 份	2000	2001	2002	2003	2004	2005	2006
发展水平	32917.7	37213.5	43499.9	55566.6	70072.7	86102.5	103056.1
逐期增长量	—	4295.8	6586.4	12066.7	14506.1	16029.8	16953.6
累计增长量	—	4295.8	10582.2	22646.9	37155.0	53184.8	70136.4

资料来源：2006年中国经济形势分析与预测，社会科学文献出版社，第336页。

另外，在统计实务中还使用年距增长量，它是报告年某月(季)水平与其上年同月(季)水平之差。

年距增长量 = 报告期发展水平 - 上年同期发展水平

【例2-6-11】 某地区2005年第一季度钢产量为300万吨，2004年第一季度的产量为240万吨，则：

年距增长量 = 300 - 240 = 60(万吨)

这说明2005年第一季度钢产量比上年同期增长了60万吨。

计算年距增长量可以消除季节变动的影响，表明报告期水平较上年同期水平增加（或减少）的绝对数量。

2. 平均增长量

平均增长量是说明社会经济现象在一定时期内平均每期增长的数量。从广义来说，它也是一种序时平均数，即是逐期增长量时间数列的序时平均数，反映现象平均增长水平。它是将各期逐期增长量相加后，除以逐期增长量的个数；或者将累积增长量除以时间数列项数减1。即：

$$平均增长量=\frac{逐期增长量之和}{逐期增长量个数}=\frac{累计增长量}{时间数列项数-1}$$

【例 2-6-12】 表 2-6-15 中，全社会固定资产投资规模平均增长量为：

(4295.8 + 6286.4 + 12066.7 + 14506.1 + 16029.8 + 16953.6) ÷ 6 = 11689.7 万元

或　　70136.4 ÷ 6 = 11689.7 万元

第三节　时间数列的速度指标

一、发展速度

发展速度是将现象报告期水平除以基期水平，是两个不同时期发展水平的比值，表明现象发展程度的动态相对指标。其基本公式为：

$$发展速度=\frac{报告期水平}{基期水平}$$

发展速度由于采用的基期不同，可分为定基发展速度和环比发展速度。定基发展速度是报告期水平与某一固定时期水平（通常为最初水平）之比，说明报告期水平已发展到某一固定时期水平的若干倍（或百分之几），表明这种现象在较长时期内总的发展速度，因而有时也称"总速度"。环比发展速度是报告期水平与前一期水平之比，用以说明报告期水平已经发展到前一时期水平的百分之几（或多少倍），表明现象逐期的发展程度。若计算时期为一年，有时也可称"年速度"。两种发展速度的计算公式可表示如下：

定基发展速度：$\frac{a_1}{a_0},\frac{a_2}{a_0},\cdots,\frac{a_n}{a_0}$；

环比发展速度：$\frac{a_1}{a_0},\frac{a_2}{a_1},\cdots,\frac{a_n}{a_{n-1}}$。

【例 2-6-13】 仍用表 2-6-14 的资料来进行分析，计算见表 2-6-15 所列。定基发展速度与环比发展速度之间存在着一定的换算关系，即：

2000～2006 年全社会固定资产投资规模情况　　表 2-6-15

项目 \ 年份	2000	2001	2002	2003	2004	2005	2006
发展水平（亿元）	32917.7	37213.5	43499.9	55566.6	70072.7	86102.5	103056.1
环比发展速度（%）	—	113.05	116.89	127.74	126.11	122.88	119.69
定基发展速度（%）	—	113.05	132.14	166.80	212.87	261.57	313.07
环比增长速度（%）	—	13.05	16.89	27.74	26.11	22.88	19.69
定基增长速度（%）	—	13.05	32.14	66.80	112.89	161.57	213.07
增长1%的绝对量	—	329.18	327.14	435.00	555.67	700.73	861.03

资料来源：2006 年中国经济形势分析与预测，社会科学文献出版社，第 336 页。

(1)定基发展速度等于相应的各环比发展速度的连乘积。

$$\frac{a_n}{a_0}=\frac{a_1}{a_0}\times\frac{a_2}{a_1}\times\frac{a_3}{a_2}\times\cdots\times\frac{a_n}{a_{n-1}}$$

参见表2-6-15：

$$\frac{a_{2006}}{a_{2000}}=\frac{a_{2001}}{a_{2000}}\times\frac{a_{2002}}{a_{2001}}\times\frac{a_{2003}}{a_{2002}}\times\frac{a_{2004}}{a_{2003}}\times\frac{a_{2005}}{a_{2004}}\times\frac{a_{2006}}{a_{2005}}$$

$$=113.05\%\times116.89\%\times127.74\%\times126.11\%\times122.88\%\times119.69\%$$

$$=313.07\%$$

(2)两个相邻时期的定基发展速度相除之商，等于相应的环比发展速度。

$$\frac{a_n}{a_0}\div\frac{a_{n-1}}{a_0}=\frac{a_n}{a_{n-1}}$$

参见表2-6-15：

$$\frac{a_{2003}}{a_{2000}}\div\frac{a_{2002}}{a_{2000}}\%=\frac{a_{2003}}{a_{2002}}=\frac{168.80\%}{132.14\%}=127.74\%$$

根据以上换算关系，可以进行定基发展速度和环比发展速度的相互推算。

在实际统计分析工作中，为了消除季节变动的影响，常计算年距发展速度，表明本期发展水平与去年同期发展水平对比而达到的相对发展程度。

$$年距发展速度=\frac{报告期发展水平}{去年同期发展水平}$$

二、增 长 速 度

增长速度是表现社会经济现象增长程度的相对指标，是增长量与基期发展水平的比值，说明报告期水平比基期水平增加了若干倍(或百分之几)。其计算公式为：

$$增长速度=\frac{增长量}{基期水平}=\frac{报告期水平-基期水平}{基期水平}$$

由上式可得：

$$增长速度=发展速度-1$$

因此，增长速度与发展速度具有密切的关系，两者仅差一个基数。

由于采用的基期不同，增长速度也有定基增长速度和环比增长速度两种。定基增长速度是累计增长量与某一固定时期水平之比，用以说明某种社会经济现象在较长时期内总的增长程度；环比增长速度是逐期的增长量与前一期发展水平之比，用以说明某种社会经济现象比前一时期的增长程度。但这两个指标不能直接进行互相换算，不存在定基发展速度与环比发展速度之间直接换算关系，但由于定基增长速度与定基发展速度之间，以及环比增长速度与环比发展速度之间仅相差一个基数“1”，因此如果需要换算，可以先将增长速度加上“1”转化为发展速度，再通过两种发展速度之间的换算关系进行换算，得到的结果再减去“1”，就可求得相应的增长速度。

$$环比增长速度=环比发展速度-1$$

$$定基增长速度=定基发展速度-1$$

显然，增长速度有正有负，发展速度大于“1”，则增长速度就为正值，表明现象增长的程度；反之，若发展速度小于“1”，则增长速度就为负值，表明现象降低的程度，如成本降低率等(表2-6-15)。

在实际统计分析工作中，为了消除季节变动的影响，也常计算“年距增长速度”，说明与去年同期发展水平相对比达到的相对增长速度。

三、平均发展速度与平均增长速度

为了研究社会经济现象总体在一个较长时期的发展或增长程度的一般水平，就需要对各个环比速度的数量差异抽象化，计算各个环比速度的平均数，即为平均速度，有平均发展速度和平均增长速度两种，前者说明现象在一个较长时期内变化的程度，后者说明现象逐年平均增长变化的程度。

1. 平均发展速度

平均发展速度是各期环比发展速度的序时平均数。由于环比发展速度是根据同一现象不同时期发展水平对比得到动态相对数，它不能用前述计算一般平均数时间数列的序时平均数方法进行计算。在实际工作中，计算平均发展速度的方法主要有几何平均法和方程法两种。两种方法理论依据不同，具体计算和应用场合也不一样。

(1)几何平均法

计算平均发展速度时，因为总速度不等于各期环比发展速度的算术总和，而等于各期环比发展速度的连乘积，所以不能应用算术平均法，而要应用几何平均法来计算。在实践中，如果用水平法制定长期计划，则要求用几何平均法计算期内平均发展速度，按此平均发展速度发展，可以保证在最后一年达到规定的 a_n 水平，所以几何平均法也称“水平法”。即从最初水平 a_0 出发，以平均发展速度 $\bar{x}$ 代替各环比发展速度 X_1、X_2、X_3、…、X_n，经过 n 期发展，达到最末水平 a_n，用公式表示如下：

$$a_0 \cdot X_1 \cdot X_2 \cdot X_3, \cdots, X_n = a_n$$

用平均发展速度 $\bar{x}$ 分别代替 X_1、X_2、X_3、…、X_n 得到：

$$a_0 \cdot \overline{X} \cdot \overline{X} \cdot \overline{X} \cdots \overline{X} = a_n (\text{共有 } n \text{ 个 } \overline{X})$$

所以 $\overline{X}^n = \dfrac{a_n}{a_0}$，因此，平均发展速度 $\overline{X}$ 的计算公式为：

$$\bar{x} = \sqrt[n]{\frac{a_n}{a_0}} \tag{2-6-1}$$

因为$\dfrac{a_n}{a_0}$为 n 期的定基发展速度，根据定基发展速度等于相应时期各环比发展速度的连乘积的关系，所以计算平均发展速度也可以用下列公式：

$$\bar{x} = \sqrt[n]{\frac{a_n}{a_0}} = \sqrt[n]{X_1 \cdot X_2 \cdot X_3 \cdots X_n} = \sqrt[n]{\Pi X} \tag{2-6-2}$$

又因为$\dfrac{a_n}{a_0}$也是整个时期的总速度，所以平均发展速度还可以根据总速度计算，其公式为：

$$\bar{x} = \sqrt[n]{\frac{a_n}{a_0}} = \sqrt[n]{R} \tag{2-6-3}$$

上述式中：　$\bar{x}$——平均发展速度；

$X_1, X_2, X_3, \cdots, X_n$——各期环比发展速度；

R——总速度。

计算平均发展速度时，根据所掌握的资料可选用以上任何一个公式来进行，如果掌握了最初水平和最末水平，可用式(2-6-1)来计算；如果掌握了各期环比发展速度，可用式(2-6-2)计算；如果掌握了总速度，则可直接用式(2-6-3)计算。3 个公式的计算结果是一致的。但不管应用哪个公式，由于用算术方法开高次方十分困难，在实际工作中解决这个问题的方法有以下两种方法：一是用计算器直接开几次方根，这是最简便的；二是采用对数的方法求解。将上面所计算平均发展速度公式两边各取对数，再利用查对数表查找所求的值。方法如下：

公式1：
$$\overline{X} = \sqrt{X_1 \cdot X_2 \cdot X_3 \cdots X_n}$$

两边取对数有：
$$\lg\overline{X} = \frac{1}{n}(\lg X_1 + \lg X_2 + \lg X_3 + \cdots + \lg X_n) + \frac{\sum \lg X}{n}$$

以表2-6-15为例，则平均发展速度为：
$$\lg\overline{X} = \frac{\lg 1.1305 + \lg 1.1689 + \lg 1.277 + \lg 1.2611 + \lg 1.2288 + \lg 1.1969}{6} = 0.08260$$

查反对数表得：
$$\overline{X} = 1.2095$$

公式2：
$$\overline{X} = \sqrt[n]{\frac{a_n}{a_0}}$$

两边取对数得：
$$\lg\overline{X} = \frac{1}{n}(\lg a_n - \lg a_0)$$

以表2-6-15为例，则平均发展速度为：
$$\lg\overline{X} = \frac{1}{6}(\lg 103056.1 - \lg 32917.7) = \frac{\lg 3.1307}{6} = 0.08260$$

查反对数表得：
$$\overline{X} = 1.2095$$

（2）方程法

在实践中，如果长期计划按累计法制定，则要求用方程法计算平均发展速度，按此平均速度发展，可保证计划内各期发展水平的累计达到计划规定的总数，所以方程法也称为累计法。即从最初水平 a_0 出发，各期按平均发展速度 $\overline{X}$ 计算发展水平，则计算的各期发展水平累计总和，应与实际所具有的各期发展水平的累计总和相等。列出方程式，再求解，便得出平均发展速度。

设 $\overline{X}$ 为平均发展速度，按平均发展速度计算的各期水平的假定值如下：

第一期：$a_1 = a_0\overline{X}$；

第二期：$a_2 = a_1\overline{X} = a_0\overline{X}^2$；

第三期：$a_3 = a_2\overline{X} = a_1\overline{X}^2 = a_0\overline{X}^3$；

…

第 n 期：$a_n = a_{n-1}\overline{X} = a_{n-2}\overline{X}^2 = \cdots = a_0\overline{X}^n$。

故各期假定水平之和为：
$$a_0\overline{X} + a_0\overline{X}^2 + a_0\overline{X}^3 + \cdots + a_0\overline{X}^n = a_0(\overline{x} + \overline{X^2} + \overline{X^3} + \cdots + \overline{X^n})$$

因各期实际水平之和为：
$$a_1 + a_2 + a_3 + \cdots + a_n = \sum_{i=1}^{n} a_i$$

由于两者相等，故可列如下方程式：
$$a_0(\overline{X} + \overline{X^2} + \overline{X^3} + \cdots + \overline{X^n}) = \sum_{i=1}^{n} a_i$$

即：
$$\overline{X} + \overline{X^2} + \overline{X^3} + \cdots + \overline{X^n} = \sum_{i=1}^{n} a_i$$

解此式所得的正根就是要计算的平均发展速度。但要解这个高次方程比较复杂，实际工作中都是根据事先编制的《平均增长速度查对表》来计算的。

【例2-6-14】 我国1993～1998年财政收入总额见表2-6-16所列。

我国 1993 ~ 1998 年财政收入总额 表 2-6-16

年份	1993	1994	1995	1996	1997	1998
财政收入总额(亿元)	4384.95	5516.10	6242.20	7407.99	8651.14	9875.95

资料来源:中国统计年鉴. 中国统计出版社,第 265 页。

应用方程法求 1994 ~ 1998 年 5 年期间每年平均发展速度为多少?

$$\frac{\sum_{i=1}^{5} a_i}{a_0} = \frac{37395.38}{4348.95} = 8.5987 = 859.87\%$$

现将与此有关的《平均增长速度查对表》的一部分资料摘录见表 2-6-17 所列。

在“平均增长速度查对表”中递增部分 $n = 5$,找到 859.87% 介于 856.58% 和 861.00% 之间,即平均每年增长速度介于 16.6% 和 16.7% 之间,运用比例插入法,可得:

$$\text{平均增长速度约为}: 18.6\% + \frac{859.87\% - 858.58\%}{861\% - 859.87\%} \times 0.1\% = 18.653\%;$$

即平均发展速度约为 18.653% 。

平均增长速度查对 表 2-6-17

平均每年增长(%)	各年发展总和为基期的百分比(%)				
	1 年	2 年	3 年	4 年	5 年
16.4	116.40	256.59	424.57	621.09	853.77
16.5	116.50	256.92	425.32	622.51	856.17
16.6	116.60	259.26	426.08	623.93	856.58
16.7	116.30	259.60	426.84	625.36	861.00

2. 平均增长速度

平均增长速度是各环比增长速度的序时平均数,它表明现象在一定时期内逐期平均增长变化的程度。根据增长速度与发展速度之间的运算关系,要计算平均增长速度,首先要计算出平均发展速度指标,然后将其减“1”(或 100%)求得。即

$$\text{平均增长速度} = \text{平均发展速度} - 1$$

平均发展速度大于“1”,平均增长速度就是正值,表示某种现象在一个较长时期内逐期平均递增的程度,这个指标也称作“平均递增速度”或“平均递增率”;反之,平均发展速度小于“1”,平均增长速度为负值,表示某种现象在一个较长时期内逐期平均递减程度,这个指标也称作“平均递减速度”或“平均递减率”。

第七章 统计指数

统计指数是一种非常重要的统计分析方法,它在社会经济活动中的应用很广泛,既可以用于静态分析,又可以用于动态分析。本章所谈及的指数是侧重于从动态上来分析复杂社会经济现象总体的综合变动程度。

第一节 统计指数的作用和种类

一、统计指数的概念

统计指数有广义与狭义之分。广义的指数是指同类社会经济现象数量对比的相对数,包括动态相对数、比较相对数、计划完成程度相对数等。狭义的指数是指用来反映由不能直接加总的多要素所构成的复杂社会经济现象综合变动程度的特殊相对数。例如,我国国家统计局编制的零售物价指数、居民消费价格指数等。

可见,统计指数的概念已超出了动态对比的范畴,不仅用于动态对比,而且用于静态对比。统计中的指数是侧重于从动态的角度来反映所研究对象在时间上的发展变化及其程度的相对数。

二、统计指数的作用

统计指数被广泛用于分析研究社会经济现象的数量关系,其主要作用如下:

(1)利用统计指数可以综合反映复杂社会经济现象变动的方向和程度。

复杂社会经济现象往往是由不能直接相加的许多个别事物构成的,统计指数的主要作用就在于对这些复杂总体能够进行科学综合,并能反映其总的变动方向和变动程度。指数的计算结果一般是用百分比来表示的。这个百分比大于或小于100%,表示升降变动的方向,比100%大多少或小多少,就是升降变动的程度。例如,某市商品零售价格总指数为110%,说明报告期与基期相比,各种商品的零售价格可能有升有降,但总的来说是上升的,上升的幅度为10%。

(2)利用统计指数可以分析受多种因素影响的复杂现象的总变动中,各因素的影响方向和影响程度。

社会经济现象的数量变动往往是许多因素共同作用的结果。例如,商品销售额的变动要受商品销售量和商品销售价格两个因素的影响;企业生产多种产品的某种主要材料支出总额的变动要受产品产量、单位产品原材料消耗量和单位材料的购进价格3个因素的影响。统计指数是利用各因素之间的联系编制成指数体系,再运用指数体系中各指数之间的数量关系来分析现象总变动中各个因素的变动对其所产生的影响。例如,为了研究商品销售额的变动,就必须计算商品销售量变动的总指数以及商品销售价格变动的总指数。

(3)利用统计指数可以测定平均指标变动中各组标志值水平和总体构成变动的程度。

在分组条件下,平均指标的变动,除了取决于各组标志值水平的变动外,还受总体结构变动的影响。例如,企业职工平均工资的变动,不仅取决于各类职工工资水平的变动,而且还取决于各类职工人数占职工总人数比重的变动。运用统计指数可以分析这两个因素变动对全部职工平均工资的影响方向和程度。

(4)利用统计指数可以研究事物在长时间内的变动趋势。

运用编制的动态指数所形成的连续指数数列,可以对所研究的社会经济现象总体在长时间内的发展变化趋势进行分析。同时,还可以把反映不同现象而又有联系的指数数列加以比较分析。例如,将工业品零售价格指数数列与农产品收购价格指数数列作对比,可获得工农业产品的综合比价指数数列,从而分析工农业产品交换过程中的价格变化趋势。

三、统计指数的分类

为了研究的需要,统计指数可以按照不同的标志进行分类,常用的分类有以下几种。

1. 个体指数与总指数

统计指数按其所反映的对象范围不同,可分为个体指数和总指数。

个体指数是反映某一个别现象或单一现象数量变动的相对数,属于广义指数。例如,说明一种工业产品产量变动的个体产量指数;说明一种商品价格变动的个体价格指数等。个体指数是报告期水平与基期水平的比值。常用的个体指数如下:

个体物量指数 $k_q=\dfrac{q_1}{q_0}$,q_0 与 q_1 分别代表基期与报告期的物量;

个体价格指数 $k_q=\dfrac{p_1}{p_0}$,p_0 与 p_1 分别代表基期与报告期的价格;

个体成本指数 $k_z=\dfrac{z_1}{z_0}$,z_0 与 z_1 分别代表基期与报告期的成本。

总指数是反映由不能直接相加的许多个别事物构成的现象总体变动的相对数,属于广义指数。总指数根据编制形式不同,可以分为综合指数和平均数指数。

2. 数量指标指数与质量指标指数

统计指数按其所说明社会经济现象的性质不同,可分为数量指标指数与质量指标指数。

数量指标指数是反映现象总体的规模、水平等数量指标发展变动情况的相对数。如销售量指数、职工人数指数等。

质量指标指数是反映管理水平、工作质量等质量指标发展变化情况的相对数。如成本指数、价格指数、劳动生产率指数等。

3. 定基指数与环比指数

统计指数按其在指数数列中所采用的基期不同,可分为定基指数和环比指数。

指数数列是指将不同时期的某种指数按时间先后顺序加以排列而形成的数列,它是一种相对数动态数列。

环比指数是指在指数数列中各个指数都以其前一期为对比基期而编制的指数。

4. 动态指数与静态指数

统计指数按其对比的两个数值是否为同一时间,可分为动态指数与静态指数。

动态指数是指研究对象在两个不同时间的数值对比而形成的指数,指数本来的含义就是动态指数,动态指数是指数分析法的基础。

静态指数是动态指数的推广,它是指研究对象在同一时间条件下两个不同数值相比较而形成的指数。这两个数值可以是两个不同空间同类现象的数值,如比较相对指标;也可以是同一时间、同一空间的实际指标与计划指标,如计划完成情况指数。

5. 现象总体指数与影响因素指数

统计指数按其在指数体系中所处的位置与作用不同,可分为现象总体指数与影响因素指数。

现象总体指数是指包括两个或两个以上因素同时变动的相对数。

影响因素指数是指只有一个因素变动,并从属于某一现象总体指数的相对数,如销售量指数,只有销售量一个因素变动,并从属于销售额指数;如价格指数,只有价格一个因素变动,并从属于销售额指数。

第二节 综合指数

总指数有两种表现形式:一是综合指数;二是平均数指数。综合指数是直接以被研究现象总体中的两个总量指标为基础编制的总指数,它是总指数的基本形式;平均数指数是以被研究现象总体中的个体指数为基础,对若干个体指数进行加权平均而编制的总指数,它是综合指数的变形,但又具有相对独立的意义。

一、综合指数的概念

综合指数是将不能同度量的个别现象的量,通过另一因素作媒介,使其过渡为可同度量的量,然后再将过渡后的报告期数值与基期数值进行对比,以此来综合说明复杂现象总体的变动方向和变动程度。

二、综合指数的编制方法

综合指数按其所说明社会经济现象的性质不同,可分为数量指标指数与质量指标指数。这两种综合指数编制的基本原理相同,但在编制方法上略有差异。

1. 数量指标指数的编制方法

数量指标指数是用来反映研究对象的数量和总体规模变动情况的指数,如产品产量指数、商品销售量指数等。

【例 2-7-1】 现以表 2-7-1 中的商品销售量资料为例,说明数量指标指数的编制原则和方法。

某商业企业的商品销售量与商品价格资料 表 2-7-1

商品名称	计量单位	销售量		价格(元)	
		基期	报告期	基期	报告期
甲	台	100	115	100	120
乙	吨	200	220	50	50
丙	件	300	280	20	15
合计	—	—	—	—	—

根据表 2-7-1 资料,可以计算出 3 种商品的销售量个体指数:

甲商品:$k_q = q_1 / q_0 = 115/100 = 115.00\%$;

乙商品:$k_q = q_1 / q_0 = 220/200 = 110.00\%$;

丙商品:$k_q = q_1 / q_0 = 280/300 = 93.33\%$。

从计算结果来看,甲、乙两种商品的报告期销售量与基期销售量相比都增长了,而丙商品的报告期销售量比基期降低了6.67%。那么3种商品销售量的综合变动情况是多少呢?为此要计算销售量综合指数。其编制原则与过程如下:

(1)加入同度量因素,使不能直接相加的个别现象的量转化为可以相加的量

编制销售量指数,要求把各种商品报告期与基期的销售量分别加总,然后将两个时期的销售总量进行对比。但是,由于各种商品的使用价值不同,计量单位不同,因而其销售量不能直接相加,也就无法将两个不同时期的销售总量进行对比。因此,需要加入价格这个同度量因素,将各种商品的销售量乘以其单位价格,得出每一种商品的销售额为:

$$商品销售额 = 商品销售量 \times 价格$$

在这里,商品销售量是被研究对象,即要说明变动方向和变动程度所指的事物,统计中称为指数化因素;价格将不能同度量的销售量转化为可以同度量的销售额,是起媒介作用的事物,统计中称为同度量因素。这一因素不仅起到媒介作用,还有权数的作用。

通过价格这个同度量因素,将两个不同时期各种商品的销售量转化为销售额后,再进行加总对比,即得销售额总指数的计算公式为:

$$\overline{K}_{qp} = \frac{\sum q_1 p_1}{\sum q_0 p_0} \tag{2-7-1}$$

式中:$\overline{K}_{qp}$——销售额总指数;

q_1——各种商品报告期的销售量;

q_0——各种商品基期的销售量;

p_1——各种商品报告期的价格;

p_0——各种商品基期的价格。

由表2-7-1中的资料可整理出商品销售额总指数的计算表(表2-7-2)。

综合指数计算 表2-7-2

商品名称	计量单位	销售量		价格(元)		销售额(元)			
		基期 q_0	报告期 q_1	基期 p_0	报告期 p_1	基期 p_0q_0	报告期 p_1q_1	p_1q_0	p_0q_1
甲	台	100	115	100	120	10000	13800	12000	11500
乙	吨	200	220	50	50	10000	11000	10000	11000
丙	件	300	280	20	15	6000	4200	4500	2600
合计	—	—	—	—	—	26000	29000	26500	28100

则:

$$\overline{K}_{qp} = \frac{\sum q_1 p_1}{\sum q_0 p_0} = \frac{29000}{26000} = 111.54\%$$

$$\sum q_1 p_1 - \sum q_0 p_0 = 29000 - 26000 = 3000(元)$$

计算结果表明,3种商品销售额总指数为111.54%,报告期的销售总额比基期增长了11.54%,增加的绝对额为3000元。

通过商品价格这个同度量因素,解决了3种商品销售量不能同度量的问题,但是,这里计算的是销售额总指数,而销售额的总变动是受商品销售量与商品价格两个因素共同影响的。因此,要想单纯反映销售量综合变动情况的总指数,就必须从销售额的变动中排除同度量因素(价格)变动的影响。

(2)固定同度量因素,排除同度量因素变动的影响

要想从两个时期的销售额对比中单纯地反映出多种商品销售量总的变动情况,就必须假定价格因素没有变动,即报告期与基期所用的价格要相同,或者用基期价格,或者用报告期价

格,或者用某一时期的不变价格。由此可形成3个计算公式。

以基期价格作为同度量因素,其销售量总指数的公式为：

$$\overline{K_q}=\frac{\sum q_1p_0}{\sum q_0p_0} \tag{2-7-2}$$

以基期价格作为同度量因素的数量指标综合指数计算公式是1864年德国学者拉斯佩尔首次提出的,因此被称为拉氏公式。

运用这一公式,以表2-7-2中资料计算的3种商品销售量总指数为:

$$\overline{K_q}=\frac{\sum q_1p_0}{\sum q_0p_0}=\frac{28100}{26000}=108.08\%$$

计算结果表明,3种商品的销售量综合指数为108.08%,报告期的销售量比基期增长了8.08%;由于3种商品的报告期销售量比基期增长8.08%,在价格不变的条件下,使得销售额增加的绝对量为:

$$\sum q_1p_0-\sum q_0p_0=28100-26000=2100(\text{元})$$

以报告期价格作为同度量因素,其销售量总指数的公式为:

$$\overline{K_q}=\frac{\sum q_1p_1}{\sum q_0p_1} \tag{2-7-3}$$

以报告期价格作为同度量因素的数量指标综合指数计算公式1874年德国学者派许首次提出的,因此被称为派氏公式。

运用这一公式,以表2-7-2中资料计算的3种商品销售量总指数为:

$$\overline{K_q}=\frac{\sum q_1p_1}{\sum q_0p_1}=\frac{29000}{26500}=109.43\%$$

计算结果表明,3种商品的销售量综合指数为109.43%,报告期的销售量比基期增长了9.43%。由于3种商品的报告期销售量比基期增长了9.43%,在价格不变的条件下,使得销售额增加的绝对量为:

$$\sum q_1p_1-\sum q_0p_1=29000-26500=2500(\text{元})$$

以某一不变价格作为同度量因素,其销售量总指数的公式为:

$$\overline{K_q}=\frac{\sum q_1p_n}{\sum q_0p_n} \tag{2-7-4}$$

以不变价格作为同度量因素的数量指标综合指数计算公式是1818年由扬格提出的,因而也称为扬格公式。

(3)确定同度量因素的所属时期

究竟采用哪一个公式,应根据实际情况和研究目的而定。编制销售量总指数的目的在于综合反映多种商品的销售量变动情况,即从总体来说是增加了还是减少了,增加或减少的幅度有多大,以及由此带来的经济效果如何。

用式(2-7-2)计算的3种商品销售量指数,是报告期商品销售量按基期价格计算的假定销售额与基期实际销售额的对比。即假定价格不变,报告期销售总额的计算不受价格变动的影响,因而对比的结果纯粹反映了销售量的变动方向和程度。可见,用基期价格作同度量因素计算销售量总指数,符合统计研究的目的。

用式(2-7-3)计算的3种商品销售量指数,是报告期实际销售总额与基期销售量按报告期价格计算的假定销售总额的对比。观察这个指数可以发现,报告期价格p是由基期价格变化而来的,用作同度量因素,就会把价格变化的影响带入到销售量指数中去,显然是不合理的。

综上所述,编制数量指标综合指数时,应将作为同度量因素的质量指标固定在基期,即采用式(2-7-2)。

2. 质量指标综合指数的编制方法

质量指标综合指数是说明总体内部数量变动的指数,如商品价格指数、产品成本指数、劳动生产率指数等。

【例 2-7-2】 现仍以表 2-7-1 中的商品价格资料为例,说明质量指标指数的编制原则与方法。根据表 2-7-1 的资料,可以计算出 3 种商品价格的个体指数。

甲商品:$k_p = \frac{p_1}{p_0} = \frac{120}{100} = 120.00\%$;

乙商品:$k_p = \frac{p_1}{p_0} = \frac{50}{50} = 100.00\%$;

丙商品:$k_p = \frac{p_1}{p_0} = \frac{15}{20} = 75.00\%$。

从计算结果来看,甲商品的报告期价格比基期提高了 20%,乙商品的报告期价格与基期持平,而丙商品的报告期价格比基期降低了 25%。那么 3 种商品价格的综合变动情况是多少呢?为此要计算价格综合指数。其编制原则与过程如下:

(1)加入同度量因素,使不能直接相加的个别现象的量转化为可以相加的量

在不同情况下,同度量因素是不同的。例如,要研究各种商品价格的变动,同样也会碰到各种商品的价格不能直接相加。为了将不能直接同度量的商品价格过渡到可以同度量,则可用商品的价格乘其销售量,得出商品的销售额。即:

商品价格 × 商品销售量 = 商品销售额

同理,将单位产品成本乘以其产量,得出产品的总成本。即:

单位产品成本 × 产量 = 总成本

(2)固定同度量因素,排除同度量因素变动的影响

和编制销售量指数一样,在编制价格总指数时,要想从两个时期的销售额对比中单纯地反映出多种商品价格总的变动情况,就必须假定销售量因素没有变动,即报告期与基期所采用的销售量要相同,或者用基期销售量、或者用报告期销售量、或者用某一时期的特定销售量。由此可形成 3 个计算公式:

以基期销售量作为同度量因素,其价格总指数的公式为:

$$\overline{K_p} = \frac{\sum q_0 p_1}{\sum q_0 p_0} \tag{2-7-5}$$

以基期销售量作为同度量因素的质量指标综合指数计算公式也称为拉氏公式。

运用这一公式,根据表 2-7-2 中资料计算的 3 种商品价格总指数为:

$$\overline{K_p} = \frac{\sum q_0 p_1}{\sum q_0 p_0} = \frac{26500}{26000} = 101.92\%$$

计算结果表明,3 种商品的价格综合指数为 101.92%,报告期的价格比基期增长了 1.92%;由于 3 种商品的报告期价格比基期增长了 1.92%,在销售量不变的条件下,使得销售额增加的绝对量为:

$$\sum q_0 p_1 - \sum q_0 p_0 = 26500 - 26000 = 500(\text{元})$$

以报告期销售量 q_1 作为同度量因素,其价格总指数的计算公式为:

$$\overline{K_p} = \frac{\sum q_1 p_1}{\sum q_1 p_0} \tag{2-7-6}$$

以报告期销售量作为同度量因素的质量指标综合指数计算公式也称为派氏公式。

运用这一公式，根据表 2-7-2 中资料计算的 3 种商品价格总指数为：

$$\overline{K_p} = \frac{\sum q_1 p_1}{\sum q_1 p_1} = \frac{29000}{28100} = 103.20\%$$

计算结果表明，3 种商品的价格综合指数为 103.20%，报告期的价格比基期增长了 3.20%；由于 3 种商品的报告期价格比基期增长了 3.20%，在销售量不变的条件下，使得销售额增加的绝对量为：

$$\sum q_1 p_1 - \sum q_0 p_1 = 29000 - 28100 = 900(\text{元})$$

以某一特定销售量作为同度量因素，其价格总指数的公式为：

$$\overline{K_p} = \frac{\sum q_n p_1}{\sum q_n p_0} \tag{2-7-7}$$

以某一特定销售量作为同度量因素的质量指标综合指数计算公式也称为扬格公式。

从以上计算可以看出，采用不同时期的同度量因素：计算出来的商品价格综合指数是不一样的结果。那么，质量指标指数的同度量因素究竟固定在什么时期为宜呢？这是编制质量指标综合指数时必须解决的又一个重要问题。

（3）确定同度量因素的所属时期

究竟采用哪一个公式，应根据实际情况和研究目的而定。编制价格总指数的目的，在于综合反映多种商品价格的变动情况，即从总体来说是上升了还是下降了，上升或下降的幅度多大，以及由此带来的经济效果如何。编制质量指标综合指数时，应将作为同度量因素的数量指标固定在报告期，即采用式（2-7-6）。

第三节　平均数指数

综合指数是总指数的基本形式。但是，在实际中，用综合指数公式计算总指数时常常会遇到资料不易取得的困难，因为不论是采用什么综合指数形式，都必须计算出一个假定的价值量指标，要计算出这个假定的价值量指标就必须掌握相应的资料。例如，计算商品价格综合指数时，必须有各种商品的价格资料和销售量资料，但实际工作部门只有价格资料，而各商品的销售量资料就不易取得。这样，综合指数公式在实际应用上就受到一定的限制，因而，需要采用总指数的其他形式，即平均数指数。

一、平均数指数的概念

平均数指数是对个体指数进行加权平均而求得的一种总指数形式，平均数指数不仅是综合指数的变形，而且它本身具有独立的意义。平均数指数与综合指数相比有两个特点：一是综合指数要有全面的原始资料，而平均数指数可以根据代表性资料计算；二是综合指数必须用数量指标或质量指标实际资料作为权数，而平均数指数除了可用实际资料作权数外，也可以在实际资料的基础上推算确定比重后再进行加权平均。

二、平均数指数的基本形式

平均数指数的基本形式有两种：一是加权算术平均数指数；二是加权调和平均数指数。在每种平均数指数中，由于所用权数的不同，可再分为综合指数变形权数和固定权数两种。

1. 加权算术平均数指数

加权算术平均数指数是指对个体指数采用加权算术平均的方法求得的平均数指数。它主要适用于编制数量指标指数。加权算术平均数指数可以由综合指数演变而来。在上节介绍了数量指标综合指数的计算公式：

$$\overline{K_q}=\frac{\sum q_1p_0}{\sum q_0p_0}$$

根据销售量个体指数 $k_q=\frac{q_1}{q_0}$，得 $q_1=k_qq_0$ 将此式代入到数量指标综合指数公式中得：

$$\overline{K_q}=\frac{\sum k_qq_0p_0}{\sum q_0p_0} \tag{2-7-8}$$

这个加权算术平均数指数的计算公式与加权算术平均数的公式 $\bar{x}=\frac{\sum xf}{\sum f}$ 相似，故称为加权算术平均数指数。现以商品销售量指数为例来说明加权算术平均数指数的编制。

【例 2-7-3】 对表 2-7-1 的资料进行了改动，计算过程见表 2-7-3 所列。

$$\overline{K_q}=\frac{\sum k_qq_0p_0}{\sum q_0p_0}=\frac{28100}{26000}=108.08\%$$

$$\sum k_qq_0p_0-\sum q_0p_0=28100-26000=2100(\text{元})$$

上述计算结果与数量指标综合指数公式计算的结果完全相同。

加权算术平均数指数计算 表 2-7-3

商品名称	计量单位	销售量		个体指数 $k_q=\frac{q_1}{q_0}$(%)	销售额(元)	
		基期 q_0	报告期 q_1		基期 p_0q_0	$k_qp_0q_0$
甲	台	100	115	115.00	10000	11500
乙	吨	200	220	110.00	10000	11000
丙	件	300	280	93.33	6000	5600
合计	—	—	—	—	26000	28100

2. 加权调和平均数指数

加权调和平均数指数，是采用对个体指数进行加权调和平均方法计算的平均数指数。加权调和平均数指数可以由综合指数演变而来。加权调和平均数指数主要适合编制质量指标指数。在上节介绍了质量指标综合指数的计算公式为：

$$\overline{K_q}=\frac{\sum q_1p_1}{\sum q_1p_0}$$

根据个体价格指数 $k_q=p_1/p_0$，得 $p_0=p_1/k_q$ 代入质量指标综合指数的计算公式中，得：

$$\overline{K_p}=\frac{\sum p_1q_1}{\sum\frac{p_1q_1}{k_p}} \tag{2-7-9}$$

这个加权调和平均数指数的计算公式与加权调和平均数的公式 $\bar{x}=\frac{\sum m}{\sum\frac{m}{x}}$ 相似，故称为加权调和平均数指数。

【例 2-7-4】 现以价格指数为例，说明加权调和平均数指数的编制过程。对表 2-7-1 的资料进行了改动，计算过程见表 2-7-4 所列。

加权调和平均数指数计算 表 2-7-4

商品名称	计算单位	销售量		个体指数 $k_q=\frac{p_1}{p_0}$(%)	销售额(元)	
		基期 p_0	报告期 p_1		基期 p_1q_1	$\frac{p_1q_1}{k_p}$
甲	台	100	120	120.00	13800	11500
乙	吨	50	50	100.00	11000	11000
丙	件	20	15	75.00	4200	5600
合计	—	—	—	—	29000	28100

$$\overline{K_p}=\frac{\sum p_1q_1}{\sum\frac{p_1q_1}{k_p}}=\frac{29000}{28100}=103.2\%$$

$$\sum p_1q_1-\sum\frac{p_1q_1}{k_p}=29000-28100=900\text{ 元}$$

上述计算结果与质量指标综合指数的计算结果完全相同。

3. 固定权数加权算术平均数指数

实际应用中，平均数指数除了是综合指数的变形形式外，还广泛采用以固定权数加权的平均数指数。

第四节 指数体系与因素分析

一、指数体系

1. 指数体系的概念

社会经济现象不是孤立存在的，而是相互联系、相互依存的。在复杂现象总体的变动中，往往存在着若干因素的影响，而这些因素在意义和数量上都有必然联系。这种联系不仅存在于静态中，而且也存在于动态中。

例如，在静态上，商品销售额等于商品销售量乘以商品价格。即：

商品销售额 = 商品价格 × 商品销售量

由此可见，商品销售量和商品价格是影响商品销售额的两个因素。

类似这种因果关系的还有很多，可以用下列经济关系式表示：

总产值 = 产品产量 × 产品价格

总成本 = 单位产品成本 × 产品产量

原材料费用总额 = 产品产量 × 单位产品原材料消耗量 × 原材料单价

上述因素之间的数量联系是静态指标之间的联系。如果现象之间存在静态指标之间的联系，则动态指标也具有同样的联系。例如：

总产值指数 = 产品产量指数 × 产品价格指数

总成本指数 = 单位产品成本指数 × 产量指数

原材料费用总额指数 = 产品产量指数 × 单位产品原材料消耗量指数 × 原材料单价指数

这种动态上的联系就是指数体系。可见，指数体系是指由一系列相互联系的指数所构成的整体。

2. 建立指数体系的基本要求

(1)分析被研究对象中各因素间存在的必然联系

上述指数体系中各指数间的数量关系,反映了客观经济现象与其影响因素间的动态联系,而这种动态联系是由它们固有的内在经济联系所决定的。

(2)确定质量指标指数、数量指标指数及其相互关系

无论是含有两个因素的指数体系还是含有3个以上因素的指数体系,等式右边的影响因素指数中,总是由质量指标指数与数量指标指数所构成的。它们的顺次乘积必须有实际经济意义。

(3)区分各指数内的指数化因素和同度量因素

在指数体系的影响因素指数中,均包含指数化因素与同度量因素。统计研究时,只有一个是指数化因素,其余都为同度量因素。

3. 指数体系的作用

指数体系是统计因素分析法的基本依据,在统计分析中得到广泛运用,其作用表现如下:

(1)运用指数体系可以进行因素分析

指数体系中各指数间的数量关系有相对数和绝对数两个方面,运用指数体系可以从相对数与绝对数两个方面来分析各影响因素变动对现象总体变动的影响。

(2)为确定同度量因素所属时期提供依据

确定同度量因素所属时期是编制统计指数的重要问题,同度量因素所属时期的确定不是随意的,必须以指数体系为依据,既要考虑指数本身的经济意义,还要保持指数体系的完整性和科学性。

(3)利用指数体系进行指数之间的相互推算

指数体系表现为各指数之间的数量对等关系,这样要根据指数体系中的各指数之间的联系,利用已知的某几个指数,推算出另一个未知的指数。例如,已知产品产值指数和产品价格指数,就可以推算出产品产量指数。即:

产品产量指数 = 产品产值指数 ÷ 产品价格指数

4. 指数体系的种类

按照因素分析的指标不同,指数体系可分为个体指数体系、总指数体系和平均指标指数体系。

个体指数体系是指由若干个在数量上有联系的个体指数所构成的整体。例如,某商品的销售额指数 = 某商品销售量指数 × 该商品销售价格指数。在个体指数体系中,各指数之间的数量关系表现如下:

①从相对数上看,总变动个体指数等于各影响因素变动的个体指数的连乘积。即:

$$\frac{p_1q_1}{p_0q_0}=\frac{p_1}{p_0}\times\frac{q_1}{q_0}$$

②从绝对数上看,总变动因素增加或减少的绝对量等于各影响因素变动使其增加或减少的绝对量之和。

$$p_1q_1-p_0q_0=(q_1p_0-q_0p_0)+(q_1p_1-q_1p_0)$$

总指数体系是指由若干个在数量上有联系的总指数所构成的一个整体。例如,某市零售商品销售额指数 = 某市零售商品销售量指数 × 该市零售商品价格指数。在总指数体系中,各指数之间的数量关系表现如下:

①从相对数上看,总变动因素综合指数等于各影响因素变动的综合指数的连乘积。即:

$$\frac{\sum p_1q_1}{\sum p_0q_0}=\frac{\sum q_1p_0}{\sum q_0p_0}\times\frac{\sum p_1q_1}{\sum p_0q_1}$$

②从绝对数上看，总变动因素增加或减少的绝对量等于各影响因素变动使其增加或减少的绝对量之和。即：

$$\sum p_1q_1 - \sum p_0q_0 = (\sum p_0q_1 - \sum p_0q_0) + (\sum p_1q_1 - \sum p_0q_1)$$

二、因 素 分 析

因素分析是依据指数体系的理论，分析受多种因素影响的社会经济现象总变动中，各影响因素的影响方向和程度的方法。

因素分析法按分析的指标种类不同可分为总量指标的因素分析和平均指标的因素分析。

1. 总量指标的因素分析

总量指标的因素分析可按其影响因素的多少不同，分为两因素分析和多因素分析。

(1)总量指标的两因素分析

即将现象总量分解为两个构成因素，对其总量变动进行因素分析。

【例 2-7-5】 假定某企业三种产品产量及单位产品成本资料见表 2-7-5 所列。

某企业产品产量与产品成本资料 表 2-7-5

产品名称	计量单位	产　量		单位产品成本(元)		产品总成本(元)		
		基期 q_0	报告期 q_1	基期 z_0	报告期 z_1	z_0q_0	z_1q_1	z_0q_1
甲	台	320	350	350	340	112000	119000	122500
乙	吨	1300	1500	160	180	208000	270000	240000
丙	件	480	470	1100	1000	528000	470000	517000
合计	—	—	—	—	—	848000	859000	879500

产品总成本指数 $\bar{k} = \dfrac{\sum q_1z_1}{\sum q_0z_0} = \dfrac{859000}{848000} = 101.3\%$

$$\sum q_1z_1 - \sum q_0z_0 = 859000 - 848000 = 11000(\text{元})$$

以上计算结果表明，该企业 3 种产品的总成本报告期比基期提高了 1.3%，增加的绝对数量为 11000 元。

产品总成本的变动是由于产品产量和单位产品成本两个因素相互作用的结果，所以要分别计算这两个因素变动对总成本变动的影响。

产品产量指数 $\overline{k_q} = \dfrac{\sum q_1z_0}{\sum q_0z_0} = \dfrac{879500}{848000} = 103.7\%$

$$\sum q_1z_0 - \sum q_0z_0 = 879500 - 848000 = 31500(\text{元})$$

以上计算结果表明，3 种产品的报告期产量比基期提高了 3.7%，由于产量提高了 3.7%，使得报告期的产品总成本比基期增加了 31500 元。

单位产品成本指数 $\bar{k}_z = \dfrac{\sum q_1z_1}{\sum q_1z_0} = \dfrac{859000}{879500} = 97.7\%$

$$\sum q_1z_1 - \sum q_1z_0 = 859000 - 879500 = -20500(\text{元})$$

以上计算结果表明，3 种产品的报告期单位产品成本比基期降低了 2.3%，由于单位产品成本降低了 2.3%，使得报告期的产品总成本比基期减少了 20500 元。

综上所述，该企业产品总成本报告期比基期提高了 1.3%，这是由于产品产量提高了 3.7%，单位产品成本下降了 2.3% 共同影响的结果。产品总成本增加了 11000 元，这是由于产量提高使其增加 31500 元，单位产品成本下降使其减少 20500 元综合影响的结果。用指数体系加以反映：

$$101.03\% = 103.7\% \times 97.7\%$$

$$11000\text{元} = 31500\text{元} + (-20500)\text{元}$$

(2)总量指标的多因素分析

即将现象总量分解为3个或3个以上的构成因素,对其总量变动进行因素分析。例如,工业企业总产值是工人人数、人均产量与产品价格3因素的乘积。其指数关系为:

总产值指数 = 工人人数指数 × 人均产量指数 × 产品价格指数

受多因素影响的现象是很多的,即使是受两个因素影响的现象,也常常可以分解为多因素。

【例2-7-6】 现以表2-7-6资料为例,说明总量指标的多因素分析方法。

某企业产量资料 表2-7-6

产品	单位	工人人数		人均产量		产品价格(元)		总产值(万元)			
		基期 m_0	报告期 m_1	基期 t_0	报告期 t_1	基期 p_0	报告期 p_1	$m_0t_0p_0$	$m_1t_0p_0$	$m_1t_1p_0$	$m_1t_1p_1$
甲	台	150	180	50	55	600	570	450	540	549	546.3
乙	吨	100	70	500	480	35	42	175	122.5	117.6	141.12
丙	件	200	250	140	150	220	190	616	77	825	712.5
合计	—	—	—	—	—	—	—	1241	1432.5	1536.6	1417.92

$$\text{总产值指数} = \frac{\sum m_1t_1p_1}{\sum m_0t_0p_0} = \frac{1417.92}{1241} = 114.26\%$$

以上计算结果表明,报告期总产值比基期增长了14.26%,总产值增加的绝对量为176.92万元。

由于总产值是工人人数、人均产量和产品价格3个因素的乘积,所以必须注意根据指标的性质及因素乘积的经济意义来确定因素的排列顺序和时期固定问题。

工人人数是数量指标,相对于工人人数来说,人均产量与价格的乘积为人均产值,人均产值是质量指标。计算工人人数指数时,必须将人均产量与产品价格同时固定在基期,即:

$$\overline{K_m} = \frac{\sum m_1t_0p_0}{\sum m_0t_0p_0} = \frac{1432.5}{1241} = 115.43\%$$

$$\sum m_1t_0p_0 - \sum m_0t_0p_0 = 1432.5 - 1241 = 191.5(\text{万元})$$

以上计算结果表明,在人均产量与产品价格不变的条件下,由于工人人数增长了15.43%,使得总产值增加191.5万元。

人均产量与工人人数的乘积是总产量,人均产量与产品价格的乘积是人均产值,具有明显的经济意义,且产品价格是质量指标,所以人均产量应排在中间位置。人均产量相对于工人人数来说是质量指标,但相对于产品单价来说是数量指标。因此,人均产量指数为:

$$\overline{K_t} = \frac{\sum m_1t_1p_0}{\sum m_1t_0p_0} = \frac{1536.6}{1432.5} = 107.27\%$$

$$\sum m_1t_1p_0 - \sum m_1t_0p_0 = 1536.6 - 1432.5 = 104.1(\text{万元})$$

以上计算结果表明,在工人人数与产品价格不变的条件下,由于人均产量报告期比基期增长了7.27%,使得总产值增加了104.1万元。

产品单价是质量指标,相对于价格来说,工人人数与人均产量的乘积是总产量,总产量是数量指标。因此,产品单价指数为:

$$\overline{K_p} = \frac{\sum m_1t_1p_1}{\sum m_1t_1p_0} = \frac{1417.92}{1536.6} = 92.28\%$$

$$\sum m_1t_1p_1 - \sum m_1t_1p_0 = 1417.92 - 1536.6 = -118.68(\text{万元})$$

以上计算结果表明，在工人人数与人均产量不变的条件下，由于产品价格下降了 7.72%，使得总产值减少了 118.68 万元。

上述 4 个指数组成一个指数体系，各指数之间在数量上的关系表现为：

①从相对数上看

$$\overline{K}=\overline{k_m}\times\overline{k_t}\times\overline{k_p}$$

$$114.26\%=115.43\%\times107.27\%\times92.28\%$$

②从绝对数上看

$$\sum m_1t_1p_1-\sum m_0t_0p_0=\left(\sum m_1t_0p_0-\sum m_0t_0p_0\right)+\left(\sum m_1t_1p_0-\sum m_1t_0p_0\right)+\left(\sum m_1t_1p_1-\sum m_1t_1p_0\right)$$

176.92 万元 = 191.5 万元 + 104.1 万元 + (−118.68) 万元

2. 平均指标的因素分析

这里所讲的平均指标是指总体在分组的条件下，用加权算术平均法计算出来的平均指标。这种平均指标可分解为两个因素：一是各组的比重；二是各组的水平。平均指标的变动，既受总体结构变动的影响，也受各组标志值变动的影响。要分别分析各因素的变动对平均指标变动的影响，就要建立平均指标指数体系。

第五节　平均指标指数

一、平均指标指数的概念

平均指标指数是指将两个不同时期、同一经济内容的平均指标值作对比，以说明同类现象在两个不同时期平均水平的动态变化情况。它的一般公式为：

$$\overline{K}=\frac{\overline{x_1}}{\overline{x_0}} \tag{2-7-10}$$

式中：$\overline{x_1}$——报告期的平均指标；

$\overline{x_0}$——基期的平均指标。

在平均指标这一章中，已经介绍了总平均数的计算公式：

$$\overline{x}=\frac{\sum xf}{\sum f}$$

将此式代入上式，则得平均指标指数的计算公式为：

$$\overline{K}=\frac{\overline{x_1}}{\overline{x_0}}=\frac{\dfrac{\sum x_1f_1}{\sum f_1}}{\dfrac{\sum x_0f_0}{\sum f_0}}$$

在分组条件下，总平均数的变动，往往取决于两个因素：一个因素是各组平均水平的变动影响；另一个因素是各组单位数在总体中的比重变动影响。如下式所示：

$$\overline{x}=\frac{\sum xf}{\sum f}=\sum x\cdot\frac{f}{\sum f}$$

所以，上面的平均指标指数还可以写成以下形式：

$$\overline{K}=\frac{\overline{x_1}}{\overline{x_0}}=\frac{\sum x_1\cdot\dfrac{f_1}{\sum f_1}}{\sum x_0\cdot\dfrac{f_0}{\sum f_0}}$$

式中：x_1——报告期各组平均水平；

x_0——基期各组平均水平；

f_1——报告期各组单位数；

f_0——基期各组单位数。

常见的平均指标指数有平均工资指数、平均劳动生产率指数、平均单位成本指数、平均价格指数等。

二、平均指标指数体系的因素分析

为了考察和分析总平均指标的动态及其构成因素的变动影响，需要编制相互联系的平均指标指数，形成一个平均指标指数体系。在平均指标指数体系中，有以下3种指数。

1. 可变构成指数

可变构成指数是反映总平均指标变动方向和程度的指数。可变构成指数不仅反映了总平均指标的动态，而且反映了各组平均水平及总体内部结构变动对其产生的影响。其计算公式为：

$$\overline{K}=\frac{\overline{x_1}}{\overline{x_0}}=\frac{\dfrac{\sum x_1f_1}{\sum f_1}}{\dfrac{\sum x_0f_0}{\sum f_0}} \tag{2-7-11}$$

【例2-7-7】 现以表2-7-7的资料为例，说明平均指标指数体系的分析方法。

某企业职工工资水平和人数资料 表2-7-7

职工类别	工资水平（元）		职工人数（人）		工资总额（元）		
	基期 x_0	报告期 x_1	基期 f_0	报告期 f_1	x_0f_0	x_1f_1	x_0f_1
新职工	1200	1400	400	720	480000	1008000	864000
老职工	1500	1600	600	480	900000	768000	720000
合　计	1380	1480	1000	1200	1380000	1776000	584000

$$\overline{K}=\frac{\overline{x_1}}{\overline{x_0}}=\frac{\dfrac{\sum x_1f_1}{\sum f_1}}{\dfrac{\sum x_0f_0}{\sum f_0}}\frac{1480}{1380}=107.25\%$$

$$\frac{\sum x_1f_1}{\sum f_1}-\frac{\sum x_0f_0}{\sum f_0}=1480-1380=100(元)$$

计算结果表明，全厂总平均工资报告期与基期相比提高了7.25%，报告期的总平均工资比基期增加了100元。

2. 固定构成指数

固定构成指数是指在平均指标的动态分析中，把作为权数的总体结构固定下来，只反映总体各组结构变动影响程度的指数。

构成加权算术平均数的两个因素 x 与 f，其指标性质是：x 为质量指标，f 为数量指标。为了分析组平均水平 x 的变动对总平均数变动的影响，必须将权数 f 固定下来，根据质量指标指数的编制原则，应把 f 固定在报告期。其计算公式如下：

$$\overline{K_x}=\frac{\dfrac{\sum x_1f_1}{\sum f_1}}{\dfrac{\sum x_0f_1}{\sum f_1}} \tag{2-7-12}$$

将表 2-7-7 的资料代入到公式中：

$$\overline{K_x}=\frac{\dfrac{\sum x_1f_1}{\sum f_1}}{\dfrac{\sum x_0f_1}{\sum f_1}}=\frac{1480}{1320}=1112.12\%$$

$$\frac{\sum x_1f_1}{\sum f_1}-\frac{\sum x_0f_1}{\sum f_1}=1480-1320=160(\text{元})$$

计算结果表明，消除职工结构因素变动的影响，单纯由于各组工资水平的变动，使报告期的平均工资比基期提高了 12.12%，报告期平均工资比基期增加 160 元。

3. 结构影响指数

结构影响指数是指在平均指标的动态分析中，将各组平均水平固定下来，只反映总体各组结构变动影响程度的指数。

为了分析总体结构变动对总平均数变动的影响，必须将组平均水平 x 固定下来，根据数量指标指数的编制原则，应把 x 固定在基期。其计算公式如下：

$$\overline{K_f}=\frac{\dfrac{\sum x_0f_1}{\sum f_1}}{\dfrac{\sum x_0f_0}{\sum f_0}} \tag{2-7-13}$$

将表 2-7-7 的资料代入到公式中：

$$\overline{K_f}=\frac{\dfrac{\sum x_0f_1}{\sum f_1}}{\dfrac{\sum x_0f_0}{\sum f_0}}=\frac{1320}{1380}=95.65\%$$

$$\frac{\sum x_0f_1}{\sum f_1}-\frac{\sum x_0f_0}{\sum f_0}=1320-1380=-60(\text{元})$$

计算结果表明，消除各组平均水平变动的影响，单纯由于各组职工结构的变动，使报告期的平均工资比基期降低了 4.35%，报告期每人的平均工资比基期减少 60 元。那么，该企业职工结构是怎样变动的呢？基期老职工所占的结构为 60%，新职工所占的结构为 40%；报告期老职工所占的结构为 40%，新职工所占的结构为 60%，由于报告期新职工所占的比例提高，再加上新职工的工资较老职工低，因此使得平均工资减少 60 元。

综上所述，可以得出平均指标指数体系中各指数之间的数量关系：

①从相对数上看，可变构成指数 = 固定构成指数 × 结构影响指数

$$\overline{K}=\frac{\dfrac{\sum x_1f_1}{\sum f_1}}{\dfrac{\sum x_0f_0}{\sum f_0}}=\frac{\dfrac{\sum x_1f_1}{\sum f_1}}{\dfrac{\sum x_0f_1}{\sum f_1}}\times\frac{\dfrac{\sum x_0f_1}{\sum f_1}}{\dfrac{\sum x_0f_0}{\sum f_0}}$$

②从绝对数上看

$$\frac{\sum x_1f_1}{\sum f_1}-\frac{\sum x_0f_0}{\sum f_0}=\left(\frac{\sum x_1f_1}{\sum f_1}-\frac{\sum x_1f_1}{\sum f_1}\right)+\left(\frac{\sum x_0f_1}{\sum f_1}-\frac{\sum x_0f_0}{\sum f_0}\right)$$

第八章 抽样调查

抽样调查是现代统计调查中的重要组织形式，是目前国际上公认和普遍采用的科学的调查手段。在国外，抽样调查几乎应用于所有领域。在国内，抽样调查应用发展也非常迅速，目前已经成为应用得最广泛的调查方式，在科学研究、社会经济生活、行政管理等诸方面均有广泛的应用。比如人口变动调查、劳动力调查、社会问题研究、电视收视率调查、满意度调查以及各种民意调查等。随着我国经济形势的发展和经济全球化的不断进行，统计工作正逐步向着与国际接轨的方向发展，抽样调查方法将在今后的统计工作中发挥越来越重要的作用，并将得到更为广泛的应用。

第一节 抽样调查的概念和作用

一、抽样调查的概念和特点

1. 抽样调查的概念

抽样调查是一种非全面调查，是按照随机原则从所要研究的总体（调查对象）中抽取一部分单位进行调查，用调查所得的指标数值对总体的相应指标数值做出具有一定可靠性的估计和判断的一种统计调查方法。它既包括调查资料的搜集、整理与计算，也包括根据调查资料对总体特征进行估计和判断，是一种包括统计研究全过程的统计方法。抽样调查通过逻辑上的推断实现了从特殊到一般、从个体到总体的认识。例如，从某批工业产品中随机抽出一部分产品观察其质量，然后据此估计整批产品的质量情况。

2. 抽样调查的特点

（1）按随机原则抽取调查单位

随机原则是指从总体中抽取被调查单位时，不受任何主观意识的影响，调查对象中每个调查单位都有同等的机会被抽中，最后哪个单位被抽中纯粹是偶然的事情。按随机原则抽取调查单位是抽样调查与其他非全面调查，如重点调查、典型调查的主要区别之一。重点调查抽选的调查单位是重点单位，而典型调查抽选的是有代表性的单位。二者在抽选调查单位时都是调查人员有意识选取的。

（2）用部分单位（样本）的指标数值去推断和估计总体的指标数值

抽样调查的目的不是着眼于研究样本的数量特征，而是要利用样本资料推断总体数量特征。

（3）抽样调查必然会产生抽样误差，但这个误差是可以事先计算并加以控制的

由于样本分布与总体分布总会有一定的差异，因此用样本指标推断总体指标也总会有一定的误差，但是根据抽样推断的理论基础——概率论，抽样平均误差可以被事先科学的估计出来，并可以采取一定的措施控制抽样误差，使推断结果具有一定的可靠性和准确性。

二、抽样调查的作用

由于抽样调查具有节省人力、物力、财力，提高时效性，并可根据需要增加调查项目，通过

控制抽样误差提高推断的可靠性等优点，因此抽样调查在社会经济中应用十分广泛，主要表现在以下几个方面：

(1)有些现象不可能进行全面调查，为了测算全面资料，必须采用抽样调查的方法

一方面，对无限总体不能采用全面调查，必须用抽样调查的方法。例如，调查某市空气污染状况、调查某个连续作业的生产线所生产的全部产品的质量(假定生产线永远也不会坏)。另一方面，有些产品的质量检验具有破坏性。例如，自行车链条抗拉强度检验、棉纱拉力检验、罐头防腐期限检验等。这些调查所用的测试手段对产品具有破坏性，不可能进行全面调查，只能采用抽样调查。

(2)有些现象不必要或很难进行全面调查，也要采用抽样调查

有些现象从理论上讲可以进行全面调查，但实际上由于总体范围过大，单位分布分散，没有必要或很难进行全面调查。例如，调查了解城镇和农村居民收入支出情况，从理论上讲可以对每户进行走访，进行全面调查，但由于总体范围太大，总体单位数太多，做全面调查花费人、财、物力太多，因此实际上很难办到，也没有必要，通过抽样调查的方式也可以推算出总体的指标数值。又如，水库鱼苗数、森林的木材蓄积量、职工家庭生活调查等均属此种情况。

(3)对全面调查资料进行检验和修正

全面调查涉及的面很广，参与的人员也很多，工作量大，很容易发生登记计算性的误差。因此，在全面调查，特别是在各种普查以后，非常有必要进行抽样复查，根据复查结果计算差错率，并以此为依据来检查和修正全面调查的结果，从而提高全面调查的质量。

(4)可以用于工业生产过程的质量控制

抽样调查不但广泛地用于生产结果的质量检查和估计，而且也可以有效地应用于对成批或大量连续生产的工业产品在生产过程中的质量控制，检查生产过程是否正常，及时提供有关信息，以便采取措施，保证生产过程的正常运转和产品质量的稳定。

三、抽样估计的一般原理

抽样调查是按随机原则从总体中抽出一个样本进行观察，用这一个样本指标数值来推断总体指标数值，这样的推断和估计的理论依据就是大数定律和中心极限定理。

1. 大数定律

就数量关系来说，抽样调查是建立在概率论的大数定律基础上，大数定律的一系列定理为抽样推断提供了数学依据。

大数定律又称大数法则，是关于大量的随机现象具有稳定性质的法则。它说明如果被研究的总体是由大量的相互独立的随机因素所构成，而且每个因素对总体的影响都相对的小，那么，对这些大量因素加以综合平均的结果，因素的个别影响将相互抵消，而显现出它们共同作用的倾向，使总体具有稳定的性质，使总体单位的某一标志的规律性及其共同特征能在一定的数量和质量上表现出来。

联系到抽样推断来看，大数定律证明：如果随机变量总体存在着有限的平均数和方差，则对于充分大的抽样单位数 n，可以几乎趋近于 1 的概率，来期望抽样平均数与总体平均数的绝对离差为任意小。

2. 中心极限定理

大数定律从理论上论证了在大量观察下，样本平均数趋近于总体平均数的趋势，但未涉及样本平均数的分布问题，从而无法知道样本平均数与总体平均数的离差不超过一定范围的概率是多少，这需要中心极限定理来研究。

中心极限定理是研究总量和的分布序列的极限定理，它表明如果总体变量存在有限的平均数和方差，那么不论这个总体变量的分布如何，随着抽样单位数 n 的增加，抽样平均数的分布便趋近于正态分布。

第二节　抽样调查中的几个基本概念

一、全及总体及抽样总体

1. 全及总体

全及总体是指统计研究对象的全体，简称为总体，也称母体。组成总体的个别事物称总体单位。例如，研究全国城市居民家庭收支情况，则全部城市居民户就是我们所要研究的全及总体。每个城市居民户都是总体单位。全及总体的单位数反映总体的容量，用符号 N 表示。

2. 抽样总体

抽样总体是按照随机原则从全及总体中抽取出来的一部分单位组成的小总体。抽样总体也称样本总体，简称样本、子样。抽样总体的单位数反映样本容量，用符号 n 表示。组成样本的每个单位称为样本单位。样本按照样本容量的多少分为大样本和小样本。当 $n \geq 30$ 时，称为大样本，在社会经济现象的抽样调查中，绝大多数采取大样本；当 $n<30$ 时，称为小样本。以下我们介绍的所有公式都是以大样本为基础的。与总体单位数 N 相比，样本容量 n 是很小的数，n/N 称为抽样比例，一般要根据被研究对象的性质和具体的任务来确定抽样比例。

二、全及指标和抽样指标

1. 全及指标

全及指标又称总体指标，是根据全及总体各单位标志值计算的综合指标。由于总体是唯一确定的，所以根据总体计算的全及指标也是唯一确定的，它反映总体的某种属性或特征，也称为总体参数。常见的全及指标主要有总体平均数、总体成数、总体数量标志标准差及方差、总体交替标志标准差及方差 4 种。

(1) 总体平均数

总体平均数又称全及平均数，是全及总体各单位标志值的平均数，代表全及总体单位数量标志值的一般水平，用 $\overline{X}$ 表示。

在总体未分组的情况下

$$\overline{X} = \frac{\sum_{i=1}^{N} X_i}{N} = \frac{\sum X}{N}$$

式中：$X_i(i=1,2,3,\cdots,N)$——总体各单位标志值。

在总体分组的情况下

$$\overline{X} = \frac{\sum_{i=1}^{N} X_i F_i}{\sum_{i=1}^{N} F_i} = \frac{\sum XF}{\sum F}$$

式中：$X_i(i=1,2,3,\cdots,k)$——总体各组标志值；

$F_i(i=1,2,3,\cdots,k)$——总体各组次数；

k——总体组数。

(2)总体成数

总体成数又称全及成数，它是指当全及总体可以按交替标志划分为两个组成部分时，其中具有某一种相同标志表现的总体单位数在总体中所占的比重，用 P 表示；不具有某一标志的总体单位数在总体中所占的比重，用 Q 表示。如果总体中具有某一标志的总体单位数为 N_1，不具有某一标志的总体单位数为 N_0，$N_1 + N_0 = N$，则有：

$$P = N_1/N \qquad Q = N_0/N \qquad P + Q = 1$$

(3)总体数量标志标准差及方差

总体数量标志标准差是表明全及总体的数量标志值变异程度的指标，也称总体均方差，其平方称为总体方差，分别用 σ 和 σ^2 表示。

①在总体未分组的情况下

$$\sigma = \sqrt{\frac{\sum_{i=1}^{N}(X_i - \overline{X})^2}{N}} = \sqrt{\frac{\sum(X - \overline{X})^2}{N}}$$

②在总体分组的情况下

$$\sigma = \sqrt{\frac{\sum_{i=1}^{k}(X_i - \overline{X})^2 F_i}{\sum_{i=1}^{k} F_i}} = \sqrt{\frac{\sum(X - \overline{X})^2 F}{\sum F}}$$

(4)总体交替标志标准差及方差

总体交替标志的标准差是指全及总体根据交替标志计算的标准差。根据第 7.3 节中介绍的交替标志标准差与方差的计算公式为：

$$\sigma = \sqrt{P(1-P)} \qquad \sigma^2 = P(1-P)$$

2. 抽样指标

抽样指标又称样本指标，是根据抽样总体计算的统计指标。和全及总体一样，常用的抽样指标也有四种：抽样平均数、抽样成数、样本数量标志标准差及方差、样本交替标志标准差及方差。

(1)抽样平均数

抽样平均数是根据抽样总体单位的标志值计算的，代表样本单位数量标志值一般水平的指标，用 $\bar{x}$ 表示。

①在抽样总体未分组的情况下： $\bar{x} = \frac{\sum x}{n}$

②在抽样总体分组的情况下： $\bar{x} = \frac{\sum xf}{\sum f}$

(2)抽样成数

抽样成数也称为样本成数。当抽样总体可以按交替标志分为两个组成部分时，其中，具有某一个标志的总体单位数 n_1 在抽样总体单位数 n 中所占的比重，即为抽样成数 p。而不具有某一标志的总体单位数 n_0 在抽样总体单位数 n 中所占的比重，即为抽样成数 q。

$$p = n_1/n \quad q = n_0/n \quad p + q = 1$$

(3)样本数量标志标准差及方差

样本数量标志的标准差是指样本中根据各单位数量标志值计算的标准差，用 S 表示。方差为标准差的平方，用 S^2 表示。

当抽样总体未分组时：

$$S = \sqrt{\frac{\sum(x - \bar{x})^2}{n}}$$

当抽样总体未分组时：

$$S=\sqrt{\frac{\sum(x-\bar{x})^2 f}{\sum f}}$$

(4)样本交替标志标准差及方差

样本交替标志标准差及方差，是指样本中根据交替标志计算的标准差和方差。

$$S=\sqrt{P(1-P)},S^2=P(1-P)$$

三、重复抽样与不重复抽样

抽样调查在按随机原则抽选样本单位时，可以有两种抽样方式：重复抽样和不重复抽样。

1. 重复抽样

重复抽样也称重置抽样，是从全及总体中随机抽取一个样本单位，经调查登记有关标志后将其放回到原总体中去，然后再从总体中抽取第二个样本单位，记录它的有关标志表现后，也把它放回到总体中去，如此下去，直到抽够 n 个样本单位为止。重复抽样在每次抽选样本单位时，总体的单位数目 n 始终都是一样的，每次抽选都是在完全相同的条件下进行，每个单位被抽中的概率是完全相等的，同一单位有可能被多次重复抽取。一般来说，从总体 N 个单位中，随机重复抽取即 n 个单位构成一个样本，在考虑顺序时，则可抽取 N^n 个样本。

2. 不重复抽样

不重复抽样也称为不重置抽样，是从全及总体中按随机原则抽取一个样本单位，观察记录其有关标志后，不再将它放回到总体中去参加下一次抽选，而是从剩余的 $N-1$ 个单位中抽取第二个样本单位。如此进行 n 次，就可以得到容量为 n 的样本总体。不重复抽样时，每抽一次样本单位，全及总体单位数就少一个，也就是说，各次抽取的条件都会发生变化，随着全及总体单位数的逐次减少，每个留下的总体单位被抽中的机会就会逐次增大。每个总体单位只可能被抽中一次，不会被重复多次地抽取。一般来说，从 N 个单位中随机抽取 n 个单位组成样本，在考虑顺序时，有 A_N^n 抽法；不考虑顺序时，有 C_N^n 种抽法。

$$A_N^n=N(N-1)(N-2)\cdots(N-n+1)=\frac{N!}{(N-n)!}$$

$$C_N^n=\frac{N(N-1)(N-2)\cdots(N-n+1)}{N!}=\frac{N!}{n!\ (N-n)!}$$

重复抽样和不重复抽样两种抽选样本的方法不同，会使得可能抽取到的样本配合总数不同，在相同的样本容量要求下，重复抽样抽到的可能样本数目总量大于不重复抽样的样本数目。

第三节　抽样误差和抽样估计

一、抽 样 误 差

1. 抽样误差的概念

抽样误差是指在遵守随机原则的条件下，用抽样指标代表总体指标所产生的不可避免的误差，抽样误差表现为抽样指标与总体指标之间的绝对离差，即抽样平均数与总体平均数之间的绝对离差 $|\bar{x}-\bar{X}|$ 和抽样成数与总体成数之间的绝对离差 $|p-P|$。

在抽样调查过程中，用抽样指标来代表总体指标进行必要的推算，必然会产生误差问题。因为抽样指标由于种种原因，不会与总体指标完全一样，它们两者之间往往不会完全相等，抽样平均数或抽样成数与总体平均数或总体成数之间往往会产生一定的误差。抽样误差越小，表示样本的代表性越高；反之，抽样误差越大，样本的代表性越低。

2. 抽样误差产生的原因

在统计调查过程中所得出的数字，与客观实际数量之间存在一定的差别，统称为统计误差。统计误差的产生原因有登记性误差和代表性误差两种。

登记性误差是指在统计调查、整理和计算过程中，由于主客观原因影响而产生的误差。例如，由于测量、计算、记录或抄录错误等原因造成的误差。这种误差在一切统计调查中都会产生。登记性误差可以通过提高调查人员的思想素质和业务水平，改进调查方法和组织工作，建立严格的工作责任制加以避免，使这类误差降到最低程度。

代表性误差是由于调查过程中以部分来代表总体时，由于代表性不足或不完全而产生的误差。它又分为系统性误差和随机误差。系统性误差是由于没有严格遵守随机原则而产生的误差，如在抽样调查抽取调查单位时，调查者没有严格遵守随机原则，而是有意识地挑选较好或较坏的单位进行调查，由此导致样本的代表性降低，据此计算的抽样指标数值必然比总体指标数值偏高或偏低，从而产生的误差。系统性误差是可以避免的，在调查过程中要尽量避免。随机误差则是指在抽选样本过程中，虽然严格遵守随机原则，但由于样本的非均匀性，可能抽到各种不同的样本，只要样本的结构与总体相比有出入，这就会出现误差。随机误差是抽样调查本身所固有的，是不可避免的一种偶然性的代表性误差。抽样调查中能够计算并且加以控制的就是这种随机误差。

3. 影响抽样误差的因素

由于从同一总体中可以随机抽出多个样本，因此由样本计算的抽样误差不是一个固定不变的量，它是一个不确定的随机变量，每次抽样的确切误差大小是不知道的，因为与它核对的总体指标是无法知道的。抽样误差的实际数值虽然无法计算，但是影响抽样误差的因素还是可以掌握的。这些因素主要有以下几种。

（1）抽样单位数目的多少

在其他条件不变的情况下，抽样单位数越少，抽样误差越大；反之，抽样单位数越多，抽样误差越小。如果样本单位数 n 等于总体单位数 N，即样本等于总体时，抽样调查也就等于全面调查，也就不存在抽样误差了。

（2）总体各单位标志变异程度

在其他条件不变的情况下，总体单位标志变异程度越小，抽样误差也就越小；反之，总体单位标志变异程度越大，抽样误差越大。

（3）抽样的组织形式和方法

从总体中抽取样本单位的方法不同，抽样误差的大小也不同。一般来说，在样本容量相同的情况下，不重复抽样的样本代表性较强，其误差小于重复抽样的误差。

在其他条件不变的情况下，从同一总体中抽取相同容量的样本，用简单随机抽样、等距抽样、类型抽样和整群抽样，其抽样误差也是不同的。类型抽样的样本代表性较高，其抽样误差相应较小，等距抽样次之。简单随机抽样和整群抽样的误差较大。

二、抽样平均误差

1. 抽样平均误差的概念

抽样平均误差是所有可能出现的抽样指标和全及指标之间的平均离差，也就是指所有可能出现的样本指标的标准差，一般用 $\mu_{\bar{x}}$ 或 μ_p 表示。它概括地反映全部样本总体所有可能结果的平均误差。

由于样本是按随机原则抽取的，故在同一总体中，按相同的抽样数目，可以抽出许多样本，而每次抽样误差都可能是不同的，有的是正的，有的是负的，有的大些，有的小些。而且，通过抽样误差概念的介绍，我们知道，抽样调查过程中，每次抽样的实际误差是无法知道的。为了用抽样指标去推断总体指标，就需要计算这些抽样误差的平均数，用以反映抽样误差的一般水平，这就是抽样平均误差。为理解抽样平均误差的概念，下面举例说明。

【例 2-8-1】 假设某车间有 A、B、C、D 共 4 名工人，每人每天看守机器的台数分别为 6 台、8 台、10 台、12 台，则全及总体平均数（平均每人看守机器台数）$\overline{X}=9$ 台，全及总体方差 $\sigma^2=5$ 台。现从 4 人中随机抽取 2 人进行调查，推断 4 名工人平均每人看管机器台数。下面分别按重复抽样和不重复抽样两种方法分别研究其抽样平均误差。

（1）重复抽样的抽样平均误差

在重复抽样条件下，从 4 个单位中抽选 2 个单位作为样本，在考虑顺序时，可能的样本数目为 $N^n=4^2=16$，每个样本都可以计算平均每人看管机器台数 $\bar{x}$，而且，它们与总体平均数 $\bar{x}$ 都有离差。用表将它们一一列出，见表 2-8-1 所列。

工人看管机器台数重复抽样表

表 2-8-1

样本序号	样本单位名称	样本单位标志值 x	样本平均数 $\bar{x}$	离差 $\bar{x}-\overline{X}$	离差平方 $(\bar{x}-\overline{X})^2$
1	A,A	6,6	6	-3	9
2	A,B	6,8	7	-2	4
3	A,C	6,10	8	-1	1
4	A,D	6,12	9	0	0
5	B,A	8,6	7	-2	4
6	B,B	8,8	8	-1	1
7	B,C	8,10	9	0	0
8	B,D	8,12	10	1	1
9	C,A	10,6	8	-1	1
10	C,B	10,8	9	0	0
11	C,C	10,10	10	1	1
12	C,D	10,12	11	2	4
13	D,A	12,6	9	0	0
14	D,B	12,8	10	1	1
15	D,C	12,10	11	2	4
16	D,D	12,12	12	3	9
合计	—	—	—	—	40

因为抽样平均误差是所有可能样本指标的标准差，所以有如下公式：

$$\mu_{\bar{x}}=\sqrt{\frac{\sum(\overline{x_i}-\overline{X})^2}{k}}$$

式中：$\mu_{\bar{x}}$——平均数的抽样平均误差；

$\overline{x_i}$——各样本平均数；

$\overline{X}$——总体平均数；

k——样本配合总数（本例中 $k=16$）。

将表 2-8-1 中的数据代入，有：

$$\mu_{\bar{x}}=\sqrt{\frac{\sum(\overline{x_i}-\overline{X})^2}{k}}=\sqrt{\frac{40}{16}}=1.58（台）$$

说明在重复抽样条件下，对于 16 个样本，无论抽到哪个样本，平均误差为 1.58 台。

(2)不重复抽样的抽样平均误差

在不重复抽样条件下，从4个单位中抽选2个单位作为样本，在考虑顺序的情况下，可能的样本数目为：

$$A_N^n = \frac{N!}{(N-n)!} = \frac{4!}{(4-2)!} = 12$$

同样每个样本都可计算出 $\bar{x}$，以及 $\bar{x}$ 与 $\bar{X}$ 的离差，见表2-8-2所列。

工人看管机器台数不重复抽样表 表2-8-2

样本序号	样本单位名称	样本单位标志值 x	样本平均数 $\bar{x}$	离差 $\bar{x}-\bar{X}$	离差平方 $(\bar{x}-\bar{X})^2$
1	A,A	6,8	7	-2	4
2	A,C	6,10	8	-1	1
3	A,D	6,12	9	0	0
4	B,A	8,6	7	-2	4
5	B,C	8,10	9	0	0
6	B,D	8,12	10	1	1
7	C,A	10,6	8	-1	1
8	C,B	10,8	9	0	0
9	C,D	10,12	11	2	4
10	D,A	12,6	9	0	0
11	D,B	12,8	10	1	1
12	D,C	12,10	11	2	4
合计	—	—	—	—	20

根据表中资料，可以计算出抽样平均误差为：

$$\mu_{\bar{x}} = \sqrt{\frac{\sum(\bar{x}_i - \bar{X})^2}{k}} = \sqrt{\frac{20}{12}} = 1.29(台)$$

2. 抽样平均误差的计算公式

根据定义可以将抽样平均误差的公式写成：

$$\mu_{\bar{x}} = \sqrt{\frac{\sum(\bar{x}_i - \bar{X})^2}{k}}$$

抽样平均误差的实际计算方法，按照抽取样本单位的方式和方法不同而有所差别，其中最基本的方法是按简单随机抽样进行的。由于抽样平均误差有平均数的抽样平均误差和成数的抽样平均误差两种，它们的抽样平均误差的计算方法有所不同。

(1)平均数的抽样平均误差

在重复抽样条件下，抽样平均误差的公式为：

$$\mu_{\bar{x}} = \sqrt{\frac{\sigma^2}{n}} = \frac{\sigma}{\sqrt{n}}$$

式中：$\mu_{\bar{x}}$——平均数的抽样平均误差；

σ^2——总体方差；

σ——总体标准差；

n——样本单位数。

这个公式是根据样本指标的标准差与全及指标的标准差之间的数理关系推导出来的。仍以【例2-8-1】为例，用此公式计算抽样平均误差为：

$$\mu_{\bar{x}} = \sqrt{\frac{\sigma^2}{n}} = \sqrt{\frac{5}{2}} = 1.58(台)$$

与前面用理论公式计算得到的结果一致。

在不重复抽样条件下,计算抽样平均误差的实际公式为:

$$\mu_{\bar{x}} = \sqrt{\frac{\sigma^2}{n}\left(1 - \frac{n}{N}\right)}$$

式中:N——总体单位数。

仍以【例 2-8-1】为例,用此公式计算抽样平均误差为:

$$\mu_{\bar{x}} = \sqrt{\frac{\sigma^2}{n}\left(1 - \frac{n}{N}\right)} = \sqrt{\frac{5}{2}\left(1 - \frac{2}{4}\right)} = 1.118(\text{台})$$

(2)成数的抽样平均误差

在重复抽样条件下,成数的抽样平均误差公式为:

$$\mu_{\bar{p}} = \sqrt{\frac{P(1-P)}{n}}$$

式中: $\mu_{\bar{p}}$——成数的抽样平均误差;

P——总体成数;

$P(1-P)$——总体方差;

n——样本容量。

在不重复抽样的条件下,成数的抽样平均误差的公式为:

$$\mu_{p} = \sqrt{\frac{P(1-P)}{n}\left(1 - \frac{n}{N}\right)}$$

成数抽样平均误差的计算公式与平均数抽样平均误差的计算公式基本相同,只不过由于成数的方差和平均数的方差表示方法不同,因此,表现在抽样平均误差的公式上有所不同。实际上 $P(1-P)$ 就是总体方差。成数抽样平均误差公式中的方差 $P(1-P)$ 有一个特点,即它的最大值为 $0.5(1-0.5)=0.25$,就是说,两个成数各为 0.5 时,总体的变异程度最大。因此,计算成数抽样平均误差选用的方差,其最大值不应超过 0.25。

有一点需要说明的是,计算抽样平均误差需要掌握总体的标准差或方差,但这只有通过全面调查才能够取得,进行抽样调查时常常是未知的。为计算抽样平均误差,通常用以下几种方法来代替总体标准差或方差:①用样本标准差或方差来代替,即用 s 来代替 σ,用 $p(1-p)$ 来代替 $P(1-P)$;②用过去对同类问题的全面调查或抽样调查的经验数据代替;③在正式抽样之前先组织试验性抽样,用试验资料代替。

现举几个例子说明抽样平均误差的计算方法。

【例 2-8-2】 某地区有奶牛 2500 头,随机抽选 400 头进行调查,得出每头奶牛年平均产奶量为 3000 千克,标准差为 280 千克,求抽样平均误差。

用重复抽样公式计算为:

$$\mu_{\bar{x}} = \sqrt{\frac{\sigma^2}{n}} = \sqrt{\frac{280^2}{400}} = 14(\text{千克})$$

用不重复抽样公式计算为:

$$\mu_{\bar{x}} = \sqrt{\frac{\sigma^2}{n}\left(1 - \frac{n}{N}\right)} = \sqrt{\frac{280^2}{100}\left(1 - \frac{400}{2500}\right)} = 12.83(\text{千克})$$

【例 2-8-3】 某厂生产一批电视机共 10000 台,现从中抽取 300 台进行质量检测,测得其合格率为 94%,试求其抽样平均误差。

用重复抽样公式计算为 :

$$\mu_{\bar{p}}=\sqrt{\frac{P(1-P)}{n}}=\sqrt{\frac{0.94\times(1-0.94)}{300}}=1.37\%$$

用不重复抽样公式计算为：

$$\mu_{\bar{p}}=\sqrt{\frac{P(1-P)}{n}\left(1-\frac{n}{N}\right)}=\sqrt{\frac{0.94\times(1-0.94)}{300}}=1.35\%$$

三、抽样极限误差

抽样极限误差，又称抽样允许误差。它是表示样本指标与总体指标之间产生抽样误差的最大可能范围，表现为样本指标允许变动的上限或下限与总体指标之差的绝对值，用 Δ 表示。

由于总体指标是一个确定的量，而样本指标是一个随机变量，所以样本指标是围绕着总体指标左右波动的，它可能大于总体指标，也可能小于总体指标，从而导致样本指标与总体指标的离差有时是正值，有时是负值。离差绝对值所表示的可能范围就是抽样极限误差。

若用 $\Delta_{\bar{x}}$ 和 Δ_{p} 分别表示抽样平均数和抽样成数的允许误差范围，则：

$$\Delta_{x}=|\bar{x}-\bar{X}|$$

$$\Delta_{p}=|p-P|$$

如果用不等式表示，则为：

$$\bar{X}-\Delta_{\bar{x}}\leqslant\bar{x}\leqslant\bar{X}+\Delta_{\bar{x}}$$

$$P-\Delta_{p}\leqslant p\leqslant P+\Delta_{p}$$

上面的不等式表示，抽样平均数 $\bar{x}$ 是以总体平均数 $\bar{X}$ 为中心，在$(\bar{X}-\Delta_{\bar{x}},\bar{X}+\Delta_{\bar{x}})$范围内变动；抽样成数 p 是以总体成数 P 为中心，在$(p-\Delta_{p},p+\Delta_{p})$范围内变动。由于总体指标 $\bar{X}$ 和 P 是未知数，而样本指标 $\bar{x}$ 和 p 可能通过样本总体求得，因此，可以用已知的样本指标，通过极限误差来估计总体指标 $\bar{x}$ 和 P 所在的可能范围。因此，上述不等式也可以变形为下面的不等式：

$$\bar{x}-\Delta_{\bar{x}}\leqslant\bar{X}\leqslant\bar{x}+\Delta_{\bar{x}}$$

$$p-\Delta_{p}\leqslant P\leqslant p+\Delta_{p}$$

通过这两个不等式，在知道样本指标与抽样极限误差的情况下，就可以估计总体指标所在的可能范围。

【例 2-8-4】 为了估计 400 个学生的平均体重，随机抽取 80 个学生计算出平均体重为 50 千克，如果确定极限误差范围为 2 千克，则这 400 个学生的平均体重所在的范围为 50 ± 2 千克的范围内，即在 48 ~ 52 千克之间。

【例 2-8-5】 某厂生产一批零件，从中抽取 100 件进行质量检验，测得一等品率为 96%，要求允许误差不超过 1%，则该批零件的一等品率在 96% ± 1% 的范围内，即在 95% ~ 97% 之间。

四、抽样误差的概率度

在一个总体中，如果抽样方式和样本容量确定以后，不管选用哪一个具体的样本，它们的抽样平均误差 $\mu_{\bar{x}}$ 和 μ_{p} 是一个定值，而极限误差则是人们根据统计研究的目的加以确定的。确定的标准通常都是以抽样平均误差为衡量的标准。因而，用极限误差 Δ 除以抽样平均误差，求得一个对比的尺度 t，表示误差范围为抽样平均误差的若干倍，即用它来测定抽样误差可能范围的大小。

抽样极限误差与抽样平均误差的比值，称为误差的概率度，用 t 表示为：

$$t=\frac{\Delta_{\bar{x}}}{\mu_{\bar{x}}}\text{或}\ \Delta_{\bar{x}}=t\mu_{\bar{x}}$$

$$t=\frac{\Delta_p}{\mu_p} 或 \Delta_p=t\mu_p$$

由以上公式可见，抽样极限误差与概率度 t 成正比关系，在抽样平均误差一定的情况下，概率度 t 的数值越大，则抽样极限误差的范围 Δ 也越大；反之，t 数值越小，则 Δ 越小。

用 t 来测定抽样误差范围的大小，是直接和概率的保证程度联系在一起的。如果把可靠程度即概率用 P 来表示，那么 P 就是 t 的函数，也就是 $P=F(t)$，表明概率分布是概率度的函数，称为概率保证程度。在正态分布的情况下，从总体中随机抽取一个样本进行观察，该样本抽样指标落在某一范围($\bar{x}-t\mu_{\bar{x}},\bar{x}+t\mu_{\bar{x}}$)内的概率是用占正态曲线面积的大小表示的，即：

$$F(t)=P\{\bar{x}-t\mu_{\bar{x}}\leqslant\bar{X}\leqslant\bar{x}+t\mu_{\bar{x}}\}=\frac{1}{\sqrt{2\pi}}\int_{-t}^{t}e^{\frac{-t^2}{2}}\mathrm{d}t$$

五、抽 样 估 计

计算抽样误差的目的就是用样本指标去估计总体指标。由于总体指标是表明总体数量特征的参数，所以抽样估计也称为参数估计。一般用抽样平均数估计总体平均数，用抽样成数估计总体成数。

抽样估计的方法主要有点估计和区间估计两种。

1. 点估计

点估计，也称定值估计，是直接用实际样本指标数值代替总体指标数值。例如，用抽样平均数代替总体平均数，用样本成数代替总体成数。即：

$$\bar{x}=\bar{X}\qquad\qquad p=P$$

【例 2-8-6】 某学校有 1000 名学生，随机抽取 100 名同学测量身高，测得平均身高 $\bar{x}=162\text{cm}$，身高在 162cm 以上的学生占 70%。用点估计的方法就可以推断，这 1000 名学生的平均身高为 162cm，即 $\bar{X}=\bar{x}=162\text{cm}$。身高在 162cm 以上的学生所占的比重为 70%，即$P=p=70\%$。

点估计的优点是简便易行，但它既没有说明抽样误差的大小，也没有考虑估计的准确程度和可靠程度，所以只适合对现象总体作粗略的估计。

2. 区间估计

区间估计是根据一定的概率保证程度把样本指标和抽样误差结合起来去推断总体指标所在可能范围的估计方法，即先计算出样本指标($\bar{x}$ 和 P)，然后根据抽样估计可靠程度的要求确定概率度，并以此确定抽样极限误差($\Delta_{\bar{x}}$和 Δ_p)。而($\bar{x}-\Delta_{\bar{x}},\bar{x}+\Delta_{\bar{x}}$)和($p-\Delta_p,p-\Delta_p$)就是在一定概率保证程度下总体指标的估计区间或置信区间。

(1)总体平均数的区间估计

总体平均数的区间估计就是用抽样平均数去估计总体平均数所在范围。计算时：①应在样本抽取后，先用简单算术平均数或加权算术平均数的方法计算抽样平均数 i；②搜集总体数量标志方差的经验数据或计算样本数量标志的方差；③计算抽样平均数的平均误差；④根据概率度($2L$)确定 t，计算平均数的极限误差；⑤确定总体平均数的置信区间。

【例 2-8-7】 某进出口公司出口一种名茶，为检查其每包规格的质量，现用重复抽样的方法抽取 100 包，检验结果见表 2-8-3 所列。

某公司茶叶质量抽样表　表 2-8-3

每包重量(g)	包数
148 ~ 149	10
149 ~ 150	20
150 ~ 151	50
151 ~ 152	20
合　计	100

按规定这批茶叶每包规格重量应不低于150g，试以99.73%的概率推断这批茶叶每包平均重量所在的区间范围，并确定茶叶每包规格质量是否达到要求。

为进行抽样估计，首先必须计算出样本的平均数和方差，见表2-8-4所列。

某公司茶叶质量抽样误差计算表　　表2-8-4

每包质量(g)	包数(f)	组中值(x)	xf	$x-\bar{x}$	$(x-\bar{x})^2f$
148～149	10	148.5	1485	-1.8	32.4
149～150	20	149.5	2990	-0.8	12.8
150～151	50	150.5	7525	0.2	2
151～152	20	151.5	3030	1.2	28.8
合计	100	—	15030	—	76

样本平均数：

$$\bar{x}=\frac{\sum xf}{\sum f}=\frac{15030}{100}=150.3(\text{克})$$

样本方差：

$$S^2=\frac{\sum(x-\bar{x})^2f}{\sum f}=\frac{76}{100}=0.76(\text{克})$$

因未知总体标准差，用样本标准差代替计算抽样平均误差。

抽样平均误差：

$$\mu_{\bar{x}}=\sqrt{\frac{\sigma^2}{n}}=\sqrt{\frac{0.76}{100}}=0.087(\text{克})$$

在概率保证程度为99.73%时，概率度$t=3$，则抽样极限误差为：

$$\Delta_{\bar{x}}=t\mu_{\bar{x}}=3\times 0.087=0.261(\text{克})$$

因此，估计全部茶叶平均每包的重量为：

$$150.3-0.261\leqslant\bar{X}\leqslant 150.3+0.261$$

整理得：

$$150.039\leqslant\bar{X}\leqslant 150.561$$

即该批茶叶平均每包重量的置信区间在150.039～150.561之间，这种抽样推断的把握程度为99.73%。由于置信区间的上、下限均高于平均每包重量的标准值，因此该批茶叶在包装规格质量方面是合格的。

(2)总体成数的区间估计

总体成数的区间估计就是用抽样成数去估计总体成数所在范围。计算时首先应在样本抽取后，先计算抽样成数p；其次，计算抽样成数的平均误差μ_p；再次，根据概率$F(t)$确定t，计算成数的极限误差Δ_p；最后，确定总体成数的置信区间：$p-\Delta_p\leqslant p\leqslant p-\Delta_p$。

【例2-8-8】 仍利用【例2-8-7】的资料，在95.45%的概率保证下推断每包重量在150g以上的茶叶所占的比重范围。

首先要计算抽样成数：

$$p=\frac{n_1}{n}=\frac{70}{100}=70\%$$

抽样平均误差：

$$\mu_p=\sqrt{\frac{P(1-P)}{n}}=\sqrt{\frac{0.7\times(1-0.7)}{100}}=4.58\%$$

抽样极限误差：

$$\Delta_p = t\mu_p = 2 \times 4.58\% = 9.16\%$$

总体成数的置信区间：

$$70\% - 9.16\% \leqslant P \leqslant 70\% + 9.16\%$$

整理得：

$$60.84\% \leqslant P \leqslant 79.16\%$$

即每包重量在150g以上的茶叶所占比重在60.84%～79.16%之间，这种抽样推断的概率保证程度为95.45%。

第四节　抽样调查的组织形式

社会经济现象中问题的多样性以及调查对象特点的多样性，决定了抽样调查方式即抽样调查组织形式的多样性。不同的抽样调查的组织形式会有不同的抽样平均误差，因而就有不同的效果。一种科学的组织形式往往有可能以更少的样本单位数取得更好的抽样效果。在统计工作实践中，主要采用的抽样调查的组织形式有简单随机抽样、类型抽样、等距抽样和整群抽样等。

一、简单随机抽样

简单随机抽样，又称纯随机抽样。它是对全及总体的所有单位不进行任何分类或排队处理，而是完全按照随机原则从总体中抽出样本单位加以观察，以保证总体中每个单位有相等被抽中的机会。

简单随机抽样是抽样调查中最基本、最简单的方式，从理论上讲，简单随机抽样最符合抽样的随机原则。简单随机抽样适用于均匀总体。对总体单位数很多，并且差异程度又很大的总体不宜使用。

简单随机抽样具体抽取样本单位的方法有如下几种。

1. 直接抽选法

直接抽选法就是直接从调查对象中随机抽选样本单位的方法。例如，从仓库中存放的所有同类产品中，随机指定若干箱产品进行检验；在粮食验收入库过程中，使用扦样器随机从各批次入库的粮食中扦取粮食样本进行含杂量、含水量的检验等。

2. 抽签法

抽签法操作过程中，要先给每个单位编上序号，将号码写在纸片上，掺和均匀后，从中抽选样本单位，抽到哪一个就调查哪一个单位，直到抽够预先规定的数量为止。

这种方法在总体单位数目不多时，比较简单易行。不过，如果总体单位数量很多的话，编号做签的工作量就会很大，而且也很难掺和均匀，这种情况下较少使用。

3. 随机数字表法

随机数字表是包含许多随机数字的表格，它是从0～9的10个数码随机组合的数字表格。在这个表格里0～9每个数码出现的概率是相同的。为了方便使用，可以编2个数码一组、4个数码一组、甚至10个数码一组的表格。

简单随机抽样是最基本的抽样调查的组织形式，前面所介绍的抽样平均误差的计算方法都是建立在简单随机抽样的基础上的。因此，其误差公式在此就不再介绍。

二、类型抽样

1. 类型抽样的概念

类型抽样,也称为分层抽样或分类抽样。它首先把全及总体按某一标志分成若干组(或若干类、若干层),然后分别在各组内按随机原则抽取一定数目的样本单位构成样本的抽样方式。例如,在农产量抽样调查中将耕地按地势分为山区、丘陵、平原三类,然后再在各类地势中按随机原则抽取若干乡、地块;在职工收入水平调查中,将职工按部门分为工业、商业、交通、文教等部门职工,然后按随机原则从各部门职工中抽取若干职工作样本。

2. 类型抽样样本单位的分配方法

类型抽样的样本单位分配方法有以下两种:

(1)等比例抽样

等比例抽样,是样本单位在各组之间的分配与总体单位在各组之间的分配比例相同。如果用 $n_i(i=1,2,3,\cdots,k)$ 表示各组样本单位数;用 $N_i(i=1,2,3,\cdots,k)$ 代表各组总体单位数;用 n 代表总体单位数;用 N 代表样本容量。则:

$$n_i/n=N_i/N$$

这种样本单位的分配方法简便易行,一般情况下,分配比较合理,计算也较简便,所以用得较多。

(2)不等比例抽样

不等比例抽样,就是不按照总体单位在各组之间分配的比例来分配样本单位,即:

$$n_i/n\neq N_i/N$$

3. 类型抽样误差的计算公式

这里只介绍等比例抽样的误差计算。与简单随机抽样相比较,类型抽样误差的计算有一个不同,就是用组内方差的算术平均数代替总体方差。

(1)平均数的抽样平均误差

①重复抽样条件下

$$\mu_{\bar{x}}=\sqrt{\frac{\overline{\sigma_i^2}}{n}}$$

②不重复抽样条件下

$$\mu_{\bar{x}}=\sqrt{\frac{\overline{\sigma_i^2}}{n}\left(1-\frac{n}{N}\right)}$$

式中:$\overline{\sigma_i^2}$——平均组内方差,它是总体各组组内方差的算术平均数。

$$\overline{\sigma_i^2}=\frac{\sum\sigma_i^2N_i}{N}$$

式中: σ_i^2——总体各组组内方差;

$N_i(i=1,2,3,\cdots,k)$——总体各组单位数。

在 $\overline{\sigma_i^2}$ 未知的情况下,可用样本各组数量标志组内方差的算术平均数 $\overline{S_i^2}$ 代替。在等比例抽样情况下,N_i 可用 n_i 代替。

【例 2-8-9】 某乡粮食播种面积 40000 亩,现在按平原和山区比例抽取其中的 1%。计算各组平均亩产量和各组标准差见表 2-8-5 所列。求样本平均亩产量和抽样平均误差,并以

95.45%的概率保证推断40000亩播种面积的平均亩产量所在的区间范围。

某乡粮食播种面积抽样表 表2-8-5

按地形条件分组	全部面积 N_i(亩)	样本面积 n_i(亩)	样本平均数 $\overline{x_i}$(千克)	亩产标准差 σ_i(千克)
平原	28000	280	560	80
山区	12000	120	350	150
合计	40000	400	497	105

样本平均亩产量:

$$\bar{x}=\frac{\sum x_i n_i}{n}=\frac{560\times 280+350\times 120}{400}=497(\text{千克})$$

平均组内方差:

$$\overline{\sigma_i^2}=\frac{\sum \sigma_i^2 n_i}{n}=\frac{80^2\times 280+150^2\times 120}{400}=11230(\text{千克})$$

在重复抽样条件下:

$$\mu_{\bar{x}}=\sqrt{\frac{\overline{\sigma_i^2}}{n}}\sqrt{\frac{11230}{400}}=5.30(\text{千克})$$

当概率保证程度为95.45%时,

$$\Delta_{\bar{x}}=2\times 5.3=10.6(\text{千克})$$

总体平均亩产量所在区间范围为:

$$497-10.6\leqslant \overline{X}\leqslant 497+10.6$$

整理得:

$$486.4\text{千克}\leqslant \overline{X}\leqslant 507.6\text{千克}$$

在不重复抽样条件下,

$$\mu_{\bar{x}}=\sqrt{\frac{\overline{\sigma_i^2}}{n}\left(1-\frac{n}{N}\right)}=\sqrt{\frac{11230}{400}\left(1-\frac{400}{40000}\right)}=5.27(\text{千克})$$

当概率保证程度为

95.45%时,$\Delta_{\bar{x}}=2\times 5.27=10.54$(千克)

总体平均亩产量所在区间范围为:

$$497-10.54\leqslant \overline{X}\leqslant 497+10.54$$

整理得:

$$486.46\text{千克}\leqslant \overline{X}\leqslant 507.54\text{千克}$$

(2)成数的抽样平均误差

在重复抽样条件下

$$\mu_p=\sqrt{\frac{\overline{p_i(1-p_i)}}{N}}$$

不重复抽样条件下

$$\mu_p=\sqrt{\frac{\overline{p_i(1-p_i)}}{N}\left(1-\frac{n}{N}\right)}$$

式中:$\overline{p_i(1-p_i)}$——总体成数的平均组内方差,其值$\overline{p_i(1-p_i)}=\frac{\sum p_i(1-p_i)N_i}{N}$;

$p_i(1-p_i)$——各组组内方差。

在$\overline{p_i(1-p_i)}$未知时，可用样本各组组内方差的平均数$\overline{p_i(1-p_i)}$代替，等比例抽样时，N_i 可用 n_i 代替。

【例 2-8-10】 某地区有 10000 户居民，按居住地点分为城市和农村两组，按等比例不重复抽样方法抽取 1000 户，进行电脑拥有情况调查，资料见表 2-8-6 所示。试以 95% 的概率保证程度推断全部居民拥有电脑户数的比重所在的区间范围。

样本成数：

$$p=\frac{\sum p_i n_i}{n}=\frac{80\%\times300+15\%\times700}{1000}=34.5\%$$

某地区居民彩电拥有情况抽样表 表 2-8-6

居民户分类	全部居民户数 N_i（户）	抽样户数 n_i（户）	电脑拥有户比重 p_i（%）
城市 农村	3000 7000	300 700	80 15
合计	10000	1000	34.5

平均组内方差：

$$\overline{p_i(1-p_i)}=\frac{\sum p_i(1-p_i)N_i}{N}=\frac{80\%\times(1-80\%)\times300+15\%\times(1-15\%)\times700}{1000}=13.725\%$$

抽样平均误差：

$$\mu_{\bar{p}}=\sqrt{\frac{\overline{p_i(1-p_i)}}{N}\left(1-\frac{n}{N}\right)}=\sqrt{\frac{13.725\%}{1000}\left(1-\frac{1000}{10000}\right)}=1.11\%$$

当概率保证程度为 95% 时，全部居民拥有电脑户数所占比重的区间范围：

$$34.5\%-2.18\%\leqslant P\leqslant34.5\%+2.18\%。$$

整理得：

$$32.32\%\leqslant P\leqslant36.68\%$$

该地区居民电脑拥有户比重范围为 32.32% ~36.68%。

三、等 距 抽 样

1. 等距抽样的概念

等距抽样，又称机械抽样或系统抽样，它是先将总体各单位按某一标志排队，然后按固定的顺序和间隔来抽选样本单位的一种抽样组织形式。例如，对学校学生进行调查，可以把学生按姓氏笔画顺序排队，对企业产品质量调查，可以按产品入库顺序排队等。然后，按此顺序等间隔的抽取样本单位进行调查。等距抽样计算抽样间隔时，抽样间隔 k 等于样本容量 n 除以总体单位数 N，即 $k=n/N$。

等距抽样是不重复抽样，这种抽样方法通常可以保证被抽取的样本单位在总体中均匀分布，缩小各单位之间的差异程度，提高样本的代表性。

2. 等距抽样的分类

（1）按排队所依据的标志分类

按排队所依据的标志不同，等距抽样可以分为按无关标志排队和按有关标志排队两种。

按无关标志排队，是指总体单位采用与调查项目没有关系的标志进行排队的方法。例如，调查职工生活水平时，将职工按姓氏笔画排队。

按有关标志排队，是指总体单位按与调查项目有关的标志进行排队的方法。例如，研究职工工资水平，将职工按工龄长短排队属这种情况。

(2)按样本单位的抽取方法分类

按样本单位的抽选方法不同,等距抽样可以分为随机起点等距抽样、半距起点等距抽样和对称等距抽样等。

随机起点等距抽样,即在对总体单位进行排队的基础上,先将总体按排队顺序分为若干组,所分的组数与样本容量相同,然后确定抽样间隔 k。此后,在第一组总体单位中随机抽选一个样本单位,设该样本单位的序号为 r,则第二个样本单位的顺序号为 $r+k$,第三个样本单位的顺序号为 $r+2k$,依此类推,第 n 个样本单位的顺序号为 $r+(n-1)k$。当总体按无关标志排队时,随机起点等距抽样是可以使用的,但总体按有关标志排队时,按随机起点等距抽样的方式抽选样本,若随机起点确定的偏高或偏低,都容易产生系统性的误差。

半距起点等距抽样,是在对总体单位排队和确定抽样间隔的基础上,在第一组总体单位中提取处于中间位置的单位,即第 $k/2$ 个单位作为第一个样本单位,此后依次抽取 $k/2+k$, $k/2+2k$, $k/2+3k$, $\cdots$, $k/2+(n-1)k$,共 n 个单位成样本。这种方法在按有关标志排队和按无关标志排队时都可以使用,其优点是简单易懂,易于实践。当总体按有关标志排队时,采用这种方法能保证样本有充分的代表性,在实践工作中用得较多。但半距起点等距抽样也有局限性,就是随机性不明显,当总体排队和样本容量确定后,样本单位也就随之确定了。只有属于组距中间的单位才能被抽中,只能抽取一套样本。

随机起点对称等距抽样,是指总体单位经过排队和确定抽样间隔后,在第一组中随机抽取第 r 个总体单位作为第1个样本单位,在第二组与第1个样本单位对称的位置抽取第2个样本单位,它的序号为 $2k-r$。在第三组与第2个样本单位对称的位置抽取第3个样本单位,即 $2k+r$。以后抽出的样本单位序号依次为 $4k-r$, $4k+r$, $6k-r$, $6k+r$, $\cdots$,随机起点对称等距抽样保留了半距起点等距抽样的优点,同时避免其局限性,因此在实际工作中应用也较广泛。

3. 等距抽样误差的计算公式

按无关标志排队的等距抽样,抽样误差的计算方法比较复杂,一般可以按不重复简单随机抽样误差公式来计算。按有关标志排队的等距抽样具有类型抽样的性质,与一般类型抽样相比,不同的是组分得更多一些,每个组中只抽取1个单位。因此,可用类型抽样的公式计算抽样误差。因为按有关标志排队说明已经初步掌握了总体各单位标志值的资料,因而可以直接用总体方差,而不必用样本方差。

【例2-8-11】 为了推断9块地玉米今年的平均亩产,打算从9块地中抽取3块地做抽样调查。现首先将这9块地按去年平均单产排队,情况见表2-8-7所列。

某9块地玉米亩产量排队表 表2-8-7

组　号	2			2			3		
地块序号	1	2	3	4	5	6	7	8	9
去年亩产(千克)	680	692	704	722	728	740	746	752	767
平均亩产(千克)	692			730			755		

现进行半距起点等距抽样抽选三块地,抽中的三块地分别为2、5、8。经过实割实测这三块地的平均亩产为 $\overline{x_2}=700$ 千克, $\overline{x_5}=752$ 千克, $\overline{x_8}=780$ 千克。试以95.45%的概率对这9块地的平均亩产进行区间估计。

样本平均亩产:

$$\bar{x}=\frac{700+752+780}{3}=744(\text{千克})$$

各组组内方差：

$$\sigma_1^2=\frac{(680-692)^2+(692-692)^2+(704-692)^2}{3}=96(\text{千克})$$

$$\sigma_2^2=\frac{(722-730)^2+(728-730)^2+(740-730)^2}{3}=56(\text{千克})$$

$$\sigma_3^2=\frac{(746-755)^2+(752-755)^2+(767-755)^2}{3}=78(\text{千克})$$

平均组内方差：

$$\overline{\sigma_i^2}=\frac{96+56+78}{3}=76.67(\text{千克})$$

抽样平均误差：

$$\mu_{\bar{x}}=\sqrt{\frac{\sigma_1^2}{n}\left(1-\frac{n}{N}\right)}=\sqrt{\frac{76.67}{3}\left(1-\frac{3}{9}\right)}=4.13(\text{千克})$$

抽样极限误差：

$$\Delta_{\bar{x}}=t\mu_{\bar{x}}=2\times4.13=8.26(\text{千克})$$

$$744-8.26\leqslant\bar{x}\leqslant744+8.26$$

以95.45%的可靠性推断9个地块玉米平均亩产的置信区间为735.74～752.26千克之间。

四、整群抽样

1. 整群抽样的概念

整群抽样是将总体各单位划分成若干群或组，然后以群或组为单位从中随机抽取一些群，对中选群的所有单位进行全面调查的抽样组织形式。

例如，对连续成批生产的工业产品，每小时都抽选最后10分钟生产的全部产品进行质量检验。那么每10分钟生产的全部产品就是一群，一天24小时生产的全部产品就构成全及总体，共有144群，每小时抽选最后10分钟的产品，则样本群有24群；又如，调查某县的农户经济收入，可将所有农户按自然村为单位分组，然后以村为单位抽选样本村，对抽中的样本村的每个农户都要做全面调查。

整群抽样的特点在于组织工作比较简便。它不需要编制总体单位的名单，而只需编制总体群的名单，减少了很多工作量。但是，整群抽样也有缺点，就是整群抽样以群或组为单位抽样，抽取的单位比较集中，影响抽样单位在全及总体中的均匀分布，可能导致较大的抽样误差。因此，采用整群抽样时，一般要比其他抽样组织方式抽取更多的样本单位，借以降低抽样误差，提高抽样估计结果的准确程度。

2. 整群抽样误差的计算公式

整群抽样在抽选样本的过程中，直接抽取的不是总体单位而是群，因此总体和样本是由群组成的。整群抽样都是不重复抽样，应该用不重复抽样的公式计算抽样平均误差。由于在抽样调查过程中，对被抽中的样本要做全面调查，因此整群抽样的样本群内方差不影响抽样误差，影响抽样误差的只是群间方差。

（1）平均数抽样平均误差

$$\mu_{\bar{x}} = \sqrt{\frac{\delta_{\bar{x}}^2}{r}\left(\frac{R-r}{R-1}\right)}$$

式中：R——总体的群数；

r——样本的群数；

$\delta_{\bar{x}}^2$——总体平均数群间方差。

$$\delta_{\bar{x}}^2 = \frac{\sum_{i=1}^{R}(\overline{x_i}-\bar{x})^2}{R}$$

式中：$\overline{x_i}(i=1,2,3,\cdots,R)$——总体各群的平均数；

$\bar{x}$——总体平均数。

$$\bar{x} = \frac{\sum_{i=1}^{R}\overline{X}_i}{R}$$

当 $\delta_{\bar{X}}^2$ 未知时，可用样本平均数群间方差 $\delta_{\bar{x}}^2$ 代替。

$$\delta_{\bar{x}}^2 = \frac{\sum_{i=1}^{r}(\overline{x_i}-\bar{x})^2}{r}$$

式中：$\overline{x_i}(i=1,2,3,\cdots,r)$——样本各群平均数；

$\bar{x}$——样本平均数。

$$\bar{x} = \frac{\sum_{i=1}^{r}\bar{x}_i}{r}$$

（2）成数抽样平均误差

$$\mu_{\mathrm{p}} = \sqrt{\frac{\delta_{\mathrm{p}}^2}{r}\left(\frac{R-r}{R-1}\right)}$$

式中：δ_{p}^2——总体成数群间方差。

$$\delta_{\mathrm{p}}^2 = \frac{\sum_{i=1}^{r}(p_i-p)^2}{R}$$

式中：$p_i(i=1,2,3,\cdots,R)$——总体各群成数；

p——总体成数。

$$p = \frac{\sum_{i=1}^{R}p_i}{R}$$

当 δ_{p}^2 未知时，可用样本成数群间方差 δ_{p}^2 代替。

$$\delta_{\mathrm{p}}^2 = \frac{\sum_{i}^{r}(p_i-p)^2}{r}$$

式中：$p_i(i=1,2,3,\cdots,r)$——样本各群成数；

p——样本成数。

$$p = \frac{\sum_{i}^{r}p_i}{r}$$

【例 2-8-12】 设某化工厂昼夜连续生产某产品，每 10 分钟产量为 100 袋，现在采用整群抽样来检验一昼夜生产的产品每袋的重量和包装的一等品率。每 4 小时抽 10 分钟的袋装产品，检验结果见表 2-8-8 所列。

某化工厂产品检验整群抽样表　　表 2-8-8

样本群编号	1	2	3	4	5	6
平均袋重$\overline{x_i}$（千克）	50.5	49.8	50.5	50.2	49.9	50.3
包装一等品率 p_i（%）	70	69	68	70	72	71

根据表中资料，以 95.45% 的概率推断该厂一昼夜产品平均袋重的范围和包装一等品率的范围。

该总体每 4 小时抽 10 分钟的产品做检验，则每 10 分钟产品（100 袋）为 1 群，总体群数共 144 群（$R=24\times6$），样本群数共 6 群（$r=24/4=6$），则：

样本平均数：

$$\bar{x}=\frac{\sum\bar{x}_i}{r}=\frac{50.5+49.8+50.5+50.2+49.9+50.3}{6}=50.2\text{（千克）}$$

样本群间方差：

$$\delta_{\bar{x}}^2=\frac{\sum_{i=1}^{r}(\bar{x}_i-\bar{x})^2}{r}=\frac{0.44}{6}=0.0733\text{（千克）}$$

平均数抽样平均误差：

$$\mu_{\bar{x}}=\sqrt{\frac{\delta_{\bar{x}}^2}{r}\left(\frac{R-r}{R-1}\right)}=\sqrt{\frac{0.0733}{6}\left(\frac{144-6}{144-1}\right)}=0.1086\text{（千克）}$$

抽样极限误差：

$$\Delta_{\bar{x}}=t\mu_{\bar{x}}=2\times0.1086=0.2172\text{（千克）}$$

$$50.2-0.2172\leqslant\bar{X}\leqslant50.2+0.2172$$

95.45% 的概率下平均袋重的置信区间为 49.9828 ~ 50.4172 千克。

样本成数：

$$p=\frac{\sum_{i}^{r}p_i}{r}=\frac{70\%+69\%+68\%+70\%+72\%+71\%}{6}=70\%$$

样本群间方差：

$$\delta_{p}^2=\frac{\sum_{i}^{r}(p_i-p)^2}{r}=\frac{0.001}{6}=0.000167=0.0167\%$$

成数抽样平均误差：

$$\mu_p=\sqrt{\frac{{\delta_p}^2}{r}\left(\frac{R-r}{R-1}\right)}=\sqrt{\frac{0.000167}{6}\left(\frac{144-6}{144-1}\right)}=0.005178=0.5178\%$$

抽样极限误差：

$$\Delta_p=t\mu_p=2\times0.5178\%=1.0356\%$$

$$70\%-1.0356\%\leqslant p\leqslant70\%+1.0356\%$$

95.45% 的概率下平均包装一等品率的置信区间为 68.9644% ~ 71.0356%。

第九章 统计分析

统计在研究大量自然现象和社会经济现象时，发现许多客观现象之间都存在着相互依存、相互影响、相互制约的关系，分析研究这种现象之间的相互关系，有助于了解客观现象发展变化的规律，寻找影响现象发展变动的关键因素，也有助于人们进行统计预测。研究社会经济现象之间相互关系的基本方法就是相关分析与回归分析，相关分析着重研究现象之间的联系程度，回归分析则着重研究现象之间关系的形式。

第一节 相关分析概述

一、相关关系的概念

社会经济现象之间存在着一定的相互依存、相互影响的关系。这些现象相互之间的数量关系可以从形式上分为两种类型：一类是严格的确定性的函数关系；另一类是不严格的不确定性的相关关系。

函数关系是现象之间存在着严格的确定性的数量依存关系，它们的关系值是固定的。当一种现象的数量确定后，另一种现象的数量也随之完全确定，并且这种关系可以用一个数学表达式反映出来，即对于某现象(x)的每个数值，另一现象(y)都有一个或多个确定的数值与之对应，其中x为自变量，y为因变量。两者之间的这种关系可用数学表达式$y=f(x)$来表示。在社会经济现象中也存在有类似的关系。例如，商品销售额＝商品销售量×商品价格，在商品价格不变的情况下，商品销售量每变动一个单位，商品销售额也就会发生相应数量的改变，即在价格一定的情况下，商品销售额的大小就会随着商品销售量的多少而变动。函数关系在自然界和经济领域中都广泛地存在。这种函数关系是数学研究的重点内容。

相关关系是现象之间确实存在有数量上的依存关系，但这种数量上的关系是不确定的。其主要特征是现象之间联系的数量依存关系值不是固定不变的，即当某一变量的数值发生改变时，另一个与其有联系的变量也会发生改变，但变动的数值是不固定的，它的数量往往同时出现几个不同数值，这些数值围绕着它们的平均数上下波动，在一定范围内有所变化。现象之间这种量变关系的不确定性是由于受到多种复杂的因素影响造成的。然而，不管有多少因素影响，现象之间这种不确定性的量变关系不是杂乱无章的，而是有一定规律的。现象之间的这种不确定的相关关系一般不能通过对个别事物的观察了解到，而只能通过对大量的现象进行研究才能体现出来。这种关系在社会和经济领域中广泛存在。

在相关关系的变量之间，通常存在一定的因果关系，其中起影响作用的变量通常被称为自变量，用x表示；而受自变量影响发生变动的变量称为因变量，用y表示。例如，农作物每亩产量和每亩施肥量之间，每亩施肥量就是自变量，而农作物每亩产量即为因变量，二者之间就是因果关系。又如，居民家庭收入水平与其食品支出所占比重之间也是因果关系，居民家庭收入水平为自变量，而食品支出所占比重为因变量。这些相关关系中因果标志不能颠倒。不过有些相关关系中，现象之间的因果关系并不明显，两个变量之间可以互为因果。例如，产品生产量和销售量、工资与物价、人的身高和体重之间的关系。一般而言,是人的身高越高,体重也大;但也可以说人的体重大,一般身高也越高。二者都可以是自变量,也都可以是因变量,自变量和因变量可以互换。在这种情况下,就要根据研究的目的决定自变量和因变量。如果要研究身高对体重的影响,就应以身高为自变量;而如果要研究体重对身高的影响,则可把体重作为自变量。

现象的相关关系和函数关系既有区别又有联系。二者的不同之处在于:①函数关系指变量之间的关系是确定的,而相关关系中的变量的关系则是不确定的,可以在一定范围内变动;②函数关系中变量之间的依存可以用一定的方程 $y=f(x)$ 表现出来,可以给定自变量来推算因变量,而相关关系则不能用一定的方程准确地表示。

二者之间也存在一定的联系:①函数关系与相关关系都是反映现象之间关联程度的。函数关系是广义的相关关系,也可以看成是相关关系的特例,即函数关系是完全的相关关系,相关关系是不完全的相关关系;②在实际统计工作过程中,函数关系和相关关系尽管体现了现象之间不同的关系类型,但彼此之间没有绝对的界限。一方面,有些现象在理论上表现为确定性的函数关系,可是在进行多次观察或测量后,由于存在测量或观察误差等原因,实际得到的数据往往也是不确定的,故这时的函数关系就表现为相关关系;而有些现象之间的相关关系,因某些偶然因素的影响,也可能表现为函数关系;③在研究相关关系、进行数量分析时,常常用函数表达式来近似的反映现象之间的数量依存关系值及其规律性,函数关系式为研究相关关系提供了数学依据。有些变量之间尽管没有确定性的函数关系,但为了分析它们之间关系的密切程度,找出现象之间相互依存关系在数量上的规律性,常常借助于确定性的函数关系来近似的描述,为研究相关关系提供科学依据。而且当我们对现象之间的内在联系和规律性了解得比较清楚时,相关关系又可以转化为函数关系。

在现象之间的相互联系中,相关关系是普遍存在的,相关关系的范围比函数关系范围大,函数关系实际上可以看做是相关关系的一种特例,是一种特殊的相关关系。变量之间的函数关系的研究是数学领域的课题,而变量之间相关关系的研究,则是统计研究分析的范围。

应当指出,不论在哪种情况下,作为研究对象的现象之间的相关关系,必须是真实地、具有内在联系的关系,而绝不能是主观臆造的或只不过是形式上偶然的巧合。因此,统计在研究现象的相关关系时,必须根据有关的科学理论,在对现象进行深入分析的基础上,建立相应的联系,以便得出科学的结论。我们把这种研究不确定性的相关关系的理论、计算和分析的方法称为相关分析法。

二、相关关系的种类

社会经济现象之间的相关关系是多种多样的,不同种类的相关关系要用不同的方法去研究。为此,需要从不同的角度对现象之间的相关关系进行分类。

1. 按现象之间相关的程度分类

按现象之间相关的程度,相关关系可分为完全相关、不完全相关和不相关。

完全相关是指两个现象中一个现象的数量变化是由另一个现象数量的变化而确定,两个现象的数值是固定的一一对应关系,这种关系就是函数关系;若两个现象的数值是完全独立,互不影响的,称为无相关。例如,汽车的使用年限与楼房的维修费用之间是不相关的。现象之间的关系,介于完全相关和无相关之间的称为不完全相关。例如,前面所举的农作物每亩施肥量与每亩产量之间,居民家庭收入与食品支出所占比重之间的相关关系。相关分析的主要对象是不完全的相关关系。

2. 按相关变量的多少分类

按相关变量的多少,相关关系可分为单相关和复相关。

在研究现象之间的相关关系时,只涉及两个变量之间的相关关系称为单相关,即只涉及一个自变量和一个因变量的相关关系。涉及三个或三个以上变量的相关关系称为复相关,这种相关关系研究涉及两个或两个以上的自变量和因变量。例如,粮食单位面积产量与施肥量、气候、种植方式、良种选用、灌溉条件等因素之间的相关关系。从方法上讲,单相关是复相关的基础。在实际生活中,当一个现象受多因素影响时,人们常常抓住主要因素转化为单相关来加以研究和解决。

3. 按直线相关关系变动的方向分类

按直线相关关系变动的方向,相关关系可分为正相关和负相关。

正相关是指两个变量的变化方向相同,即当自变量增加时,因变量也会增加;反之亦然。例如,机床的维修费用随着机床使用年限增加而增加。负相关指的是两个变量的变化方向相反,当自变量增加时,因变量不但不会增加,反而会减少。例如,在一定生产规模限制内,随着产品产量的增加,单位产品成本会不断下降,两者之间就是负相关。

4. 按变量之间相关的表现形式分类

按变量之间相关的表现形式不同,可以分为直线相关和曲线相关。

直线相关是指当自变量发生变动时,因变量随之发生大致均等的变动(增加或减少),从图形上反映,观察点分布近似为直线形式,也称线性相关。例如,劳动生产率和单位产品成本之间的关系,在图形上近似地表现为直线的形式。曲线相关是指当自变量变动时,因变量随之发生不均等的增加或减少的变动,从图形上反映,观察点分布为各种不同的曲线形式,如抛物线、指数曲线、双曲线等,也称非线性相关。例如,农作物单位面积产量与施肥量之间的关系,在一定范围内,增加施肥量,农作物产量会不断增加,但当施肥量超过某一临界点后,再继续不断增加施肥量,农作物产量不但不会增加,反而会下降。从图形上近似地呈现为抛物线的形式。

三、相关分析的内容

相关分析的目的,就是要在错综复杂的客观现象中,通过大量观察的统计资料,反映相关关系的密切程度和依存的规律性。相关分析的主要内容包括以下 4 个方面:

(1)确定现象之间是否存在相关关系,以及相关关系的表现形式

这是进行相关分析的前提,也是相关分析的出发点。只有现象之间存在着相关关系和弄清相关的表现形式,才不会导致认识上的错误。其方法有定性认识,也有定量认识。定量分析主要通过编制相关表、绘制相关图来判定现象之间是否存在相关关系以及相关关系的形态(线性、非线性),进而采用相应的分析方法。

(2)测定相关关系的密切程度和方向

相关分析的一个重要用途就是从不严格的、非确定的相关关系中,根据一定方法从数量和方向上判定变量之间的相关关系的密切程度与方向。其目的是为了确定是否应对这种关系加以重视,以及有无必要进一步探讨现象之间数量变动的规律性。其定量分析方法除了利用相关表、相关图作概略地分析和说明外,主要是计算反映相关程度的指标,如相关系数等。

(3)确定现象之间相关关系的一般关系式

确定了现象之间确实有相关关系和密切程度,就要选择合适的数学模型,对变量之间的相关关系给予近似的描述。如果现象之间的关系表现为直线相关,则采用配合直线的方法;如果

现象之间的关系表现为各种曲线,则采用配合曲线的方法。所配合的直线或曲线方程称为回归方程,或称回归模型。通过方程的求解和计算分析,能反映现象之间相关关系数量方面的规律性,并可以据此进行估计、推算和预测。

(4)测定变量估计值的可靠程度

回归直线或曲线的配合,可反映现象之间的变化关系,也就是说,当自变量发生一个单位的变化时,因变量大致会变动多少。根据这个数量关系,可测定因变量的估计值。把估计值与实际值对比,如果它们的差别小,说明估计得较准确;反之,就不够准确。这种因变量估计值的准确程度,通常用估计标准误差来衡量。

第二节　直线相关关系的测定

相关分析用于反映两个变量之间的直线相关关系的密切程度时,为直线相关,也称为一元线性相关。

确定现象之间是否相关及相关的类型,一般要对现象之间的联系开展定性分析,然后做定量分析。定性分析是根据经济理论、有关专业知识和实际工作经验,进行科学的分析和研究。现象之间是否存在相关关系,取决于现象质的内在联系,而不是现象的数量表现。

通过定性分析可以初步确定现象之间有无关系。如果确有关系,则进一步进行定量分析,可以通过编制相关表、绘制相关图直观地判断现象之间是否相关,以及相关关系的具体形式。并在此基础上计算相关系数,以准确反映相关关系的方向和密切程度。

一、相　关　表

相关表是指按照相关现象的数量对应关系以及一定的逻辑顺序编制成的一种统计表。通过相关表可以初步看出各变量之间的相关关系。为使相关表能如实地表现出相关现象的数量变化特征,编制相关表应考虑以下一般要求:如果要研究的相关现象数据为同期的(静态的),则自变量的数列应按由小到大或由大到小的顺序排列,因变量的数值则随之一一对应;如果相关的现象数据为不同时期的(动态的)数据,则自变量的数列应按现象发生的时间顺序排列,因变量的数值则随之一一对应。

【例 2-9-1】 某企业 2006 年某种产品产量与总成本资料见表 2-9-1 所列。

某企业 2006 年某种产品产量与总成本相关表　　表 2-9-1

月份	产量 x(万吨)	总成本 y(万元)
1	2.4	32
2	3.1	43
3	4.3	51
4	5.2	61
5	4.4	53
6	6.1	78

从表中 x 与 y 的对应资料可以看出,总成本的大小基本上是随着产品产量的变动而变动,证实了它们之间存在着相关关系,而且随着产量的增加,总成本也随之逐渐增加,呈现为正相关。因此,相关表首先能在定性分析的基础上再判断现象是否相关;其次,根据相关表中现象数量上的变动趋势对相关形式进行初步判断。

由相关表判断现象之间的相关关系,一般来说还不够形象具体,相关形式的表达也不够清楚。为此,还需要在相关表的基础上绘制相关图。

二、相 关 图

相关图是指把相关表中原始的对应数值在平面直角坐标图中用点描绘出来，用以反映其分布状况的统计图，也称散点图、散布图。散点图的绘制是在直角坐标系中，以横轴表示自变量，纵轴表示因变量，将相关表中自变量与因变量的对应数值在坐标图中标出坐标点，此点称为相关点、散点或观察点，由所有点组成的图形就是相关图。从相关点的分布情况，就可以直观地、近似地观察出两个变量之间有无相关关系、相关关系的形式和相关关系的密切程度。现以表 2-9-1 中的资料为例绘制相关图，如图 2-9-1 所示。

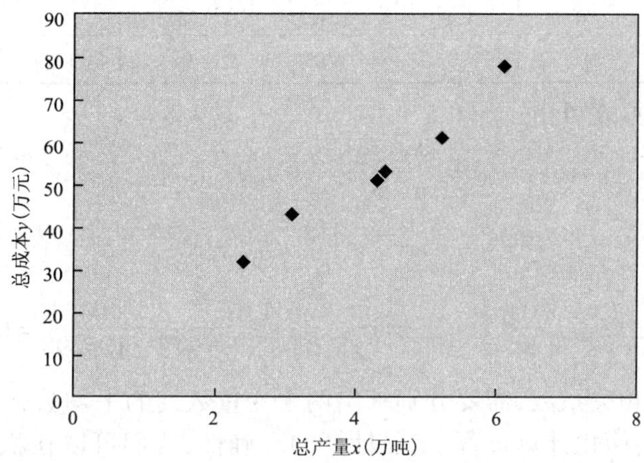

图 2-9-1　某企业 2006 年产量与总成本相关图

从图 2-9-1 中可以看出该企业产量与总成本之间大体呈现出一种带状分布，总的趋势是产量小，对应的总成本就少；产量大，对应的总成本就多。二者关系虽然不十分严格，但有直线相关的趋势，而且大致可以看出二者之间的关系比较密切。

三、相 关 系 数

通过观察相关点的分布情况，既可以与相关表的初步观察相互验证现象之间是否相关，也可以进一步估计相关形式和判断相关关系的密切程度。但运用相关图反映两个变量之间的相关趋势是十分粗略的。为了更准确地说明相关点的密集程度，就需要计算相关系数。

1. 相关系数的概念及其公式

相关系数是在直线相关条件下用以说明现象之间相关关系密切程度的统计分析指标，通常用字母 r 表示。

相关系数的计算公式有多种，人们习惯采用英国统计学家卡尔 · 皮尔生（Karl Person）提出的测定两变量线性相关的计算公式。由于相关系数是通过各个离差积的平均值来说明现象之间的相关程度的，所以，以上计算相关系数的方法俗称为积差法。其计算公式为：

$$r=\frac{\sigma_{xy}^{2}}{\sigma_{x}\sigma_{y}}=\frac{\frac{\sum(x-\bar{x})(y-\bar{y})}{n}}{\sqrt{\frac{\sum(x-\bar{x})^{2}}{n}}\sqrt{\frac{\sum(y-\bar{y})^{2}}{n}}}=\frac{\sum(x-\bar{x})(y-\bar{y})}{\sqrt{\sum(x-\bar{x})^{2}(y-\bar{y})^{2}}}$$

式中：r——相关系数：

σ_{xy}^{2}——协方差；

σ_{x}——自变量 x 数列的标准差；

σ_y——因变量 y 数列的标准差。

【例 2-9-2】 现用表 2-9-1 的资料来说明相关系数的计算过程，见表 2-9-2 所列。

相关系数计算表 表 2-9-2

月 份	产量 x（万吨）	总成本 y（万元）	$x-\bar{x}$	$(x-\bar{x})^2$	$(y-\bar{y})$	$(y-\bar{y})^2$	$(x-\bar{x})(y-\bar{y})$	xy
1	2.4	32	-1.85	3.4225	-21	441	38.85	76.8
2	3.1	43	-1.15	1.3225	-10	100	11.5	133.3
3	4.3	51	0.05	0.0025	-2	4	-0.1	219.3
4	5.2	61	0.95	0.9025	8	64	7.6	317.2
5	4.4	53	0.1	0.0225	0	0	0	233.2
6	6.1	78	1.85	3.4225	25	625	46.25	475.8
合 计	25.5	318	0	9.095	0	1234	104.1	1455.6

根据相关系数计算表可得：

$$\bar{x}=\frac{\sum x}{n}=\frac{25.5}{6}=4.25\text{ 万吨}$$

$$\bar{y}=\frac{\sum y}{n}=\frac{318}{6}=53\text{ 万吨}$$

$$r=\frac{\sum(x-\bar{x})(y-\bar{y})}{\sqrt{\sum(x-\bar{x})^2(y-\bar{y})^2}}=\frac{104.1}{\sqrt{9.095}\times\sqrt{1234}}=\frac{404.1}{105.98}=0.9823$$

根据积差法计算相关系数，需要分别求出两个变量数列的平均数 $\bar{x}$ 和 $\bar{y}$，这两个平均数有时是除不尽的小数，为简化计算过程，增强计算的准确性，我们可以在积差法公式的基础上推导出不需要计算平均数值的简化公式，即：

$$r=\frac{n\sum xy-\sum x\cdot\sum y}{\sqrt{n\sum x^2-(\sum x)^2}\cdot\sqrt{n\sum y^2-(\sum y)^2}}$$

【例 2-9-3】 用表 2-9-1 的资料，利用相关系数简捷法公式计算相关系数（见表 2-9-3）。

相关系数简捷法计算表 表 2-9-3

月 份	产量 x（万吨）	总成本 y（万元）	x^2	y^2	xy
1	2.4	32	5.76	1024	76.8
2	3.1	43	9.61	1849	133.3
3	4.3	51	18.49	2601	219.3
4	5.2	61	27.04	3721	317.2
5	4.4	53	19.36	2809	233.2
6	6.1	78	37.21	6084	475.8
合 计	25.5	318	117.47	18088	1455.6

$$r=\frac{n\sum xy-\sum x\cdot\sum y}{\sqrt{n\sum x^2-(\sum x)^2}\cdot\sqrt{n\sum y^2-(\sum y)^2}}=\frac{6\times1455.6-25.5\times318}{\sqrt{6\times117.47-25.5^2}\times\sqrt{6\times18088-318^2}}=0.9826$$

计算所得相关系数的结果与前面公式计算结果基本一致，如有出入应以此得数为准。另外，相关系数的取值，一般精确到小数点后 4 位即可。

以上计算相关系数的方法所依据的是未分组资料，如果资料已经分组，那么在计算相关系数时，与简单相关不同的是要进行加权，公式为：

$$r=\frac{\sum(x-\bar{x})(y-\bar{y})}{\sqrt{\sum(x-\bar{x})^2f\cdot(y-\bar{y})^2f}}$$

简捷公式为：

$$r=\frac{\sum f\sum xyf-(\sum xf)(\sum xf)}{\sqrt{\sum f\sum x^2f-(\sum xf)^2}\sqrt{\sum f\sum y^2f-(\sum yf)^2}}$$

或
$$r=\frac{\overline{xy}-\bar{x}\,\bar{y}}{\sqrt{\overline{x^2}-(\bar{x})^2}\sqrt{\overline{y^2}-(\bar{y})^2}}$$

【例 2-9-4】 设某地有 40 家百货商店,它们的营业人员和营业额的资料经过分组编成联合频数分布表(表 2-9-4)。

营业人员和营业额联合频数分布表 表 2-9-4

营业额 y(万元)	营业人员数 x(人)					合计(人)
	1 ~ 3	3 ~ 5	5 ~ 7	7 ~ 9	9 ~ 11	
6 ~ 7			0	1	6	7
5 ~ 6			2	4	4	10
4 ~ 5		2	4	5		11
3 ~ 4	2	1	4			7
2 ~ 3	1	2				3
1 ~ 2	2					2
合计	5	5	10	10	10	40

试根据表中资料求相关系数。

根据双变量分组表计算相关系数时,x 值和 y 值均取各分组的组中值,并将次数分配按营业人员多少顺序排列,编制计算表(表 2-9-5)。

营业人员和营业额相关系数计算表 表 2-9-5

x	y	f	xf	yf	xy	xyf	x^2	x^2f	y^2	y^2f
2	1.5	2	4	3	3	6	4	8	2.25	4.5
2	2.5	1	2	2.5	5	5	4	4	6.25	6.25
2	3.5	2	4	7	7	14	4	8	12.25	24.5
4	2.5	2	8	5	10	20	16	32	6.25	12.5
4	3.5	1	4	3.5	14	14	16	16	12.25	12.25
4	4.5	2	8	9	18	36	16	32	20.25	40.5
6	3.5	4	24	14	21	84	36	144	12.25	49
6	4.5	4	24	18	21	108	36	144	20.25	81
6	5.5	2	12	11	33	66	36	72	30.25	60.5
8	4.5	5	40	22.5	36	180	64	320	20.25	101.25
8	5.5	4	32	22	44	176	64	256	30.25	121
8	6.5	1	8	6.5	52	52	64	64	42.25	42.25
10	5.5	4	40	22	55	220	100	400	30.25	121
10	6.5	6	60	39	65	390	100	400	42.25	253.5
—	—	40	270	185	—	1371	—	2100	—	930

$$\bar{x}=\frac{\sum xf}{\sum f}=\frac{270}{40}=6.75$$

$$\bar{y}=\frac{\sum yf}{\sum f}=\frac{185}{40}=4.625$$

$$\overline{xy}=\frac{\sum xyf}{\sum f}=\frac{1371}{40}=34.275$$

$$\overline{x^2}=\frac{\sum x^2f}{\sum f}=\frac{2100}{40}=52.5$$

$$\overline{y^2}=\frac{\sum y^2f}{\sum f}=\frac{930}{40}=23.25$$

$$r=\frac{\overline{xy}-\bar{x}\,\bar{y}}{\sqrt{\overline{x^2}-(\bar{x})^2}\sqrt{\overline{y^2}-(\bar{x})^2}}=\frac{34.275-6.75\times4.625}{\sqrt{52.5-6.75^2}\sqrt{23.25-4.625^2}}=0.85$$

相关系数大于 0.8,说明商店营业人员与营业额之间具有高度正相关关系。

2. 相关关系的密切程度的判断标准

积差法公式中分子两个变量差乘积的绝对值永远不会大于分母绝对值。因此,相关系数 r 的取值范围一定是在 $-1 \leqslant r \leqslant +1$ 或 $0 \leqslant |r| \leqslant 1$ 这一闭合区间。

当 $|r|=1$ 时,表示 x 与 y 变量为完全相关,即确定性的函数关系。此时,所有的相关点都在一条直线上,没有一点偏差,x 和 y 是完全线性关系。当 $r=1$ 时,为完全正相关(图 2-9-2 所示);当 $r=-1$ 时,为完全负相关(图 2-9-3 所示)。

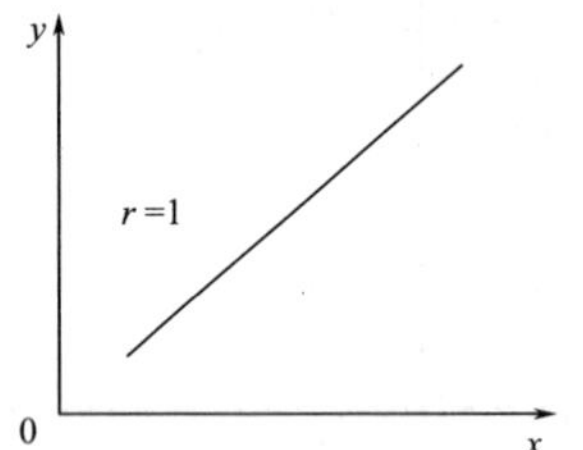

图 2-9-2　完全正相关

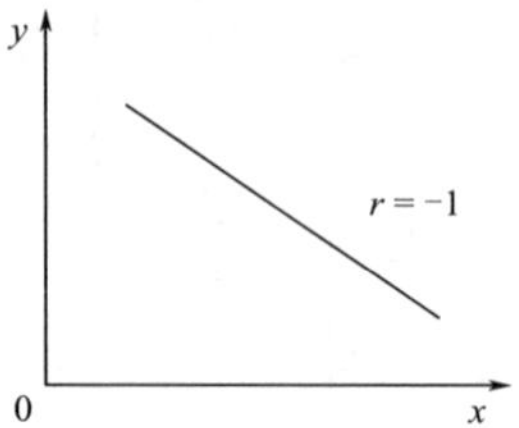

图 2-9-3　完全负相关

当 $r=0$ 时,表明所有的相关点的分布都是杂乱无章的,说明变量 x 与变量 y 无关,即 x 与 y 没有直线相关关系,但并不表示现象之间不存在其他关系(图 2-9-4 所示)。

如果 $0<r<1$,表示 y 随着 x 的增加而增加,呈直线上升趋势,x 与 y 为正相关,如图 2-9-5 所示;当 $-1<r<0$ 时,表示 y 随着 x 的增加而减少,呈直线下降趋势,x 与 y 为负相关,如图 2-9-6所示。

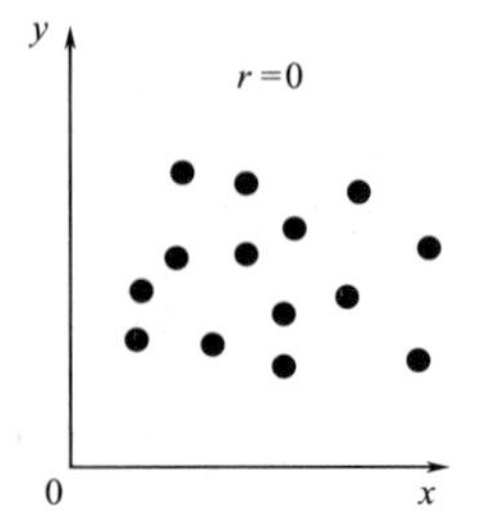

图 2-9-4　没有相关关系

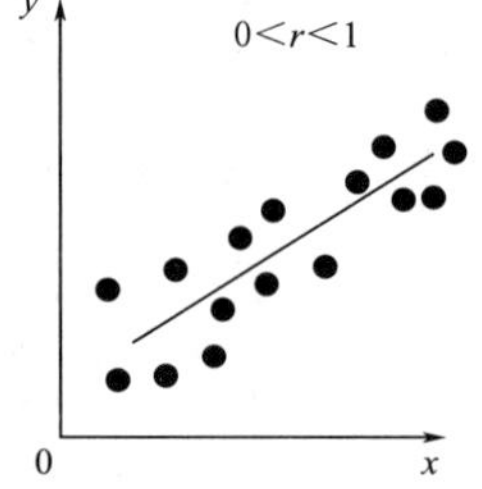

图 2-9-5　正相关

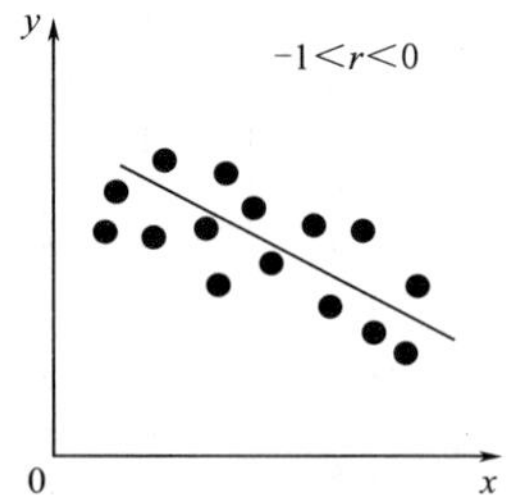

图 2-9-6　负相关

当 $0<|r|<1$ 时,表示 x 与 y 之间存在有不同程度的直线相关关系。相关系数的一个重要作用之一就是判断现象之间直线相关的方向和关系的密切程度。为了明确说明现象之间相关关系的密切程度,还需要将相关系数划分为若干等级,其划分标准为:

$0<|r| \leqslant 0.3$,为微弱相关

$0.3<|r| \leqslant 0.5$,为低度相关

$0.0<|r| \leqslant 0.8$,为显著相关

$0.8<|r|<1$, 为高度相关

例如前面例子某企业 2006 年产品产量和总成本之间的相关关系就是高度的正相关。

3. 直线相关分析的特点

直线相关分析的特点体现在以下几个方面:

(1)参与相关分析的两个变量是对等关系,不分自变量和因变量,因此,相关系数只有一个。相关系数的绝对值在 0 与 1 之间,其值大小反映两变量之间相关的密切程度。

(2)相关系数有正负号,它们反映相关关系的方向,正号反映正相关,负号反映负相关。

(3)相关的两个变量必须是随机的,这也是对等关系的反映。

第三节　回　归　分　析

一、回归分析概念及与相关分析的关系

1. 回归分析的含义

相关系数的大小可以用来说明在直线相关的条件下，两变量之间相关的方向和程度，但它不能说明其中一个变量发生变化，另一个变量将要发生多大的变化。例如，产量每增加 1 万吨，总成本将要增加多少万元？人均收入每增加 100 元，社会消费品零售总额将增加多少元？也就是说，它不能说明两个变量之间的一般数量关系值。而变量之间的这种一般数量关系值是进行各种推算和预测的经验依据，这就需要采用回归分析的方法。

回归分析是指对具有相关关系的现象，根据其相关关系的形态，选择一个合适的数学模型，用来近似地表示变量之间的平均变化关系的一种统计分析方法。它实际上是相关现象之间不确定的、不规则的数量关系的一般化、规则化。采用的方法是配合直线或曲线，用这条直线或曲线来代表现象之间的一般数量关系。这条直线或曲线称为回归直线或回归曲线，它们的方程式称为直线回归方程或曲线回归方程。

2. 回归分析与相关分析的关系

回归分析和相关分析之间存在着非常密切的联系，二者都是对客观事物数量依存关系的分析。一方面，相关分析是回归分析的基础和前提。只有存在相关关系的变量才能进行回归分析，相关程度越高，回归测定的结果越可靠。因此，相关系数也是判定回归效果的一个重要依据。另一方面，回归分析是相关分析的深入和继续。仅仅说明现象之间具有密切的相关关系是不够的，只有进行了回归分析，拟合了回归方程，才可能进行有关的回归预测，相关分析才有实际意义。

但是二者之间也有区别，主要表现在以下几个方面：

(1)回归分析中变量之间的关系是不对等的，必须要根据研究的目的和对象的性质确定哪个是自变量，哪个是因变量；而相关分析中两个变量是对等的关系，哪个是自变量，哪个是因变量都可以。

(2)在两个变量互为因果的情况下，可以配合两个回归方程，一个是 y 依 x 的回归方程，y 是因变量；另一个是 x 依 y 的回归方程，x 是因变量。两个方程是互相独立的，不能互相替换。就是说 y 依 x 的回归方程只能用 x 推算 y 的估计值；而 x 依 y 的回归方程只能用 y 推算 x 的估计值。而用以说明两个变量之间关系密切程度的相关系数只能计算一个。

(3)在回归分析中，确定回归方程时只要求因变量是随机变量，而自变量为给定的值；在相关分析中，要求相关的两个变量都是随机变量。

二、简单直线回归方程的配合方法

简单直线回归方程式适用于分析一个自变量 x 与一个因变量 y 之间的线性关系的数学方程式。如果两个变量之间存在着较为密切的直线相关关系，就可以建立一般形式的直线回归方程式，其一般形式为：

$$y_c = a + bx$$

这个方程是 y 依 x 的简单回归直线方程，表明 x 与 y 之间平均变动的相关关系。式中，x 为自变量 y 为因变量；y_c 为因变量 y 的估计值（又称理论值、预测值），a 为 $x=0$ 时 y 的估计

值，b 为回归直线的截距，是回归直线的斜率，也称为回归系数，表示自变量 x 每变动一个单位时，因变量 y 的平均变动率（或叫理论的增量），它的正负号和相关系数的正负号是一致的。当 $b>0$ 时，表示 x 每增加一个单位，y_c 增加的绝对数值，二者的变动方向是相同的，两个变量是正相关；当 $b<0$ 时，表示 x 每增加一个单位，y 所减少的数值，二者变动方向相反，两个变量是负相关。

在这个直线回归一般方程中，a 和 b 都是待定参数，说明 x 和 y 之间具体联系的形式，需要根据实际资料求解其数值。一旦 a 和 b 的数值确定了，变量之间的回归直线方程也就确定下来了。估计这些参数可有不同的方法，统计中使用最多的就是最小平方法。

应用最小平方法原理确定 a 和 b 的数值时，应使因变量的实际值与估计值的离差之和等于零，即 $\sum(y-y_c)=0$；同时使因变量实际值与估计值的离差平方和为最小，即 $\sum(y-y_c)^2=$ 最小值。用这种方法配合出的回归直线是最能代表两个变量之间数量变动关系的直线。

根据微积分中求极值的原理分别对 a 和 b 求偏导数，并令其为 0，求得两个标准方程式为：

$$\begin{cases}\sum y = na + b\sum x \\ \sum xy = a\sum x + b\sum x^2\end{cases}$$

根据上述标准方程可导出：

$$b = \frac{n\sum xy - \sum x\sum y}{n\sum x^2 - (\sum x)^2}$$

$$a = \frac{\sum y}{n} - b\frac{\sum x}{n} = \bar{y} - \overline{bx}$$

我们可以利用这两个公式算出参数 a、b，并代入回归直线方程，就可以得到一个确定的回归直线方程。

如果以用积差法计算了相关系数，有相应的资料，也可以用如下方法求解参数 a、b。

$$\begin{cases}b = \dfrac{\sum(x-\bar{x})(y-\bar{y})}{\sum(x-\bar{x})^2} \\ a = \bar{x} - b\,\bar{x}\end{cases}$$

【例 2-9-5】 某地区 1999～2006 年人均年收入和耐用消费品销售额资料见表 2-9-6 所示，试配合回归直线模型。

某地区 1999～2006 年人均收入和耐用消费品销售额 表 2-9-6

年　份	人均年收入（万元）	耐用消费品销售额（千万元）
1999	3.0	80
2000	3.2	82
2001	3.4	85
2002	3.5	90
2003	3.8	100
2004	4.0	120
2005	4.5	140
2006	5.2	145

要想配合回归直线模型，首先要在定性分析的基础上，利用相关图、相关表和对人均年收入与耐用消费品销售额进行的相关分析和计算，断定二者之间是否存在直线相关关系，是否可以配合一条回归直线来反映它们之间相关的变量关系。

首先，从定性分析看，人均年收入与耐用消费品销售额之间存在相互影响的关系；其次从相关表和相关图（图 2-9-7）上可以看出二者大致呈现性变动，属于正相关。随着该地区人均年收入的不断增加，耐用消费品销售额在不断增加。

再次，为进一步研究它们之间的相互关系，并建立回归模型，先根据表 2-9-6 的资料计算相关系数，见表 2-9-7 所列。

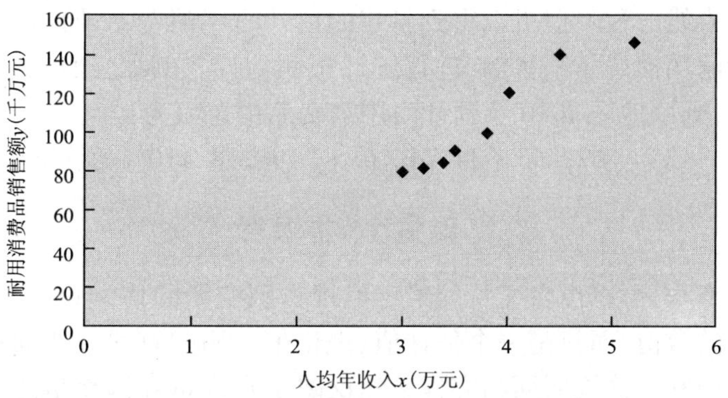

图 2-9-7　某地区人均年收入与耐用消费品销售额散点图

相关系数计算表　　表 2-9-7

年份	人均年收入 x(万元)	耐用消费品销售 y(千万元)	x^2	y^2	xy
1999	3.0	80	9	6400	240
2000	3.2	82	10.24	6724	262.4
2001	3.4	85	11.56	7225	289
2002	3.5	90	12.25	8100	315
2003	3.8	100	14.44	10000	380
2004	4.0	120	16	14400	480
2005	4.5	140	20.25	19600	630
2006	5.2	145	27.04	21025	754
合计	30.6	842	120.78	93474	3350.4

将有关数据代入相关系数公式为：

$$r=\frac{n\sum xy-\sum x\sum y}{\sqrt{n\sum x^2-(\sum x)^2}\cdot\sqrt{n\sum y^2-(\sum y)^2}}$$

$$=\frac{8\times3350.4-30.6\times842}{\sqrt{8\times120.78-30.6^2}\times\sqrt{8\times93474-842^2}}=0.9637$$

计算结果表明该地区人均年收入与耐用消费品销售额之间存在高度正相关。

由以上分析可知，这两个变量之间存在高度相关关系，可以配合回归直线反映它们之间的量变关系。

设回归直线模型为：

$$y_c=a+bx$$

根据最小平方法原理为：

$$\begin{cases}\sum y=na+b\sum x\\ \sum xy=a\sum x+b\sum x^2\end{cases}$$

利用表 2-9-7 中的数据，求解参数 a 和 b：

$$b=\frac{n\sum xy-\sum x\sum y}{n\sum x^2-(\sum x)^2}$$

$$=\frac{8\times3350.4-30.6\times842}{8\times120.78-30.6^2}=34.74$$

$$a=\frac{\sum y}{n}-b\frac{\sum x}{n}=\frac{842}{8}-34.74\times\frac{30.6}{8}=-27.63$$

将 a、b 数值代入直线回归方程 $y=a+bx$ 中，即得所配合的直线回归方程为：

$$y_c = -27.63 + 34.74x$$

利用这个回归直线方程不但可以得到各年的估计耐用消费品销售额 y_c，还可以对一定的预计人均收入估计耐用消费品销售额，进行统计预测估计。例如，预计该 2010 年地区人均年收入将达 6.5 万元，则该地区 2010 年预计耐用消费品销售额为：

$$y_c = -27.63 + 34.74 \times 6.5 = 198.18 \times 10^3 (\text{万元})$$

三、估计标准误差

根据回归直线方程，可以由自变量的给定值推算因变量的值，但是，推算出的因变量的数值并不是一个精确的数值，而只是一个估计值、理论值。回归直线并非通过所有的相关点，而是位于各相关点的中间。这说明回归方程虽然反映了自变量和因变量之间的回归关系，但只是利用确定的函数关系对不确定的相关关系所做出的一种近似的描述，也就是说利用回归直线方程进行预测是存在误差的。为此，回归直线方程配合出来后，有必要对其拟合精度进行检测。这就需要计算估计标准误差来说明回归直线的代表性强弱，反映以回归直线为中心的所有相关点的离散程度。

估计标准误差是就是观察值 y 对估计值 y_c 的平均离差，也称回归误差，是衡量因变量的估计值与观测值之间的平均误差大小的指标。利用此指标可以说明回归方程的代表性。计算公式：

$$S_y = \sqrt{\frac{\sum (y-y_c)^2}{n-2}}$$

式中 S_y 为估计标准误差，是因变量的各个实际值 y 同估计值 y_c 的离差平方的算术平均数的平方根。

就回归直线来说，离差值越小，所有观察点越靠近回归直线，即相关关系越密切，回归直线代表性越强；反之，离差值越大，所有观察点离回归直线越远，即相关关系越不密切，回归直线的代表性越弱。

【例 2-9-6】 仍以表 2-9-6 资料为例，说明估计标准误差的计算方法。

根据前面配合的回归直线方程 $y_c = -27.63 + 34.74x$，计算得出历年耐用消费品销售额的估计值及其他相关数值见表 2-9-8 所列。

估计标准误差计算表 表 2-9-8

年份	人均年收入 x(万元)	耐用消费品销售额 y(千万元)	y_c	$y-y_c$	$(y-y_c)^2$
1999	3.0	80	76.59	3.41	11.6281
2000	3.2	82	83.538	-1.538	2.365444
2001	3.4	85	90.486	-5.486	30.096196
2002	3.5	90	93.96	-3.96	15.6816
2003	3.8	100	104.382	-4.382	19.201924
2004	4.0	120	111.33	8.67	75.1689
2005	4.5	140	128.7	11.3	127.69
2006	5.2	145	153.018	-8.018	64.288324
合计	30.6	842	842.004	—	346.1205

$$S_y = \sqrt{\frac{\sum (y-y_c)^2}{n-2}} = \sqrt{\frac{346.1205}{8-2}} = 7.592 \times 10^3 (\text{万元})$$

计算结果表明，虽然各观察值 y 与其估计值 y_c 的偏差各不相同，但平均来说偏差为 7.5952×10^3 万元。

按照上面定义的公式计算估计标准误差十分烦琐，运算量较大，且结果不精确。实践中，在已知回归直线方程的情况下，通常用下面的简捷公式计算。计算公式为：

$$S_y=\sqrt{\frac{\sum y^2-a\sum y-b\sum xy}{n-2}}$$

【例 2-9-7】 仍以表 2-9-6 资料为例，在表 2-9-7 的基础上说明估计标准误差简捷公式的计算方法。

$$S_y=\sqrt{\frac{\sum y^2-a\sum y-b\sum xy}{n-2}}$$

$$=\sqrt{\frac{93474-(-27.63)\times 842-34.74\times 3350.4}{8-2}}=7.5891$$

四、估计标准误差和相关系数的关系

估计标准误差与相关系数之间存在着密切的关系，二者的关系可用如下表达式描述：

$$r=\pm\sqrt{1-\frac{S_y^2}{\sigma_y{}^2}}$$

根号前面的正负号表明正相关或负相关，具体取舍由回归系数的符号来确定。回归系数为正，则取正；回归系数为负，则取负。

在给定相关系数的情况下，估计标准误差的计算公式为：

由上面公式可知，r 越小，S_y 越大，这表明现象之间的相关关系越不密切，直线回归方程的精度越差；当 $r=0$ 时，S_y 取最大值，此时现象之间不存在直线相关关系，直线回归方程与 y 轴重合，此时，x 无论怎样变化，y 始终保持平均水平；r 越大，S_y 就越小，这表明现象的相关关系越密切，直线回归方程的估计精度就越高。特别是当 $r=\pm 1$ 时，$S_y=0$，这时现象之间完全相关，各相关点均落在回归直线上。

第三篇　公路统计工作实务

第一章　绪　　论

公路是社会经济发展的重要支柱，在5种交通运输方式中占有重要地位。公路具有机动、灵活、直达、迅速、适应性强和服务面广的特点，在国家的政治、经济、军事、文化建设中起着重要的作用。随着改革开放的全面推进、商品经济的蓬勃发展、城乡交流的日益活跃，公路将生产、分配、交换和消费各个环节、各个区域有机地连接起来。特别是现代化高速公路的出现，更显示出它的独特优势和重要作用。公路是国家现代化建设的重要基础设施，为适应国民经济和社会发展的需要，满足国家现代化建设的要求，加快公路建设步伐，提高公路服务水平，是我们公路人肩负的历史使命。

第一节　公路统计的任务

一、公路统计的定义

公路统计是利用科学方法，搜集、整理、分析、研究和提供各种公路经济活动统计资料的工作，反映公路经济活动的全过程，是认识公路发展变化和公路与整个国民经济内在联系的必要工具，也是加强公路管理的重要手段。

公路统计学是研究公路统计的理论和方法，是统计学的一个分支。公路统计学主要研究公路经济的规模、规律、水平、速度、结构、利用程度以及与国民经济的比例关系，研究经济规律在公路这一特定领域内的具体数量表现，研究自然条件和技术因素对公路经济量变的影响程度、趋势和效果。公路统计学从公路部门具体情况出发，运用辩证唯物主义和统计学原理，对公路统计的实践从理论上进行概括，从方法上进行总结，并反过来指导公路统计工作，提高公路统计工作水平，满足公路生产、公路管理和国民经济各部门对公路经济的信息需求。所以，公路统计学是收集、分析、表述和解释公路数据的科学。

二、公路统计的特点

公路统计作为整个国民经济统计的一部分，除具有统计的一般特点外，还有公路统计自身的一些特点。具体表现在以下几个方面：

(1)公路统计指标的系统性和完整性

公路经济活动包括公路管理、公路建设、公路养护、公路使用的整个过程。为了从数量上全面反映这一过程，公路统计必须设置一套完整而系统的指标体系。这个指标体系，既有生产指标，又有消费(使用)指标；既有简单再生产指标，又有扩大再生产指标；既有公路现状指标，又有运用程度指标。并且各条公路及其构造物是互相结合在一起，作为一个网络系统发挥作用的。因此，公路统计指标如果只有生产情况而无消费情况，只有简单再生产而无扩大再生产，只有某一段路或某一条路而无全部公路的统计，是不能客观、准确反映公路经济现象和公路活动成果的。

(2)公路统计资料分散，统计周期长，信息反馈缓慢

公路遍布全国，由公路养护单位和公路施工单位进行管理、建设和养护。公路统计的基础

资料分散掌握在这些单位中,统计资料的逐级汇总、层层上报,使得公路统计资料的收集、汇总和传递比较困难,容易造成统计资料失真。加上公路工程施工周期较长,较大工程都需要跨年度建设,造成公路统计周期长,信息反馈缓慢,计算结果不易准确,对公路堵塞、公路设施水毁或人为的破坏,很难进行预防、控制。

(3)公路统计数据的随机性

公路统计不仅仅是利用一些方法、数字、概念来表现和罗列公路总体事实,更重要的是要从中探索内在的数量规律性。在实际问题中,数据的随机性通常是无法避免的。它的来源大致有两个方面:一是由“偶然性”带来的。这类问题不可能或者没有必要对它们全部加以考察,只能抽取其中一部分来加以研究;尽管从抽取的方式来说,应力求能较全面反映全部对象的信息,但由于只是抽取其中的一部分,就难免有偶然性。另一方面是由“不确定性”带来的。例如在沥青混凝土碾压中,使用相同的材料、设备、工艺流程,所形成的压实度仍有差异,这是因为上述条件只是看起来完全一样,实际上总是有一些因素无法控制或不便控制,这就使压实度数据具有不确定性。在实际问题中这两种随机性常常交织在一起。

(4)公路统计调查的广泛性

公路是为物资的流通和人们的交往服务的公共设施,涉及国计民生的各个方面。因此,建设或改造一条公路,需要收集吸引范围内的人口、资源、商品流通、生产水平、经济建设以及政治、军事、文化等各方面的情况。在公路施工完成后,为了搞好养护,还要掌握交通流量情况,并进行预测;要准确预测,必须了解社会、经济等各方面的情况以及汽车工业的发展、汽车拥有量、汽车技术性能及载重量情况的变化趋势等,这些都是公路统计必须调查了解的。而且随着汽车的增多,车辆拥挤,道路堵塞,交通事故和废气、噪声污染等会给人类带来新的问题。作为反映公路基本情况的公路统计,除了反映公路成就的一方面,还要反映存在问题和损失的一方面。公路统计的这种广泛性是公路使用的社会性质所决定的。

(5)公路资金效益统计在公路统计中占有特别重要的地位

修建和养护公路需要大量的资金,因此,公路统计必须不断的探索和改进公路资金效益统计的方法,寻求科学而又比较准确的统计公路社会效益的途径,加强公路资金效益统计工作,以保障公路建设投资的安全、规范、科学、合理和有效使用,提高资金的使用效益。

三、公路统计的任务

公路统计的基本任务是对公路管理、建设、养护、使用情况进行调查,分析研究公路部门经济活动的变化规律及其与国民经济其他部门的关系;探索公路与车辆、行人、环境的内在联系;对公路经济活动实行统计监督;提供公路信息资料;对公路交通流量发展及其对公路的需要进行预测。具体任务如下:

(1)为制订公路发展方针、政策和公路法规提供依据

公路作为国民经济的基础设施,与各行各业、各家各户息息相关。要制订正确的、符合客观实际需要和经济发展规律要求的公路发展方针政策和公路法规,必须要有可靠的数据作为依据。目前,我国公路里程、密度和质量还不能满足社会发展和人民生活水平日益提高的物质和文化需求,为提高公路的通行能力和社会效益,必须制定正确的方针和切实可行的公路法规,这是改善目前交通运输状况的最有效措施。

(2)为制订交通网规划和公路建设、养护计划提供依据

公路是整个交通网的重要组成部分。公路的发展直接影响国民经济的发展和地方资源的开发、人民生活水平的提高。选择合适的公路密度和公路布局是国民经济综合平衡的重要环

节之一。公路建设和养护计划是实现公路发展的具体行动方案，是指导公路经济活动的重要工具。公路统计不仅为制订公路发展规划和公路建设、养护计划提供数量、质量及发展变化情况的资料，而且为国民经济各部门之间的综合平衡提供依据。

(3)认真贯彻执行《统计法》，对公路经济活动实行统计监督

公路统计和其他部门的统计工作一样，必须以《统计法》为准绳。统计法的核心是保证统计资料的准确性、客观性和科学性，不允许虚报、瞒报、拒报、迟报，不允许对统计数字篡改和伪造。各级公路统计部门和统计人员要以国家利益为重，认真贯彻执行《统计法》、《公路法》和国家各项政策法令，对公路建设、公路养护等经济活动进行统计监督，以保证公路方针政策的贯彻和计划的完成，维持正常的公路工作秩序，使现有公路畅通无阻。

(4)积累统计资料，探索公路发展变化规律，为提高公路管理水平、科学组织公路生产提供依据

目前，公路部门仍属劳动力密集型物质生产部门。公路施工和养护单位职工队伍分散，类型繁多，生产组织方式各异，不易管理。如果没有及时、准确的信息反馈，公路生产很难科学的组织，并造成极大浪费。通过公路统计，对工程、养护单位进行考核，及时、全面地反映生产进度、质量、劳动消耗等，有利于加强资金管理，科学组织生产，提高公路部门的管理水平。为了更好地发挥这一作用，在进行日常统计和控制的同时，必须加强资料的积累工作，并注意收集与公路有关的国民经济各方面的资料，以便通过综合分析，探讨公路发展变化规律。

(5)为群众参加管理、开展增产节约活动提供依据

增产节约是我国的治国之本，是建设和谐社会必须遵循的原则。公路统计要及时反映职工的劳动成果，利用多种形式让群众参加管理，制定科学的定额标准，通过严格的考绩办法，把职工的劳动成果和劳动报酬紧密联系起来，把职工收入高低与单位管理的好坏和个人贡献大小联系起来，提高公路部门的经济效益。

(6)为满足社会信息需求提供服务

随着社会的进步，时代的发展，公路日益贴近人民的日常生活，民众对公路的信息需求越来越高。公路部门要积极发展公路事业和公路产业，逐步形成覆盖全社会的比较完备的公路信息服务体系。这是我们公路部门在新的历史条件下，构建社会主义和谐社会，促进小康社会全面建设的重要任务。

第二节　公路经济活动概述

一、公路经济活动

公路经济活动是指包括公路的生产、使用等环节在内的各类经济活动的总称。

公路生产分为简单再生产和扩大再生产。简单再生产是指对现有公路的维修、养护和改造，包括水毁的预防抢修、灾害防治和安保工程在内，目的在于恢复公路的磨损部分，保证现有公路经常处在良好状态。扩大再生产是公路的新建和改建，目的在于增加公路通车里程，提高公路通行能力，适应经济发展和人民生活水平提高的需要。

公路建成后，在公路部门的直接管理下提供给社会使用。在使用过程中，为了维持良好的秩序，更好地为用路者服务，还必须进行服务性的管理活动。

公路的生产和使用、管理活动所需的资金，主要依靠养路费和通行费。养路费是根据国家规定，按照以路养路原则，公路部门对在公路上行驶的车辆征收的专用于公路管理、修建、养护的行政事业性收费。公路通行费是按照国家有关规定，经省级人民政府批准对行驶收费路段、

桥梁、隧道的机动车辆收取的专项费用。交通公路部门必须不断加强公路规费的征收和支出管理，以促进增收节支，提高资金使用效益。

可见，公路经济活动包括从公路的新建、改建到建成通车后的养护、管理，以及资金的征集、使用这一从生产到消费的完整过程。

二、公路计划管理

公路经济活动是一个有机结合的整体。指导这个整体协调发展的是公路计划。也就是说，公路的所有经济活动都是依据中长期规划以及年、季度计划的具体要求和安排，来组织运转的。

统计和计划有着密不可分的关系。公路统计既是编制公路计划的依据，又是检查公路计划完成情况的主要手段。计划编制和计划检查是统计工作的重要任务。

公路计划是整个国家发展计划的重要组成部分。公路部门根据整个国民经济发展对公路的要求，编制公路部门发展和公路部门内部各方面、各环节的计划。

公路计划包括养路费收支计划、通行费收支计划、小修保养计划、大中修工程计划、新建和改建工程项目计划、公路好路率计划、劳动工资计划、职工培训计划和科学研究计划等。在所有的这些计划中，养路费、通行费收支计划是核心。它反映公路部门在计划期内的修缮与养护、管理与生产、投入与产出等各方面的平衡关系，以及公路事业的发展状况，是以货币形态表现的公路部门全部经济活动的综合计划，其他计划都是以养路费和通行费收支计划为基础进行编制。

为了更好地协调计划和统计工作，计划和统计的指标设置、指标涵义、包含范围、计算方法都应保持一致。编制计划时，统计工作人员要积极提供资料，提出建议，了解和掌握计划的精神和具体指标要求，更好地为计划服务。

三、公路工程建设程序

公路工程项目基本建设程序，是指公路工程项目在其建设的全过程中各项工作所遵循的先后顺序，是公路基本建设活动中应遵循的客观规律。公路工程项目基本建设程序如下：

(1)根据公路网络建设规划编制项目建议书。

(2)委托设计部门编制项目可行性研究报告。

(3)根据有关部门批准的可行性研究报告，编制计划任务书(设计任务书)。

(4)根据有关部门批准的计划任务书，建设单位组织设计招标。

(5)设计单位进行现场勘测，编制初步设计文件和概算。

(6)根据批准的初步设计文件和概算，编制施工图和施工预算。

(7)列入年度基本建设计划。

(8)建设单位组织公路工程项目施工、监理招标，确定施工、监理单位。

(9)施工、监理单位进场，进行施工前的各项准备。

(10)编制施工组织设计方案及开工报告，报主管部门批准。

(11)施工单位按照批准的施工组织设计方案和相关规定组织施工，同时接受监理单位的监理，相关单位做好施工纪录，建立各项技术档案。

(12)施工完毕编制竣工图表和工程决算，办理竣工验收手续。

(13)交付使用。

四、公路工程概预算

1. 公路工程概预算的定义

工程概预算是指在工程建设过程中，根据不同设计阶段的设计文件的具体内容和有关定额、指标及取费标准，预先计算和确定建设项目的全部工程费用的技术经济文件。公路工程概预算，包括设计概算、修正概算、施工图预算和施工预算。

（1）设计概算是指在初步设计或扩大初步设计阶段，由设计单位根据初步设计或扩大初步设计图纸，概算定额、指标，工程量计算规则，材料、设备的预算单价，建设主管部门颁发的有关费用定额或取费标准等资料预先计算工程从筹建至竣工验收交付使用全过程建设费用经济文件。简言之，即计算建设项目总费用，是国家确定和控制基本建设总投资的依据。

（2）修正概算是指在技术设计阶段，由于设计内容与初步设计内容的差异，设计单位应对投资进行具体核算，对初步设计概算进行修正而形成的经济文件。修正概算应控制在批准的建设项目可行性研究报告投资估算允许浮动范围内。修正概算经批准后是编制建设项目投资计划、确定和控制建设项目投资的依据，是控制施工图设计和施工图预算的依据，是考核建设项目投资效果的依据。编制修正概算，应全面了解工程所在地的建设条件，掌握各项基础资料，正确引用规定的定额、取费标准、工资单价和材料设备价格，使修正概算能完整、准确的反映设计内容。

以批准的初步设计文件进行设计施工总承包招标的工程，其标的或造价控制值应在批准的总概算范围内。

（3）施工图预算是指拟建工程在开工之前，根据已批准并经会审后的施工图纸、施工组织设计、现行工程预算定额、工程量计算规则、材料和设备的预算单价、各项取费标准，预先计算工程建设费用的经济文件；是考核工程成本、进行工程价款结算的依据。

以施工图设计进行施工招标的工程，经审定后的施工图预算是编制标段清单预算、工程标底或造价控制值的依据，也是分析、考核施工企业投标报价合理性的参考；对不宜实行招标而采用施工图预算加调整价结算的工程，经审定后的施工图预算可以确定合同价款的基础或作为审查施工企业提出的施工预算的依据。

施工图预算是考核施工图设计经济合理性的依据。施工图设计应控制在批准的初步设计及其概算范围之内。如单位工程预算突破相应概算时，应分析原因，对施工图设计中不合理部分进行修改，对其合理部分应在总概算投资范围内调整解决。

（4）施工预算是施工单位内部为控制施工成本而编制的一种预算。它是在施工图预算的控制下，由施工企业根据施工图纸、施工定额并结合施工组织设计，通过工料分析，计算和确定拟建工程所需的工、料、机械台班消耗及其相应费用的技术经济文件。施工预算实质上是施工企业的成本计划文件。

2. 概预算项目

概、预算项目主要包括以下内容：

第一部分　建筑安装工程费

　第一项　临时工程费

　第二项　路基工程

　第三项　路面工程

　第四项　桥梁涵洞工程

　第五项　交叉工程

　第六项　隧道工程

　第七项　公路设施及预埋管线工程

　第八项　绿化及环境保护工程

　第九项　管理、养护及服务房屋

第二部分　设备及工具、器具购置费

第三部分　工程建设其他费用

3. 概预算费用组成(图 3-1-1)

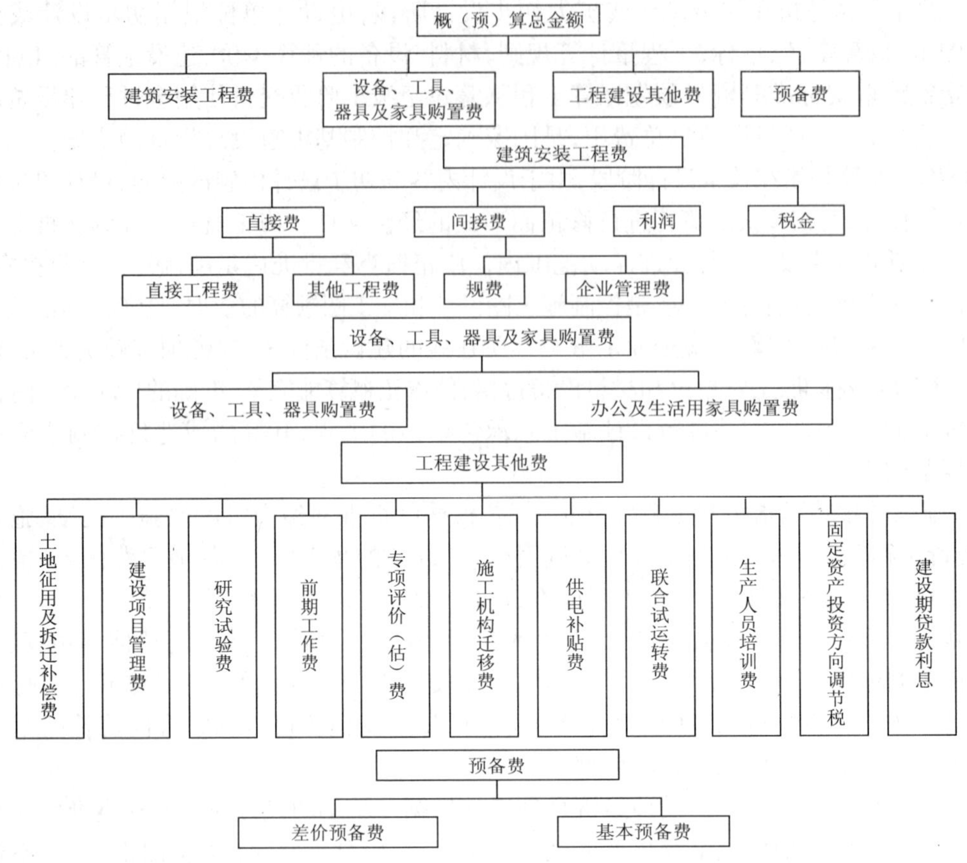

图 3-1-1　概、预算费用的组成

(1)建筑安装工程费,在工程概预算中所占比重最大,是直接用于工程施工的费用,由直接费、间接费、利润及税金组成。

①直接费。直接费由直接工程费和其他工程费组成。直接工程费是指施工过程中耗费的构成工程实体和有助于工程形成的各项费用,包括人工费、材料费、施工机械使用费。其他工程费是指直接工程费以外施工过程中发生的直接用于工程的费用。内容包括冬季施工增加费、雨季施工增加费、夜间施工增加费、特殊地区施工增加费、行车干扰工程施工增加费、安全及文明施工措施费、临时设施费、施工辅助费、工地转移费。

②间接费。间接费由规费和企业管理费两项组成。规费是指法律、法规、规章、规程规定施工企业必须缴纳的费用。包括养老保险费、失业保险费、医疗保险费、住房公积金、工伤保险费。企业管理费由基本费用、主副食运费补贴、职工探亲路费、职工取暖补贴和财务费用组成。

③利润。利润是指施工企业完成所承包工程应取得的盈利。利润按直接费与间接费之和扣除规费的7%计算。

④税金。税金是指按国家税法规定应计入建筑安装工程费造价内的营业税、城市维护建设税及教育费附加等。

(2)设备、工具、器具及家具购置费由设备、工具、器具购置费,办公和生活用家具购置费两部分组成。

(3)工程建设其他费由11部分组成,分别是:土地征用及拆迁补偿费、建设项目管理费、研究试验费、建设项目前期工作费、专项评价(估)费、施工机械迁移费、供电补贴、联合试运转费、生产人员培训费、固定资产投资方向调节税和建设期贷款利息。

(4)预备费由价差预备费及基本预备费两部分组成。价差预备费是指设计文件编制年至工程竣工年期间,第一部分费用的人工费、材料费、机械使用费、其他工程费、间接费等以及第二、三部分费用由于政策、价格变化可能发生上浮而预留的费用及外资贷款汇率变动部分的费用。基本预备费是指在初步设计和概算中难以预料的工程和费用。

第三节　公路统计调查

一、公路统计调查的意义

公路统计调查是为了研究公路经济现象而运用科学的方法,有计划、有组织地搜集统计资料的工作过程。公路统计数据和资料的取得,来源于统计调查。统计调查是认识社会经济现象的前提和基础,统计资料的整理、计算汇总与分析研究都必须在调查搜索资料的基础上进行。只有搞好统计调查,占有丰富的、合乎实际的感性材料,才能认识客观事物的规律性。

公路统计调查必须有明确的目的和要求,要确定正确的调查对象和调查单位。调查对象是计划调查的公路经济现象的总体,调查单位是指具有某一调查标识特征的实际观察单位。

二、公路统计调查的分类

1. 按调查的组织方式分类

按调查的组织方式,分为统计报表制度和专门调查。

统计报表制度是公路部门为了定期取得系统、全面的统计资料而采用的一种搜集统计资料的方式,目的在于掌握经常变动的公路经济和公路发展整体运行状况。专门调查是为了了解和研究某种现象或某个问题而专门组织的统计调查,包括普查、抽样调查、重点调查和典型调查等调查方法。

2. 按研究总体的范围分类

按研究总体的范围分为全面调查和非全面调查。

全面调查是对构成调查对象的所有单位进行逐一的、无一遗漏的调查,包括全面统计报表和普查。非全面调查是对调查对象中的一部分单位进行调查,包括非全面统计报表、抽样调查、重点调查和典型调查。

3. 按登记的时间是否连续分类

按登记的时间是否连续分为经常性调查和一次性调查。

经常性调查也称连续性调查,是指对研究现象的变化进行连续不断的登记,调查结果反映了研究现象在一段时间内的发展变化结果。一次性调查也称非连续性调查,是指在研究现象的发展变化过程中,每隔一段时间登记一次的统计调查方法。

三、公路统计调查的步骤

除公路统计报表制度外,其他调查如普查、典型调查、重点调查和抽样调查等,一般均分为以下 3 个步骤进行:调查设计、调查实施、调查总结。

1. 调查设计

调查设计一般应包括如下内容:

(1)调查目的

即为什么调查,要达到什么样的目的和要求。

(2)调查项目

即确定调查哪些内容。确定调查项目要从实际出发,充分满足调查目的的要求,使调查结果有标准的表达形式。

(3)调查表式

是为实现调查目的而采取的主要手段。分为简单表和一览表两种。

(4)选择调查方法

调查方法的选择由调查事物的特点、调查资料要求的准确程度及客观条件的可能性而定。例如交通流量观测,就必须采用连续登记的观察法;而公路里程调查,应该采用每隔一个季度或一年登记一次的非连续性调查方法。

(5)确定调查对象和调查单位

调查对象和调查单位的选择是否合适,直接影响调查结果。如全省干线公路专项调查,调查对象必然是全省干线公路,调查单位则为各省辖市所管辖干线公路;而全省干线公路病害调查,其调查对象为全省干线公路,调查单位可根据出现公路病害的地质、气候、交通密度、公路养护和管理水平等主要因素分类选取调查单位,以分析公路病害的规律。

(6)资料汇总

统计调查资料汇总可以采取逐级汇总、集中汇总和会审汇编三种方式。逐级汇总就是由县级公路部门开始,采取自下而上逐级汇总统计资料。集中汇总是把所有取得的全部统计资料集中在更高一级的统计部门汇总。会审汇编是在基层做好本单位的统计资料,再将负责汇总工作的统计人员集中到上一级的领导机关进行相互审核,共同汇总,共同编制综合报表。

(7)组织计划

调查的组织计划,是确保实施调查的具体工作计划。它主要包括调查的组织领导、调查机构的设置、人员的选择和培训、经费来源、调查宣传、时间安排等内容。

(8)设计方案的监督、检查

监督、检查的主要内容是设计方案的可行性、科学性和完整性。对科学性、完整性的检查,主要是由专家、领导和委托单位对设计方案进行论证,对可行性的检查则主要是试点或试验,即在小范围内按设计方案进行实际调查,从中发现问题,修改和完善设计方案。

2. 调查实施

按照调查设计,开展调查工作。通过调查取得了大量的统计资料后,必须对资料进行核对和检查,以保证调查资料的准确性。对原始资料的审核主要是对其准确性、及时性、完整性的检查。审核及时性主要是检查统计调查的主观时间是否符合规定,包括调查期限、报送时间等方面。审核完整性主要是对调查单位、项目的检查,看其是否有遗漏现象。无论统计设计做得多好,在方案的实际执行过程中,一般总会出现这样或那样的问题,它可能是各个环节的连续性问题,也可能是各个部门的人、财、物协调问题;可能是设计方案的执行落实问题,也可能是设计方案本身存在缺陷。这些问题需要从全局的角度,统一指挥和协调,否则,就有可能会影响到统计工作的顺利进行,影响整个统计工作的进程。

3. 调查总结

对调查工作的设计和实施从理论上进行归纳和整理,推广先进、找出不足。

四、常用的统计调查方法

统计调查方法指的是搜集统计调查对象资料的方法,也就是向被调查者搜集答案的方法。统计调查方法体系是指由若干相互联系的统计调查方法所构成的整体。对于复杂的公路经济现象，要了解其变化情况，客观上需要区别不同的研究对象和研究目的，采取不同的调查方法。统计调查方法体系有全面定期统计报表、普查、抽样调查、重点调查、典型调查组成，它们各有其特点。

1. 统计报表

(1)统计报表的概念和特点

统计报表也称统计报表制度，是根据《统计法》和其他有关规定，自上而下地布置，按照统一规定的要求，由基层单位依据一定的原始记录，自下而上地逐级提供统计资料的一种制度。按报送的连续性不同，分为定期报表和不定期报表。按调查范围不同，分为全面统计报表和非全面统计报表。全面定期统计报表具有统一性、全面性、周期性、可靠性等特点，目前，仍是交通公路部门搜集基本统计资料的主要方式。因此，讲到统计报表时，一般指的就是全面定期统计报表。

全面定期统计报表由国家统计报表和地方统计报表组成，其中国家统计报表是统计报表体系的基本部分。

(2)全面定期统计报表的作用

①全面定期统计报表的资料是编制公路发展计划并检查其执行情况的基本依据。

②全面定期统计报表是反映公路现代化建设成就和从数量方面研究公路建设的经验及发展规律所不可缺少的依据。

③全面定期统计报表的资料是指导公路建设、养护生产和公路管理的重要工具。

统计报表按调查范围不同，分为全面统计报表和非全面统计报表。全面统计报表的实施范围，是调查对象的全部单位。非全面统计报表的实施范围只是调查对象中的部分单位。

统计报表按报送周期长短不同，可分为日报、旬报、月报、季报、半年报和年报。报表报送的周期长短不同，其内容和作用也不同。报送周期越短，报表内容就越精简；反之，报表内容则详尽、广泛。

2. 普查

(1)普查的概念和特点

普查是为了特定的目的而专门组织的一次性全面调查(如2001年第二次全国公路普查)，主要用于全面、系统地掌握重要的国情国力方面的统计资料。普查有两个最显著的特点：一是它是一种不连续的调查；二是它是一种全面调查，它比任何一种调查形式更能掌握大量、详细、全面的统计资料。

(2)普查的意义和作用

普查的主要作用在于它能搜集到那些不宜用经常调查搜集的全面、准确的统计资料。它主要是为交通公路部门制定政策，采取重大措施和编制长远计划提供全面资料，并作为深入分析、研究公路经济现象的发展状况，并为各级领导机关制定方针、政策提供必要的统计资料，为交通公路部门进行宏观决策、制定长远规划提供可靠的依据。

(3)普查的方式方法

普查的组织方式有两种：一种是从上至下组织专门的普查机构和队伍对调查单位直接进行登记；另一种是利用调查单位的原始记录与核算资料，或者结合清仓盘点，分发一系列调查表，由调查单位自行填报。

普查搜集资料的方法一般可以分发调查表或普查表，由各调查单位自行填报，也可用直接观察或派员询问的方法进行。

(4)普查的组织原则

普查是一项复杂的调查工作，因此在调查中应遵守以下原则：

①必须统一规定调查资料所属的标准时间，使所有普查资料都反映标准时间的状况，避免重复和遗漏。

②正确选择普查时期。

③在普查范围内的各调查单位或调查点尽可能同时进行调查，并尽可能在最短期限内完成，以便在方法上、步调上协调一致。

④调查项目一经确定，不能任意改变或增减，以免影响汇总综合，降低资料质量。同类普查的内容在各次普查中要尽可能保持一致，以便将历次普查资料进行对比。

(5)普查中的补充措施

①当调查任务紧迫，一般普查难以保证时间的情况下，可以采用快速普查方法。快速普查方法的特点是：从布置普查任务到上报普查资料，都由组织普查工作的最高领导机关直接与各基层单位取得联系，越过一切中间环节。

②为确保普查工作的质量，往往在大范围普查之前，要先进行试点，全面普查结束后，要采取其他调查方式对普查资料进行检查和修正。

普查和全面统计报表同属全面调查的范畴。全面统计报表虽然可以提供全面的基本统计资料，但它不能代替普查。全面统计报表要经常填报，因此，报表内容固定，调查项目较少；而普查是专门组织的一次性调查，所包含的单位和指标更全面，分组也更详细，特别是快速普查能在很短的时间内完成调查任务，这些都是全面报表统计所不能代替的。

3. 重点调查

(1)重点调查的概念和特点

重点调查是专门组织的一种非全面调查，它是在所要调查的全部单位中选择一部分重点单位进行调查。重点调查的关键是选择好重点单位。所谓重点单位，是就标志量的方面而言的，尽管它们只占全部单位的一部分，但它们的某一主要标志量占总体单位标志总量的绝大比重。对这些单位进行调查，就可以了解调查对象的基本情况。重点调查中重点单位的选择始终着眼于标志量的比重，因而重点单位的选择具有客观性。重点调查具有两个方面的特点：一是由于重点调查单位的选择着眼于它所研究的标志总量的比重，所以它的选择不带有主观的因素；二是重点调查的目的是反映现象总体的基本情况，但它不能完整反映现象总量，也不具备推断总体总量的条件。由于重点调查省时、省力，能反映总体的基本情况，能否开展重点调查是由调查对象的特点所决定的。当调查目的是掌握总体的基本情况，而部分单位又能比较集中地反映所研究的项目和指标时，采用重点调查。重点调查可以定期进行，也可以不定期进行，重点调查实际上是范围比较小的全面调查，它的目的是反映现象总体的基本情况。

(2)重点单位的选择

进行重点调查，选择好重点单位，是组织好重点调查的关键。随着调查任务的变更或调查时间、空间的变化，重点单位也会有所不同。某个研究问题上的重点单位，在另一个研究问题上就不一定仍是重点单位；某个调查时间上的重点单位，在另一个时间上也不一定仍是重点单位。因此，通常选择重点单位的做法是：

①重点单位选多少，要根据调查任务确定。

②选择重点单位时，要注意重点单位可能变动的情况。

③选中的单位应是管理健全、统计基础工作做得较好的单位。

(3)重点调查的组织形式

重点调查主要采取专门调查的组织形式，有时也可以颁发定期统计报表，由被调查的重点单位填报，定期观察这些重点单位的主要技术经济指标的完成情况及其变动。

抽样调查和重点调查都是专门组织的非全面调查,具有调查单位少,省时省力的特点,在选取调查单位时不受主观因素的影响。但两者之间有明显的区别:首先,调查单位的选择方式不同,重点调查是选择为数不多但标志量占总体标志总量绝大比重的单位进行调查,重点单位是客观存在的,因而也是确定的。抽样调查中的样本单位是按照随机原则从研究总体中抽取的,具有较高随机性。其次,两者的研究目的不同。重点调查是为了了解现象总体的基本情况,但不能推断总体总量;抽样调查的目的在于以样本量来推断总体总量。再次,两者的适用场合不同。重点调查适用于部分单位能比较集中地反映所研究的项目或指标的场合;抽样调查最适合于不能或很难进行全面调查,而又需要全面数据的场合,在能进行全面调查的场合也有其独到的作用。

4. 典型调查

(1)典型调查的概念及特点

典型调查是一种非全面调查,它是根据调查的目的任务,在对所研究的现象总体进行初步分析的基础上,有意识地选择若干具有代表性的单位进行深入细致的调查,借以认识事物发展变化规律的一种调查方法。

典型调查有3个特点:一是深入细致的调查,既可以搜集数字资料,又可以搜集不能用数字反映的实际情况。二是调查单位是有意识地选择出来的若干有代表性的单位,它更多地取决于调查者的主观判断和决策。典型调查可以弥补其他调查方法的不足,为数字资料补充丰富的典型情况,在有些情况下,可用典型调查估算总体数字或验证全面调查数字的真实性。三是典型调查机动灵活,可节省人力和物力,提高调查的效率。

(2)典型调查的作用

①典型调查便于发现和分析公路经济中的新事物,及时反映各种新情况、新问题。

②典型调查能对所研究的问题,做具体深入的分析,弄清事物变化发展的规律。

③典型调查通过深入细致的调查,便于总结其成功的经验和失败的教训。

④典型调查的资料可以用来补充和验证全面统计的数字,推论和测算有关现象的总体。

(3)典型调查的形式

典型调查大体上可分为两种:一种是对个别典型单位进行调查和研究,在这种调查研究中只要选出几个典型单位就可以了,其目的主要在于通过对典型单位的调查来说明事物的一般情况或事物发展的一般规律性。另一种是通过"划类选典",从总体中选择能够代表总体的典型单位,通过对这些典型单位的观察,可以从数量上推断总体。

(4)典型单位的选择

典型调查的成败,关键在于典型单位的选择。因此,进行典型调查前应根据调查研究的目的和任务的不同,对调查对象进行全面科学的分析,掌握总体情况,再确定典型单位。具体做法是:

①如果是为了近似地估算总体的数值,可以在了解总体大略情况的基础上,把总体分成若干类型,从每一类型中按它在总体中所占比例的大小,选出若干典型单位进行调查。

②如果是为了了解总体的一般数量表现,则可以选中等的典型单位作为调查单位。

③如果为了研究成功的经验和失败的教训,则可以选出先进的典型单位和后进的典型单位,或选择上中下各类典型单位进行调查、比较。

④典型单位可以是个别的,也可以是整群的。如果调查对象的各单位之间变异小,可选择几个典型单位进行"解剖麻雀"式的调查;如果变异大,或者调查研究的问题较为复杂,可采取"划类选典"式的调查,即先将调查对象按某一标准划分为几个不同类型,再从各类型中选取少数典型单位进行调查。

要做好典型调查,充分发挥典型调查在统计研究中的作用,还必须充分认识典型调查的特点。典型调查与全面调查和其他非全面调查相比,前者着眼于深入调查;后者着眼于普遍调查。因此,典型调查必须在深入、细致上下工夫。

(5)典型调查的方法

典型调查的具体方法通常有直接观察法、个别访问法和开调查会。其中开调查会是最简单易行、比较可靠的方法。

典型调查和重点调查相比,前者选择调查单位取决于调查者的主观判断,后者选择调查单位具有客观性;前者在一定条件下可以用典型单位的量推断总体总量,后者不具备用重点单位的量推断总体总量的条件。

5. 抽样调查

(1)抽样调查的概念和特点

抽样调查是根据部分实际调查结果来推断总体标志总量的一种统计调查方法,属于非全面调查的范畴。即按照随机原则从调查对象中抽取一部分单位作为样本进行观察,然后根据所获得的样本数据,在一定的误差范围和概率保证下,对调查对象总体特征做出推断。

抽样调查数据之所以能用来代表和推算总体,是因为抽样调查本身具有其他非全面调查所不具备的特点,主要是:第一,调查样本是按随机原则抽取的,在总体中每一个单位被抽取的机会是均等的,因此,能够保证被抽取的单位在总体中的均匀分布,不至于出现倾向性误差,代表性强。第二,抽样调查是以抽取的全部样本单位为一个"代表团",用整个"代表团"来代表总体,而不是用随意挑选的个别单位代表总体。第三,抽样调查所抽选的调查单位数量是根据调查误差的要求,经过科学的计算确定的,对调查结果有可靠的保证。第四,抽样调查的误差是在调查前就可以根据调查样本数量和总体各单位之间的差异程度进行计算,并控制在允许范围以内,调查结果的准确程度较高。

(2)抽样调查误差

抽样调查与其他调查一样,也会遇到调查的误差问题。统计调查的误差有两种:一种是工作性误差(也称登记性调查误差);另一种是代表性误差(也称抽样误差)。但是抽样误差可以通过抽样设计,采用一系列科学的方法,将代表性误差控制在允许的范围之内。并且,能对抽样推断的结果给出相应的概率保证,这是其他非全面调查方法无法解决的。

基于以上特点,抽样调查被认为是非全面调查方法中用来推算和代表总体的最完善、最有科学根据的调查方法。

(3)抽样调查的作用

抽样调查一般适用于以下方面:第一,对一些不可能或不必要进行全面调查的社会现象,应用抽样调查。例如,对公路桥梁的破坏性检测只能采用抽样调查。第二,对普查资料进行必要的修正。由于普查涉及面广,工作量大,容易产生登记误差,即出现重复登记或遗漏现象。通常可以在普查后,做一次小规模的抽样调查,根据抽样结果对原来的普查资料进行必要的修正。

抽样调查有简单随机抽样、类型随机抽样、等距抽样、整群抽样等多种形式,不同的形式各有特点。

上述各种统计调查方法,作为统计调查方法体系的组成部分,各有其特点和作用。在实际工作中,并非单用一种方法,而是多种方法结合运用。这是因为:第一,公路经济情况复杂,调查对象门类众多,必须应用多种多样的统计调查方法,才能搜集到丰富的统计资料。第二,任何一种统计调查方法,都有它的优越性与局限性,各有不同的实施条件,只用一种统计调查方法,不能满足多种需要。因此,为更好地发挥每一种调查方法在调查中的作用,应从实际需要和可能出发,根据不同的调查目的和调查对象,灵活地综合运用不同的统计调查方法,以提高统计调查的质量和效率。

第四节　原始记录和统计台账

统计报表的资料来源于基层单位的原始记录和统计台账。要做好统计报表,做好公路统计工作,就一定要做好原始记录和统计台账。

一、原 始 记 录

原始记录是基层单位通过一定的表格形式,对生产、经营活动的过程和成果所做的第一手数字或文字记载,是未经过任何加工整理的初级资料;是公路养护、施工单位在各项经济活动发生时,按规定的表式,把实际情况记载下来的最初直接登记。原始记录的内容庞杂,形式多种多样,不可能全部说明。本节仅列举几种原始记录以供参考,表式见表 3-1-1、表 3-1-2、表 3-1-3。

公路部门的原始记录,主要包括以下内容:

(1)公路生产情况的原始记录:记录新建、改建、大中修工程和公路养护所完成的数量、质量情况。

(2)劳动情况原始记录:记录公路职工的数量、增减变化、出勤、停工及安全生产、工资、福利等情况。

(3)路用材料管理原始记录:记录各种材料的收入、拨出、消耗、库存、材料消耗定额的执行等情况。

(4)机械设备及使用情况原始记录:记录设备数量、利用、效率、维修等情况。

(5)经费开支情况原始记录:记录各个道班、队、组在公路生产和管理中各项费用开支情况。

原始记录不仅是原始资料的主要来源,也是会计核算和业务核算的基础资料,它对于加强经济核算,改善经营管理都具有重要的意义。为了保证原始记录的准确性,在每项活动发生时,就要逐项如实记录,不得补记或遗漏。如果原始记录不健全,填写的数字不准确,就不可能反映发生的实际经济活动情况,据之而整理出的统计数字也就不可能符合客观实际。所以,建立健全各项原始记录制度,是搞好公路统计的基础工作。

二、统 计 台 账

公路统计台账是根据公路统计报表和资金核算的需要,为便于经常的、系统的积累和整理统计资料而设置的一种表册。从介质上可分为电子的和纸质的两种。随着计算机的普及,提倡使用电子台账,以方便查询。从时间上可分为当年和历年两种。在做好当年统计台账的同时,要建立、整理历年统计台账,为领导做好参谋。统计人员把公路养护和公路建设工程的原始记录汇总成各种数据,逐日、逐旬、逐月、逐季、逐年的登记汇总在册上。其作用在于随时集中登录各项原始资料,使零星的原始记录的数字条理化,从而便于及时发现问题并加以纠正,以提高资料的准确性;同时,统计台账还能把大量的资料汇总整理工作分散到平时,从而保证统计报表的及时性。统计台账不仅可以及时满足统计需要,提高统计报表的时效性和准确性,而且便于前后对比,分析公路生产活动发生变化的规律,为制订生产计划和开展专题统计分析提供可靠的依据,是保存统计资料和建立统计档案的一种良好方法。

公路统计台账种类繁多,全国没有统一的格式。但一般应包括公路路线、养护质量、公路桥涵和公路工程等。台账的参考格式见表 3-1-4 ~ 表 3-1-9 所列。

原始记录和统计台账之间存在密切关系。原始记录是一切统计资料的来源;统计台账是系统积累统计资料的手段,并将原始记录加以分类、汇总、录入。

表 3-1-1

养护生产情况统计表

单位名称：　　路线代码：　　路段起点桩号：　　路段终点桩号：

指标名称				编号	计量单位	本月完成		指标名称			编号	计量单位	数量
						数量	工日						
养护生产完成情况	路基	整修路肩边坡		1	平方米			小修保养	本年计划投资	水泥路面	21	元	
		疏通边构		2	米					沥青路面	22	元	
		处理塌方		3	平方米					其他路面	23	元	
		维修构造物		4	米				本月完成投资	水泥路面	24	元	
	路面	水泥路面	处理沉陷	5	平方米					沥青路面	25	元	
			修补坑洞	6	平方米					其他路面	26	元	
			处理露骨	7	平方米				本月完成里程	水泥路面	27	公里	
			处理断板	8	米					沥青路面	28	公里	
			处理裂缝	9	米					其他路面	29	公里	
		沥青路面	处理拥包	10	平方米			本月用料	碎砾石		30	立方米	
			处理沉陷	11	平方米				其他粒料		31	立方米	
			处理翻浆	12	平方米				砂		32	立方米	
			处理网裂	13	平方米				黏土		33	立方米	
			处理坑槽	14	平方米				沥青		34	吨	
		其他路面	铺磨耗层	15	平方米				水泥		35	吨	
			填补坑槽	16	平方米				石灰		36	吨	
	桥涵	维修桥梁		17	座			人员情况	道班工人		37	人	
		维修涵洞		18	道				制度工日数		38	工日	
	巡路保洁			19	公 里				实出勤工日数		39	工日	
	量　验			20	公里				实出工工日数		40	工日	

单位负责人：　　统计负责人：　　填表人：　　填表日期：

道班养护生产情况表(续)

表 3-1-2

单位名称：　　　　单位代码:□□□□□□□□□　　　　年　　月

工作项目			计量单位	本月完成		
				数量	工日	投资
路基						
路面	水泥路面					
	沥青路面					
	砂石路面					
桥涵						

单位负责人：　　　　制表人：　　　　制表日期：

表 3-1-3

________月份道班旬作业计划及完成情况验收单

单位名称：　　　　单位代码：□□□□□□□□□　　　　路线名称：　　　　路线代码：□□□□

工作项目			单位	定额（工日）	计划合计		上　旬		中　旬		下　旬		完　成		验　收		
					数量	工日	数量	工日	数量	工日	数量	工日	数量	工日	数量	工日	签名
路基		整修路肩边坡	平方米														
		疏通边沟	米														
		处理塌方	立方米														
		维修构造物	米														
路面	水泥路面	处理沉陷	平方米														
		修补坑洞	平方米														
		处理露骨	米														
		处理裂缝	米														
		处理拱起	平方米														
	沥青路面	处理拥包	平方米														
		处理沉陷	平方米														
		处理翻浆	平方米														
		处理网裂	平方米														
		处理坑槽	平方米														
		中修罩面	平方米														
		中修挖补	平方米														

续上表

工作项目			单位	定额（工日）	计划合计		上　旬		中　旬		下　旬		完　成		验　收		
					数量	工日	数量	工日	数量	工日	数量	工日	数量	工日	数量	工日	签名
路面	砂石路面	铺磨耗层	平方米														
		填补坑槽	平方米														
		处理沉陷	平方米														
		处理翻浆	平方米														
		处理坡浪横坡不适	米														
		撒养护料	立方米														
桥涵	维修桥梁		座														
	维修涵洞		道														
维护安全设施			处														
维护标志			块														
巡路保洁			工日														
量验			工日														

养护质量抽检情况

桩号	路面	路基	构造物	标号志	绿化	合计	评定等级	与上报数相比	验收说明	

单位负责人：　　　　制表人：　　　　制表日期：

表 3-1-4

公路路线及养护质量统计台账

计量单位:公里

指标名称	编号	总计	按技术等级分							按路面等级分					养护里程	实际评定里程					好路率（%）	养护质量综合值	涵洞	
			等级公路						等外公路	有铺装路面里程			简易铺装路面里程	未铺装路面里程										
			合计	高速	一级	二级	三级	四级		合计	沥青混凝土	水泥混凝土				合计	优等路	良等路	次等路	差等路			道	米
年度		1	2	3	4	5	6	7	8	9	10	11	12	13	14	15	16	17	18	19	20	21	22	23

桥梁、隧道及渡口统计台账

表 3-1-5

年度	编号	桥梁																					隧道												渡口	
		总计							按建筑材料和使用性质分						按跨径分								总计		按长度分										渡口	机动渡口
				危桥		互通式立交桥		匝道	永久性		半永久性		临时性		特大桥		大桥		中桥		小桥				特长隧道		长隧道		中隧道		短隧道		其他			
		座	延米	座	延米	座	延米	平米	座	延米	座	延米	座	延米	座	延米	座	延米	座	延米	座	延米	处	米	处	米	处	米	处	米	处	米	处	米	处	处

表 3-1-6

公路小修保养生产台账

填报单位：

行政等级 路线名称 单位名称	编号	路基				路面												桥涵		巡路保洁	量验
						水泥路面					沥青路面					其他路面					
		整修路肩边坡	疏通边沟	处理塌方	维修构造物	处理沉陷	修补坑洞	处理露骨	处理断板	处理裂缝	处理拥包	处理沉陷	处理翻浆	处理网裂	处理坑槽	铺磨耗层	填补坑槽	维修桥梁	维修涵洞		
		平方米	米	立方米	米	平方米	平方米	平方米	米	米	平方米	平方米	平方米	平方米	平方米	平方米	平方米	座	道	公里	公里
甲		1	2	3	4	5	6	7	8	9	10	11	12	13	14	15	16	17	18	19	20
总计	1																				
	2																				
	3																				
	4																				
	5																				
	6																				
	7																				
	8																				
	9																				
	10																				
	11																				
	12																				
	13																				
	14																				
	15																				
	16																				

单位负责人：　　统计负责人：　　填报人：　　填报日期：

表 3-1-7

劳动效率、材料消耗及养护费用台账

填报单位：

行政等级 路线名称 单位名称	编号	劳动时间利用						本月材料消耗							养护费用						
		工人数	应出勤	实出勤	出勤率	实出工	出工率	碎砾石	其他粒料	砂	黏土	沥青	水泥	石灰	年计划	累计支出	占年计划	月养护成本			
																		综合	水泥路面	沥青路面	其他路面
		人	工日	工日	%	工日	%	立方米	立方米	立方米	立方米	吨	吨	吨	万元	万元	%	元/公里	元/公里	元/公里	元/公里
甲		1	2	3	4	5	6	7	8	9	10	11	12	13	14	15	16	17	18	19	20
总计	1																				
	2																				
	3																				
	4																				
	5																				
	6																				
	7																				
	8																				
	9																				
	10																				
	11																				
	12																				
	13																				
	14																				

单位负责人：　　　　统计负责人：　　　　填报人：　　　　填报日期：

表 3-1-8

公路建设工程量计划完成情况台账

填报单位：

工程性质 项目名称 标段名称	编号	全部计划					本年计划					自开始建设累计完成工程量			自年初累计完成工程量														
		路面工程	桥梁、隧道		中修		路面工程	桥梁、隧道		中修		路面工程	桥梁、隧道		路基工程		路面工程			桥梁				涵洞		隧道		中修	
					罩面	挖补				罩面	挖补					土石方		面层	基层			大、中桥						罩面	挖补
		公里	座/处	米	公里	平方米	公里	座/处	米	公里	平方米	公里	座/处	米	公里	立方米	公里	公里	公里	座	米	座	米	道	米	处	米	公里	平方米
甲		1	2	3	4	5	6	7	8	9	10	11	12	13	14	15	16	17	18	19	20	21	22	23	24	25	26	27	28
总计	1																												
	2																												
	3																												
	4																												
	5																												
	6																												
	7																												
	8																												
	9																												
	10																												
	11																												
	12																												
	13																												
	14																												
	15																												

单位负责人：　　　　统计负责人：　　　　填报人：　　　　填报日期：

公路建设投资计划完成情况台账

表 3-1-9

填报单位：　　　　　　　　　　　　　　计量单位：万元

工程性质项目名称标段名称	编号	计划投资额				完成投资额																			
		全部		本年		自开始建设累计完成		自年初累计完成(按投资资金来源分)																	
		计划	部投资	计划	部投资		部投资	合计	国家预算内资金	国内贷款	利用外资	部车购费	企事业单位自有资金	各级地方自筹							以工代赈资金	其他资金来源			
														小计	省管养路费	市管养路费	拖拉机养路费	通行费	民工建勤	其他		小计	债券	集资	其他
甲		1	2	3	4	5	6	7	8	9	10	11	12	13	14	15	16	17	18	19	20	21	22	23	24
总计	1																								
	2																								
	3																								
	4																								
	5																								
	6																								
	7																								
	8																								
	9																								
	10																								
	11																								
	12																								
	13																								
	14																								
	15																								

单位负责人：　　　　统计负责人：　　　　填报人：　　　　填报日期：

第二章　公路里程统计

第一节　公路里程统计的意义和范围

一、公路里程统计的意义

公路里程即公路的实际长度，是供汽车行驶并具备一定技术条件和设施的道路长度的数量表现。如2007年河南省公路通车里程238678.1公里，其中：国省干线公路22365.9公里，农村公路214835.3公里，专用公路1474.9公里；高速公路4556.4公里，一级公路540.8公里，二级公路22931公里，三级及以下公路210648公里。公路里程能够反映一个国家或地区在某个时点公路已达到的规模、水平、构成、技术状况及质量标准，在公路统计中占有重要地位。

公路里程是公路统计的首要内容，也是计算其他公路统计指标的基础。如评价公路的规模指数、结构指数、布局指数、舒适指数、服务水平，以及进行工程、养护统计等，都要运用公路里程统计指标。公路里程的多少和技术水平的高低，不仅反映一个国家和地区的公路发展水平，而且反映这个国家或地区的经济技术发展水平。制订社会和经济发展规划，编制公路网规划和年度公路建设、养护计划，研究制订公路重大决策，全面分析公路与社会经济发展的关系，都要以公路里程作为基础资料。

公路里程统计不仅反映当前公路状况，而且反映公路发展的历史进程。运用公路里程统计，可以探讨公路的发展规律和内在联系，研究公路与铁路、水运等其他运输方式的比例关系，分析公路与国民经济发展和人民物质文化生活需求的适应程度，保证公路事业持续、稳定、健康发展，为国民经济提供强有力支撑。因此，搞好公路里程统计，如实反映公路数量、质量和构成情况，剖析、评价现有公路状况，揭示其内在规律，具有十分重要的意义。

公路里程统计所研究的内容，主要是公路里程的统计范围、公路里程统计分组、公路里程统计指标及指标体系、公路里程统计报表和公路里程统计分析等。

二、公路里程统计的范围

公路里程是指达到交通部《公路工程技术标准》规定的等级，经交通公路主管部门正式验收并交付使用的公路里程数，其计量单位为“公里”或“千米”。各项统计指标的概念及计算方法见交通部2002年颁布的《公路、水路、港口主要统计指标及计算方法规定》。

公路里程统计的范围包括：①具备一定的技术条件和设施，主要供汽车行驶的达到《公路工程技术标准》规定的技术等级的公路里程；②大、中城市的郊区公路以及公路通过城镇（县城和集镇）街道部分的里程；③公路桥梁、隧道长度及渡口的宽度；④分期修建的公路（一般指需要跨年度修建的较长路线工程），已按设计要求修建竣工，并经验收交付使用的路段里程；⑤自2006年起，村道正式纳入公路里程统计；⑥自2008年起，国家高速公路正式纳入公路里程统计；⑦2001年第二次全国公路普查和2005～2006年公路专项调查时，经公路主管部门验收确认的未达到或未能全部达到国家规定技术标准、已列入统计年报的等外路（经修建路基宽度最低达到4.5m，路面宽度最低达到3m，连续长度在1km以上），也应进行统计。

公路里程统计不包括：①原则上未达到《公路工程技术标准》的路线里程（不包括2001年第二次全国公路普查和2005～2006年公路专项调查时已列入统计年报的等外路）；②原来属于公路里程，由于公路改线或其他原因经批准废弃的公路里程；③新建公路未经交通公路主管部门正式验收或未交付使用的路段里程；④城市内街道里程（即市政城建部门管养的市区内街道里程）；⑤厂矿、林区、油田、农（牧）场、旅游区、军事要地的内部道路，自然路和农田道路等。

公路里程是反映公路实体特征的总量指标，其数量及构成变动，直接影响其他指标的准确程度和可比性。因此，公路里程必须按照以下原则进行统计：

（1）交通部《公路工程技术标准》，是国家行业标准，必须严格执行。不能降低标准，将不符合《公路工程技术标准》的公路统计到公路里程中去。

（2）凡已列入公路里程的在册公路，不能随意增减。经过调查或核实，里程确有出入需要变动的，必须按规定程序和管理权限报请上级公路主管部门核准同意后，方可增减变更，并且要修正公路技术档案的数据，注明修正原因。一般在年底编制统计年报时一并变更。

（3）新建公路，必须经交通公路主管部门正式验收且交付使用后，方可进行统计。公路在改建、大修中，按建设前的公路里程统计，待工程竣工经交通公路主管部门正式验收且交付使用后，再按建设后的里程、技术指标进行统计。

（4）公路的起讫点或穿过大、中城市市区的起止桩号均要准确、相对固定，不允许随意变动，以防止因此而造成公路里程的频繁变动，影响公路里程的准确性和可靠性。

（5）国、省、县、乡道和专用公路里程统计，除2001年公路普查和2005～2006年公路专项调查时已列入统计年报的等外路外，原则上不得新增加等外路里程。对已列入年报的等外路，要采取措施，通过大修或改建，使之逐步达到等级路标准，逐年减少等外路里程。

（6）对两条或两条以上公路共同经由同一路段的重复里程，只能计算一次，不得重复计算。

重复路段里程是指两条或多条公路共同经由同一路段的里程。当行政等级不同时，重复里程按照行政等级较高的公路进行统计，即村道重复乡道、乡道重复县道、县道重复省道、省道重复国道。当行政等级相同时，按路线编号小的公路进行统计。

例如：S101郑吴线重复G106京广线7公里，在计算公路里程时，该7公里路段只能计入国道106京广线，不能计入省道101郑吴线。再如S301大林线重复S213吴黄线8公里，该8公里路段应计入编号靠前的S213吴黄线，不能计入S301大林线。

（7）由于受地形条件或其他特殊情况限制，公路采用分离式断面路基、车辆分向行驶的上、下行路线，按路线前进方向统计其里程，即按公路里程桩号排序方向右侧主线（上行线）进行统计，不能按下行线统计里程，更不得将上、下行路线或路段相加，同时都统计为公路里程。

（8）在规划的公路网中，尚未修通的断头路里程，不计入公路里程。

（9）高速公路匝道、服务区道路，不计入公路里程。

（10）新建的与原有公路并行的高速公路或汽车专用公路，应纳入公路统计里程，原有公路在未明确宣布废弃前，仍应统计其里程。

第二节　公路里程统计分组

公路里程统计的基本指标是公路总里程，由各级公路管理部门分别统计其管辖内的公路里程数，然后逐级汇总为县(县级市)、省辖市、省及全国的公路里程。为了解公路的技术、行政、路面等级，反映公路通车、绿化、养护和建设等情况，研究公路的现状、构成、内在联系、通行能力和发展变化规律，公路里程一般按以下标志进行分组。

一、按公路技术等级分组

公路技术等级，是根据适应的交通量及其使用任务、功能，对公路进行的技术分级。主要技术指标有路基宽度、行车道及路面宽度、最大纵坡、最小平曲线半径、设计行车速度、适应交通量、停车视距、车辆荷载等。公路按技术等级分组，可分为等级公路里程和等外公路里程。等级公路里程又分为高速公路和一级公路、二级公路、三级公路、四级公路里程。主要技术指标见表 3-2-1 所列。

高速公路：专供汽车分向、分车道行驶、全封闭并控制出入的多车道公路。

一级公路：供汽车分向、分车道行驶，并可根据需要控制出入的多车道公路。

二级、三级公路：主要供汽车行驶的双车道公路。

四级公路：主要供汽车行驶的双车道或单车道公路。

按公路技术等级分组，可分为等级公路里程和等外公路里程。等级公路里程又分为高速公路和一级公路、二级公路、三级公路、四级公路里程。等级公路里程占总里程的比重，通过等级公路比率来反映。计算公式：

等级公路比率(%)=[等级公路里程(公里)/公路总里程(公里)]×100%

例如：2003 年河南省公路总里程为 73830.8 公里，其中等级公路 68738.2 公里(高速公路 1418.4 公里，一级公路 44.4 公里，二级公路 17851.4 公里，三级公路 10080.3 公里，四级公路 39343.7 公里)，等外公路 5092.6 公里。等级公路比率为：

等级公路比率(%) =(68738.2 公里/73830.8 公里)×100% =93.1%

其中：

高速公路比率(%) =(1418.4 公里/ 73830.8 公里)×100% = 1.92%

一级公路比率(%)=(44.40 公里/ 73830.8 公里)×100% =0.06%

二级公路比率(%)=(17851.4 公里/ 73830.8 公里)×100% = 24.18%

三级公路比率(%)=(10080.3 公里/ 73830.8 公里)×100% = 13.65%

四级公路比率(%)=(39343.7 公里/ 73830.8 公里)×100% = 53.29%

另外，公路里程还可按车道分为 5 组：即 1 车道、2 车道、4 车道、6 车道、8 车道里程。其中高速公路、一级公路又可分为 4 车道、6 车道、8 车道；二级公路、三级公路一般为 2 车道；四级公路分为 1 车道或 2 车道。按设计行车速度可分为 20km/h、30km/h、40km/h、60km/h、80km/h、100km/h、120km/h 等 7 组。其中高速公路分为 80km/h、100km/h、120km/h 等 3 组，一级公路分为 60km/h、80km/h、100km/h 等 3 组，二级公路分为 40km/h 、60km/h、80km/h 等 3 组，三级公路分为 30km/h、40km/h 等 2 组，四级公路一般为 20km/h。

按技术等级分组有利于研究公路技术等级的构成、通行能力及其发展趋势，是交通公路部门制定公路网规划、进行科学管理，有计划地提高公路技术等级，提高公路通行能力和服务水平，加快公路发展的依据。

表 3-2-1

各级公路主要技术指标汇总表（JTG B01—2003）

公路等级		高速公路								一级公路						二级公路			三级公路		四级公路	
设计速度（km/h）		120			100			80		100			80		60	80	60	40	40	30	20	
车道数（个）		8	6	4	8	6	4	6	4	8	6	4	6	4	4	2	2	2	2	2	2	1
车道宽度（m）		3.75	3.75	3.75	3.75	3.75	3.75	3.75	3.75	3.75	3.75	3.75	3.75	3.75	3.5	3.75	3.5	3.5	3.5	3.25	3	3.5
路面宽度（m）		29.5～30	22.5	15	29.5～30	22.5	15	22.5	15	29.5～30	22.5	15	22.5	15	14.	9～14	7.5－11	7	7	6.5	6	3.5
路基宽度（m）	一般值	45	34.5	28	44	33.5	26	32	24.5	44	33.5	26	32	24.5	23	12	10	8.5	8.5	7.5	6.5	4.5
	最小值加宽值	42		26	41		24.5		21.5	41		24.5		21.5	20	10	15	8.5				
停车视距（m）		210			160			110		160			110		75	110	75	40	40	30	20	20
会车视距（m）																220	150	80	80	60	40	
超车视距（m）																550	350	200	200	150	100	
最大纵坡（%）		3			4			5		4			5		6	5	6	7	7	8	9	
圆曲线最小半径（m）	一般值	1000			700			400		700			400		200	400	200	100	100	65	30	
	极限值	650			400			250		400			250		125	250	125	60	60	30	15	
汽车荷载等级		公路Ⅰ级								公路Ⅰ级						公路Ⅰ、Ⅱ级			公路Ⅱ级		公路Ⅱ级	
适应交通量（万辆次/日）		8～10	5.5～8	4～5.5	7～9	5～7	3.5～5	4.5～6	2.5－4.5		3～5.5	2.7～3	2.7－4.5	2～2.7	1.5－2.5	0.5～1.5			0.2～0.6		<0.2	

二、按公路行政等级分组

按公路行政管理级别，将公路分为干线公路和地方公路。干线公路又分为国家干线公路、省级干线公路。地方公路分为农村公路和专用公路。农村公路分为县级公路、乡级公路和村级公路。

1. 干线公路

(1)国家干线公路，简称国道，是指具有全国性政治、经济、文化意义的主要干线公路。包括重要的国际公路、国防公路、连接首都与各省、自治区首府和直辖市、各大军区的公路，以及连接各大经济中心、港站枢纽、商品生产基地和战略要地的公路，也包括国家规划或实施的以高速公路为主的“五纵七横”国家高速公路。

(2)省级干线公路，简称省道，是指具有全省性(直辖市、自治区)政治、经济、文化意义，连接省内中心城市和主要经济区的公路。包括省会通往各省辖市，重要的港口、码头和著名的名胜古迹、疗养院的公路，以及不属于国道的省际间的重要联络公路。

2. 地方公路

(1)农村公路

①县级公路，简称县道，是指具有全县政治、经济意义，联结县城和县内乡(镇)、重要商品生产和集散地的主要公路，包括县城通往各乡(镇)、重要工厂、矿山、火车站、码头的公路，以及不属于国道和省道的县与县之间主要联络公路。

符合下列条件之一的农村公路可确定为县道：

a. 县际间的主要公路。

b. 县级政府所在地与所辖区域内乡(镇)政府所在地之间的主要公路。

c. 县级政府所在地与所辖区域内重要的商品生产、集散地、风景名胜区、重要交通枢纽之间的主要公路。

d. 国、省道之间的重要连接线。

e. 顺畅连接多个乡(镇)的公路。

②乡级公路，简称乡道，是指主要为乡(镇)内经济、文化、行政服务的公路，以及不属于县道以上公路的乡与乡之间和乡与外部联络公路。

符合下列条件之一的农村公路可确定为乡道：

a. 乡(镇)之间的主要公路。

b. 乡(镇)政府所在地与县道及以上公路的主要连接线。

c. 乡(镇)政府所在地与所辖区域内建制村所在地之间的主要公路。

d. 顺畅连接多个建制村的公路。

③村道是指直接为农民群众生产、生活服务，不属于乡道及以上公路的建制村与建制村(或自然村)之间和建制村与外部联络的公路。

符合下列条件之一的农村公路可确定为村道：

a. 建制村之间的主要连接线；

b. 建制村与乡道及以上公路的主要连接线；

c. 建制村所辖区域内，已建成通车并达到四级及以上技术标准的公路。

(2)专用公路

它是指由企业或者其他单位建设、养护、管理，主要为本企业或本单位提供运输服务的公路。包括工厂、矿山、油田、农场、水利等单位或部门出资修建，主要为这些部门或单位服务且自养、自管的公路。

按公路行政等级分组，有利于研究干线公路覆盖程度及国、省、县、乡、专、村道之间的比例关系，区别公路建设、养护投资主体及各级政府对公路管理的责任，加强对公路工作的领导和管理。

三、按公路路面类型分组

1. 按路面类型分组

公路按其路面类型分为有铺装路面里程、简易铺装路面里程和未铺装路面里程3种。

(1)有铺装路面里程。即原高级路面里程。沥青混凝土路面和水泥混凝土路面里程要分别填报。其中：水泥混凝土路面为原高级路面里程中的水泥路面里程；沥青混凝土路面为原高级路面里程中的沥青混凝土路面里程(原高级路面里程减去水泥路面里程)。

(2)简易铺装路面里程。即原次高级路面里程，包括沥青贯入式、沥青碎石、沥青表面处治路面里程。

(3)未铺装路面里程。即原中级路面、低级路面和无路面里程，包括砂石路面、石质路面(弹石、条石等)、渣石路面、砖铺路面、混凝土预制块路面和无路面里程。

2. 按路面铺装情况分组

公路按其路面铺装情况，还可分为有路面里程和无路面里程。

(1)有路面里程

有路面里程是指铺有路面材料的公路里程。包括为：沥青混凝土、水泥混凝土路面；沥青贯入式、沥青碎石、沥青表面处治路面；碎砾石、半整齐石块、其他粒料路面和低级路面(粒料加固土、其他当地材料加固或改善土路面)。

(2)无路面里程

它是指未铺设任何路面材料的公路里程。

按公路路面类型分组，主要是为了反映公路路面铺装情况。车辆行驶的经济性和旅客出行的安全性和舒适性，与公路路面的类型和铺装情况有着直接的关系，路面类型及铺装情况可以综合反映公路的技术质量和服务水平，研究公路路面对汽车运输的影响和适应程度，为今后路面技术改造、调整路面结构提供依据。

路面类型与之对应的铺装材料 表3-2-2

路面类型	铺装材料
有铺装路面 (原高级路面)	(1)沥青混凝土 (2)水泥混凝土
简易铺装路面 (原次高级路面)	(1)沥青贯入式 (2)沥青碎石 (3)沥青表面处治
未铺装路面 (原中级路面、低级路面和无路面)	(1)砂石路面 (2)石质路面 (3)渣石路面 (4)砖铺路面 (5)混凝土预制块 (6)无路面

路面铺装程度是利用表3-2-2、表3-2-3分组，是通过路面铺装率来反映的。计算公式：

路面铺装率(%)=[(有铺装路面里程+简易铺装路面里程)/公路总里程]×100%

各种路面面层类型及适应范围 表3-2-3

面层类型	适应范围
沥青混凝土	高速公路、一级公路、二级公路、三级公路、四级公路
水泥混凝土	高速公路、一级公路、二级公路、三级公路、四级公路
沥青贯入式、沥青碎石、沥青表面处治	三级公路、四级公路
砂石路面	四级公路

式中的铺装路面里程根据统计分析需要,可以是有铺装路面里程、简易铺装路面里程,也可以是有路面里程(包括高级、次高级、中级和低级路面里程)。

例如:2007 年河南省公路总里程为 238676.1 公里,其中:有铺装路面里程 81335.3 公里,简易铺装路面里程 60829.7 公里,未铺装路面里程 96511.1 公里。

路面铺装率(%) = [(81335.3 +60829.7)/ 238676.1] ×100% = 59.56%

有铺装路面比率(%) = (81335.3 公里/ 238676.1 公里) ×100% = 34.07%

简易铺装路面比率(%) = (60829.7 公里/ 238676.1 公里) ×100% = 25.49%

四、按公路通车情况分组

按公路通车情况,可分为晴雨通车里程和晴通雨阻里程。

1. 晴雨通车里程

是指全年无论晴天、雨天均能正常通行汽车的公路里程。在计算晴雨通车里程时,原则上应以整条路线的通车情况为准,但对较长路线,可按自然段计算(一般以县级行政区划为最小自然段)。

对于已达到晴雨通车里程标准的路线,因突发自然灾害或改建、大中修等原因临时受阻的公路仍应统计为晴雨通车里程。

晴雨通车里程比率(%) =〔晴雨通车里程/(晴雨通车里程 + 晴通雨阻里程)〕×100%

=(晴雨通车里程/公路通车里程) ×100%

2. 晴通雨阻里程

是指仅在晴天通行汽车,而雨天不能通行汽车的公路里程,如无路面和低级路面里程。

晴通雨阻里程比率(%) =〔晴通雨阻里程/(晴雨通车里程 + 晴通雨阻里程)〕×100%

=(晴通雨阻里程/公路通车里程) ×100%

=100% -晴雨通车里程比率

按公路通车里程情况分组,可以反映公路的通行能力和服务水平,也可以反映公路抵抗自然条件的能力及受气候影响的程度,为提高路面质量、改善路况提供依据。

五、按公路绿化情况分组

按公路绿化情况分为可绿化里程和不可绿化里程。可绿化里程又可分为已绿化里程和待绿化里程(指标解释见第四章公路养护统计)。

反映公路绿化情况,除了统计公路绿化里程这个总量指标,通常还用公路绿化率指标来综合反映一个国家或地区某一时点的公路绿化程度。公路绿化率是指报告期末已绿化公路里程占公路总里程的比重,反映现有公路已达到绿化标准的程度。计算公式:

公路绿化率(%) =(已绿化公路里程/公路总里程) ×100%

为客观地反映绿化效果,在计算公路绿化率时,要扣除不可绿化里程,仅考核可绿化里程的绿化程度。计算公式:

可绿化公路绿化率(%) =(已绿化公路里程/可绿化公路总里程) ×100%

例如:2007 年河南省公路总里程为 238676 公里,其中适宜绿化(可绿化)公路里程 234415 公里,已绿化里程 162368 公里,可绿化公路绿化率为:

河南省可绿化公路绿化率(%) =(已绿化公路里程/可绿化公路总里程) ×100%

= (162368 公里/234415 公里) ×100% =69.27%

六、按公路养护情况分组

1. 按养护情况分

公路按养护情况分为养护里程和未养护里程。按公路养护时间，养护里程又分为经常性养护里程和季节性养护里程。经常性养护里程是指长期连续地进行养护的里程；季节性养护里程是指按季节组织人员进行养护的里程。

例如：2007年河南省公路总里程为238676.1公里，其中养护里程236357.5公里，未养护里程2318.6公里。

公路养护里程比率(%)＝[养护里程/(养护里程＋未养护里程)]×100%
＝(养护里程/公路总里程)×100%
＝(236357.5/238676.1)×100%＝99%

2. 按养护资金来源分

按养护资金来源分为养路费养护、通行费养护和其他费养护里程。

(1)养路费养护里程，是指用汽车养路费养护的公路里程。

(2)通行费养护里程，是指用公路通行费养护的公路里程，一般按省政府批准设立收费站的收费里程统计。

收费公路里程，指报告期末公路总里程中，收取车辆通行费的公路里程数。根据收费公路的性质又分为还贷性收费公路里程和经营性收费公路里程。

收费公路里程比率(%)＝(收费公路里程/公路总里程)×100%

(3)其他费养护里程是指养路费和通行费养护里程以外的养护里程。包括民工建勤养护里程、工矿企业自筹资金养护里程、拖拉机等小型机车养路费及用地方财政资金养护的公路里程等。

3. 按公路养护质量分

按公路养护质量分为优等路里程、良等路里程、中等路里程、次等路里程和差等路里程(指标解释见第四章公路养护统计)。根据交通部颁布的《公路技术状况评定标准》，公路养护质量用公路优良率考核：

公路优良率(%)＝[(优等路里程＋良等路里程)/(优等路里程＋良等路里程＋中等路里程＋次等路里程＋差等路里程)]×100%
＝[(优等路里程＋良等路里程)/(实际评定里程)]×100%

七、按通行客运班车情况分组

公路按通客运班车情况，分为通行客运班车里程和不通行客运班车里程。

通行客运班车公路里程是指定期开行客运班车的公路里程，包括经常性和季节性开行客运班车的里程，但不包括临时开辟的客运班车线路的里程。在计算通行客运班车里程时，对同一线路的里程，只能计算一次。

八、按车道分组

车道是指在公路上供单一纵列车辆行驶的路面。车道里程指报告期末公路上用于车辆通行的主线车道的长度，用于反映公路的综合通行能力。计量单位为“公里”或“千米”。

(1)按公路技术等级，分为高速公路车道里程、一级公路车道里程、二级公路车道里程、三级公路车道里程、四级公路车道里程和等外公路(等外公路按单车道计算车道里程)车道里程。

(2)按公路行政等级，分为干线公路车道里程(国道车道里程、省道车道里程)、农村公路车道里程(县道车道里程、乡道车道里程、村道车道里程)和专用公路车道里程。

(3)按公路路面类型,分为有铺装路面车道里程、简易铺装路面车道里程和未铺装路面车道里程。

主线车道数是指公路在非高峰时段,上下双向用于车辆通行的主要车道数,它不包括用于应急停车带、中间带、车辆转弯、收费站、车辆迂回、服务区匝道等用途的车道数。

统计车道数的原则是:有车道标识的,以路面上的车道标识为准,无车道标识的按设计车道或以下标准统计:

路面宽度(当设有中间带、变速道、爬坡车道、应急停车带等时,应包括这些部分的宽度,下同)达到29.5m及以上的,统计为8车道;路面宽度达到22.5m及以上、29.5m以下的,统计为6车道;路面宽度达到14m及以上、22.5m以下的,统计为4车道;路面宽度达到6m及以上、14m以下的,统计为2车道;路面宽度达到3m及以上、6m以下的,统计为单车道。

对拥有不同主线车道数的公路应分段计算。

计算公式:　　　　车道总里程 = ∑路段里程 × 主线车道数

九、按公路通达形式分组

公路通达里程,一般是指农村公路通达乡镇、行政村的里程,分为通至、穿越和经过三种形式。按公路通达形式分组可以反映农村公路的通达深度和水平。

通至是指公路直接到达乡镇政府、村委或小学。

穿越是指公路从乡镇所在地或行政村中间穿过。

经过是指公路从乡镇所在地或行政村边缘经过。

农村公路通至(穿越、经过)率(%) =〔农村公路通至(穿越、经过)里程/农村公路总里程〕×100%

十、按公路使用年限分组

公路使用年限,是指公路新建、改建或大修后,至报告期的实际使用时间,一般以年为单位。按公路使用年限分组可以反映公路的使用寿命和超期服役年限,是编制公路建设、养护计划常用的统计分组方法。

例如:根据2006年××市干线公路专项调查资料,分组分析结果见表3-2-4所列。

2006年××市干线公路专项调查分组表　　　　表3-2-4

按公路使用年限分组	公路里程(公里)	比重(%)	累计比重(%)
1990年前	16.1	2.5	2.5
1990~1995年	23.7	3.6	6.1
1996~1999年	73.9	11.3	17.4
2000~2004年	329.7	50.5	68.0
2005年以来	209.1	32.0	100.0
合计	652.5	100	—

从表3-2-4分析结果可知,2000年前建设的干线公路里程占17.4%,超期服役路段(按使用寿命15年计)仅占干线公路的2.5%,说明××市在今后几年公路改建任务相对较少,中心工作应是公路养护。

公路里程除按以上标志进行统计分组外,还可以按地形地貌,分为平原微丘区、山岭重丘区公路里程;按标志设置情况分为标志设置齐全里程和标志设置不齐全里程;按标线划设情况分为标线划设齐全里程和标线划设不齐全里程；按公路经营情况分为经营性公路里程和非经营性公路里程；按文明样板路分为文明样板路里程和非文明样板路里程；按 GBM 路段分为 GBM 路段里程和非 GBM 路段里程；按服务水平分为一级服务水平、二级服务水平、三级服务水平、四级服务水平里程；按车辆拥挤度分为拥挤路段里程和非拥挤路段里程等等。

第三节　公路密度及通达情况

一、公路密度

公路密度是指报告期辖区内国土面积(人口、车辆)平均拥有的公路里程数。

公路密度反映一个国家或地区公路网的密度情况，以测定公路在一定时期的发展水平和对国民经济需要的适应程度，为科学制定公路网现代化发展战略、编制公路网规划提供依据。公路密度指标有以下 4 种表示方法：

(1)按国土面积计算的公路密度，指报告期辖区内每百平方公里国土面积平均拥有的公路里程数，计算单位：公里/百平方公里。计算公式为：

国土公路密度(公里/百平方公里)＝公路里程(公里)/ 国土面积(百平方公里)

(2)按人口计算的公路密度，指报告期辖区内每万人平均拥有的公路里程数，计算单位：公里/万人。计算公式为：

人口公路密度(公里/万人)＝公路里程(公里)/人口数(万人)

(3)按车辆计算的公路密度，指报告期辖区内每百辆机动车平均拥有的公路里程数，计算单位：公里/百车。计算公式为：

车辆公路密度(公里/百车)＝公路里程(公里)/ 车辆数(百车)

由于全国各地国土面积和人口相差悬殊，为使各地公路密度指标具有可比性，有必要设置国土面积和人口综合计算的公路密度指标。

例如：2000 年上海市按国土面积计算的公路密度为 94.8 公里/百平方公里(全国平均公路密度为 17.5 公里/百平方公里)，排在全国第一位；按人口计算的公路密度为 3.6 公里/万人(全国平均公路密度为 13 公里/万人)，排在全国的第 31 位(最末位)。同期西藏按国土面积计算的公路密度为 2.9 公里/百平方公里，排在全国第 31 位(最末位)；按人口计算的公路密度为 135.6 公里/万人，排在全国的第 1 位(表 3-2-5)。

(4)按国土面积和人口综合计算的公路密度，指报告期辖区内国土面积和人口综合平均拥有的公路里程数，计算单位：公里/(百平方公里万人)$^{\frac{1}{2}}$。计算公式为：

综合公路密度＝公路里程(公里)/[国土面积(百平方公里)×人口数(万人)]$^{\frac{1}{2}}$

例如：2003 年濮阳市公路通车里程为 3027 公里，人口 347 万人，国土面积 4271 平方公里；济源市公路通车里程为 823 公里，人口 64 万人，国土面积 1931 平方公里。从上述计算公式得出，濮阳市公路密度分别为 70.87 公里/百平方公里、8.72 公里/万人；济源市公路密度分别为 42.62 公里/百平方公里、12.82 公里/万人。从表 3-2-5 可以看出，按国土面积计算，濮阳市列全省第 3 位，济源市列全省第 14 位；按人口计算，濮阳市列全省第 7 位，济源市列全省第 2 位。用综合公路密度计算结果为：

濮阳市综合公路密度＝3027/(42.71×347)$^{1/2}$ ＝ 3027/121.74

＝24.87 公里/(百平方公里万人)$^{\frac{1}{2}}$

$$济源市综合公路密度 = 823/(19.31 \times 64)^{1/2} = 823/35.16$$

$$= 23.41\ 公里/(百平方公里万人)^{\frac{1}{2}}$$

从表3-2-5可以看出，公路密度不但反映一个国家或地区的公路发展水平，在很大程度上也标志着国民经济的发展水平。如河南省省会郑州市是中原地区政治、经济、文化中心，其2003年平均每百平方公里拥有公路81.43公里，平均每万人拥有公路9.92公里，超出驻马店市同期水平的2.72倍和1.79倍。这说明，公路对国民经济的支撑作用是强有力的，在全面建设和谐社会的今天，只有加快公路发展，才能实现经济的腾飞，促进社会和谐进步。

全国及河南省公路密度情况表

表3-2-5

全国（2000年）					河南省（2003年）				
省、自治区、直辖市	以国土面积计算（公里/百平方公里）	名次	以人口计算（公里/万人）	名次	市	以国土面积计算（公里/百平方公里）	名次	以人口计算（公里/万人）	名次
平均	17.5		13		平均	44.21		7.68	
上海	94.8	1	3.6	31	郑州	81.43	1	9.92	4
天津	85.1	2	9.6	25	焦作	77.88	2	9.43	5
北京	81	3	9.8	22	濮阳	70.95	3	8.72	7
海南	61	4	26.3	6	漯河	66.9	4	7.03	13
广东	58	5	11.9	18	鹤壁	65.89	5	10.28	3
江苏	56.6	6	7.8	28	许昌	63.41	6	6.95	15
安徽	46.8	7	10.9	19	安阳	59.22	7	8.36	8
湖北	46	8	14.2	14	商丘	53.13	8	7.02	14
山东	45.1	9	7.8	29	平顶山	50.16	9	8.13	10
福建	44.1	10	15.4	10	周口	46.05	10	5.23	19
浙江	42.8	11	9.3	26	开封	45.52	11	6.72	16
云南	41.5	12	38.2	4	新乡	43.94	12	5.89	17
河南	40	13	7.2	30	济源	42.64	13	12.82	2
重庆	36.6	14	9.8	23	三门峡	38.97	14	18.63	1
江西	36.1	15	14.6	12	信阳	35.46	15	9.02	6
山西	35.4	16	16.8	9	洛阳	34.27	16	8.28	9
河北	32.3	17	9	27	驻马店	29.89	17	5.55	18
辽宁	31.6	18	10.9	20	南阳	28.46	18	7.18	12
湖南	31.3	19	10.3	21					
广西	22.7	20	11.9	17					
四川	22.3	21	13	15					
陕西	21.5	22	12.3	16					
吉林	21	23	14.4	13					
宁夏	20.5	24	18.9	7					
贵州	19.3	25	9.6	24					
黑龙江	13.8	26	17	8					
甘肃	8.7	27	15.4	11					
内蒙古	5.8	28	29.1	5					
新疆	4.9	29	42	3					
青海	3.1	30	43.8	2					
西藏	2.9	31	135.6	1					

注：本表资料来源于河南省交通厅《河南省第二次全国公路普查资料》（全国）、河南省公路局《2003年河南省公路统计资料提要》（河南）

二、公路通达情况

公路通达深度是反映农村公路通达情况的主要指标。“公路通达”指标包括因村道而通达的乡(镇)和建制村。

1. 乡(镇)和建制村通达公路的判定条件

(1)通达路线选取原则

①该路线必须保证乡(镇)、建制村可直接或间接与上级行政机构所在地相连接。

②该路线必须通至或穿越乡(镇)所在地、建制村所在地或人口较多的居民聚居区域。乡(镇)所在地指乡(镇)政府所在的居民聚居区域;建制村所在地指村委会所在的居民聚居区域。

(2)技术状况要求

①乡(镇)、建制村通达路线原则上应为四级及以上公路,对于工程艰巨、地质复杂、交通量小的路段或通至人口较少乡镇、建制村的,路基宽度应≥4.5m、路面宽度应≥3.5m(建制村通达路线路面宽度应≥3.0m)。

②乡(镇)、建制村通达路线需配有必要的安全设施和桥梁、涵洞等构造物,保证排水畅通。

③当乡(镇)、建制村通达路线采用单车道路基时,应间隔一定距离设置错车道等设施。

④当乡(镇)、建制村处于海洋、江河、湖泊(水库)的岛屿时,须有可与通往上级行政机构所在地公路连接的码头、渡口。

(3)路面类型要求

乡(镇)、建制村通达路线应选用可保证晴雨通车的路面类型。

(4)服务状况要求

乡(镇)、建制村通达路线需保证在报告期末全线可通汽车(冰雪、洪水封路等情况除外)。

(5)通达路线必须通至乡(镇)、建制村的下列位置之一:

①乡(镇)的通达位置

a. 穿越乡(镇)政府所在的居民聚居区域。

b. 通至乡(镇)政府驻地。

c. 经过乡(镇)政府所在的居民聚居区域边缘,并与聚居区域内部的一条街道连接。

②建制村的通达位置

a. 穿越建制村村委会所在的居民聚居区域。

b. 通至建制村的某个公众活动、服务场所。公众活动、服务场所仅指村委会、学校、敬老院、公共医疗机构。

c. 经过建制村村委会所在的居民聚居区域或某个人口较多的居民聚居区域边缘,并与聚居区域内部的一条道路连接。

2. 公路通达情况

公路通达情况,一般指报告期达到通达统计标准的乡镇(建制村)的个数。新通达是指上年年报确定的未通达乡镇(建制村),在报告期内经过建设,达到通达统计标准的乡镇(建制村)的个数。

3. 公路通达深度

公路通达深度用“乡镇(村)公路通达率”表示。乡镇(村)公路通达率指报告期末辖区内已通公路的行政区占本区域全部行政区的比重。计算公式为:

乡镇(村)公路通达率(%)=〔已通公路的行政乡镇(村)数/行政乡镇(村)总数〕×100%

例如:2003 年,河南省有 48433 个行政村,通公路的行政村 48143 个,其中通高级、次高级路面的行政村 37826 个。

行政村公路通达率(%)=(48143/48433)×100%=99.4%

行政村高级、次高级路面公路通达率(%)=(37826/48143)×100%=78.1%

为进一步说明通达深度,有时也用通至、穿越、经过乡镇或行政村的数量或里程比率表示。

三、公路通畅情况

公路通畅标准为:在通达基础上,由路面类型为有铺装路面(沥青混凝土、水泥混凝土路面)、简易铺装路面(沥青贯入式、沥青碎石、沥青表面处治路面)和其他硬化路面(石质路面、混凝土预制块路面、砖铺路面等)的通达路线连通的乡(镇)、建制村。

1. 当年通畅数量

指报告期内在建农村公路项目建成后,由未通达提高到通畅和由已达未畅提高到通畅的乡镇(建制村)的个数。

2. 新通畅

指上年年报确定的已达未畅和未通达乡镇(建制村),在报告期内经过建设,达到通畅统计标准的乡镇(建制村)的个数。

第四节　公路里程统计指标及指标体系

一、公路里程统计指标

公路里程是研究公路内在、外在关系以及公路质与量的基础,也是计算其他公路统计指标的基础。公路统计工作人员进行统计调查,发布公路统计信息或提供咨询服务,进行统计监督离不开公路里程统计指标及其指标体系,因此,制订公路里程统计指标、完善公路里程统计指标体系十分重要。

统计指标是反映客观存在的社会经济现象总体的数量特征和具体表现。公路里程统计指标按其所反映的数量特征和表现形式,分为数量指标和质量指标。凡是反映公路规模水平的指标,如公路总里程、有路面里程、晴雨通车里程、养护里程等,均为数量指标(又称总量指标),用绝对数表示。凡是反映公路相对水平的指标,如公路密度、等级公路里程比率、公路优良率、有路面公路里程比率、干线公路里程比率、公路绿化率、公路平均发展指数等,均为质量指标,用相对数或平均数表示。常用的公路里程统计指标见表 3-2-6、表 3-2-7 所列。

为反映少数民族地区、贫困地区、革命老区、边远地区、深山区、旅游线路的公路交通状况,制定这些地区公路发展规划,公路里程统计,还专门设置有以下几个统计指标:

①少数民族地区公路里程:指分布在民族自治区、自治州、自治县等境内的公路里程。

②贫困地区公路里程:指分布在国家或省级贫困县的公路里程。

③革命老区公路里程:指分布在革命老区(县)的公路里程。

④边远地区公路里程:指分布在边远地区(县)的公路里程。

⑤深山区公路里程:指分布在深山区(县)的公路里程。

⑥旅游线路里程:主要为旅游服务的公路里程,包括红色旅游线路里程和通往名胜景区的线路里程。

表 3-2-6

公路里程统计指标及指标体系（一）

	公路里程统计指标	公路里程指标体系
数量指标	公路总里程、高速公路里程、一级公路里程、二级公路里程、三级公路里程、四级公路里程、等外路里程、国道里程、国道主干线里程、省道里程、县道里程、乡道里程、专用公路里程、有路面里程、无路面里程、晴雨通车里程、晴通雨阻里程、养护里程、经常性养护里程、非经常性养护里程、道班养护里程、季节性养护里程、养路费养护里程、通行费养护里程、其他费养护里程、通行客运班车里程、不通行客运班车里程、平原微丘区公路里程、山岭重丘区公路里程、标志设置齐全里程、标志设置不齐全里程、标线划设齐全里程、标线划设不齐全里程、经营性公路里程、非经营性公路里程、实际评定里程、未评定里程、优等路里程、良等路里程、中等路里程、次等路里程、差等路里程、可绿化里程、不可绿化里程、已绿化里程、待绿化里程、车道里程、高速公路车道里程、一级公路车道里程、二级公路车道里程、三级公路车道里程、四级公路车道里程、等外路车道里程等等	公路总里程（公里）= 高速公路里程 + 一级公路里程 + 二级公路里程 + 三级公路里程 + 四级公路里程 + 等外路里程 公路总里程（公里）= 国道里程 + 省道里程 + 县道里程 + 乡道里程 + 专用公路里程 + 村道里程 公路总里程（公里）= 有路面里程 + 无路面里程公路总里程（公里）= 晴雨通车里程 + 晴通雨阻里程 公路总里程（公里）= 经常性养护里程 + 非经常性养护里程 = 道班养护里程 + 季节性养护里程 + 未养护里程 公路总里程（公里）= 养路费养护里程 + 通行费养护里程 + 其他费养护里程 公路总里程（公里）= 通行客运班车里程 + 不通行客运班车里程。 公路总里程（公里）= 平原微丘区公路里程 + 山岭重丘区公路里程 公路总里程（公里）= 标志设置齐全里程 + 标志设置不齐全里程 公路总里程（公里）= 标线划设齐全里程 + 标线划设不齐全里程 公路总里程（公里）= 经营性公路里程 + 非经营性公路里程 公路总里程（公里）= 实际评定里程 + 未评定里程 = 优等路里程 + 良等路里程 + 中等路里程 + 次等路里程 + 差等路里程 + 未评定里程 公路总里程（公里）= 可绿化里程 + 不可绿化里程 = 已绿化里程 + 待绿化里程 + 不可绿化里程 车道里程（公里）= 高速公路车道里程 + 一级公路车道里程 + 二级公路车道里程 + 三级公路车道里程 + 四级公路车道里程 + 等外路里程

表 3-2-7

公路里程统计指标及指标体系(二)

	公路里程统计指标	公路里程指标体系
质量指标	高速公路里程比重、一级公路里程比重、二级公路里程比重、三级公路里程比重、四级公路里程比重、等外路里程比重、国道里程比重、国道主干线里程比重、省道里程比重、县道里程比重、乡道里程比重、专用公路里程比重、有路面里程比重、无路面里程比重、晴雨通车里程比重、晴通雨阻里程比重、养护里程比重、经常性养护里程比重、非经常性养护里程比重、道班养护里程比重、季节性养护里程比重、养路费养护里程比重、通行费养护里程比重、其他费养护里程比重、通行客运班车里程比重、不通行客运班车里程比重、平原微丘区公路里程比重、山岭重丘区公路里程比重、标志设置齐全里程比重、标志设置不齐全里程比重、标线划设齐全里程比重、标线划设不齐全里程比重、经营性公路里程比重、非经营性公路里程比重、实际评定里程比重、未评定里程比重、优等路里程比重、良等路里程比重、次等路里程比重、差等路里程比重、可绿化里程比重、不可绿化里程比重、已绿化里程比重、待绿化里程比重、车道里程比重、高速公路车道里程比重、一级公路车道里程比重、二级公路车道里程比重、三级公路车道里程比重、四级公路车道里程比重、等外路车道里程比重、公路优良率、累计优良率、公路密度、等级公路里程比重等等	等级公路里程比重(%)=等级公路里程/(等级公路里程+等外路里程)=(高速公路里程+一级公路里程+二级公路里程+三级公路里程+四级公路里程)/公路总里程 等外公路里程比重(%)=等外公路里程/(等级公路里程+等外路里程) 高速(一级、二级、三级、四级)公路里程比重(%)=高速(一级、二级、三级、四级)公路里程/(等级公路里程+等外路里程) 有路面公路比重(%)=有路面公路里程/(有路面公路里程+无路面公路里程) 无路面公路比重(%)=无路面公路里程/(有路面公路里程+无路面公路里程) 高级(次高级、中级、低级)路面比重(%)=高级(次高级、中级、低级)路面公路里程/(有路面公路里程+无路面公路里程) 晴雨通车(晴通雨阻)公路比重(%)=晴雨通车(晴通雨阻)公路里程/(晴雨通车公路里程+晴通雨阻里程) 干线公路比重(%)=干线公路里程/公路总里程=(国道里程+省道里程)/(国道里程+省道里程+县道里程+乡道里程+专用公路里程+村道里程) 地方道路公路比重(%)=地方道路公路里程/公路总里程=(县道里程+乡道里程+专用公路里程+村道里程)/(国道里程+省道里程+县道里程+乡道里程+专用公路里程+村道里程) 国(省、县、乡、专用、村)道公路比重(%)=国(省、县、乡、专用、村)道公路里程/公路总里程 经常性养护里程比重(%)=经常性养护公路里程/(经常性养护里程+非经常性养护里程) 道班(季节性)养护里程比重(%)= 道班(季节性)养护公路里程/公路总里程 养路费(通行费、其他费)养护里程比重(%)=养路费(通行费、其他费)养护公路里程/(养路费养护里程+通行费养护里程+其他费养护里程) 通行(不通行)客运班车里程比重(%)=通行(不通行)客运班车公路里程/(通行客运班车公路里程+不通行客运班车公路里程) 平原微丘区(山岭重丘区)公路比重(%)=平原微丘区(山岭重丘区)公路里程/(平原微丘区公路里程+山岭重丘区公路里程) 标志设置齐全(不齐全)公路比重(%)=标志设置齐全(不齐全)公路里程/(标志设置齐全里程+标志设置不齐全里程) 标线划设齐全(不齐全)公路比重(%)=标线划设齐全(不齐全)公路里程/(标线划设齐全公路里程+标线划设不齐全公路里程) 经营(非经营)性公路比重(%)=经营(非经营)性公路里程/(经营性公路里程+非经营性公路里程) 绿化里程比重(%)=实际绿化里程/(公路总里程-不可绿化里程)=实际绿化里程/可绿化里程 实际评定(未评定)公路里程比重(%)=实际评定(未评定)公路里程/(实际评定公路里程+未评定公路里程) 公路优良率(%)=(优等路里程+良等路里程)/实际评定里程 公路密度(公里/百平方公里)=公路总里程(公里)/国土面积(百平方公里) 公路密度(公里/万人)=公路总里程(公里)/人口数(万人)

二、公路里程统计指标体系

公路里程统计指标反映的是公路的个别特征，要反映公路里程各方面的关系，分析公路里程的发展变化规律或内、外在联系，就要建立公路里程统计指标体系。统计指标体系是各种相互联系的指标群所构成的整体，用于说明所研究的社会经济现象各方面相互依存和相互制约的关系。公路里程统计指标体系大体上可以分为两类，即基本指标体系和专题指标体系。基本统计指标体系是反映公路里程发展及其各个组成部分的基本情况的指标体系；专题统计指标体系是研究公路里程的某一方面而制定的专项指标体系。常用的公路里程统计指标体系见表3-2-6、表3-2-7所列。

三、公路里程统计相对指标

在实际工作中，我们常常借助相对指标，对公路的发展程度、结构、强度、普遍程度和比例关系进行对比分析，下边介绍常用的几种。

1. 结构相对指标

结构相对指标是在资料分组的基础上，以公路总里程作为比较标准，求出各标志总量占总体总量的比重。如等级公路里程比重、有路面公路里程比重、干线（农村）公路里程比重等。计算公式为：

结构相对指标（%）=［各组（或部分）总量/总体总量］×100%

例如：2007年河南省公路总里程为238676.1公里，其中高速公路4556.4公里，一级公路540.8公里，二级公路22931公里，三级公路14635.7公里，四级公路122244.9公里，等外公路73767.4公里。

等级公路比重（%）=（4556.4+540.8+22931+14635.7+122244.9）/238676.1×100%=69.1%

二级以上公路比重（%）=（4556.4+540.8+22931）/238676.1×100%=11.74%

2. 比例相对指标

比例相对指标是用总体中不同部分数量进行对比，用来分析总体范围内各个局部、各个分组之间的比例关系或协调平衡状况。计算公式为：

比例相对指标 =总体中某一部分数值/总体中另一部分数值

例如：2007年河南省国省干线公路里程22365.9公里，农村公路里程214835.3公里。

国省干线公路里程与农村公路里程的比例=22365.9/214835.3=0.104

通过计算，可以得出2007年河南省国省干线公路里程与农村公路里程的比例是0.104:1或10.4:100。

3. 比较相对指标

比较相对指标是对不同单位（国家、地区）同类公路现象的指标值进行对比，用以说明公路同类现象在同一时间内各单位发展的不平衡程度。计算公式为：

比较相对指标（%）=（甲单位某指标值/乙单位同类指标值）×100%

例如：2007年河南省高速公路里程为4556公里，同期××省高速公路里程为4033公里。

比较相对指标（%）=（4556/4033）×100%=112.97%

河南省高速公路里程是××省的112.97%，表明河南省交通公路部门通过努力追赶，高速公路里程已超过××省12.97%，在全国处于第一位。

4. 强度相对指标

强度相对指标是两个性质不同而有联系的总量指标之间的对比,用来表明某一现象在另一现象中的强度、密度和普遍程度。如国土公路密度指标、人口公路密度指标、车辆公路密度指标等。计算公式为:

强度相对指标 = 某种现象总量指标/另一个有联系而性质不同的现象总量指标

例如:2007 年××市公路里程为 5740.5 公里,土地面积 42.73 百平方公里,则××市的公路密度 =5740.5/42.73=134.34 公里/百平方公里。

5. 计划完成程度相对指标

计划完成程度相对指标,是用来检查、监督计划执行情况。计算公式为:

计划完成程度相对指标(%)=(实际完成数/计划数)×100%

例如:××省"十五"期末计划建成高速公路 1500 公里,2003 年底已完成 1418.4 公里,则有:

计划完成程度相对指标(%)=(1418.4/1500)×100% =94.56%

6. 动态相对指标

动态相对指标是公路里程统计中最常用的分析方法,即用不同时期的指标数值相对比,说明现象在不同时间上的发展方向和变化速度。动态相对指标计算方法将在本章第六节中作详细介绍。

四、公路网综合评价指标体系

为反映公路规模、结构、布局、安全、快速、舒适、高效等基本特征,从总体上定量把握公路网现代化的规模和进程,认识和衡量公路网现代化的发展水平,以及各地区公路网现代化存在的差距,有时还采用统计指数对公路网现代化进行综合评价,见表 3-2-8。

公路网现代化综合评价指标体系 表 3-2-8

第一层次综合评价指数	第二层次综合评价指数	第三层次综合评价指数
公路网现代化综合评价指数	规模指数	公路网总里程(面积、人口)密度指数
	结构指数	高速公路总里程(比重)指数,二级以上公路总里程(比重)指数
	布局指数	高速公路节点通达率指数,二级以上公路通达率指数,行政村公路通达率指数
	安全指数	公路交通事故率指数,公路交通事故死亡率指数
	快速指数	高速公路平均车速指数,二级以上公路平均车速指数
	舒适指数	等级公路路面平整度指数,干线公路高级、次高级路面铺装率指数,农村公路路面铺装率指数,干线公路美化率指数
	高效指数	高速公路智能化水平指数
	服务水平指数	一级服务水平、二级服务水平、三级服务水平、四级服务水平

第五节 公路里程统计报表

一、公路里程统计主要报表

根据交通运输部 2008 年《公路养护统计报表制度》,反映公路里程的统计报表主要有:交公路21表公路路线基本情况明细表(国道、省道、县道),交公路22表公路路线基本情况汇总表(乡道、专用公路、村道)等。

根据交通运输部2008年《交通运输综合统计报表制度》,反映公路里程的统计报表主要有:交行统1-1表公路里程年底到达数(按技术等级分),交行统1-2表公路里程年底到达数(按路面类型分),交行统4表高速公路明细表,交行统5表公路密度及通达情况等。

根据《河南省公路统计报表制度》和河南省交通厅公路局制定的公路《统计信息采集格式规范》,反映公路里程的统计报表主要有:公路路线基本情况明细表,公路密度及通达情况统计表等。

上述统计表式见本书第四篇"统计相关法律法规及报表制度"。

二、公路里程统计报表填报说明及注意事项

1.公路里程统计报表

公路里程统计报表是公路里程综合性报表,目的反映辖区内所有纳入行政等级的国、省、县、乡、村道和专用公路路线基本状况和通达情况。年末由公路管理机构逐级汇总填报。结合实际情况,现将报表的填报要求说明如下:

(1)报表范围

凡达到交通部《公路工程技术标准》(JTG B01—2003)规定的技术等级的公路(县、乡道中,含路基宽度≥4.5m或路面宽度≥3.5m路段的等外路线的里程;村道中,含路基宽度≥4.5m或路面宽度≥3.0m路段的等外路线的里程),均统计为公路里程。包括大、中城市的郊区公路,以及公路通过城镇(指县城、集镇)街道的里程数和公路桥梁长度、隧道长度、渡口的宽度以及分期修建的公路已验收交付使用的里程。

(2)报表说明及注意事项

①管养单位是指具有独立法人资格的公路管理养护单位或经营企业名称。单位性质填写事业、国企、中外合资企业、外商独资企业、上市公司或其他。管养单位名称要求填写全称。

②路线分段原则为:应按公路的技术等级、路面类型、行车道数、设计时速、路面宽度、路基宽度、地貌、是否为重复路段、是否为城管路段、是否为断头路段、是否为断链等主要指标以及大中城市出口等特征点分段进行填报。

③"路线名称"、"路线编号"按国家高速公路按《国家高速公路网命名和编号规则》(JTG A03—2007)的相关命名、编号规则填报。其余公路的路线编号和路线标准名称应按照按《公路路线标识规则》(917.1~917.2—2000)、《关于做好全国路线命名、编号及里程桩标识等工作的通知》(公普办字[2002]002号)、《河南省国省干线公路网分布调整方案》(豫政文[2001]82号)及相关规定填报。路线名称还应填写地方名称,如G030标准名称为"京港澳线",河南境部分路段地方名称为"漯驻公路";G045标准名称为"连霍线",河南境部分路段地方名称为"开洛路"。"路线编号"只填写一位字母码(G、S、X、Y、C、Z)加三位数字码。如:G106、G107、S101。

④所在行政区划代码必须填写至县级。

⑤路线名称按照统一的格式"××线"填写。其中"××"分别代表路线起点和终点地名的第一个汉字。当路线名称相同时可使用行政等级低或路线编号靠后的第二个汉字代替。

⑥路段序号共13位,前4位为路线代码,中间6位为行政区码,后3位为该行政区中该路线的路段序号。

⑦国道路段的起、止点桩号。高速公路按照《关于印发国家高速公路网里程桩号传递方

案的通知》(交公路发[2008]157号)填报,国道路段按照《关于下发全国国道桩号传递实施方案的通知》(交公路发[2002]340号)规定范围填报;其他公路的按照本省路网的桩号从小到大填报。

⑧路段的起、止点名称应填写县级行政区划名称加小地名,如"南乐县吴家庄"、"林州市南屯村"。

⑨路段起点桩号、止点桩号必须规范填写。

⑩里程。路段起、止点桩号之间的实际公路里程。

⑪重复路段填写,"重复路线编号"填写该路段所重复主线的路线编号,多条路线重复填写重复路线中行政等级最高的路线编号,即村道重复乡道、乡道重复县道、县道重复省道、省道重复国道;两条路线行政等级相同时,按编号在后的路线重复编号在前的路线填报。重复路段桩号填写被重复主线的起终点桩号,被重复主线起点桩号小于终点桩号表示顺桩重复,被重复主线起点桩号大于终点桩号表示逆桩重复。

⑫断链类型填写,断链类型包括对长链、短链和断链的描述,断链是路网改造过程中出现的与原桩号系统不一致的临时现象,应结合路网调整适时进行桩号调整,在省级范围内尽可能消灭断链。

里程较短的长链,如果长出部分的属性没有变化,可并入前一路段,并入后路段的实际里程大于路段终点桩号-起点桩号,断链类型填"1"。

若长链需要单独分段,公路电子地图中必须有对应的分段。路线编号采用"长链所在路线编号+D+三位数字"的方式填报,如G101在63km处有一个1.5km的长链,路线编号填G101D001,路段起点桩号填63,路段终点桩号填64.5,里程填1.5,断链类型填"2"。

里程较短的短链,里程可以小于路段终点桩号-起点桩号,断链类型填"3"。

里程较长的短链,可将短链桩号排除,前一段终点桩号与后一段起点桩号不一致,但在路线上是同一位置,后一路段的断链类型填"4"。公路电子地图中也必须排除相应的桩号范围。

桩号连续,但不在同一位置的两个路段,后一路段的断链类型填"5"。

⑬国道只能在省界出口最后一个县出现长短链,其他市县不得出现长短链。县、乡、村、专用公路取消长短链。

⑭城管路段和断头路段按其属性填写"是"或"否"。

⑮断头路段仅填报国省干线公路上的断头路段。

⑯路面类型按照《公路工程技术标准》规定的分类进行统计:

a. 有铺装路面。即原高级路面。但要将沥青混凝土路面和水泥混凝土路面分别填报,其中水泥混凝土路面为原高级路面里程中的水泥路面里程,沥青混凝土路面为原高级路面里程减去水泥路面里程。

b. 简易铺装路面。即原次高级路面,包括沥青贯入式、沥青碎石、沥青表面处治等路面。

c. 未铺装路面。即原中级路面、低级路面和无路面,包括砂石路面、石质路面(弹石、条石等)、渣石路面、砖铺路面、混凝土预制块路面等。

⑰ 原路线旧路面经改建后,路面类型发生变化,国、省、县、乡、村道和专用公路改建路段里程小于1km的不报,其路面类型仍按原路面填报。

⑱设计时速填写道路设计时的速度限值。

⑲地貌填写山岭、重丘、微丘、平原等。

⑳分离式路段的填报方法。分离式路段两个特性:一是一条路线分左右两幅且分离;二是单幅公路交通管制为上行或下行,不是混合交通。分离式路段的路线代码按主路的路线代码

采集。下行路段数据按照单独路线采集相关数据，路线代码中的 G、S 分别用 H、T 替代，其他的采集要求与主路相同。

㉑等级公路的路基宽度、路面宽度、最小半径、最大纵坡等技术指标，必须全部如实填写。

㉒辅道。全封闭仅供汽车行驶的公路提供服务的辅道，单独按一条公路进行统计，其里程纳入总里程。高速公路的匝道里程不纳入公路总里程。

㉓公路绿化里程统计中，凡加宽路段或批准更新路段的原有树已砍伐，至年底未栽植的不得计入绿化里程。

㉔养护里程指对公路及其附属设施进行经常性或季节性养护的公路里程。不论工程量大小，养护方式如何，均应统计为公路养护里程（包括拨给补助费由群众养护的里程）。

㉕建设性质按新建和改建两种类型分别填报。

路线新建是指本年度内按《公路工程技术标准》规定完工，并经有关部门验收合格的新增公路。如果某条路线建设期较长，可按设计施工文件的规定，分段验收统计。

路线改建是指已列入统计年报的路线，经过改建达到《公路工程技术标准》规定的等级公路里程，同时提供工程正式验收报告文件。

国、省、县、乡道和专用公路新建和改建后的路段不得新增等外公路和无路面公路。

㉖修建年度填写该路段作为新建数纳入统计的年度，改建年度填写该路段最近一次作为改建数纳入统计的年度，均填写 4 位数字。

全线通车的高速公路，按一条线路统计，不再分段填报，“通车时间”填写全线通车的时间。建成通车但未经验收的高速公路。应在“备注”栏中填注“未验收”。

㉗旧路改建变更是指已列入统计年报的路线，经过改造提高等级的增减变化数值。变更情况，增加用正号“+”表示（可省略“+”），减少用负号“-”表示。

㉘改线后的原有路段，原则上应废弃，确实需要保留的，行政等级应降级处理，并履行相关手续。

㉙国、省、县、乡、村道和专用公路改建后的路段，里程大于或等于 1km 地方可提高此路段的技术等级。

㉚凡发生变化的路段，所有统计指标必须填写。

㉛技术等级。《公路工程技术标准》（JTG B01—2003）在确定公路技术等级时，主要依据更多地结合了设计时速、交通量、车道数等多种因素，相关技术指标也进行了修订。因此，原技术等级不一定完全符合目前技术标准的规定。为避免增加过多的工作量，按照原技术标准建设的公路，仍然维持原技术等级。

㉜行车道数：填写道路设计时的行车道数。即 1 车道、2 车道、4 车道、6 车道、8 车道、其他（混合车道）。

㉝数据关系

a. 公路里程 = 等级公路（高速 + 一级 + 二级 + 三级 + 四级）+ 等外公路 = 有铺装路面 + 简易铺装路面 + 未铺装路面 = 国道 + 省道 + 县道 + 乡道 + 专用公路 + 村道；

b. 本年底到达数 = 上年年底到达数 + 本年新建数 + 本年改建变更数；

c. 公路里程 ≥ 晴雨通车里程；

d. 公路里程 ≥ 可绿化里程 ≥ 已绿化里程；

e. 公路里程 ≥ 养护里程；

f. 渡口 ≥ 机动渡口。

2. 公路密度及通达情况统计报表说明

(1)报表范围

公路密度及通达情况统计报表,目的是反映本年度公路密度及乡(镇)、建制村(行政村)公路通达情况。辖区内所有乡(镇)、建制村(行政村)的公路交通状况均应进行统计。

(2)报表说明及注意事项

①行政区划名称要求填写全称,要求省级单位填写到地、市级,地、市级单位填写到县级。

②贫困级别填写国家级、省级和其他三类。

③公路密度是指一定区域内公路总里程与该区域国土面积或人口之比,计算公式为:

公路密度(按国土面积计算)=公路里程数(公里)/国土面积(百平方公里)

公路密度(按人口计算)=公路里程数(公里)/人口数(万人)

④国土面积、人口数量以统计和民政部门正式公布的上年底数据为准。乡镇、建制村数量以全国农村公路通达情况专项调查正式公布数据为基础,根据乡镇、建制村调整情况确定。

⑤"公路通达、通畅情况"指标包括因村道而通达、通畅的乡镇和建制村。乡(镇)、建制村通达路线的路面类型不能为"无路面"。

⑥公路密度及通达情况统计报表,由县级农村公路管理部门填报,逐级汇总上报。

第六节　公路里程统计分析

运用公路里程统计资料,可以反映公路的数量、质量、构成和公路发展的历史进程,探讨公路的内在联系和发展规律,研究公路和铁路、水运等其他运输方式的比例和平衡关系,分析公路与国民经济的发展适应程度,为制订社会和经济发展计划,正确确定公路与其他运输方式之间的比例关系以及与整个国民经济的适应程度,编制公路发展规划和年度公路养护、建设计划,提供决策依据。

一、公路里程发展变化分析

这是一种动态分析,目的是通过计算发展水平、发展速度、增长量、增长速度等指标,反映公路里程发展变化的趋势及速度。

例如:现以1990~2001年河南省公路里程发展情况(表3-2-9),说明计算分析方法。

1990~2001年河南省公路里程发展情况　　表3-2-9

年　份	1990	1991	1992	1993	1994	1995	1996	1997	1998	1999	2000	2001
公路里程(公里)	43150	44199	45049	46478	47704	49707	50907	55015	57172	60330	64453	69041
定基发展速度(%)	-	102.43	104.40	107.71	110.55	115.20	117.98	127.50	132.50	139.81	149.37	160.00
累计增长量(公里)	-	1049	1899	3328	4554	6557	7757	11865	14022	17180	21303	25891
环比发展速度(%)	-	102.43	101.92	103.17	102.64	104.20	102.41	108.07	103.92	105.52	106.83	107.12
逐期增长量(公里)	-	1049	850	1429	1226	2003	1200	4108	2157	3158	4123	4588
定基增长速度(%)	-	2.43	4.40	7.71	10.55	15.20	17.98	27.50	32.50	39.81	49.37	60.00
环比增长速度(%)	-	2.43	1.92	3.17	2.64	4.20	2.41	8.07	3.92	5.52	6.83	7.12

1. 发展水平

发展水平也称发展量。表3-2-9列示的1990年公路里程43150公里,是最初水平,或称基期水平;2001年公路里程69041公里,是最末水平,或称报告期水平。最末水平与最初水平相比,有了很大提高，提高幅度为60%，表明1990～2001年河南省公路有了快速发展。如图3-2-1所示。

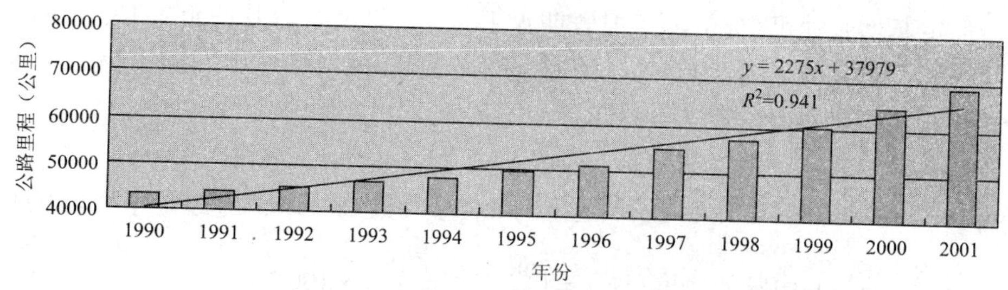

图3-2-1 1990～2001年河南省公路里程发展情况图

$$平均发展水平 = 各期发展水平之和/期数 = \sum\frac{x}{n}$$

$$= (43150 + 44199 + 45049 + 46478 + 47704 + 49707 + 50907 + 55015 + 57172 + 60330 + 64453 + 69041)/12 = 52767 \text{公里}$$

发展水平和平均发展水平还可以在各个不同地区之间进行比较，借以说明各地区公路里程发展水平的差异。

2. 发展速度

发展速度是两个不同时期发展水平指标值对比的结果，主要说明报告期水平已发展到基期水平的百分比或倍数。发展速度的计算公式是：

$$定基发展速度(\%) = (报告期水平/基期水平) \times 100\%$$

$$环比发展速度(\%) = (各期发展水平/前一期发展水平) \times 100\%$$

定基、环比发展速度计算结果见表3-2-9所列。从表中可以看出，1990～2001年河南省公路发展速度是不均衡的，1997年以前的发展速度较慢，1997年以后发展速度较快。说明河南省落实中央提出的“加快基础设施建设，拉动经济增长”的措施是得力的，实行的公路发展方针和指导思想是正确的，公路对国民经济发展的制约得到了缓解，为全面建设和谐社会作出了贡献。如图3-2-2所示。

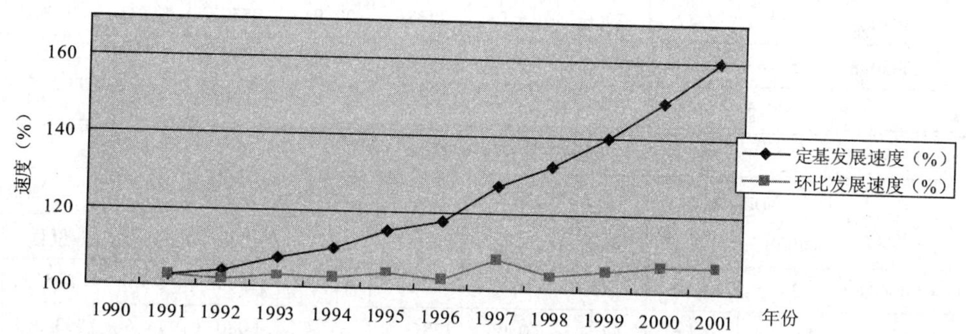

图3-2-2 1990～2001年河南省公路里程发展速度

3. 增长量

公路里程增长量是指在一定时期内公路里程增加的绝对量。累计增长量是报告期水平与基期水平相减的差额；逐期增长量是报告期水平与前一期水平相减的差额。逐期增长量之和等于报告期累计增长量。公路里程增长量计算结果见表3-2-9所列。

4. 增长速度

公路里程增长速度是反映公路里程增长程度的相对指标。它有定基增长速度和环比增长速度两种计算方法。

$$定基增长速度(\%)=[(报告期水平-基期水平)/基期水平]\times100\%$$

$$环比增长速度(\%)=(报告期增长量/前一期水平)\times100\%$$

公路里程增长速度计算结果见表3-2-9所列。

5. 平均发展速度与平均增长速度

平均发展速度是各个时期环比发展速度的几何平均数,平均增长速度等于平均发展速度减1。

$$平均发展速度(\%)=\left(\frac{最末水平}{最初水平}\right)^{\frac{1}{n-1}}\times100\%$$

$$=(各期环比发展速度之积)^{\frac{1}{n-1}}\times100\%$$

$$平均增长速度(\%)=平均发展速度(\%)-1$$

平均发展速度和平均增长速度用百分数表示。当数值大于百分之百时,则用倍数表述。如河南省2007年公路里程与1995年相比,增长380%,可以表述为增长3.8倍。

二、各类公路里程所占比重的变化分析

在公路里程总数中,按公路技术等级分组的里程数,按公路行政等级分组的里程数,按公路路面等级分组的里程数等,由于公路建设的发展变化,在报告期也会发生变化,从而导致各类公路里程在公路总里程中所占比重也发生变化。这些变化反映着公路质量水平的变化,要了解变化的程度,必须进行公路里程比重变化分析。

例如:表所列内容为1995年和2003年河南省按公路技术、行政、路面等级分组的里程数及所占比重。

1995年和2003年河南省公路技术、行政、路面等级分组 表3-2-10

按公路行政等级分组(公里)

年份	公路里程	国道		省道		县道		乡道		专用公路	
		里程	%	里程	%	里程	%	里程	%	里程	%
1995	49707	3713	7.47	7966	16.03	11386	22.91	25505	51.31	1137	2.29
2003	73830.8	4753.6	6.44	14734.4	19.96	18063.6	24.47	34974.3	47.37	1305	1.77
增+减-	+24123.8	+1040.6	-1.03	+6768.4	+3.93	+6677.6	+1.56	+9469.3	-3.94	+168	-0.52

按公路技术等级分组(公里)

年份	等级里程	高速公路		一级公路		二级公路		三级公路		四级公路	
		里程	%	里程	%	里程	%	里程	%	里程	%
1995	46641	230	0.49	78	0.17	5726	12.28	11052	23.7	29555	63.37
2003	68738.2	1418.4	2.06	44.4	0.06	17851.4	25.97	10080.3	14.66	39343.7	57.24
增+减-	+22097.2	+1188.4	+1.57	-33.6	-0.1	+12125.4	+13.69	-971.7	-9.03	+9788.7	-6.13

按公路路面等级分组(公里)

年份	有路面里程	高级路面		次高级路面		中级路面		低级路面	
		里程	%	里程	%	里程	%	里程	%
1995	42840	2891	6.75	27408	63.98	6608	15.42	5933	13.85
2003	70894.9	15058.6	21.24	41038.9	57.89	8622.7	12.16	6174.6	8.71
增+减-	+28054.9	+12167.6	+14.49	+13630.9	-6.09	+2014.7	-3.26	+241.6	-5.14

表3-2-10统计分析表明，河南省2003年公路里程与1995年比较，公路的技术、行政、路面等级结构有了较大的变化。通过按公路行政等级分组分析，国道增加1040.6公里，省道增加6768.4公里，县道增加6677.6公里，乡道增加9469.3公里。说明近年来交通公路部门贯彻执行国家加大基础设施投资、拉动经济增长的政策，加快公路建设的成效是明显的。通过按公路技术等级分组分析，高速公路有了较快增长，总里程数超过了1400公里，一级公路减少33.6公里，二级公路增加12125.4公里，三级公路减少971.7公里，四级公路增加9788.7公里。说明河南省交通厅“抓两头、带中间”，大力发展高速公路、抓好地方道路、全面提高公路技术等级的指导思想是正确的。通过按公路路面等级分组分析，高级路面比重增长14.49%，其他路面比重均有较大幅度下降，说明河南省公路整体质量有了较大提高。如图3-2-3、图3-2-4所示。

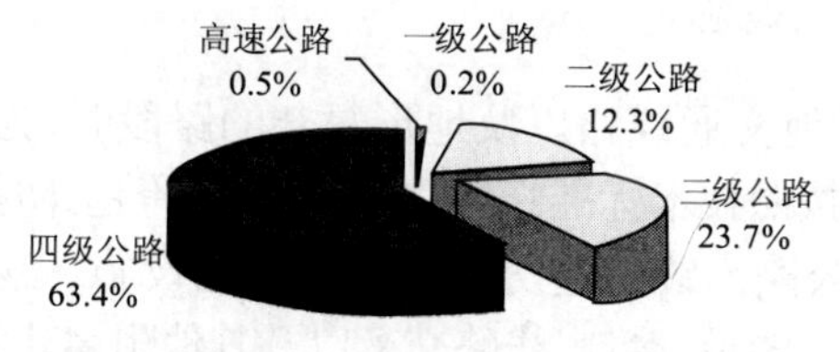

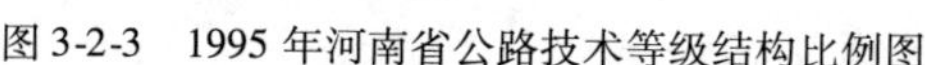
图3-2-3　1995年河南省公路技术等级结构比例图

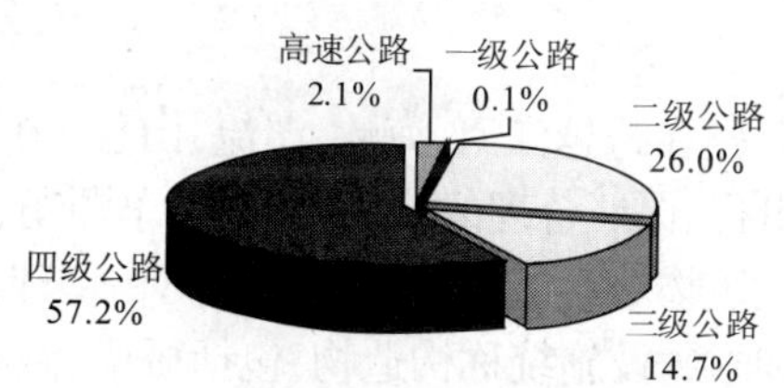

图3-2-4　2003年河南省公路技术等级结构比例图

第三章 公路构造物统计

第一节 公路构造物统计的意义及范围

一、公路构造物的概念

公路在跨越江河、海峡、溪流、山谷、沟渠或通过其他交通线路以及地形复杂的路段时,为缩短线路里程、保证合理的线形,达到行车顺畅、安全,必须按照技术标准修建的各种排水、跨越、防护、加固等建筑物。为了便于公路的养护和管理,还必须在公路沿线建造房屋及其他附属设施。这些建筑物和附属设施统称构造物,包括桥梁、涵洞、防护工程、隧道、渡口、线路交叉以及其他附属建筑。

二、公路构造物统计的意义和任务

公路构造物是公路的重要组成部分。通过对其数量、构成、性能和使用情况的统计,可以科学正确地评价公路构造物使用情况,及时地制定维修养护方案,采取维修措施,延长公路构造物使用寿命,预防事故发生,确保人民生命和财产安全;可以帮助研究公路构造物的量变与质变规律,对反映公路交通建设成就和发展水平,促进公路事业的发展,提高公路质量、通行能力和服务水平,有着重要的作用。

公路构造物统计的任务,是掌握公路构造物的设置、技术标准和使用情况,摸清构造物存在的问题和现况,客观地反映公路各类构造物的数量和质量情况,分析研究其构成和变动,为加强构造物的养护和管理,减少损失,保证安全,改善技术状况,以及为制定养护计划和建设规划提供科学的决策依据。

三、公路构造物的统计范围

公路构造物的统计范围是公路及公路界线范围之内的所有的构造物。原则上,达到《公路工程技术标准》所规定技术等级的公路,其构造物均应纳入统计,并保持与公路里程统计的口径一致。

公路构造物统计不包括:

(1)达不到《公路工程技术标准》所规定的技术等级(不含2001年普查划定的等外路)的公路构造物和大、中城市街道的构造物。

(2)已竣工尚未验收交付使用的构造物。

(3)不属于公路固定资产的构造物及公路管理机构的建筑物和其他非公路设施。

第二节 公路构造物统计分组

一、公路构造物类别

公路构造物按其建筑位置、作用、实体特征不同,可分为不同的类别。

1. 按构造物位置的不同分类

按构造物位置的不同,可分为行车部位以内构造物、行车部位以外构造物。

(1)行车部位以内构造物。如桥梁、涵洞、漫水工程、线路交叉设施、隧道等。

(2)行车部位以外构造物。如防护工程、房屋、交通安全设施及其他附属设施等。

2. 按构造物作用的不同分类

按构造物作用的不同可分为:连接线路需直接承担车辆荷载行驶的构造物,保护路基和桥涵的防护构造物,为行车安全而设置的构造物(交通安全设施),为服务需要而设置的构造物(公路服务设施),为管理养护需要而设置的构造物(公路管理养护设施)等。

(1)连接线路需直接承担车辆荷载行驶的构造物。如桥梁、涵洞等。

(2)保护路基和桥涵的防护构造物。如各种防护工程和排水设施等。其中边坡防护工程类型包括植物石砌(干、浆砌片石)护坡、挡土墙、护石墙、石笼、抛石、导治构造物(坝)等。

排水类型包括边沟、截水沟、排水沟、跌水、急流槽、排水管、积水井和盲沟等。

(3)为行车安全而设置的构造物(交通安全设施)。如标志、标线、视线诱导标、隔离设施(隔离栅、隔音墙)、防护网,轮廓标,护栏(防护墩、防护桩、防护墙、钢板护栏),防眩设施(绿篱、防眩板、防眩栅),预告、指路或警告标志,反光突起路标和防撞设施等。

(4)为服务需要而设置的构造物(公路服务设施)。包括公共汽车站、停车场、旅店(服务区)、加油站、车辆修理所、紧急电话、电话、餐饮和小卖部、长凳、停车位和公共厕所。

(5)为管理养护需要而设置的构造物(公路管理养护设施)。如监控、通讯、配电、照明和管理养护等设施,紧急报警设施,警示灯或信号灯,养护道班房和养护工区,交通量观测站、里程碑和信息公告牌,收费站和营运管理中心等。

3. 按构造物的实体特征分类

按构造物的实体特征,可分为桥梁、涵洞、漫水工程、防护工程、隧道、渡口、线路交叉、交通工程及沿线设施(附属设施)等。

(1)桥梁、涵洞。桥梁是指为公路、铁路、城市道路等跨越河流、山谷、道路等天然或人工障碍物而建造的建筑物。涵洞是指主要为宣泄地面水流而设置的横穿路堤的小型排水建筑物。它们在公路构造物中占较大比重,是公路的重要组成部分。

(2)漫水工程。漫水工程是指交通量小的公路在通过季节性水流的河流时,为节约投资而用以代替桥梁的公路构造物。包括过水路面、混合过水路面、过水路堤以及低水位漫水桥,但不包括中水位漫水桥。

(3)防护工程。为了保证公路路基或桥梁的稳定性,防止被自然冲刷、侵蚀,导致坍塌,确保行车安全,在地形、地质复杂地段修建的防护设施。如护坡、挡土墙、导流堤等,均属于防护工程。

(4)隧道。公路隧道是指为公路从地层内部或水流底部通过而建造的建筑物。

(5)渡口。公路渡口是指连通水域两岸公路,渡运机动车辆(人员)的构造物及设施。渡口由引道、码头、渡船三部分组成。

(6)线路交叉。公路与公路、铁路等相交,形成交叉口,这些交叉口是交通的枢纽,必须正确的设计和合理地组织交通,才能防止交通事故。避免交通阻塞,提高公路的通行能力。

根据通过交叉口的道路所处的空间位置,可分为平面交叉、立体交叉两大类型。平面交叉分为公路与公路平面交叉、公路与铁路平面交叉、公路与管线平面交叉、公路与城市道路平面交叉等;立体交叉分为公路与公路立体交叉、公路与铁路立体交叉、公路与管线立体交叉、公路与城市道路立体交叉等。

①平面交叉。分T形平面交叉、Y形交叉、十字形交叉、X(斜)形平面交叉、错位平面交叉、多岔平面交叉、环形平面交叉和折角式平面交叉等。

②立体交叉。分喇叭线立体交叉、菱形立体交叉、环形立体交叉、苜蓿叶形立体交叉、部分苜蓿叶形立体交叉、Y形立体交叉、喇叭形加Y形立体交叉和定向式立体交叉等;此外还有上跨铁路立体交叉、下穿铁路立体交叉等。

(7)交通工程及沿线设施

为了保障公路的良好交通秩序,充分发挥公路的作用,适应公路生产和管理的需要,必须在沿线规定的地点或路段设置交通安全设施及交通管理设施,主要包括:

①交通安全设施。其作用是为了保证行车和行人安全。按其构造形式和作用的不同,分为护栏、标杆、标线、护墙、安全管理标志、照明设施等。

②交通管理设施。其作用是为了保障良好的交通秩序,便于养护生产和公路管理。按其作用及构造形式不同,可分为公路标志、路面标志、监测设施、停车场、道班房等。

二、桥梁统计分组

桥梁是公路构造物的重要组成部分。在公路构造物统计中对桥梁进行详细分组,可以分析、了解其数量和质量上的差异及变动情况。因此,在公路统计中,桥梁统计分组具有十分重要的意义。桥梁一般按以下标志进行统计分组。

1. 按桥梁建设规模大小分组

主要是以桥涵的长度和跨径的大小作为划分依据,分为特大桥、大桥、中桥、小桥和涵洞。桥涵分类见表3-3-1所列。

表3-3-1

桥 涵 分 类

桥 涵 分 类	多孔跨径总长L(m)	单孔跨径L_k(m)
特大桥	$L>1000$	$L_k>150$
大桥	$100\leqslant L\leqslant 1000$	$40\leqslant L_k\leqslant 150$
中桥	$30<L<100$	$20\leqslant L_k<40$
小桥	$8\leqslant L\leqslant 30$	$5\leqslant L_k<20$
涵洞		$L_k<5$

注:①单孔跨径系指标准跨径;

②梁式桥、板式桥的多孔跨径总长为多孔标准跨径的总长;拱式桥为两岸桥台内起拱线间的距离;其他形式桥梁为桥面系车道宽度;

③管涵及箱涵不论管径或跨径大小、孔数多少,均称涵洞;

④标准跨径:梁式桥、板式桥以两桥墩中线间距离或桥墩中线与台背前缘间距为准;拱式桥和涵洞以净跨径为准。

2. 按桥梁结构类型分组。

按桥梁结构类型分组,桥梁上部结构按其主要的受力构件为基本依据,可分为梁式桥、拱式桥、刚架桥、悬索桥和组合体系桥5大类。

(1)梁式桥。以梁或板为主来担负全桥上部结构和车辆荷载的。梁式桥按其受力特点,可分为简支梁、连续梁和悬臂梁。若就其构造形式而言,则有矩形板、空心板、T形梁、工形梁、箱形梁等不同构造形式。其中T形梁、工形梁又称为肋形梁。目前,常见的有钢筋混凝土、预应力混凝土简支梁和连续梁。

(2)拱式桥。是靠拱圈或拱肋来负担桥的上部荷载,常见的有石拱、混凝土拱、钢筋混凝土双曲拱等。

(3)刚架桥。其主要承重结构是梁或板和立柱或竖墙整体在一起的刚架结构，梁和柱的连接处具有很大的刚性。

目前，在公路桥梁中属于刚架结构体系采用较多的桥型有T形刚构桥、连续刚构桥和刚构—连续组合桥梁等。

(4)悬索桥。也称吊桥，桥梁的主要承重结构由桥塔和悬挂在塔上的缆索及吊索、加劲梁和锚定结构组成。

(5)组合体系桥。根据结构受力特点，由几个不同体系的结构组合而成的桥梁称为组合体系桥。组合体系桥一般采用钢筋混凝土来建造。

3. 桥梁主要承重结构所用的材料分组

按桥梁主要承重结构所用的材料来划分，有木桥、钢桥、圬工桥(包括砖、石、混凝土桥)、钢筋混凝土桥和预应力钢筋混凝土桥。

(1)木桥。用木料建造的桥梁。木桥的优点是可就地取材，构造简单，制造方便，小跨度多做成梁式桥，大跨度可做成桁架桥或拱桥。

(2)钢桥。桥跨结构用钢材建造的桥梁。钢材强度高，性能优越，表观密度与容许应力之比值小，故钢桥跨越能力较大。

(3)圬工桥。用砖、石或素混凝土建造的桥。这种桥常做成以抗压为主的拱式结构，有砖拱桥、石拱桥和素混凝土拱桥等。由于石料抗压强度高，且可就地取材，故在公路桥梁中，以石拱桥较多。

(4)钢筋混凝土桥。又称普通钢筋混凝土桥。桥跨结构采用钢筋混凝土建造的桥梁。这种桥梁，砂石料可以就地取材，维修简便，行车噪声小，使用寿命长，并可采用工业化和机械化施工，与钢桥相比，钢材用量与养护费用均较少，但自重大，对于特大跨度的桥梁，在跨越能力与施工难易度和速度方面，常不及钢桥优越。

(5)预应力钢筋混凝土桥。桥跨结构采用预应力混凝土建造的桥梁。这种桥梁，利用钢筋或钢丝(索)预张力的反力，可使混凝土在受载前预先受压，在运营阶段不出现拉应力(称全预应力混凝土)，或有拉应力而未出现裂缝或控制裂缝在容许宽度内(称部分预应力混凝土)。

4. 按桥梁使用年限分组

按桥梁使用年限分组，分为永久性桥梁、半永久性桥梁和临时性桥梁。

(1)永久性桥梁。指上、下部结构均用耐久性材料(如钢、钢筋混凝土、石料等)建筑的供长期使用的桥梁。

(2)半永久性桥梁。指下部结构采用耐久性材料(如石料、混凝土等)，上部结构采用木材建筑的桥梁。

(3)临时性桥梁。指上、下部结构均采用非耐久性材料(如木料)建造的或供短期使用的桥梁。

5. 按桥梁荷载标准分组

按桥梁荷载标准分组，可分为公路—I级汽车荷载和公路—II级汽车荷载。

(1)公路—I级汽车荷载。一般高速公路、一级公路采用该荷载标准。二级公路作为干线公路且重型车辆较多时，也可采用该荷载标准。

(2)公路—II级汽车荷载。一般二级公路、三级公路、四级公路采用该荷载标准。

6. 按桥梁跨越建筑物的性质分组

按桥梁跨越建筑物的性质，可分为跨河桥、跨线桥(立体交叉)和高架桥等。

(1)跨河桥。是指公路跨(穿)越天然河流、溪流、山谷、沟渠等的桥梁。

(2)跨线(立交)桥。是指跨越公路、铁路或城市道路等交通线路的桥梁。

(3)高架桥。一般是指跨越深山峡谷以代替高填路堤或在大城市中的原有道路之上另行修建快速行车道的桥梁。

7. 按桥梁上部结构行车道的位置分组

按桥梁上部结构行车道的位置,可分为上承式桥、下承式桥和中承式桥三种。

(1)桥面布置在主要承重结构之上的,称之为上承式桥。

(2)桥面布置在承重结构之下的,称之为下承式桥。

(3)桥面布置在桥跨结构高度中间的,称之为中承式桥。

8. 按桥梁跨越方式分组

按桥梁跨越方式,可分为固定式桥梁、开启桥、浮桥、漫水桥等。

(1)固定式桥梁。指一经建成后各部分构件不再拆装或移动位置的桥梁。

(2)开启桥。指上部结构可以移动或转动的桥梁。

(3)浮桥。指用浮箱或船只等作为水中的浮动支墩,在其上架设贯通的桥面系统以沟通两岸交通的架空建筑物。

(4)漫水桥。又称过水桥,指洪水期间容许桥面漫水的桥梁。

9. 按桥梁施工方法分组

按桥梁施工方法分,混凝土桥梁可分为整体式施工桥梁和节段式施工桥梁。

(1)整体式施工桥梁。是在桥位上搭脚手架、立模板,然后现浇成为整体式结构的桥梁。

(2)节段式施工桥梁。是在工厂(或工场、桥头)预制成各种构件,然后运输、吊装就位、拼装成整体结构的桥梁;或在桥位上逐段现浇而成整体结构的桥梁。主要用于大跨径预应力混凝土悬臂梁桥、T型刚构桥、连续梁桥、拱桥以及斜拉桥、悬索桥的施工。

10. 按桥梁用途(使用目的)分组

按桥梁用途(使用目的)分,可分为公路桥、铁路桥、公路铁路两用桥、渡水桥(渡槽)和人行天桥和,以及专用桥梁(如通过管道、光缆)等。

(1)公路桥。指通行公路的桥梁称为公路桥。

(2)铁路桥。指通行铁路的桥梁称为铁路桥。

(3)公铁两用桥。指既通行公路又通行铁路的桥梁称为公铁两用桥。

(4)人行天桥。又称人行立交桥。一般建造在车流量大、行人稠密的地段,或者交叉口、广场及铁路上面。

11. 按桥梁技术状况分组

按桥梁技术状况分,桥梁按技术状况可分为一类桥、二类桥、三类桥、四类桥、五类桥(JTG H11—2004)。

三、涵洞统计分组

涵洞是公路构造物的重要组成部分。按不同的分类方法,涵洞分为不同类型。

1. 根据“桥涵分类”进行分类(表3-3-1)。

2. 根据涵洞中线与路线中线的关系分组

根据涵洞中线与路线中线的关系分,可分为正交涵洞和斜交涵洞。

(1)正交涵洞。指涵洞中线与路线中线垂直的涵洞。

(2)斜交涵洞。指涵洞中线与路线中线有一定交角的涵洞。

3. 按涵洞洞顶填土情况分组

按涵洞洞顶填土情况分，可分为明涵和暗涵。

(1)明涵。指涵洞洞顶无填土的涵洞，适用于低路堤或浅沟渠。

(2)暗涵。指涵洞洞顶填土厚度大于50cm的涵洞，称为暗涵，适用于高路堤或深沟渠。

4. 按涵洞水利特性分组

按涵洞水力特性分，可分为无压力式涵洞、半压力式涵洞、压力式涵洞等。

(1)无压力式涵洞。指涵洞入口水流深度小于洞口高度，并在涵洞全长范围内水面都不触及涵顶，具有自由水面的涵洞。公路上大多数涵洞均属于此类。

(2)半压力式涵洞。涵洞入口水深大于洞口高度，水仅在进水口处充满洞口，而在涵洞全长范围内的其余部分都具有自由水面的涵洞。通常在涵洞尺寸受路基高度或其他因素限制时采用。

(3)压力式涵洞。涵洞入口水深大于洞口高度，在涵洞全场范围内都充满水流，无自由水面的涵洞。此类涵洞仅在深沟高路堤或允许壅水但不危害农田时采用。

5. 根据涵洞洞身截面形状分组

根据涵洞洞身截面形状分，可分为圆管涵、拱涵、盖板涵和箱涵等。

6. 按涵洞建筑材料分组

按涵洞建筑材料分，可分为砖涵、石涵、混凝土涵、钢筋混凝土涵和其他材料(木、陶瓷、瓦罐、缸瓦罐、石灰三合土篾管、石灰三合土拱、铸钢管、皱纹管)涵等。

四、隧道统计分组

1. 按隧道长度分组

按隧道长度分，可分为特长隧道、长隧道、中隧道和短隧道，见表3-3-2所列。

隧　道　分　类　　表3-3-2

隧道分类	特长隧道	长隧道	中隧道	短隧道
隧道长度 L(m)	$L>3000$	$3000\geqslant L>1000$	$1000\geqslant L>500$	$L\leqslant 500$

2. 按隧道所处位置分组

按隧道其所处位置不同分，可分为山岭隧道、水下隧道(河底和海底)以及城市隧道。

3. 按隧道横断面形状分组

按隧道横断面形状不同，可分为圆形、椭圆形、马蹄形、眼睛形(孪生形)等。

4. 按隧道用途分组

按隧道用途分，可分为交通隧道(包括公路隧道、铁路隧道、城市地铁、人行隧道等)和运输隧道(包括输水隧道、输气隧道、输液隧道等)。

五、渡口统计分组

渡口因渡运设备和方法的不同可分为：

(1)机动渡口。凡用机械带动船只进行渡运车辆的渡口称为机动渡口。

(2)人力渡口。凡用人力渡运车辆的渡口称人力渡口。

(3)浮桥渡口。凡用多艘船只联接，搭设桥面渡运车辆的渡口称浮桥渡口。

载车渡船，是在渡口直接载运车辆过渡的船舶。主要包括：

(1)机动渡船。指渡船本身带动力的船舶。

(2)非机动渡船。指渡船本身不带动力，需拖轮带动人力渡运的船舶。

拖轮是渡口的设备之一，它是拖带渡车船舶所用的动力船舶，不能作为渡船统计。

第三节 公路构造物统计调查

公路构造物统计报表是以原始记录、统计台账为依据编制的，而公路构造物原始记录及统计台账、卡片数据是通过构造物专项调查或者公路普查取得的。

一、公路桥梁统计调查

1. 公路桥梁统计调查主要内容

(1)桥梁编号。路段序号共14位，前4位为路线代码，中间6位为行政区码，后4位为该行政区中该路线的桥梁序号。如G207410482L001，前4位G207表示国道207锡海线，410482表示河南省平顶山汝州市，L001表示汝州市按路线走向排序的第一座桥梁。

(2)桥梁名称及所在位置。桥梁名称必须填写桥梁的自然名称；桥梁所在地点(指桥梁所在地的地名)，如无地名的可填写标志性建筑、自然物，也可填写桥梁中心桩号。

(3)中心桩号。桥梁的位置用桥梁中心点的桩号表示，计量单位为"公里"，保留3位小数。

(4)桥梁性质。可分为永久性桥、半永久性桥、临时性桥、永久性漫水桥、半永久性漫水桥、临时性漫水桥等。

(5)跨域地物类型和名称。河流(运河、湖泊)、旱河(干河槽)、沟壑、管道(大型输送管道)、道路、铁路、非机动车道、水渠等。

(6)桥梁跨径分类。可分为特大桥、大桥、中桥和小桥。

(7)桥梁总长(总长度)。有桥台的桥梁为两岸桥台的侧墙或八字墙尾端之间的距离，计量单位为"米"；无桥台的桥梁则为桥面系行车道长度。

(8)主桥孔数。计量单位为"孔"。

(9)桥梁净宽、主桥主跨、主桥边跨、前引桥长、后引桥长、桥下净空(指桥底表面与下方水面或地面之间的距离)，计量单位为"米"。

(10)上部构造类型分为：

①梁桥。分为板梁、Ⅰ形梁、T形梁、Ⅱ形梁、箱形梁、组合式梁、桁架梁和空心板梁等。

②拱桥。分为板拱、肋拱、双曲拱、箱形拱、刚架拱、系杆拱和桁架拱等。

③刚构桥。分为斜腿刚构、刚架桥(刚构)、悬索桥、斜拉桥、斜拉悬索桥、微弯板组合工字梁(或拱)、肋腋板组合工字梁(或拱)和薄壳桥等。

④其他桥。指浮桥等。

(11)桥墩基础类型。分为无桥墩、重力式墩、单柱墩、双柱式墩、多柱墩、桁架式墩、构架式墩、排架墩、双壁墩、X形墩、Y形墩、V形墩和H形墩等。

(12)桥台基础类型。分为无桥台、U形桥台、八字形桥台、埋置式桥台、拱形桥台、埋置衡重式桥台、空箱式桥台、构架式桥台、双柱框架式桥台、多柱框架式桥台、墙式桥台、组合式桥台、支撑式桥台、一字形桥台、扶壁(空腹)式桥台和锚锭板式桥台等。

(13)桥面铺装类型。有铺装路面、简易铺装路面和未铺装路面。

(14)伸缩缝类型。分为无伸缩缝、锌铁皮U形伸缩缝、钢板伸缩缝、各式橡胶伸缩缝、填料式缝、自然留缝、梳形钢板伸缩缝和毛勒伸缩缝等类型。

(15)支座类型。分为板式橡胶支座、盆式橡胶支座、线式钢板支座、油毡垫支座、钢筋混凝土块支座、摆柱支座、氟板橡胶支座和辊轴支座等类型。

(16)设计荷载等级。指桥梁修建时或加固改建后的荷载等级,主要有公路Ⅰ级、公路Ⅱ级、汽车-超20级、汽车-20级、汽车-15级、汽车-13级、汽车-10级、低于汽车-10级等。

(17)抗震等级。指设计抗震烈度等级,分为:① <0.05或6度以下;②0.05或6度;③0.10、0.15或7度;④0.20、0.30或8度;⑤≥0.40或9度及以上。

(18)通航等级。根据《内河通航标准》(GBJ 139—90)对所跨河流分类填写:不通航、一级、二级、三级、四级、五级、六级、七级等。

(19)弯坡斜特征。分为常规桥、弯桥、坡桥、斜桥、弯坡桥、弯斜桥、坡斜桥、弯坡斜桥和其他桥等。

(20)竣工日期。按4位年、2位月填写,如2007/10。

(21)管养单位。填写至县级管养单位(单位全称)。

(22)技术状况评定。分为一类桥、二类桥、三类桥、四类桥、五类桥。

(23)总造价。计量单位为"万元"。

(24)设计单位名称、施工单位名称、监理单位名称,均填写单位全称。

2. 公路桥梁统计调查采集表(表3-3-3)

公路桥梁统计调查采集表 表3-3-3

序号	调查指标	计量单位	填写内容	备注
1	桥梁编号			
2	桥梁名称			
3	桥梁所在位置			
4	中心桩号			
5	桥梁性质			
6	跨域地物类型			
7	跨域地物名称			
8	桥梁跨径分类			
9	桥梁总长			
10	主桥孔数			
11	桥梁净宽			
12	主桥主跨			
13	主桥边跨			
14	前引桥长			
15	后引桥长			
16	桥下净空			
17	上部构造类型			
18	桥墩基础类型			
19	桥台基础类型			
20	桥面铺装类型			

续上表

序　号	调查指标	计量单位	填写内容	备　注
21	伸缩缝类型			
22	支座类型			
23	设计荷载等级			
24	抗震等级			
25	通航等级			
26	弯坡斜特征			
27	竣工日期			
28	管养单位			
29	技术状况评定			
30	总造价			
31	设计单位名称			
32	施工单位名称			
33	监理单位名称			

二、公路涵洞统计调查

1. 公路涵洞统计调查主要内容

(1)涵洞编号。参照桥梁编号。

(2)里程桩号。涵洞所在路线位置桩号,计量单位为“公里”,保留3位小数。

(3)涵洞类型。分为圆管涵、盖板涵、箱涵和拱涵等类型。

(4)涵洞长度。涵洞的长度是以洞身两端洞口之间的水平距离为准,即路基横方向的长度,计量单位为“米”。

(5)涵洞跨径。计量单位为“米”。

(6)涵洞净高。计量单位为“米”。

2. 公路涵洞统计调查表(表3-3-4)

公路涵洞概况统计调查采集表　　表3-3-4

序号	涵洞编号	调查指标					备注
		里程桩号	涵洞类型	涵洞长度	涵洞跨径	涵洞净高	
1							
2							
3							
4							

三、公路隧道统计调查

1. 公路隧道统计调查主要内容

(1)隧道编号。参照桥梁编号原则。

(2)隧道名称及所在位置。隧道名称必须填写隧道的自然名称;隧道所在地点(指隧道所在地的地名),如无地名的可填写标志性建筑、自然物,也可填写隧道中心桩号。

(3)隧道桩号。隧道中心处的桩号,计量单位为“公里”。

(4)隧道分类。可分为特长隧道、长隧道、中隧道和短隧道等。

(5)隧道长度。指隧道由进口处至出口处的实际长度,计量单位“米”,保留3位小数。

(6)隧道净宽、隧道净高(指隧道穹顶与路面间的实际距离)、人行道宽,计量单位为“米”。

(7)洞口形式。分为翼墙式正交洞口、翼墙式斜交洞口、无翼墙正交洞口、无翼墙斜交洞口、端墙式洞口、柱式洞口、台阶式洞口、环框式洞口等。

(8)断面形式。分为直墙式单心圆拱、直墙式坦顶双心圆拱、直墙式尖顶三心圆拱、曲墙式单心圆拱、曲墙式坦顶双心圆拱、曲墙式尖顶三心圆拱和多心圆拱等。

(9)路面面层类型。有铺装路面、简易铺装路面和未铺装路面。

(10)隧道排水类型。洞顶排水、洞内路侧排水、洞内路面横向排水、洞内地下排水、洞口及明洞防排水、洞口边墙盲沟排水、明洞盲沟排水等。

(11)安全通道。分为有、无两种。

(12)隧道照明。分为全部照明、局部照明、无照明。

(13)隧道通风。分为自然通风、机械通风、混合通风等。

(14)隧道电子设备。分为监控设备、通讯设备、检测设备、监控通讯设备、监控通讯检测设备等。

(15)消防措施。分为有、无两种。

(16)隧道修建日期。按4位年、2位月填写,如2007/10。

(17)设计单位名称、施工单位名称、监理单位名称填写单位全称。

(18)管养单位。填写到县级养护单位(单位全称)。

2. 公路隧道统计调查采集表(表3-3-5)

公路隧道统计调查采集表 表3-3-5

序号	调查指标	计量单位	填写内容	备注
1	隧道编号			
2	隧道名称			
3	隧道所在位置			
4	隧道桩号			
5	隧道分类			
6	隧道长度			
7	隧道净宽			
8	隧道净高			
9	人行道宽			
10	洞口形式			
11	断面形式			
12	路面面层类型			
13	隧道排水类型			
14	安全通道数量			
15	隧道照明			

续上表

序　号	调查指标	计量单位	填写内容	备　注
16	隧道通风			
17	隧道电子设备			
18	消防措施			
19	隧道修建日期			
20	设计单位名称			
21	施工单位名称			
22	监理单位名称			
23	管养单位			

四、公路渡口统计调查

1. 公路渡口统计调查主要内容

(1)渡口编号。参照桥梁编号原则。

(2)渡口名称。填写渡口的自然名称。

(3)渡口桩号。指渡口起点处,即公路终点处的桩号,计量单位“公里”,保留3位小数。

(4)渡口分类。分为机动渡、人力渡、混合渡等。

(5)渡口船舶分类。分为拖轮、推轮、机动驳、机动渡船、人力渡船等。

(6)渡船数量。计量单位为“艘”。

(7)最大渡运量。是指每小时渡口通过的车辆(不分车型)折算成反映通行能力的标准数。

(8)码头数量。计量单位为“座”。

(9)渡运时间。计量单位为“小时”。是指渡船的单程航行所用时间。

(10)河面宽。计量单位为“米”。

(11)渡口宽度。计量单位为“米”。

(12)渡口修建年月。按4位年、2位月填写,如2007/10。

(13)渡口管理单位。填写至县级管养单位(单位全称)。

2. 公路渡口统计调查采集表(表3-3-6)

公路渡口统计调查采集表　　表3-3-6

序　号	调查指标	计量单位	填写内容	备　注
1	渡口编号			
2	渡口名称			
3	桩号			
4	渡口分类			
5	渡口船舶分类			
6	渡船数量			
7	最大渡运量			
8	码头数量			
9	渡运时间			

续上表

序号	调查指标	计量单位	填写内容	备注
10	河面宽			
11	渡口宽度			
12	渡口修建年月			
13	管养单位			

五、公路交叉工程统计调查

1. 公路交叉工程统计调查的主要内容

(1)路线编号。按照公路统计报表制度规定填写。

(2)交叉路口代码。由上级部门统一编制。

(3)交叉路口桩号。指调查路线所属桩号,计量单位为“公里”,保留3位小数。

(4)交叉路口形式。分为平面交叉与立体交叉。

(5)交叉路口种类。见表3-3-7所列。

交叉路口代码及名称　　表3-3-7

代码	名称
GG	国道与国道交叉
GS	国道与省道交叉
GX	国道与县道交叉
GY	国道与乡道交叉
GQ	国道与其他公路交叉
SS	省道与省道交叉
SX	省道与县道交叉
SY	省道与乡道交叉
SQ	省道与其他公路交叉
XX	县道与县道交叉
XY	县道与乡道交叉
XQ	县道与其他公路交叉

注:与铁路交叉时,铁路标示为“T”;与管线交叉时,铁路标示为“P”;与城市道路交叉时,城市道路标示为“C”。

2. 公路交叉工程统计调查采集表(表3-3-8)

公路交叉工程统计调查采集表　　表3-3-8

序号	路线编号	交叉路口代码	交叉路口桩号	交叉路口种类		交叉形式	备注
				代码	名称		

六、公路防护工程统计调查

1. 公路防护工程统计调查的主要内容

(1)路线编号。参照前面路线编号原则。

(2)起点桩号。填写所采集路线的桩号,保留 3 位小数。

(3)路基防护数据通过现场调查结合档案资料取得,当有多种防护形式时,取主要防护类型,精确到米。

(4)边坡防护类型的填写,要分为以下几种:无防护、植物防护(草皮、植树)、石砌(干、浆砌片石)护坡、挡土墙、护石墙、石笼、抛石、导治构造物(坝)等。

2. 公路防护工程统计调查采集表(表 3-3-9、表 3-3-10)

公路(左边坡)防护工程统计调查采集表　　表 3-3-9

序号	路线编号	起点桩号	左边坡防护类型	左边坡建筑材料	左边坡防护长度	备注

公路(右边坡)防护工程统计调查采集表　　表 3-3-10

序号	路线代码	起点桩号	右边坡防护类型	右边坡建筑材料	右边坡防护长度	备注

七、公路路基排水设施统计调查

1. 公路路基排水设施统计调查主要内容

(1)路线代码。参见前面内容。

(2)起点桩号。填写所采集路线的桩号,保留 3 位小数。

(3)路基排水数据通过现场调查结合档案资料取得,当有多种排水形式时,取主要排水类型,精确到米。

(4)排水形式的填写,要分为以下几种:路基地表排水(路面表面排水、中央分隔带排水、坡面排水)、路面内部排水(路面边缘排水)、地下排水(暗沟排水、暗管排水、渗沟排水)、公路构造物及下穿道路排水(桥面排水、桥台和支挡构筑物排水、构筑物自然排水、构筑物水泵排水、下穿道路排水)等。

(5)排水类型。包括边沟、截水沟、排水沟、跌水、急流槽、排水管、积水井、盲沟等。

2. 公路路基排水设施统计调查采集表(表 3-3-11、表 3-3-12)

公路路基左排水设施统计调查采集表 表 3-3-11

序号	路线代码	起点桩号	左排水类型	左排水形式	左侧建筑材料	左侧排水长度	备注

公路路基右排水设施统计调查采集表 表 3-3-12

序号	路线代码	起点桩号	右排水类型	右排水形式	右侧建筑材料	右侧排水长度	备注

八、交通管理设施及附属设施(公路服务设施、管理养护设施)统计调查

1. 交通管理设施调查统计

(1)交通管理设施调查统计的主要内容

①路线代码。按国家和省有关规定。

②位置桩号。填写所采集路线的桩号,保留 3 位小数。

③设施位置。是指设施与路线的相对位置,填写左侧、右侧、上方(向上)、下方(向下)、路中、两侧等 6 种情况。

④交通管理设施的种类。分为交通标志、立面标记、可变情报板(电子信息标志)、公路通讯监控设施及其他交通管理设施等。

(2)交通管理设施统计调查数据采集表(表 3-3-13)

交通管理设施统计调查数据采集表 表 3-3-13

序号	路线代码	位置桩号	设施种类	设施设置	备注

2. 公路护栏统计调查

(1)公路护栏统计调查主要内容

①路线代码。按国家和省有关规定。

②位置桩号。填写所采集路线的桩号,保留 3 位小数。

③设施位置。是指设施与路线的相对位置,填写左侧、右侧、两侧等。

④护栏的分类。分为防护墩、防护桩、防护墙、钢板护栏(栅)、防护网等。

(2)公路护栏统计调查数据采集表(表3-3-14)

公路护栏统计调查数据采集表 表3-3-14

序号	路线代码	起点桩号	止点桩号	护栏分类	设施位置	备注

3. 公路轮廓标统计调查

(1)公路轮廓标的统计调查主要内容

①路线代码。按国家和省有关规定。

②位置桩号。填写所采集路线的桩号,保留3位小数。

③设施位置。是指设施与路线的相对位置,填写左侧、右侧、路中、两侧等。

(2)公路轮廓标统计调查数据采集表(表3-3-15)

公路轮廓标统计调查数据采集表 表3-3-15

序号	路线代码	起点桩号	止点桩号	设施位置	备注

4. 公路照明设施统计调查

(1)公路照明设施统计调查主要内容

①路线代码。按国家和省有关规定。

②位置桩号。填写所采集路线的桩号,保留3位小数。

③设施位置。是指设施与路线的相对位置,填写左侧、右侧、路中、两侧等。

(2)公路照明设施统计调查数据采集表(表3-3-16)

公路照明设施统计调查数据采集表 表3-3-16

序号	路线代码	起点桩号	止点桩号	设施位置	备注

5. 公路防眩设施统计调查

(1)公路防眩设施统计调查主要内容

①路线代码。按国家和省有关规定。

②位置桩号。填写所采集路线的桩号,保留 3 位小数。

③设施位置。是指设施与路线的相对位置,填写左侧、右侧、路中、两侧等。

④防眩设施。分为无防护、绿篱、防眩板和防眩栅等。

(2)公路防眩设施统计调查数据采集表(表 3-3-17)

公路防眩设施统计调查数据采集表 表 3-3-17

序号	路线代码	起点桩号	止点桩号	防眩设施分类	设施位置	备注

6. 公路隔离栅统计调查

(1)公路隔离栅统计调查主要内容

①路线代码。按国家和省有关规定。

②位置桩号。填写所采集路线的桩号,保留 3 位小数。

③设施位置。是指设施与路线的相对位置,填写左侧、右侧、路中、两侧等。

(2)公路隔离栅统计调查数据采集表(表 3-3-18)

公路隔离栅统计调查数据采集表 表 3-3-18

序号	路线代码	起点桩号	止点桩号	设施位置	备注

7. 公路隔音墙统计调查

(1)公路隔音墙统计调查主要内容

①路线代码。按国家和省有关规定。

②位置桩号。填写所采集路线的桩号,保留 3 位小数。

③设施位置。是指设施与路线的相对位置,填写左侧、右侧、路中、两侧等。

(2)公路隔音墙统计调查数据采集表(表 3-3-19)

公路隔音墙统计调查数据采集表 表 3-3-19

序号	路线代码	起点桩号	止点桩号	设施位置	备注

8. 公路服务设施的统计调查

(1)公路服务设施统计调查的主要内容

①路线代码。按国家和省有关规定。

②位置桩号。填写所采集路线的桩号，保留 3 位小数。

③设施位置。是指设施与路线的相对位置，填写左侧、右侧、两侧等。

④公路服务设施。分为公共汽车站、停车场、旅店（服务区）、加油站、汽车维修站、紧急电话、电话和其他公路养护实施等。

（2）公路服务设施统计调查数据采集表（表 3-3-20）

公路服务设施统计调查数据采集表 表 3-3-20

序号	路线代码	起点桩号 、	设施位置	备注

9. 公路管理养护设施统计调查

（1）公路管理养护设施统计调查主要内容

①路线代码。按国家和省有关规定。

②位置桩号。填写所采集路线的桩号，保留 3 位小数。

③设施位置。是指设施与路线的相对位置，填写左侧、右侧、路中、两侧等。

④公路养护设施

a. 公路管理设施。主要有高速公路收费站、公路收费站、桥梁收费站、隧道收费站、渡口收费站、交通量观测站、其他管理设施。

b. 公路养护设施。主要有养护道班（房屋）、筑养路机械库与房屋、养护材料堆场（库）、材料加工厂（场、站）、自然采料池、其他养护设施。

（2）公路管理养护设施统计调查数据采集表（表 3-3-21）

公路管理养护设施统计调查数据采集表 表 3-3-21

序号	路线代码	起点桩号	养护设施种类	设施位置	备注

10. 公路收费站统计调查

（1）公路收费站统计调查主要内容

①路线代码。按国家和省有关规定。

②位置桩号。填写所采集路线的桩号，保留 3 位小数。

③收费里程。是收费站收费路段的长度。

④收费里程不能重复计算，它的总和应为该路的总收费里程。

⑤收费里程的计算按前进方向计。

⑥公路收费站性质。指偿还贷款、经营性收费等。

（2）公路收费站统计调查数据采集表（表 3-3-22）

表 3-3-22

公路收费站统计调查数据采集表

序号	路线代码	收费站类型	收费站桩号	收费站名称	收费起点桩号	收费止点桩号	收费里程	收费站位置	批准开始收费日期	批准收费年限	收费性质	监督电话	管养单位	备注
0	1	2	3	4	5	6	7	8	9	10	11	12	13	14
1														
2														
3														
4														
5														
6														
7														
8														
9														
10														
11														
12														

第四节　公路构造物统计指标及其计算

一、公路构造物的统计原则

公路构造物的数量反映了公路的完善程度和现代化水平，是公路通行能力的重要标志，是构成公路实物数量最基本、最直接的部分之一。所以，公路构造物统计是公路统计的重要组成部分，在进行公路构造物统计时，必须遵循以下原则：

（1）必须符合《公路工程技术标准》。对已报废的构造物不予统计，在施工过程中使用的临时便桥或生产桥等不得统计。

（2）必须是已经建成竣工、验收合格并交付使用的构造物。

（3）必须是公路范围内的固定资产，不是公路固定资产的不得统计。

（4）应与公路里程相对应。凡列入公路里程统计的公路构造物均应统计，未列入的不得统计。

公路构造物统计，一般在年末进行一次。此外为了比较全面地、系统地了解公路构造物的配套状况或积累资料，或考核某种构造物的现状，可采用普查或对某种公路构造物进行专门调查登记的方法进行统计。

二、公路构造物的主要数量统计指标及计量单位

公路构造物数量指标是反映公路构造物总体规模、水平和绝对数量的统计指标，通常以实物量或货币为计量单位，用绝对数表示。

1. 桥梁主要数量统计指标及计量单位

（1）桥梁。计量单位为“米/座”。

（2）桥梁全长。按照《公路工程技术标准》（JTG B01—2003）规定，有桥台的桥梁应为两岸桥台侧墙或八字墙尾端间的距离；无桥台的桥梁应为桥面系长度，计量单位为“米”。

（3）跨径。跨径是反映桥梁跨越能力的指标。有计算跨径、净跨径、和总跨径之分。计算跨径是设计计算上所用的数值，取桥跨结构两支点间的距离。

（4）净跨径。净跨径对于梁式桥指设计洪水位线上相邻两桥墩（或桥台）的水平净距；对于拱桥指两起拱线间的水平距离。总跨径即各孔净跨径的总和，它反映桥梁的排洪能力。计量单位为“米”。

（5）跨径总长。按照《公路工程技术标准》（JTG B01—2003）规定，梁式桥、板式桥的多孔跨径总长为多孔标准跨径的总长；拱式桥为两岸桥台内起拱线间的距离；其他形式桥梁为桥面系车道长度。计量单位为“米”。

（6）单孔最大跨径。指主桥单孔最大跨径。计量单位为“米”。

（7）桥梁跨径组合。格式为孔数 × 单跨长度的组合，按照沿路线前进方向（桩号从小到大），先边跨后主跨再边跨的顺序填写。如路线前进起点的边跨共 3 跨，跨径均为 80m，主跨为 4 跨连续梁，跨径均为 120m，尾跨为 2 跨，跨径均为 60m，该桥的跨径组合应填报为 $3 \times 80 + 4 \times 120 + 2 \times 60$。

（8）桥梁建筑高度。计量单位为“米”。

（9）桥梁容许建筑高度。计量单位为“米”。

（10）桥下净空。通常指桥孔范围内，从设计通航水位（或设计洪水位）至桥跨结构最下缘

的净空高度。计量单位为“米”。

(11)桥梁全宽。指桥梁两侧外沿之间的宽度,如为上、下行分离式桥梁,桥梁全宽应为两座桥梁全宽之和。计量单位为“米”。

(12)桥面净宽。为行车道宽度,包括加(减)速车道、爬坡车道、紧急停车带、慢车道、错车道等,不包括中央分隔带、人行道、护栏等宽度。如为上、下行分离式桥梁,桥梁净宽应为两座桥梁净宽之和。计量单位为“米”。

(13)人行道宽。计量单位为“米”。

2. 涵洞主要数量统计指标及计量单位

(1)涵洞。计量单位为“米/道”。

(2)涵洞长度:是指横向的顺涵洞流水方向的洞身长度(包括端墙),计量单位为“米”。

3. 隧道主要数量统计指标及计量单位

(1)隧道。计量单位为“米/道”。

(2)隧道长度:指隧道由进口处至出口处的实际长度,计量单位“米”。

(3)隧道净宽。计量单位为“米”。

(4)隧道净高:指隧道穹顶与路面间的实际距离,计量单位为“米”。

4. 渡口主要数量统计指标及计量单位

(1)渡口。计量单位为“处”。

(2)渡口宽度。计量单位为“米”。

(3)载车渡船。计量单位为“艘”。不论是机动渡船或非机动渡船,均按“艘”统计。

5. 公路交叉工程主要数量统计指标及计量单位

线路交叉计量单位为“处”。

6. 公路防护工程主要数量统计指标及计量单位

公路防护工程计量单位为“米/处”。包括护坡、护墙、挡土墙、石砌驳岸、跌水坡、边沟铺砌等,以顺路设置的距离计算长度,公路同一断面一侧建筑的为1处,两处建筑的为2处。导流构造物以每一个坝为1处,以流水方向距离计算长度。

7. 排水设施主要数量统计指标及计量单位

(1)漫水工程。计量单位为“米/处”。长度一律按顺路方向,以漫水工程两端之间的距离计算。其中包括低水位漫水桥、潜水涵或流水洞的长度。

(2)倒虹吸。计量单位为“米/处”。长度一律按横路的流水方向管身长度计算。

8. 交通管理设施及其附属设施(公路服务设施、管理养护设施)的主要数量统计指标及计量单位

(1)交通标志、立面标记、可变情报板(电子信息标志)等交通管理设施,计量单位为“块/处”。

(2)标杆、护栏(墙式护栏、柱式护栏),计量单位为“米/处”。以设置的起止点距离计算长度,公路的同一断面不论一侧或两侧设置均按1处统计,但长度按两侧之和计算。

(3)公路轮廓标。钢筋混凝土柱式、玻璃钢柱式公路轮廓标,其计量单位为“根/处”;附着式公路轮廓标,其计量单位为“块/处”。

(4)公路照明设施,其计量单位为“处”。

(5)公路防眩设施、隔离栅、隔音墙,计量单位为“米/处”。

(6)沿线房屋,计量单位为“平方米/幢”。

三、公路构造物质量统计指标

公路构造物质量统计指标一般分为两类:一类是反映现有构造物本身质量的统计指标,这类指标能说明各类构造物的技术状况、新旧程度及适应公路运输的能力,因而能直接反映构造物的质量水平;另一类是反映构造物修建质量的统计指标,如工程的合格率、次差率和返修率等,主要用来反映建筑工程的施工水平。这里主要叙述前一类质量指标。

考核公路现有构造物的质量,主要从完好状况、新旧程度、技术状况和通过能力等几个方面进行。

1. 公路构造物完好率

为了全面、准确地掌握公路构造物的完好和使用情况,要定期调查,一般为一年进行一次,这种调查通常把构造物的质量情况分为良好、正常、损坏、危险 4 类。

(1)良好。指构造物的各部构件均无损毁、脱落、腐朽、锈蚀,报告期仍达到原设计标准的。

(2)正常。指构造物的各部构件无明显损毁,使用性能无变化,一般通过经常性养护即可维持完好状态的。

(3)损毁。是指构造物的一些部位发生了较严重的损毁、腐朽、锈蚀,一般需经大、中修才可恢复其完好状况的。

(4)危险。是指构造物的主要部件发生严重的损毁、腐朽、断折、变形,基础部位受到严重地冲刷,已不能担负原设计承载能力及行车速度的要求,保证不了车辆安全,必须经过改建、重建方可恢复其通车能力的。

良好和正常公路构造物之和为构造物完好数量。完好数量占公路构造物数量的百分比为构造物完好率。其计算公式为:

$$\text{构造物完好率}(\%)=\frac{\text{构造物的完好数量}}{\text{构造物的总数量}}\times 100\%$$

根据公路养护工作的需要,必要时还可以分别统计各类构造物的完好率,以及分线路分地区的构造物完好率。

2. 公路构造物技术标准合格率

为了准确掌握公路构造物的使用情况及适应能力,还必须对构造物的技术状况进行调查和统计。如在一条线路中有多少符合该线路技术等级标准的构造物,有多少低于该线路技术等级标准的构造物,有多少永久性构造物,有多少临时性构造物。

符合《公路工程技术标准》要求的构造物称为合格构造物。用构造物合格数量除以总数量,即可得出公路构造物技术标准合格率。

$$\text{公路构造物技术标准合格率}(\%)=\frac{\text{构造物技术标准完好数量}}{\text{构造物总数量}}\times 100\%$$

通过对公路构造物技术标准合格率的统计和计算,可以掌握一个地区或某条线路的公路技术状况,为公路建设规划和公路的技术改造提供依据。

3. 桥梁、涵洞、隧道的技术状况评定

(1)桥梁的技术状况评定

①根据《公路桥涵养护规范》,桥梁按照技术状况可分为一类桥、二类桥、三类桥、四类桥、五类桥。

a. 一类桥。桥梁处于完好、良好状态,重要部件功能与材料良好,次要部件的轻度缺损在

3% 以内,承载能力符合设计指标,需要进行正常保养的桥梁。

b. 二类桥。桥梁处于较好状态,重要部件功能良好,材料轻度缺损在 3% 以内,承载能力达到设计指标,需要进行小修的桥梁。

c. 三类桥。桥梁处于较差状态,重要部件材料中等缺损在 10% 以内,次要部件的严重缺损在 10% ~20% 以内,承载能力比设计降低 10% 以内,已影响交通,需要进行中修、酌情进行交通管制的桥梁。

d. 四类桥。桥梁处于较差的使用状态,重要部件材料严重缺损在 10% ~20% 以内,次要部件的严重缺损在 20% 以上,承载能力比设计降低 10% ~25% 以内,严重影响正常交通,需要进行大修或改造,及时进行交通管制或关闭交通的桥梁。

e. 五类桥。桥梁处于危险状态,重要部件出现严重病害,关键部位的部分材料强度达到极限,变形大于规范值,承载能力比设计降低 25% 以上,不能达到交通安全通行要求,需要进行改建或重建,应关闭交通的桥梁。

②桥梁良好率

桥梁良好率是指报告期末一类、二类公路桥梁数量(长度)占公路桥梁数量(长度)的比重。

a. 按桥梁数量计算

$$\text{桥梁良好率}(\%)=\frac{\text{一、二类桥梁数量}}{\text{公路桥梁总数量}}\times 100\%$$

b. 按桥梁长度计算

$$\text{桥梁良好率}(\%)=\frac{\text{一、二类桥梁长度}}{\text{公路桥梁总长度}}\times 100\%$$

(2)涵洞的技术状况评定

根据涵洞的技术状况及排水适应情况,参照桥梁技术状况评定标准相关结构类型,对涵洞的技术状况综合做出好、较好、较差、差、危险等 5 个等级的评定。

(3)隧道的技术状况评定

根据《公路隧道养护技术规范》,将隧道的技术状况综合做出无异常、有异常、有危险等 3 个等级的评定。

第五节　公路构造物统计报表

一、主要公路构造物统计报表

1. 交通部公路司公路构造物统计报表

根据交通部公路司《公路养护统计报表制度》(2008 年),反映公路构造物的统计报表主要有:高速公路服务区及出入口明细表(交公路 23 表),公路桥梁明细表 - 国道、省道、县道(交公路 24 表),公路隧道明细表 - 国道、省道、县道(交公路 26 表),公路水毁损失情况统计表(交公路 27 表),公路标志、标线情况统计表(交公路 28 表)等。

2. 交通部规划司公路构造物统计报表

根据交通部规划司《交通运输综合统计报表制度》(2008 年),反映公路里程的统计报表主要有:公路桥梁年底到达数(按使用年限分)(交行统 2 - 1 表,公路桥梁、渡口年底到达数(按跨径分)(交行统 2 - 2 表),公路隧道年底到达数(交行统 3 表)等。

3. 河南省公路构造物统计报表

根据《河南省公路统计报表制度》和河南省交通厅公路局制定的公路《统计信息采集格式规范》,反映公路构造物的统计报表主要有:公路桥梁基本情况明细表(交统公 02 表)、公路隧道基本情况明细表(交统公 03 表)、公路标志标线情况统计表(交统公 10 表)、高速公路服务信息表(交统公 11 表)。

二、公路构造物统计报表编制过程

公路构造物统计报表是根据公路部门建设、养护和进行业务管理的需要而制定的统计报表,它是公路统计报表的一部分。

公路构造物报表是以原始记录、统计台账为依据编制的,主要反映构造物在某一时点上的水平及技术状况。公路构造物报表一般为年报,编制过程如下:

(1)搜集、审核原始资料。构造物年报资料主要来源于原始记录和统计台账,因此对构造物的各类原始记录必须严格审核。

(2)资料整理、汇总。对审核无误的资料进行加工、整理,然后汇总。

(3)编报说明和统计分析。对构造物情况进行说明,对其技术状况进行分析,为公路建设和养护提供依据。

三、公路构造物报表编制要求

公路构造物统计报表是公路构造物综合性报表,目的反映辖区内所有纳入行政等级的国、省、县、乡、村道和专用公路上构造物的拥有量、基本状况(技术状况)及其构成、变化情况。年末由公路管理机构逐级汇总填报。

1. 公路构造物(桥梁)统计报表

(1)桥梁名称必须填写桥梁的自然名称。

(2)桥梁所在地点。指桥梁所在地的地名,如无地名的可填写标志性建筑、自然物,并填写桥梁中心桩号。

(3)若出现延长桥梁长度而座数不变的情况,可在座数不变的前提下调整长度。非分离式公路上,在同一位置(断面)上并列两个或两个以上桥梁,按一座桥梁进行统计;分离式公路上,同一位置(断面)上并列两个或两个以上桥梁,按两座桥梁进行统计。

(4)独立设计施工的大中桥梁竣工验收后,并具有正式工程验收报告(含初验)文件方可统计。

(5)互通式立交桥。上下各层公路之间用匝道或其他方式连通的立体交叉,其桥梁的长度以路线前进方向主线上的桥梁长度为准进行统计。

(6)桥梁、涵洞按跨径分类标准进行统计。

(7)凡发生变化的桥梁,所有指标必须填写。

(8)桥梁所跨地物。公路桥梁所跨地物的名称,其中所跨地物为河流的,应填写具体的河流名称。

(9)荷载等级。新建桥梁按《公路工程技术标准》(JTG B01—2003)填报,原有桥梁维持原标准。

(10)危险桥梁应为按照《公路桥涵养护技术规范》相关规定进行评定。

(11)其他指标参照《公路工程技术标准》进行填写。

(12)数据关系

桥梁全长≥跨径总长

桥梁跨径组合∑(米×孔)=跨径总长

2. 公路构造物(隧道)统计报表

(1)隧道名称必须填写隧道的全称。

(2)凡发生变化的隧道,所有指标必须填写。

《公路工程技术标准》(JTG B01—2003)对中隧道、短隧道的划分进行了调整,其他指标保持不变,新建隧道长度分类的统计必须按新标准执行。

(3)其他指标参照《公路工程技术标准》进行填写。

(4)数据关系

公路隧道=特长隧道+长隧道+中隧道+短隧道

3. 公路构造物(标志标线)统计报表

(1)"公路标志设置情况","公路标线划设情况"中的"齐全"是指符合国标 GB5768 标准的路段。

(2)数据关系

公路总里程=齐全年末实有里程+不齐全年末实有里程

第四章　公路养护统计

第一节　公路养护统计的范围

一、公路养护体制改革情况

目前,河南省已基本完成了干线和农村公路养护体制改革。改革内容主要包括公路养护管理模式、养护管理机构、养护运行机制、养护资金管理、国有资产管理和监督管理改革等6个方面。

(1)养护管理模式。实行在交通行政主管部门领导下的省、市、县三级按行政区域分级管理、分级负责的养护管理模式。

(2)养护管理机构。公路管理部门和公路养护队伍实行事企分离。各级公路管理部门所属的工程处(队)等事业单位全部整建制转为企业,实现与公路管理部门人、财、物的彻底脱钩。

(3)养护运行机制。公路管理与养护实行分离,改变过去管理、养护均由公路部门实行的现状,打破区域和系统界限,大、中修养护按项目和小修保养按路段全部对社会实行公开招投标。同时,实行养护市场准入制度,鼓励各类社会投资主体建立养护企业,与公路部门所属养护施工企业同等参与公路养护招投标。

(4)养护资金管理。非收费公路的管养费用列入政府部门预算;收费还贷公路的管养费用按照有关文件规定的比例,由财政部门拨付交通公路部门;经营性收费公路的管养费用由经营公司承担。养护经费和管理经费统一由省财政部门拨付给各市财政部门。省公路管理部门与各市公路管理部门签订养护经费切块包干合同,对资金总量、养护项目、养护生产指标和通行能力实行目标管理,加强行业监管;市公路管理部门对切块包干费用、养护项目、养护质量、进度负总责。县级公路管理部门在市公路管理部门领导下对小修保养经费使用负责。

(5)国有资产管理。为减轻各市在公路养护体制改革方面的压力,省交通行政主管部门将历年来省交通规费投入形成的国有资产按账面原值无偿划转各省辖市政府管理。各省辖市政府要本着有利于公路事业发展、有利于体制改革的原则,做好国有资产的处置工作。

(6)监督管理。规定了各级交通行政主管部门和公路管理部门在公路养护管理工作中的责任。要求公路养护工作必须做到公开、透明,公路养护工程必须在新闻媒体上进行公示,自觉接受社会监督。

二、公路养护统计的范围和任务

公路建成通车后,为了保证公路经常处于完好状态,在使用过程中不降低公路原有设计通车能力和使用价值,必须对公路的路基、路面、边沟、桥梁、隧道、防护构造物、标志与标线、安全设施等进行经常性的全面养护维修,保证路面平坦、坚实、耐磨,路基稳固,边沟排水畅通,桥涵完好,标志齐全,行道树完整,路容美观整洁,不断提高公路的使用质量,满足车辆安全、舒适、畅通的要求。按照交通部《公路养护工程管理办法》规定，公路养护工程按其工程性质、复杂程度、规模大小划分为小修保养、中修、大修和改建工程。在实际工作中，大、中修工程，在施工方式、管理方法，以及统计的指标内容和计算方法上，都和公路的新建、改建工程类似，所以大修、中修和改建工程均参照公路新、改建工程统计的规定进行统计。本章所阐述的养护统计只限于公路养护工程中的小修保养工程统计和公路绿化工程统计。

公路养护统计的任务，是准确地反映公路小修保养所完成的工程数量和达到的质量水平，研究养护数量与质量的辩证关系和发展变化规律，分析公路病害产生的原因，探讨延长公路使用寿命、降低养护费用的途径，积累技术经济资料，为上级管理机关考核下级公路管理单位责任目标完成情况和业主与承包方合同履约情况提供基础资料。同时为指导养护生产、制订公路养护和公路管理的方针政策、编制养护计划、检查计划执行情况提供依据。

三、公路养护里程统计分组

公路养护里程是公路养护统计的基本统计指标。公路养护里程是指经常或季节性地对公路上一切工程设施进行养护和管理的公路里程，不论其工作量大小及养护方式如何，均应统计为公路养护里程，其中包括拨给补助费用、由群众养护的公路里程。

公路养护里程可根据管理体制、养护时间、养护方式和公路技术状况或其他标志分组统计。

1. 按公路养护管理体制分组

按公路养护管理体制分为干线公路养护里程、农村公路养护里程和专用公路养护里程。

干线公路养护里程是指国、省道干线公路里程，由公路局负责管理、养护和统计；农村公路养护里程是指县、乡、村公路里程，由农村公路管理处（站、所）负责管理、养护和统计；专用公路养护里程是指不在干线和农村公路养护里程统计范围之内，由油田、矿山等企业或水利等部门修建、管理、养护的并主要为这些单位服务的公路里程，由农村公路管理处（站、所）代为统计。

2. 按公路养护时间的连续性分组

按公路养护时间的连续性分为经常性养护里程和季节性养护里程。

经常性养护里程是指对公路全面、连续、长期进行养护的里程，多为国、省道和重要的县公路。季节性养护里程是指按季节临时组织人员进行养护的里程，多为边防及一般的县公路和乡、村公路，由县、乡政府组织群众，对其不定期地进行养护。专用公路通常为季节性养护里程，由建设、管理、使用的单位临时组织人员进行养护。

3. 按公路技术状况分组

按公路技术状况分为优、良、中、次、差 5 个等级。

（1）优等路里程是指 MQI（公路技术状况指数）≥ 90，符合优等路标准的公路里程。路面平整、几乎无病害，路拱适度、行车顺适、路肩整洁、边坡稳定、水沟畅通、桥涵维修完好、标志完善鲜明、行道树齐全等。

（2）良等路里程是指 $80 \leq \text{MQI} < 90$，符合良等路标准的公路里程。路面平整、行车平稳、路肩和边沟排水良好、标志完整等。

（3）中等路里程是指 $70 \leq \text{MQI} < 80$，符合中等路标准的公路里程。路面出现纵横向裂缝，并伴有一定量块状裂缝、龟裂或小坑槽；路面有明显车辙，路面车辙深度一般小于 15mm；有行驶不舒适感，有明显颠簸，行车不平稳；路表有明显积水的条件，易于发生漂滑或侧滑，路肩和边沟排水有影响、标志有残缺等。

(4)次等路里程是指 60≤MQI<70,符合次等路标准的公路里程。路面有波浪、露骨或小坑槽,行车轻微颠簸,路肩和边沟排水不良,标志残缺等。

(5)差等路里程是指 MQI<60,符合差等路标准的公路里程。路面有大坑槽或底层暴露、行车剧烈颠簸,路面有突起或有大缺口等。

在公路技术等级相同的条件下,公路通行能力和运输费用的多少直接受公路养护质量的影响。车辆在养护质量差的公路上行驶,增加了机械磨损、司机的劳动强度和客货运输时间,降低车辆行驶速度,容易导致交通事故。因此,提高优、良等级养护里程是在一定投资水平下,提高公路服务质量的重要途径。公路养护里程按质量等级分组是公路养护里程统计分组的基础,也是考核公路管理机构责任目标完成情况和养护承包方合同履约情况的主要指标。

4. 按资金来源分组

按资金来源分为养路费养护、通行费养护和其他费养护里程 3 类。

(1)养路费养护里程,是指由汽车养路费养护的公路里程。

(2)通行费养护里程,是指由公路通行费养护的公路里程。

(3)其他费养护里程,是指除养路费和通行费养护里程以外的养护里程。包括民工建勤养护里程、拖拉机等小型机车养路费及地方财政养护的公路里程等。

第二节　公路养护小修保养工程统计

一、公路小修保养工程的内容

小修保养是对公路及其沿线设施进行预防性维护保养和修补其轻微损坏部分的作业,使之经常保持完好状态。

1. 路基小修保养的内容

(1)整理路肩、边坡,修剪路肩草及清除路肩杂物,保持路容整洁。

(2)疏通边沟,保持排水系统通畅。

(3)清除挡土墙、护坡、护栏滋生的杂草,修理伸缩缝、泄水孔以及松动的石块。

(4)对护栏、路缘石进行修理。

(5)开挖边沟、截水沟,以补充和改善排水能力,并分期铺砌边沟,以增强边沟的坚固性,减少淤塞与渗透。

(6)消除零星塌方,填补路基缺口及处理轻微沉陷,改善视距。

2. 路面小修保养的内容

(1)清除路面上的泥土、杂物,保持路面整洁。

(2)排除路面上的积水、积雪、积冰、积沙、铺防滑料、灭尘剂或压实积雪,维持交通。

(3)砂石路面刮平,修理车辙。

(4)碎(砾)石路面扫匀,添加面砂,洒水,刮平波浪,修补磨耗层。

(5)处理黑色路面的泛油、拥包、裂缝、松散等病害。

(6)混凝土路面修理板边、接缝及堵塞裂缝等。

(7)局部处理砂土路面的翻浆、变形,添加稳定料。

(8)碎(砾)石路面局部加宽、修补坑槽、整段修理磨耗层或扫浆铺砂。

(9)黑色路面修补坑槽、沉陷,处理波浪、啃边等病害。

(10)混凝土路面面板的局部修理和调整平整度。

3. 桥涵等构造物小修保养的内容

(1)清除污泥、积雪、杂物,保持桥面、隧道内及洞口清洁。

(2)疏通涵管,疏导桥下河槽。

(3)养护伸缩缝,疏通泄水孔,栏杆油漆。

(4)桥涵的日常保养。

(5)局部修理、更换栏杆和修理泄水孔、伸缩缝、支座和桥面的局部轻微损坏。

(6)修补墩、台及河床铺底和防护圬工的微小损坏。

(7)修理涵洞和进出口的铺砌。

(8)通道局部维修和疏通,修理排水沟。

(9)清除隧道口碎石、落岩石。

(10)局部修理隧道的圬工接缝和处理渗漏水。

4. 沿线设施小修保养的内容

(1)标志牌、里程碑、百米桩、界牌、轮廓标等的埋置维护或定期清洗。

(2)乔木、灌木、花草的管护和缺株的补植。

(3)护栏、隔离栅、轮廓标、标志牌、里程碑、界牌、防雪栏栅等的修理、油漆或部分添置更换。

(4)路面标线的局部补划。

二、公路小修保养工程数量统计

公路小修保养工程数量统计是反映公路养护生产成果的数量指标,为了全面反映公路小修保养生产成果的数量,在实际统计工作中常以小修保养工程量和小修保养工作量两个指标表示。

1. 公路小修保养工程量统计

公路小修保养工程量是指用实物计算的实际完成的公路小修保养工程数量。因小修保养内容较多,因此,以实物量表示的工程量的计量单位,种类繁多,计算复杂。例如,路面为“平方米/公里”;路基为“立方米/公里”;桥梁为“延米/座”;涵洞为“延米/道”;漫水工程与防护工程为“米/处”;渡口工程为“处”等。公路管理机构或公路养护公司按不同的工作内容经实地核算或丈量后,分别把完成的同类养护内容进行汇总,就是实际完成的工程量。由于小修保养内容繁杂,统计标志很多,所以无法计算工程总量指标。为了解决上述问题,在公路养护小修保养工程实物量统计的基础上,还需以货币量计算公路小修保养的工程数量,即小修保养工作量。

2. 小修保养工作量统计

小修保养工作量是指用价值计算的实际完成的公路小修保养的工程数量。它是考核劳动成果、实行经济业务和成本核算、开展增产节约活动的依据。

小修保养完成的工作量,是报告期内实际完成的各项工程量与相应工程预算单价或成本的乘积之和。计算公式为:

$$\text{小修保养工作量(万元)} = \sum(\text{各项工程实际完成工程量} \times \text{相应工程的预算单价或成本})$$

小修保养工作量包括从事小修保养工作的工人的工资、劳保福利、机具使用、修理、小型工具的购置及小修保养材料、燃料等费用。

第三节 公路技术状况评定

一、公路技术状况的评定标准

传统的路面检测方式，已越来越不适应以快速、安全、舒适为服务宗旨的现代公路养护要求。为加强公路养护管理工作，科学评定公路技术状况和服务水平，促进公路技术状况检测和评定工作的科学化、规范化和制度化，交通部颁布了《公路技术状况评定标准》(JTG H20－2007)。公路技术状况包括路面、路基、桥隧构造物和沿线设施4个部分内容。其中，路面是评价的核心，在《公路技术状况评定标准》中，路面占有70%的比重。路面评价的基本方法是，基于多功能公路检测设备(如路况快速检测系统 CiCS 和路面损坏识别系统 CiAS 等)的快速检测与自动识别结果，依据各种评价模型和标定参数，评价路面使用性能，确定公路的技术状况等级。公路养护需求依据公路技术状况尤其是路面使用性能评价结果，利用 CPMS 的养护需求决策模型，确定各指标在不同养护标准下的年度养护需求。

根据《公路技术状况评定标准》，对公路技术状况进行检测和评定公路技术状况，以公里为单位，以里程碑为界，按路面、路基、桥隧构造物和沿线设施4个部分内容分别评分后综合评价。公路技术状况用公路技术状况指数 MQI 和相应分项指标表示。

1. 公路技术状况评定标准

公路技术状况分为优、良、中、次、差5个等级。公路技术状况等级按表3-4-1规定的标准确定。

公路技术状况标准　　表3-4-1

评价等级	优	良	中	次	差
MQI及各级分项指标	≥90	≥80，<90	≥70，<80	≥60，<70	<60

2. 公路技术状况评价指标

公路技术状况评价包含4个部分评价内容。评价指标如图3-4-1所示，各项指标值域均为0～100。

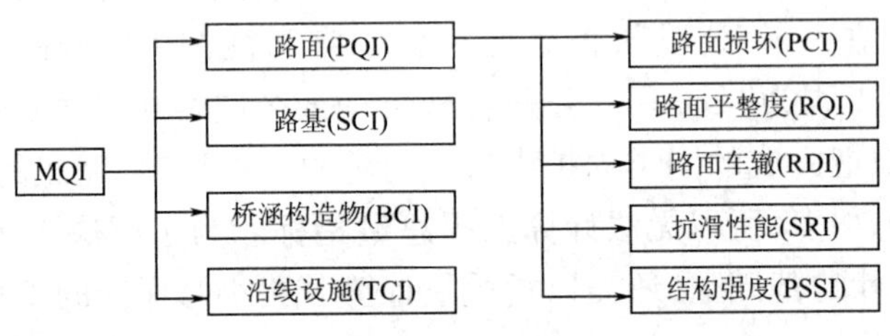

图3-4-1 评价指标

图中：MQI——公路技术状况指数。

PQI——路面使用性能指数(Pavement Quality or Performance Index)。

SCI——路基技术状况指数(Subgrade Condition Index)。

BCI——桥隧构造物技术状况指数(Bridge，Tunnel and Culvert Condition Index)。

TCI——沿线设施技术状况指数(Traffic－facility Condition Index)。

PCI——路面损坏状况指数(Pavement Surface Condition Index)。

RQI——路面行驶质量指数(Riding Quality Index)。

RDI——路面车辙深度指数(Rutting Depth Index)。

SRI——路面抗滑性能指数(Skidding Resistance Index)。

PSSI——路面结构强度指数(Pavement Structure Strength Index)。

3. 公路技术状况评定

1)评定要求

公路技术状况评定以1000m路段长度为基本评定单元。

2)MQI确定

公路技术状况指数MQI按下式计算:

$$MQI = W_{PQI}PQI + W_{SCI}SCI + W_{BCI}BCI + W_{TCI}TCI$$

式中:W_{PQI}——PQI在MQI中的权重,取值为0.70;

W_{SCI}——SCI在MQI中的权重,取值为0.08;

W_{BCI}——BCI在MQI中的权重,取值为0.12;

W_{TCI}——TCI在MQI中的权重,取值为0.10。

(1)路面使用性能(PQI)

沥青路面使用性能评价包含路面损坏、平整度、车辙、抗滑性能和结构强度5项技术内容。其中,路面结构强度为抽样评定指标,单独计算与评定,评定范围根据路面大中修养护需求、路基的地质条件等自行确定。

水泥混凝土路面使用性能评价包含路面损坏、平整度和抗滑性能3项技术内容;砂石路面使用性能评价只包含路面损坏技术内容。

路面使用性能指数(PQI)按下式计算:

$$PQI = W_{PCI}PCI + W_{RQI}RQI + W_{RDI}RDI + W_{SRI}SRI$$

式中:W_{PCI}——PCI在PQI中的权重,按表3-4-2取值;

W_{RQI}——RQI在PQI中的权重,按表3-4-2取值;

W_{RDI}——RDI在PQI中的权重,按表3-4-2取值;

W_{SRI}——SRI在PQI中的权重,按表3-4-2取值。

PQI分项指标权重

表3-4-2

路面类型	权重	高速、一级公路	二、三、四级公路
沥青路面	W_{PCI}	0.35	0.6
	W_{RQI}	0.4	0.4
	W_{RDI}	0.15	—
	W_{SRI}	0.1	—
水泥混凝土路面	W_{PCI}	0.5	0.6
	W_{RQI}	0.4	0.4
	W_{SRI}	0.1	—

①路面损坏(PCI)

路面损坏用路面损坏状况指数(PCI)评价,PCI按下式计算:

$$PCI = 100 - a_0 DR^{a_1}$$

$$DR = 100 \times \frac{\sum_{i=1}^{i_0} w_i A_i}{A}$$

式中:DR——路面破损率。为各种损坏的折合损坏面积之和与路面调查面积之百分比(%);

A_i——第i类路面损坏的面积(m^2);

A——调查的路面面积（调查长度与有效路面宽度之积，m^2）；

w_i——第 i 类路面损坏的权重，沥青路面按表 3-4-3 取值，水泥混凝土路面按表 3-4-4 取值，砂石路面按表 3-4-5 取值；

a_0——沥青路面采用 15.00，水泥混凝土路面采用 10.66，砂石路面采用 10.10；

a_1——沥青路面采用 0.412，水泥混凝土路面采用 0.461，砂石路面采用 0.487；

i——考虑损坏程度（轻、中、重）的第 i 类路面损坏类型；

i_0——包含损坏程度（轻、中、重）的损坏类型总数，沥青路面取 21，水泥混凝土路面取 20，砂石路面取 6。

沥青路面损坏类型和权重 表 3-4-3

类型(i)	损坏名称	损坏程度	权重(W_i)	计 量 单 位
1	龟裂	轻	0.6	面积 m^2
2		中	0.8	
3		重	1.0	
4	块状裂缝	轻	0.6	面积 m^2
5		重	0.8	
6	纵向裂缝	轻	0.6	长度 m（影响宽度：0.2m）
7		重	1.0	
8	横向裂缝	轻	0.6	长度 m（影响宽度：0.2m）
9		重	1.0	
10	坑槽	轻	0.8	面积 m^2
11		重	1.0	
12	松散	轻	0.6	面积 m^2
13		重	1.0	
14	沉陷	轻	0.6	面积 m^2
15		重	1.0	
16	车辙	轻	0.6	长度 m（影响宽度：0.4m）
17		重	1.0	
18	波浪拥包	轻	0.6	面积 m^2
19		重	1.0	
20	泛油		0.2	面积 m^2
21	修补		0.1	面积 m^2

水泥混凝土路面损坏类型和权重 表 3-4-4

类型(i)	损坏名称	损坏程度	权重(W_i)	计 量 单 位
1	破碎板	轻	0.8	面积 m^2
2		重	1.0	
3	裂缝	轻	0.6	长度 m（影响宽度：1m）
4		中	0.8	
5		重	1.0	

续上表

类型(i)	损坏名称	损坏程度	权重(W_i)	计 量 单 位
6	板角裂缝	轻	0.6	面积 m^2
7		中	0.8	
8		重	1.0	
9	错台	轻	0.6	长度 m(影响宽度:1m)
10		重	1.0	
11	唧泥		1.0	长度 m(影响宽度:1m)
12	边角剥落	轻	0.6	长度 m
13		中	0.8	(影响宽度:1m)
14		重	1.0	
15	接缝料损坏	轻	0.4	长度 m(影响宽度:1m)
16		重	0.6	
17	坑洞		1.0	面积 m^2
18	拱起		1.0	面积 m^2
19	露骨		0.3	面积 m^2
20	修补		0.1	面积 m^2

砂石路面损坏类型和权重 表 3-4-5

类型(i)	损坏名称	权重(W_i)	计量单位
1	路拱不适	0.1	长度 m(影响宽度:3.0m)
2	沉陷	0.8	面积 m^2
3	波浪搓板	1.0	面积 m^2
4	车辙	1.0	长度 m(影响宽度:0.4m)
5	坑槽	1.0	面积 m^2
6	露骨	0.8	面积 m^2

②路面行驶质量(RQI)

路面平整度用路面行驶质量指数(RQI)评价,按下式计算:

$$\mathrm{RQI}=\frac{100}{1+a_0e^{a_1\mathrm{IRI}}}$$

式中:IRI——国际平整度指数(International Roughness Index)(m/km);

a_0——高速公路和一级公路采用0.026,其他等级公路采用0.0185;

a_1——高速公路和一级公路采用0.65,其他等级公路采用0.58。

③路面车辙(RDI)

路面车辙用路面车辙深度指数(RDI)评价,按下式计算:

$$\mathrm{RDI}=\begin{cases}100-a_0\mathrm{RD} & (\mathrm{RD}\leqslant\mathrm{RD_a})\\ 60-a_1(\mathrm{RD}-\mathrm{RD_a}) & (\mathrm{RD_a}<\mathrm{RD}\leqslant\mathrm{RD_b})\\ 0 & (\mathrm{RD}>\mathrm{RD_b})\end{cases}$$

式中:RD——车辙深度(Rutting Deph)(mm);

RD_a——车辙深度参数，采用20mm；

RD_b——车辙深度限值，采用35mm；

a_0——模型参数，采用2.0；

a_1——模型参数，采用4.0。

④路面抗滑性能（SRI）

路面抗滑性能用路面抗滑性能指数（SRI）评价，按下式计算：

$$SRI = \frac{100 - SRI_{min}}{1 + a_0 e^{a_1 SFC}} + SRI_{min}$$

式中：SRI——横向力系数（Side - way Force Coefficient）；

SRI_{min}——标定参数，采用35.0；

a_0——模型参数，采用28.6；

a_1——模型参数，采用 -0.105。

⑤路面结构强度（PSSI）

路面结构强度用路面结构强度指数（PSSI）评价，按下式计算：

$$PSSI = \frac{100}{1 + a_0 e^{a_1 SSI}}$$

$$SSI = \frac{l_d}{l_0}$$

式中：SSI——路面结构强度系数（Structure Strength Coeffcient），为路面设计弯沉与实测代表弯沉之比；

l_d——路面设计弯沉（mm）；

l_0——车辙深度限值，采用35mm；

a_0——模型参数，采用15.71；

a_1——模型参数，采用 -5.19。

（2）路基技术状况（SCI）

路基技术状况用路基技术状况指数（SCI）评价，按下式计算：

$$SCI = \sum_{i=1}^{8} w_i (100 - GD_{iSCI})$$

式中：GD_{iSCI}——第 i 类路基损坏的总扣分（Global Deduction），最高分值为100，按表3-4 -6 的规定计算；

w_i——第 i 类路基损坏的权重，按表3-4-6 取值；

i——路基损坏类型。

路基损坏扣分标准 表3-4-6

类型（i）	损坏名称	损坏程度	计量单位	单位扣分	权重（W_i）
1	路肩边坡不洁		m	0.5	0.05
2	路肩损坏	轻	m^2	1	0.1
		重		2	
3	边坡坍塌	轻	处	20	0.25
		中		30	
		重		50	

续上表

类型(i)	损坏名称	损坏程度	计量单位	单位扣分	权重(W_i)
4	水毁冲沟	轻	处	20	0.25
		中		30	
		重		50	
5	路基构造物损坏	轻	处	20	0.1
		中		30	
		重		50	
6	路缘石缺损		m	4	0.05
7	路基沉降	轻	处	20	0.1
		中		30	
		重		50	
8	排水系统淤塞	轻	m	1	0.1
		重	处	20	

(3)桥隧构造物技术状况(BCI)

桥梁、隧道和涵洞技术状况用桥隧构造物的技术状况指数(BCI)评价,按下式计算:

$$BCI = \min(100 - GD_{iBCI})$$

式中:GD_{iBCI}——第i类构造物损坏的总扣分,最高分值为100,按表3-4-7的规定计算;

i——构造物类型(桥梁、隧道或涵洞)。

隧道构造物扣分标准表 表3-4-7

类型(i)	项目	技术状况等级	计量单位	单位扣分	备　注
1	桥梁	一、二	座	0	采用《公路桥涵养护规范》(JTG H11—2004)的评定方法,五类桥梁所属路段的MQI=0
		三		40	
		四		70	
		五		100	
2	隧道	S:无异常	座	0	采用《公路隧道养护技术规范》JTG H12—2003)的评定标方法,危险隧道所属路段的MQI=0
		B:有异常		50	
		A:有危险		100	
3	涵洞	好、较好	道	0	采用《公路桥涵养护规范》(JTG H11—2004)的评定方法,危险涵洞所属路段的MQI=0
		较差		40	
		差		70	
		危险		100	

(4)沿线设施技术状况(TCI)

沿线设施技术状况用沿线设施技术状况指数(TCI)评价,按下式计算:

$$TCI = \sum_{i=1}^{5} W_i(100 - GD_{iTCI})$$

式中:GD_{iTCI}——第i类设施损坏的总扣分,最高分值为100,按表3-4-8的规定计算;

W_i——第i类设施损坏的权重,按表3-4-8取值;

i——设施的损坏类型。

沿线设施扣分标准 表 3-4-8

类型(i)	损坏名称	损坏程度	计量单位	单位扣分	权重(W_i)	备注
1	防护设施缺损	轻	处	10	0.25	
		重		30		
2	隔离栅损坏		处	20	0.1	
3	标志缺损		处	20	0.25	
4	标线缺损		m	0.1	0.20	每 10m 扣 1 分，不足 10m 以 10m 计
5	绿化管护不善		m	0.1	0.20	

4. 综合评定

(1)路段 MQI

路段 MQI 计算时，对非整公里的路段，除 PQI 外，SCI、BCI 和 TCI 3 项指标的实际扣分均应换算成整公里值(扣分×基本评定单元长度/实际长度)。桥隧构造物评价结果(BCI)计入桥隧构造物所属路段。

存在五类桥梁、危险隧道、危险涵洞的路段，MQI＝0。

(2)路线 MQI

路线技术状况评定时，应采用路线所包含的所有路段 MQI 算术平均值作为该路线的 MQI 值。

(3)管养单位 MQI

这是对管养单位所有管养路线技术状况进行的评定，应采用所管养全部路线所包含的所有路段 MQI 算术平均值作为该管养单位的 MQI 值。

(4)等级评定

按前面公路技术状况评定标准表规定的公路技术状况等级进行评定。按规定表格统计 MQI 及分项指标的优良、中、次差的长度及比例。

二、公路技术状况评定调查及汇总表(表 3-4-9～表 3-4-18)

沥青路面损坏调查表 表 3-4-9

路线名称：	调查方向：			调查时间：					调查人员：					
调查内容	程度	权重 W_i	单位	起点桩号： 路段长度：					终点桩号： 路面宽度：					累计损坏
				1	2	3	4	5	6	7	8	9	10	
龟裂	轻	0.6	m^2											
	中	0.8												
	重	1.0												
块状裂缝	轻	0.6	m											
	重	0.8												
纵向裂缝	轻	0.6	m^2											
	重	1.0												

续上表

路线名称：		调查方向：		调查时间：					调查人员：					
调查内容	程度	权重 W_i	单位	起点桩号： 路段长度：					终点桩号： 路面宽度：					累计损坏
				1	2	3	4	5	6	7	8	9	10	
横向裂缝	轻	0.6	m^2											
	重	1.0												
坑槽	轻	0.8	m^2											
	重	1.0												
松散	轻	0.6	m^2											
	重	1.0												
沉陷	轻	0.6	m^2											
	重	1.0												
车辙	轻	0.6	m											
	重	1.0												
波浪拥包	轻	0.6	m^2											
	重	1.0												
泛油		0.2	m^2											
修补		0.1	m^2											
评定结果： DR =　　% PCI =				计算方法： $\mathrm{PCI} = 100 - a_0 \mathrm{DR}^{a_1}$ $\mathrm{DR} = 100 \times \frac{\sum_{i=1}^{i_0} W_i A_i}{A}$ $a_0 = 15.00$ $a_1 = 0.412$										

水泥混凝土路面损坏调查表

表 3-4-10

路线名称：		调查方向：		调查时间：					调查人员：					
调查内容	程度	权重 W_i	单位	起点桩号： 路段长度：					终点桩号： 路面宽度：					累计损坏
				1	2	3	4	5	6	7	8	9	10	
破碎板	轻	0.8	m^2											
	重	1.0												
裂缝	轻	0.6	m											
	中	0.8												
	重	1.0												
板角断裂	轻	0.6	m^2											
	中	0.8												
	重	1.0												

续上表

路线名称：			调查方向：	调查时间：					调查人员：					
调查内容	程度	权重 W_i	单位	起点桩号： 路段长度：					终点桩号： 路面宽度：					累计损坏
				1	2	3	4	5	6	7	8	9	10	
错台	轻	0.6	m											
	重	1.0												
唧泥		1.0	m											
边角剥落	轻	0.6	m											
	中	0.8												
	重	1.0												
接缝料损坏	轻	0.4	m											
	重	0.6												
坑洞		1.0	m^2											
拱起		1.0	m^2											
露骨		0.3	m^2											
修补		1.0	m^2											

评定结果：

DR =　　%

PCI =

计算方法：

$$PCI = 100 - a_0 DR^{a_1}$$

$$DR = 100 \times \frac{\sum_{i=1}^{i_0} W_i A_i}{A}$$

$a_0 = 10.66$

$a_1 = 0.461$

砂石路面损坏调查表　　表 3-4-11

路线名称：		调查方向：	调查时间：					调查人员：					
调查内容	权重 W_i	单位	起点桩号： 路段长度：					终点桩号： 路面宽度：					累计损坏
			1	2	3	4	5	6	7	8	9	10	
路拱不适	0.8	m											
沉陷	1.0	m^2											
波浪搓板	0.6	m^2											
车辙	0.8	m											
坑槽	1.0	m^2											
		m^2											

评定结果：

DR =　　%

PCI =

计算方法：

$$PCI = 100 - a_0 DR^{a_1}$$

$$DR = 100 \times \frac{\sum_{i=1}^{i_0} W_i A_i}{A}$$

$a_0 = 10.10$

$a_1 = 0.487$

路基损坏调查表 表 3-4-12

路线名称：	调查方向：				调查时间：					调查人员：					
调查内容	程度	单位扣分	权重 W_i	单位	起点桩号： 路段长度：					终点桩号： 路面宽度：					累计损坏
					1	2	3	4	5	6	7	8	9	10	
路肩边沟不洁		0.5	0.05	m											
路肩损坏	轻	1	0.10	m^2											
	重	2													
边坡坍塌	轻	20	0.25	处											
	中	30													
	重	50													
水毁冲沟	轻	20	0.25	处											
	中	30													
	重	50													
路基构造物损坏	轻	20	0.10	处											
	中	30													
	重	50													
路缘石缺损		4	0.05	m											
路基沉降	轻	20	0.10	处											
	中	30													
	重	50													
排水系统淤塞	轻	1	0.10	m											
	重	20		处											
评定结果： SCI =				计算方法： $SCI=\sum_{i=1}^{8}W_i(100-GD_{iSCI})$											

桥隧构造物损坏调查表 表 3-4-13

路线名称：	调查方向：			调查时间：					调查人员：					
调查内容	技术状况	单位扣分	计量单位	起点桩号： 路段长度：					终点桩号： 路面宽度：					累计损坏
				1	2	3	4	5	6	7	8	9	10	
桥梁	一、二	0	座											
	三	40												
	四	70												
	五	100												
隧道	S:无异常	0	座											
	S:有异常	50												
	S:有危险	100												

续上表

路线名称：	调查方向：			调查时间：					调查人员：					
调查内容	技术状况	单位扣分	计量单位	起点桩号： 路段长度：					终点桩号： 路面宽度：					累计损坏
				1	2	3	4	5	6	7	8	9	10	
涵洞	好、较好	0	道											
隧道	较差	40												
	差	70												
	危险	100												
评定结果： BCI =			计算方法： $BCI = \min(100 - GD_{iBCI})$											

沿线设施损坏调查表 表 3-4-14

路线名称：	调查方向：				调查时间：					调查人员：					
调查内容	程度	单位扣分	权重 W_i	单位	起点桩号： 路段长度：					终点桩号： 路面宽度：					累计损坏
					1	2	3	4	5	6	7	8	9	10	
防护设施缺损	轻	10	0.25	处											
	重	30													
隔离栅损坏		20	0.1	处											
标志缺损		20	0.25	处											
标线缺损		0.1	0.2	m											
绿化管护不善		0.1	0.2	m											
评定结果： TCL =				计算方法： $TCI = \sum_{i=1}^{5} W_i(100 - GD_{iTCI})$											

公路技术状况评定明细表 表 3-4-15

路线名称： 技术等级： 路面类型： 检测方向： 年 月 日

路段桩号	长度（m）	MQI	路面 PQI	路面分项指标					路基 SCI	桥隧构造物 BCI	沿线设施 TCI
				PCI	RQI	RDI	SRI	PSSI			

续上表

路段桩号	长度(m)	MQI	路面PQI	路面分项指标					路基SCI	桥隧构造物BCI	沿线设施TCI
				PCI	RQI	RDI	SRI	PSSI			

第　页　总　页

注：表中 PSSI 为抽样评定指标。

公路技术状况评定汇总表

表 3-4-16

年　月　日

基　本　信　息			
所属省市			
路线名称(编码)			
技术等级			
路面类型			
评定长度(km)			
养管单位			
主管单位			
平均 MQI		评定等级	
平均 MQI(上行)		评定等级(上行)	
平均 MQI(下行)		评定等级(下行)	
上行评定长度(km)		下行评定长度(km)	

统　计　信　息						
	上下行		上行		下行	
	长度(km)	比例(%)	长度(km)	比例(%)	长度(km)	比例(%)
MQI(优、良)						
MQI(中)						
MQI(次、差)						
PQI(优、良)						
PQI(中)						
PQI(次、差)						
SCI(优、良)						
SCI(中)						
SCI(次、差)						
BCI(优、良)						
BCI(中)						
BCI(次、差)						
TCI(优、良)						
TCI(中)						
TCI(次、差)						

表 3-4-17

公路技术状况统计表(一)
——普 通 公 路

项　目		编号	列养里程(公里)	合计						优良路率(%)	评定结果
					优等路	良等路	中等路	次等路	差等路		
甲		乙									
MQI	总计										
	国道										
	省道										
	县道										
	乡道										
	专用公路										
	村道										
路面(PQI)	总计										
	国道										
	省道										
	县道										
	乡道										
	专用公路										
	村道										
路基(SCI)	总计										
	国道										
	省道										
	县道										

续上表

项目		编号	列养里程(公里)	合计	优等路	良等路	中等路	次等路	差等路	优良路率(%)	评定结果
路基(SCI)	乡道										
	专用公路										
	村道										
桥涵构造物(BCI)	总计										
	国道										
	省道										
	县道										
	乡道										
	专用公路										
	村道										
沿线设施(TCI)	总计										
	国道										
	省道										
	县道										
	乡道										
	专用公路										
	村道										

填报单位：　　填报人：　　填报日期：

公路技术状况统计表(二)

——高 速 公 路

表 3-4-18

项目				编号	评定里程	MQI	PQI	SCI	BCI	TCI	优等路	良等路	中等路	次等路	差等路	优良路率(%)
甲				乙												
总计				1												
路线编号	路线名称	桩号区间	前进方向													
			上下行	2												
			上行	3												
			下行	4												
			上下行	5												
			上行	6												
			下行	7												
			上下行	8												
			上行	9												
			下行	10												
			上下行	11												
			上行	12												
			下行	13												
			上下行	14												
			上行	15												
			下行	16												
			上下行	17												
			上行	18												
			下行	19												

填报单位： 填报人： 填报日期：

三、公路养护质量指标的计算

反映某一区域或线路公路养护质量的主要指标有优良路率和次差路率。

1. 优良路率

优良路率即优良路里程占养护(实查)里程的比重。优良路里程指优等和良等路里程之和,是养护工作的合格工作量,即人们期望的生产结果。用优良路里程占公路养护(实查)里程之比描述公路质量,即形象又宜计算,是评定养护质量的主要指标。计算公式为:

$$优良路率(\%)=\frac{优等路里程+良等路里程}{公路养护(实查)里程}\times 100\%$$

因水毁或其他自然灾害造成路况下降的应如实评定,报告期路面施工路段可暂不评定,但需注明。

【例3-4-1】 某县公路局管养的国道82公里,省道28公里,经质量评定,报告期末国道优等路38公里,良等路34公里,省道优等路12公里,良等路9公里,分别计算报告期末国、省道公路及所管养公路的优良路率。

解:

$$国道优良路率(\%)=\frac{38公里+34公里}{82公里}\times 100\%=87.8\%$$

$$省道优良路率(\%)=\frac{12公里+9公里}{28公里}\times 100\%=75\%$$

$$所管养公路优良路率(\%)=\frac{(38+34+12+9)公里}{(82+28)公里}\times 100\%=84.5\%$$

2. 次差路率

次差路率即次差路里程占养护(实查)里程的比重。次差路里程指次等和差等路里程之和,主要是反映养护路况损坏的情况。用次差路里程占公路养护(实查)里程之比描述公路损坏程度,根据次差路率,可以有效地指导生产,合理的安排养护生产计划,也是评定养护质量的主要指标。计算公式为:

$$次差路率(\%)=\frac{次等路里程+差等路里程}{公路养护里程}\times 100\%$$

【例3-4-2】 某县公路局管养的国道90公里,省道36公里,经技术状况评定,报告期末国道次等路10公里,差等路3公里,省道次等路4公里,差等路2公里,分别计算报告期末国、省道公路及所管养公路的次差路率。

解:

$$国道次差路率(\%)=\frac{10公里+3公里}{90公里}\times 100\%=14.44\%$$

$$省道次差路率(\%)=\frac{4公里+2公里}{36公里}\times 100\%=16.67\%$$

$$所管养公路次差路率(\%)=\frac{(10+3+4+2)公里}{(90+36)公里}\times 100\%=15.08\%$$

3. 公路养护质量综合值

为了综合研究在一条路线或某一区域内的道路养护质量,工作中常常用公路养护质量综合值来全面反映公路养护质量。

公路养护质量综合值是以公路的质量等级评定资料为依据,对高质量的道路给以大的系数,质量次的道路给以小的系数,然后计算其加权平均数。养护质量综合值的大小与优、良等路里程占的比重有关,与各类等级路的权数大小有关。为了便于不同历史阶段,不同地区或不同单位的质量水平进行比较，其权数应保持稳定性和一致性。

第四节　公路养护统计报表

公路养护统计报表是各级公路管理机构了解养护生产情况的基本调查形式，是公路部门搞好公路养护管理工作的重要手段。公路养护统计表先由承包人填报，县级公路管理机构检查复核后，逐级汇总报送。

一、公路养护统计月报

公路养护统计月报一般为基层报表，主要有公路养护生产情况统计表。

该表主要反映小修保养生产完成情况的实物量、耗用的劳力、材料及成本核算情况，依生产日记和统计台账填报。

二、公路养护统计年报

根据交通运输部2008年《公路养护统计报表制度》，反映公路养护情况的统计报表主要有：交公路30－1表公路技术状况统计表（普通公路），交公路30－2表公路技术状况统计表（高速公路），交公路31－1表公路养护情况统计表（养护里程），交公路31－2表公路养护情况统计表（高速公路养护工程），交公路31－3表公路养护情况统计表（普通公路养护工程）等。

上述统计表式见本书附录。

（1）报表目的。反映各地公路管理、养护、公路技术状况评价及公路养护工程的完成和各项工程的资金投入情况等。

（2）填报范围。各地公路部门及其他公路管养部门，包括县乡公路管理处、高速公路公司、经营企业等所管养的公路里程。

（3）填报说明

①交公路30－1表填报“普通公路”技术状况情况；交公路30－2表填报“高速公路”技术状况情况。

②表中指标说明及评定方法，详见《公路技术状况评定标准》（JTG H20—2007）。

③列养里程是指经常性、季节性养护的公路里程。

列养总里程＝国道养护里程＋省道养护里程＋县道养护里程＋
乡道养护里程＋村道养护里程＋专用公路养护里程

④评定结果是指相应管理等级路线对应指标按里程的加权平均值。

正在大修和改建的路段不参加评定。

当公路分上、下行分别评定时，该路线的评定里程为上、下行评定里程的平均值。评定结果为所有参评公路MQI的算术平均值。

⑤高速公路的小修保养、中修工程、大修工程、改建工程应按照车道里程折算成高速公路的全幅里程。折算方法为实际养护里程×实际养护车道数/全幅车道数。如某段高速公路为6车道10公里，其中半幅有2个车道共8公里进行了中修工程，则填报时中修工程的公里数应为8×2/6＝2.67公里。

公路养护统计年报由县级公路管理机构每年年终统计，逐级审核统计，各省、市、自治区汇总后，报交通部。

第五节　公路养护统计分析

通过对公路小修保养和公路质量统计数据进行研究分析，掌握小修保养和公路质量变化动态，发现问题，找出原因，提出解决措施，是公路养护统计的主要任务之一。

一、小修保养作业计划完成情况分析

小修保养作业计划是公路养护企业生产作业的具体行动计划。完成小修保养作业计划，对提高公路养护质量和经济效益，完成养护合同目标具有重要意义。要运用统计手段对小修保养作业计划的执行情况经常进行检查、对比、分析，以便总结经验或教训，进一步搞好公路小修保养工作。一般来说，影响公路小修保养作业计划完成的因素主要有：

(1)生产组织是否合理，采取的措施是否有效。小修保养作业计划下达后，各基层生产单位要发动职工，认真讨论研究，合理组织人力、物力、财力，按照计划要求，制定出完成计划的具体方法、步骤和措施，以保证计划的实现。组织不当，措施不力，就会影响计划的实现。

(2)生产和劳动制度是否完善。管理出效益，生产和劳动管理制度完善，工时利用率高，劳动生产率也高，小修保养作业计划的完成就有保障。

(3)自然条件的影响。公路是裸露在大自然中，自然条件对公路养护计划尤其对油路面公路小修保养作业计划的完成影响极大，雨、雪、风、寒都影响着小修保养的生产。

(4)材料、设备供应的影响。材料和设备的供应量与需求量必须保持平衡。过多会造成积压和浪费；不足会导致停工，影响作业。

二、公路养护质量分析

公路小修保养质量变动的主要标志，是优良路率(或次差路率、养护质量综合值)的升降变化。应经常利用优良路率和次差路率指标，对公路路况质量的变动进行分析。分析的主要方法有：

(1)公路养护质量计划指标完成程度分析。即将报告期的实际优良路率(或次差路率、养护质量综合值)与计划目标进行对比，说明优良路率(或养护质量综合值)的计划完成情况，计算公式为：

$$\text{优良路率计划完成程度}(\%)=\frac{\text{实际优良路率}}{\text{计划优良路率}}\times 100\%$$

$$\text{养护质量综合值计划完成程度}(\%)=\frac{\text{养护质量实际综合值}}{\text{养护质量计划综合值}}\times 100\%$$

(2)公路养护质量对比分析。以报告期优良路率与前期或与历史同期对比分析，了解优良路率提高或下降的幅度。从中分析路况上升或下降的原因，以便总结经验，采取相应的措施。计算公式为：

$$\text{养护质量提高率}(\%)=(\text{报告期优良路率}/\text{基期优良路率})\times 100\%$$

(3)公路养护质量时间序列动态分析。对不同时期的优良路率动态进行对比，分析公路养护质量的变化规律。如根据不同月份或季节的路况质量变化情况和趋势，分析公路易发病害的规律和养护质量升降的趋势，使公路养护人员在公路病害发生前，从各方面做好准备，采取早治、快治、根治的措施，防患于未然，以保证养护质量的稳定或上升。

(4)公路养护质量因素分析。影响路况质量的因素是多方面的，为了提高路况质量，必须

对影响路况的各种因素深入调查，进行研究分析，以便消除不利因素，发挥有利因素，使路况质量不断改善和提高。影响路况质量变动的因素主要有以下几点：

①公路的修建质量。修建质量好，公路易于养护，路况也好。反之，修建质量不好，先天不足，依靠养护不易根本改变。

②建立养护监理机制。严格按养护工艺操作规范办事，实行科学养路。这是保证养护质量的重要条件，没有科学的方法和严格的工艺操作，即使完成了小修保养各项作业计划，养护质量也没有保证。

③严把路用材料关。筑路材料种类繁多，养护工作对路用建材种类、质量有一定的要求。筑路材料是否符合技术要求，直接导致路况质量好与坏。

④公路行车密度的大小和车辆荷载吨位的多少。在修建质量和路面结构相同的情况下，行车密度和车辆荷载吨位大的路线，路面损坏较快，也较严重。

⑤公路使用周期的长短。一般说，公路使用周期愈长，小修保养难度愈大，路况质量亦愈难提高；尤其沥青、渣油路面，使用周期过长，沥青、渣油老化，干涩程度加大，病害发生率也高，路况质量易于下降。

⑥自然环境条件对公路小修保养质量也有较大影响，如多雨、多雪、高寒、干燥等。

另外，养护资金的投入多少，养护作业项目的质量高低，机械是否及时，也都影响小修保养的质量。因而，必须注意分析影响小修保养质量的各种因素，根据不同情况，趋利避害，采取不同措施，才能确保养护质量。

第六节　公路绿化统计

一、公路绿化的基本概念

公路绿化是国土绿化的重要组成部分，是公路建设、养护中不可缺少的一个重要内容。公路绿化是利用乔木、灌木、花草合理地覆盖公路两侧路肩、边坡、分隔带、道班房周围及沿线空地等一切可绿化用的公路用地。公路绿化的范围是：公路两旁用地，渡口、道班房周围和公路隔离带、防护带、交通岛、广场及公路服务设施等场地的绿化，还包括育苗、栽种、抚育、管理采伐更新等。公路绿化的目的是稳定路基、美化路容、保护环境、减轻噪声、舒适旅行，也是防沙、防雪、防水害的措施之一。

二、公路绿化统计分组

按公路绿化情况分为可绿化里程和不可绿化里程。可绿化里程又分为已绿化里程和待绿化里程。

(1)可绿化里程是指在公路用地范围内，能够栽植和自然生长乔木、灌木或花草的路段里程。

(2)不可绿化里程是指在公路用地范围内，不能够栽植和不能够自然生长木本、草木绿色植物的路段里程。包括公路隧道、桥涵及其两端各5m路段，石质路基及石方护坡路段，沼泽重盐(含盐量3‰以上)路段，戈壁及沙漠路段，山区石砾路段，堤坝路段，特别干旱地区的路段等里程。

(3)已绿化里程是指在公路可绿化里程路段上的公路用地范围内，按标准栽植乔木、灌木、花草，成活率和保存率达到标准要求(成活率：平原90%，山区85%，寒冷草原及沙碱干旱区 75%。保存率较成活率少 5 个百分点)，生长正常。成活率是指栽植后发芽长叶至少在一个生长季节以上的生长植物占总栽植量的百分比。保存率是指成活两年以上的绿色植物占总栽植量的百分比。

另外，公路沿线路基边坡有自然生长的乔木、灌木及花草覆盖度在 60% 以上，均匀分布在路基边坡或公路用地，连续 1km 以上，并通过适当整理与修饰，基本能保护路基边坡的，也可列为已绿化里程。

已绿化里程(公里) = 乔木里程 + 花灌木里程 + 草坪里程(花灌木含绿篱)

反映公路绿化情况，除了统计公路绿化里程这个总量指标，通常还用公路绿化率指标来综合反映一个国家或地区某一时点的公路绿化情况。公路绿化率，指现有公路已达到绿化标准的程度。

公路绿化率(%) = (已绿化公路里程/公路总里程) ×100%

为客观地反映绿化效果，在计算公路绿化率时，要扣除不可绿化里程，仅考核可绿化里程的绿化程度。

可绿化公路绿化率(%) = (已绿化公路里程/可绿化公路总里程) ×100%

三、公路绿化统计表

根据交通部报表制度规定，公路绿化情况统计表(交公路 29 表)是反映本辖区内已绿化情况及当年公路绿化工程、更新采伐情况及资金投入情况。

统计表式见本书第四篇“统计相关法律法规及报表制度”第四部分。

(1)可绿化里程是指在公路用地范围内，能栽植和自然生长乔木、花灌木或草坪的路段。

(2)已绿化里程是指截止本年底按设计标准栽植及成活率和保存率分别达到标准要求，生长正常的路段。

(3)公路两侧一侧可绿化，另一侧不宜绿化的，计为可绿化里程。公路两侧一侧已绿化，另一侧由于不宜绿化而未进行绿化的，计为已绿化里程。

四、建立公路绿化档案

为了掌握公路绿化的发展变化情况，积累资料，要建立公路绿化档案。从绿化、美化工程竣工验收时开始进行调查登记。建立公路绿化路线(段)绿化、美化工程登记表存查。

公路绿化、美化工程档案，应由业务领导和专职技术人员审查并签字。

第五章　公路工程统计

公路工程统计是公路统计的重要组成部分,它运用各种科学的调查方法,及时、准确、全面、系统地搜集、整理公路工程经济活动过程中的统计资料,并对其进行综合分析,它揭示了公路工程的建设规模、水平、质量、速度和比例关系,为各级领导指导公路建设管理工作提供科学的依据。

为了全面系统地反映公路工程项目的建设过程,首先我们要了解公路工程项目基本建设程序。

公路工程项目基本建设程序,是指公路工程项目在其建设的全过程中各项工作所遵循的先后顺序,是公路基本建设活动中应遵循的客观规律。公路工程项目基本建设程序如下:

(1)根据公路网络建设的长远规划编制项目建议书。

(2)委托设计部门编制项目可行性研究报告。

(3)根据有关部门批准的可行性研究报告,编制计划任务书(设计任务书)。

(4)根据有关部门批准的计划任务书,建设单位组织设计招标。

(5)设计单位进行现场勘测,编制初步设计文件和概算。

(6)根据批准的初步设计文件和概算,编制施工图和施工图预算。

(7)列入年度基本建设计划。

(8)建设单位组织公路工程项目施工、监理招标,确定施工、监理单位。

(9)施工、监理单位进场,进行施工前的各项准备。

(10)编制施工组织设计方案及开工报告,报主管部门批准。

(11)施工单位按照批准的施工组织设计方案和相关规定组织施工,同时接受监理单位的监理,相关单位做好施工记录,建立各项技术档案。

(12)施工完毕编制竣工图表和工程决算,办理竣工验收手续。

(13)交付使用。

公路工程统计反映了公路工程建设的变化规律,它是公路建设项目统计分组的依据,它可为各级领导指导公路建设管理工作提供科学的依据,它对促进公路工程计划的完成和投资合理化,提高工程质量和投资效益,发展公路事业,具有重要意义。

第一节　公路工程统计的范围、内容和基本要求

一、公路工程统计的范围

公路是可供较长时间反复使用的、且在使用过程中基本上不改变原有实物形态的设施。公路的再生产包括简单再生产和扩大再生产。凡修复或替换已磨耗或损坏的部分,其特性、规模不变的为公路的简单再生产,如对公路及其人工构造物进行维护、小修、大中修等养护作业。凡扩大公路规模,增加公路生产能力的为公路的扩大再生产,如对公路线路、桥梁、隧道及房屋

等进行新建、改建等。一般说，养护工程属简单再生产性质，新、改建工程属扩大再生产性质。根据现行的公路统计报表制度，公路工程统计的范围具体包括：新建工程、改建工程、大修工程、中修工程和水毁修复工程等五部分。对上述工程，不论建设单位是国有、集体或私企，不论资金是国家拨款、贷款或自筹，也不论是中央或地方安排，均应包括在公路工程统计中。

二、公路工程统计的内容

公路工程统计按不同的需求有不同的统计内容要求，按照公路工程建设管理过程，公路工程统计的主要内容有公路工程项目统计、公路工程工程量统计、公路工程工作量(投资额)统计、公路工程质量统计、公路工程成果和效果统计、公路工程效益统计等内容。

三、公路工程统计的基本要求

公路工程统计是一项重要的调查研究工作，在这个工作过程中，只有符合相应的基本要求，才能充分发挥公路工程统计的作用。

1. 准确性

公路工程统计搜集的各项统计资料，要准确的反映公路建设的实际状况，准确性是公路工程统计的生命。它要求统计单位有健全的统计机构，有科学的统计指标体系和调查方法，有高素质的统计调查人员，有实事求是、严肃认真的工作态度，只有在上述及各方面下工夫，才能保证统计数据的准确性。

2. 及时性

公路工程统计的及时性是保证统计发挥作用的重要条件，只有及时提供信息，才能为领导决策提供依据，否则时过境迁，统计便成了“马后炮”，就不能发挥应有的作用。

3. 全面性

公路工程统计的全面性就是要求公路工程统计资料要全面反映公路工程经济活动过程中的各个方面。

4. 系统性

公路工程统计的系统性是指各项公路工程统计数据具有可比性，从而连续地考察公路建设投资发展变化的规律。

第二节　公路工程项目统计

为更好地进行公路工程统计，我们有必要了解公路工程项目的分类及构成情况。

公路工程项目是指按照一个总体设计施工，由一个或若干个具有内在联系的工程所组成的总体。包括属于一个总体设计中的主体工程和相应的附属配套工程、综合利用工程和环境保护工程等。凡不属于一个总体设计，没有直接关系的几个独立工程，应分别作为不同的建设项目。一般以一条公路(或其中一段公路)或一座独立桥梁为一个项目。

一、公路工程项目分类

根据现行的公路统计制度规定，公路工程项目分为基本建设项目、更新改造项目和其他固定资产项目3大类。

1. 基本建设项目

基本建设项目是指公路线路和桥梁新建工程中的大中型项目。

2. 更新改造项目

更新改造项目是指纳入更新改造计划的中小型的厂场、房屋、院校的扩建、改建工程项目。

基建项目和更新改造项目均以一个独立工程作为划分对象。在划分项目时,不允许把不属于一个设计任务书或计划方案内的几个项目,捆在一起作为一个项目;也不允许把同一设计任务书或计划方案内的项目,分解为几个项目;计划分批分期修建的、在一个设计任务书内的项目,仍应按一个项目统计;一个项目有多种资金来源的,也只能按一个项目统计。

3. 其他项目

其他项目是指既未纳入基本建设项目计划,又未纳入更新改造计划,由预算外资金投资修建的工程项目。

二、公路工程项目构成

公路工程项目是编制和执行公路建设计划,进行公路工程管理和填报公路工程统计报表的基本单位。根据编制工程项目概(预)算,制订计划以及进行公路工程统计、会计核算的需要,公路工程项目一般可划分为单项工程、单位工程、分部工程及分项工程。

1. 单项工程

单项工程一般是指有独立设计文件,建成后能独立发挥效益的独立工程。单项工程是工程项目的组成部分,也是划分工程用途、计算新增固定资产价值和计算新增生产能力的依据。一个工程项目可以是一个单项工程,也可以有多个单项工程。所以一个工程项目在全部建成投产以前,往往陆续建成若干个单项工程。

2. 单位工程

单位工程是指单项工程中具有独立施工条件的工程,是单项工程的组成部分。根据组织施工和编制工程预算的要求,按照工程性质,通常将一个单项工程划分为若干个单位工程。如公路工程某段中的桥梁工程。在设备安装工程和房屋建筑中,应以一台设备和一幢房屋为单位工程,不应该以若干个个体捆在一起作为单位工程。

3. 分部、分项工程

分部工程是单位工程的组成部分,是按照建筑安装工程的结构、部位或工序对单位工程的进一步划分。如公路桥梁可分为主桥、引桥工程;房屋建筑可分为土方工程、打桩工程、砖石工程、钢筋混凝土工程等。分项工程是分部工程的组成部分,一般是按不同的施工方法,不同材料、不同的规格划分的。如桥梁主体下部构造工程可分为开挖基坑、灌注混凝土等。

三、公路工程项目统计分组

公路工程项目统计反映不同地区、不同性质的公路建设项目数量、投资额及工程项目的开竣工情况;通过工程项目的主要指标,可以观察分析公路建设计划的完成程度。因此,做好公路工程项目统计,对于及时调整地区之间的投资,改善资金使用,缩短施工时间,改善工程施工组织,加强工程核算,降低工程费用等具有非常现实的意义。

为了使公路工程项目统计适应工程管理的需要,可按照工程项目的不同性质进行分组。

1. 按公路工程项目建设阶段分组

建设阶段是指建设项目报告期工程进展所处的阶段。公路工程项目在建设过程中,可分为筹建、施工、投产、收尾和竣工等几个阶段。处在建设各阶段的项目分别称为筹建项目、本年正式施工项目、本年收尾项目、全部停缓建项目和单纯购置项目。现行交通固定资产投资统计制度也是按建设阶段设置统计指标体系。

(1)筹建项目。指在年内永久性工程尚未正式开工，只是进行勘察设计、征地拆迁、场地平整等为建设做准备工作的建设项目。筹建项目应根据设计任务书规定的建设规模和性质划分建设性质。

(2)本年正式施工项目。指本年内正式进行建筑或安装活动的建设项目。包括本年新开工项目和以前年度开工跨入本年继续施工的项目，本年全部建成投产项目以及本年和以前年度全部停缓建在本年正式恢复施工的项目，仍为本年正式施工项目。不包括以前年度已报全部建成投产，本年尚有遗留工程进行收尾的项目，以及已批准全部停缓建，但部分工程需要做到一定部位或进行仓库、生活福利设施工程的项目。

(3)本年收尾项目。指以前年度已全部建成投产或交付使用，但有遗留工程尚未竣工，在本年内进行收尾工程的项目。

(4)全部停缓建项目。指至报告期末止经批准并已收到全部停缓建通知的项目，包括报告期内有部分工程需要做到一定部位或仓库、生活福利设施工程经上级批准本年继续施工的项目。

(5)单纯购置项目。是指现有企业、事业、行政单位单纯购置不需要安装设备、工具、器具和单纯购置房屋而不进行工程建设的单位。有些单位当年虽然只从事一些购置活动，但其设计中规定有建筑安装活动，应根据设计文件的内容来确定建设性质，不得作为单纯购置统计。

2. 按公路工程项目建设性质分组

根据交通部颁发的《交通固定资产投资统计报表制度》，公路工程按建设性质可分为新建工程项目、扩建工程项目、改建工程项目、单纯建造生活设施工程项目、迁建工程项目、恢复工程项目、单纯购置工程项目等。

(1)新建工程项目。一般是指从无到有、“平地起家”开始建设的企业、事业和行政单位或独立工程。有的单位或独立工程原有的基础很小，经建设后其新增加的固定资产价值超过企、事业单位或独立工程原有固定资产价值(原值)3 倍以上的也算新建。

(2)扩建工程项目。是指在厂内或其他地点，为扩大原有产品的生产能力(或效益)或增加新的产品生产能力，而增建主要生产车间(或主要工程)、分厂、独立的生产线的企、事业单位。行政、事业单位在原单位增建业务用房也作为扩建。

(3)改建工程项目。是指现有企业、事业单位，对原有设施进行技术改造或更新(包括相应配套的辅助性生产、生活福利设施)，没有增建主要生产车间、总厂之下的分厂等，则该企、事业单位应作为改建。

(4)单纯建造生活设施项目。指在不扩建、改建生产性工程和业务用房的情况下，单纯建造职工住宅、托儿所、子弟学校、医务室、浴室、食堂等生活福利设施的企、事业及行政单位。

(5)迁建项目。是指为改变生产力布局或由于城市环保和生产的需要等原因而搬迁到另地建设的企、事业单位。在搬迁另地建设过程中，不论是维持原来规模还是扩大规模都按迁建统计。

(6)恢复项目。是指因自然灾害、战争等原因，使原有固定资产全部或部分报废以后又投资恢复建设的单位。不论是按原有规模恢复还是在恢复的同时进行扩建的都按恢复项目统计。尚未建成投产的基本建设项目或企、事业单位，因自然灾害而损坏重建的，仍按原有建设性质划分。

(7)单纯购置项目。

3. 按公路工程项目性质分组

按其工程性质，将公路工程项目分为公路养护工程和新建工程两类。

(1)公路养护工程按其工程性质、复杂程度、规模大小划分为小修保养、中修、大修和改建工程(交通部交公路发[2001]327 号发)。

①小修保养是对管养范围内的公路及其沿线设施经常进行维护保养和修补其轻微损坏部分的作业。

②中修工程。是对公路及其沿线设施的一般性损坏部分进行定期的修理加固,以恢复公路原有技术状况的工程。

③大修工程。是对公路及其沿线设施的较大损坏进行周期性的综合修理,以全面恢复到原技术标准的工程项目。

④水毁预防修复工程项目。是指各种公路水毁的预防抢修工程,包括公路及其构造物和厂场、房屋等的水毁预防抢修在内。

⑤改建工程。是对公路及其沿线设施因不适应现有交通量增长和载重需要而提高技术等级指标,显著提高其通行能力的较大工程项目。

(2)新建工程项目。是指从无到有的新建线路、独立大桥等“平地起家”新开始修建的公路工程项目。具体内容包括:

①新建线路;

②接通断头路段;

③延伸现有线路路段;

④新建独立大桥或特殊桥梁;

⑤新建厂、场、沥青库、仓库;

⑥新建公路管理、养护单位基地。

4. 按公路工程项目修建规模分组

公路新改建工程按建设规模的大小,可分为大中型和小型两类,根据国家规定,其划分标准见表 3-5-1 所列。

公路工程建设规模类型划分标准 表 3-5-1

建设项目	计算单位	大中型项目	小型项目	备注
公路线路	公里	200 公里以上	200 公里以下	
独立公路桥梁	延米	1000 延米以上	1000 延米以下	
交通项目	万元	5000 万元以上	5000 万元以下	
公路工业	万元	5000 万元以上	5000 万元以下	
事业单位建设	万元	5000 万元以上	5000 万元以下	

注:①以上基本建设项目大中型划分标准,均据国家计委、国家建委、财政部计〔78〕234 号文和国家计委计基〔79〕725 号文规定。目前大中型项目标准未变,但国家计委审批限额有所调整,根据国务院国发〔1984〕138 号文件批转《国家计委关于改进计划体制若干暂行规定》和国务院国发〔1987〕23 号文件《国务院关于放宽固定资产投资审批权限和简化审批手续的通知》,按总投资金额划分的大中型项目,国家计委审批限额由 1000 万元以上提高到:能源、交通、原材料工业项目 5000 万元以上,其他项目 3000 万元以上;另据国家计委轻(81)761 号文件规定,国家计委审批的大中型糖厂建设为日处理原料 1000 吨以上。为与计划管理规定取得一致,统计的大中型项目划分按上述规定作相应调整。

②公路新建、改建长度虽超过 200 公里,但总投资不足 5000 万元的作为小型项目。

在设计任务书或设计文件批准后,即可根据上述标准来划分大中、小型项目。没有正式批准设计任务书或设计文件但已列入计划的项目,应按投资计划中总规模或总投资划分。

新建项目按项目总体设计的总规模或总投资划分;改、扩建项目按新增加的设计能力或所需的投资划分,不包括改建、扩建前原有的生产能力和投资。

分期分批修建的工程项目，应按整个项目的全部设计能力或所有的全部投资划分，而不能按分期完工的验收能力或投资完成额划分。

对具有特殊意义的某些项目，按设计文件的总规模或总投资不够大中型标准，但经国家或省级计划部门批准列入大中型项目计划的，亦应按大中型项目计算。

5. 按公路工程项目隶属关系分组

按项目隶属关系分组，一般分为部直属项目、部地合建项目和地方项目。

(1)部直属项目。是指交通部直接领导或管理的行政、企业、事业单位的建设项目。这些项目的固定资产投资计划由交通部直接编制和下达，所需的统配物资和主要设备以及建设过程中的问题，都由交通部解决。

(2)部地合建项目。是指项目所在单位属地方，但由交通部投资(包括全部投资和部分补助)的项目。这类项目一般在政治、军事、经济上均有全国意义，比较重要，建设过程中遇到的问题，由交通部和地方共同协商解决。

(3)地方项目。是指省(直辖市、自治区)、地(市、盟)、县(市、旗)公路部门直接管理的行政、企业、事业单位的建设项目，其项目投资、管理等均由地方负责解决。

6. 按公路工程项目重要性分组

按公路工程项目重要性分组，可将公路工程项目分为一类项目、二类项目和三类项目，其划分标准见表3-5-2、表3-5-3所列。

公路工程分级标准 表3-5-2

序号	项目类别	一类项目	二类项目	三类项目	备注
1	公路工程	高速公路	高速公路路基工程及一级公路	一级公路路基工程及二级以下各级公路	
2	桥梁工程	特大桥	大桥、中桥	小桥、涵洞	
3	隧道工程	特长隧道、长隧道	中隧道	短隧道	

公路工程一类项目 表3-5-3

序号	项目类别	说　明
1	特殊独立大桥	主跨250m以上钢筋混凝土拱桥、单跨250m以上预应力混凝土连续结构、400m以上斜拉桥、800m以上悬索桥等结构复杂的独立特大桥项目
2	特殊独立隧道	大于3000m的独立特长隧道项目
3	公路机电工程	通信、监控、收费等机电工程

注：①本标准使用术语含义与交通部《公路工程技术标准》(JTG B01—2003)规定一致。

②一、二、三类分级标准中含配套的交通安全设施、环保工程和沿线附属设施不含各专项内容。

7. 按公路工程项目投资来源分组

投资来源是指建设项目的投资者，主要分为中央投资、中央和地方合资、地方投资和企事业单位投资4类。

(1)中央投资项目是指由中央财政和交通部投资(即使用中央预算内资金、中央国债和部专项资金)的建设项目。

(2)中央和地方合资项目是指中央和地方政府及交通部门共同投资的项目。

(3)地方投资项目是指地方政府和交通部门投资的项目。

(4)企事业单位投资项目是指建设单位投资的建设项目。

8. 按公路工程项目级别分组

项目级别是指项目的级别，主要分为国家重点、省(区、市)重点、地(市)重点和其他4类。

（1）国家重点是指由国家和交通部确定的重点项目。

（2）省（区、市）重点是指由省（区、市）政府和省（区、市）级交通部门确定的重点项目。

（3）地（市）重点是指由地（市）政府和地（市）级交通部门确定的重点项目。

（4）其他项目是指除了国家、省、地（市）重点项目外的其他项目。

9. 按公路工程项目计划下达机关分组

计划下达机关是指下达建设项目计划的机关。计划下达机关分为：国家发展和改革委员会，交通部，省（区、市）、市（地区）、县（市）政府或交通部门、其他。国债项目的计划下达机关为国家发展和改革委员会。

10. 按公路工程计划类别分组

计划类别是指计划按不同的使用方向的分类，中央计划主要分为公路重点、主枢纽、公铁立交、通达工程、路网改造、通村油路（东）、通村油路（中）、通乡油路（西）、国防公路、教育科研、安保工程、农村公路渡口及渡改桥等。

省计划、市（地）计划的细类由各省确定。

11. 按项目所属国民经济行业分组

按国民经济行业分组，是指建设项目归口于国民经济哪个行业，由项目建成投产或交付使用后的主要经济、业务活动（主要产品种类或用途）来确定。例如，交通部安排的国道某段改建工程、某公路学院扩建工程、某筑路机械制造厂等 3 个项目，按行业分组分别属于“公路运输业”、“教育事业”、“建筑机械制造业”。

工程项目按行业分组，在一般情况下，一个建设项目只能属于一种国民经济归口行业。为了准确反映国民经济各行业的比例关系，如有某一项目具有两种不同行业的作用，则应根据不同的单位工程或分部工程分别列入相应的行业中。如某地区公路分局临街修建一栋大楼，按城市规划，第一层为商业用，第二、三层为办公用，第四、五层为招待所。在按行业分组统计时就应严格划分，第一层统计为商业，第二、三层统计为公路运输业，第四、五层统计为服务业。

第三节　公路工程项目工程量统计

一、路基工程工程量统计

路基工程是指根据路线平面布置和设计，按照一定的技术要求修筑，为路面提供支撑保护并作为路面基础的带状构造物。其主要工程内容包括填挖的土方或石方、两侧的纵向排水设施、防止路基失稳的边坡防护工程设施以及地基的加固或处理工程（不含交叉工程的工程量）。其计量单位为“公里”。

（1）土石方工程包括填方和挖方。填方统计的工程量是设计填方断面方——压实方；挖方统计的工程量是指设计挖方断面方——自然方。其计量单位为“立方米”。

（2）纵向排水。主要内容有土质边沟、石质边沟（通常在挖方出现），干（浆）砌石边沟、水泥混凝土边沟，以及边沟涵构造物等内容。主要作用是防止路基坡脚积水而引起路基强度和稳定性的改变，常和路面的排水设施（消力池）共同实施。其计量单位为“米/公里”。

（3）防护工程。主要内容有干（浆）砌片石和水泥混凝土构件护面，挡土墙、植草等。主要作用是为了防止路基填方坡面的水冲刷或水浸泡引起填挖路基强度和稳定性改变的工程措施，常和路面的排水设施（含流槽等）共同实施。其计量单位为“米”、“公里”、“平方米”、“立方米”。

(4)特殊路基处理。主要为软基处理,指支承路基路面的地基出现承载力和稳定性不足时采取的工程加固措施。常用的有砂井、塑料排水板、粉体搅拌挤压等深层工程处理和砂石垫层、土工布、换土等浅层工程处理措施。其计量单位为“公里”。

二、路面工程工程量统计

路面工程是指采用各种筑路材料铺筑在路基上直接承受车辆荷载的层状构造物。其主要工程为基层、面层和路面小型构件。高速公路和一级公路的中央分隔带和硬化路肩的工程可根据分隔带和硬化路肩的设计形式分别计入路面工程的基层、面层和小型构件中去。路面工程量中不含交叉工程和桥面铺装的工程量。其计量单位为“公里”或“平方米”。

(1)路面基层。是指设在面层以下的结构层,主要承受由面层传递的车辆荷载,并将荷载分布到垫层或路基上。当基层分为多层时,其最下面的一层称底基层。依据该结构承受荷载作用时变形情况,通常分为刚性、半刚性和一般路面基层。目前公路建设中常遇到的有稳定碎石(二灰碎石)基层和稳定土(二灰土、二灰、石灰土)基层。当同种材料结构施工分成一层以上方法碾压时,其统计面积只按设计面积计。其计量单位为“平方米/公里”。

(2)路面面层。是指直接承受车辆荷载及自然因素的影响,并将荷载传递到基层的路面结构。常见的主要有水泥混凝土路面、沥青混凝土路面和沥青表处、砂石等其他路面。其中沥青混凝土路面常根据路面结构和施工需要被设计成两层或三层,统计时,只按表面层统计。其计量单位为“平方米/公里”。

(3)路面小型构件。主要指路缘石、百米桩、里程碑等混凝土或石质小构造物。其计量单位为“立方米”。

三、桥梁工程工程量统计

桥梁工程是指公路跨越天然或人工障碍而修建的道路建筑物,通常由供车辆行驶或行人行走的桥梁上部结构、支承上部结构的桥梁墩台和墩台基础3部分组成。根据桥梁作用和项目性质的不同大致可分为跨河桥梁、跨公路桥梁(主线上跨的分离式立交)、跨铁路桥梁、高架桥、独立大桥。

(1)独立大桥一般是指符合公路工程技术标准的大桥且单独列项的公路桥梁,它包括桥头引道和桥梁主体两部分。

①桥头引道分别按路基、路面的工程量进行统计。其计量单位:路基为“公里”,路面为“平方米”。

②桥梁主体分主桥和引桥两部分。

a. 主桥是独立桥梁的主体工程,其计量单位为“米/平方米”,即以桥长和面积复合计算单位统计。为反映主桥工程量进度,统计时具体分为桥梁基础工程、下部墩台和上部结构3部分。

基础工程通常有沉井基础、扩大基础和桩式基础3种形式。沉井基础和扩大基础以开挖土基石方的立方米、基础结构实体浇筑的立方米,以及完成的根数和基础座数3个工程量统计指标。桩式基础采用桩基完成的个数和完成的基础座数量两个工程量统计指标进行统计。

桥梁墩台工程量可采用完成墩台的数量座数或浇筑构造物实体的立方米(钢筋混凝土浇筑的桩式墩台根数)进行统计。

根据施工情况,上部结构常见的有现浇和预制安装两种方式。现浇施工的上部结构采用现浇混凝土的数量立方米和完成的桥梁孔数来统计工程量。预制安装施工的上部结构采用预制的桥梁上部结构混凝土立方米和上部结构单元(片或节)以及完成的桥体孔数来统计桥梁上部的安装工程量。对于钢结构可直接统计安装工程量。

b.引桥是主桥的接线桥,其计算单位为"米/平方米"。即以桥长和面积的复合计量单位进行统计。为反映引桥工程量进度,也可按桥体结构分桥梁基础工程、下部墩台和上部结构3部分进行统计。

(2)公路线路中的桥梁是指未单独列项的跨河桥梁、跨公路桥梁(主线分离式立交)、跨铁路桥梁、高架桥等。其计量单位为"延米/座"。根据桥梁的大、中、小类型分别进行统计。对影响工程进度较大的大桥工程,可参照独立大桥的分项指标统计工程量。

四、隧道工程工程量统计

隧道工程通常由接线道路工程,隧道土石方挖填、洞门衬砌结构、洞身衬砌结构,照明设备和通风设备安装等工程组成。如果隧道工程属公路工程的一个分项而未单独列项时,其接线道路工程分别列入路基、路面等工程量中。

(1)接线道路工程的工程量分路基和路面两部分进行统计,路基计量单位为"立方米"、"公里"。路面计量单位为"平方米"、"公里"。

(2)隧道土石方挖填工程的工程量计量单位为"立方米"。

(3)洞门衬砌结构的工程量计量单位为"立方米"。

(4)洞身衬砌结构的工程量计量单位为"米/立方米"。

(5)照明设备和通风设备的安装工程量采用隧道长度单位"米"进行工程量统计。

五、交叉工程工程量统计

交叉工程是指横穿公路的各类构造物。按公路建设项目与被交叉结构物的种类分,常见的有建设项目与现有公路交叉、建设项目与现有水利设施的交叉等。

1.与公路交叉

(1)公路平面交叉。其计量单位为"平方米"或"处"。"平方米"是指完成的设计交叉的面积,"处"是指完成的交叉数量。

(2)分离式立体交叉。分引线道路工程和桥梁工程两个分项进行统计。其计量单位为"米"。

(3)互通式立体交叉。指上下各层道路之间用匝道或其他方式互相连接的立体交叉,互通式立交常常是高等级公路建设中的重要工程,通常由桥梁工程和道路工程组成。

2.与公路交叉的工程量的指标统计

(1)土石方数量。是指完成的设计压实方和开挖的自然方之和,其计量单位为"立方米"。

(2)路面工程。是指铺筑完工的互通式立交范围内的道路面积的总和,其计量单位为"平方米"。

(3)主线上的桥梁。常指两条或两条以上道路交叉时,不改变道路的设计车速并以桥梁形式相跨越,这类互通桥梁常称为主线桥,其主要标志是互相跨越时道路的设计断面和原有车道不作改变。其计量单位为"米"。

(4)匝道桥。是指为连接互通立交各层道路、提供车辆转弯行驶而设置的桥梁,其计量单位为"米"。

3.其他交叉

(1)涵洞和渡槽。是指为过水而设置的穿过道路的构造物,其计量单位为"米/道"、"延米/道”。

(2)通道和人行天桥。是指为行人通过而设置的穿(跨)越道路的构造物,含人、水混合型涵洞,不含以桥梁形式设置的主线桥梁。其计量单位为“米/道”。

(3)其他穿越公路的构造物。如铁路、电力管线、输油(气)管线、供水管线等交叉构造物,其计量单位为“处”。

六、汽车渡口码头工程工程量统计

汽车渡口码头是指连通河湖两端道路而设置的建筑物。通常由土石方工程、码头工程、道路和场地工程、汽渡房屋以及购置渡船等工程量组成。

(1)土石方工程。是指全部挖填土石方工程。其计量单位为“立方米”。

(2)码头工程。是指所有的浆砌、干砌块石、片石或水泥混凝土实体。其计量单位为“立方米”。

(3)道路和场地工程。是指包括所有的渡口引线道路和场地的面积,其计量单位为“平方米”。

(4)汽渡房屋建筑面积的计量单位为“平方米”。

(5)船舶购置按“艘”计。

七、交通设施工程工程量统计

交通设施主要由安全设施、通信设施、监控设施和收费设施 4 部分组成。

(1)安全设施通常由公路标志、标线、防撞设施、防眩设施以及其他小型安全构造物组成。其计量单位为“公里”。

(2)通信设施和监控系统通常由通信管线、电力管线、可变情报板、紧急电话、气象监测器、摄像器、其他汽车监测设备、通信监控管理站房及辅助用房组成。其计量单位有“公里”、“台”、“平方米/处”。

(3)收费设施通常由收费广场、收费岛、收费亭、收费站房屋建筑组成。其计量单位为“平方米/处”。

八、服务和管理设施工程量统计

服务和管理设施工程量统计主要由停车区和服务区、管理场站组成。其计量单位为“平方米/处”。

九、道班、工区工程量统计

道班、工区工程量统计是指公路养护单位的房屋建筑及养路机械的购置。房屋建筑面积计量单位为“平方米”,筑养路机械计量单位为“台”。

第四节　公路工程投资额统计

公路工程投资额又称公路工程投资完成额,是以货币形式表现的在一定时期内公路建设工程的工作量和购置固定资产以及与此有关的费用总称。它是反映公路工程投资规模、结构和发展速度的综合性指标,又是观察工程进度和考核投资效果的重要依据。在实际统计工作中,通常所说的“投资额”、“完成投资”、“完成工作量”、“总投入”等,一般都是指工程投资完成额,也可以称作"工作量"。

一、公路工程投资额统计分组

根据统计研究的目的和要求不同,公路工程投资额可按以下几种标志进行分组。

1. 按投资的构成分组

公路工程投资额按其构成分为建筑安装工程费,设备、工具、器具及家具购置费,工程建设其他费用和预备费4部分。各部分的构成将在公路工程投资额费用组成中详细叙述。

2. 按投资的用途分组

公路工程投资额按工程的经济用途,分为生产性投资和非生产性投资。

(1)生产性投资。是指直接用于物质生产或满足物质生产需要的建设。主要包括公路及其人工构造物的建设投资和公路部门的厂房、仓库的建设投资以及设备、工具、器具的购置投资等。

(2)非生产性投资。是指用于满足人民物质和文化生活需要的建设投资以及其他非物质生产的建设投资,其中包括公路院校、住宅、医院、招待所、俱乐部、食堂、浴池、幼儿园,以及省、市公路部门管理机构的办公楼投资。

3. 按投资的资金来源分组

根据固定资产投资的资金来源不同,可以分为国家预算内资金、部专项资金、国内贷款、债券、利用外资、自筹资金和其他资金。

(1)国家预算内资金。分为财政拨款和财政安排的贷款两部分。包括中央财政的基本建设基金(分经营性基金和非经营性基金两部分)、专项支出(如煤代油专项等),收回再贷、贴息资金,财政安排的挖潜改造和新产品试制支出、城建支出、商业部门简易建筑支出、不发达地区发展基金等资金中用于固定资产投资的资金;地方财政中由国家统筹安排的资金等。

以工代赈投资是指政府将赈济贫困或受灾地区的物资(或资金)作为参加建设的民工的报酬,由民工进行某项工程建设所形成的投资。以工代赈总投资在50万元以上的项目,应列入固定资产投资统计。以工代赈投资按资金来源划分应作为"国家预算内资金"。

(2)部专项资金。包括车辆购置税、港口建设费和内河支出(即车购税内河支出和港建费内河支出)。

(3)国内贷款。指报告期固定资产投资单位向银行及非银行金融机构借入的用于固定资产投资的各种国内借款,包括银行利用自有资金及吸收的存款发放的贷款、上级主管部门拨入的国内贷款、国家专项贷款(包括煤代油贷款、劳改煤矿专项贷款等),地方财政专项资金安排的贷款、国内储备贷款、周转贷款等。

(4)利用外资。指报告期收到的用于固定资产建造和购置投资的境外资金(包括设备、材料、技术在内)。计算利用外资时,需要折算成人民币,折算中所使用的外汇汇率按现汇计算,即按使用外汇时的汇率计算。

主要包括外商直接投资、对外借款(外国政府贷款、国际金融组织贷款、出口信贷、外国银行商业贷款、对外发行债券和股票)及外商其他投资(包括补偿贸易和加工装配由外商提供的设备价款、国际租赁)。不包括我国自有外汇资金(包括国家外汇、地方外汇、留成外汇、调剂外汇和中国银行自有资金发行的外汇贷款等)。

外商直接投资指外国投资商在与中国企业(政府)合资、合作或独资中以外汇现金、设备(或实物)、技术、专利或其他方式投入的资金总量。

(5)地方自筹。指由各级地方政府和交通部门筹集用于固定资产投资的预算外资金,包括省自筹、地(市)自筹、县自筹、乡自筹资金以及村自筹资金。各级地方自筹资金可自行列出主要资金项目。

(6)企事业单位资金。是指企、事业单位筹集的用于固定资产投资的资金,包括本单位建设以及以投资、参股等形式用于交通基础设施建设的资金。

(7)其他资金。指在报告期收到的除以上各种资金之外其他用于固定资产投资的资金。包括社会集资、个人资金、无偿捐赠的资金及其他单位拨入的资金等。其中集资指企事业单位内部或向社会筹集的用于固定资产投资的各种资金。

二、公路工程投资额费用组成

公路工程投资额按其构成分为建筑安装工程费,设备、工具、器具及家具购置费,工程建设其他费用和预备费4部分。

1.建筑安装工程费

建筑安装工程费由直接费、间接费、利润和税金构成。

(1)直接费

直接费由直接工程费和其他工程费组成。

①直接工程费

直接工程费是指施工过程中耗费的构成工程实体和有助于工程形成的各项费用。

a.人工费

人工费系指列入概预算定额的直接从事建筑安装工程施工的生产工人开支的各项费用,内容包括基本工资、工资性补贴、生产工人辅助工资及职工福利费。

b.材料费

材料费系指施工过程中耗用的构成工程实体的原材料、辅助材料、构(配)件、零件、半成品、成品的用量和周转材料的摊销量,按工程所在地的材料预算价格计算费用。

c.施工机械使用费

施工机械使用费系指列入概预算定额的施工机械台班数量,按相应的机械台班费用定额计算的施工机械使用费和小型机具使用费。

②其他工程费

其他工程费指直接工程费以外施工过程中发生的直接用于工程的费用。它包括冬季施工增加费、雨季施工增加费、夜间施工增加费、特殊地区施工增加费、行车干扰工程施工增加费、安全及文明施工措施费、临时设施费、施工辅助费、工地转移费等。

(2)间接费

间接费由规费和企业管理费构成。

①规费

规费是指法律、法规、规章、规程规定的施工企业必须交纳的费用。包括养老保险金、失业保险金、医疗保险金、住房公积金、工伤保险金。各项规费以各类工程的人工费之和为基数,按国家或工程所在地法律、法规、规章、规程规定的标准计算。

②企业管理费

企业管理费由基本费用、主副食运费补贴、职工探亲路费、职工取暖补贴和财务费用构成。

(3)利润

利润是指施工企业完成所承包的工程应取得的盈利。利润按直接费与间接费之和扣除规费的7%计算。

(4)税金

税金是指按国家税法规定应计入建筑安装工程造价内的营业税、城市维护建设税及教育费附加等。

2. 设备、工具、器具及家具购置费

(1)设备购置费

设备购置费是指为满足公路的营运、管理、养护需要,购置的达到固定资产标准的设备或虽低于固定资产标准但属于设计明确列入设备清单的设备的费用,包括渡口设备、隧道照明、消防、通风的动力设备,高等级公路的收费、监控、通信、供电设备,养护用的机械、设备和工具、器具等购置费用等。

(2)工器具及生产家具(简称工器具)购置费

工器具及生产家具(简称工器具)购置费是指建设项目交付使用后为满足正常营运必须购置的第一套不构成固定资产的设备、仪器、仪表、工卡模具、工作台等费用。

(3)办公和生活家具购置费

办公和生活家具购置费是指为保证新建、改建项目初期正常生产、使用和管理所必须购置的办公设备和生活家具、用具的费用。

3. 工程建设其他费用

工程建设其他费用包括土地征用及拆迁补偿费、建设项目管理费、研究试验费、建设项目前期工作费、专项评价(估)费、施工机构迁移费、供电贴费、联合试运转费、生产人员培训费、固定资产投资方向调节税、建设期贷款利息等。

4. 预备费

预备费由价差预备费和基本预备费两部分组成。

(1)价差预备费

价差预备费是指设计编制年限至竣工年限期间,第一部分费用的人工费、材料费、机械使用费、其他工程费、间接费等以及第二、三部分费用由于政策、价格变化可能发生上浮而预留的费用及外资贷款汇率变动部分的费用。

(2)基本预备费

基本预备费是指在初步设计和概算中难以预料的费用。

三、公路工程投资额主要统计指标

1. 计划总投资

计划总投资是指建设项目或企、事业单位中的建设工程,按照总体设计规定的内容全部建成时计划需要的总投资。计划总投资按以下办法确定:

(1)有上级批准计划总投资的,以上级批准数为准,在上级批准计划总投资后,有批准调整时,以批准的调整数字为准。

(2)无上级批准计划总投资的,以上报的计划总投资数为准。

(3)前两者都没有的,以报告期内施工的各项工程计划总投资相加之和为准。

2. 实际需要总投资

实际需要总投资是指在累计完成投资额已超过上级批准计划总投资的情况下,建设项目按设计规定的内容全部建成实际需要的总投资。该指标的作用在于与计划总投资结合使用,以反映实际投资总规模及超概预算情况,并计算建设周期等效果指标。

3. 自开始建设至报告期止累计完成投资

自开始建设至报告期止累计完成投资是指建设项目自开始建设至报告期止累计完成的全部投资。它是反映整个建设项目或企、事业单位建设总进度的指标，与“计划总投资”指标包括的工程内容相一致。

报告期以前已建成投产或停、缓建工程完成的投资以及拆除、报废的工程投资仍应包括在内。但转出的在建工程积累投资应予以扣除，转入的在建以前年度完成的投资应当包括在内。

4. 本年计划投资

本年计划投资是指经有关机关、单位批准的当年计划投资。如计划在年内调整的，应统计调整后的数字。

5. 本年完成投资

本年完成投资是指从本年 1 月 1 日起至本年最后一天止完成的全部投资。

6. 自年初累计完成投资

自年初累计完成投资是指从本年 1 月 1 日起至报告期(月、季、半年)末累计完成的投资。

四、计算实际完成投资额的价格及方法

1. 计算公路工程投资完成额的价格

公路工程投资完成额是以货币形式表现的建造和购置固定资产的工作量指标。为真实反映公路工程投资活动的规模、水平和效果，便于进行综合平衡，原则上应以实际价格作为计算公路工程投资完成额的价格依据。

(1)建筑安装工程投资完成额的计算价格

建筑安装工程投资额一般按预算价格计算。预算价格是在施工图设计阶段根据一定时期的预算定额计算出来的工程费用。由于预算定额的编制有一定时间间隔和相对稳定性，预算价格不能完全反映当期的实际水平。因此，以预算价格计算建筑安装工程投资时，应将经建设单位与施工单位双方协商同意，并经有关单位同意拨款的工程价差、量差，视同修改预算价格，建筑安装工程应按修改后的预算价格计算投资完成额。

实行招标投标的建安工程，以中标价格作为计算建筑安装投资额的计价依据。中标后价格有调整的，以调整后的价格作为计算建筑安装工程投资完成额的计价依据。

对于某些性质特殊的工程已进入施工，但施工图预算尚未编出的，可根据工程进度先按设计概算或套用相同结构、类型工程的预算价格计算，待预算编出后再进行调整。

建设单位议价购料供应给施工单位，材料价差部分未转给施工单位的，建设单位应将这部分价差包括在建安工程投资完成额中。

(2)设备、工具、器具投资完成额的计算价格

设备、工具、器具购置投资额一律按实际价格，即支出的全部金额计算。外购设备、工具、器具除设备本身的价格外，还应包括运杂费、仓库保管费等。自行建造的设备、工具、器具，按建造过程中实际发生的全部支出计算；如果设备已经安装，而实际价格尚未结算，可暂按设计(计划)价格计算，待实际价格结出后再进行调整。

(3)其他费用投资完成额的计算价格

一般按财务部门实际支付的金额计算。为保证统计数字的及时性，基层单位可根据会计账面数字填报，不必等财务决算或财务报表编出。在报送投资统计月报时，可根据报告期发生的其他费用报送初步数字或预计完成数，待年报时根据会计账表进行调整。

2. 公路工程投资完成额的计算方法

公路工程投资完成额是根据建筑工程和安装工程的实际完成工作量，实际已安装的设备和不需要安装的设备、工具、器具的购置费，以及其他费用的实际发生数计算的。没有形成工程实体的建筑材料和预付工程款，以及需要安装而没有进行安装的设备等都不能计算投资完成额。

(1)建筑安装工程投资完成额

根据已经完成的实物工作量乘以预算单价计算，一般采用单价法和部位进度法计算。

①单价法

单价法是计算建筑安装工程投资额的基本方法。根据已经完成的分部分项工程量乘以各自相应的预算定额单价，汇总得出工程的全部直接费，再乘以间接费率和利润率，即得出该项工程的投资完成额。将所有分部分项工程投资额相加，可得出建筑安装工程的全部投资额。计算公式为：

$$\text{建筑工程投资额} = \sum(\text{实际完成的工程量} \times \text{预算单价}) \times (1 + \text{间接费率}) \times (1 + \text{计划利润率})$$

或

$$\text{建筑工程投资额} = \sum(\text{实际完成的工程量} \times \text{预算单价}) \times \text{综合系数}$$

$$\text{安装工程投资额} = \sum\left[\begin{array}{l}(\text{实际完成的工程量} \times \text{预算单价}) + \\ (\text{人工费} \times \text{间接费率})\end{array}\right] \times (1 + \text{计划利润率})$$

或

$$\text{安装工程投资额} = \sum\left[\begin{array}{l}(\text{实际完成的工程量} \times \text{预算单价}) + \\ (\text{人工费} \times \text{间接费率}) + (\text{人工费} \times \text{计划利润率})\end{array}\right]$$

②部位进度法

将单位工程分成几个部位，先求得每个部位预算价格占单位预算工程预算造价(包括间接费、利润和税金)的比重，然后根据实际完成的各部位的进度求得其占单位工程完成进度的百分比，再乘以单位工程预算造价，即得出单位工程完成的投资额，将各单位工程投资额相加，可得出建筑安装工程完成的全部投资额。计算公式为：

$$\text{单位工程建筑安装工程完成进度}(\%) = \sum(\text{各部位完成进度的}\% \times \text{各部位单位工程建筑工程造价的}\%)$$

$$\text{建筑安装工程投资额} = \sum(\text{单位工程预算造价} \times \text{单位工程建筑工程完成进度}\%)$$

如某站房工程分基础、结构、装饰 3 个部位，各部位预算价格占单位工程预算价格的比重分别为 13%、60%、27%，该单位工程总预算造价 200 万元，至本月底止基础已完工，同时完成结构工程 20%，装饰工程尚未开始，则有：

$$\text{单位工程完成进度}(\%) = 13\% \times 100\% + 60\% \times 20\% + 27\% \times 0 = 25\%$$

$$\text{单位工程投资额} = 200 \times 25\% = 50 \text{ 万元}$$

部位进度法计算投资的关键是确定各部位完成进度百分比。为此，可将各部门再划分为若干组成部分，分别确定其各组成部分的百分比，然后根据各级组成部分完成情况推算部位完成进度百分比。

大型联动设备的安装也可按部件、按工序分段，再按安装工程完成的百分比来计算其投资额。

用国外进口材料、结构件完成的建筑工程投资额，建设单位按国外进口材料、结构件的实际价格计算。

(2)设备、工具、器具购置投资额

①需要安装的设备投资额

需要安装的设备投资额是指应在设备正式开始安装以后才能计算投资完成额,设备正式开始时安装必须具备以下3个条件:

a. 设备的基础或支架已经完成。

b. 安装设备所必需的图纸资料已具备。

c. 按照正常的施工程序,设备运至现场开箱检验完毕、吊装就位并继续进行安装。

大型联动设备如蒸气锅炉、压缩机、发电机、轧钢机等,因施工期较长,可以按照上述开始安装条件分段计算投资额。

施工单位在施工现场(包括所属车间)为建设单位加工制作和建设单位自制的非标准设备(如塔、炉体、容器、分离干燥器等),应在设备制造完成,并吊装就位正式开始安装后,才能计算设备投资完成额。

②不需要安装的设备、工具、器具投资额

不需要安装的设备、工具、器具投资额是指应在其运到建设单位的仓库或指定地点,经验收合格后即可计算投资完成额。虽然已经付款,但尚在运输途中或在上级管理部门仓库内的设备,不应计算投资完成额。购置飞机、船舶等制造期较长的设备,其投资额可按合同规定分期付款,分期计算投资完成额。

③备品、备件和备用设备的投资额

备品、备件和备用设备的投资额是指应在到货并验收合格后根据实际到货数量计算。

(3)其他投资额

计算方法一般按财务实际支出数计算。

第五节 公路工程质量统计

一、公路工程质量统计的意义和指标分类

公路工程质量是指公路工程在技术性能、保用年限、经济美观、舒适安全等方面符合设计要求。公路工程质量的好坏,对发挥公路投资效果,满足国民经济发展和人民生活提高的需求,有着重要的作用。公路工程质量统计就是通过统计指标来反映工程质量水平及施工中的质量事故和返工浪费情况,从中分析质变趋势,发现问题,提出建议,不断提高工程质量。因此,搞好公路工程质量统计,对坚持和贯彻“百年大计,质量第一”的方针,多修路,修好路,具有重要意义。

根据公路工程技术监理办法规定,公路工程质量统计的范围包括:公路及人工构造物的中修、大修、改建和新建工程在施工过程中所发生的工程质量事故、损失和报告期的质量水平及竣工验收的质量评定。

公路工程质量统计指标可分为两类:一类是质量事故指标,反映施工过程中的质量事故及其经济损失情况;另一类是工程质量的合格程度,反映已完成工程的实际质量情况。

二、公路工程质量的评定标准及质量统计指标计算方法

1. 公路工程质量的评定

公路工程质量的评定,根据《公路工程质量检验评定标准》(JTG F80/1—2004)进行。

(1)根据建设任务、施工管理和质量检验评定的需要,应在施工准备阶段将建设项目划分为单位工程、分部工程和分项工程。施工单位、工程监理单位和建设单位应按相同的工程项目

划分进行工程质量的监控和管理。

①单位工程。在建设项目中,根据签订的合同,具有独立施工条件的工程。

②分部工程。在单位工程中,应按结构部位、路段长度及施工特点或施工任务划分为若干个分部工程。

③分项工程。在分部工程中,应按不同的施工方法、材料、工序及路段长度等划分为若干个分项工程。

(2)工程质量检验评分以分项工程为单元,采用100分制进行。在分项工程评分的基础上,逐级计算各相应分部工程,单位工程,合同段和建设项目评分值。

(3)工程质量评定等级分为合格与不合格,应按分项、分部、单位工程、合同段和建设项目逐级评定。

(4)工程质量等级评定原则

①分项工程质量等级评定

分项工程评分值不小于75分者为合格,小于75分者为不合格;机电工程、属于工厂加工制造的桥梁金属构件不小于90分者为合格,小于90分者为不合格。

评定为不合格的分项工程,经加固、补强或返工、调测,满足设计要求后,可以重新评定其质量等级,但计算分部工程评分值时按其复评分值的90%计算。

②分部工程质量等级评定

所属各分项工程全部合格,则该分部工程评为合格;所属任一分项工程不合格,则该分部工程为不合格。

③单位工程质量等级评定

所属各分部工程全部合格,则该单位工程评为合格;所属任一分部工程不合格,则该单位工程为不合格。

④合同段和建设项目质量等级评定

合同段和建设项目所含单位工程全部合格,其工程质量等级为合格;所属任一单位工程不合格,则合同段和建设项目为不合格。

2.公路工程质量统计指标的计算方法

公路工程质量指标主要是合格率。合格率反映已检查验收的工程中合格工程所占的比重。可按单位工程考察,也可按分部或分项工程考察。其计算公式为:

$$\text{工程合格率}(\%)=\frac{\text{报告期验收鉴定合格以上工程个数}}{\text{报告期验收鉴定工程总个数}}\times 100\%$$

单位工程的施工期一般都比较长,从基层工作单位看,在短期内仅以竣工的单位工程为工程质量考察对象,往往为数不多,其施工过程中的质量情况在一定时期内得不到反映,因此,还需要计算以分项、分部工程为考察对象的工程合格率,有了单位工程中间验收的质量情况,就能满足施工管理和及时反映工程质量的需要。

第六节　公路工程投资成果和效果统计

公路投资成果是公路投资活动所取得的最终成果。广义的投资成果表现为以下两个方面:一方面表现为生产能力、房屋面积和固定资产的增加;另一方面表现为新增加的生产能力(或工程效益)和房屋面积进入生产领域后,提供新的生产能力和生活设施,从而为社会新创造的价值。前者为直接成果,后者为间接成果,一般讲的投资成果都是指直接成果。

公路投资效果是指公路投资活动所取得的有效成果与所消耗或所占用劳动量之间的对比关系,即所得与所费或产出与投入之间的比值。

从投入的角度来看,公路工程投资活动主要有:

(1)资金投入。即通过财务拨款投入到建设活动中的各种资金。

(2)物力投入。即购置生产所需要的机器、设备、材料等,并进行建筑安装,以使其具备生产条件。

(3)人力投入。即通过施工人员的劳动进行工程建设。

各种投入的综合价值量用固定资产投资额表示。

从产出的角度来说,公路工程投资产出的主要成果有以下3种形式:

(1)新增固定资产。

(2)新增生产能力(或工程效益)。

(3)竣工房屋建筑面积。

一、新增固定资产

1.新增固定资产概念

新增固定资产是指报告期内已经完成建造和购置过程,并已交付生产或使用单位的固定资产价值,是以价值形式表现的建设直接成果。

包括本年内建成投入生产或交付使用的工程投资和达到固定资产标准的设备、工具、器具的投资及有关应摊入的费用。属于增加固定资产价值的其他建设费用,应随同交付使用的工程一并计入新增固定资产。它是表示固定资产投资成果的价值量指标,也是反映建设进度,计算固定资产投资效果的重要依据。

新增固定资产作为用价值形态表示建设成果的综合性指标,是综合计算不同时期、不同部门、不同地区公路投资效果的重要数据。新增固定资产的数量和质量,对国民经济的发展速度和技术进步有很大影响。一定时期的新增固定资产,应与本期公路投资完成额和在建工程所占用的投资保持适当的比例,把本期新增固定资产、本期投资完成额与期初、期末在建工程占用投资联系起来观察,对于合理安排投资规模,加快建设进度,提高投资效果,具有重要意义。

2.新增固定资产的计算

固定资产在建造和购置过程中发生的构成固定资产投资额的所有支出都应计算新增固定资产。具体计算方法是:

(1)凡能独立发挥生产能力的单项工程,建成经验收投入生产或交付使用后,即计算该工程的新增固定资产。

(2)凡购置达到固定资产标准的不需要安装的设备、工具、器具,应在验收交付使用后计算新增固定资产。

(3)生产性工程尚未建成,但对已建成的并交付使用的非生产性工程,也要计算新增固定资产。

(4)新增固定资产的价值应包括固定资产建造和购置过程中全部投资。即一个在报告期投产的单项工程,其新增固定资产价值不仅包括当期完成投资,还包括该工程在报告期以前完成的投资,以及应分摊的其他费用。

(5)在建造和购置固定资产的过程中发生的其他费用,能确定应由某个单项工程负担的,可以直接随同该工程一并计入新增固定资产;不能确定负担对象的,应分摊计入各有工程的新增固定资产。分摊办法主要有两种:

①按概算数比例分摊

$$分摊率(\%)=\frac{概算中各项待摊费用合计(扣除可直接分摊部分)}{概算中建安工程投资及需要安装设备投资}\times 100\%$$

某单项工程应负担的待摊费用 = 该单项工程的建安投资及需安装设备投资 × 分摊率(%)

②按实际数比例分摊

$$分摊率(\%)=\frac{上年结转和本年发生的待摊费用合计(扣除可直接分摊部分)}{上年结转和本年发生的建安工程投资及需要安装设备投资}\times 100\%$$

某单项工程应负担的待摊费用 = 该单项工程上年结转和本年发生的建安工程投资及需安装设备投资 × 分摊率(%)

3. 计算新增固定资产的具体规定

(1)凡已经计算过新增固定资产,后又被拆除报废的,仍应包括在累计新增固定资产之中,不再剔除。

(2)各部门建造用材林、薪炭林的投资和造地支农,交通部门的航道整治等投资,不计算新增固定资产。

(3)施工单位因建设需要用尚未正式交付使用的房屋、建筑物作临时设施使用时,这些房屋和建筑物暂不计算新增固定资产,等正式验收移交生产或交付使用时,再计算新增固定资产。临时动用期间所发生的维修费用计入建设单位管理费用,并在该工程投产时计入其新增固定资产中。

(4)购置牲畜、车辆、船舶、飞机、商品房屋,应在交付使用部门时计算新增固定资产;购置国外船舶,在国外接船并开始使用时,即可计算新增固定资产。

(5)停缓建工程如改作他用,应把改建已交付使用的工程价值计入新增固定资产。

(6)从外单位转入的"在建工程",在建成交付使用时,应计算其全部固定资产价值。即包括"在建工程"在接受以前完成的投资和接受以后继续进行建设完成的投资。

(7)列入建设项目概预算内的,属于建成后交给外单位使用的单项工程(如厂外铁路专用线、厂外公路等),在建成交付使用时,仍应由建设单位计算新增固定资产。

(8)设计文件中规定的备品和备用设备,不论是否出库或使用,均随同工程建成投产时一并计算新增固定资产。

(9)建设单位用征地、拆迁费为被拆迁单位(或个人)建造的房屋,其新增固定资产价值及房屋建筑面积均由建设单位负责统计。

(10)设备内需要的一次性填充用料,应随同设备一并转入新增固定资产;补充的或更换的填充用料,不计算新增固定资产。

(11)在固定资产投资费用中,生产职工培训费、施工机构转移费、劳保支出、样机样品购置费、农业开荒费、报废工程损失、取消项目的可行性研究费、上交包干结余、专利费、技术保密费、延期付款利息等 11 项为不增加固定资产的费用。

4. 新增固定资产统计主要统计指标

(1)自年初累计新增固定资产

指当年 1 月 1 日起至报告期末止,累计交付使用的固定资产价值总和,是反映报告期固定资产建设成果的指标。

(2)本年新增固定资产

指报告期全年内交付使用的固定资产价值。它是反映年度固定资产投资成果的重要指标,也是计算年度固定资产投资效果的重要依据。

(3)自开始建设至报告期止累计新增固定资产

指建设项目自开始建设以来至报告期止已累计交付使用的固定资产价值。自开始建设累计完成投资中开始发挥效益的部分,是反映整个建设项目的建设进度和成果的指标。

5. 新增固定资产和会计上交付使用财产的区别

会计上交付使用财产是建设单位会计制度中的一个科目,用以核算已经完成建造和购置过程,并已办理验收交接手续,交付给生产或使用单位的各种财产,包括固定资产和不够固定资产标准的工具、器具、家具等流动资产。统计上的新增固定资产和会计上的交付使用财产的区别主要有:

(1)包括的范围不同。统计工作只计算新增加的固定资产,而财务上的交付使用财产则包括交付使用的固定资产和流动资产。统计上的新增固定资产与财务上交付使用的固定资产的范围也不同,为了反映投资效果,统计上的新增固定资产不仅要包括作为固定资产管理的工程价值,还要包括不作为固定资产管理的工程;而财务上交付使用的固定资产只计算作为固定资产管理的部分。

(2)计算的时间不一致。财务会计上要等工程决算以后才计算交付使用财产;而统计上为了及时反映投资效果,对年底建成来不及验收的单项工程,一般应报投产,并计算新增生产能力和新增固定资产。

二、新增生产能力

新增生产能力是指通过固定资产投资而新增加的设计生产能力,是以实物形态表现的固定资产投资成果的指标。它反映一定时期内各地区、各部门、各单位通过投资为社会提供的各种工程的使用价值数量。

1. 计算新增生产能力的条件

计算新增生产能力的工程必须同时具备的条件有:

(1)设计文件或计划方案中规定的形成生产能力的主体工程和相应的辅助工程均已建成。

(2)年底前已经建成,但未办理正式验收手续的工程为了反映实际情况,避免遗漏,也应计算新增生产能力。

(3)公路和独立大桥工程经交工验收后试通车的,即可统计其新增生产能力,并注明未经竣工验收。

2. 计算新增生产能力的具体规定

(1)在计算公路新增生产能力时,按实际建成的计算,不按设计文件规定的计算。

(2)改建、扩建的项目或工程,如无设计能力资料,可根据验收时鉴定的净增能力计算,即改、扩建后全部生产能力减去改、扩建前原有的实际生产能力,即为改建、扩建新增生产能力。

3. 新增生产能力统计主要指标

新增生产能力统计主要指标有建设规模、本年施工规模、自开始建设累计新增生产能力、本年新增生产能力。

(1)建设规模。是指建设项目设计文件中规定的全部设计能力。包括报告期尚未开工的、报告期在建的以及报告期前已经建成的工程的生产能力。建设规模应填写设计任务书或计划文件规定的全部能力。

(2)本年施工规模。是指报告期内施工的单项工程的设计能力,包括报告期以前已开工跨入本年继续施工的工程设计能力和报告期新开工工程的设计能力,也包括报告期内已建成或报告期施过工后又停、缓建的单项工程设计能力。不包括报告期以前建成、或已经停、缓建的工程，以及报告期内尚未正式开工的工程的设计能力。本年施工规模是全部建设规模中在本年正式施工的部分，即本年施工的工程或项目的全部设计能力。

(3)自开始建设累计新增生产能力。是指自开始建设至报告期止建成的全部单项工程累计新增生产能力，包括报告期前已经建成的单项工程的能力和报告期内建成的单项工程的新增生产能力。

(4)本年新增生产能力。是指在本年度内按照新增生产能力的计算条件和标准，实际建成的生产能力。

三、房屋建筑面积

房屋建筑面积是指房屋整体占用的面积，多层建筑以各层平面面积之和表示。计算房屋建筑面积是房屋建筑物勒脚以上墙外围的水平截面面积，包括房屋建筑物的有效面积和结构面积。房屋建筑物面积统计指标是从实物形态上反映建筑规模和建设成果的重要指标之一，也是检查工程形象进度、计算工程造价、分析投资效果、研究施工任务与施工力量和建筑材料之间平衡情况的重要依据。

房屋建筑面积统计的范围为：首先是指与固定资产活动有关的房屋建筑面积，即房屋建筑面积是伴随着投资活动而发生的新的实物形态出现的。房屋面积包括新建房屋面积、原有房屋进行扩建或改建中新增加的部分。原有房屋拆除重建或易地另建，都作为新建房屋统计。其次是指永久性房屋建筑面积，不包括在施工现场或临时用地上建造的装配式结构简陋的或可以移动的，供施工人员、拆迁户等临时使用的办公、居住、堆料的房屋，因为临时房屋不属于投资活动的成果，最终也不形成新的固定资产。第三不包括单纯购置房屋的建筑面积，因为这部分房屋在进行建造时已经统计在内。

第七节　公路工程投资经济效益统计

公路工程投资经济效益统计是反映公路工程建设投资过程中的投入和产出之间的比例。投入越少，产出越多，说明公路投资经济效益越好，反之投入越大，产出越少，说明公路投资经济效益越差。所以，搞好公路工程投资经济效益统计对促进公路建设工程降低消耗、缩短工期、加快投资回收、提高资金利用率有重要意义。

公路投资经济效益统计主要统计指标有建设工期、建设周期、公路建设项目投产率、生产能力建成率、固定资产交付使用率、未完工程占用率、单位生产能力投资。

一、建 设 工 期

建设工期是指建设项目从正式施工到全部建成时所经历的时间，包括建设过程中实际施工时间，节假日以及由于气候或建筑材料、安装设备、图纸供应不及时等原因而造成的停工、窝工时间。在建设过程中，因国家调整固定资产投资计划，经上级正式批准全部停缓建，后经批准又恢复建设的项目经历的停缓建时间，可以从建设工期中扣除。

建设工期的计算，是以建设项目或单项工程的“建成投产年月”减去“开工年月”的时间求得。

建设工期指标既可以投产的单个建设项目或单项工程为对象计算，也可以一个地区、部门的投产项目为对象，计算平均建设工期。计算公式为：

$$平均建设工期=\frac{竣工项目(或单项工程)建设工期之和}{竣工项目(或单项工程)个数}$$

二、建 设 周 期

建设周期是指一定时期内,一个地区、一个部门的正式施工项目全部建成所平均需要的时间,通常用年表示。建设周期是通过某年所铺开的建设规模与当年所取得的建设成果联系对比来计算的。建设规模和建设成果有3种表现形式,即投资规模、项目个数和新增生产能力,因此建设周期相应的有以下计算方法。

(1)按投资额计算,其计算公式为:

建设周期(年)=某年正式施工项目计划总投资/某年投资完成额

(2)按建设项目个数计算,其计算公式为:

建设周期(年)=某年施工项目个数/某年全部建成投产项目个数

三、公路建设项目投产率

公路建设项目投产率是指一定时期内全部建成投产项目个数与同期正式施工项目的比率,它是从建设项目建设速度的角度反映投资效果的指标。其计算公式为:

$$项目投产率(\%)=\frac{建设项目投产个数}{正式施工项目个数}\times 100\%$$

建设项目投产率易受大中、小型项目结构变化的影响,因此应按不同规模分组的项目分别计算。

四、房屋建筑面积竣工率

房屋建筑面积竣工率是指一定时期内房屋竣工面积与施工面积的比率。它是从房屋建筑施工进度角度反映投资效果的指标。其计算公式为:

$$房屋建筑面积竣工率(\%)=\frac{竣工房屋建筑面积}{施工房屋建筑面积}\times 100\%$$

五、生产能力建成率

生产能力建成率是指一定时期内新增生产能力占同期施工规模的比率。它是从生产能力形成速度的角度以实物形态反映投资效果的指标,其计算公式为:

$$生产能力建成率(\%)=\frac{报告期新增生产能力}{报告期施工规模}\times 100\%$$

六、固定资产交付使用率

固定资产交付使用率是指一定时期内新增固定资产与同期完成投资额的比率。它是反映各个时期固定资产增加速度,衡量建设过程中宏观投资效果的综合指标。其计算公式为:

$$固定资产交付使用率(\%)=\frac{报告期新增固定资产}{报告期实际完成投资额}\times 100\%$$

七、未完工程占用率

未完工程占用率是指年末未完工程累计完成投资额占全年实际完成投资额的比率。它是从资金占用角度反映投资效果的指标。其计算公式为:

$$未完工程占用率(\%)=\frac{年末未完工程累计完成投资额}{全年实际完成投资额}\times 100\%$$

八、单位生产能力投资

单位生产能力投资也称单位生产能力工程造价，是指投产项目或单项工程平均新增每一单位生产能力所耗用的投资。其计算公式为：

$$单位生产能力投资=\frac{投产项目(单项工程)全部投资完成额}{该项目(单项工程)新增生产能力}$$

第八节　公路工程后期经济评价

经济后评价是世界银行从20世纪70年代初建立起来的一套评价工作方法，经过近20多年来的工作实践，世行已形成建设项目后评价制度，并在世行董事会下成立直属的业务评价局。

经济后评价是指对世行贷款项目建成投产6个月后进行评价，其目的是在建设项目竣工总结报告阶段，全面了解和回顾项目的执行情况，分析项目的投入是否值得，与原来预计评价的要求相比有何差异，在工程方面和经济方面产生偏差的原因等。

世界银行建立的公路工程后期的经济评价，在实践中已取得了很好的效果，从而提高了世行项目贷款的决策和管理水平。当前世界上很多国家和金融组织都相继建立了经济后评价制度。

一、世界银行贷款项目经济后评价的方法

经济后评价是在建设项目总结报告的基础上进行的。世界银行规定，凡使用世行贷款的项目，应在贷款额度全部支付完毕后6个月内编制项目竣工报告，并按照原来评估时所规定的目标，评价项目的优缺，诸如对项目的进度及其合理性进行全面的分析，重新计算项目能实现的经济效益，以及分析在实施中出现的差异和变化情况的原因，并通过实地考察，听取建设各方对项目的评价和意见，使世行和贷款项目的主管部门能了解到项目实施的真实情况和经验教训，从而为今后贷款项目的决策和管理工作提供有益的经验。

经济后评价的基本方法是采用比较法，主要是通过对项目建成后的实际情况与原来预计情况相比较，从中发现问题，总结经验教训。因此，应当在占有大量的和必要的原始资料的基础上，实事求是地描述项目完成以后的社会、经济、环境等情况，评价其影响因素。经济后评价一般有以下3种评价方法。

(1)影响评价。就是总结分析项目建成后与当地社会、经济、环境等条件相结合而产生的各种影响因素，而这些因素可能是有益于社会和自然环境的，也可能是不利的。通过与原来预期的计划目标相比较，以评价项目的决策是否科学合理，正确可靠。

(2)费用效益评价。就是把项目的实际完成的成本费用与实际效益进行比较，以评价项目是否达到预期的经济效果。

在评价中费用与效益，均应采用不变价格计算，即消除物价上涨因素，同时对两种价格(不变价格和可变价格)都进行计算比较，其计算结果是有参考价值的。

(3)过程评价。就是深入分析立项、决策、设计、实施，直至竣工投产的整个过程，把项目的实际过程与计划相比较，找出主观愿望与客观实际的差异，了解计划不符合实际、设计变更

多、工期延误、投资超出等原因,进而分析项目的成败,这个分析过程就是过程评价。

二、我国对经济后评价的规定

为了学习推广世界银行的经验,建立一套系统的总结建设项目经验,吸取教训的经济后评价,国家计委 1988 年曾发出通知:"为了对利用国外贷款项目的效果进行检查和系统总结,决定在已完工的项目中,先选择几个项目进行后评价,待取得经验后再推广,以便逐步形成一项制度"。对不断改进建设项目的决策和经营管理,有着极其重要的现实意义。

1. 国家计委对项目经济后评价的主要内容

(1)与批准的可行性研究报告比较,本项目实际在规划设计上有何大的变化及变化的原因。

(2)项目的经济效益与社会效益如何?能否达到设计效益?对本项目决策的正确性进行评价。

(3)项目的国际招标、国内招标和合同谈判的情况与经验教训,各种合同的执行情况与合同管理经验。

(4)国外先进设备、技术和管理经验的引进情况和效果如何?引进技术和设备水平是否符合我国国情?

(5)国内外咨询单位的作用与问题。

(6)项目的经济和财务分析,包括项目的总投资,实际国外贷款额度,项目投产后的经济效益,国内外贷款偿还能力与期限等。分析后与批准的设计文件进行对照。

(7)利用外资项目的国内配套合作。

(8)其他认为需要进行后评价的内容。

国家计委提出的项目经济后评价的主要内容是有针对性的,故应结合公路建设项目的实际情况,认真地理解并参照执行。

2. 交通部对公路建设项目经济后评价报告的主要内容

编制经济后评价报告,必须秉着实事求是的精神,从实际出发,以建设项目的实际情况与各阶段正式批准的文件为依据,如立项决策、各设计阶段设计文件的审查批复、招标文件、施工过程中重大问题的请示批复、竣工验收报告、竣工决算以及竣工图表等。按照经济评价的原理和方法,以数字为基础,通过分析、对比、检查项目的决策、设计、施工及通车营运个阶段的主要指标的变化关系,判断其变化是否科学合理。为了规范公路建设项目经济后评价报告的编制工作,交通部结合行业的特点与要求,特规定了经济后评价内容,主要有:

(1)建设项目概况。

(2)项目前期工作各阶段(项目建议书、可行性研究报告、初步设计)主要指标的变化分析。

(3)项目施工实际与设计文件主要内容的变化及原因分析。

(4)考核期营运情况及其决策、设计的预期目标的差别和原因分析。

(5)建设项目的最终评价。

(6)后评价的结论和建议。

此外,凡利用外资的项目,经济后评价还应包括国内外咨询(评价)结果、贷款额度及其使用情况和偿还能力等内容。

第九节　公路工程统计报表

一、主要公路工程统计报表

1. 交通部公路司公路工程统计报表

根据交通部公路司《公路养护统计报表制度》(2008 年),反映公路养护工程的统计报表主要有:公路养护情况统计表—养护里程(交公路 31-1 表)、公路养护情况统计表—高速公路养护工程(交公路 31-2 表)、公路养护情况统计表—普通公路养护工程(交公路 31-3 表)等。

2. 交通部规划司公路工程统计报表

根据交通部规划司《交通固定资产投资统计报表制度》(2008 年),反映公路基本建设及其他固定资产投资情况的统计报表主要有两类:一类是综合报表,包括《交通固定资产投资完成情况》(交统投 1 表)、《建设规模及新增生产能力(或工程效益)》(交统投 2 表)、《交通固定资产投资额及新增生产能力快报》(交统投 3 表)、《交通固定资产投资及资金来源》(交统投 3-1表)、《中央及地方安排农村公路建设情况快报表》(交统投 3-2 表);另一类是基础报表,包括《交通固定资产投资项目基本情况表》(交统投 4 表)、《交通固定资产投资统计基层标准表》(交统投 5 表)、公路项目工程形象进度统计(交统投 7 表)等。

3. 河南省级公路工程统计报表

根据《河南省公路统计报表制度》和河南省交通厅公路局制定的公路《统计信息采集格式规范》,反映公路基本建设及其他固定资产投资情况的统计报表主要有:《公路水毁损失、恢复情况统计表》(交统公 08 表)、《公路养护工程情况统计表》(交统公 09 表)《公路基本建设及其他固定资产投资情况统计表》(交统公 21 表)。

第十节　公路工程统计分析

公路工程投资统计分析是公路工程投资统计的最后一个环节,也是最重要的一个环节,它对整个公路工程投资统计工作起着画龙点睛的作用,通过公路工程统计分析,可以推动整个公路工程统计的统计设计、调查和整理工作质量的提高和改进。

公路工程投资统计分析是以公路固定资产投资统计资料为依据,在科学理论的指导下,运用先进的统计方法,通过定量分析为主、定量和定性分析相结合的方法对投资活动进行研究,揭示其本质及其规律性的逻辑思维过程。通过公路工程投资统计分析,全面、准确、深刻地认识公路建设领域的各种现象,以利于解决存在的个性问题。

一、公路工程投资统计分析方法

公路工程投资统计分析方法是对公路工程投资统计设计、投资统计调查和投资统计数据整理的基础上,对投资经济活动的数量表现及依存关系进行研究的一系列方法的总称。它不但涉及基本的统计分析方法,而且也涉及公路工程投资自身的特点以及这些方法的具体运用。

1. 比较分析法

(1)定基比较法。对某一时间数列,将某年(季、月)的变化值分别与同一个基期的数值进行比较,这就是定基比较法。在公路工程投资统计分析中,常常需要比较两个时期完成公路工程投资额的变化，若进行较长时期的历史研究，还要比较若干时期投资的变化。其计算公式为：

$$P_{\mathrm{I}}=\frac{T_{\mathrm{I}}}{T_{0}}\times 100\%$$

式中：P_{I}——投资定基指数；

T_{I}——对比年投资额；

T_{0}——基期年投资额。

(2)环比比较法。即将各对比年的数值分别与上一期的数值进行比较，其计算公式为：

$$P_{\mathrm{I}}=\frac{T_{\mathrm{I}}}{T_{\mathrm{I}-1}}\times 100\%$$

式中：P_{I}——投资额环比指数；

$T_{\mathrm{I}-1}$——上一期完成投资额。

2. 因素分析法

因素分析法是将分析对象分解为若干要素，并对其变化分别进行解释的过程。因素分析法按其所解释的指标类型不同，可分为对总量指标的因素分析，对平均指标的因素分析，以及对比重指标、比例指标和强度指标的因素分析；按分析对象的复杂程度不同可分为简单总体的因素分析和复杂总体的因素分析；按分析过程的认识的深度不同又可分为平行因素分析和递进因素分析。目前在公路投资统计分析中，很少使用因素分析法，这里不在赘述。

二、公路工程投资统计分析方法的应用原则

1. 分析指标的选择原则

公路工程投资活动中的指标是非常丰富的，作为公路工程投资统计分析，公路工程投资统计指标的选择是进行投资统计分析的开始，选择那些指标、如何选择指标都决定着公路投资统计分析的质量，因此，选择指标时应遵循以下原则：

(1)真实性与全面性原则。公路工程投资统计分析是反映公路投资活动的数量运动规律，公路投资统计分析内容与方法的主体是公路投资统计数据，其统计数据计算的依据是通过公路投资统计指标实现的，因此，要根据公路投资统计分析的目的对公路投资统计指标进行认真选择。

(2)可比性原则。由于公路投资统计指标本身随各个时期公路管理情况的变化而有所不同，因此，要充分注意指标口径的可比性。如果指标间的计算关系和核算方法不可比，由这些指标所计算的数据就不能用于统计比较。

(3)相互关联的原则。在进行公路投资统计分析时，除统计核算，还要注意会计核算和业务核算，统计、会计和业务核算是不同的核算形式，但它们间有一定的联系，对公路投资统计分析有共同的影响。

(4)需要与可能相结合的原则。从某种意义上说，进行公路投资统计分析所选用的指标越多、越全面、越详细越好，但实际工作需要的事实证明，这往往是不可能的，因此，在分析目的既定的情况下，结合实际可能选用最有用的指标，对这些指标加工的越细越深，对公路投资统计分析的质量反而越高。

2. 分析方法的运用原则

上述统计分析方法不是孤立的存在，而是相互依存、互为影响的。因此，在进行公路投资统计分析时选用何种分析方法，应把握以下原则：

(1)综合运用与有所侧重相结合的原则。为了搞好公路投资统计分析,往往要同时使用多种统计分析方法,但应以一种统计分析方法为主,其他方法为辅,而不能把多种方法毫无区别地加以运用,这是因为公路投资活动有其特定的内涵,有的适合应用比较分析法,有的适合应用因素分析法,这都要因投资统计资料和统计分析的目的不同而有所侧重。

(2)传统方法与现代方法相结合的原则。我国公路投资统计分析方法绝大部分属于传统方法,因此,在掌握传统分析方法的同时,还要学习现代统计分析方法,如统计预测法、投入产出法等分析方法,只有把二者有机地结合起来,才能不断提高公路投资统计的分析水平。

(3)理论方法与经验相结合的原则。公路投资统计分析离不开科学的分析方法,但有些方法其结果往往与实际情况相差较远,因此,要用传统的经验方法与之相配套。

第六章　公路交通情况调查统计

第一节　公路交通情况调查统计的目的、范围及内容

一、公路交通情况调查统计的目的和意义

公路交通情况调查是通过对国道、省道、县道、乡道、村道和专用公路交通状况进行经常性、定期或不定期调查，以掌握各等级公路的交通流量、交通流分布、交通流构成、车辆行驶速度等交通流特性，分析交通拥挤状况，为公路规划、养护、管理部门提供交通情况基础资料。

通过对交通流量及其特性的调查分析，可以掌握公路网、各条路线、各路段交通流量的大小、构成、时间分布、空间分布、道路拥挤状况等特性，为公路建设总体布局与规划、公路建设可行性研究、旧路技术改造、公路工程设计、制定养护计划及交通管理措施等提供依据。同时，为交通工程学理论研究和其他公路科学研究提供基础资料，对公路管理和科学决策具有重要意义。

二、公路交通情况统计的范围及内容

公路交通情况调查的范围是辖区内的所有公路，包括国道(含国家高速公路)、省道、县道、乡道、村道和专用公路。各行政等级的高速公路必须纳入交通情况调查范围并逐级报送相应统计资料，包括历史情况、现状和发展规划。

公路交通情况调查的内容包括常规调查和非常规调查。

(1)常规调查。包括交通量调查、车速调查和各类公路交通量比重调查等。

(2)非常规调查。包括车流密度调查、起讫点(OD)调查、通行能力调查、轴重调查、车头时距调查、出入界交通量调查、交通事故影响调查及其他专项调查(如车辆构成调查、客货车营运调查、车辆横向分布调查)等内容。

第二节　公路交通量调查统计

道路交通流的特性，一般用交通量、车速和交通密度来表示。交通量是3个基本交通参数之一，它是指单位时间内通过公路某一断面的交通流量，通常用往返双向的合计数表示。用单位时间取1日的日交通量或用1小时的小时交通量较多。交通量随时间而变化，即使是观测同一断面，也由于观测时间和期间不同，交通量数值也不一。因此，可根据使用交通量数据的目的，采用各观测期间相对应的交通量(表3-6-1)。

交通量的观测种类、利用目的和整理方法　　表3-6-1

种　类	数据利用目的	数据的收集、整理方法
1. 年交通量	评价道路的适应程度	年平均日交通量

续上表

种　类	数据利用目的	数据的收集、整理方法
2. 月、周交通量	掌握月、周日的交通量动态变化	月平均日交通量，比较其变化
3. 日交通量	最基本的交通量	工作日日交通量，休息日日交通量
4. 小时交通量	掌握一天中交通量的动态变动状态以及高峰小时等的交通需求	以小时单位表示
5. 短时间交通量	根据交通量的变动进行交通管理和控制方案的制订	以 5min、15min 等单位表示

一、交通量调查的组织实施

1. 拟定调查方案

拟定调查方案时，应对以下各项内容，提出书面说明：

(1)调查目的和用途。应有明确的目的和要求，以使调查工作符合原定意图。通常交通量调查的目的有交通规划、设计、经济分析和管理等。

(2)拟定调查地区或路线的情况。包括地区平面图、路网图、道路平纵线等。应说明对交通量将有影响的各种道路、交通管理和控制因素，如道路宽度及各车道宽度、分隔线或隔离墩等分隔设施，路面标线、各类交通岛、交通标志、交通管理与控制设施位置、道路以及交叉口环境及障碍物、路面状况、人行横道、公交停车站位置等。

(3)观测站在平面图上的位置，并对选点依据提出书面说明。

(4)所测车辆的分类和折算系数。在交通量调查中，应按不同车型进行交通量分类统计。为准确衡量道路的通行能力，还需要把不同车型的交通量换算为标准车当量交通量。

交通量观测时，应采用自然车辆数(自然数)计量。在统计分析中，可根据需要采用自然车辆数及换算标准车当量数计量。自然车辆数的单位以 V 表示；换算标准小客车(标准小客车指桑塔纳型小轿车)当量数的单位以 PCE 表示。交通量调查车型及折算系数见表 3-6-2 所列。

交通量调查车型及折算系数　　表 3-6-2

车　型			折算系数	荷载及功率	备　注
机动车	汽车	小型载货汽车	1.0	载质量≤2t	
		中型载货汽车	1.5	2t < 载质量≤7.0t	包括吊车
		大型载货汽车	2.0	7t < 载质量≤14t	
		特大型载货汽车	3.0	载质量 > 14t	
		拖挂车	3.0		包括半挂车、平板拖车
		集装箱车	3.0		
		小型客车	1.0	额定座位≤19 座	
		大型客车	1.5	额定座位 > 19 座	
	摩托车		1.0		包括轻骑、载货摩托车及载货(客)机动三轮车等
	拖拉机		4.0		
非机动车	人畜力车	畜力车	4.0		
		人力车	1.0		包括人力三轮车、手推车
	自行车		0.2		包括助动车

(5)拟定调查时间和周期的说明。

(6)观测仪器。如采用自动机械计数装置,应对设备的规格、型号及数量,设备的性能,数据传输质量加以测试说明,还应适应不同的环境条件,达到全天候工作。

(7)人员配备及分工。对于新参加观测工作的人员,必须进行技术培训和工作纪律、责任心的教育。每个24小时观测站点通常采用3班,每班2人,2人按小时交替观测、记录数据。

(8)其他调查用具配备规格和数量。要注意保证调查时仪器用电和晚间工作照明用电、通信和交通工具、记录用具、遮阳挡雨用品、屋棚等问题,否则将可能影响工作正常开展。

(9)记录表格的形式和要求。表头一般包括道路名称,观测站位置,所观测车流运行方向和车种,观测日期(年、月、日)、观测时间、天气、观测人员等,必要时可附平面示意图。

(10)调查资料整理方法及格式、图表要求及内容、交通量计数单位和精度等。

2. 设置交通量观测站的原则

(1)从全面反映公路网交通流量及特性出发,结合公路网布局、公路的行政等级、技术等级及公路规划建设等因素,进行科学规划、合理布局。

(2)观测站点应设在交通流比较稳定、流量和特性可代表某个路段区间交通流量和特性的地点,这个路段区间称为观测里程,也称代表路段长度。无特殊情况,一般不要轻易移动观测断面,以使历年的统计资料能得以延续及具有可比性。

代表路段长度应按实际情况确定,一般应不小于5km,最长不宜大于50km;代表路段的分界点一般设在交通量明显变化处,也可以各行政区划的分界处应作为代表路段的分界点;省际行政区划分界处必须作为代表路段的分界点。

(3)比重调查、车速调查站(点)设置应尽量与交通量观测站(点)合并设置。

(4)各行政等级公路设置交通量观测站原则

①在国道(含国道主干线、国家高速公路网,下同)与国道相互交叉点(具有交通量分流功能的交叉口,下同)之间的国道路段上,应设置交通量观测站。

②在每条高速公路上,应至少设置一个交通量观测站;在高速公路与高速公路相互交叉点之间的高速公路路段上,应设置交通量观测站。

③在每条省道上,至少应设置一个交通量观测站;在省道与国道交叉点前后的省道路段上,均应设置交通量观测站。

④在县道和专用公路(非高速公路)上,原则上应设置一个交通量观测站。

⑤乡道设有交通量观测站点的路线数应不少于乡道路线总数的10%~20%。

⑥在处于两个县城(或县级以上城市)之间的国道、省道及其他行政等级高速公路之间的路段上,应设置交通量观测站。

(5)交通量观测站的位置应选择在视线开阔、便于安装观测仪器、公路路线纵坡小于2%的直线路段处。应避免靠近城镇,排除市区交通干扰,也要避免设在交叉口,防止一点多面观测造成代表路段混淆不清。

(6)高速公路可利用收费站、监控系统站、养护管理站等设置交通量观测站点,也可另设交通量观测站点。

(7)国道交通量观测站的设置、调整,由省级交通主管部门提出方案,报交通部批准。省道交通量观测站的设置、调整由各省、自治区、直辖市交通厅(局)确定。县道交通量观测站的设置、调整,由地市级(或县级)交通主管部门提出方案,报省交通主管部门批准。乡道交通量观测站的设置、调整,应由县级交通主管部门提出方案,报地市交通主管部门批准。由交通部门管养的专用公路交通量观测站的设置、调整,应由该公路管理部门提出方案,报上级交通主管部门批准;非交通部门管养的专用公路或其他行政等级中的公路,由管养部门提出方案,报同级交通主管部门备案。

二、公路交通量的观测方式

目前，公路交通量调查观测方式主要有连续式观测和一次性观测两种。

1. 连续式观测

(1)观测站的设置

设站的目的除了为全年提供完整的交通量数据外，还应满足下列要求：

①能够准确观测所在路段的交通量。

②能够定性、定量地反映调查路段、路线及其所在区域内交通量分布、变化特征。

③符合国家编制公路网总体布局规划的要求。

④连续式交通量观测站应距大城市出入口 8km 以上，距中小城市出入口 5km 以上。

⑤要避开短途运输繁忙的路段及交叉口。

⑥连续式交通量观测站一经确定，其位置不得随意变更、撤销。

⑦连续式交通量观测站应按图 3-6-1 规则由各省统一编号。

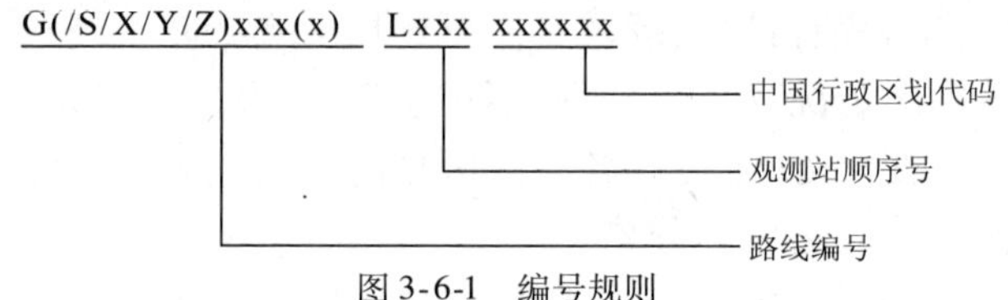

图 3-6-1 编号规则

其中观测站序号由省、自治区、直辖市交通公路主管部门，按照路线进出行政区的方向顺序编号。连续式交通量观测站序号从 L100 开始，编号间隔为 5。在同一省、自治区、直辖市管辖区内，观测站序号唯一。各观测站的编号也是唯一的，对属于重复路段的观测站编号，按行政等级高的、或路线编号在前的路线进行编号。观测站编号不得随意更改。

国内外公路交通量调查，都十分重视观测站的选点工作，观测站要设在对拟调查的公路路段上有代表性的地点，观测站附近应没有厂矿企业、公共建筑等，没有明显的视距障碍，道路条件(宽度、路面类型及状况)与整个路段的条件相似，没有大量人流出入的大型居民区、商场、学校和车站，避免引起过大的行人干扰，并且不存在其他影响道路条件和交通条件的因素。如果选择观测站的位置有困难，可以先在 2～3 个地点进行临时性交通量调查，经过比较后再确定。当然，当调查是为了对每种因素进行对比，则应注意选择其他条件相近的观测站，以尽量减少其他因素的影响。

(2)观测时间和观测方法

观测时间连续一年为一周期，每昼夜连续 24 小时观测，按小时交通量登记，来去车不分方向合并记数，原始记录的车辆数均为自然车辆数。

(3)填报内容

观测站名称和编号、代表路段长度及桩号、观测地点名称、路面种类及路基、路面宽度、道路技术等级、道路通过地区地形和平均车速，混合交通量，汽车分类绝对数、折算数以及各型拖拉机、人力兽力车和自行车的折算数等数值，注明交通量折算总数，年平均昼夜顺序小时交通量图、汽车绝对小时交通量统计表(每日逐时的数值)、日交通量月报表、交通量年报表等。同时计算年平均日交通量和月、周日不均匀系数等。并绘制交通量分布示意图和路线技术等级允许交通量的变化图。

2. 一次性调查

(1)观测内容

对13种车型进行观测，记录各种车辆的绝对数，不分方向，最后折算成标准车辆数。

(2)观测时间和次数

在每年某月的某一天，进行从零时至24时连续24小时的观测，调查日宜选择运输旺季为调查日，一个省、自治区、直辖市范围内应在同一天内进行观测，由省级公路管理部门统一研究部署安排，指导各市地公路管理部门进行调查。

(3)观测方法

由养护道班或委托养护工区负责观测，无养护道班的路段由县级公路管理部门临时组织的观测小组进行观测。观测点由地、市公路管理部门选定报省级公路管理部门备查，临时观测任务结束后观测站即撤销。但应注意，一次性调查观测点也不宜经常变动地点，以利前后资料的对比分析。

三、交通量统计分组

1. 按公路行政等级分组

即以国道、省道、县道、乡道、村道、专用公路分类进行统计汇总，以便从宏观上了解各类公路承担运输任务的情况及其适应状况。

2. 按公路技术等级分组

即按公路工程技术标准规定的5个技术等级分别汇总统计，以便从宏观上了解各等级公路对现有交通量的适应程度。

3. 按车辆类型分组

交通量调查分13种车型，可以归纳为汽车交通量、机动车交通量、非机动车交通量、混合交通量等。以车辆类型分组，可以了解各条公路(或路段)的车辆构成及其交通量适应情况。

第三节　公路交通情况调查统计

交通量调查是公路交通情况调查中最基本的调查，除交通量调查外，公路部门还开展了其他一些交通情况调查，以使从宏观到微观方面适应整个公路发展管理的需要，从多方面积累并提供规划营运、经济效益评价、可行性研究等所必需的基础资料。如车速调查、汽车起讫点(OD)调查、公路阻塞与拥挤路段的交通调查、路段大(重)型汽车拖挂车比重调查、公路交通量与运输量换算关系参数的调查等。

一、车速调查

车速是交通的重要特征之一。车速调查与观测，在省公路局的统一领导下，由地市或县级公路管理机构负责组织实施，每条线路每年不得少于一次。通过调查，取得地点的车速分布状况，掌握车速变化时态和车速发展变化趋势，研究分析公路通阻情况、服务质量、通行能力及运营管理水平，为交通规划、交通管理、公路设计提供依据，为提高公路通行能力、改善公路质量、改进运营管理提供重要的基础资料。

1. 车速的定义

车速是指车辆在单位时间内行驶的距离，即车辆行驶的路程除以行车时间之商，常用公里/小时或米/秒表示。

按照其用途及观测方法的不同，常用的有下列几种车速：

(1)地点车速。车辆通过道路某一地点的瞬间车速。

(2)行程车速。车辆行驶路程除以行驶该路程所需的全部时间(包括行驶时间、停靠时间和其他原因耽误的时间)。

(3)行驶车速。车辆行驶路程除以行驶时间的商。

2. 车速观测

(1)地点车速的观测

①人工观测

在观测地点量取距离 S,用秒表测定车辆经过该距离的时间 t,地点车速 $V=\frac{S}{t}$,S 的长度与车速有关,为便于观测读数,车辆经过 S 段的时间不应小于 1.5s,最好在 2s 左右。

有时为了节省人力,也可用自动记录仪的办法,测定车辆经过 S 路段的时间。用这种方式观测地点车速只需一人就可。见表 3-6-3 所列。

地点车速观测记录表 表 3-6-3

路线名称:________ 观测时间:____年____月____日____时
地点桩号:________ 气候情况:
观测长度:________ 公路线形:
行车方向:

时间(h)	小型货车		中型货车		大型货车		小型客车		大型客车		合计(辆)	车速(km/h)
	辆数	共计	辆数	共计	辆数	共计	辆数	共计	辆数	共计		

②机械观测

a. 用道路检测仪器测定车速,在我国已经使用的有超声波检测器、环状线圈式检测器、电感式检测器等。超声波检测器需悬挂于行车道上空,离地面 5 ~ 7m,其他几种检测器均埋于路面中,一般相隔 5m 设置一个。车辆经过检测器时发出信号,并传送给记录仪,记录下车辆通过 2 个检测器的时间,然后用已知距离除以时间即得地点车速。

b. 雷达测速仪,一般雷达测速仪安装于测试车上,观测车速时只需将雷达测速仪对准所测车辆,向车辆发出微波,根据其反射波的多普勒效应,测定车速。通常可测得道路前方 100m 处的车速。见表 3-6-4 所列。

雷达测速记录表 表 3-6-4

路线名称:________ 观测时间:____年____月____日____时
地点桩号:________ 行车方向:________至________
观测地点公路线形:________ 气候情况:

车种	小型货车	中型货车	大型货车	小型客车	大型客车	拖挂车	备注
车速(km/h)							

(2)路段(区间)车速的观测

区间车速和行驶车速的调查,都是观测已知长度道路上总的行程时间和行驶时间,然后再换算成速度。一般说来,任何路线上都可以进行调查,但长度一般要求大于或等于 5km,以保

证调查的数据有意义。计算行驶时间和行程时间的方法很多,下面介绍常用3种:

①牌照法。使用这种方法只适用于计算汽车的综合车速。观测方法是在观测路线的两端,各设观测员6人。分上、下进行观测。观测员分4组安排于观测断面,1人读通过该点的汽车车牌号码的末3位数,1人读汽车通过该点的时间,1人作记录。观测前起、终点秒表必须同步,并且观测期间不得停表,当车辆进入断面后同时起测,先报号码末3位数,然后再报时间,先报秒、再报分。记车号码观测断面布置如图3-6-2所示。

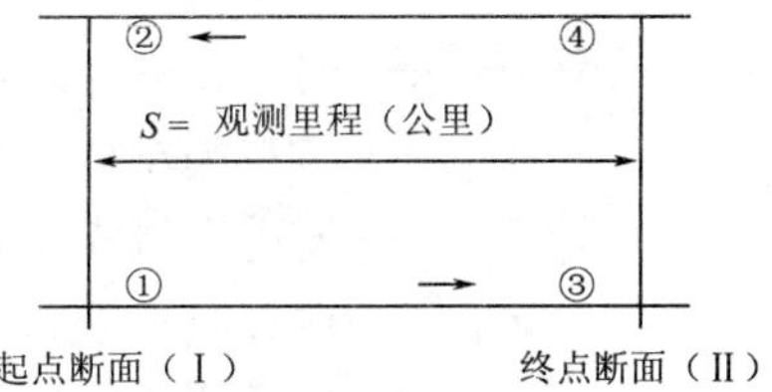

图3-6-2 牌照法观测平面图

观测结束,将两端1、3组,2、4组记录数据加以整理,计算同一车牌号码的时间差及两端距离,即可计算综合速度,如观测资料达50对,就可取得较准确的结果,整理见表3-6-5、表3-6-6所列。

记车号法原始记录表 表3-6-5

记录员__________

车牌号	车型	出入口时间			备注
		时	分	秒	

记车号法整理表 表3-6-6

整理者__________

路线名称__________ 观测日期__________

车号	车型	观测路线长度(km)	通过时间						时间差 时:分:秒	综合车速(km/h)	备注
			入口时间			出口时间					
			时	分	秒	时	分	秒			

此种观测方法,对于中途交叉口多,出入该路段的车辆多或中途停车多的路线效果较差。

②浮动车法。本方法宜用于交通流稳定、岔道较少且交通量较小的路段。浮动车法一般需要观测车1辆,驾驶员1人,观测记录人员3名。其中1人记录与观测车反向行驶的会车数,1人记录与观测车同向行驶的超车数和被超车数,另1人记录观测车反向行驶时间和顺向行驶时间。当交通量较小时,可以减少观测记录人员。行程为固定路段的已知距离,一般往返6次,即可计算该路段的车流量、平均车速、平均运行时间。

测定方向上的交通量计算公式为:

$$q_{东} = \frac{X_{西} + (Y_{东} - Z_{东})}{t_{东} + t_{西}} \times 60(辆/h)$$

测定方向上的平均行车时间计算公式为:

$$\bar{t}_{东} = t_{东} - \frac{Y_{东} - Z_{东}}{q_{东}} \times 60$$

平均行驶车速计算公式为:

$$\overline{V}_{东}=\frac{1}{\overline{t}_{东}}\times 60$$

上式式中：$q_{东}$——向东行驶的观测车测出的该路段交通量(辆)；

$X_{西}$——与观测车(其行驶方向为西)反向行驶的会车数(辆)；

$Y_{东}$——超过观测车的辆数(辆)；

$Z_{东}$——被观测车超过的车辆数(辆)；

$t_{东}$——与观测方向同向行驶的时间(min)；

$t_{西}$——与观测方向反向行驶的时间(min)。

【例 3-6-1】 在长 5km 的一段东西向公路上，往返行驶 6 次，得到如下观测结果：

东　行：	$t_{东}$	$X_{东}$	$Y_{东}$	$Z_{东}$
6 次平均：	2.61	84.0	1.5	1.0
西　行：	$t_{西}$	$X_{西}$	$Y_{西}$	$Z_{西}$
6 次平均：	2.42	111.5	0.5	1.0

求东西向的平均行驶车速。

解：

$$q_{东}=\frac{X_{西}+(Y_{东}-Z_{东})}{t_{东}+t_{西}}\times 60=\frac{111.5+1.5-1.0}{2.61+2.42}\times 60=1336\text{ 辆/h}$$

$$q_{西}=\frac{X_{东}+(Y_{西}-Z_{西})}{t_{西}+t_{东}}\times 60=\frac{84+0.5-1}{2.42+2.61}\times 60=996\text{ 辆/h}$$

东西向平均行驶时间为：

$$\bar{t}_{东}=t_{东}-\frac{Y_{东}-Z_{东}}{q_{东}}\times 60=2.61-\frac{1.5-1.0}{1336}\times 60=2.59\text{min}$$

$$\bar{t}_{西}=t_{西}-\frac{Y_{西}-Z_{西}}{q_{西}}\times 60=2.42-\frac{0.5-1.0}{996}\times 60=2.45\text{min}$$

于是得出东西向平均行驶车速为：

$$\overline{V}_{东}=\frac{60\times 1}{\bar{t}_{东}}=\frac{1.2\times 60}{2.59}=27.8\text{km/h}$$

$$\overline{V}_{西}=\frac{60\times 1}{t_{西}}=\frac{1.2\times 60}{2.45}=29.4\text{km/h}$$

③跟车法。跟车法可跟自备的实验车，也可跟一般客、货车，或者另乘一辆车尾随一辆对象车。观测人员 2 人，携带秒表，记录表格及文具随乘于被测车辆内。被测车驾驶员要求较有经验，能用接近运行车辆的平均车速行驶。当试验车从观测路段起动时，观测员 1 人按动秒表，另 1 个在记录表格上记下时间。汽车按观测路线前进，经过一地，记下行驶时间、停车时间、停车原因及经过的路段长度。至终点，记下结束时间，然后汽车掉头往回开，重复上述操作过程。如此往返进行 4 ~ 6 次，将各次观测值除以次数，即可计算出行驶车速、综合(路段)车速。

【例 3-6-2】 乘某实验车从 A 地到 B 地，中途经过两个交叉口(I_1、I_2)和 3 个停靠站(S_1、S_2、S_3)，单方向行驶 5 次，用秒表计时，得到结果见表 3-6-7 所列。试计算平均行驶车速和平均区间车速。

解：把在 A 地的等待时间扣除后，得到平均行驶时间和平均停车时间。

(1)平均行驶时间

$$\overline{t_2}=\frac{1}{n}\sum_{i=1}^{n}t_{2i}=\frac{1}{5}(5.95+6.35+6.24+6.39+6.46)=6.28\text{min}$$

(2)平均停车时间

$$\overline{t_1}=\frac{1}{n}\sum_{i=1}^{n}t_{1i}=\frac{1}{5}(5.26+6.78+3.13+5.66+5.84)=5.33\text{min}$$

(3)平均行程时间

$$\bar{t}=\overline{t_1}+\overline{t_2}=6.28+5.33=11.61\text{min}$$

(4)平均行驶速度

$$\overline{V}_R=\frac{L}{t_2}\times 60=\frac{3.4}{6.28}\times 60=32.48\text{km/h}$$

(5)平均区间车速

$$\overline{V_R}=\frac{L}{t}\times 60=\frac{3.4}{11.61}\times 60=17.57\text{km/h}$$

跟车调查结果　　表 3-6-7

地点 A	停车时间(min)					行驶时间(min)					距离(m)
	1.03	0.95	1.10	1.17	0.86						
I_1	0.51	0.87	0.00	1.01	0.77	0.20	0.27	0.18	0.22	0.21	100
S_1	0.47	0.63	0.52	0.78	0.84	2.93	3.15	2.76	2.88	3.21	1650
I_2	3.21	4.37	1.55	2.73	2.87	0.27	0.38	0.41	0.23	0.29	150
S_2	0.66	0.54	0.72	0.69	0.79	0.65	0.27	0.51	0.63	0.55	400
S_3	0.41	0.37	0.34	0.45	0.57	1.00	0.97	1.21	1.37	0.85	600
B	0	0	0	0	0	0.91	0.86	1.17	1.06	1.35	500
合计	5.26	6.78	3.13	5.66	5.84	5.96	6.35	6.24	6.39	6.46	3400

二、OD 调 查

1. OD 调查的定义

OD 调查又称交通起讫点调查，OD 交通量就是指起、终点间的交通出行量。“O”来源于英文 ORIGIN，指出行的出发地点，“D”来源于英文 DESTINATION，指出行的目的地。

2. OD 调查的原则

(1)选定的调查点，应以能够全面掌握项目直接影响区与间接影响区之间、直接影响区内各小区之间以及小区内部等各主要线路的交通流。

(2)与拟建公路平行或竞争的路线，应是主要的设点路线。

(3)与拟建公路交叉的主要路线，应考虑设点(目的是掌握互通交通量)。

(4)应稍远离城镇，尽量避免市内交通的影响。

(5)应选择路基较宽、线形较直(视距 250m 以上)的路段设点。上、下行调查处(同一调查点)之间应留有不少于 150m 的距离。

(6)在不影响调查目的和数据准确的前提下，设点不宜过多，也不应重复设点。

(7)为核实日常交通量和掌握昼夜交通量比率，在典型代表性路段上，宜同时设置几个 12 小时和 24 小时交通量观测点。

选定 OD 调查点后，应绘制调查地点示意图。

3. OD 调查的内容

通常利用个人出行调查和机动车 OD 调查等来获取 OD 交通量。这其中又可分为客流 OD 调查、PT 调查、货流 OD 调查和机动车 OD 调查。

客流 OD 调查的内容主要有起止点分布、出行目的、出行方式、出行时间、出行距离、出行次数等。由此可以确定公交线网上的乘客分布规律,为公交线网优化提供依据,也可以确定各线路的乘客平均乘距及乘客平均乘行时间,建立居民出行量与车流量之间的换算关系。

个人出行调查也称为 PT 调查,是重要的交通调查之一。此调查源于美国。20 世纪 50 年代,美国芝加哥大都市圈首先开始了此种调查,调查数据为全面分析城市客流的空间移动及交通需求特点、进行包括各种交通方式在内的城市综合交通体系的规划奠定了基础。我国的个人出行调查始于 1981 年,目前天津、上海、徐州、沈阳、北京、广州、杭州、大连等大中城市先后进行过人、车 OD 调查,为城市综合治理与规划提供了宝贵的分析依据。

货流 OD 调查内容主要有各单位的货运人、运出量、调查日各交通区之间及各交通区与外地之间的货物来往量、各单位历年的一些基础数据等。可以为分析、预测货物发生(即各交通区的货运人、运出量)、分布(即各交通区之间及交通区与外地之间的货物来往量)提供必要的基础数据。

机动车 OD 调查主要调查机动车在某日的行驶起讫点情况,并且根据调查结果整理出调查范围的 OD 表,以备将来交通需求预测使用。另外,为了保证调查的精度,还在调查区域的边境线与道路交叉的断面上进行路侧 OD 调查,以调查内外交通和过境交通的 OD 交通量。机动车 OD 调查一般与断面交通量调查一起构成道路交通量调查体系。因此,机动车 OD 调查也分为工作日调查和休息日调查两种。调查日期的选定与断面交通量调查相同,并且选定在同一天进行,以便于交通需求预测时的模型校正等。

4. OD 调查方法

OD 调查方法很多,在实际工作中一般采用家访调查、发收表调查、路边询问调查等方法。

在我国,客流 OD 调查多采用家访调查,家访调查是对居住在调查区内的住户,进行抽样家访。由调查员当面了解该户中包括学龄前儿童在内的 6 年以上(如北京 1986 年进行的个人出行调查)全体成员的详细出行情况,包括出发地、出发时间、目的地、到达目的地的时间、交通工具、出行目的、换乘情况、上车前后的步行时间等。这种调查方法数据可靠,而且还可同时得到出行者的个人属性及社会经济特征资料。

货流调查多采用发收表调查和路边询问调查两种方法。发收表调查是将调查表格发到卡车驾驶员处,由驾驶员逐项填写。主要包括发时、抵时、货种、载重、起止点路段名和单位名,经过主要路口、里程等。路边询问调查,是调查人员在调查点让驾驶员停车,询问内容同发收表调查内容一致,将调查结果逐一记入"公路机动车起讫点调查表"各栏目内。事实证明,这两种调查方法的调查效果都很好。

此外还有明信片调查、工作出行调查、车辆牌照调查、运输集散点调查、公交线路乘客调查、电话询问调查等。每种方法都各有优缺点,可根据实际情况加以选用,也可以同时采用几种方法,以互补不足或互相校对。

OD 调查结果通常用一个二维表格表示,称为 OD 表,也称 OD 矩阵。OD 调查结果还可以通过期望值图、交通发生统计图、交通统计量图、交通等值线图、各种不同因素与 OD 量两两相关的分布曲线(相关曲线)等来表示。其中期望值图应用较为广泛,它是连接各小区的直线,代表了小区间所发生的出行,其宽度通常按小区间出行数比例大小而定。这些图表为进一步的工作提供了方便。

目前,还有一种利用路段交通量进行反推获得 OD 交通量的方法,此法节省开支、调查解析时间短、所需人力少,在进行短期规划和政策效果分析等方面,有相当的优越性。公路机动车起讫点调查表见表 3-6-8 所列。

公路机动车起讫点调查表 表 3-6-8

调查地点： 车辆行驶方向： 调查时间： 年 月 日 时至 时

<table>
<tr><td colspan="8">车　型</td><td rowspan="3">核定载量（吨、人）</td><td rowspan="3">货类</td><td rowspan="3">实载（吨、人）</td><td>起点</td><td>讫点</td><td rowspan="3">备注</td></tr>
<tr><td>1</td><td>2</td><td>3</td><td>4</td><td>5</td><td>6</td><td>7</td><td>8</td><td rowspan="2">市、县</td><td rowspan="2">市、县</td></tr>
<tr><td>小货</td><td>中货</td><td>大货</td><td>拖挂</td><td>集装箱</td><td>小客</td><td>大客</td><td>拖拉机</td></tr>
<tr><td rowspan="2"></td><td rowspan="2"></td><td rowspan="2"></td><td rowspan="2"></td><td rowspan="2"></td><td rowspan="2"></td><td rowspan="2"></td><td rowspan="2"></td><td rowspan="2"></td><td rowspan="2"></td><td rowspan="2"></td><td></td><td></td><td rowspan="2"></td></tr>
<tr><td></td><td></td></tr>
<tr><td rowspan="2"></td><td rowspan="2"></td><td rowspan="2"></td><td rowspan="2"></td><td rowspan="2"></td><td rowspan="2"></td><td rowspan="2"></td><td rowspan="2"></td><td rowspan="2"></td><td rowspan="2"></td><td rowspan="2"></td><td></td><td></td><td rowspan="2"></td></tr>
<tr><td></td><td></td></tr>
</table>

调查人＿＿＿＿＿＿＿＿

注：①货类栏按下列编号登记：0-人；1-煤炭；2-石油；3-金属矿石；4-钢铁；5-矿建材料；6-水泥；7-木料；8-非金属矿石；9-化肥及农药；10-盐；11-粮食；12-其他。

②起讫点栏中上格填写地（市）、县（区）名称，下格填写地（市）、县（区）代码。代码由专业人员填写。

三、各类公路交通量比重调查

为了掌握公路交通流量的地区分布和路线分布特征，分析和评价国道、省道、县道、乡道等各类公路的使用功能，论证和探讨现有公路网的合理性，应开展各类公路交通量比重调查。通过调查，为公路规划、可行性研究、技术经济分析论证、设计、改造等提供依据。

（1）调查范围。辖区内的各类公路。

（2）调查内容。辖区内的各类公路交通量观测，并调查辖区内各类公路的里程和汽车、机动车拥有量。

（3）调查时间。调查日宜选择在运输旺季中的某一天，调查日应尽量避开节假日。

（4）观测内容、方法和车型分类。与交通量常规调查的规定相同，分小时、分车型记录通过观测断面的交通量。

在取得比重调查资料后，应对资料进行整理汇总。计算每个观测日机动车交通量和日汽车交通量（均为绝对值）、每条路线的交通量和日交通量、调查区域内各行政区的各类公路里程比重、路线交通量所占比重、日交通量及年路线总交通量等。

四、轴 载 调 查

轴载调查是为了预测某一时期内行车对路面的破坏作用，科学地制定公路养护措施，合理分配公路养护和改造资金。为确保轴载调查的质量，有效地利用现有交通量调查资料，轴载调查的车辆分类可在现行的交通量观测分类基础上，对每类车再分成若干档次。调查时应分类、分档记录。

对每档车辆选取一种车型为该档车辆的代表车型。根据该代表车型的轴载和作用次数，换算成标准轴载的当量轴次。再根据每类车辆中若干档代表车型换算成标准轴载的当量轴次的总和，即可计算得出各类车辆的当量轴次换算系数，然后利用现有的交通量资料，换算成标准轴载的当量轴次。

轴载调查时，宜同时进行客、货车装载情况抽样调查，也可以利用交通量调查中已有的实载率资料。

轴载调查以每年调查一次为宜。每次调查天数可根据每类车辆的代表当量轴载换算系数稳定性而定，每次不宜少于 3 天，且调查时间应具有代表性。

第四节　公路交通情况调查统计指标

为了切实掌握交通流量在不同地区（时间）上的流量、构成、分布和行车速度的变化情况，反映交通流特性的发展趋势，根据交通部信息基础数据元集，公路交通情况调查统计指标包括：基础指标、基本指标和其他指标。

一、基 础 指 标

公路交通情况调查统计基础指标主要有：调查管理机构，观测站，人员，设备（台/套），经费，路线名称，编号，观测里程，技术等级，路基宽度，路面宽度，车道数等。

二、基 本 指 标

公路交通情况调查统计基本指标主要有：观测站名称，观测站桩号，年均日混合交通量折算值，年均日机动车交通量折算值，特大型货车绝对值，大型货车绝对值，中型货车绝对值，小型货车绝对值，拖挂车绝对值，集装箱车绝对值，大型客车绝对值，小型客车绝对值，拖拉机绝对值，摩托车绝对值，人力车绝对值，畜力车绝对值，自行车绝对值等。

三、其 他 指 标

公路交通情况调查统计其他指标主要有：有关公路的历年平均断面交通量（AADT）、平均日交通量（ADT），行驶量，汽车交通量占混合交通量的比重、拥挤度，容量比、车型构成，交通量月不均匀系数，周不均匀系数，高峰小时交通量，小时交通量，车流平均运行速度，有关公路交叉口交通流出入量，OD 调查，其中包括车型、额定吨（座）位、实载吨（座）位、车辆起点、终点、货类等。

第五节 公路交通情况统计报表

一、公路交通情况统计报表

依据交通运输部《公路交通情况调查统计报表制度》，资料报送要以打印报表（纸质文件）和电子数据文件两种形式上报（特殊规定的除外），其中交调交 1 表、交调交 2 表仅上报电子文件。

电子数据文件按照“公路交通量调查数据中心系统”（省级子系统）上报数据文件及格式的要求进行上报。上报的纸质文件须加盖交通主管部门公章。

上报交通部的 10 种报表为：公路交通量调查情况汇总表（交调统 1 表）；国道交通量年报表（交调统 2 表）；国家高速公路交通量报表（交调统 3 表）；省道交通量年报表（交调统 4 表）；地方高速公路交通量报表（交调统 5 表）；路段年平均日交通量统计报表（交调交 1 表）；小时交通量记录及日交通量统计报表（交调交 2 表）；汽车平均行驶速度年综合报表（交调速 1 表）；四类公路汽车交通量比重综合报表（交调重 1 表）；四类公路机动车交通量比重综合报表（交调重 2 表）。其中路段年平均日交通量统计报表（交调交 1 表）、小时交通量记录及日交通量统计报表（交调交 2 表）还需按季报送。

9 种基层参考报表为：间隙式观测站交通量月统计报表；间隙式观测站交通量年统计报表；连续式观测站交通量月统计报表；连续式观测站交通量年统计报表报；连续式观测站汽车小时交通量年统计报表；汽车平均行驶速度观测综合整理报表；四类公路交通量比重调查；观测站交通量整理报表；四类公路交通量比重调查整理报表。

二、交通情况统计报表表式及填报说明

上报交通部报表目录见表 3-6-9 所列。

上报交通部表式见表 3-6-10 ~ 表 3-6-27 所列。

表 3-6-9

上报交通部报表目录

表号	表名	报告期别	填报范围	报送单位	报送日期及方式	页码
（一）年报						
交调统 1 表	公路交通量调查情况汇总表	年报	各省（自治区、直辖市）	各省（自治区、直辖市）交通主管部门	2 月 15 日报表及电子文件	4
交调统 2 表	一般国道交通量报表	年报	一般国道	同上	同上	5
交调统 3 表	国家高速公路交通量报表	年报	国家高速公路	同上	同上	6
交调统 4 表	省道交通量报表	年报	省道	同上	同上	7
交调统 5 表	地方高速公路交通量报表	年报	除国家高速公路外的其他行政等级高速公路	同上	同上	8
交调交 1 表	路段平均日交通量统计报表	年报	国家高速公路、一般国道、省道及其他行政等级高速公路	同上	同上	9
交调交 2 表	小时交通量记录及日交通量统计报表	年报	国家高速公路、一般国道、省道及其他行政等级高速公路	同上	同上	10
交调速 1 表	汽车平均行程速度综合报表	年报	国家高速公路、一般国道、省道及其他行政等级高速公路	同上	同上	11
交调重 1 表	四类公路汽车交通量比重综合报表	年报	国道（含国家高速公路及一般国道）、省道、县道、乡道	同上	同上	12
交调重 2 表	四类公路机动车交通量比重综合报表	年报	国道（含国家高速公路及一般国道）、省道、县道、乡道	同上	同上	13
（二）定期报表						
交调交 1 表	路段平均日交通量统计报表	季报	国家高速公路、一般国道、省道及其他行政等级高速公路	同上	季后 20 日报表及电子邮件	9
交调交 2 表	小时交通量记录及日交通量统计报表	季报	国家高速公路、一般国道、省道及其他行政等级高速公路	同上	同上	10

（一）公路交通量调查情况汇总表

表 3-6-10

表　　号：交调统 1 表
制表机关：交通运输部
备案机关：国家统计局
备案文号：国统办函〔2008〕93 号
有效期限：2011 年 10 月

填报单位：　　　　200　年

地区	代码	调查管理机构数量（个）				调查站点数量（个）																观测人员数量（人）	观测记录设备数量（台/套）	年经费投入金额（万元）
		合计	省级	地（市）级	县乡级	合计				连续式				间隙式				其他类型调查站						
						小计	国道	省道	其他	小计	国道	省道	其他	小计	国道	省道	其他	小计	国道	省道	其他			
甲	乙	1	2	3	4	5	6	7	8	9	10	11	12	13	14	15	16	17	18	19	20	21	22	23
全省合计																								
××市																								
××地区																								
…																								
…																								
××市																								
省直属																								

单位负责人：　　统计负责人：　　填表人：　　联系电话：　　报出日期：200　年　月　日

交调统 1 表填报说明

①统计范围是辖区内所有交通量调查机构、调查站点、观测人员、观测记录设备数量和年经费实际投入金额。

②“连续式”、“间隙式”调查站点是指为进行交通量观测而设置的调查站。

③“其他类型调查站”是指为进行车速调查、比重调查等常规调查，或为进行轴重调查、起讫点调查、出入界交通量调查等非常规调查（或专项调查），并由公路交通管理部门设置的调查站点。不得与交通量调查站点重复统计。

④“其他”类是指县道、乡道和专用公路上的调查站点。

⑤“观测人员”是指直接从事公路交通情况调查的工作人员，不包括管理人员和非常规调查的工作人员。

⑥“年经费投入金额”是指公路交通情况调查中投入的管理费、交调人员的工资、设备软件购置费、调查站房建设费、培训费等直接费和间接费。

⑦本表逻辑关系：1 列 =2 列 +3 列 +4 列；5 列 =9 列 +13 列 +17 列；6 列 =10 列 +14 列 +18 列；7 列 =11 列 +15 列 +19 列；8 列 =12 列 +16 列 +20 列。

(二)一般国道交通量报表

表 3-6-11

表　　号:交调统 2 表
制表机关:交通运输部
备案机关:国家统计局
备案文号:国统办函〔2008〕93 号
有效期限:2011 年 10 月

填报单位:　　　　200　年

路线编号	路线名称	观测里程(公里)	平均日交通量(辆/日)																行驶量(万车公里/日)	适应交通量(辆/日)	交通拥挤度
			混合当量合计	机动车当量计	汽车										摩托车	拖拉机		非机动车当量计			
					当量数合计	自然数合计	小型货车	中型货车	大型货车	特大货车	拖挂货车	集装箱车	小型客车	大型客车		当量数合计	自然数合计				
甲	乙	1	2	3	4	5	6	7	8	9	10	11	12	13	14	15	16	17	18	19	20
全省合计																					
G010																					
…																					
…																					
G330																					

单位负责人:　　　统计负责人:　　　填表人:　　　联系电话:　　　报出日期:200　年　月　日

交调统 2 表填报说明

①统计范围是辖区内一般国道(不含国家高速公路网)的交通情况。

②表中未注明的交通量均为自然车辆数。当量数合计是指将各类型自然车辆数按车辆换算系数换算成标准当量小客车的交通量。

③表中各路线交通量为该路线上各调查路段交通量与观测里程的加权平均值。全省合计交通量为各路线报告期平均日交通量与观测里程的加权平均值。

④“行驶量”=各线路“混合当量数合计”×辖区内对应线路总里程。“全省合计行驶量”=全省一般国道“混合当量数”×全省一般国道总里程。

⑤适应交通量是指道路所能适应的标准当量小客车的交通量,表中路线“适应交通量”等于各调查路段适应交通量与观测里程的加权平均值。

⑥本表逻辑关系:2 列 =3 列 +17 列;3 列 =4 列 +14 列 +15 列;5 列 =6 列 +7 列 +8 列 +9 列 +10 列 +11 列 +12 列 +13 列;20 列 =2 列/19 列。

(三)国家高速公路交通量报表

表 3-6-12

表　　号:交调统 3 表
制表机关:交通运输部
备案机关:国家统计局
备案文号:国统办函〔2008〕93 号
有效期限:2011 年 10 月

填报单位:　　　　200　年

路线编号	路线名称	观测里程(公里)	平均日交通量(辆/日)										行驶量(万车公里/日)	适应交通量(辆/日)	交通拥挤度
			当量数合计	自然数合计	小型货车	中型货车	大型货车	特大货车	拖挂货车	集装箱车	小型客车	大型客车			
甲	乙	1	2	3	4	5	6	7	8	9	10	11	12	13	14
全省合计															
G1															
…															
…															
G8011															

单位负责人:　　统计负责人:　　填表人:　　联系电话:　　报出日期:200　年　月　日

交调统 3 表填报说明

①统计范围是辖区内所有国家高速公路的交通情况。

②表中未注明的交通量均为自然车辆数。当量数合计是指将各类型自然车辆数按车辆换算系数换算成标准当量小客车的交通量。

③表中各路线交通量为该路线上各调查路段交通量与观测里程的加权平均值。全省合计交通量为各路线报告期平均日交通量与观测里程的加权平均值。

④“行驶量”=各线路“混合当量数合计”×辖区内对应线路总里程。“全省合计行驶量”=全省国家高速公路“混合当量数”×全省国家高速公路总里程。

⑤适应交通量是指道路所能适应的标准当量小客车的交通量,表中路线“适应交通量”等于各调查路段适应交通量与观测里程的加权平均值。

⑥本表逻辑关系:3 列 =4 列 +5 列 +6 列 +7 列 +8 列 +9 列 +10 列 +11 列;14 列 =2 列/13 列。

(四)省道交通量报表

表 3-6-13

表　　号:交调统 4 表
制表机关:交通运输部
备案机关:国家统计局
备案文号:国统办函〔2008〕93 号
有效期限:2011 年 10 月

填报单位:　　　　　　200　年

路线编号	路线名称	观测里程(公里)	平均日交通量(辆/日)																行驶量(万车公里/日)	适应交通量(辆/日)	交通拥挤度
			混合当量合计	机动车当量计	汽车										摩托车	拖拉机		非机动车当量计			
					当量数合计	自然数合计	小型货车	中型货车	大型货车	特大货车	拖挂货车	集装箱车	小型客车	大型客车		当量数合计	自然数合计				
甲	乙	1	2	3	4	5	6	7	8	9	10	11	12	13	14	15	16	17	18	19	20
全省合计																					
S101																					
…																					
…																					
S311																					

单位负责人:　　　　统计负责人:　　　　填表人:　　　　联系电话:　　　　报出日期:200　　年　　月　　日

交调统 4 表填报说明

①统计范围是辖区内所有省道(不含高速公路)的交通情况。

②表中未注明的交通量均为自然车辆数。当量数合计是指将各类型自然车辆数按车辆换算系数换算成标准当量小客车的交通量。

③表中各路线交通量为该路线上各调查路段交通量与观测里程的加权平均值。全省合计交通量为各路线报告期平均日交通量与观测里程的加权平均值。

④“行驶量”=各线路“混合当量数合计”×辖区内对应线路总里程。“全省合计行驶量”=全省省道“混合当量数”×全省省道总里程。

⑤适应交通量是指道路所能适应的标准当量小客车的交通量,表中路线“适应交通量”等于各调查路段适应交通量与观测里程的加权平均值。

⑥本表逻辑关系:2 列 =3 列 +17 列;3 列 =4 列 +14 列 +15 列;5 列 =6 列 +7 列 +8 列 +9 列 +10 列 +11 列 +12 列 +13 列;20 列 =2 列/19 列。

（五）地方高速公路交通量报表

表 3-6-14

表　　号:交调统 5 表
制表机关:交通运输部
备案机关:国家统计局
备案文号:国统办函〔2008〕93 号
有效期限:2011 年 10 月

填报单位:　　　　200　年

路线编号	路线名称	观测里程（公里）	平均日交通量（辆/日）										行驶量（万车公里/日）	适应交通量（辆/日）	交通拥挤度
			当量数合计	自然数合计	小型货车	中型货车	大型货车	特大货车	拖挂货车	集装箱车	小型客车	大型客车			
甲	乙	1	2	3	4	5	6	7	8	9	10	11	12	13	14
全省合计															
S001															
…															
…															
Z005															

单位负责人:　　统计负责人:　　填表人:　　联系电话:　　报出日期:200　年　月　日

交调统 5 表填报说明

①统计范围是辖区内所有地方高速公路的交通情况。

②表中未注明的交通量均为自然车辆数。当量数合计是指将各类型自然车辆数按车辆换算系数换算成标准当量小客车的交通量。

③表中各路线交通量为该路线上各调查路段交通量与观测里程的加权平均值。全省合计交通量为各路线报告期平均日交通量与观测里程的加权平均值。

④“行驶量”=各线路“当量数合计”×辖区内对应线路总里程。“全省合计行驶量”=全省地方高速公路“当量数”×全省地方高速公路总里程。

⑤适应交通量是指道路所能适应的标准当量小客车的交通量,表中路线“适应交通量”等于各调查路段适应交通量与观测里程的加权平均值。

⑥本表逻辑关系:3 列 =4 列 +5 列 +6 列 +7 列 +8 列 +9 列 +10 列 +11 列; 14 列 =2 列/13 列。

(六)路段平均日交通量统计报表

表 3-6-15

表　　号:交调交 1 表
制表机关:交通运输部
备案机关:国家统计局
备案文号:国统办函〔2008〕93 号
有效期限:2011 年 10 月

填报单位:

路线编号:　　　　路线名称:　　　　200　年　　季

调查站名称	观测站编号	观测里程km	技术等级	路基宽度米	路面宽度米	机动车(辆/日)															人、畜力车(辆/日)				自行车(辆/日)		混合车辆合计(辆/日)
						汽车										摩托自然数	拖拉机		机动车小计		人力车	畜力车	小计		自然数	当量数	当量数
						小货车	中货车	大货车	特大货	拖挂车	集装箱	小客车	大客车	汽车小计			小计		自然数	当量数			自然数	当量数			
														自然数	当量数		自然数	当量数									
甲	乙	1	2	3	4	5	6	7	8	9	10	11	12	13	14	15	16	17	18	19	20	21	22	23	24	25	26
(站名)																											
…																											
(站名)																											
本段(全线)平均																											

单位负责人:　　　　统计负责人:　　　　填表人:　　　　联系电话:　　　　报出日期:200　　年　　月　　日

交调交 1 表填报说明

①统计范围是辖区内所有国家高速公路、一般国道、省道及地方高速公路交通量情况。

②本表只要求以电子文件上报。

③除特殊注明外,本表的交通量为自然车辆数。“当量数”是指将各类型自然车辆数按对应的车辆换算系数换算成标准当量小客车的交通量。

④本表逻辑关系如下:13 列 =5 列 +6 列 +7 列 +8 列 +9 列 +10 列 +11 列 +12 列;14 列 =(各类型汽车自然数 × 折算系数)之和; 18 列 =13 列 +15 列 +16 列;19 列 =14 列 +15 列 +17 列;22 列 =20 列 +21 列;23 列 =(各类型人力畜力车自然数 × 折算系数)之和;25 列 =24 列 × 折算系数;26 列 =19 列 +23 列 +25 列。

表 3-6-16

（七）小时交通量记录及日交通量统计报表

200　年　月　日

表　　号：交调交 2 表
制表机关：交通运输部
备案机关：国家统计局
备案文号：国统办函〔2008〕93 号

填报单位：
路线编号：　　调查站名称：　　桩号：
路线名称：　　调查站编号：
调查站观测里程：　（公里）　技术等级：　路面宽度：　（米）　路基宽度：　（米）　车道数：　有效期限：2011 年 10 月

时序(时)	汽　车									摩托车	拖拉机	人力、畜力车		自行车	合计
	小货	中货	大货	特大货	拖挂	集装箱	小客	大客	汽车小计			人力车	畜力车		
甲	1	2	3	4	5	6	7	8	9	10	11	12	13	14	15
0 - 1															
1 - 2															
…															
…															
…															
…															
…															
22 - 23															
23 - 24															
自然数合计															
当量数合计															

单位负责人：　　统计负责人：　　填表人：　　联系电话：　　报出日期：200　年　月　日

交调交 2 表填报说明

①统计范围是辖区内所有国家高速公路、一般国道、省道及地方高速公路连续式调查站点日交通量情况。
②本表只要求以电子文件上报。
③除特殊注明外，本表的交通量单位为自然车辆数（辆）。“当量数”是指将各类型车辆自然数按对应的车辆换算系数换算成标准当量小客车的交通量（辆）。
④本表也可以作为连续式或间隙式交通量调查的基层报表。

（八）汽车平均行程速度综合报表

表 3-6-17

表　　号：交调速 1 表
制表机关：交通运输部
备案机关：国家统计局
备案文号：国统办函〔2008〕93 号
有效期限：2011 年 10 月

填报单位：
公路类别：　　　　200　年

路线编号	路线名称	观测里程（公里）	实际里程（公里）	交通量（当量数）	平均行程速度（公里/小时）
甲	乙	1	2	3	4
G101					
…					
…					
G109					
平均	—	—	—		

单位负责人：　　统计负责人：　　填表人：　　联系电话：　　报出日期：200　年　月　日

交调速 1 表填报说明

①本表用于观测辖区内所有国家高速公路、一般国道、省道及地方高速公路汽车平均行程速度。
② 公路类别上报时应按国家高速公路、一般国道、省道及地方高速公路分别填报。
③ 当量数是指对应路线的报告期平均日交通量（辆/日），标准当量小客车为交通量单位。
④“实际里程”是指进行车速调查当年年底的路线实际里程统计数据。
⑤“平均”栏为以各路线观测里程为权数的加权平均值。

（九）四类公路汽车交通量比重综合报表

表 3-6-18

表　　号：交调重 1 表
制表机关：交通运输部
备案机关：国家统计局
备案文号：国统办函〔2008〕93 号
有效期限：2011 年 10 月

填报单位：　　　　　　　　200　年

地区	观测里程所占比重（%）					汽车交通量（辆/日）					汽车路线行驶量（万车·公里/日）及所占比重（%）								
											国道		省道		县道		乡道		全路网行驶量合计
	国道	省道	县道	乡道	合计	国道	省道	县道	乡道	全路网合计	行驶量	比重（%）	行驶量	比重（%）	行驶量	比重（%）	行驶量	比重（%）	
甲	1	2	3	4	5	6	7	8	9	10	11	12	13	14	15	16	17	18	19
××市																			
…																			
…																			
全省合计																			

单位负责人：　　统计负责人：　　填表人：　　联系电话：　　报出日期：200　年　月　日

交调重 1 表填报说明

①本表用于国、省、县、乡四类公路交通量比重调查的汽车交通量及所占比重综合报表。

②除特殊注明外，本表的交通量为标准当量小客车（辆/日）。

③“观测里程所占比重”为辖区内各行政等级进行比重调查的观测总里程除以该行政等级路网总里程，其“合计”数为辖区内四类公路观测总里程除以四类公路路网总里程。

④“汽车交通量”为辖区内对应行政等级各观测路线、路段汽车交通量的观测里程加权平均值，其“全路网合计”数为辖区内各行政等级公路汽车交通量的对应路网里程加权平均值。

⑤汽车路线“行驶量”为对应行政等级路网里程与其“汽车交通量”之乘积；汽车路线行驶量“比重”为对应行政等级路网行驶量除以四类公路全路网汽车行驶量。

（十）四类公路机动车交通量比重综合报表

表 3-6-19

表　　号：交调重 2 表
制表机关：交通运输部
备案机关：国家统计局
备案文号：国统办函〔2008〕93 号
有效期限：2011 年 10 月

填报单位：　　　　200　年

地区	观测里程所占比重（%）					机动车交通量（辆/日）					机动车路线行驶量（万车·公里/日）及所占比重（%）								
											国道		省道		县道		乡道		全路网行驶量合计
	国道	省道	县道	乡道	合计	国道	省道	县道	乡道	全路网合计	行驶量	比重（%）	行驶量	比重（%）	行驶量	比重（%）	行驶量	比重（%）	
甲	1	2	3	4	5	6	7	8	9	10	11	12	13	14	15	16	17	18	19
XX 市																			
…																			
…																			
全省合计																			

单位负责人：　　统计负责人：　　填表人：　　联系电话：　　报出日期：200　年　月　日

交调重 2 表填报说明

①本表用于国、省、县、乡四类公路交通量比重调查的机动车交通量及所占比重综合报表。

②除特殊注明外，本表的交通量为标准当量小客车（辆/日）。

③“观测里程所占比重”为辖区内各行政等级进行比重调查的观测总里程除以该行政等级路网总里程，其“合计”数为辖区内四类公路观测总里程除以四类公路路网总里程。

④“机动车交通量”为辖区内对应行政等级各观测路线、路段机动车交通量的观测里程加权平均值，其“全路网合计”数为辖区内各行政等级公路机动车交通量的对应路网里程加权平均值。

⑤机动车路线“行驶量”为对应行政等级路网里程与其“机动车交通量”之乘积；机动车路线行驶量“比重”为对应行政等级路网行驶量除以四类公路全路网机动车行驶量。

表 3-6-20

间隙式观测站交通量月统计报表

观测时间:200　年　月　　　　表号:交调交 3 表

路线编号:　　观测站名称:　　观测站桩号:　　观测路段起点桩号:　　观测路段终点桩号:

路线名称:　　观测站编号:　　观测站观测里程:　　(公里)

技术等级:　　路面宽度:　　(米)　　路基宽度:　　(米)　　车道数:

观测日期	小货		中货		大货		特大货		拖挂车		集装箱		小客		大客	
	7－19 时	全天	7－19 时	全天	7－19 时	全天	7－19 时	全天	7－19 时	全天	7－19 时	全天	7－19 时	全天	7－19 时	全天
甲	1	2	3	4	5	6	7	8	9	10	11	12	13	14	15	16
5 日																
20 日																
MADT																

观测日期	汽车合计			摩托车合计			拖拉机合计			机动车合计		畜力车		人力车	
	7－19 时	全天	当量数	7－19 时	全天	当量数	7－19 时	全天	当量数	全天	当量数	7－19 时	全天	7－19 时	全天
甲	17	18	19	20	21	22	23	24	25	26	27	28	29	30	31
5 日															
20 日															
MADT															

观测日期	人、畜力车合计			自行车			混合车合计		备注
	7－19 时	全天	当量数	7－19 时	全天	当量数	全天	当量数	
甲	32	33	34	35	36	37	38	39	
5 日									
20 日									
MADT									

单位负责人:　　　　填表人:　　　　报出日期:200　年　月　日

间隙式观测站交通量月统计报表说明

①除特殊注明外,本表的交通量为自然车辆数(辆/日)。“当量数”是指将各类型车辆自然数按对应的车辆换算系数换算成标准当量小客车的交通量(辆/日)。

②观测时段可根据各观测站的实际情况确定;观测日期为各观测点的实际观测日期。

③本表按每月观测 2 次、每次观测时间为 7－19 时制定,各省(自治区、直辖市)可根据实际情况确定观测日期和观测时间。

④“全天”的交通量可根据本观测站或相邻观测站观测的昼夜不均匀系数计算得出。

⑤“MADT”为月平均日交通量,此处为当月各观测日交通量之和除以观测天数。

⑥本表逻辑关系如下:1＋3＋5＋7＋9＋11＋13＋15＝17;2＋4＋6＋8＋10＋12＋14＋16＝18;19＝(各类型汽车全天自然车辆数×折算系数)之和;22＝21×折算系数;25＝24×折算系数;18＋21＋24＝26;19＋22＋25＝27;28＋30＝32;29＋31＝33;34＝(人力畜力车全天自然车辆数×折算系数)之和;37＝36×折算系数;26＋33＋36＝38;27＋34＋37＝39。

表 3-6-21

间隙式观测站交通量年统计报表

200　年

填报单位：　　　　　　　　　　　　　　　　　　　　　　　　　表号：交调交 4 表

路线编号：　观测站名称：　观测站桩号：　观测路段起点桩号：　观测路段终点桩号：

路线名称：　观测站编号：

观测站观测里程：　（公里）　技术等级：　路面宽度：　（米）　路基宽度：　（米）　车道数：

月份（月）	机动车																人力畜力车				自行车		混合车辆合计
	汽车										摩托车		拖拉机		机动车小计		人力车	畜力车	小计		自然数	当量数	当量数
	小货	中货	大货	特大货	拖挂车	集装箱	小客	大客	汽车小计		自然数	当量数	自然数	当量数	自然数	当量数			自然数	当量数			
									自然数	当量数													
甲	1	2	3	4	5	6	7	8	9	10	11	12	13	14	15	16	17	18	19	20	21	22	23
1																							
2																							
3																							
4																							
5																							
6																							
7																							
8																							
9																							
10																							
11																							
12																							
合计																							
平均																							

单位负责人：　　　　　　　　填表人：　　　　　　　　报出日期：200　年　月　日

间隙式观测站交通量年统计报表说明

① 除特殊注明外，本表的交通量为自然车辆数（辆/日）。“当量数”是指将各类型车辆自然数按对应的车辆换算系数换算成标准当量小客车的交通量（辆/日）。

②本表逻辑关系如下：1 + 2 + 3 + 4 + 5 + 6 + 7 + 8 = 9；10 =（各类型汽车 × 折算系数）之和；12 = 11 × 折算系数；14 = 13 × 折算系数；15 = 9 + 11 + 13；16 = 10 + 12 + 14；19 = 17 + 18；20 =（各人力畜力车 × 折算系数）之和；22 = 21 × 折算系数；23 = 16 + 20 + 22。

表 3-6-22

连续式观测站交通量月统计报表

表号：交调交 5 表

填报单位：
路线编号：　　　　观测站名称：　　　　观测站桩号：　　　　200　年　月
路线名称：　　　　观测站编号：
观测站观测里程：　　　　（公里）

日期（日）	天气情况	机动车																人力畜力车				自行车		混合车辆合计
		汽车										摩托车		拖拉机		机动车小计		人力车	畜力车	小计		自然数	当量数	当量数
		小货	中货	大货	特大货	拖挂车	集装箱	小客	大客	汽车小计 自然数	汽车小计 当量数	自然数	当量数	自然数	当量数	自然数	当量数			自然数	当量数			
甲	乙	1	2	3	4	5	6	7	8	9	10	11	12	13	14	15	16	17	18	19	20	21	22	23
1	晴																							
2	阴																							
…	晴																							
…	雨																							
…	雪																							
30	晴																							
31	晴																							
合计																								
平均																								

单位负责人：　　　　填表人：　　　　报出日期：200　年　月　日

连续式观测站交通量月统计报表说明

①本表适用于各基层调查机构或各地（市、县）管理机构的连续式观测站交通量月统计报表填报格式。

②除特殊注明外，本表的交通量单位为自然车辆数（辆/日）。“当量数”是指将各类型车辆自然数按对应的车辆换算系数换算成标准当量小客车的交通量（辆/日）。

③本表逻辑关系如下：1 + 2 + 3 + 4 + 5 + 6 + 7 + 8 = 9；10 =（各类型汽车 × 折算系数）之和；12 = 11 × 折算系数；14 = 13 × 折算系数；15 = 9 + 11 + 13；16 = 10 + 12 + 14；19 = 17 + 18；20 =（各人力畜力车 × 折算系数）之和；22 = 21 × 折算系数；23 = 16 + 20 + 22。

连续式观测站交通量年统计报表

表 3-6-23

填报单位：　　　　　　　　　　　　　　　　　　　　　　　　　　　表号：交调交 6 表

路线编号：　　　　观测站名称：　　　　观测站桩号：　　　　200　年

路线名称：　　　　观测站编号：

观测站观测里程：　　　　（公里）

月份（月）	机动车																人力畜力车				自行车		混合车辆合计
	汽车										摩托车		拖拉机		机动车小计		人力车	畜力车	小计		自然数	当量数	当量数
	小货	中货	大货	特大货	拖挂车	集装箱	小客	大客	汽车小计		自然数	当量数	自然数	当量数	自然数	当量数			自然数	当量数			
									自然数	当量数													
甲	1	2	3	4	5	6	7	8	9	10	11	12	13	14	15	16	17	18	19	20	21	22	23
1																							
2																							
3																							
4																							
5																							
6																							
7																							
8																							
9																							
10																							
11																							
12																							
合计																							
平均																							

单位负责人：　　　　　　　　　　　填表人：　　　　　　　　　　　报出日期：200　年　月　日

连续式观测站交通量年统计报表说明

①本表适用于各基层调查机构或各地（市、县）管理机构的连续式观测站年统计报表填报格式。

②本表的交通量为自然车辆数（辆/日）。“当量数”是指将各类型车辆自然数按对应的车辆换算系数换算成标准当量小客车的交通量（辆/日）。

③本表逻辑关系如下：1 + 2 + 3 + 4 + 5 + 6 + 7 + 8 = 9；10 =（各类型汽车 × 折算系数）之和；12 = 11 × 折算系数；14 = 13 × 折算系数；15 = 9 + 11 + 13；16 = 10 + 12 + 14；19 = 17 + 18；20 =（各人力畜力车 × 折算系数）之和；22 = 21 × 折算系数；23 = 16 + 20 + 22。

表 3-6-24

连续式观测站分车型小时交通量年统计报表

表号:交调交 7 表

填报单位:　　　　车型:

路线编号:　　　　观测站名称:　　　　观测站桩号:　　　　200　年

路线名称:　　　　观测站编号:

观测站观测里程:

	时　段(时)																							
	0-1	1-2	2-3	3-4	4-5	5-6	6-7	7-8	8-9	9-10	10-11	11-12	12-13	13-14	14-15	15-16	16-17	17-18	18-19	19-20	20-21	21-22	22-23	23-24
甲	1	2	3	4	5	6	7	8	9	10	11	12	13	14	15	16	17	18	19	20	21	22	23	24
1																								
2																								
3																								
4																								
5																								
6																								
7																								
8																								
9																								
10																								
11																								
12																								
合计																								
平均																								

单位负责人:　　　　填表人:　　　　报出日期:200　年　月　日

连续式观测站汽车小时交通量年统计报表说明

①除特殊注明外,本表的交通量为自然车辆数(辆/小时)。

②适用范围:汽车、摩托车、拖拉机、机动车、混合车辆等类型的交通量(自然车辆数)均可采用此表式。

表 3-6-25

表号:交调速 2 表

汽车平均行驶速度观测综合整理报表

填报单位:

公路行政等级:　　　　　道

路线编号	路线名称	观测路段		观测日期		天气	观测方法	交通量(辆/日)		观测结果		说明
		起讫点	观测里程（公里）	月	日			混合交通量（当量数）	其中:汽车（自然数）	平均行驶时间（小时）	平均行驶速度（公里/小时）	
甲	乙	丙	1	2	3	丁	子	4	5	6	7	丑
G010	同三线	甲地—乙地										
		乙地—丙地										
		全线平均		—	—	—	—			—		
G020	京福线	子地—丑地										
		丑地—寅地										
		全线平均		—	—	—	—			—		
⋮	⋮	⋮										
⋮	⋮	⋮										
全省平均	—	—		—	—	—	—					

单位负责人:　　　　　填表人:　　　　　报出日期:200　　年　　月　　日

汽车平均行驶速度观测综合整理报表说明

①本表用于定期或不定期的汽车平均行驶速度综合整理,汽车平均行驶速度记录报表根据此表表式内容自定。适用于牌照法、浮动车法、跟车法。

②本表按公路行政等级类别进行填报。

③“4-5”栏为车速观测当月的平均日交通量或观测当日的交通量。

④路线交通量为该路线各进行车速调查的路段交通量的观测里程加权平均值(辆/日)。

⑤“6”栏为几个单程行驶时间的平均数;行驶时间包括汽车在行驶中因经交叉口等交通因素而停车的时间在内;因非交通因素如停车进餐等时间应扣除。

⑥“丑”栏为说明车速观测路段上的交通管理情况,如有否列车道线、各种标志、设施是否齐全以及如何进行管理等。

表 3-6-26

四类公路交通量比重调查整理报表

填报单位：　　　　表号：交调速 3 表

公路行政等级：　　道　　　　200　年

路线编号	路线名称	观测站编号	观测站名称	观测里程（公里）	汽车									摩托	拖拉机		机动车合计（当量数）
					小货	中货	大货	特大货	拖挂	集装箱	小客	大客	汽车小计（当量数）		自然数	小计（当量数）	
甲	乙	丙	丁	1	2	3	4	5	6	7	8	9	10	11	12	13	14
G010	同三线	G010J xxxyyyyyy	甲观测站														
		G010J mmmzzzzzz	乙观测站														
	全线平均																
G020	京福线	G020J xxxyyyyyy	丙观测站														
		G020J mmmzzzzzz	丁观测站														
			全线平均														
⋮	⋮	⋮	⋮														
⋮	⋮	⋮	⋮														
全省平均	—	—	—														

单位负责人：　　　　填表人：　　　　报出日期：200　年　月　日

四类公路交通量比重调查观测站交通量整理报表说明

①本表适用于各基层调查机构或各地（市、县）管理机构的报表填报。

②本报表按国、省、县、乡各行政等级类别分别填报。

③除特殊注明外，本表的交通量为自然车辆数（辆/日）。当量数为标准当量小客车（辆/日）。

④表中的交通量为比重调查日的昼夜交通量。同一调查年度内进行多次比重调查时，交通量为各次观测交通量的平均值。

⑤当一条路线上有 2 个或 2 个以上比重观测点时，表中的路线交通量平均值为各观测路段观测里程的加权平均值，，各路线的观测里程项为该路线各观测站观测里程之和。

⑥各类型车辆的交通量“全省平均”值为各路线观测里程的加权平均值，“全省平均”项的“观测里程”为各路线观测里程之和。

⑦本表逻辑关系如下：10 =（各类型汽车自然数 × 折算系数）之和；13 = 12 × 折算系数；14 = 10 + 11 + 13。

四类公路交通量比重调查整理报表

表 3-6-27

填报单位：　　　　　　　　　　　　　　　　　　　　表号：交调重 4 表

公路行政等级：　　道　　　　200　年

路线编号	路线名称	路网里程（公里）	观测里程（公里）	汽车		机动车	
				当量交通量（辆/日）	路线行驶量（车·公里/日）	当量交通量（辆/日）	路线行驶量（车·公里/日）
甲	乙	1	2	3	4	5	6
		—					
		—					
		—					
		—					
		—					
		—					
全省平均	按观测里程计算行驶量						
	按路网里程计算行驶量						

单位负责人：　　　　　　填表人：　　　　　　报出日期：200　年　月　日

四类公路交通量比重调查整理报表说明

①本表适用于各基层调查机构或各地（市、县）管理机构的报表填报。

②本报表按国、省、县、乡道各行政等级类别分别填报。

③除特殊注明外，本表的交通量为标准当量小客车（辆/日）。

④本表在交调重 3 表的基础上完成（路线平均值）。

⑤各路线的“观测里程”为该路线各观测站观测里程之和，“全省平均”的“观测里程”为各路线观测里程之和。

⑥“全省平均”项的“当量交通量”为各路线交通量的观测里程加权平均值，“全省平均”的“路网里程”为国、省、县或乡道的路网总里程。

⑦各“路线行驶量”为各路线的“观测里程”与“当量交通量”之乘积，“全省平均”的“路线行驶量”为对应项的“路网里程”或“观测里程”与“当量交通量”之乘积。

第六节　公路交通情况调查统计分析

一、交通量调查统计分析

在交通调查取得大量统计资料以后，研究工作就转入统计分析阶段。所谓交通量调查统计分析就是根据研究任务的要求，在占有资料的基础上，利用科学分析方法，来认识交通现象的规律性，以此指导交通需求预测的工作，正确认识影响区的交通现状与结构，从数量上较准确地掌握交通量的发展趋势、特点、特征和服务水平，为公路建设、养护和管理决策提供依据。

交通量调查统计分析的方法主要有历史分析法、因果分析法和比较分析法等。

1. 平均交通量

交通量时刻在变化，通常取某期间的交通量平均值，作为该期间的代表，称为平均交通量。有以下几种表述方式：

(1)年平均日交通量(简写 AADT)。指一年内观测日交通量总数除以一年的观测总天数。

(2)月平均日交通量(简写 MADT)。指一月内观测日交通量总数除以一月的观测总天数。

(3)周平均日交通量(简写 WADT)。指一周内观测日交通量总数除以一周的观测天数。

计算公式为：

$$(\text{年、月、周})\text{平均日交通量} = \frac{1}{n}\sum_{i=1}^{n} T_i$$

式中：T_i——(年、月、周)各观测日的交通量；

n——(年、月、周)观测天数。

在道路与交通工程中，年平均日交通量是一项十分重要的控制性指标，用作道路、交通实施规划，确定道路等级以及论证道路交通实施建设可行性等的依据。

2. 月、周日交通量的变化

月变也称季变，以一年为周期，年内12个月中，交通量按每个月的变化，显示月变的曲线图，称为交通量月变图。年平均日交通量与月平均日交通量之比，称为交通量月不均匀系数。交通量月不均匀系数按下式计算：

$$A_{\mathrm{j}} = \mathrm{AADT}/\mathrm{MADT}_{\mathrm{j}}$$

式中：A_{j}——每年第 j 个月的交通量月不均匀系数；

AADT——年平均日交通量；

$\mathrm{MADT}_{\mathrm{j}}$——第 j 月的月平均日交通量。

周变也称日变，周内7天中，交通量按各个周日的变化，显示日变曲线，称为交通量周变图，表示交通量的周日变化规律。

交通量周日不均匀系数按下式计算(连续式观测)：

$$A_{wi} = \frac{1}{7}\sum_{i=1}^{7}\mathrm{ADT}_i/\mathrm{ADT}_i$$

式中：A_{wi}——星期 i 的交通量周日不均匀系数；

ADT_i——星期 i 的年平均或月平均日交通量；

i——星期一至星期日。

3. 高峰小时系数(PHF)

在一天24小时中,交通量按每个小时的变化,一般呈马鞍形,上下午各有一个高峰,交通量出现高峰的那一个小时,称为高峰小时。高峰小时内的交通量总数称为高峰小时交通量。它反映高峰小时交通量的集中程度,并可供高峰小时交通量与日交通量之间作相互换算之用。在高峰小时内取5min或15min流量观测值与高峰小时交通量之比,即高峰小时系数(PHF)。计算公式为:

$$\text{PHF} = \frac{\text{高峰小时交通量}}{t\text{时段内最高交通量} \times (60/t)}$$

式中,t为所取时间段,单位为min,可取5min或15min。

4. 昼间系数及日交通量换算系数

昼间16h或12h的交通量占全天24h交通量之比称为昼间系数。计算公式为:

$$\text{昼间流量系数} = \frac{\text{昼间}16(12)\text{小时累计交通量}}{\text{平均日交通量}}$$

$$\text{日交通量换算系数} = 1/\text{昼间流量系数}(R_d)$$

故将16(12)小时交通量换算为24小时交通量,即:

$$\text{DT}_{24} = \text{DT}_{16(12)} \times R_d$$

式中:DT_{24}——24小时交通量;

$\text{DT}_{16(12)}$——16或12小时交通量;

R_d——日交通量换算系数,即昼夜交通量与夜间12小时交通量之比。

5. 路段间交通量分配

每年的交通量观测结束后,按照交通量调查统计的要求,要对各观测站的年交通量进行整理、统计。目的在于掌握全线交通的过去、现在和将来的状况,对路线的流量、速度和密度进行综合评价,同时为区域交通流特性提供基础资料。

全段及全线平均交通量为里程加权平均交通量,计算公式为:

$$\text{AV} = \frac{\sum_{i=1}^{m} L_i \times N_i}{\sum_{i=1}^{m} L_i}$$

式中:AV——全段或全线平均交通量;

L_i——第i个路段的里程;

N_i——第i个路段的交通量;

m——路段的个数。

二、车速统计分析

对于大量的车速数据,我们必须通过整理和分析,来推算车速变化的规律性。一般我们可以从两个方面着手:一是研究在一定条件下,车速变化的规律性。例如车辆在自由行驶状态下的分布规律。二是研究车速与外部各种因素的关系。例如研究车速与车辆、道路、交通等条件的关系。

1. 车辆在自由行驶状态下的车速

(1)样本的大小和选择

正规的地点车速观测需要有符合统计需求的足够样本数量,根据误差理论,得出最少样本大小的公式为:

$$N=\left(\frac{SK}{E}\right)^2$$

式中:N——最小的样本数量;

S——估计的样本标准偏差(km/h);

K——置信水平系数;

E——车速测定值的允许误差(km/h)。

为了使用上式,对各元素的取值作一简要说明。S 值的选定,可根据以往的车速分析选取。如已测得一组车速数据 $X_1, X_2 \cdots\cdots X_n$。它们的算术平均值 $\overline{X}=\sum_{i=1}^{N}\frac{X_i}{N}$,标准差 $S=\sqrt{\frac{\sum(X_i-\overline{X})^2}{n-1}}$。

当缺少车速分析时,可采用 8km/h 作为地点车速平均偏差的近似估计值。K 值根据所要求的置信水平而定。对于正态分布,K 值见表 3-6-28 所列。

K 值 表 3-6-28

K	置信水平(%)
1	68.3
1.5	86.6
1.64	90
1.96	95
2	95.5
2.5	98.8
3	99.7

车速测定值的允许误差 E 值,决定于平均车速估计量所要求的精确度。$E=\pm 8\sim\pm 15$km/h。

【例 3-6-3】 求某道路地点车速样本值,平均偏差 S 取 8km/h,要求的置信水平为 95%,允许误差 E 取 2km/h。

$$N=\left(\frac{SK}{E}\right)^2=\left(\frac{8\times 1.96}{2}\right)^2=61$$

(2)数据整理,绘制直方图

由于观测所得的自由行驶状态下的车速数据是分散的,必须经过整理和归纳,方能显示出这批数据所遵循的规律。整理步骤如下:

①找出这批数据中的最大车速与最小车速。

②决定组距和组数,组距可参考下式:

$$C_1=\frac{R}{1+3.2221gn}$$

式中:C_1——组距;

R——最大车速与最小车速间的组距范围;

n——观测次数。

③算出各组的频数和相对频率。

④绘出车速相对频率直方图。

2. 车速与外界影响因素的关系

分析路段车速与外界影响因素的关系,目的是为了研究道路的畅通程度和发生延续的阻塞的原因。

外界因素主要有:①道路因素。如道路的平面、纵断面线型、车道宽度、交叉口等;②交通因素。如交通量、车辆组合、机动车与非机动车干扰、交通组织等;③车辆因素。如车辆的动力性能、载重量大小等;④其他因素。如驾驶员的因素与车速关系等。

由于车速是随机变量,外界影响因素中有随机变量和非随机变量,要解决它们间的相互关系需要收集大量的统计资料,采用回归分析的方法寻求其规律性。

对于车速的分析除研究分布规律和回归分析外,也可用某些特征值来表示。如平均车速、标准离差、百分位车速等。

车速是交通运行情况的基本量度,车速资料应用非常广泛:①探求各种车辆速度的发展趋势;②作为道路改建和交通规划的依据;③估计道路交通阻塞程度;④交通管理;⑤事故分析;⑥前后对比分析;⑦经济分析。

3. 路段的交通状态分析

路段的交通状态的分析项目有畅通性、安全性、舒适性、方便性、经济性、环保性等,从公路交通管理方面而言,畅通性最为重要。拥挤度(或负荷度)是交通畅通的宏观和客观性评价的重要指标。拥挤度为某路段12h(24h)实际交通量与日12h(24h)的评价基准交通量之比,评价基准交通量由规划等级和设计通行能力、设计小时交通量、设计基准交通量、峰值率、同方向率求出。影响路段交通状况的主要因素有:

(1)公路条件

①车道应有足够宽度(3.5m以上)。

②路旁障碍物(挡土墙、电线杆、护轨、路标等)的距离(侧向净空)应在即是与通行能力相等的交通量时也不给行驶车速带来影响(侧向净空应为1.75m以上)。

③纵向坡度、曲率半径、视距及其他线形条件不应给通行能力交通量时的车速带来影响。

④路段适应交通流量是指《公路工程技术标准》(JTG B01—2003)规定的各类公路通行能力。各技术等级公路的"适应交通量"按表3-6-29选取。

各技术等级公路适应交通量 表3-6-29

(单位:标准小客车 辆/日)

高速公路			一级公路		二级公路	三级公路	四级公路
八车道	六车道	四车道	六车道	四车道			
100000	80000	55000	55000	30000	15000	6000	2000

(2)交通条件

①交通量中不应含有影响通行能力的卡车等大型车辆、摩托车、自行车、行人,即仅由小客车构成。

②不应有给通行能力交通量时的车速带来影响的速度限制。

根据公路条件和交通条件的不同,将通行能力分基本通行能力、可能通行能力和设计通行能力。

在计算评价基准交通量时,首先需要求出路段的可能通行能力。路段通常由单纯路段和交叉路口组成;信号交叉路口多为路段的"咽喉"部位,因此,在有信号交叉路口的公路上,需要比较信号交叉路口与单纯路段的通行能力,选择比较小的通行能力为路段通行能力。在没有信号交叉路口的公路和汽车专用公路上,仅需求单纯路段的通行能力。

评价基准交通量用K、D值与设计通行能力进行换算求出。即以第30位小时交通量与通行能力相等的状态下的年平均日12h交通量为评价基准交通量。这里,将K值设为第30位小时交通量占年平均日小时交通量的比例，将 D 值设为交通量调查日的高峰时同方向率。在 1、2 车道公路上，将相同的方法应用到断面交通量。

多车道公路：

$$C_{12}=\frac{C_{\mathrm{D}}/2}{(K/100)(D/100)}=\frac{5000C_{\mathrm{D}}}{K\times D}(\mathrm{pcu/12h})$$

1、2 车道公路：

$$C_{12}=\frac{C_{\mathrm{D}}}{K/100}=\frac{100C_{\mathrm{D}}}{K}(\mathrm{pcu/12h})$$

式中：C_{12}——评价基准 12h 交通量；

C_{D}——设计通行能力(pcu/h)。

拥挤度是用 12h 交通量换算成小客车交通流之后，除以评价基准交通量求出的。即：

$$拥挤度=\frac{Q_{12}\gamma\Gamma}{C_{12}}$$

$$\gamma\Gamma=(1-T/100)+E_{\mathrm{T}}\times \mathrm{T}/100$$

式中：Q_{12}——日 12h 交通量；

T——大型车辆混入率；

E_{T}——大型车辆的小客车当量系数。

根据公路交通调查资料分析结果，在拥挤度小于 1.0 时，日 12h 不发生交通拥挤、车辆能畅通行驶，但大于 1.0 时，拥挤时段逐渐增加，拥挤度大于 1.75 时，公路上将呈现出慢性拥挤状态。此外，拥挤度是反映日 12h 交通状态的指标，而不能直接反映各时刻、各地点的交通状态。因此，该指标应限定于进行宏观性评价。

第七章　公路路政管理统计

第一节　公路路政管理统计概述

公路路政管理是指公路路政管理机构根据国家的法律、法规和规章，对公路进行的行政管理。路政管理的目的是为了保障公路使用质量，提高公路的社会经济效益，维护路产路权，提高公路通行能力，是我国行政管理的组成部分。路政管理的对象包括人、社会组织、物质资源（路产）、时空资源（路权）和信息资源。路政管理具有广泛性、法制性和复杂性等特点。

一、公路路政管理统计的任务

公路路政统计是指为反映公路路政管理部门保护公路路产、路权，保证公路通行能力，维护车辆正常行驶环境而进行的统计。

路政统计工作的基本任务，是调查收集有关各项路政业务的基本统计资料，通过统计报表、统计分析或统计图表等形式，如实反映路政管理机构开展工作的成果、执行政策法律法规的状况、路政管理活动出现的新情况以及需要解决的问题，为制定政策，提高路政管理水平提供依据。

二、公路路政管理统计的意义

公路建、管、养是公路工作的有机组成部分，三者互相联系、互相促进。因此，公路统计除了反映公路里程、公路养护和公路工程外，还要反映路政管理工作情况。路政管理机构在研究和探讨路政管理现象、执行法律和政策时，都需要进行数量分析，这就要依靠统计工作。

对路政管理工作进行统计，反映并分析出现的问题，寻求解决的办法，正确处理公路、车辆、行人及公路周边环境的关系，加强路政管理工作，从而为保障公路设施完好和安全畅通服务。路政管理机构办理的许多路政案件，必须进行分门别类统计才能反映全貌，路政管理机构所做的大量工作，也要通过统计反映出来。这种全面性数据所起的作用，是单个案件材料所代替不了的。所以，及时、准确、全面的路政业务统计工作，对于了解路政动态、路政活动的特点、路政管理机构的执法情况和工作量，提高路政管理水平，解决路政管理中出现的新情况、新问题，为管理决策提供有用的信息资料，都具有重要意义。

三、公路路政管理统计的方法

为了做好路政统计分析和研究，解决实际问题，进行统计调查，搜集统计数据，是我们首先面临的问题。

1. 原始记录

原始记录是通过一定书面（文字、表格、材料）形式，对路政管理活动的最初数字（文字）

记载。

原始记录是路政管理机构获得统计资料的基础。正确的统计资料，来源于准确的原始记录。原始记录有以下特点：

①广泛性。原始记录记载着路政管理活动的各个方面，涉及范围广泛。既有路政管理人员的素质情况，也有路政管理机构的装备情况；既有路政案件的查处情况，也有路政事宜的审批情况；既有宣传方面的情况，又有巡查方面的情况。

②具体性。原始记录所登记的都是路政管理活动的具体事项，要求如实准确记载。

③经常性。路政管理活动是不断进行的，这就要求原始记录必须对各个方面进行及时、经常的登记。

④群众性。由于原始记录涉及的范围广泛，因此这项工作必须由每个路政管理员动手，分别记录，而不仅仅是统计人员的事情。

在路政管理中，原始记录的来源主要有：

①路政巡查登记情况（登记簿）。

②案件处理文书。如违法通知书、立案登记表、处罚决定书、复议决定书、强制执行申请书等。

③审批文书。挖掘（占用）公路许可证（存根）、公路沿线开采许可证（存根）、协议书、通行证（存根）、建筑审批表等。

④其他。如加班加点天数、廉政建设情况、基础工作情况等。

2. 统计台账

统计台账是整理和积累统计资料的一种工具。它广泛应用于统计工作的各个领域。

在路政管理中，统计台账与原始记录不同，它具有以下特点：

①路政统计台账的资料，来源于路政原始记录或经过加工整理以后的资料。

②统计台账是按照时间顺序，对统计资料进行登记。

路政统计台账主要有以下作用：

①有利于系统地整理资料。路政统计台账按照时间顺序进行系统登记，它把路政统计整理工作分散在平时来做，日清月结，按时汇总、计算，保证准确及时地编制各种统计报表。

②便于系统地积累资料，通过台账对统计资料加以分类、综合、归纳，按日、月、季、年进行登记，使资料积累做到“每日统计资料条理化，月度统计资料系统化，年度统计资料档案化。”

3. 统计报表

路政统计报表是路政管理机构搜集统计资料的一种主要方法。它是按上级路政管理机构统一规定的表格形式、统一的报送时间，自下而上定期向上级部门和各级领导报告路政管理统计资料的一种报告制度。

路政业务统计报表是常见的、普遍的、重要的统计调查表达形式。路政管理员把调查所得的材料，经过分类、归纳、集中反映在统计报表中。

路政管理机构填写和上报统计报表必须按照报表制度的统一规定，做到“准、快、全、明”，以便上级部门和领导及时掌握情况。准，就是指报表数字资料准确无误，如实反映情况；快，就是严格按规定时间上报；全，就是按报表制度统一规定的内容和指标认真填写，不能遗漏事项；明，就是指除统计报表外，还要有简要文字说明和综合分析。

第二节　公路路政管理统计的内容

一、路政管理机构和人员统计

路政管理机构是指为了完成国家赋予的路政管理职责，按法定程序组建的，具有一定层次和结构的行政事业组织。它具有以下特征：

(1)路政管理机构是代表国家实施公路行政管理权的组织，是按法定程序组建的。

(2)路政管理机构能以自己的名义实施管理活动，能独立承担自己行为所引起的后果。

路政管理员是指依法任职于路政管理机构，从事路政管理工作，履行路政管理职能的个人。

通过对路政管理机构和人员的统计，收集组织相关的数量资料，反映公路路政执法的力量。见表3-7-1所列。

××省公路路政管理机构和人员情况表　　表3-7-1

项目＼行政级别	省级	市级	县级
一、机构数			
1. 干线公路			
(1)高速公路			
(2)一般干线公路			
2. 农村公路			
二、人员数			
1. 干线公路			
(1)高速公路			
(2)一般干线公路			
2. 农村公路			

统计人员可进一步对路政人员进行统计分组，例如按年龄、学历、职称、专业技能等进行统计，以便考察路政人员的结构和素质。

为了全面反映公路路政管理的执法力量，还应收集路政装备资料，对路政装备情况进行统计。路政装备是及时巡查公路、维护路产路权的物质条件，主要包括交通工具、通讯器材、宣传器材和现场勘查器材等。见表3-7-2所列。

公路路政装备情况表　　表3-7-2

项目＼行政级别	省级	市级	县级
交通工具(辆)			

续上表

项目 \ 行政级别	省级	市级	县级
其中:汽车(辆)			
摩托车(辆)			
通讯工具(部)			
摄像器材(台)			
其他			

二、侵占、破坏路产、路权情况统计

公路路产是公路、公路用地和公路附属设施的总称;公路路权是指公路路产的所有权、经营权和管理权。

根据《公路法》的有关规定,任何单位和个人不得擅自占用、挖掘公路。不得在公路上及公路用地范围内摆摊设点、堆放物品、打场晒粮、倾倒垃圾、设置障碍、挖沟引水、利用公路边沟排泄污物或者进行其他损坏、污染公路和影响公路畅通的活动。在大中型公路桥梁和渡口周围2m、公路隧道上方和洞口外100m范围内,以及在公路两侧一定距离内,不得挖砂、采石、取土、倾倒废弃物,不得进行爆破作业及其他危及公路、公路桥梁、公路隧道、公路渡口安全的活动。任何单位和个人不得损坏、擅自移动涂改公路附属设施等。

路产、路权被侵占、破坏情况统计,主要内容包括:侵占破坏路产、路权事案件数,损毁路面,损毁路基,损毁桥涵,损毁标志,盗伐路树,事故毁树,乱倒垃圾,损毁其他公路设施,抛撒污染路面,殴打公路管理人员,罚款,索赔经济损失等。公路路产路权被侵占破坏情况统计表见表3-7-3所列。

三、公路路政执法情况统计

公路路政执法是指交通主管机关及其授权的公路管理机构,根据国家法律、法规的规定,为保护公路、公路用地、公路设施,维护公路管理机构的合法权益,对公路使用者以及其他相关人所采取的直接产生法律效果的行政行为。它是国家行政执法及交通行政执法的重要组成部分,具有国家行政执法的基本属性。

公路路政执法统计,主要包括路政人员施工交通管理情况,上路巡查人次,拆除违法建筑,搬迁集贸市场,被新闻媒体曝光人数、次数,拆除非公路标牌数,执法人员获奖励情况,路政获奖励情况,执法人员违规次数、人数,处分人数等。公路路政执法情况统计表见表3-7-4所列。

四、公路路政管理统计指标

根据路政报表资料,统计人员应进行相应分析,计算相关指标,这些指标可以系统地反映公路路政管理的现象及规律,同时也能作为对路政管理目标的考核依据。

1. 各月事案发生数

反映一年中,每月路产、路权被侵占、破坏的事案发生数量,该指标可以反映一年中易发案的时期。

公路路产路权被侵占破坏情况统计表

表 3-7-3

项目/月份	宣传形式				公路路产路权被侵占破坏																
	出动宣传车（台/次）		印发宣传材料（份）	其他宣传形式	侵占破坏路产路权事案合计	损毁路面（m^2/处）		损毁路基（m^2/处）		损毁桥涵（处）	损毁标志（起）	盗伐路树（棵）	事故毁树（起）	乱倒垃圾（处）	损毁其他公路设施（处）	殴打公路管理人员（人/起）		抛撒污染路面（辆/起）		索赔经济损失合计（元）	罚款（元）
1																					
2																					
3																					
4																					
5																					
6																					
7																					
8																					
9																					
10																					
11																					
12																					
合计																					

公路路政执法情况统计表

表 3-7-4

项目 月份	施工交通管理			执法情况												
	工程大中修（公里）	配备交通管理人员（人）	阻塞一小时以上的（次）	路政人员上路巡查（人/次）		拆除违法建筑（处）	搬迁集贸市场（处）	拆除非公路标牌（块）	执法人员获奖励情况	路政获奖励情况	执法人员违规次数、人数		被新闻媒体曝光人数、次数		处分人数（市级、县级）	
1																
2																
3																
4																
5																
6																
7																
8																
9																
10																
11																
12																
合计																

【例 3-7-1】 2007 年××县路政案件发生情况见表 3-7-5 所列。

××县路政案件发生情况 表 3-7-5

项目＼月份	1	2	3	4	5	6	7	8	9	10	11	12
发案数	15	7	4	3	5	6	4	5	9	3	16	12

制成图表如图 3-7-1 所示。

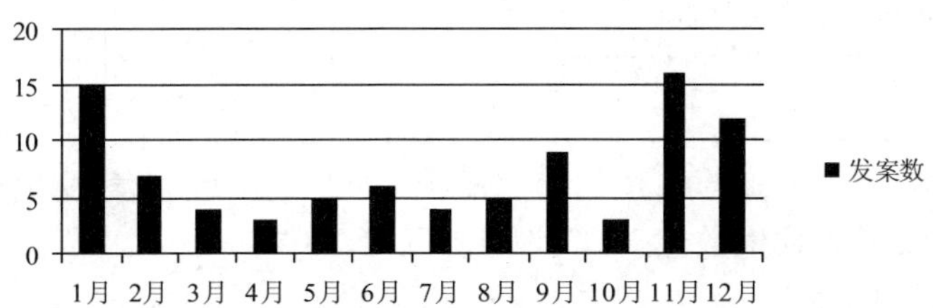

图 3-7-1 路政事案月发案情况图

从图中可以看出，该县 1 月、11 月、12 月发案数较多，应加强这几个月的执法管理。

为了剔除个别年份的影响，该指标应和往年数据进行比较，选取 3～5 年的数据进行分析，确切地反映一年中易发案的时期。

2. 某类事案率

指在一定时期，某一类事案发生的数量占总事案发生数量的比率。该指标可以反映哪些事案发案率高，哪些事案的发案率低，从而找出工作重点。

$$某类事案率(\%)=\frac{报告期某类事案发生数}{报告期事案发生总数}\times100\%$$

【例 3-7-2】 2007 年，××市发生路产路权被侵占、破坏事案情况见表 3-7-6 所列。

××市发生路产路权被侵占、破坏事案情况 表 3-7-6

项目＼内容	合计	盗伐路树	损毁路面	损毁标志	损毁桥涵	殴打路政人员	其他
发案数(起)	106	47	12	17	13	11	6
发案率(%)	100	44.34	11.32	16.04	12.26	10.37	5.67

表中显示，盗伐路树 47 起，则盗伐路树事案率(%) $=\frac{47}{106}\times100\%=44.34\%$，表明本年盗伐路树案件比较多，应加大对这类案件的打击力度。为更直观反映，可绘制图表如图 3-7-2 所列。

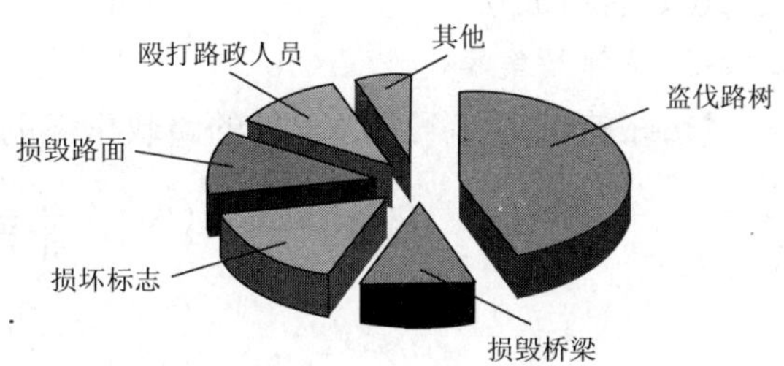

图 3-7-2 路政事案发案比例图

3. 事案升降率

反映出路政事案发展的势头，是上升了，还是下降了。该指标可以计算总事案的升降率，也可计算某一类事案的升降率。计算公式为：

$$事案升降率(\%)=\frac{报告期事案发生数-上期事案发生数}{上期事案发生数}\times100\%$$

为了排除个别年份异常情况对该指标的影响，可以扩展计算期，用 3 年或 5 年期的事案情况进行对比，综合反映路政事案的发生规律。计算公式为：

$$事案升降率(\%)=\frac{报告期事案发生数-基期事案发生数}{基期事案发生数}\times 100\%$$

【例 3-7-3】 ××高速公路 2002 ~ 2007 年的路政事案发生情况见表 3-7-7 所列。

××高速公路路政事案发生情况 表 3-7-7

年份 项目	2002	2003	2004	2005	2006	2007
发案数	129	112	132	106	97	95
升降率	—	-13.13%	+2.33%	-17.83%	-24.80%	-26.36%

表中:(-)表示下降,(+)表示上升，表明 2003 年路政事案发生数比 2002 年下降了 13.18%,2004 年路政事案发生数比 2002 年上升了 2.33%。

绘制成图表如图 3-7-3 所示。

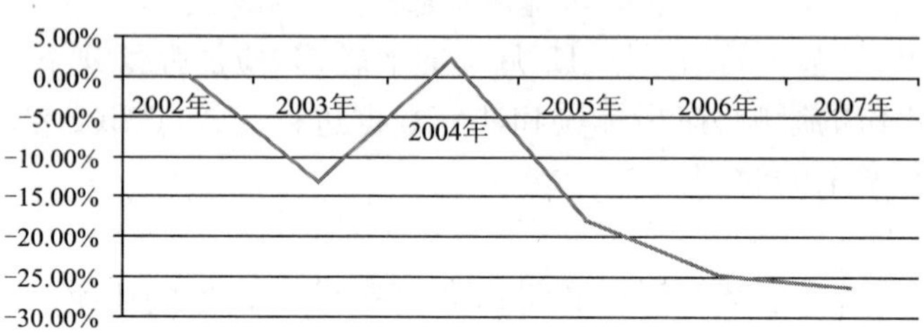

图 3-7-3 路政事案升降率

从图中可以直观的看出,2003 年路政事案发生数比 2002 年下降了,虽然在 2004 年有所反弹,但总体呈下降趋势。

4. 案件查处率

指对发生的路政事案进行查处的比率,反映路政管理的执法力度。计算公式为:

$$案件查处率(\%)=\frac{报告期路政案件查处数}{报告期路政案件发生数}\times 100\%$$

该指标也可在多个年份进行综合对比分析,用于反映一定时期路政管理工作是逐渐加强了,还是有所放松。

5. 案件结案率

指路政事案结案数与查处的路政事案的比率,反映路政管理事案结案程度。

$$案件结案率(\%)=\frac{报告期路政案件结案数}{报告期路政案件查处数}\times 100\%$$

第三节 公路治理超限运输情况统计

一、治理超限运输的有关政策

超限运输车辆是指在公路上行驶的,根据交通部《超限运输车辆行驶公路管理规定》,有下列情形之一的运输车辆:

(1)车货总高度从地面算起 4m 以上(集装箱车货总高度从地面算起 4.2m 以上);

(2)车货总长 18m 以上;

(3)车货总宽度2.5m以上；

(4)单车、半挂列车、全挂列车车货总质量40000kg以上；集装箱半挂列车车货总质量46000kg以上；

(5)车辆轴载质量在规定值以上的。

根据有关规定，超限运输车辆未经公路管理机构批准，不得在公路上行驶。车辆超限超载违法运输，不仅损坏公路基础设施，引发大量的道路交通事故，而且直接导致道路运输市场恶性竞争和车辆生产使用秩序的混乱。根据国务院的有关规定，车辆超限治理工作要坚持经济、法律和行政手段与技术措施并重，集中整治与制度建设、严格执法与科学管理、严密防堵与积极疏导相结合，合理设置超限超载检测站点等。河南省也做了具体规定，要求交通、公安部门按照"以卸为主、卸载与处罚相结合、固定与流动相结合"的原则。建立健康、公平、有序的道路运输市场，维护良好的车辆生产、使用秩序和道路交通秩序，确保公路设施完好和公路交通安全。

二、治理超限运输的信息管理

信息管理作为治理超限运输工作的一个重要组成部分，应根据国家和各省市的有关规定，加强对治超工作有关信息的收集、整理、审核、汇总、上报和交流工作。河南省对此作了具体规定，由交通部门、公安部门、发改委等治超成员单位按照职责分工，分别收集有关信息，例如交通部门主要负责收集以下信息：

(1)路面执法检查车辆数量、卸载车辆数量、卸货数量、超限车辆占车流量比例等。

(2)跨省市车辆超限超载违章处罚情况。

(3)干线公路日均车流量情况。

(4)货运车辆报停、复驶情况。

(5)道路运输保障车辆的储备情况。

(6)治超工作中出现的交通堵塞等突发事件及处理情况。

(7)新闻媒体、人民群众对联合治超工作的反映情况。

(8)其他相关的信息等。

三、治理超限运输情况统计

治理超限运输情况统计，主要包括超限管理机构和人员统计、车辆检测情况统计、车辆卸载情况统计、治超执法情况统计。

(1)超限管理机构和人员统计。主要对超限超载检测站点和人员的情况进行统计，反映一定时期一定区域的治理超限运输的执法力量。

根据交通部的有关规定，各级交通主管部门要做好国省干线公路超限超载检测站点的规划和设置工作。在新建公路时，要结合国省干线公路超限超载检测站点的布局规划，将检测站点作为公路附属设施的组成部分，实现与公路同步设计、同步建设、同步运营。对现有公路检测站点布局规划进行调整；站点数量不能满足工作需要的，要及时增设必要的固定和流动检测站点。同时，要加强管理，充实人员，建立完善的管理制度，使超限超载检测站点建设规范化、治超工作制度化。

河南省规定，超限超载检测站执法人员按路政35~40人(一类站40人，二类站35人)、运政4人、公安8人配备。路政、运政人员履行超限检查站点的维护、管理，称重检测、卸载、运输市场监管等工作；公安交警担负引导车辆、维护治安秩序、打击黑恶势力等职能。对超限管理机构和人员的统计，主要有超限站点的名称、所在地、类别、设立位置（超限站所在路线及桩号）、人员数量等。见表 3-7-8 所列。

超限管理机构和人员统计表 表 3-7-8

项目 名称	省辖市	类别	设立位置	人员数	其中： 持证人员数

（2）车辆检测情况统计。包括设立治超检查站数量、货车流量、检测车辆数量、违规车辆数。

（3）车辆卸载情况统计。包括卸载车辆数、卸载吨数。

（4）治超执法情况统计。包括执法人员受奖励次数、超限站点受奖励次数、执法人员违规人次、被新闻媒体曝光人次、受处分人次等。

（5）违法超限超载车辆统计。包括违法车辆的车牌号、驾驶员从业资格号以及处理情况等。

（6）交通量变化情况统计。包括选取线路名称、日交通流量、货车按不同吨位的流量等。

治理超限运输情况统计见表 3-7-9 ~ 表 3-7-12 所列。

交通系统路面治理情况统计表 表 3-7-9

投入执法人员人次	交通部门		公安部门
检查车辆情况	固定检查站数量（个）		流动检查站数量（个）
	检查车辆数量（辆）		其中超限超载车辆（辆）
车辆卸载情况	卸载车辆数量（辆）		卸载重量（吨）
罚款情况	交通部门	被罚款人总数	
		罚款总额（万元）	
	公安部门	被罚款人总数	
		罚款总额（万元）	
说明	路政部门填写交通部门栏目的数据，公安交警部门填写公安部门栏目数据		

治理超限运输车辆情况统计表

表 3-7-10

项目/月份	投入执法人员人次		检测车辆情况					车辆卸载情况		执 法 情 况							
	交通部门	公安部门	固定检测站数量（个）	流动检测站数(个)	货车流量（辆）	检测车辆数(辆)	其中超限超载车辆（辆）	卸载车辆数(辆)	卸载重量（吨）	执法人员获奖励情况(省级、市级)	超限站获奖励情况（省级、市级）	执法人员违规次数、人数		被新闻媒体曝光人数、次数		处分人数（市级、县级）	
1																	
2																	
3																	
4																	
5																	
6																	
7																	
8																	
9																	
10																	
11																	
12																	

违法超限超载车辆信息登记表　　表 3-7-11

序号	车辆号码	违章驾驶员从业资格证号	所属运输企业	检查地点	检查时间（年/月/日/时/分）	处理情况		执法部门
						卸载	罚款	
1								
2								
3								
4								
5								
6								
7								
8								
9								
10								
11								
12								
13								
14								
15								
16								
17								
18								
说明	"检查地点"填省/地市，如"广东韶关"、"河南周口"等；"卸载"用"√"表示，"罚款"，填整数数额；"处理部门"填"交通"或"公安"或"联合"							

交通量变化情况统计表　　表 3-7-12

公路线路名称	抽样日总交通流量	其中货车（按核定载质量分列）				
		14t 以上	14 ~ 7t	7 ~ 2t	2t 以下	小计

注：①交流量统计，所选公路为交通量较大并比较稳定的收费站做该线路平均车流量统计；

②抽样日总交通流量，指统计时间内抽样选取日昼夜交通流量。

四、治理超限运输统计指标

为促进治理超限运输工作的提高和完善，揭示矛盾，找出规律，可根据相关资料，计算下列指标。

1. 车辆超限超载率

指报告期超限超载运输车辆数量与同期货车总流量的比率，反映在一定时期内，车辆超限超载运输的发生情况以及治理超限的成果。计算公式为：

$$车辆超限超载率(\%)=\frac{报告期超限超载运输车辆数}{报告期货车流量}\times 100\%$$

【例 3-7-4】 2005 年至 2007 年，全国累计投入路面执法人员 2668.9 万人次，查处违法超限超载车辆 1978 万辆次，卸载货物 3274 万吨，货车超限超载率从治理前的 80% 以上下降到 10% 以内，基本实现了预期目标（资料来自 2007 年 11 月 20 日全国治理车辆超限超载工作电视电话会议）。

该指标可按单位计算，如超限检测站；也可按行政区域计算，如某省、某市等。

【例 3-7-5】 截至 2008 年 6 月，陕西省公路超限超载率情况为：高速公路从治理前的 41% 已降至 0.2%，干线公路从治理前的 15% 降至 1.34%，农村公路为 1.69%（2008 年 8 月 1 日 陕西日报）。

该指标也可按时期进行计算，如以月份、半年、全年分别计算，以反映一个时期治理超限运输的动态情况。

2. 超限超载车辆卸载率

指超限超载运输车辆被卸载的数量占超限超载运输车辆的比例，反映超限检测站对超限超载运输车辆的查处力度。计算公式为：

$$超限超载车辆卸载率(\%)=\frac{报告期超限超载运输车辆被卸载的数量}{同期超限运输车辆的总数}\times 100\%$$

【例 3-7-6】 ××省 2007 年度，共查处超限超载车辆 10 万辆，对 7.8 万辆超限超载车辆实施就地卸载，卸载吨位约 55 万余吨，卸载率 $=\frac{78000}{1000000}\times 100\% = 78\%$。

在计算超限超载车辆卸载率时，要注意把运输不可解体货物的车辆剔除，以正确反映超限检查机构的执法情况。

【例 3-7-7】 上半年××公路局出动执法人员 2300 人次，共检查车辆 5846 辆，查处超限超载车辆 236 辆，其中运输不可解体货物车辆 9 辆，对 227 辆超限超载车辆实施卸载，卸载率为 100%，卸载吨位 4150.5t。

第八章　公路机械设备统计

第一节　公路机械设备统计的意义和范围

一、公路机械设备统计的概念

公路机械设备统计就是通过对公路机械设备的种类、数量、价值、能力、完好情况、配套情况、利用情况、保养与维修情况的统计，全面反映公路部门及隶属企业（主要为工程、养护施工企业）机械设备的拥有量、价值、施工能力和使用情况。

二、公路机械设备统计的意义

公路机械设备是公路部门固定资产的重要组成部分，是保证顺利完成各项公路建设、养护任务的基本条件，也是改善劳动条件、保证公路工程施工质量和工期的主要因素之一。随着改革的深入和公路事业的迅猛发展，公路技术等级的不断提高，公路建设、养护市场竞争的多元化，公路建设、养护也正向着综合机械化施工的方向发展，公路工程施工对公路机械设备的依赖程度越来越高，公路机械设备已成为参与市场竞争的重要指标。因此，做好公路机械设备的统计工作，掌握拥有机械设备的数量和使用状况，研究公路机械设备的发展规律，不仅能够充分发挥公路机械设备的效益，而且可以实现国有资产的保值和增值。

三、公路机械设备统计的任务

公路机械设备统计的主要任务是：全面反映各类公路机械设备的数量和能力，分析研究公路机械设备的构成、变动、完好及利用情况，为提高公路机械设备的利用率提出改进建议和措施，为更新改造及进行机械设备技术管理、制定机械设备折旧定额提供依据。

四、公路机械设备统计的统计范围和原则

根据交通部2002年颁发的《公路、水运、港口主要统计指标及计算方法规定》，在统计核算中，公路机械设备是按机械设备的使用权进行统计的，包括本单位所有属于固定资产的机械设备和租赁的机械设备。

根据交通运输部2008年《公路养护统计报表制度》要求，上报交通部的报表，只填报公路部门及其他公路管养部门（县乡公路管理处、高速公路公司、经营企业等）主要机械设备的拥有量。为全面反映公路部门机械设备的拥有量，河南省公路统计报表制度规定，在年终上报“公路养路机具情况统计表”时，又增加了一些常用机械设备指标。仅限于填报公路部门及其他公路管养部门的公路养护机械拥有量，即按机械设备的所有权进行统计，公路管理部门和隶属企业为完成工程、养护任务而租赁的机械设备不在填报之列。

第二节　公路机械设备统计

一、公路机械设备统计分组

公路机械设备种类繁多,用途各异,为满足公路机械设备综合管理的需要,可选择不同分组标志进行统计分组。

1. 按类型分

(1)运输车辆。指从事公路运输的车辆,包括载重汽车、自卸汽车、洒水车、油罐车、拖拉机等。

(2)装卸机械。指在公路料厂、货运场站内从事货物搬运、装卸的机械,包括装载机、铲运机等。

(3)筑养路机械。指用于土方、石方、路基和路面工程施工养护的机械,包括推土机、平地机、挖掘机、压路机、空压机、凿岩机、混凝土摊铺机等。

(4)汽车维修及其他设备。指为制造设备和加工配件、非标准件以及保养、维修等而配备的机械设备。主要有钢筋切断机、钢筋弯曲机、钢筋调直机、电焊机、机床、碎石机、石料筛分机、发电机、水泵及木工机械等。

2. 按用途分

(1)土石方机械。在道路工程施工中,无论是路基、路面,还是场地平整,都包含数量很大的土石方工程。土石方机械主要有推土机、铲运机、平地机、挖掘机、压路机、空压机、凿岩机等。

(2)运输及装载机械。运输及装载机械担负着大量建筑材料、土石方、大型工具、混凝土构件等材料的运输、装载任务。运输及装载机械主要有载重汽车、自卸汽车、洒水车、油罐车、拖拉机、装载机等。

(3)混凝土及灰浆搅拌机械。为保证混凝土和灰浆工程的施工质量,减轻劳动强度,加快施工进度,降低成本,就必须在混凝土工程和灰浆的搅拌、输送、浇注成形等工艺过程中,采用相应的机械设备。混凝土及灰浆机械主要有混凝土搅拌机(含混凝土搅拌楼及搅拌站)、混凝土输送泵、混凝土喷射机、混凝土振动器(棒)、混凝土离心浇注机、灰浆搅拌机、灰浆输送泵、筛砂机等。

(4)起重及桩工机械。起重及桩工机械是公路桥梁建设中必不可少的机械设备之一,主要有履带起重机、轮胎起重机、汽车起重机、塔式起重机、卷扬机、打桩机、钻孔机、压拔桩机等。

(5)加工与维修机械。指为制造设备和加工配件、非标准件以及保养、维修等而配备的机械设备。主要有钢筋切断机、钢筋弯曲机、钢筋调直机、电焊机、机床、碎石机、石料筛分机、发电机、水泵及木工机械等。

机械设备按用途分组,可以反映各类机械设备的构成及配套状况。

3. 按技术状况分

(1)完好机械设备。是指机械设备技术状况处于完好状态的机械设备,包含正在使用中的、出租出去的以及在仓库中封存的机械设备。完好机械设备应具备以下条件:

①机械设备的性能必须完好,发动机运转平稳,其他各部分运转正常,能按设计能力进行工作。

②机械设备整机清洁,装备齐全,设备各部分连接、紧固件安全可靠,设备的磨损程度不超过技术标准规定的范围,主要仪器仪表和供电、供水、润滑系统能正常工作。

③燃料、润滑系统的油料消耗在规定的正常值范围内，设备基本上没有漏油、漏气、漏水、漏电等现象。

④机械设备的各操作机构灵活可靠，转向、制动机构符合技术标准。

⑤机械设备的安全防护装置齐全。

(2)非完好机械设备。指因技术状况不良，不能正常使用的机械设备。即除完好机械设备之外的机械设备，包括正在修理的机械设备、等待修理的机械设备及等待报废的机械设备。

①正在修理的机械设备。指报告期末正在进行修理的机械设备。

②等待修理的机械设备。指报告期末由于缺乏维修人员、维修设备、维修配件、维修材料等原因而等待修理的机械设备。

③待报废机械设备。是指报告期末机械设备已超过使用年限或遭其他损害而无法修复，经有关部门鉴定达到报废条件的机械设备。

二、公路机械设备数量统计

公路机械设备数量统计的主要指标有：机械设备实有台数、在册台数、实际使用台数、平均台数、增加数、减少数、期末机械设备实有数等。

(1)机械设备实有台数。指报告期实际拥有的可供调配使用的全部机械设备台数。

(2)机械设备在册台数。指报告期达到固定资产标准的机械设备台数。

(3)机械设备实际使用台数。指报告期内使用过的机械设备台数，不论该设备使用时间的长短。

(4)机械设备平均台数。指在报告期内每一统计时点所拥有的机械设备的加权平均数。施工单位拥有的机械设备经常处于变动状态，为确切地反映施工单位机械设备的拥有量，往往采用以时间长度为权数的加权序时平均数，来反映机械设备的拥有情况。

$$机械设备平均台数 = \sum(设备数 \times 在册天数)/日历天数$$

(5)机械设备增加数。指报告期机械设备增加台数之和。未办理入库验收手续的机械设备，不应统计在内。

(6)机械设备减少数。指报告期机械设备减少台数之和。

(7)期末机械设备实有数。指报告期末实有机械设备的数量。

$$期末机械设备实有数 = 期初实有数 + 本期增加数 - 本期减少数$$

要做好公路机械设备的数量统计工作，首先，要建立健全原始记录，这是保证统计资料准确的基本前提。对每一台机械设备，都必须建立设备卡片(表3-8-1、表3-8-2)，它是取得公路机械设备统计基本资料和填报公路机械设备统计报表的基础，是基层单位进行会计和业务核算的依据。其次，要建立机械设备统计台账，按顺序把机械设备进行系统地登记，对各机械设备加以分类、整理、归纳，这既便于机械设备的分类查找，又可使机械设备统计资料条理化、系统化、档案化。最后，按规定的报表制度填报各类机械设备统计报表，详细反映公路部门机械设备数量及变动情况，为搞好机械设备管理奠定基础。

设备卡片(A面) 表3-8-1

统一编号： 技术档案编号：

设备名称		规格型号		出厂日期	
原值		来源		启用日期	
马力		功率		能力	

续上表

设备名称		规格型号		出厂日期	
燃料		自重		底盘号	
年折旧率		年折旧额		规定使用年限	
红旗设备记载			事故记载	等级	时间

设备卡片(B 面) 表 3-8-2

统一编号： 技术档案编号：

附属设备			大修记录		
名称			时间	承修厂家	费用(元)
型号					
生产厂家					
出厂编号					
使用单位及变更记录	时间	使用单位			

三、公路机械设备能力统计

公路机械设备数量仅反映机械设备的规模,不能确切地表明机械设备的总能力。因为同一种类、同一用途的机械设备,能力大小往往不同,仅仅统计机械设备的台数,同类机械设备能力的差异就反映不出来,所以,还必须统计机械设备的能力。

公路机械设备能力是指同一类机械设备设计能力或动力部分能够承担工程量的总和。例如,压路机是按自身加配重或震动力量计算;拖拉机、平地机、推土机是按动力大小计算;装载机、空压机是按工作部分装置容量大小计算等。

机械设备能力一般以设计能力进行统计。若机械设备进行技术改造后其能力超过原设计能力,或机械设备因过于陈旧等原因而使能力降低,则应根据主管部门批准的能力计算。反映公路机械设备总能力的指标有:

(1)机械设备总能力

机械设备总能力是指报告期各种机械设备能力的总和。

$$机械设备总能力 = \sum(机械设备台数 \times 该台机械设备额定能力)$$

【例 3-8-1】 某公路施工单位 2007 年末有 15t 起重机 3 台,8t 起重机 6 台,则该单位 2007 年末的起重机总能力为:$3 \times 15 + 6 \times 8 = 93$t。

(2)机械设备平均能力

指报告期内机械设备能力的日平均值。计算公式为:

$$机械设备平均能力 = \sum(设备能力 \times 在册天数)/日历天数$$

(3)机械设备的年生产能力

机械设备的年生产能力，指各类机械设备总能力在年度内减去必要的保修、转移占用的时间和不可避免的中间停歇时间后，在最大限度使用的情况下，一年内可能完成实物工程量的能力，通常以机械设备的年产量表示。计算公式为：

机械设备年生产能力 = ∑(机械设备年工作台班数 × 平均台班产量)

机械设备实际产量是机械设备在一定时期内实际完成的工程量。对不能以产量计算的设备，可用设备实际工作台班计算。机械设备实际产量是计算机械设备产值的依据，分为年产量、月产量和累计完成产量等。

四、公路机械设备装备程度统计

现代公路工程施工中，特别是高等级公路施工正朝着综合机械化施工的方向发展，大部分工程量是依靠公路工程机械设备完成的，筑路机械已成为保证工程进度与工程质量的关键因素之一。一个单位的机械设备装备程度如何，直接决定着这个单位的施工量和经济效益。因此，不断提高机械设备装备程度是公路施工、养护企业长期追求的目标。

机械设备装备程度是指每个职工平均装备的机械水平，用劳动技术装备率或劳动力装备率反映。根据机械设备总功率和机械设备价值计算。

机械设备动力用功率表示，功率的大小与能力成正比，计算单位为"马力"或"千瓦"，"千瓦"和"马力"之间可以换算(1 千瓦 = 1.36 马力)。机械设备总功率是机械设备能力的实物量指标，间接反映机械设备的总规模，可以计算期末机械设备的总功率，也可以计算期内机械设备的平均功率。

机械设备原值，是购买机械设备和安装所支付的全部费用。机械设备净值，是提取折旧后的余额或报告期的价值。

劳动技术装备率又称技术装备系数或技术装备程度，是报告期内机械设备的平均价值与期内平均职工人数的比值。计算公式为：

劳动技术装备率(万元/人) = 机械设备平均价值(万元)/ 平均职工人数(人)

劳动技术装备率指标反映单位职工平均占有机械设备的价值。一般情况下，劳动技术装备率按净值计算。根据实际工作需要，可计算全部职工的劳动技术装备率，也可以计算公路工程或养护企业生产工人的劳动技术装备率。对于公路养护企业还可以计算单位养护里程平均占用的机械设备价值。计算公式为：

劳动技术装备率(万元/公里) = 机械设备平均价值(万元)/平均养护里程(公里)

劳动动力装备率又称动力装备系数或动力装备程度。是报告期内机械设备的平均动力数与期内平均职工人数的比值。计算公式为：

劳动动力装备率(千瓦/人) = 机械设备平均动力数(千瓦)/平均职工人数(人)

劳动动力装备率指标反映每人平均占有的以功率表示的机械设备数量。根据实际工作的需要，可计算全部职工的劳动动力装备率，也可以计算生产职工的劳动动力装备率。还可以同样的方法计算单位养护里程平均占有的设备动力数量，其计算公式为：

劳动动力装备率(千瓦/公里) = 机械设备平均动力数(千瓦)/平均养护里程(公里)

劳动技术装备率和劳动动力装备率两项都是相对数指标，使用时应与本单位机械设备总量、历史水平以及国内外同行业水平进行对比，才能正确反映机械设备装备程度、水平及变化过程。

五、施工机械化程度统计

公路工程(或养护)施工机械化是指在工程施工过程中对机械设备的利用程度，即工程施工中机械设备所完成的工程量(或工作量)相对总工程量(或工作量)所占的比例。公路施工机械化对减轻公路工人的劳动强度,加快工程进度,提高劳动效率和工程质量,具有重要意义。计算公式为:

综合机械化程度(%)=(机械设备完成的工程量或工作量/总工程量或工作量)×100%

当使用工作量(产值)计算综合机械化程度时,因工作量中的物耗转移值比重较大,所以按此方法计算的施工综合机械化程度偏高,在应用时应特别注意。

除综合机械化程度指标外,考察机械化程度的指标还有劳动机械化程度、单项工程机械化程度等指标。

1. 劳动机械化程度

劳动机械化程度是从生产人员是否从事机械设备操作的角度来考察的。它是指报告期直接操作(如汽车驾驶员、装载机司机、压路机司机等)和服务于(如汽车驾驶员助理等)机械设备的工人数与全部工人数的比值。计算公式为:

劳动机械化程度(%)=〔(直接操作机械设备的工人数+服务于机械设备的工人数)/全部工人数〕×100%

2. 单项工程机械化程度

单项工程机械化程度是从单项机械设备所完成工程量的角度来考察的,它是指报告期单项工程机械所完成的工程量与该项工程全部工程量的比值。计算公式为:

单项工程机械化程度(%)=〔(单项机械设备完成工程量/该项工程全部工程量)〕×100%

单项工程机械化程度常用来考核路基工程、路面工程、土石方工程等项目的机械化程度。

六、公路机械设备完好情况统计

公路机械设备按技术状况的完好状态可分为完好机械设备和非完好机械设备。完好机械设备是指公路机械设备本身没有故障,机械设备的配套设备齐全,各部分技术状态良好,可以随时投入到公路工程、养护施工中作业的机械设备。非完好机械设备是指机械设备存在技术故障,不能进行作业生产,需要修理以及等待修理或正在送修的机械设备。

反映公路机械设备完好情况的统计指标主要有公路机械设备完好率和台日完好率。

公路机械设备完好率是报告期完好的机械设备台数与实有机械设备台数的比值。计算公式为:

公路机械设备完好率(%)=(完好机械设备台数/实有机械设备台数)×100%

公路机械设备台日完好率是指报告期内机械设备的完好台日数与总台日数的比值。计算公式为:

公路机械设备台日完好率(%)=(机械设备完好台日数/总台日数)×100%

七、公路机械设备利用情况统计

机械设备利用程度如何,对提高生产效率、挖掘设备潜能、降低工程成本有很大影响。反映机械设备利用情况的统计指标,主要有机械设备数量利用率、机械设备时间利用率、机械设备能力利用率、机械设备价值利用率等。

1. 机械设备数量利用统计

(1)机械设备数量利用统计

机械设备数量利用率是指报告期内实际使用的机械设备台数与机械设备总台数之比。计算公式为:

机械设备数量利用率(%)=(实际使用的机械设备台数/机械设备总台数)×100%

实际使用机械设备台数是指施工单位的机械设备在报告期参与工程施工的机械台数,而不考虑机械设备参与施工的时间长短以及对该工程项目贡献大小。

【例3-8-2】 2007年6月份,某工地有机械设备20台,其中2台在大修,3台等待报废,5台等待任务,其他机械设备投入施工作业,则机械设备数量利用率(%)=〔(20-2-3-5)/20〕×100% = 50%。

(2)完好机械设备利用率

机械设备数量利用率能粗略地反映机械设备的利用情况,但它反映不出机械设备有待挖掘的潜能,完好机械设备利用率能够反映机械设备待挖掘的潜能。

完好机械设备利用率是指报告期内使用的机械设备台数与完好机械设备台数之比,其计算公式为:

完好机械设备利用率(%)=(实际使用的机械设备台数/完好机械设备台数)×100%

完好机械设备利用率是衡量完好机械设备利用情况的指标,完好机械设备利用率越低,说明未参与施工的完好机械设备越多,有待挖掘的机械设备机械潜能越大。

2.机械设备时间利用统计

机械设备数量利用指标只能反映投入工程施工的机械设备数量,它无法反映机械设备投入工程施工的时间长短。如2台挖掘机同在某工地施工,一台使用20天,另一台使用100天,挖掘机的数量利用率为100%,但使用时间却存在极大差别。因此,我们有必要研究机械设备的时间利用情况。反映公路机械设备时间利用情况的指标有机械设备台日利用率和机械设备台班利用率。

(1)机械设备台日利用率

机械设备台日利用率是指报告期内机械设备实际工作台日数与日历台日数之比。计算公式为:

机械设备台日利用率(%)=(实际工作台日数/日历台日数)×100%

一般情况下,机械设备台日利用率越大,机械设备的利用程度就越高。相反,机械设备台日利用率越小,机械设备的利用程度就越低。

(2)设备台班利用率

机械设备台班利用率(或工作率)是指报告期内机械设备工作台时占完好台时的比重。计算公式为:

机械设备台班利用率(%)=(工作台时/完好台时)×100%

3.机械设备能力利用统计

机械设备数量利用情况统计是从机械设备是否使用的角度来考查机械设备的利用情况,它不考虑机械设备在报告期内的具体使用时间;机械设备时间利用情况统计是从机械设备投入工程施工中使用的时间多少来考查机械设备的利用情况,它不考虑机械设备在报告期的具体使用效率,因此,我们要从机械设备能力利用率来考查机械设备的使用效果。

机械设备能力利用率是反映机械设备能力利用情况的重要指标,指单位时间内机械设备实际产量与定额产量的比值。通常用机械设备年产量定额利用率和台班产量定额利用率表示。计算公式为:

机械设备年产量定额利用率(%)=(实际完成年产量/定额年产量)×100%

机械设备台班产量定额利用率(%)=(实际完成台班产量/定额台班产量)×100%

4.机械设备价值利用统计

公路机械设备数量利用率、机械设备时间利用率、机械设备能力利用率分别从不同角度对机械设备的利用情况进行了考察，但公路工程施工单位购置的机械设备，特别是一些大型机械设备价值少则几万、几十万，多则上百万，甚至上千万元，这些机械设备的配置是否合理，是否适应工程需要，仅从数量、时间、能力方面来考察利用情况仍显不够，这就需要从各类机械设备价值的使用上来考察机械设备的利用情况。反映公路机械设备价值利用的指标有：机械设备价值算术平均利用率和机械设备价值加权平均利用率。

机械设备价值算术平均利用率是指各类公路机械设备价值利用率的算术平均数。

机械设备价值加权平均利用率是指各类公路机械设备价值利用率的加权平均数。

【例 3-8-3】 *A* 类设备价值 1 万元，*B* 类设备价值 100 万元，在 *A* 类机械设备利用率为 20%、*B* 类机械设备利用率为 100% 和 *A* 类机械设备利用率为 100%、*B* 类机械设备利用率为 20% 情况下，试计算机械设备算术平均利用率和机械设备价值加权平均利用率。

解：(1) *A* 类机械设备利用率为 20%、*B* 类机械设备利用率为 100% 的情况

$$机械设备价值算术平均利用率(\%) = [(20\% + 100\%)/2] \times 100\% = 60\%$$

$$机械设备价值加权平均利用率(\%) = [(1 \times 20\% + 100 \times 100\%)/(1 + 100)] \times 100\% = 99.2\%$$

(2) *A* 类机械设备利用率为 100%、*B* 类机械设备利用率为 20% 的情况

$$机械设备价值算术平均利用率(\%) = [(100\% + 20\%)/2] \times 100\% = 60\%$$

$$机械设备价值加权平均利用率(\%) = [(1 \times 100\% + 100 \times 20\%)/(1 + 100)] \times 100\% = 20.8\%$$

通过计算可以看出，在两种情况下机械设备价值算术平均利用率都一样，但机械设备价值加权平均利用率却存在很大差别，机械设备价值算术平均利用率反映机械设备总台日利用情况，机械设备价值加权平均利用率反映机械设备总资产利用情况。

公路施工单位购置公路机械设备是为本单位的公路工程施工服务的，公路机械设备利用率的高低取决于公路工程施工单位对机械设备的需求以及对施工单位机械设备的规划和配置。机械设备的利用率也不是越大越好，在施工任务确定的前提下，通过加强工程的施工组织管理，尽量减少不必要的机械设备使用，可有效提高机械设备的使用效率，降低工程成本，提高经济效益。

八、机械设备的保养和修理情况统计

1. 公路机械设备保养和维修统计的范围和任务

公路机械设备的保养和维修是对公路机械设备有计划地进行清洁、润滑、调整、紧固、排除故障、更换磨损失效的零件，使之保持良好的运行状态。在公路机械设备的使用过程中，随着运行时间的延续，机械设备的零部件会发生自然磨损，设备的效率也会随之降低，个别零部件的运转不正常，不仅会缩短该零部件的使用时间，进而会影响整台机械设备的使用寿命，为此，有计划地进行机械设备的保养和修理，是保持机械设备经常处于完好状态、提高机械设备使用效率的根本保证。

机械设备保养和维修统计的任务，是反映公路机械设备保养和维修的数量情况、质量情况，检查机械设备保养、维修计划的执行情况，为加强公路机械设备管理，编制公路机械设备保养和维修计划提供依据。

机械设备在使用过程中，由于发生自然耗损、疲劳、形变和腐蚀等现象，可通过对机械设备的保养、维修，使机械设备恢复到良好的技术状态。机械设备的保养、维修按机械设备所处的技术状态，可分为一级保养、二级保养、三级保养、小修、中修、大修。见表 3-8-3 所列。

主要机械设备保养、维修的分级与周期 表3-8-3

维修级别	保养维修周期									
	履带吊	汽车吊	汽车	拖车	挖掘机	压路机	平地机	空压机	钻机	压桩机
一级保养	300	100	2000	8000 ~ 10000	70	200	50	100	10	55
二级保养	800	300	10000	18000 ~ 20000	70	500	250	200	500	220
三级保养	2400	1200	35000	60000 ~ 75000	350 ~ 500	2000	2000	1500	2000	1100
中修	4800	3600	8000 ~ 15000		2800 ~ 5000	4000	4000	3000		
大修	9600	7200	150000 ~ 300000	130000 ~ 150000	5600 ~ 10000	8000	8000	6000	5000 ~ 8000	3300 ~ 4400

①一级保养。属日常保养维护的范畴，一般由本机操作人员自己完成，主要对机械设备进行保洁、润滑、紧固等操作。

②二级保养。属日常保养维护的范畴，一般由专业保养人员或在具有保养能力的保养车间进行，主要对机械设备进行检查、调整等操作。

③三级保养。由专业机械设备保养人员对机械设备进行解体检查，消除机械设备的技术隐患，使机械设备恢复到良好的技术状态。

④小修。是指对机械设备进行零星的维护性修理，主要是排除机械设备在使用过程中的临时故障、局部损伤，使机械设备恢复至正常运行状态。

⑤中修。是指对机械设备进行有计划的平衡性修理，它一般安排在新购买的机械设备与第一次大修之间或在机械设备的两次大修之间，主要是对机械设备关键部件（如发动机总成、变速箱总成）的1 ~2 个总成进行修理，排除一切设备故障，尽可能延长大修的间隔期限。

⑥大修。是指对机械设备进行有计划的全面恢复性修理。对一些技术含量高、维修难度大的故障，应在专业维修网点进行修理，主要是对机械设备整机进行解体检查，修理或更换不符合技术标准的部件，按技术标准重新装配，恢复其原有技术性能。

2. 公路机械设备保养、维修数量统计

公路机械设备保养维修数量统计是反映报告期内送往专业保养维修机构的台数和完成保养维修的台数。

机械设备送修台数是指报告期内已送往保修部门（包含单位保修、维修的定点单位）进行保修的公路机械设备台数。

机械设备修理台数是指报告期内承修单位依照有关技术标准及有关规定，对送达的需维修的机械设备进行修理，并经技术鉴定合格出厂的机械设备台数。

返修台数是指报告期内经修理后已出厂的机械设备在保修期内因修理责任或所用材料、配件质量不合格等原因重新修理的台数。

返修率是指报告期内返修台数占机械设备修理总台数之比。计算公式为：

返修率（%）=（返修台数/机械设备修理总台数）×100%

3. 机械设备保养和修理费用统计

公路机械设备保养和修理费用是指在报告期内进行保养和修理费用的总和。

第三节 公路机械设备统计指标体系

公路机械设备统计指标反映的是机械设备的个别特征，要反映机械设备各方面的关系，分析机械设备的利用程度、使用效果、完好状态等，就要建立机械设备统计指标体系。公路机械设备主要统计指标及指标体系见表3-8-4 所列。

公路机械设备主要统计指标及指标体系 表3-8-4

<table>
<tr><th colspan="2">公路机械设备统计指标</th><th>公路机械设备指标体系</th></tr>
<tr><td>运输车辆</td><td>总车日、完好车日、非完好车日、工作车日、停驶车日、总车吨位日、总车客位日、完好率、非完好率、工作率、停驶率、总行程、载运行程(重车行程)、空驶行程(空车行程)、总行程载货量、载运行程载货量(重车行程载货量)、总行程载客量、载运行程载客量(重车行程载客量)、平均车日行程、里程利用率、空驶率、平均车数、平均总吨位、平均总客位、自载换算周转量、自载及拖载换算周转量、吨位利用率、客位利用率、实载率、拖运率、单车产量、车吨位产量、车客位产量</td><td>总车日 = ∑(每辆在用车辆×相应在用车辆)
总车客位日(车客位日) = ∑(每辆车的总车日×标记客位)
完好率(%) = (完好车日/总车日)×100%
= 〔(总车日 - 非完好车日)/总车日〕×100%
= 〔(工作车日 + 停驶车日)/总车日〕×100%
工作率(%) = (工作车日/完好车日)×100%
= 〔(完好车日 - 停驶车日)/完好车日〕×100%
停驶率(%) = (停驶车日/完好车日)×100% = 1 - 工作率
载运行程载货量(吨位公里) = ∑(单车载运行程×标记吨位)
载运行程载客量(客位公里) = ∑(单车载运行程×标记客位)
里程利用率(%) = (载运行程/总行程)×100%
平均车数(辆) = 总车日/日历天数
吨位利用率(%) = (自载换算周转量/载运行程载货量)×100%
客位利用率(%) = (自载换算周转量/载运行程载货量)×100%
实载率(%) = 〔自载换算周转量/载运行程载货(客)量〕×100%
= 里程利用率×吨位利用率
拖运率(%) = (拖载换算周转量/自载及拖载换算周转量)×100%
总吨位日(车吨位日) = ∑(每辆车的总车日×标记吨位)
非完好率(%) = (非完好车日/总车日)×100% = 1 - 完好率
总行程载货量(吨位公里) = ∑(单车总行程×标记吨位)
总行程载客量(客位公里) = ∑(单车总行程×标记客位)
平均车日行程(车公里) = 总行程/工作车日
空驶率(%) = (空驶行程/总行程)×100%
平均总吨位(吨位) = 总车吨位日/日历天数
平均总客位(客位) = 总车客位日/日历天数
车客位产量(人公里) = 自载换算周转量/平均总客位
按主、挂车分别计算的单车产量(吨公里、人公里) = 汽车(挂车)自载换算周转量/汽车(挂车)平均车数
按主、挂车综合计算的单车产量(吨公里、人公里) = 自载及拖载换算周转量/主车平均车数
按主、挂车分别计算的车吨位产量(吨公里、人公里) = 汽车(挂车)自载换算周转量/汽车(挂车)平均总吨位
按主、挂车综合计算的车吨位产量(吨公里、人公里) = 自载及拖载换算周转量/主车平均总吨位</td></tr>
<tr><td>装卸机械</td><td>日历台时、完好台时、非完好台时、工作台时、停工台时、完好率、工作率、装卸作业量、台时产量、工作台时产量</td><td>日历台时 = ∑每台装卸机械在用日历小时数
工作率(%) = (工作台时/完好台时)×100%
工作台时产量(吨/台时) = 作业量/工作台时
完好率(%) = (完好台时/日历台时)×100%
台时产量(吨/台时) = 作业量/日历台时</td></tr>
<tr><td>筑养路机械</td><td>日历台日(总台日)、完好台日、非完好台日、工作台日、停驶台日、完好率、工作率</td><td>日历台日 = ∑每台筑养路机械在用日历天数
工作率(%) = (工作台日/完好台日)×100%
完好率(%) = (完好台日/总台日)×100%</td></tr>
</table>

第四节　公路机械设备统计报表

根据交通运输部2008年《公路养护统计报表制度》，反映机械设备的统计报表主要有交公路36表公路应急储备物资及机具统计表。

根据《河南省公路统计报表制度》和河南省交通厅公路局制定的公路《统计信息采集格式规范》，反映机械设备的统计报表主要有公路养路机具情况统计表等。

上述统计表式见本书附录。

一、报表目的

反映公路部门储备的公路应急物资及机具的情况。

二、填报范围

各地公路部门及其他公路管养部门（县乡公路管理处、高速公路公司、经营企业等）的公路应急储备物资及机具拥有量。凡产权属于公路部门的机械均应统计。

三、主要公路机械设备目录

随着公路建设、养护机械化水平的提高，公路建设、养护单位所拥有的公路机械设备种类繁多，在进行统计时不可能一一加以反映，根据《河南省公路统计报表制度》和河南省交通厅公路局制定的公路《统计信息采集格式规范》，主要对如下公路施工、养护机械设备进行统计。主要机械设备目录见表3-8-5所列。

主要公路机械设备目录　　表3-8-5

设备名称	计量单位		设备名称	计量单位	
	数量	能力		数量	能力
推土机	台		沥青洒布车	台	升
挖掘机	台	立方米	装载机	辆	立方米
铲运机	台	立方米	铣刨机	台	
中、重型压路机	台	吨	钻床	台	
轻型压路机	台	吨	洒水车	辆	吨
空压机	台	立方米/分	万能工程车	辆	
凿岩机	台		综合养护车	辆	
履带式起重机	台	吨	清扫车	辆	
轮胎式起重机	台	吨	排障车	辆	
汽车式起重机	台	吨	桥梁检测车	辆	
卷扬机	台	吨	混凝土切缝机	台	
载重汽车	辆	吨	灰土拌和机	台	
自卸汽车	辆	吨	平地机	台	
大、中型拖拉机	台	吨	标志车	辆	
小型拖拉机	台	吨	画线机	台	

续上表

设备名称	计量单位		设备名称	计量单位	
	数量	能力		数量	能力
碎石机	台		发电机	台	千瓦
抽水机	台	立方米	打桩机	台	
水泥混凝土搅拌机	台	升	维修机床	台	
水泥混凝土摊铺机	台	吨/小时	路面养护车	辆	
沥青混凝土搅拌机	台	升	路面标线车	辆	
沥青混凝土摊铺机	台	吨/小时	稀浆封层机	台	
沥青洒布机	台	升			

第九章　筑养路材料及应急储备物资统计

公路养护生产和公路工程施工需要大量的筑养路材料。搞好筑养路材料统计，准确、及时、全面地反映材料的到、存、用情况，对满足施工和养护需要、降低造价、节约资金、提高企业经济效益、保证工程养护生产均衡连续作业，具有重要的意义。

筑养路材料统计的任务是：反映和研究公路工程施工和养护企业的材料收入、储备、消耗，检查材料计划执行情况，为制订经济合理的材料储备和消耗定额、搞好材料供应和企业经济核算提供基础数据。

第一节　筑养路材料入库统计

筑养路材料入库统计是材料统计工作的首要环节，目的是反映入库材料的来源、数量和质量，研究材料入库及变动规律，为搞好材料核算，合理安排生产，检查材料入库计划提供依据。

一、筑养路材料的来源

目前，公路工程和公路养护已全部实行招投标，根据发改委等有关部门批复的《公路工程建设项目招标初步方案》，筑路材料由中标单位按施工图设计要求的规格、质量、数量等自行采购。中标单位的筑养路材料主要来源于市场采购和其他来料。

市场采购材料是公路施工或养护企业通过市场自行购入的材料。

其他来料一般包括自产自用（石灰、水泥、预制构件等）、交换、借入等材料。

自产自用材料是公路部门为了满足公路建设和养护工程施工所需的砂、石子、石灰、水泥等材料及预制构件，包括公路工程施工和养护企业所属的采石场、采砂场、石灰厂、水泥厂和预制件加工厂等单位生产的材料。

二、筑养路材料入库量的计算

筑养路材料入库量是指到达公路工程或养护企业的仓库或施工现场，经验收合格的材料数量。

材料收入原始凭证，如收料单、入库通知单等，是计算材料入库量的依据。不论是露天存放的材料（如砂、石料等），还是入库储存的材料（如钢筋、沥青、水泥等），均应根据验收人签字的入库通知单或收料单，计算材料收入量。在计算材料入库量时，要注意扣除单位之间相互借用的材料，不能重复计算。

筑养路材料入库量是通过材料收入统计报表反映的。材料收入统计一般由工程、养护施工企业按月填报。参考表式见表3-9-1所列。

三、筑养路材料入库量分析

筑养路材料入库量分析，主要是检查分析材料的入库时间及数量、质量。由于公路生产用料品种繁多，不可能全部进行分析，一般只分析主要材料，如钢筋、水泥、沥青、沙石等。

筑养路材料收入报表 表 3-9-1

序号	材料名称	规格	计量单位	全部计划	本月收入	完成计划(%)	本月支出	期末库存	备注

(1)数量方面。根据筑养路材料的实际入库数与计划数进行对比,检查材料的数量是否能满足工程施工和养护生产需要。若完成了入库量计划,就能保证生产需要;若材料入库量不足,未能完成计划,应积极组织进料,以满足生产需要。同时,在检查材料计划完成情况时,要注意分析各种材料来源的稳定性和保证程度。对不能稳定供应的材料,要采取措施,促使供料单位认真履行供料合同。并且要将实际入库量同订货量、市场供应量等指标联系起来,分析供应不稳定的原因,如运输延误、计划安排不当等,然后针对原因,提出改进建议。

(2)质量方面。要检查入库材料是否符合施工图设计规定的品种、规格。可对材料进行抽检,用合格率反映。计算公式为:

入库材料合格率(%)=(入库材料合格数量/入库材料总量)×100%

(3)及时性方面。及时供应是对材料工作的基本要求。把材料的入库量和入库时间同每天的需要量对比,可以考核材料对生产的保证程度,计算由于材料供应不均衡而停工待料的时间,以考查材料收入的及时性。

第二节 筑养路材料储备及应急储备物资统计

为了解决材料购进间断性和消耗连续性的矛盾,确保公路工程施工和养护生产的均衡连续进行,需要储备一定数量的材料。材料储备的数量,是根据施工生产进度及各种材料合理的储备定额来控制的。

筑养路材料储备统计的任务是:计算材料库存量,考核储备定额计划执行情况,分析储备量对生产的保证程度,合理组织材料进货,为完善材料管理工作提供依据。

一、筑养路材料库存量的计算

筑养路材料库存量即储备量,是一定时点上实际结存的公路工程施工和养护单位有权支配的全部材料数量。是反映某一时点的库存状况的主要指标。

筑养路材料库存量一般包括:

(1)本单位库存、施工现场存放的材料。

(2)工地、预制厂已领取,但尚未用于工程施工、养护生产或加工的材料。

(3)外单位来料加工,但尚未加工的材料。

(4)自外单位借来尚未消耗的材料。

(5)委托外单位代为保管的材料。

(6)已决定外调或上交但尚未办理出库手续的材料。

(7)分配给几个单位的指标,由本单位统一与供方签订合同,到货后尚未分拨的材料。

(8)清查出的账外材料(不论是否入账,均应统计)。

按支配权计算库存量,可以保证生产的需要。但有时为了满足某一特定的需要,如为了了解公路工程施工或养护生产单位的资金情况等,也可以按所有权计算材料库存量。

目前,筑养路材料库存量的计算方法主要有以下两种:

(1)平衡推算。是根据材料的入库量、库存量和消耗量的内在联系推算库存量。计算公式为:

$$\text{期末库存量} = \text{期初库存量} + \text{本期入库量} - \text{本期出库量}$$

(2)盘点。可分为经常盘点和定期盘点两种。材料经过盘点可能会出现盘盈或盘亏,在计算时应以实际盘点数为准,并根据盘点数调整平衡推算法计算的数字。计算公式为:

$$\text{期末库存量} = \text{期初库存量} + \text{本期入库量} - \text{本期出库量} \pm \text{盘盈(亏)量}$$

用盘点法计算的库存量较平衡推算的数字准确,但需要花费的人力、财力较多。所以,在实际工作中应把两种方法结合运用。

由于材料采购的间断性和消耗的连续性及仓库损耗等影响,材料库存量经常变动。为了反映一定时期内公路工程施工和养护生产单位掌握的一般库存水平,还必须计算材料的平均库存量。可以采用以下公式计算:

$$\text{月平均库存量} = \frac{\text{月初库存量} + \text{月末库存量}}{2}$$

$$\text{年平均库存} = \frac{\frac{\text{1 月初库存量}}{2} + \text{1 月末库存量} + \text{2 月末库存量} + \cdots + \frac{\text{12 月末库存量}}{2}}{12}$$

$$= \frac{\text{年内各月平均库存量之和}}{12}$$

二、筑养路材料储备定额

筑养路材料储备定额是根据筑养路材料的生产、供应、运输、消耗及储备等条件综合确定的。确定储备定额应有科学依据,既要满足公路工程施工和养护生产的需要,又要经济合理,符合客观实际。如果储备过少,会造成材料供应中断,影响生产;储备过多,又会造成材料积压,影响资金周转和投资效益。

1.筑养路材料储备定额的分类

(1)按照定额指标分

①相对材料储备定额。是以材料储备天数为计算单位来表示材料储备量的定额标准。

②绝对材料储备定额。是以实物量为计算单位来表示材料储备量的定额标准。

相对材料储备定额是绝对材料储备定额的基础,根据以天数表示的相对定额可以求出以实物表示的绝对定额。

(2)按照定额的综合程度分

①单项材料储备定额。即个别定额,是按照材料的具体品种和规格确定的储备定额。主要用来编制材料的短期采购计划,监督材料供应和仓库管理工作。

②类别材料储备定额。是按照材料的类别确定的储备定额,它包括同类材料中不同规格

的材料，主要用来编制材料计划和确定各种材料储备所需要的流动资金等。

③综合材料储备定额。是由类别储备定额综合得来的储备定额，一般用金额或天数表示。可以按材料种类综合，如公路工程施工、养护生产单位或一个项目的材料储备定额等。主要用于编制中长期材料计划和分析不同单位（项目）的材料储备水平。

单项储备定额是制订类别储备定额和综合储备定额的基础，而类别储备定额和综合储备定额又对单向定额起控制作用。

2. 筑养路材料储备定额的构成

公路工程施工、养护生产单位的材料储备定额主要有以下内容：

（1）周转储备（正常储备）。指根据材料的进料时间与平均每天的需要量，为保证生产正常进行而必须保持的储备。周转储量的大小取决于材料供应周期的长短和平均每天的材料需要量。

（2）保险储备。是公路工程施工或养护单位为了防止由于材料供应延误或供给的材料在品种、规格等方面不符合要求，造成供应中断而建立的一种材料储备，又称最低储备，它与周转储备相加就是最高储备。材料储备超过最高储备是材料积压开始的信号；低于最低储备是供应即将中断的前兆。保险储备定额主要是对经常使用的而供货又不能保证的生产关键性材料设立的。在生产和供应正常情况下，一般不动用保险储备。

（3）季节储备。指由于季节的原因而建立的材料储备，是由进料或用料任何一方的生产、运输条件或材料价格所具有的季节特性而决定的。

三、筑养路材料储备定额的检查

为了解材料实际库存量与储备定额的差别程度，确定经济的储备定额，就需要定期检查材料的储备定额。常用方法是计算实际库存量对生产的保证天数，然后与储备定额天数相比较；或用实际库存量与定额储备量相比较，观察其差别程度。计算公式为：

$$实际库存对生产的保证天数 = \frac{期末库存量}{日平均消耗量}$$

式中的日平均消耗量一般是根据施工生产进度计划确定的，但有时也根据材料实际消耗量确定。

$$储备定额的执行情况(\%) = \frac{实际库存对生产的保证天数}{储备定额(天数)} \times 100\%$$

四、应急储备物资统计

应急储备物资是为应对交通公路突发事件对物资的需求进行紧急保障的一种特殊储备，使用后要及时补充。

做好应急储备物资统计，建立健全应对突发交通公路事件的应急物资保障机制，才能确保突发事件后应急物资准备充足、到位，有效地保护和抢救人的生命，最大限度减少生命和财产损失，对维护市场及社会稳定有着重大意义。

应急储备物资统计主要反映交通公路部门储备的公路应急物资的情况，如储备地点、储备方式、储存物资种类、储藏数量、储存物资有效期等。交通公路部门储备的公路应急物资主要有战备钢梁（组）、编织袋（万只）、融雪剂（吨）等。由各地公路部门及其他公路管养部门（县乡公路管理处、高速公路公司、经营企业等）逐级上报汇总本部门的公路应急储备物资情况。

第三节　筑养路材料消耗统计

公路工程施工和养护生产中材料消耗量大，品种多。因此，必须搞好材料消耗统计工作，及时反映材料消耗量，考核消耗定额并分析其执行结果，为节约用料、降低材料费用、加强材料管理提供依据。

一、筑养路材料消耗量统计范围和消耗总量的计算

1. 筑养路材料消耗量统计范围

筑养路材料消耗量是指报告期内施工、养护单位实际消耗的全部材料数量，具体包括：

(1)生产直接消耗的材料。

(2)临时设施使用的材料。

(3)地质勘探、科学试验消耗的材料。

(4)其他方面的用料，如施工机械、运输设备、房屋、仓库的维修用料，器具制作等。

筑养路材料的消耗过程，是将材料用于公路工程施工和养护生产，并形成公路产品的过程。

2. 筑养路材料消耗总量的计算

筑养路材料消耗总量，是一定时期内公路生产实际耗用的全部材料数量，包括所消耗的全部原料、材料和燃料。是计算单位价值量和实物量消耗指标的基础。

(1)根据领料、退料凭证直接计算

该方法适用于材料管理制度比较健全，原始记录比较齐备的单位。在计算时可以根据领、退料凭证分单位(或工程项目)直接计算。计算公式为：

$$材料消耗总量 = 领料总数 - 退料总数$$

这种方法把领去的材料在没有退回材料之前全部算入已投入生产消耗的总量中，没有考虑实际是否消耗。所以，从某时期的材料消耗量数字看可能有出入，但总的来看是准确的。

(2)根据组合材料消耗量和配合比推算

在公路工程施工和养护生产中，需要大量的组合材料，如混凝土、预制件等，在缺乏领退料凭证的情况下，可以根据组合材料的消耗量和配合比来推算某种材料消耗量。计算公式为：

$$组合材料中某种材料消耗量 = 组合材料消耗量 \times 配合比例$$

【例 3-9-1】 某工程队消耗 C25 混凝土 100m^3。C25 混凝土各种材料配合比见表 3-9-2 所列。

C25 混凝土各种材料配合比　　表 3-9-2

材料名称	计量单位	配合比
325 级水泥	kg	368
中(粗)砂	m^3	0.48
碎粒石 $D \leqslant 20mm$	m^3	0.8

则 100m^3 混凝土的各种材料消耗量为：

325 级水泥　　$100 \times 368 = 36800(kg)$

(中)粗砂　　$100 \times 0.48 = 48(m^3)$

碎粒石 $D \leqslant 20mm$　　$100 \times 0.8 = 80(m^3)$

这种材料消耗量计算方法的准确性受配合比的正确性和组合材料消耗量准确程度的影响。因此,在实际工作中,必须严格按照规定的比例配制组合材料,认真做好组合材料消耗量的原始记录工作,才能保证材料消耗量计算的正确性。

(3)根据平衡法推算

筑养路材料中的砂、石、白灰等材料的比重很大。这部分材料大都露天堆放,随用随取,一般缺乏领退料手续,在计算时往往利用平衡法推算。计算公式为:

$$材料消耗量=期初库存量+本期入库量-期末库存量-拨交外单位加工或借出量$$

二、筑养路材料消耗定额分析

筑养路材料消耗定额是指在经济、合理使用材料的条件下,完成单位工程实物量所需消耗材料的数量。消耗定额应该是材料消耗的平均先进水平。

先进合理的材料消耗定额是制订材料供应的依据,对于加强材料管理和经济核算,推行工程承包,降低材料消耗,提高投资效益具有重要意义。

1. 筑养路材料消耗定额的种类

根据公路部门的实际情况,筑养路材料消耗定额主要有以下两种:

(1)单位价值量材料消耗定额。它规定完成单位工作量(价值量)所需消耗的材料数量。在新、改建和大、中修等工程中,单位工作量通常用万元表示,通称万元定额,即规定平均完成一万元工作量需要消耗的材料数量。主要是上级综合部门确定材料消耗数量时使用,对粗略估计材料需要量,平衡公路投资与材料供应有一定的作用。

(2)单位工程实物量材料消耗定额。指按规定完成单位工程量所需消耗的材料数量标准。这种定额是根据统计资料或预算定额制定,比较准确,可作为编制施工图预算,确定各个单位(或工程项目)所需不同材料需要量的依据。

2. 筑养路材料消耗定额执行情况考核与分析

综合部门为了解材料实际消耗量与定额之间的差距,就要核算万元定额的执行情况。首先求得平均每万元工程消耗材料的数量,然后与定额相比较,求出定额指数,并计算平均每万元工程材料节约(或超支)的绝对额和整个节约(或超支)的总数量。计算公式为:

$$每万元工程某种材料实际消耗量=\frac{某种材料实际消耗量}{实际完成的工作量(万元)}$$

$$定额指数(\%)=\frac{每万元工程实际消耗量}{每万元工程某种材料消耗定额}\times100\%$$

每万元工程某种材料节、超量=每万元工程某种材料实际消耗量-每万元工程某种材料消耗量定额

为了准确说明筑养路材料的节约或浪费情况,检查工程管理质量,分析材料节约或超支的原因,需要对单位工程筑养路材料消耗定额的执行情况进行考核。根据目前我国公路部门材料消耗的不同情况,主要采用以下几种考核办法:

①一种材料用于一个分部、分项工程的材料消耗定额的考核

在公路建设和养护过程中,一般是以完成某分部、分项工程实际消耗材料总量与定额消耗总量对比,或者用实际单位工程平均材料消耗量(简称实际单耗)和消耗定额对比,求得定额指数,来考核材料定额执行情况,并根据定额执行情况,说明材料实际节约或浪费程度。计算公式为:

$$定额指数(\%)=\frac{单位工程实际消耗总量}{单位工程定额消耗总量}\times100\%$$

或

$$定额指数(\%)=\frac{工程实际消耗总量}{工程定额消耗总量}\times 100\%$$

【例 3-9-2】 某独立大桥工程,在下部工程中,按定额每个桥墩消耗水泥 65t。实际完成桥墩 40 个,实际消耗水泥 2500t,平均每个桥墩实际消耗水泥 62.5t。则有:

$$\begin{aligned}水泥消耗定额指数(\%)&=\frac{单位工程实际消耗总量}{单位工程定额消耗总量}\times 100\%\\&=(62.5\div 65)\times 100\%=96.15\%\end{aligned}$$

或

$$\begin{aligned}水泥消耗定额指数(\%)&=\frac{工程实际消耗总量}{工程定额消耗总量}\times 100\%\\&=2500\div(40\times 65)\times 100\%=96.15\%\end{aligned}$$

通过计算可以看出,水泥实际消耗比定额节约 3.85 个百分点,由于消耗水平降低而节约水泥 100t。

②一种材料用于多个分部、分项工程的材料消耗定额的考核

当分别按分部、分项工程项目的材料消耗时,除按各分部、分项工程检查定额执行情况外,还应综合研究材料的节约或浪费情况。一般是分别按分部、分项工程的完成量和材料消耗定额计算应消耗的材料量与实际消耗量对比。计算公式为:

$$定额指数(\%)=\frac{各部分、分项工程量材料实际消耗量}{\sum(各分部分项工程实际完成量\times 消耗定额)}\times 100\%$$

$$\begin{aligned}材料节约或超支数=&各分部、分项工程材料实际消耗量-\\&\sum(各分部、分项工程完成量\times 消耗定额)\end{aligned}$$

在上例中,除下部桥墩耗用 2500t 水泥外,上部大梁耗用水泥 3720t,所耗水泥定额执行情况见表 3-9-3 所列。

所耗水泥定额执行情况 表 3-9-3

工程名称	计量单位	完成工程量	消耗定额(t)		实际消耗量(t)		定额指数(%)	节约或超支(吨)
			单耗定额	消耗定额总量	单耗	消耗总量		
甲	乙	1	2	3 = 1 × 2	4	5 = 1 × 2	6 = 5/3	7 = 5 - 3
钢筋混凝土桥墩	个	40	65	2600	65.2	2500	96.1	-100
钢筋混凝土大梁	片	60	60	3600	62	3720	103.3	+120
合　计				6200		6220	100.3	+20

从上表可以看出,下部桥墩消耗用水泥虽节约了 100t,但上部大梁超支了 120t,超节相抵后,仍超支 20t。这就说明,在今后的工作中,应认真分析下部节约和上部超支的原因,合理采取措施,在保证质量的前提下,尽量节约施工用料,加强施工管理,提高投资效益。

第十章　公路管养机构及职工情况统计

按照河南省人民政府《关于干线公路养护体制改革的实施意见》和《河南省农村公路管理养护体制改革实施方案》文件精神，河南省公路部门进行了机构改革，主要改革措施是：

(1)养护管理模式。实行在交通行政主管部门领导下的省、市、县三级按行政区域分级管理、分级负责的养护管理模式。

(2)养护管理机构。公路管理部门和公路养护队伍实行事企分离。各级公路管理部门所属的工程处(队)、厂、场、站、库、室、院等事业单位全部整建制转为企业，实现与公路管理部门人、财、物的彻底脱钩。

(3)养护运行机制

干线公路管理与养护实行分离，改变过去管理、养护均由公路部门实行的现状，打破区域和系统界限，大、中修养护按项目和小修保养按路段全部对社会实行公开招投标。同时，实行养护市场准入制度，鼓励各类社会投资主体建立养护企业，和公路部门所属养护施工企业同等参与公路养护招投标。

农村公路实行管养分离，推进养护市场化。建立养护工程和日常养护管理分类运作机制。县道养护和乡道、村道中沥青路面、水泥混凝土路面的大中修、防护、水毁修复等技术性较强的工程项目应通过向社会公开招标等竞争方式择优选择具有养护资质的单位组织实施，实行计量支付，合同管理。乡道及村道的日常保养应结合当地实际，通过竞争方式承包给沿线村民。对于等级较低、自然条件特殊等难以通过市场化运作进行养护作业的农村公路，也可采取聘用、委托个人(农户)分段承包等灵活多样的方式进行养护。

第一节　公路管养机构及职工情况统计的意义和特点

一、公路管养机构及职工情况统计的意义

公路管养机构及职工情况统计，主要反映公路管养机构和公路部门职工的数量、构成、变动情况。加强人员管理，改进生产组织，调动职工积极性，是进行公路体制改革的基础。公路部门职工的数量、构成、工作时间的利用程度和生产率水平，直接影响公路的质量、成本和效益。因此，及时、准确、全面地反映公路管养机构和公路部门职工的数量、构成、变动情况，有着特别重要的意义。

二、公路管养机构及职工情况统计的特点

1. 公路管养机构统计的特点

公路管养机构的特点是双重领导，垂直管理。即行政上归当地政府领导，业务由上级交通公路部门垂直管理。公路管养机构既有事业单位，也有企业单位。公路管养机构的这些特点，决定了公路管养机构统计工作的多样性。

2. 公路部门职工统计的特点

公路是公共设施,公路部门是特殊的物质生产部门。因此,公路部门的工作制度与其他生产部门也有所不同。

(1)公路管理机构为事业单位,养护机构为企业单位。

公路管养机构的这些特点决定了公路部门人员统计的复杂性。如:事业单位职工分管理人员、技术人员和工勤人员三种类型。

(2)公路部门实行特有的民工建勤制度。

民工建勤是民工义务修建和养护公路勤务制度的简称,是社会主义条件下,依靠群众力量进行公路建设、公路养护和公路管理的一种特有形式。根据国务院规定,原则上以在道路两侧15km以内为限(由各省级政府根据实际情况具体规定),凡具有劳动能力的年满18~45岁的男性农民和年满18~40岁的女性农民,每年有5个义务建勤工日;凡农村的人、畜力车和机动车辆,每年有两个义务建勤工日。公路修建和养护需要投入大量的劳动力。长期的实践证明,民工建勤在满足公路所需劳动力,降低工程和养护成本,加速公路发展上,有着重要的作用。

随着时代的前进,为了便于组织民工建勤,充分发挥民工建勤的作用,民工建勤逐步发展为以村、组为单位,按应建勤的工日数,推选代表,常年从事公路的修建和养护。这种代表,称为建勤代表工,是公路部门的特有的一种用工形式。

(3)民工、军工和以工代赈用工等在公路劳动耗费中所占比重较大,很难准确计算公路劳动的投入和产出。

公路部门除民工建勤外,经常使用民工、军工和以工代赈修建公路。如用民办公助的方式修建县、乡公路,贫困区和灾区采用以工代赈的方式修建公路等。使公路部门能够以较少的支出,获得较大的生产效果,但是,这部分劳动消耗,不易精确计算,使公路的投入和产出在统计上很难准确地衡量和对比。

(4)公路人员劳动组织形式多样,基层单位分散。从养护生产来说,基层劳动组织的基本形式是道班,工人是道班工人;从工程施工来说,基层劳动组织的基本形式是工区和班、组,工人包括土建、机械、修理、起重、钢筋工等;从附属工厂来说,有机械制造厂,修理厂、水泥厂、构件预制厂等。这些生产系统,生产性质不同,工种不同,劳动组织形式也不同,使公路部门的劳动组织比较复杂,而且养护道班分散在所有公路沿线,统计比较困难。

公路部门职工的上述特点,决定了公路部门职工统计工作的复杂性。不仅要反映和研究公路部门正式职工的数量、结构、变动情况,还要反映从事公路生产的大量其他人员的数量、结构、变动情况,探讨改进各种公路劳动组织、加强工作时间利用、提高生产率的途径。

第二节 公路管养机构统计

一、公路管养机构统计范围

公路管养机构的统计范围包括各级公路管理部门及各级公路管理部门所属的工程处(队)、厂、场、站、库、室、院等。

二、公路管养机构构成

公路管养机构复杂多样,为研究公路管养机构的构成情况和各级各类公路管养部门的比例关系,就需要按照不同的标志对全部公路管养机构进行分类。

1. 按隶属关系分

(1)中央。交通运输部公路管理机构及其附属单位。

(2)省级。省公路管理局及其二级机构。

(3)市级。省辖市公路管理部门及其二级机构。

(4)县级。县(区)公路管理部门及其二级机构。

2. 按单位的性质不同分

(1)事业单位。省、市、县各级公路管理部门。

(2)企业单位。各级公路管理部门所辖的企业。

第三节　职工及构成情况统计

一、公路部门职工统计范围

公路部门职工是指由公路部门安排生产或工作,并由公路部门支付工资的各类人员。

公路部门的“全部职工”主要包括:

(1)正式职工。指在机关、事业单位中,经国家有关部门分配、安排或批准招收录用的职工。包括原固定职工和使用期限在一年以上的合同制职工。

①固定职工。是指经国家劳动部门或组织部门批准招收为固定职工的人员。包括出勤的、未出勤的、编制内的、编制外的、在国外工作的、试用期间的以及临时借到其他单位但仍然由原单位支付工资的人员。

②合同制职工。是指在国家劳动计划以内,通过签订劳动合同,考核录用的职工。

(2)其他职工。包括临时职工,临时职工是指经各级劳动部门批准,临时使用的、到期可以辞退的人员。包括从事季节性、临时性生产和服务工作的人员。

现行公路部门职工统计制度规定,下列人员不包括在公路职工范围:实行个人承包,离开公路部门工作,不再由公路部门支付工资的人员;从农村就近动用参加公路土石方工程施工,工程结束立即辞退,不再调往新施工地区的民工;参加施工的军工和勤工俭学的学生;已由国家依法剥夺政治权利、开除公职的犯罪分子;正式办理离休、退休、退职手续,因工作需要经主管部门批准留用的人员等。

二、公路部门职工构成情况

公路部门职工是由各类人员组成的,为研究人员的构成情况,分析各类人员的比例关系,必须按照一定的标准对职工进行分类。

1)按工作岗位的不同分

(1)生产人员。是指直接从事生产的人员,比如从事公路养护的道班工人。

(2)专业技术人员。是指担负专业技术工作,并具有专业技术能力的人员。包括已取得技术职称或无技术职称但达到中专以上技术水平,并担负专业技术工作的人员(不包括本身已取得专业技术职称但主要从事非专业技术工作的人员)。

(3)行政管理人员。是指在公路部门的各职能机构领导、组织、协调等管理岗位上,从事行政管理工作(包括评定有专业技术职称的行政管理人员)的人员。

(4)工勤人员。是指后勤保障人员。包括司机、维修工、清洁工、炊事员等。

(5)其他人员。是指由公路部门支付工资,但不在上述工作岗位范围内的人员。包括出国援外人员、长期(6 个月以上)学习人员、长期病(伤)假人员、派出外单位工作的人员等。

2)按单位性质不同分

(1)事业单位职工。包括各级公路管理部门的职工。如省公路管理局、省辖市公路管理局、农村公路管理处、县(区)公路管理局、农村公路管理所(站)的职工等。

(2)企业单位职工

①公路养护企业职工。指公路部门所属企业专门从事公路养护生产任务的职工,如养护公司、养护工区的职工等。

②公路施工企业职工。指公路部门所属企业专门从事公路建设任务的职工,如工程处、队或工程公司的职工等。

③公路部门所属其他企业的职工。如设计院、监理公司、筑路机械厂(或修造厂)、预制件厂、水泥厂、石料场等单位的职工。

3)按行政级别,可分为厅、处、科、科员、办事员等。

4)按技术级别,可分为教授级、高级、中级、初级等。

5)按专业技能,可分为高级技师、技师、高级工、中级工、初级工、学徒工等。

6)按学历,可分为博士研究生、硕士研究生、大学本科、大学专科、中专等。

三、公路部门职工数量统计

公路部门职工人数是反映公路部门劳动力数量的指标,可分为期末人数和平均人数。

(1)期末人数。指报告期末的实有人数,分月末人数、季末人数和年末人数。

期末人数反映报告期末这一时点上的劳动力数量,是考核定员编制和劳动计划执行情况的依据。

(2)平均人数。指报告期内平均每天实有的人数。反映一定时期内职工人数的一般水平,是计算劳动生产率和平均工资的依据,通常按月、季、年计算。

$$平均人数 = \frac{报告期每日实有人数之和}{报告期日历天数}$$

也可采用以下简便方法计算:

$$平均人数 = \frac{期初人数 + 期末人数}{2}$$

年、季平均人数也可在已计算出的平均人数的基础上计算。

职工年平均人数是指报告年内每天平均拥有的人数。职工年平均人数计算方法是:以 12 个月的平均人数之和被 12 除求得,或 4 个季度平均人数之和被 4 除求得。

四、公路部门职工变动统计

由于公路部门职工的来源及构成复杂,因此,公路部门职工变动频繁。职工的变化,表现为职工人数的增加或减少。

(1)新增职工人数。指公路部门在报告期内新吸收的职工,包括按招收计划招收的人员,补充自然减员、统一分配的复员和退伍军人、临时工转为固定工,由其他单位调入及其他新增的职工。

(2)减少职工人数。指离开公路部门不再由公路部门支付工资的人员,包括离(退)休人员,退职人员,参军、转入其他单位人员、开除、辞退、死亡以及其他原因减少的职工。

单位职工总数的变动,受期内增加职工和减少职工两方面的影响。在一定时期内职工人数的增减变动，存在着下列平衡关系：

期末人数 - 期初人数 = 期内增加人数 - 期内减少人数

如果期内增加人数多于减少人数，两者之差即为报告期净增人数，反之为净减人数。增减对比，即可说明单位人数变动的总趋势。计算公式为：

$$\text{职工人数变动程度}(\%) = \frac{\text{期末人数} - \text{期初人数}}{\text{期初人数}} \times 100\%$$

或

$$\text{职工人数变动程度}(\%) = \frac{\text{期内增加人数} - \text{期内减少人数}}{\text{期初人数}} \times 100\%$$

五、公路部门职工统计依据与分工

(1)按照管理体制和管理权限，谁管理的人员谁负责统计(由工资关系所在单位统计)；按照单位的隶属关系，对人员进行分层次统计。

(2)原则上由人员组织关系所在单位负责统计。在两个以上单位兼职的，原则上按最高职务统计，负责统计填报的单位，要主动与兼职的单位联系，以防止重统漏统。

(3)已到新单位任职，但其工资关系暂保留在原单位的人员，由其新任职单位按其新职务进行统计。

第四节　劳动时间统计

公路部门在一定数量劳动力的条件下，充分而合理地利用劳动时间，克服劳动时间的浪费，可以用同样多的人力，完成较多的生产任务。做好公路劳动时间利用统计，对于反映劳动时间的利用程度，充分挖掘劳动潜力，开展劳动竞赛，提高劳动生产率具有重要的意义。

生产工人在公路建设施工和养护活动中起着主要的、直接的作用。因此，劳动时间利用统计主要是生产工人的劳动时间使用情况统计。

一、劳动时间的构成及其计算方法

公路养护和公路工程施工的劳动时间多以工日为计算单位。其构成和计算方法如下：

(1)日历工日数。指报告期内每天(包括节假日)实有人数之和。在实际工作中常用平均人数乘日历天数求得。

(2)制度公休工日数。指国家规定的节假日中每天实有工人人数之和。在制度公休工日中，工人实际休息的工日数，称为公休日数。如果工人未休息而加班称为公休加班工日，计入实际工作工日数中。

报告期内公休工日数，可用平均人数乘制度公休工日计算。制度公休工日数减公休加班工日数，即得实际公休工日数。

(3)制度工作工日数。又称制度工日数或应出勤工日数，是指按国家规定报告期内工人应该工作的工日总数，也是应当利用的劳动时间总数，是考核和分析劳动时间利用情况的基础。

报告期制度工作工日数等于日历工日数减去制度公休工日数，或报告期平均工人数乘制度工日天数。

(4)出勤工日数与缺勤工日数。工人上班后不论是否工作及工作时间长短都算出勤，出勤工日数是报告期制度工日中每天出勤工人人数之和，是报告期内实际可能利用的劳动时间总数。

缺勤工日数是指工人按制度规定应当参加生产，但由于工人本身原因(如病假、产假、事假、探亲假、工伤假、旷工)未能到班参加生产的工日数。缺勤在一个轮班的为全日缺勤，全日缺勤工日数是报告期内全日缺勤工人人数之和。

(5)停工工日数。是工人在规定的工作日内出勤后，由于某种原因(如停电、停水、待料，等待图纸、设计变更、气候影响等)未能工作的工日数之和。停工满一个轮班的为全日停工。

(6)非生产工日数。指执行国家或社会义务，或根据单位通知从事其他社会活动而未从事本部门生产的工日，如参加抗旱、选举、参观、听报告等，应作出勤工日，但不算实际工作工日。

(7)实际工作日数。指报告期内每天实际参加生产的工人人数之和，不论工人在各天中工作时间的长短。实际工作工日包括制度工作工日在内的工作工日数和公休加班工日数。

二、劳动时间利用程度分析

为了分析劳动时间的利用情况，需计算反映劳动时间利用程度的相对指标。主要有：

(1)出勤率。是工人实际出勤工日占制度工日的比重。计算公式为：

$$出勤率(\%)=\frac{出勤工日数}{制度工日数}\times 100\%$$

出勤率可以反映制度工日利用程度和出勤的一般情况。为了提高出勤率，应该分析缺勤的原因，提出减少缺勤的措施。

(2)制度工日利用率。是实际工作工日减公休日加班工日后与制度规定的工作时间的比值。其计算公式为：

$$制度工日利用率(\%)=\frac{实际工作工日-公休加班工日}{制度工日数}\times 100\%$$

制度工日利用率的高低受缺勤工日、停工工日和非生产工日的影响，是一个反映制度规定的工作时间利用程度的综合性指标。

(3)出勤工日利用率。反映工人在出勤后劳动时间的利用程度，其计算公式为：

$$出勤工日利用率(\%)=\frac{制度内实际工作工日}{出勤工日}\times 100\%$$

(4)直接生产用工、间接生产用工和非生产用工比重

为了从相对程度上反映实际工作工日使用是否合理，必须把直接生产用工、间接生产用工和非生产用工工日数分别与实际出勤工日数相比，计算出各种用工所占比重，然后同历史时期或同行业其他单位进行比较，以分析劳动时间的利用，为合理安排生产作业提供依据。

(5)损失和未合理利用劳动时间比重

损失和未合理利用劳动时间，指缺勤工日、停工工日及非生产工日。这些劳动时间未被充分利用，有正当和不正当的理由，应当计算出各种原因损失的劳动时间在全部未被利用的时间中所占比重，找出主要原因，采取相应措施尽快解决，避免劳动时间浪费。

(6)公休日加班系数

公休日加班系数反映一定时期公休日加班的数量或普遍的程度。其计算公式为：

$$公休日加班系数(\%)=\frac{公休日加班工日数}{制度工日数}\times 100\%$$

第五节　劳动生产定额统计

公路生产定额是在一定的劳动组织、生产工具、操作方法和劳动对象的条件下，具有一定

技术水平的生产工人在单位时间内应当完成的符合工程技术要求的工程数量。

先进而又切实可行的生产定额,可以充分发挥工人生产积极性和创造性,是动员工人为提高劳动生产率而努力奋斗的目标。

一、生产定额统计的作用及分类

生产定额统计的主要任务是反映生产定额的完成情况,为合理安排生产和节约使用劳动力,修订生产定额提供依据。

公路部门的生产定额主要是公路养护定额、公路工程施工定额。按表现形式不同分为产量定额和时间定额。产量定额是表示单位时间内应完成的产量或工程量,称为定额的正指标。时间定额是完成单位产品或工程量所需的劳动时间,也称劳动消耗定额或工时定额,称为定额的逆指标。

二、生产定额完成情况的考核

为了考核工人和班、组完成定额的情况,评定劳动效率的高低,检验定额是否合理,为修订定额积累资料,就需要计算生产定额完成程度和节约(或超支)工日数两项指标。

单项生产定额完成程度可以按产量定额或工日定额分别考核。计算公式为:

$$\text{按产量定额计算的生产定额完成程度}(\%)=\frac{\text{实际产量}}{\text{定额产量}}\times 100\%$$

如果计算数值大于百分之百,说明超定额,劳动效率高,若计算数值低于百分之百,则说明未完成定额,劳动效率低。

$$\text{按工日定额计算的生产定额完成程度}(\%)=\frac{\text{实际工日数}}{\text{定额工日数}}\times 100\%$$

如果计算数值低于百分之百,说明节约了定额工日,劳动效率高(逆指标)。若计算数值高于百分之百,则说明超过了定额工日,劳动效率低。

对多种养护或施工定额的完成情况,因其产量不能直接相加,所以只能按工日定额去综合考核。计算公式为:

$$\text{生产定额综合完成程度}(\%)=\frac{\text{各项工程实际完成数}\times\text{工日定额}}{\text{实际工日数}}\times 100\%$$

【例 3-10-1】 某公路养护道班在报告期内从事养护小修作业,其养护工程量、实际工日数、工日定额见表 3-10-1 所列。

定　额　表　　　　表 3-10-1

养护工程项目	实际完成工程量		实际工日数(日)	工日定额		所需定额工日数(日)
	计量单位	数量		计量单位	数量	
甲	乙	Ⅰ	Ⅱ	丙	Ⅲ	Ⅳ=Ⅲ×Ⅰ
修复沙石路面坑槽	m^2	500	105	日/m^2	0.24	120
零星土方	m^3	300	100	日/m^3	0.36	108
处理严重拥包	m^2	168	45	日/m^2	0.25	42
合　计	—	—	250	—	—	270

将上表数据代入公式,综合定额完成程度为:

$$270\div 250\times 100\%=108\%$$

以上计算表明,该道班 3 种小修保养作业平均超定额 8%,劳动时间节约 270 − 250 = 20 个工日；前两项作业分别节约15个和8个工日，超额完成了定额，后一种作业超过定额3个工日，没有完成定额。应该总结超额完成定额的经验，查明没有完成定额的原因。

生产定额完成程度指标是考核工人、班、组劳动生产率的主要指标。

第六节　劳动生产率统计

一、公路部门劳动生产率统计的任务

劳动生产率是劳动者生产某种产品的劳动效率。公路部门劳动生产率是公路劳动者在一定时期内所生产的产品数量与相适应的劳动消耗量的比值。劳动生产率可以用单位时间内所生产的产品的数量（价值）来表示，也可以用生产单位产品所耗费的劳动时间来表示。单位时间内生产的产品数量（价值）越多，劳动生产率就越高，反之，则越低；生产单位产品所需要的劳动时间越少，劳动生产率就越高，反之，则越低。劳动生产率的提高，一方面说明以同等的劳动量为社会提供了更多的产品；另一方面则说明节约了社会劳动时间，可以降低养护和新、改建工程成本，提高经济效益。

劳动生产率统计的主要任务是正确测定公路部门劳动生产率水平，反映劳动生产率的变动趋势及幅度，分析其变动原因，检查公路部门劳动生产计划执行情况，为挖掘潜力、提高生产效率提出积极的建议。

二、公路部门劳动生产率统计的计算方法

1. 公路工程施工劳动生产率的计算

公路施工劳动生产率以自行完成工作量表示，其计算方法有以下3种：

(1) 全员劳动生产率。它表示全部职工在报告期内人均自行完成的工作量。计算公式为：

$$全部劳动生产率=\frac{自行完成工作量}{全部职工平均人数}$$

(2) 全员中扣除其他人员的劳动生产率。是在全部职工中扣除其他人员外，报告期人均自行完成的工作量。计算公式为：

$$全员中扣除其他人员的劳动生产率=\frac{自行完成工作量}{不包括其他人员的职工平均人数}$$

上式中的“其他人员”指人员分类中的“其他人员”和“工勤人员”中的社会性服务机构人员。

(3) 工人劳动生产率。是指施工单位在报告期内按生产工人所计算的劳动生产率。它是反映生产工人劳动效率的指标。计算公式为：

$$工人劳动生产率=\frac{自行完成工作量}{生产工人平均人数}$$

通过上述3种劳动生产率指标，可以分别了解职工在不同结构和范围的情况下的劳动生产效率，分析人员构成的合理程度。

2. 公路养护劳动生产率的计算

公路部门职工中公路养护职工占有很大比例，而养路道班工人占公路养护职工人数的大多数，是公路部门基本的生产队伍。因此，研究公路养护单位的劳动生产率，尤其是养护道班

工人的劳动生产率意义十分重大。

通过对公路养护劳动生产率的计算,可以反映一个养护单位的生产管理水平和经济效果,了解劳动力的组合情况以及养护科学技术水平和劳动熟练程度,为开展劳动竞赛,编制劳动计划,改善劳动管理和修订养护生产定额提供可靠的依据。

公路小修保养作业属于公路简单再生产部分。作业内容繁多,计量单位复杂,实物工程量统计难度较大。因此,目前尚没有统一的计算养护劳动生产率的方法。根据养护生产的特殊性,用养护质量即优良路里程指标计算养护劳动生产率,比较能综合反映养护实际效率。

(1)全员劳动生产率

全员劳动生产率是按全部养护职工计算的劳动生产率,反映养护单位在一定时期养护生产效率的一般水平,即每个职工平均优良路里程。计算公式为:

$$\text{全员劳动生产率(公里/人)} = \frac{\text{报告期优良路里程}}{\text{报告期养护职工平均人数}}$$

$$\text{优良路里程(公里)} = \text{优等路里程} + \text{良等路里程}$$

(2)道班工人劳动生产率

道班工人劳动生产率是按直接参加养护生产的工人计算的劳动生产率,反映道班工人在一定时期内养护生产效率的一般水平,即每个道班工人养护的优良路里程。计算公式为:

$$\text{道班工人劳动生产率(公里/人)} = \frac{\text{报告期优良路里程}}{\text{报告期道班工人平均人数}}$$

在我国,各条公路的技术标准和养护劳动定员各不相同。因此,在按上式计算养护劳动生产率时,应采用标准养护里程。

三、劳动生产率变动的统计分析

劳动生产率的状况是由社会生产力的发展水平决定的。具体说,决定劳动生产率高低的因素主要有:①劳动者的平均熟练程度。劳动者的平均熟练程度越高,劳动生产率就越高。劳动者的平均熟练程度不仅指劳动实际操作技术,而且也包括劳动者接受新的生产技术手段,适应新的工艺流程的能力。②科学技术的发展程度。科学技术越是发展,而且越是被广泛地运用于生产过程,劳动生产率也就越高。③生产过程的组织和管理。主要包括生产过程中劳动者的分工、协作和劳动组合,以及与此相适应的工艺规程和经济管理方式。④生产资料的规模和效能。主要指劳动工具的效能和利用程度,以及对原材料和动力燃料等有效使用的程度。⑤自然条件。主要包括与社会生产有关的地质状态、资源分布、矿产品位、气候条件等。

劳动生产率变动统计分析的目的,是从数量上反映报告期实际达到的劳动生产率水平及其与计划或基期的差异,以表明提高劳动生产率对发展生产的作用,分析各种因素对劳动生产率变动的影响程度,为进一步研究影响劳动生产率变动的原因提供资料。

【例 3-10-2】 某工程队在报告期完成的工作量和劳动生产率资料见表 3-10-2 所列。

工作量和劳动生产率

表 3-10-2

项　目	计量单位	基　期	报告期	指数(%)
自行完成工作量	万元	180	297	165
全部职工平均人	人	600	660	110
生产工人平均人数	人	360	495	137.5
生产工人所占比重	%	60	75	125

续上表

项　　目	计量单位	基　　期	报告期	指数(%)
全员劳动生产率	万元/人	0.3	0.45	150
生产工人劳动生产率	万元/人	0.5	0.6	120

根据以上资料,可以从以下3个方面进行分析:

(1)分析劳动生产率的变动对工作量的影响

这个工程队报告期工作量增加65%,是由于全员劳动生产率提高50%和全部职工人数增加10%共同影响的结果。

从绝对数分析,该工程队报告期工作量比基期增加:297 - 180 = 117万元。其中:

①由于劳动生产率提高而增加的工作量 =(报告期全员劳动生产率 - 基期全员劳动生产率)×报告期全都职工平均人数 =(0.45 - 0.3)×660 = 99万元。

②由于职工人数增加而增加的工作量 =(报告期全部职工人数 - 基期全部职工人数)×基期全员劳动生产率 =(660 - 600)×0.3 = 18万元。

以上分析表明,报告期增加的工作量117万元中,主要是由于劳动生产率的提高而增加的,占84.6%,余下15.4%是职工人数增加的结果。

(2)分析生产工人劳动生产率和生产工人比重的变动对全员劳动生产率变动的影响

该工程队报告期全员劳动生产率提高50%,是由于生产工人劳动生产率提高20%和生产工人比重提高25%共同影响的结果,从绝对数看,报告期全员劳动生产率比基期提高0.45 - 0.3 = 0.15万元。其中:

①由于生产工人劳动生产率的提高而提高的数额 =(报告期生产工人劳动生产率 - 基期生产工人劳动生产率)×报告期生产工人比重 =(0.6 - 0.5)×0.75 = 0.075万元。

②由于生产工人比重提高而提高的数额 =(报告期生产工人比重 - 基期生产工人比重)×基期生产工人劳动生产率 =(0.75 - 0.60)×0.5 = 0.075万元。

计算表明,报告期全员劳动生产率提高0.15万元/人,其中由于生产工人比重提高15%而提高0.075万元,由于生产工人劳动生产率提高20%而提高0.075万元,两种因素都影响全员劳动生产率的提高。

(3)分析各部分劳动生产率及其人员构成变动对总劳动生产率变动的影响

【例3-10-3】 某施工单位所属3个工区在报告年内完成的工作总量,平均人数和劳动生产率的资料见表3-10-3所列。

平均人数和劳动生产率　　　　表3-10-3

工　　区	完成工作量(万元)		平均人数(人)		劳动生产率(元/人)		劳动生产率指数(%)
	基期	报告期	基期	报告期	基期	报告期	$\frac{q_1}{q_0}$
	Q_0	Q_1	T_0	T_1	q_0	q_1	
1工区	80	78	400	300	2000	2600	130
2工区	100	144	400	400	2500	3600	144
3工区	60	174	200	400	3000	4350	145
合计	240	396	1000	1100	2400	3600	150

从表中资料可以看到,报告期各工区劳动生产率水平分别为基期的130%、144%和

145%,但整个施工单位的劳动生产率却为基期的150%,这是因为,劳动生产率的变动,不仅受其各部分(如各工区,各工种等)劳动生产率变动的影响,而且受各部分人员构成变动的影响,所以应该从数量上分析这两个因素的变动对总劳动生产率的影响。

设 Q_0 与 Q_1 分别代表各工区基期与报告期完成的工作量,T_0 与 T_1 代表各工区基期与报告期的平均人数,q_0 与 q_1 代表基期和报告期的劳动生产率。施工单位劳动生产率指数可表示为:

$$\text{施工单位劳动生产率指数}(\%)=\frac{\text{报告期劳动生产率}}{\text{基期劳动生产率}}\times 100\%$$

$$=\frac{\sum Q_1}{\sum T_1}\Big/\frac{\sum Q_0}{\sum T_0}=\frac{\sum q_1T_1}{\sum T_1}\Big/\frac{\sum q_0T_0}{\sum T_0}$$

$$=\frac{\sum q_1T_1}{\sum T_1}\Big/\frac{\sum q_0T_1}{\sum T_1}\times\frac{\sum q_0T_1}{\sum T_1}\Big/\frac{\sum q_0T_0}{\sum T_0}$$

这样,就把施工单位劳动生产率指数分解为两个指数:前一个指数为劳动生产率的固定构成指数,反映各部分劳动生产率的平均变动程度及其对总劳动生产率的影响。后一个指数称为劳动生产率的结构变动影响指数,反映人员构成对总劳动生产率的影响。相对这两个分指数而言,劳动生产率总指数则称为可变构成指数。

从表中可知劳动生产率总指数(即可变构成指数)为150%,报告期总劳动生产率比基期提高的绝对额为3600 - 2400 = 1200元。现利用以上3个指数的关系,来分析各部分(各工区)劳动生产率及人员构成变动对总劳动生产率变动的影响。

1. 计算劳动生产率的固定构成指数

需要首先计算 $\sum q_0T_1\div\sum T_1$,即用所属各单位的基期劳动生产率和报告期人数计算出来的该施工单位假定平均总劳动生产率。

$$\frac{\sum q_0T_1}{\sum T_1}=(2000\times 300+2500\times 400+300\times 400)\div(300+400+400)$$

$$=2800000\div 1100=2545(\text{元/人})$$

然后即可计算劳动生产率固定构成指数:

$$\text{劳动生产率固定构成指数}(\%)=\frac{\sum q_1T_1}{\sum T_1}\Big/\frac{\sum q_0T_1}{\sum T_1}\times 100\%=\frac{3600}{2545}=141.45\%$$

计算结果表明,各工区劳动生产率平均提高41.45%,因此而提高的绝对额为3600 - 2545 = 1055元。

2. 计算劳动生产率的结构变动影响指数

$$\text{劳动生产率的结构变动影响指数}(\%)=\frac{\sum q_0T_1}{\sum T_1}\Big/\frac{\sum q_0T_0}{\sum T_0}\times 100\%=\frac{2545}{2400}=106.04\%$$

这表明,由于施工单位报告期人员构成发生变动,使劳动生产率提高6.04%,因此提高的绝对额为:2545 - 2400 = 145元。

以上的分析方法,也可用来分析工种或工程劳动生产率的变动及其人员构成变动对总劳动生产率变动的影响。

第七节　职工工资、福利待遇和安全生产统计

公路部门工资是公路部门依据国家有关规定和劳动关系双方的约定,以货币形式支付给

职工的劳动报酬。公路部门工资和福利待遇统计的主要任务是：正确统计职工工资总额，分析研究工资总额增长变化的趋势和原因，检查工资计划执行情况，反映和研究职工的工资水平及其增长变动与劳动生产率增长的关系，为各级领导了解情况，制定工资政策提供依据，反映福利待遇费用的支付情况，为分析研究职工的实际生活水平提供资料。

一、工资总额统计

工资总额是各单位在一定的时期内直接支付给本单位全部公路职工的劳动报酬总额。事业单位工作人员的工资总额包括岗位工资、薪级工资、绩效工资和津贴补贴等。企业职工的工资总额比较复杂，一般包括基础工资、岗位工资、工龄工资、奖金、各种津贴等。

在事业单位中，基本工资是指事业单位职工的岗位工资和薪级工资。绩效工资指事业单位在上级主管部门核定的绩效工资总额内，自主决定分配的、体现工作人员实绩和贡献的工资。津贴和补贴是指基本工资外，为了补偿职工特殊或额外的劳动消耗和因其他特殊原因支付给职工的津贴、补贴。国家统一政策规定的如艰苦边远地区津贴、政府特殊津贴等统计在国家统一的津贴补贴中；地方或各单位发放的津贴统计在其他津贴补贴里。

在企业单位中，基础工资是指根据职工所在岗位的责任大小，技术、智力要求的高低，劳动量的大小和劳动条件的好坏确定的工资，是工资项目中相对稳定的部分。包括基本工资（参照当地职工平均生活水平、最低生活标准、生活费用价格指数和各类政策性补贴确定）和技能工资（主要依据企业的行业特点和经营状况，由人力资源部门通过对企业利润最终形成所需技能类岗位的认定，呈报由执委会协同相关部门组成的薪酬评审领导组加以确定技能类岗位及工资标准。企业单位中其他工资和福利待遇的数额确定以基本工资为准）。岗位工资是指根据职工所在岗位不同，确定不同的岗位工资。工龄工资是根据员工工作年限进行工资分配的工资形式，着重于反映员工积累劳动的报酬，目的在于稳定员工队伍。奖金与完成任务数量或金额直接挂钩，实行多劳多得的分配原则。各种补贴是指加班费、电话费、交通费、误餐费等，具体补贴标准将根据职工岗位及工作性质的不同另行制定。

公路部门工资总额还包括：按照生产、工作时间的长短支付的计时工资；计件工资；按包干或按完成工作量支付的工资；按完成的工作量或利润提成办法支付的工资；其他劳动报酬。

依据法律、法规、规章的规定由用人单位承担或者支付给职工的下列费用不属于工资总额：

（1）根据国务院有关规定颁发的创造发明奖、国家星火奖、自然科学奖、科学技术进步奖和支付的合理化建议和技术改进奖等。

（2）有关劳动保险和职工福利方面的费用。具体有职工死亡丧葬费及抚恤金、医疗卫生费或公费医疗费用、职工生活困难补助费、集体福利事业补贴、工会文教费、集体福利费、探亲路费等。

（3）有关离休、退休、离职人员待遇的各项支出。

（4）支付给聘用或留用的离休、退休人员的各项支出。

（5）发给外单位人员的稿费、讲课费及其他专门工作报酬。

（6）出差伙食补贴费、差旅费、安家费和计划生育独生子女费。

（7）因聘用临时工而在工资以外向提供劳动力单位支付的手续费或管理费。

二、工资制度

基本工资制度是指用人单位在全面测评职工潜在形态劳动的基础上，结合职工所在岗位或所任职务，在劳动前为职工预先确定报酬标准，供劳动后实际支付工资时做依据的包括工资等级、工资标准、定级升级、工资调整、支付形式等一系列制度规定的综合。基本工资制度一般有岗位技能工资制、岗位工资制、岗位等级工资制、职务等级工资制和多元结构工资制等。

因工种、岗位制宜，选择适合其劳动特点的基本工资制度，是公路部门贯彻按劳分配原则和具体组织工资分配的起点和基础。基本工资制度中规定的工资标准，只是对职工提供的定额劳动所支付的报酬。在实际支付工资时，必须在考核职工实际提供的劳动量后，运用不同的支付形式予以浮动地兑现。当职工在定额劳动之上提供了超额劳动时，除工资之外，还应另外支付超额劳动的报酬即奖金；当其完不成定额劳动时，则要扣减相应部分的工资。

(1)岗位技能工资制。指在对劳动技能、劳动强度、劳动责任和劳动条件等基本劳动要素进行全面测评的基础上，以岗位工资（包括职务工资，下同）和技能工资为主要形式来规定职工劳动报酬的一种结构工资制，属基本工资制度的范畴。其中岗位工资是按劳动强度大小、劳动责任轻重和劳动条件好差对岗位划类分等规定工资。

(2)技术等级工资制。指以技术复杂程度为主要考核依据，适用于技术工人的一种基本工资制度。在进行“考工”的基础上，按照工人所达到的技术等级确定相应的工资等级，据以支付劳动报酬。它由工资等级、技术等级标准和工资标准3个要素组成。

(3)岗位工资制。指按职工所在的不同生产或工作岗位规定劳动报酬的一种基本工资制度。岗位工资制的特点是，按岗位所要求的技术复杂性、劳动熟练性、工作责任心的不同，对岗位而不是对人规定工资报酬标准。实行岗位工资制，必须对各个岗位制定明确的岗位职责、技术要求和操作规程，据以考核支付工资。

(4)岗位等级工资制。指既按岗位之间的综合劳动差别，又按岗位内部的技能差别加以划等而确定劳动报酬的一种基本工资制度。

(5)职务等级工资制。指按照工作人员所任职务分等级确定劳动报酬的一种基本工资制度。工资标准的等级差别，是根据职务高低、工作繁简、责任大小和业务能力等因素综合估量后确定的。实行一职数级、上下职务间有一定交叉的办法。每个工作人员都只能在本职务的工资等级区间内提升工资，只有晋升职务才能进入高一级职务的工资等级区间。职务等级工资制适用于机关、事业单位工作人员以及企业中的工程技术人员和各类管理人员。

(6)结构工资制。又称“分解工资制”。指按照制约职工劳动提供量的各个因素，或者按照工资承担的不同职能把工资分解为几个部分分别加以报酬的一种基本工资制度。它使按劳分配更有针对性，使工资的各种职能普遍得到加强。

(7)计件工资制。指按照职工生产合格产品的数量（或作业数量）和预先规定的计件单价计发报酬的一种工资形式。

(8)承包工资制。指通过承包合同把某项生产、经营（或作业）任务的完成时间、产品质量要求、经济技术指标以及完成合同后规定支付的工资数额一起承包给职工个人或班组集体，然后依据合同履行情况支付工资而不管其用工多少的一种工资制度。

三、平均工资统计

平均工资是在一定时期内平均每个职工所得到的工资额,它反映该时期内职工工资的一般水平。

职工的平均工资是确定职工工资总额计划的依据之一。计算职工的平均工资和分析平均工资的变动,可以反映职工生活消费水平提高的程度,为国家制定工资政策提供资料。

平均工资的一般计算方法为:

$$平均工资(元/人)=\frac{报告期工资总额}{报告期平均人数}$$

根据统计研究任务的不同,可计算月平均工资、季平均工资或年平均工资。

计算平均工资时,必须遵守工资总额与平均人数在时间上和空间上一致的原则。

四、福利待遇统计

福利待遇是指各单位在工资以外实际支付给职工个人和用于集体的福利的费用。

福利待遇按其构成可分为:退休、离休、退职金;职工死亡丧葬及抚恤金;医疗卫生费;职工生活困难补助;文娱体育宣传费;集体福利事业补贴;集体福利设施费;其他如探亲路费,防暑降温费,计划生育补贴等。

将福利待遇与过去的费用总额及其构成进行比较,可反映职工福利待遇的变动情况,反映职工福利待遇费用支出的水平。

五、安全生产统计

安全生产是指在劳动生产过程中的人身安全、设备和产品安全,以及交通运输安全等。也就是说,为了使劳动过程在符合安全要求的物质条件和工作秩序下进行,防止伤亡事故、设备事故及各种灾害的发生,保障劳动者的安全健康和生产、劳动过程的正常进行而采取的各种措施和从事的一切活动。它既包括对劳动者的保护,也包括对生产、财物、环境的保护,使生产活动正常进行。

安全生产是党和国家保护劳动者的一项重要政策。职工发生伤亡事故,将会在不同程度上使社会主义建设和人民生命财产受到损害。做好安全工作,改善劳动条件,可以调动职工的生产积极性;减少职工伤亡,可以减少劳动力的损失;减少财产损失,可以增加效益,促进生产的发展。因此,国家把安全生产作为考核生产单位工作好坏和经济效益高低的主要标志之一。

公路部门要切实保证安全生产,必须坚持预防为主的方针。在提高职工对安全生产重要性认识的同时,认真改善劳动条件,加强安全技术劳动保护措施,建立和健全各项必要的安全管理制度和安全操作规程等。

为了及时反映伤亡事故的次数和造成的损失,分析事故发生的原因,为有关部门采取措施减少或防止事故的发生提供资料,进行职工伤亡事故统计是非常必要的。

所谓职工伤亡事故,是指因工而发生的伤亡事故,不包括非因工而发生的伤亡。根据国务院颁布的《工伤保险条例》,共有10种类型可以认定为工伤或者视同为工伤:

(1)在工作时间和工作场所内,因工作原因受到事故伤害的。

(2)工作时间前后在工作场所内,从事与工作有关的预备性或者收尾性工作受到事故伤害的。

(3)在工作时间和工作场所内,因履行工作职责受到暴力等意外伤害的。

(4)患职业病的。

(5)因工外出期间,由于工作原因受到伤害或者发生事故下落不明的。

(6)在上下班途中,受到机动车事故伤害的。

(7)在工作时间和工作岗位,突发疾病死亡或者在48h之内经抢救无效死亡的。

(8)在抢险救灾等维护国家利益、公共利益活动中受到伤害的。

(9)职工原在军队服役,因战、因公负伤致残,已取得革命伤残军人证,到用人单位后旧伤复发的。

(10)法律、行政法规规定应当认定为工伤的其他情形。

而不能认定为工伤的有:因犯罪或者违反治安管理条例伤亡的;醉酒导致伤亡的;自残或者自杀的等。

职工伤亡事故统计的目的不仅在于了解伤亡事故的总量,而且还要分析事故的严重程度、性质及发生的原因和规律等。根据具体研究目的的不同,伤亡事故可按下列标准进行统计分组:

(1)按职工直接受伤的原因分

引起职工伤亡的直接原因是多种多样的,为统一口径、便于汇总和比较,现行统计制度对职工负伤原因,分为20类,如物体打击、车辆伤害、机械伤害、触电、火灾等。

(2)按事故的伤害程度分

根据事故中伤害的轻重程度,可分为轻伤、重伤和死亡3种。轻伤事故指职工丧失劳动能力一个工日以上又不够重伤事故的。重伤事故指职工伤势严重,经医师诊断成残废或可能成为残废的。死亡事故包括发生事故当即死亡和一个月内死亡的。

(3)按事故性质分

伤亡事故按其造成的性质分为两类。一类是属于蓄意破坏的事故;另一类是由于管理工作不善、制度不健全,防护保险信号装置有缺陷,现场缺乏检查和指导有误,设计有缺陷等造成的责任事故。

反映伤亡事故的综合指标有以下两种:

(1)反映事故的数量指标。表明一定时期内职工伤亡事故的总量,如伤亡事故总次数,伤亡总人数,其中死亡、重伤、轻伤人次数、财产损失等。

(2)反映事故的质量指标。如事故伤亡率等。其计算公式为:

$$\text{事故伤亡率}(\%) = \frac{\text{报告期伤亡事故人数}}{\text{报告期职工平均人数}} \times 100\%$$

第八节 公路管养机构及职工情况统计报表

一、公路管养机构及职工情况统计主要报表

根据2008年交通运输部《公路养护统计报表制度》和《河南省公路统计报表制度》规定,反映公路管养机构及职工情况的统计报表有公路管理养护机构及职工统计表,见表3-10-4所列。

公路管养机构及人员情况复杂多样,为及时、准确、全面地反映公路管养机构和公路部门职工的数量、构成、变动情况;加强人员管理,改进生产组织,调动职工积极性,促进公路体制改革,公路管养机构及职工情况统计主要报表见表3-10-5~表3-10-9所列。

表 3-10-4

公路管养机构及职工情况统计表

单位名称：　　　　　　　　　　　　　　　　　　年

单位代码	行政区划名　称	编号	养护工区（站、道班）	养护企业	收费公路经营企业	公路职工（人）										民工建勤	
						合计	交通部门下设机构				道班					百工日	百车日
							小计	管理人员		工勤人员	小计	固定职工	合同制职工	临时用工	其他		
									工程技术人员								
甲	乙	丙	1	2	3	4	5	6	7	8	9	10	11	12	13	14	15

单位负责人：　　　　　　　　统计负责人：　　　　　　　　填报人：　　　　　　　　填报日期：

公路系统职工情况调查表

表 3-10-5

填报单位：

指 标 名 称	人数(人)	劳动报酬	社会保险费
		(千元/年)	(千元/年)
一、职工总数			
(一)机关事业编制人员			
(二)机关其他从业人员			
(三)路政人员			
(四)通行费收费人员			
二、按专业技术职务分类			
(一)教授级专业技术职务			
(二)高级专业技术职务			
(三)中级专业技术职务			
(四)初级专业技术职务			
(五)其他			
三、按专业技能分类			
(一)高级技师			
(二)技师			
(三)高级工			
(四)中级工			
(五)初级工			
(六)学徒工			
四、按学历分类			
(一)博士研究生			
(二)硕士研究生			
(三)大学本科			
(四)大学专科			
(五)中专			
(六)其他			

公路养护从业人员情况调查表

表 3-10-6

填报单位：

指 标 名 称	人数(人)	劳动报酬 (千元/年)	社会保险费 (千元/年)
一、职工总数			
(一)养护管理人员			
(二)养护生产人员			
(三)其他从业人员			
二、按专业技术职务分类			
(一)教授级专业技术职务			
(二)高级专业技术职务			
(三)中级专业技术职务			
(四)初级专业技术职务			
(五)其他			
三、按专业技能分类			
(一)高级技师			
(二)技师			
(三)高级工			
(四)中级工			
(五)初级工			
(六)学徒工			
四、按学历分类			
(一)博士研究生			
(二)硕士研究生			
(三)大学本科			
(四)大学专科			
(五)中专			
(六)其他			
五、按年龄分组			
(一)18～30岁			
(二)31～40岁			
(三)41～50岁			
(四)51～60岁			

公路机构基本情况表

表 3-10-7

主管部门(盖章):

单位名称	其他名称	机构规格	机构性质	核定编制数			实有人员数			实有人员岗位分布					单位领导				成立时间	单位成立批准文号	法人证书号	组织机构代码
															职数		人数					
				全额拨款	差额拨款	自收自支	全额拨款	差额拨款	自收自支	管理人员	专技人员	生产工人	后勤人员	其他人员	正	副	正	副				

填表人:　　　　联系电话:　　　　单位负责人:

表 3-10-8

机关、事业单位离退休人员待遇情况

填报单位：　　　　　　　　数字截止时间：

项目	代码	机关						事业单位								
		年末人数（人）	平均人数（人）	年离退休费（千元）（不保留小数点）			年人均离退休费（元）	年末人数（人）				平均人数（人）	年离退休费（千元）（不保留小数点）			年人均离退休费（元）
				合计	基本离退休费	补贴		小计	1类单位	2类单位	3类单位		合计	基本离退休费	补贴	
甲	乙	1	2	3	4	5	6	7	8	9	10	11	12	13	14	15
总计	1															
一、离休干部	2															
省部级正职及以上	3															
省部级副职	4															
厅局级正职	5															
厅局级副职	6															
县处级正职	7															
县处级副职	8															
乡科级正职	9															
乡科级副职	10															
科员及以下	11															
教授级	12															
副教授级	13															
讲师级	14															
助教级	15															
其他人员	16															

注：主栏按离退休人员实际享受的行政或技术职级填写。

续上表

项目	代码	机关						事业单位								
		年末人数（人）	平均人数（人）	年离退休费（千元）（不保留小数点）			年人均离退休费（元）	年末人数（人）				平均人数（人）	年离退休费（千元）（不保留小数点）			年人均离退休费（元）
				合计	基本离退休费	补贴		小计	1类单位	2类单位	3类单位		合计	基本离退休费	补贴	
甲	乙	1	2	3	4	5	6	7	8	9	10	11	12	13	14	15
二、退休干部	17															
省部级正职及以上	18															
省部级副职	19															
厅局级正职	20															
厅局级副职	21															
县处级正职	22															
县处级副职	23															
乡科级正职	24															
乡科级副职	25															
科员及以下	26															
教授级	27															
副教授级	28															
讲师级	29															
助教级	30															
其他人员	31															
三、退　职	32															
四、退休工人	33															

公路部门职工增加、减少情况表

表 3-10-9

填报单位：　　　　　　　　　　　　　　　　　　　　　　　　　　　计量单位：　人

项　目	代码	上年末总数	本年度增加					本年度减少							本年末实有数	实有数与应有数之差	本年末实有退休职工总数
			应届高等学校毕业生	应届中等学校毕业生	军转干部安置	调入	其他	退休	辞职	辞退	开除	解聘	调出	其他			
甲	乙	1	2	3	4	5	6	7	8	9	10	11	12	13	14	15	16
总计	1																
中央	2																
省	3																
省辖市	4																
县(区)	5																

二、填 报 说 明

1. 报表目的和填报范围

报表目的是反映公路管理机构及养护工区(站、道班)人员情况,以及公路经营企业数量。填报范围是各地公路管理机构、交通主管部门下设的负责地方公路养护的机构及公路经营企业。

2. 填报说明

(1)行政区划名称要求填写到地、市级。

(2)养护工区(站、道班)填写交通主管部门、公路管理机构或地方政府负责管理的数量。

(3)养护企业填写养护运行机制改革后,按照《公司法》等相关法律成立的,具有独立法人资格的养护企业数量。

(4)收费公路经营企业是指经营性收费公路企业的个数。包括:外商独资、中外合资、转让经营权和企业利用国内外贷款修建的公路,收费票据是税务票据。

(5)公路管理机构是指省、地市级、县级公路部门,即负责养护和管理国道、省道及重要县乡村公路的管理机构;交通主管部门下设机构是指地市级、县级交通局下设的,负责地方公路养护的管理机构,地市级、县级交通局不设地方公路养护管理机构的,栏目不填。

省交通厅,地市、县交通局机关的人员不纳入统计范围。

(6)管理人员是指公路管理机构(部门)中的行政管理人员和技术管理人员;工程技术管理人员包含于技术管理人员中,是指具有公路专业的技术职称的人员。

(7)与公路部门没有行政隶属关系的养护企业、收费公路经营企业中的人员不纳入公路职工统计。

(8)年离退休费是指各单位(或社会养老保险统筹部门)在一定时期内直接支付给本单位离休、退休人员的全部基本离退休费和补贴以及退职人员的退职费。

(9)基本离退休费是指各单位(或社会养老保险统筹部门)在一定时期内直接支付给本单位离休、退休人员的基本离退休费和退职人员的退职费(离休人员含国发[1982]62号文件规定增发的1~2个月生活补贴)。其中1993年工资制度改革前离退休人员的离退休费包括人退发[1992]10号文件规定计发的各项费用以及之后国家统一规定增加的离退休费;1993年工资改革后离退休人员的离退休费包括按国办发[1993]85号文件规定计发的离退休费以及之后国家统一规定增加的离退休费。

第十一章　公路通行费管理统计

第一节　公路通行费管理统计意义和任务

一、公路通行费统计的意义

公路通行费是按照国家有关规定，经省人民政府批准对行驶收费路段、桥梁、隧道的机动车辆收取的用于偿还贷款、投资回报及收费路段（桥）管理和养护的专项费用，是为加快公路建设所采取的一项重要举措。搞好公路通行费统计，准确、及时、全面地反映通行费的收、支情况，对保证公路通行费使用情况，提高偿还能力，使有限的资金发挥更大的效益，为社会提供量多质好的交通设施和行业管理服务，促进社会经济的发展具有重要的意义。

二、公路通行费统计的任务

公路通行费统计的任务是，反映和研究公路通行费收支、偿还能力，检查计划（预算）执行情况，为制订合理的公路通行费收支计划（预算），搞好公路通行费预测提供科学依据。

第二节　收费站设置及收费期限

一、收费站的类别

按照收费站的收费性质、收费规模和管理模式不同可分为政府还贷和经营性收费站、一类和二类收费站等。

1. 政府还贷和经营性收费站

县级以上地方人民政府交通运输主管部门利用贷款或者向企业、个人有偿集资建设的称政府还贷；国内外经济组织投资建设或者依照公路法的规定受让政府还贷公路收费权的称经营性。

2. 一类和二类收费站

按照河南省规定，年征费收入在3000万元以上的为一类站，年征费收入在3000万元以下的为二类站。

二、收费站的设置要求

根据国务院令（2004）第417号《中华人民共和国收费公路管理条例》规定，收费公路收费站的设置，由省、自治区、直辖市人民政府按照下列规定审查批准：

（1）高速公路以及其他封闭式的收费公路，除两端出入口外，不得在主线上设置收费站。但是，省、自治区、直辖市之间确需设置收费站的除外。

（2）非封闭式的收费公路的同一主线上，相邻收费站的间距不得少于50km。

(3)建设收费公路,应当符合下列技术等级和规模:

①高速公路连续里程30km以上。但是,城市市区至本地机场的高速公路除外。

②一级公路连续里程50km以上。

③2车道的独立桥梁、隧道,长度800m以上;4车道的独立桥梁、隧道,长度500m以上。

技术等级为二级以下(含二级)的公路不得收费。但是,在国家确定的中西部省、自治区、直辖市建设的二级公路,其连续里程60km以上的,经依法批准,可以收取车辆通行费。

三、收费公路的收费期限

收费公路的收费期限,由省、自治区、直辖市人民政府按照下列标准审查批准:

(1)政府还贷公路的收费期限,按照用收费偿还贷款、偿还有偿集资款的原则确定,最长不得超过15年。国家确定的中西部省、自治区、直辖市的政府还贷公路收费期限,最长不得超过20年。

(2)经营性公路的收费期限,按照收回投资并有合理回报的原则确定,最长不得超过25年。国家确定的中西部省、自治区、直辖市的经营性公路收费期限,最长不得超过30年。

(3)转让政府还贷公路权益中的收费权,可以申请延长收费期限,但延长的期限不得超过5年。转让经营性公路权益中的收费权,不得延长收费期限。收费公路权益是指收费公路的收费权、广告经营权、服务设施经营权。收费公路权益转让是指收费公路建成通车后,转让方将其合法取得的收费公路权益有偿转让给受让方的交易活动。

第三节　收费机构及人员统计

一、收费机构统计

公路通行费收费机构是指经省人民政府批准设置的,对行驶在收费路段、桥梁、隧道的机动车辆收取的用于偿还贷款、投资回报及收费路段(桥)管理和养护的专项费用的公路部门或经营企业。收费机构统计,主要反映公路收费机构的数量、收费规模、收费性质、收费期限等变动情况。按收费站的不同类别进行统计分组。

政府还贷收费站按管理体系不同,高速公路收费站由高速公路管理部门负责填报,其他公路收费站由所辖交通公路主管部门负责填报。

经营性收费站需统计经营性收费公路企业的个数和收费站点数量。包括外商独资、中外合资、转让经营权和企业利用国内外贷款修建的公路。统计资料由收费经营企业向当地政府交通公路主管部门报送。

二、收费人员统计

公路收费人员情况统计,主要反映公路征管部门职工的数量、构成、变动情况。加强人员管理,调动职工积极性,对公路通行费工作有着重要的意义,是进行公路体制改革的基础。

按照《河南省交通厅公路管理局关于进一步深化干线公路还贷性收费站改革的意见》(豫公路通[2004]405号)文件要求,收费站人员定员原则是:

(1)年收入500万元以下收费站,核定3车道(其中一个为紧急疏散车道),定员40人(站领导3人,每车道9人计27人,微机监控4人,后勤、财务、票管6人)。

(2)年收入500~1000万元的收费站,核定4车道,定员50人(站领导3人,每车道9人计

36 人,微机监控 4 人,后勤、财务、票管 7 人)。

(3)年收入 1000 ~ 1500 万元的收费站,核定 4 车道,定员 56 人(站领导 3 人,每车道 10 人计 40 人,微机监控 6 人,后勤、财务、票管 7 人)。

(4)年收入 1500 ~ 2000 万元的收费站,核定 4 车道,定员 66 人(站领导 3 人,每车道 12 人计 48 人,微机监控 8 人,后勤、财务、票管 7 人)。

(5)年收入 2000 ~ 2500 万元的收费站,核定 4 车道,定员 71 人(站领导 4 人,每车道 13 人计 52 人,微机监控 8 人,后勤、财务、票管 7 人)。

(6)年收入 2500 ~ 3000 万元的收费站,核定 6 车道,定员 86 人(站领导 4 人,每车道 11 人计 66 人,微机监控 8 人,后勤、财务、票管 8 人)。

(7)年收入 3000 ~ 4000 万元的收费站,核定 6 车道,定员 96 人(站领导 4 人,每车道 13 人计 78 人,微机监控 8 人,后勤、财务、票管 8 人)。

(8)年收入 4000 ~ 5000 万元的收费站,核定 6 车道,定员 106 人(站领导 4 人,每车道 14 人计 84 人,微机监控 8 人,后勤、财务、票管 10 人)。

(9)年收入在 5000 万元以上的收费站,核定 8 车道,定员 120 人(站领导 4 人,每车道 12 人计 96 人,微机监控 8 人,后勤、财务、票管 12 人)。

收费站人员可以按工作岗位进行分组、按技术职务分组、按专业技能分组、按学历和年龄等进行分组。

收费站人员一般一年统计一次,由收费管理机构向当地交通公路主管部门报送。

第四节　公路通行费收支统计

一、通行费收支统计的意义和任务

收费公路(分为政府还贷公路和经营性收费公路)是指按照《公路法》和《收费公路管理条例》有关投资方式、技术等级和建设规模等规定修建的,经省级(自治区、直辖市)人民政府批准设站,并依法收取车辆通行费的公路(含桥梁和隧道)。公路部门还本付息和收费公路养护维修需要大量的资金,来源于通行费。收好、管好、用好通行费,按照规定力争多征,降低漏征率,合理使用,提高资金使用效益,是发展公路事业的基本保证。为了掌握和控制通行费的征收和支出,实行严格的经济核算,节约开支,降低成本,必须及时反映通行费的收入、支出及资金的构成、占用和运用情况,进行通行费收支统计。

通行费收支统计是通行费征收和使用情况的综合反映,是加强公路计划管理和财务管理,加强经济核算,推进改革的重要工具。做好通行费收支统计工作,有利于掌握通行费收、支进度,合理安排支出,正确处理公路内部各项资金的比例关系,使公路更好地为社会国民经济服务。

通行费收支统计的任务是,及时、准确地反映通行费征收及支出情况,为编制通行费收支计划(预算)和检查计划(预算)完成程度,监督通行费使用范围,贯彻执行征收政策,进行经济财务评价,研究通行费收入、支出的变化规律,为领导科学决策提供依据。

二、通行费收入统计

通行费收入统计是通行费收入和构成的数字反映。通行费收入统计的内容主要是及时反映报告期实际征收的通行费数额和征收进度,分析征收计划的完成情况,研究收入的增长变化,揭露征收中存在的问题,以便采取措施,改进征收工作,做到“应征不漏”、“应免不征”,促使通行费征收任务的完成和超额完成。

1. 通行费征收范围

根据规定,所有行驶收费公路的车辆(除免征外)均应缴纳通行费。免征通行费的有:悬挂军用车牌照的车辆、武警部队车辆;执行紧急任务并出示国家安全机关专用“侦查证”或“特别通行证”的车辆;正在执行任务,设有固定装置的消防车、救护车;正在执行任务,设有固定装置、挂“警”字牌照的本省警用车辆;经省人民政府批准,由省交通主管部门办理免费手续的执行抢险、救灾任务的车辆;省人民政府或国务院交通主管部门规定的其他车辆。

2. 通行费征收标准

(1)公路通行费一般标准

车辆通行费的征收标准应按桥梁、隧道、公路长度、还款数额、收费期限、交通量大小、车辆负担能力和便利通行等因素,综合考虑,定出合适的收费标准,具体标准由省级公路主管部门会同省级财政部门、物价部门按上述原则提出方案报省级人民政府批准。

根据河南省交通厅、河南省发展和改革委员会文件(豫交征[2005]1 号)《关于调整我省干线公路通行费收费标准的通知》,对收费有关情况要求如下:

①降低全省干线收费公路 4、5、6 类货车通行费收费标准。降低后的干线公路收费标准、收费站(点)按表 3-11-1 执行;各收费站点的收费年限仍按原规定执行。

②国际标准集装箱运输车辆通行费仍按豫计收费[2001]1725 号文件规定实行优惠政策。

③对超载车辆实行计重收费,具体办法按照豫计收费[2003]1216 号文件执行。

④通行费征费有关车辆类型、吨位、座位的界定,依据交通部、原国家计委《关于印发公路汽车征费标准计量手册(第三册)的通知》(交公路发[2000]536 号)执行。

⑤凡行驶干线收费公路的车辆必须按规定缴纳车辆通行费,对不缴纳通行费通过以及使用假、废通行票据的车辆,除收取应缴费额外,另加收 5 倍的通行费。

河南省干线收费公路车辆通行费收费标准 表 3-11-1

项目 车型	货车车型分类	收费标准	客车车型分类	收费标准
A 型	1.5 吨以下(不含 1.5 吨)	10 元	10 座以下(不含 10 座)	10 元
B 型	1.5 ~4 吨(不含 4 吨)	20 元	10 ~30 座以下(不含 30 座);23 座以下(不含 23 卧)卧铺	15 元
C 型	4 ~9 吨(不含 9 吨)	40 元	30 座及以上;23 卧及以上	30 元
D 型	9 ~15 吨(不含 15 吨)	50 元		
E 型	15 ~30 吨(不含 30 吨)	60 元		
F 型	30 吨以上	80 元		

(2)超限车辆计重收费标准(河南标准)

①超限率≤30% 的车辆,按正常车辆的计费标准收取通行费。

②30% <超限率≤50% 的车辆,该车车货总重量符合公路承载标准的部分,以及超过公路承载标准 30% 的部分,按正常车辆的计费标准收取通行费。其余部分按基本费率的 50% 收取通行费。

③50% <超限率≤100% 的车辆,该车车货总重量符合公路承载标准的部分,以及超过公路承载标准 30% 的部分,按正常车辆的计费标准收取通行费。其余部分按基本费率的 1 倍收取通行费。

④超限率 >100% 以上的车辆，正常装载部分以及超过公路承载标准 30%（含 30%）以内的部分，按正常车辆的计费标准收取通行费。其余部分按基本费率的 3 倍收取通行费。

3. 通行费收入构成和收入统计

通行费收入由普通车辆通行费收入、计重超收和月票收入 3 部分组成。

（1）普通车辆通行费收入

指按国家规定的通行费征收范围和征收标准实际征收的通行费。

（2）计重超收金额

指按照交通部《关于收费公路试行计重收费的指导意见》（交公路发［2005］492 号）的规定，对非法超限车辆，因提高收费标准而超收的金额。

（3）月票收入（部分省市实施）

指对频繁过往收费站的附近农用车辆、公交车辆和短途中小型客运车辆实施的通行费以按月包缴的方式收取的金额。月征区域是指收费站两端 5km 以内公路沿线附近的村（庄）和单位；农用运输车辆的月征范围是指农民使用的运输农副产品的货运车辆（含三轮货运车），不包含 5km 范围内城镇居民的非农用车辆；客运车辆的月征范围是指有固定营运线路、营运范围不超出收费站所在县（市、区）域范围的公交车辆和短途中小型客运车辆，专指在收费站附近从事当地公共交通运输的客运车辆，含发往本县（市、区）域范围管辖乡镇村的客运车辆，不包含跨县（市、区）运输的大中型长途客运车辆，不包含附近机关企事业单位的公用轿车、私人轿车和城市出租车。原则上同一车辆不能在两个或两个以上收费站同时办理月征。相距较近的一站两点收费站，在报经省级交通公路主管部门批准的情况下可区别对待。

通行费收入总额的计算公式为：

$$\text{通行费收入总额} = \text{普通车辆通行费收入额} + \text{计重超收金额} + \text{月票收入额}$$

为了分析通行费的收入来源，研究各种来源的增减变动趋势，在统计通行费收入总额的同时，还要统计通行费的构成。

①按车型，通行费设置了 9 种收费标准。可计算各种车辆缴纳通行费的比重，其公式计算为：

$$\text{各种车辆通行费比重}(\%) = \frac{\text{该车型缴纳通行费额}}{\text{通行费征收总额}} \times 100\%$$

②按收入构成，通行费收入总额由通行费正常收入、计重超收、月票收入 3 部分构成，可计算各种收入占收入总额的比重。

$$\text{通行费收入构成比重}(\%) = \frac{\text{某项通行费收入}}{\text{通行费征收总额}} \times 100\%$$

三、通行费支出统计

收费公路公路部门的经济活动过程，主要是通行费资金用于偿还贷款、收费路段公路养护和保障收费站日常工作的过程。通行费支出统计就是如实地反映通行费这一实际使用支出过程，检查、分析通行费支出计划的执行情况，研究通行费的使用方向和比例关系，探讨合理使用通行费的途径，使有限的通行费发挥更大的经济效益。

通行费支出由应还贷款本金及利息、收费站人员及管理经费支出、收费站机电维护运营费、收费路段养护费用 4 大部分组成。

根据《河南省人民政府办公厅关于调整还贷性干线公路车辆通行费上解及使用管理比例的通知》（豫政办〔2008〕80 号）文件要求，河南省统贷统还收费公路车辆通行费上解及支出按以下办法执行：

(1)调整各省辖市还贷性干线公路车辆通行费上解比例。全省还贷性干线公路车辆通行费为政府预算外收入，根据各省辖市承担省转贷资金债务情况和收费还贷能力，对上解省财政专户用于偿还路网建设省转贷资金的比例进行调整。具体为：新乡、安阳和济源3个市按照60%比例上解通行费收入；濮阳市按照63%比例上解通行费收入；郑州、开封、洛阳、平顶山、鹤壁、焦作、许昌、漯河、三门峡、南阳、商丘、信阳、周口、驻马店14个市按照74%比例上解通行费收入。

(2)规范还贷性干线公路车辆通行费使用和管理比例。全省还贷性干线公路收费站要将车辆通行费按日上解所属市级公路管理部门，由市级公路管理部门集中按旬上解省、市财政专户。上解到市财政专户的车辆通行费，用于收费站人员及管理经费支出不得超过通行费收入总额的12%，收费站机电维护运营费用不得超过通行费收入总额的3%，养护费用支出不得超过通行费收入总额的11%，剩余部分全部用于偿还市级公路贷款；上解到省财政专户的车辆通行费，纳入省交通行政主管部门预算，按照财政国库集中支付的有关规定支付，专项用于偿还各省辖市承担的省转贷资金，省里不作统一调剂。

通行费支出总额的计算公式为：

通行费支出总额 = 建设收费路段的银行贷款按年度应还本金部分及贷款利息 + 收费站人员及管理经费支出 + 收费站机电维护运营费 + 收费路段养护费

四、通行费收支统计分析

1. 通行费收入统计分析

通行费是按"收支两条线"和"专款专用"的原则征收和使用的。通行费收支统计分析，首先要分地区、分季度和分月份分析征收进度和存在的问题，检查通行费收入计划执行情况，提出解决问题的建议，力争多收，做到"应征不漏"、"应免不征"。

本文着重对收费公路还贷预测进行分析。

【例3-11-1】 表3-11-2是2000～2007年××收费站通行费的实际收入，本站担负的贷款额为10854万元(按贷款利息6.84%计算)，预测还贷年限。

××收费站2000～2007年收费额表　　表3-11-2

年　　份	时间序号 X_t	通行费收入 Y(万元)	年　　份	时间序号 X_t	通行费收入 Y(万元)
2000	1	432.5	2004	5	1025.4
2001	2	584.8	2005	6	808.7
2002	3	663.4	2006	7	802.9
2003	4	681.5	2007	8	844

(1)相关程度的测定

为了解收费额和时间的相关关系的密切程度，可以计算相关系数。

运用相关系数判断相关关系密切程度的一般标准是：

$|r| < 0.3$　　弱相关

$0.3 < |r| < 0.5$　　低度相关

$0.5 < |r| < 0.8$　　显著相关

$0.5 < |r| < 0.8$　　高度相关

相关系数的定义公式为：

$$r = \frac{\sigma_{xy}^2}{\sigma_x \cdot \sigma_y}$$

式中：σ_x——变量 x 的标准差；

σ_y——变量 y 的标准差；

σ_{xy}——变量 x 与 y 的协方差。

其计算公式分别为：

$$\sigma_x = \sqrt{\frac{1}{n}\sum(x-\bar{x})^2}$$

$$\sigma_y = \sqrt{\frac{1}{n}\sum(y-\bar{y})^2}$$

$$\sigma_{xy} = \frac{1}{n}\sum(x-\bar{x})(y-\bar{y})$$

式中：n——资料项数；

$\bar{x}$——x 变量数列的算术平均数；

$\bar{y}$——y 变量数列的算术平均数。

将 σ_x、σ_y、σ_{xy} 代入定义公式，整理可得：

$$r = \frac{\sum(x-\bar{x})(y-\bar{y})}{\sqrt{\sum(x-\bar{x})^2} \cdot \sqrt{\sum(y-\bar{y})^2}}$$

上式数值计算时使用了 $\bar{x}$ 和 $\bar{y}$，计算既麻烦又影响准确性。在实际问题中，可根据原始变量的数值计算，运用相关系数简捷法计算公式，即：

$$r = \frac{n\sum xy - (\sum x)(\sum y)}{\sqrt{n\sum x^2 - (\sum x)^2} \cdot \sqrt{n\sum y^2 - (\sum y)^2}}$$

下面说明××收费站相关系数的计算。

由数据构成的散点图可知，数据 2004 年对应数值 1025.4 为异常数据，应剔除该数据，如图 3-11-1 所示。

剔除 1025.4 后可得散点图如图 3-11-2 所示。

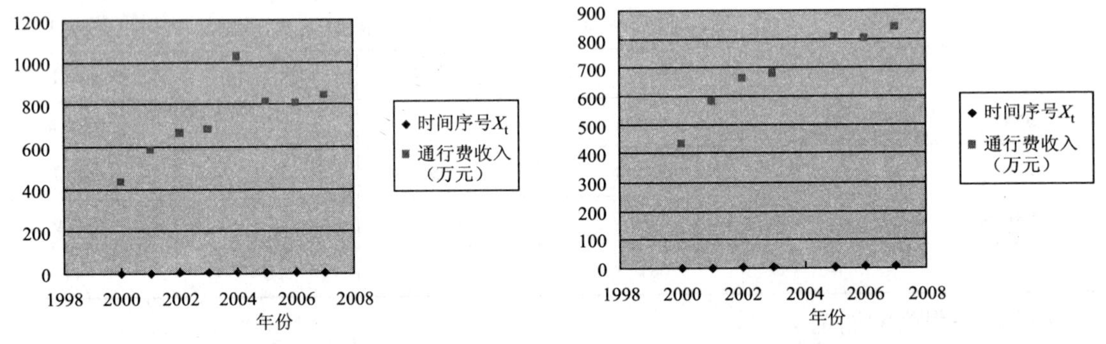

图 3-11-1　散点图（剔除前）　　图 3-11-2　散点图（剔除后）

××收费站时间序号和通行费收入额资料整理见表 3-11-3 所列。

相关系数计算表　　表 3-11-3

年份	时间序号 X	通行费收入 Y	x^2	y^2	XY
2000	1	432.5	1	187056.25	432.5
2001	2	584.8	4	341991.04	1169.6

续上表

年份	时间序号 X	通行费收入 Y	x^2	y^2	XY
2002	3	663.4	9	440099.56	1990.2
2003	4	681.5	16	464442.25	2726
2005	6	808.7	36	653995.69	4852.2
2006	7	802.9	49	644648.41	5620.3
2007	8	844	64	712336	6752
合计	31	4817.8	179	3444569.2	23542.8

试用简捷法公式计算相关系数。

解：根据表中所列示的资料可得：

$$r=\frac{n\sum xy-(\sum x)(\sum y)}{\sqrt{n\sum x^2-(\sum x)^2}\cdot\sqrt{n\sum y^2-(\sum y)^2}}$$

$$=\frac{7\times 23542.8-31\times 4817.8}{\sqrt{7\times 179-(31)^2}\cdot\sqrt{7\times 3444569.2-(4817.8)^2}}$$

$$=0.95$$

计算结果表明收费额和年度之间呈高度的正相关。接下来，我们计算不同年份的预测收费额是多少。这就需要用到回归分析。

（2）回归分析

回归这个统计术语，最早采用者是英国遗传学家高尔登，他把这种统计分析方法应用于研究生物学的遗传问题，指出生物后代有回复或回归到其上代原有特性的倾向。高尔登的学生皮尔逊继续研究，把回归的概念和数学方法联系起来，把代表现象之间一般数量关系的直线或曲线称为回归直线或回归曲线。

××收费站收费额的计算方法如下：

设收费额（y）依收费年限（x）的回归直线为：

$$\hat{y}=a+bx$$

其中：

$$\begin{cases}b=\dfrac{n\sum xy-\sum x\sum y}{n\sum x^2-(\sum x)^2}=\dfrac{7\times 23542.8-31\times 4817.8}{7\times 179-(31)^2}\approx 52.9\\ a=\bar{y}-b\bar{x}=\dfrac{4817.8}{7}-52.9\times\dfrac{31}{7}=453.99\end{cases}$$

收费额和收费年限的一元线性回归方程为$\hat{y}=453.99+52.9x$。

按方程求出 2008 ~ 2022 年各年收费额见表 3-11-4 所列：

各年收费额　　表 3-11-4

年份	时间序号 X	通行费收入 Y	当年应还金额	当年余额
2000	1	432.5	10854.0	11163.9
2001	2	584.8	11163.9	11342.7
2002	3	663.4	11342.7	11455.2
2003	4	681.5	11455.2	11557.2
2004	5	1025.4	11557.2	11322.3

续上表

年份	时间序号 X	通行费收入 Y	当年应还金额	当年余额
2005	6	808.7	11322.3	11288.1
2006	7	802.9	11288.1	11257.3
2007	8	844	11257.3	11183.3
2008	9	930.09	11183.3	11018.1
2009	10	982.99	11018.1	10788.8
2010	11	1035.89	10788.8	10490.8
2011	12	1088.79	10490.8	10119.6
2012	13	1141.69	10119.6	9670.1
2013	14	1194.59	9670.1	9136.9
2014	15	1247.49	9136.9	8514.4
2015	16	1300.39	8514.4	7796.4
2016	17	1353.29	7796.4	6976.4
2017	18	1406.19	6976.4	6047.4
2018	19	1459.09	6047.4	5001.9
2019	20	1511.99	5001.9	3832.1
2020	21	1564.89	3832.1	2529.3
2021	22	1617.79	2529.3	1084.5
2022	23	1670.69	1084.5	-512.0

注：当年余额 = 当年应还余额 × (1 + 0.0684) - 当年通行费收入。

根据计算，到 2022 年 × ×收费站可以偿还全部贷款。

在数据统计中，计算量占很大比重，为了使统计人员从繁杂的数据运算中解脱出来，并减少计算误差，可以借助 EXCEL 求解，以达到简便、准确、迅速的目的。以下仍以 × ×收费站为例，对如何使用 EXCEL 求解进行说明：

(1)相关系数的计算

利用 EXCEL 计算相关系数，可使用 CORREL 函数计算。

用 CORREL 函数计算相关系数。见表 3-11-5 所列。

相 关 系 数　　表 3-11-5

1	A	B	C	D	E	F
2	年份	时间序号 X	通行费收入 Y	x^2	y^2	XY
3	2000	1	432.5	1	187056.25	432.5
4	2001	2	584.8	4	341991.04	1169.6
5	2002	3	663.4	9	440099.56	1990.2
6	2003	4	681.5	16	464442.25	2726
7	2005	6	808.7	36	653995.69	4852.2
8	2006	7	802.9	49	644648.41	5620.3
9	2007	8	844	64	712336	6752
10	合计	31	4817.8	179	3444569.2	23542.8

单击“插入”菜单里的“函数”命令，选择函数类别“统计”里的“CORREL 函数”，打开相关系数函数 CORREL 对话框，如图 3-11-3 所示。

在 Array1、Array2 里分别输入两列数据所在区域“C3: C9”和“D3: D9”，即可求得相关系数

0.95。

(2)用统计函数建立回归直线方程

EXCEL 提供了一个既能用于一元线性回归,又能用于多元线性回归和自回归的函数 LINEST,可以用它来建立回归直线方程。

下面说明如何使用 LINEST 函数来建立回归直线方程。

在 LINEST 函数中,回归方程的表达式与常规不同,是用 $y = mx + b$ 的形式来表示的,而且给出的结果除斜率和截距外,还给出估计标准误差等数值,并以数组的形式给出。具体操作如下:

首先,选定 2 列 5 行作为放置计算结果的单元格区域,例如选定 D3: E7。然后单击"插入"菜单中的"函数"命令,选择函数类别"统计"里的"LINEST 函数",打开回归函数 LINEST,如图 3-11-4 所示。

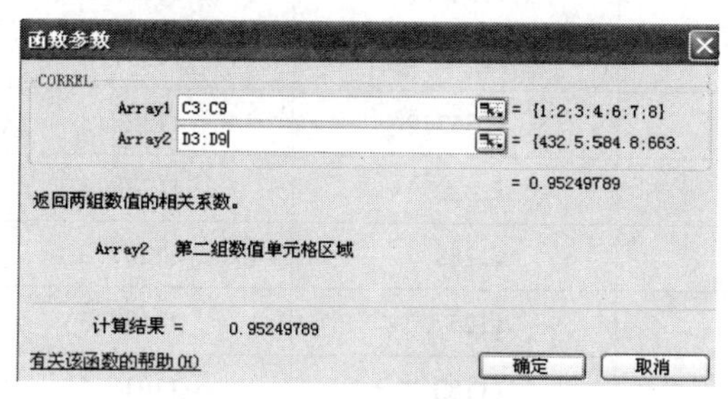

图 3-11-3 相关函数 CORREL

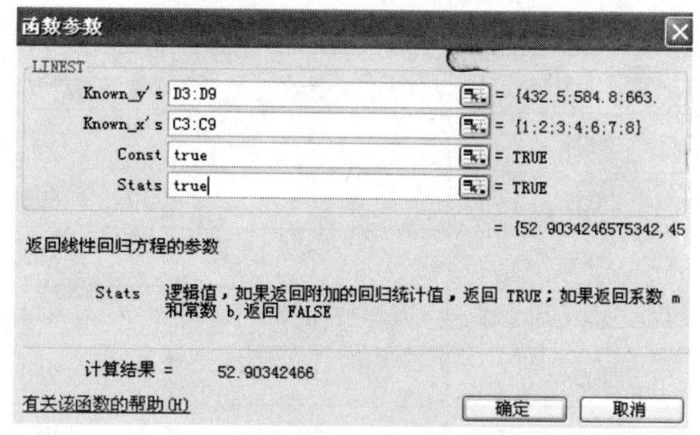

图 3-11-4 回归函数 LINEST

在 Known_y′s 里输入因变量数据所在区域"D3: D9",在 Known_x′s 里输入自变量数据所在区域"C3: C9"。

Const 栏内要输入逻辑值,用以指定是否要强制常数 b 为 0。如果输入"TRUE",或忽略,则给出正常 B 值,如果输入"FALSE",则给出 $B=0$。我们输入"TRUE"。

Stats 栏内也要输入逻辑值,如果要给出附加的回归统计值,则输入"TRUE",如果只需给出斜率和截距,则输入"FALSE";我们输入"TRUE"。

输入后,按 Ctrl + Shift + Enter 组合键,则计算结果计入选定的区域,见表 3-11-6 所列。

LINEST 函数输出结果 表 3-11-6

1	A	B	C	D	E
2	年份	时间序号 X	通行费收入 Y		
3	2000	1	432.5	52.90342	453.9705
4	2001	2	584.8	7.564609	38.25287
5	2002	3	663.4	0.907252	48.85724
6	2003	4	681.5	48.90965	5
7	2005	6	808.7	116748.8	11935.15
8	2006	7	802.9		
9	2007	8	844		
10	合计	31	4817.8		

其中,D 列和 E 列中第 3 行分别为斜率和截距;第 4 行分别为斜率和截距的标准差;第 5 行分别为判定系数和估计标准误差;第 6 行分别为 F 统计量和自由度;第 7 行分别为回归平方

和和剩余平方和。这些数据用于回归直线拟合度和显著性的检验。

这样我们就建立了回归直线方程 $Y=453.9705+52.90342X$。

LINEST 函数可用于多元线性分析，在 Known_x's 里输入多变量数据所在区域，其他项不变。

按方程式计算××收费站各年收费额，见表 3-11-7 所列。2022 年××收费站可以还清全部贷款。

收费站各年收费额

表 3-11-7

年份	时间序号 X	通行费收入 Y	当年应还金额	当年余额
2000	1	432.5	10854.0	11163.9
2001	2	584.8	11163.9	11342.7
2002	3	663.4	11342.7	11455.2
2003	4	681.5	11455.2	11557.2
2004	5	1025.4	11557.2	11322.3
2005	6	808.7	11322.3	11288.1
2006	7	802.9	11288.1	11257.3
2007	8	844.0	11257.3	11183.3
2008	9	930.1	11183.3	11018.1
2009	10	983.0	11018.1	10788.7
2010	11	1035.9	10788.7	10490.8
2011	12	1088.8	10490.8	10119.5
2012	13	1141.7	10119.5	9670.0
2013	14	1194.6	9670.0	9136.8
2014	15	1247.5	9136.8	8514.2
2015	16	1300.4	8514.2	7796.2
2016	17	1353.3	7796.2	6976.1
2017	18	1406.2	6976.1	6047.0
2018	19	1459.1	6047.0	5001.5
2019	20	1512.0	5001.5	3831.6
2020	21	1564.9	3831.6	2528.7
2021	22	1617.8	2528.7	1083.8
2022	23	1670.7	1083.8	-512.8

注：其中当年余额 = 当年应还余额 ×（1 +0.0684）- 当年通行费收入。

EXCEL 具有操作的简易性和强大的数据处理功能，并能实现图、文、表的完美结合等特点，非常适合应用于各种数据的统计处理。

2. 通行费支出统计分析

在支出方面，主要是分析贷款还付情况、资金保证程度和通行费支出计划的执行情况，检查收费路段养护工程费支出是否低于通行费收入的 11%；用于收费站人员及管理经费支出是否不高于通行费收入的 12%，收费站机电维护运营费用是否不超过通行费收入总额的 3%，检查通行费剩余部分是否除全部用于偿还贷款，不得挪作他用。最后，还要研究通行费资金的使用效益，分析原因，寻求提高资金经济效益的途径。

相关指标计算公式为：

$$某项支出所占比重(\%) = \frac{某项支出金额}{通行费收入总额} \times 100\%$$

第五节　公路通行费统计指标及其计算

一、公路通行费统计的数量指标

1. 收费公路里程

指报告期末公路总里程中，收取车辆通行费的公路里程数。计算单位为"公里"。

2. 收费公路通行量

指在报告期内通过收费公路的实际车次数。计算单位为"辆"。

3. 收费桥梁数量

指报告期末单独收取通行费的公路桥梁实际数量。计算单位为"座"。

4. 收费桥梁通行量

指在报告期内通过收费公路桥梁的实际车次数。计算单位为"辆"。

5. 收费隧道数量

指报告期末单独收取通行费的公路隧道实际数量。计算单位为"处"。

6. 收费隧道通行量

指在报告期内通过收费公路隧道的实际车次数。计算单位为"辆"。

7. 收费渡口数量

指报告期末单独收取通行费的公路渡口实际数量。计算单位为"处"。

8. 收费渡口通行量

指在报告期内通过收费公路渡口的实际车次数。计算单位为"辆"。

9. 车辆通行费收入

指在报告期内向通行车辆收取的通行费金额。计算单位为"元"。

10. 过渡费收入

指在报告期内向通过收费渡口的车辆收取的过渡费金额。计算单位为"元"。

11. 收费站数量

指报告期末收费站点的实际数量。计算单位为"个"。

二、公路通行费统计的质量指标及其计算

1. 收费公路里程比率

指报告期末收费公路里程占公路总里程的比率。计算单位为"%"。

计算公式为：

$$收费公路里程比率(\%) = \frac{收费公路里程}{公路总里程} \times 100\%$$

2. 收费站密度

指报告期末单位收费公路里程的收费站数量。计算单位为"个/百公里"。

计算公式为：

$$收费站密度(个/百公里)=\frac{收费站数量(个)}{收费公路里程(公里)}$$

第六节　公路通行费管理统计报表

公路通行费管理统计报表是各级公路管理机构了解通行费征收情况的基本调查形式，是公路部门搞好公路征收管理工作的重要手段。公路通行费管理统计报表由收费管理机构向当地交通公路主管部门填报，当地交通公路主管部门检查复核后，逐级汇总报送。

根据河南省现行规定，河南省交通厅公路管理局制定的公路通行费常见统计报表详见表3-11-8～表3-11-14所列。

______年______月份应上解省级收入部分及市留部分计算表　　表3-11-8

单位：　　200　年　　月　　日　　　　单位：元

收费站名	本月收入	本月应上解省级收入部分	本月应上解市财政部分	累计应上解省级收入部分	累计应上解市财政部分
合计					

备注：

主管：　　　　审核：　　　　制表：

______年______月份道路通行政策免征车辆信息统计报表　　表3-11-9

填报单位：

收费站	总通行车流量	合计	政策性免征车辆					绿色通道免费车辆	其他免费车辆	占百分比%			备注
			小计	军警车	森林消防车	防汛车	三夏车辆			政策性免征	绿色通道	其他免征	
合计													

单位负责人：　　　　制表人：

注：①防汛和三夏车辆属季节性车辆，报送数据与实施时间同步；

②各类免征车辆所占比例为总通行车流量比例。

______年______月通行费收入计划执行情况汇总表　　表3-11-10

编报单位(章)：　　200　年　　月　　日编制　　单位：元

项目/单位	月计划执行情况			年计划(万元)	累计收入	完成计划(%)	累计与去年同期增减(%)
	本月计划	本月收入	与去年同期比增减(%)				
合计							
						说明：本表用于汇总各收费站的收入计划完成情况，需附各站月收入报表一同报省局。	

主管：　　　　审核：　　　　制表：

河南省鲜活家产品运输“绿色通道”车辆信息__________月份统计表 表 3-11-11

填报单位： 时间： 单位：元

单位		货车车辆及车辆数						总合计
		A 型	B 型	C 型	D 型	E 型	F 型	
	免费金额							
	车辆数							

制表人： 联系电话：

注：厅公路局以省辖市为单位进行统计，高发公司、中原股份公司以收费站为单位进行统计。

河南省干线公路还贷性收费站免费车辆汇总表 表 3-11-12

（____年____月____日至____年____月____日）

填报单位（章）： 单位：辆、元

免费车辆类型		A 型		B 型		C 型		D 型		E 型		F 型		合计		备注
		免费金额	车辆数	免费金额	车辆数	免费金额	车辆数	免费金额	车辆数	免费金额	车辆数	免费金额	车辆数	免费金额	车辆数	
绿色通道车辆																
抢险救灾车辆	指挥车辆															
	作业车辆															
	运输车辆															
	小计															
森林消防车辆	指挥车辆															
	作业车辆															
	运输车辆															
	运兵车辆															
	小计															
军警车辆																
春节免费车辆																
合计																

填表人： 单位主管签字：

__________年__________月份道路通行信息统计报表　　表 3-11-13

填报单位：　　　　　　　　　　　　　　　　　　　　　　单位：辆

单位	日期	通行费车流量	未收费车辆							不法冲击车辆	围攻事件次数
			合计	政策性免费车辆	绿色通道免费车辆	其他免征车辆	高速路段工作车辆	漏征车辆	闯卡车辆		

单位负责人：　　　　　　　　　　　　制表人：　　　　　　　　　　　　联系电话：

注：①政策性免征车辆制《河南省人民政府关于加强公路通行费收费管理工作的通告》第五条 1 – 5 条中规定的免征车辆。②绿色通道免征车辆制《关于发布河南省鲜活农产品运输“绿色通道”管理办法（暂行）的通知》（豫交征［2005］24 号）中规定的免费车辆。③其他免征车辆指《河南省人民政府关于加强公路通行收费工作的通告》第五条第 6 款所指的“省人民政府或国务院交通主管部门规定的其他车辆”。④高速路段工作车辆指属于高速公路经营管理单位（或分公司）管理并在所辖路段范围内从事路政、养护、收费等工作的车辆。⑤漏征车辆指应缴纳通行费但没有交费的车辆，如人情车、当地政府开口减免车、周围企业、村庄减免车、特权车等。

通行费资金预算及使用情况表　　表 3-11-14

填报单位：　　　　　　　　　　× ×年　　　　单位：万元

项　目	预算审批数	资金到位数	实际支出数
一、通行费资金总收入			
1. 年度计划内收入			
2. 上年超收分成			
二、通行费资金总支出			
1. 偿还贷款			
2. 养护工程费			
（1）大修工程			
（2）中修工程			
（3）小修保养			
3. 缴纳税金			
4. 通行费管理经费支出			
（1）人员经费			
（2）公用经费			
（3）专项经费			

第十二章 公路财务收支与成本统计

第一节 公路财务收支统计

一、公路财务收支统计的任务和意义

公路财务收支与成本统计是公路统计的重要组成部分。

公路部门的收入主要有各级财政部门拨给的纳入政府预算管理的养路费资金、通行费收入,以及路政索赔收入、超限检测收入等,其中维持公路日常养护最主要资金的是养路费资金,管好、用好养路费资金,按照国家政策规定合理使用,提高资金使用效益,是发展公路交通事业的基本保证。

公路财务收支统计的任务,就是运用统计科学理论,采取一定的技术和方法,通过一些统计指标及时反映各种资金的收入、支出情况,以及各种资金的构成、占用和运用情况,为各级领导和管理者了解和掌握各项管理工作情况,分析公路养路收支管理中的各种比例关系,正确考核和评价年度养路收支预算(计划)执行情况,发现养路收支管理中存在的弊端和问题,制定政策决策或改进措施,提供科学依据。

进行公路财务收支统计,对于及时了解和掌握各项资金预算及拨付使用情况,准确编制用款计划,以便向财政部门申报拨款,筹集调度养护资金,合理安排各项养路支出,保证各项公路建设养护施工生产及管理活动的顺利进行具有重要意义。

公路财务统计的主要内容包括财务收支统计、固定资产统计、工程成本统计、养护成本统计、公路经营企业利润统计等。

二、公路事业单位收入统计

公路事业单位收入统计,就是公路事业单位对一定时期内各项资金实际收入数的统计,反映报告期财政预算资金及实际到位的资金数额。按现行公路事业单位会计核算办法规定,公路事业单位的收入主要有:

(1)财政补助收入

财政补助收入是指按现行《河南省公路事业单位会计核算试行办法》规定,公路事业单位按照核定的预算和经费领报关系收到的由财政部门或上级单位拨入的公路养护经费及各类预算内安排的公路建设项目资金(主要指养路费资金)。

(2)事业收入

事业收入是指公路事业单位开展专业业务活动及辅助活动所取得的收入。如公路事业单位收到的从财政专户核拨的按收支两条线管理的公路通行费收入、公路超限超载检测收入、公路路产索赔收入等预算外资金。

(3)上级补助收入

上级补助收入是公路事业单位收到上级单位拨入的非财政补助资金。

(4)经营收入

经营收入是公路事业单位在专业业务活动及辅助活动之外开展非独立核算经营活动取得的收入。

(5)拨入专款

拨入专款指公路事业单位收到财政部门、上级单位或其他单位拨入的有指定用途,并需要单独报账的专项资金。

(6)附属单位缴款

附属单位缴款指公路事业单位收到附属单位按规定缴来的款项。

(7)其他收入

其他收入是核算公路事业单位除上述各项收入以外的收入。如对外投资收益、固定资产出租、外单位捐赠未限定用途的财产、银行结算户存款利息收入、路产收入、其他单位对本单位的补助以及其他零星杂项收入等。

目前河南省养路费资金实行切块管理制度,有关规定如下:

(1)汽车养路费资金采取“权责结合、管养分离、确定基数、按年核定、切块包干、财政拨付”的原则,主要包括市、县公路部门的人员经费、公用经费,非收费干线公路养护经费。

包干基数依各市2004年汽车养路费征收任务、折算后的标准养护里程为主要测算指标,结合省政府豫政[2004]53号文件对各市的分类等因素核定;收入增长系数依各市上年汽车养路费实际完成数为基数,按12%的年递增率增长,由省交通主管部门会同财政部门确定并分解下达。在包干期限内各市每年包干养护经费实际收入将随汽车养护切块资金收入的增长而同步增长。

超收分成包干期内,省财政厅、交通厅根据年初下达的汽车养护切块资金征收计划对各省辖市进行年终考核。对超计划完成征收任务的市,超收部分省、市三、七分成,次年下达分成指标;对未完成省下达征收任务的市,省财政、省交通主管部门在核拨其次年度公路养护切块资金时从中相应扣减。

(2)拖拉机、摩托车养路费应主要用于农村公路的管理养护。各地征收的拖拉机、摩托车养路费总收入扣除合理征收成本后用于农村公路养护的资金比例不得低于80%。

省级交通主管部门在统筹安排汽车养路费时,对农村公路中沥青路面和水泥路面养护工程的补助资金不低于以下标准:县道每年每公里7000元,乡道每年每公里3500元,村道每年每公里1000元。

在进行收入统计的时候,不仅要对各项收入金额、总收入金额进行计算,还要计算收入的构成、增减变动情况,以利于对资金收入进行综合的、动态的反映。

相关指标计算公式如下:

报告期收入总额=财政补助收入+事业收入+上级补助收入+经营收入+其他收入+拨入专款+附属单位缴款

$$收入总额增减变动额=报告期收入总额-上期收入总额$$

$$收入总额增减变动率(\%)=\frac{收入总额增减变动额}{上期收入总额}\times 100\%$$

$$某项收入所占比重(\%)=\frac{报告期某项收入金额}{报告期收入总额}\times 100\%$$

$$某项收入增减变动额=报告期某项收入金额-上期该项收入金额$$

$$某项收入增减变动率(\%)=\frac{报告期某项收入增减变动额}{上期某项收入金额}\times 100\%$$

随着社会经济的发展,公路部门的收入应该是逐年增长的,如果出现某项异常,应对其中的原因进行分析。

依据表 3-12-1 中资料,结合有关资料,还可以计算下列指标:

(1)养护切块资金到位率

指公路部门从财政部门实际收到切块资金数量与同期预算数的比率,说明了在一定时期公路部门养护切块资金的可用数量与能用数量的关系。计算公式如下:

$$养护切块资金到位率(\%)=\frac{报告期实际收到的切块资金金额}{报告期切块资金财政预算审批金额}\times 100\%$$

公路事业单位收入分析表　　表 3-12-1

序号	项目	金额		比重(%)	变动额	变动率(%)
		报告期	基期			
1	收入总额					
2	财政补助收入					
3	事业收入					
4	通行费收入					
5	路政索赔收入					
6	超限检测收入					
7	上级补助收入					
8	拨入专款					
9	经营收入					
10	附属单位缴款					
11	其他收入					

在计算实际收到的切块资金时,应注意以下两点:

①财政部门把应拨预算资金分为授权支付资金和直接支付资金。授权支付资金主要是财政核定的日常公用支出、人员支出以及小额物品采购等,授权支付资金拨付到公路部门。对于授权支付资金,应以拨付到本单位银行账户为实际收到。直接支付资金是指大宗物品采购及工程建设资金,并不拨到公路部门,而是由公路部门向财政部门申请,由财政部门直接支付到施工企业或采购企业。因此对于直接拨付资金,只要财政部门批准了公路部门的资金申请,就应作为实际收到的切块资金。

②报告期实际收到的养护资金应与相应的财政预算审批数配比,具有对应关系。

【例 3-12-1】　××市 2005～2007 年度财政拨款情况见表 3-12-2 所列。

××市 2005～2007 年度财政拨款情况　　表 3-12-2

项　目	2005 年		2006 年		2007 年	
	预算审批数	资金到位数	预算审批数	资金到位数	预算审批数	资金到位数
切块资金收入(万元)	9950	6154	11200	10500	13700	14580

根据表中数据,2005 年的养护切块资金到位率 $=\frac{6154}{9950}\times 100\%=61.85\%$。

但在 2007 年的资金到位数比预算审批数还多,分析原因是 2007 年资金到位数中含有以前年度的预算审批资金,应剔除财政拨付的以前年度资金,重新计算 2007 年资金到位数,才能得出正确的资金到位率。

(2)养护切块资金均衡率

反映养护切块资金在一年中各季度的分布情况。计算公式为:

$$养护切块资金均衡率(\%)=\frac{报告期养护切块资金实际到位金额}{全年养护切块资金实际到位金额}\times 100\%$$

【例 3-12-2】 ××市 2006 年度养护资金到位均衡情况见表 3-12-3 所列。

××市 2006 年度养护资金到位均衡情况 表 3-12-3

时　间	资金到位数(万元)	均　衡　率
第一季度	4276	29.33%
第二季度	1772	12.15%
第三季度	2462.89	16.89%
第四季度	6070	41.63%
合计	14580.89	100%

将上列数字绘制成图表如图 3-12-1 所示。

图中资料表明,2006 年该市养护资金主要集中在第四季度收到。显然,这种收入时间结构不利于公路部门进行养护工作的进行,应加强与财政部门的沟通协调,使事业开支与资金供应达到均衡。

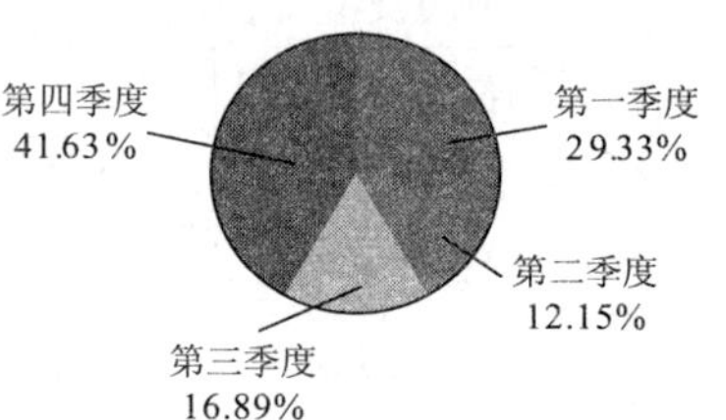

图 3-12-1　养护切块资金到位均衡率

随着公路建设资金来源渠道的拓宽,公路部门除了自有资金以外,还有其他资金来源,如银行贷款、利用外资、民工建勤、以工代赈、集资等。为了充分反映公路建设可利用资金的情况,根据现有公路统计报表要求,应收集相关资料,对公路建设资金进行综合反映,以提供出更有效的数据资料。具体见表 3-12-4 所列。

三、公路事业单位支出统计

公路部门的主要职责是为社会发展提供便利的公路交通基础设施,其经济活动过程,主要是养路资金用于公路养护、建设公路的过程。养路支出统计就是如实地反映养路资金在这一实际使用过程中的各种耗费形态,检查考核养路支出预算(计划)的执行情况,分析研究养路资金的使用方向和比例关系,探讨合理使用养路资金的途径,使有限的养路资金发挥更大的经济效益。

1. 公路事业单位支出内容

按现行公路事业单位预算编制口径,以及河南省公路事业单位会计核算试行办法规定,公路事业单位的支出主要包括拨出经费、拨出专款、专款支出、事业支出、经营支出、成本费用、销售税金、上缴上级支出、对附属单位补助、结转自筹基建等。

(1)拨出经费。是指公路事业单位按照批准的预算拨付所属单位的预算资金。主要有养护切块资金、通行费预算安排的人员经费、公用经费、专项经费、公路小修保养、公路中修、公路大修、公路抢修、公路改建、新建公路补助、渡口费、绿化费、道班房修建费、县乡公路补助、工程测设费、机械设备购置费、厂场建设费、职工宿舍建设费、生产房屋建设费、还贷支出、科研及技术开发费、教育培训费、路况及交通量调查费、路政管理费、交通通信经费、流动资金贷款利息和其他经费等项目。

公路建设资金到位情况统计表

表 3-12-4

填报单位：　　　　　　　　　　　　　　　　　　　　　　　　　　　　　　计量单位：万元　　　　　　表号：C03-4

指标名称	本年到位资金总计	本年到位资金(按资金来源分)																																本年各项应付未付款		
		合计	国家预算内资金							国内贷款								利用外资	部车购费	企事业单位自有资金	地方自筹										以工代赈资金	其他资金			工程款	设备器材款
			小计	非经营基金	开行软贷款	中央财政专项资金	地方财政专项资金	地方财政统筹	其他	小计	开发银行	工商银行	建设银行	农业银行	交通银行	招商银行	其他银行				小计	省管养路费	市管养路费	拖拉机养路费	通行费	客货运附加费	车购费分成	转让经营权收入	民工建勤	其他			集资			
甲	1	3	4	5	6	7	8	9	10	11	12	13	14	15	16	17	18	19	20	21	22	23	24	25	26	27	28	29	30	31	32	33	34	35	36	37
总计																																				
一、新建项目																																				
二、改建项目																																				
三、大修项目																																				
四、中修项目																																				

单位负责人：　　　　　　统计负责人：　　　　　　填表人：　　　　　　　　　　填报日期：

(2)拨出专款。是指公路主管部门或上级单位拨付给所属单位有指定用途需单独报账的专项资金。

(3)专款支出。是指财政部门、上级单位和其他单位拨给公路部门使用的有指定项目或特定用途并需要单独报账的专项资金的实际支出数。专款支出主要有科研课题经费、挖潜改造资金、科技三项费用等指定项目或用途并需要单独报账的专项资金的实际支出数。

(4)事业支出。是指公路事业单位在开展公路管理、公路养护、公路建设、公路规费征收、路政管理等各项专业业务活动及辅助活动发生的支出。事业支出包括基本支出和项目支出。

基本支出包括人员经费、公用经费、专项经费。人员经费,如工资、职工福利费、工会经费、医疗保险经费、离退休个人支出、离退休公用支出、住房公积金、社会保险费等;公用经费,如办公费、会议费、差旅费、水电费、取暖费、机动车使用费、劳动保护费、业务费、业务招待费、其他公务费等;专项经费,如车辆购置费、设备购置费、修缮费、奖励基金、其他费等。

项目支出包括公路小修保养、公路中修、公路大修、公路抢修、公路改建、新建公路补助、渡口费、绿化费、道班房修建费、县乡公路补助、工程测设费、机械设备购置费、厂场建设费、职工宿舍建设费、生产房屋建设费、还贷支出、科研及技术开发费、教育培训费、路况及交通量调查费、路政管理费、交通通信经费、流动资金贷款利息、其他等。

(5)上缴上级支出。上缴上级支出是指公路事业单位按照规定标准或比例上缴上级单位的支出。

(6)对附属单位补助。对附属单位补助是指公路事业单位用非财政预算资金对附属单位给予补助发生的支出。

(7)结转自筹基建。结转自筹基建是指公路事业单位用上级补助资金或自筹基本建设项目所形成的支出。

(8)经营支出。经营支出是指公路事业单位在专业业务活动及辅助活动之外开展非独立核算经营活动所发生的支出。对独立核算的经营活动,应按照企业会计制度单独进行核算,不在经营支出中反映。

(9)成本费用。成本费用是指公路事业单位实行内部成本核算的附属及辅助单位(包括辅助生产车间、修理车间、汽车运输、机械作业、拌和场、砂石料场等)应列入劳务(产品、商品)成本的各项费用。主要包括业务活动过程中耗用的各种材料、支付给职工的工资及按规定计提的职工福利费、修购基金和无形资产摊销以及为组织管理业务活动而发生的管理费用等。

(10)销售税金。销售税金是指公路事业单位实行内部成本核算的附属及辅助单位提供劳务和销售产品应负担的税金及附加,包括营业税、城市维护建设税、资源税和教育费附加等。

2. 养护切块资金支出管理

河南省实行养护切块资金管理制度,有关财务支出方面的规定如下:

(1)包干基数部分

依据"确保养护、兼顾其他、适当调节、综合平衡"的原则,将养护切块资金合理划分"养护经费"和"管理经费",用于养护的资金比例不低于切块资金支出计划的80%,小修保养、中修及大修工程费用占养护经费的比例不低于80%。

(2)超收分成部分

市级超收分成部分必须按以下比例和用向安排支出:80%用于弥补养护经费的不足(养护里程增加、养护成本提高等因素所致)、归还历年公路建设贷款本息、新改建工程;15%用于公路部门事业发展;5%用于征稽工作经费和奖励支出等。

省级超收部分按以下比例和用向安排支出:80%用于农村公路补助、重要国防公路补助、干线公路新改建；15%用于公路部门事业发展，5%用于征稽工作经费和奖励支出等。

3. 公路事业单位支出统计分析指标

支出统计应反映公路事业单位支出的总额、构成，以及增减变动情况等。主要指标如下：

$$公路事业单位支出总额 = 事业支出 + 专款支出 + 对附属单补助 + 结转自筹基建 + 经营支出 + 成本费用 + 销售税金$$

$$支出总额增减变动额 = 报告期支出总额 - 上期支出总额$$

$$支出总额增减变动率(\%) = \frac{支出总额增减变动额}{上期支出总额} \times 100\%$$

$$某项支出所占比重(\%) = \frac{报告期某项支出金额}{报告期全部支出金额} \times 100\%$$

$$某项支出增减变动额(\%) = 报告期某项支出金额 - 上期某项支出金额$$

$$某项支出增减变动率(\%) = \frac{某项支出增减变动额}{上期某项支出金额} \times 100\%$$

在实际工作中，事业单位支出分析一般用表3-12-5来反映明细支出及变动情况。

事业支出明细分析表 表3-12-5

项目	金额		比重(%)	增减额	增减率(%)
	报告期	上年同期			
事业支出合计					
一、基本支出					
1. 人员经费					
2. 公用经费					
3. 专项经费					
二、项目支出					
1. 上修保养费					
其中：(1)养护人员人工费					
(2)养护人员公务费					
2. 大中修工程费					
3. 公路受灾抢修及修复工程费					
4. 改建、改善工程费					
5. 新建工程补助费					
6. 渡口费					
7. 绿化费					
8. 道(渡)班修建费					
9. 县乡公路补助费					
其中：(1)养护补助费					
(2)新建公路补助费					
10. 养护改善工程测设费					
11. 养护机械、车辆购置费					
12. 厂、场建设费					

续上表

项　　目	金　额		比重(%)	增减额	增减率(%)
	报告期	上年同期			
13. 职工宿舍建设费					
14. 生产房屋建设费					
15. 还贷支出					
16. 科研及管理技术开发费					
17. 教育培训费					
18. 路况及交通量调查费					
19. 路政管理专项经费					
20. 交通通信经费					
21. 流动资金贷款利息					
22. 其他费					

项目支出是公路部门的主要支出，为反映公路部门是否按有关规定将经费主要用在养护中，统计人员应计算下列指标：

(1)养护经费支出率。是指事业支出中用于公路养护经费支出所占的比重。计算公式为：

$$养护经费支出率(\%)\frac{项目支出金额}{事业支出金额}=\times 100\%$$

(2)养护三项费用支出率。是指公路养护经费中，用于小修保养和大中修费用支出所占的比重。计算公式为：

$$养护三项费用支出率(\%)=\frac{公路小修保养费用+公路中修费用+公路大修费用}{项目支出金额}\times 100\%$$

(3)经费自给率。该指标把收入与支出数据综合起来，用于分析公路事业单位组织收入的能力和满足经常性支出的程度。计算公式为：

$$经费自给率(\%)=\frac{事业收入+经营收入+附属单位上缴收入+其他收入}{事业支出+经营支出}\times 100\%$$

(4)人均开支水平，反映公路部门基本支出与人员配备之间的关系，计算公式为：

$$人均开支水平=\frac{报告期基本支出金额}{报告期平均在职职工人数}$$

通过计算人均开支水平，可以反映行政事业单位费用支出定额的执行情况，反映行政事业单位费用开支的规模和水平；通过对该指标进行纵向和横向对比，以反映基本支出的规模和合理性。

四、公路事业单位财务收支统计说明

对于报告期的财务收支统计，统计人员应综合各种指标，结合有关资料，对当期的收入与支出情况进行纵向和横向对比，纵向对比是将现时数据与历史数据比较，观察收支的增长或减少的状况，并分析其中的原因；横向对比是将各明细项目与总项目对比，各项目之间对比，各项目与预算收支作对比，观察各项收支的发生是否正常，如有异动，进行分析说明，找出原因，及时为领导管理与决策服务。

第二节　公路事业单位固定资产统计

一、固定资产的概念

固定资产是公路部门进行公路建设、养护工程施工和公路管理活动的重要物质基础。公路事业单位的固定资产是指使用年限在一年以上，一般设备单位价值在500元以上，专用设备单位价值在800元以上，并且在使用中基本保持原来物质形态的资产。单位价值虽未达到规定标准，但耐用时间在一年以上的大批同类物资，也应作为固定资产管理。

二、固定资产的分类

公路部门的固定资产根据经济用途和使用情况，可划分为以下4类：

(1)房屋及建筑物。指公路部门的办公室、仓库、道班房、车库、油库、水塔、围墙等。房屋不可分割的附属设备，如水、暖、电、通信、电梯等设备，均应包括在房屋价值之内。

(2)专用设备。指公路部门进行公路管理和养护生产用的各种固定资产，主要包括以下几类：

①施工机械。指公路养护施工使用的各种施工机械。如挖掘机、起重机、沥青拌和机、混凝土搅拌机等。

②交通运输设备。指用于载人和运货的各种运输工具。包括载重汽车、沥青储运车、养护洒水车、自卸车等。

③生产及动力设备。指用于生产的电力、热力、风力或其他动力的各种机器设备。如锅炉、电动机、空压机、电焊机、输电线路、车床等。

④仪器及试验设备。指进行公路、桥梁测量及对材料、工艺进行研究试验用的各种仪器设备。如水准仪、天平、材料试验机等以及实验和测量用的仪器、计量用的地磅等。

(3)一般设备。如办公用具、医疗设备、消防设备、管理用的小汽车等。

(4)其他固定资产。指不包括在以上各类，但又符合固定资产标准的其他固定资产。

在财务核算统计中，公路及其附属设施不能作为固定资产。

在实际工作中，有些管理用具、仪器等劳动资料，单位价值虽然超过规定标准，但更换频繁，容易损坏，可以不列为固定资产，而列为低值易耗品管理。

公路部门的固定资产还可以按经济用途和使用状况进行分类：

(1)固定资产按经济用途，可以分为生产用固定资产和非生产用固定资产两大类。

①生产用固定资产。是指直接服务于公路建设、养护过程的各种固定资产。包括生产用房屋、生产设备、施工机械、运输设备等。

②非生产用固定资产。是指不直接服务于公路建设、养护过程，而用于各项生活福利设施的固定资产，如职工宿舍、食堂、托儿所、卫生所等非生产用的房屋、建筑物、设备等固定资产。

生产用的固定资产是公路部门进行养护施工生产活动的物质技术基础，在公路固定资产中占有较大的比重；非生产用固定资产是保障和改善职工生活福利待遇的必要物质条件。通过统计核算，分别统计两类固定资产的价值及其占全部固定资产的比重，可以研究公路部门固定资产的结构和各类固定资产的比例关系，考核和分析公路部门固定资产的利用情况，促使公路部门合理配置固定资产，充分发挥固定资产的效益，为合理安排固定资产提供依据。

(2)固定资产按使用情况，可以分为使用中固定资产、未使用固定资产、不需用固定资产和封存的固定资产4大类。

①使用中固定资产。是指正在使用中的生产用和非生产用的各项固定资产,包括备用的、施工期间用的和由于季节性生产与大修理等原因暂时停止使用的固定资产。

②未使用固定资产。是指未投入使用的新增固定资产和停止使用暂时脱离公路养护施工生产过程的固定资产,以及移交建设单位进行改造和扩建的固定资产。

③不需用固定资产。是指本单位不需用、已报经上级批准等待调拨处理的固定资产。

④封存固定资产。是指按照规定报经有关部门批准封存的固定资产。

按照固定资产的使用情况分类,可以反映各类固定资产的数量、价值及比重,反映固定资产的使用情况,发现存在的问题,以便采取措施,合理地使用固定资产,及时地处理等待调拨和封存未用的固定资产,有效地提高固定资产的利用效率。

三、固定资产计价

固定资产长期参加公路建设、养护生产及管理活动,不断磨损,随时间的推移由新变旧,实有价值不断减少。因此,固定资产计价既要核算固定资产原值,也要核算固定资产净值。

(1)固定资产原值。是指建造或购置固定资产时实际支付的金额,以及后来改建、扩建追加投资金额的总和。固定资产原值可以反映资产的原始投资总额,是分析研究固定资产构成、利用等情况的基础。

(2)固定资产净值。是指固定资产原值减去历年计提累计折旧后的净额,是固定资产原值扣除由于磨损而转移到工程(产品)成本中去的那部分价值以后所剩余的价值总和。固定资产净值可以反映公路部门固定资产的实有价值。统计固定资产净值指标,是为了与原值对比,说明固定资产的新旧程度,并为安排固定资产的更新、补偿提供依据。

四、固定资产总量统计

固定资产总量统计可以反映公路部门的固定资产原始投资、新旧程度、增减变化、构成等。见表3-12-6所列。

固定资产统计表　　表3-12-6

项　目	原　值		净　值	
	期初	期末	期初	期末
合计				
一、房屋及建筑物				
二、专用设备				
1.施工机械				
2.交通运输设备				
3.生产及动力设备				
4.仪器及试验设备				
三、一般设备				
四、其他固定资产				

通过对此表数据的分析,结合有关资料,可以计算出下列指标:

(1)固定资产增减变化指标

$$固定资产原值增减额 = 年末固定资产原值 - 年初固定资产原值$$

$$固定资产原值增减率(\%)=\frac{固定资产原值增减额}{年初固定资产原值}\times 100\%$$

$$固定资产净值=固定资产原值-累计折旧$$

$$固定资产成新率(\%)=\frac{固定资产净值}{固定资产原值}\times 100\%$$

固定资产成新率反映了现存固定资产的新旧程度,为了进一步分析固定资产的新旧情况,还可以计算固定资产新增率和固定资产退废率。

固定资产新增率反映了现存固定资产中新增加的固定资产所占比重,在计算时新增固定资产只包括购建的全新固定资产,不包括非全新固定资产。计算公式为:

$$固定资产新增率(\%)=\frac{报告期新增固定资产原值}{期末固定资产原值}\times 100\%$$

固定资产退废率也是反映现存固定资产的新旧程度的指标,在计算时,退废固定资产指的是报废、调出、让售的旧固定资产。计算公式为:

$$固定资产退废率(\%)=\frac{报告期退废固定资产原值}{期初固定资产原值}\times 100\%$$

(2)固定资产构成指标

①固定资产构成指标是指各类固定资产占全部固定资产的比重。

$$某类固定资产所占比重(\%)=\frac{某类固定资产净值}{全部固定资产净值}\times 100\%$$

用净值反映固定资产的构成,可以清晰的揭示各类固定资产的可用情况,为合理安排各类固定资产的更新提供依据。

②在全部固定资产中,存在有些固定资产是没有使用的,或被封存了等情况,计算在用固定资产所占比重可以反映出固定资产实际利用情况。计算公式为:

$$在用固定资产所占比重(\%)=\frac{使用中的固定资产净值}{全部固定资产净值}\times 100\%$$

③为了考察固定资产结构的合理性,还应计算生产性固定资产所占的比重。

$$生产用固定资产所占比重(\%)=\frac{生产用固定资产净值}{在用固定资产净值}\times 100\%$$

五、固定资产利用效果统计

为了提高固定资产的利用程度,节约固定基金的占用,应该对固定资产的利用情况进行分析。

(1)固定资产利用程度以每万元固定资产提供了多少工作量表示。其计算公式为:

$$每万元固定资产提供的工作量(万元)=\frac{全年自行完成的工作量}{全年平均固定资产原值}$$

(2)研究公路部门固定资产的利用情况,除了应用上面指标外,还可以运用它的逆指标即万元工作量占用的固定资产原值表示。其计算公式为:

$$每万元工作量占用的固定资产原值(万元)=\frac{全年平均固定资产原值}{全年自行完成的工作量}$$

(3)养护设备利用率

$$养护设备利用率(\%)=\frac{养护设备实际使用时间}{养护设备可提供的使用时间}\times 100\%$$

一般来说,在其他条件不变的情况下,每万元固定资产价值提供的工作量越多,每万元工作量占用的固定资产价值越少,固定资产的利用程度越高;每万元固定资产价值提供的工作量越少,每万元工作量占用的固定资产价值越多,固定资产的利用程度越低。因此,使用这两项指标在同类行业不同单位之间对比,可以评价各单位固定资产的利用程度,比较固定资产利用的好坏。同一单位不同时期的这项指标的对比,反映不同时期固定资产利用程度的变化。

但是,每个单位的固定资产结构是不相同的。不同的固定资产结构,对完成工作量是有直接影响的。因此,在利用这项指标时,要根据实际情况进行具体分析,必要时应补充一些对于固定资产利用程度影响的资料,以确切地反映固定资产的利用程度。

第三节 工程成本统计

一、工程成本概述

工程成本包括公路新、改建工程成本和养护工程成本,养护大中修工程成本参照公路新、改建工程成本进行统计。

公路新、改建工程成本,是指公路建设单位根据国家批准下达的年度公路建设投资计划(预算),承担某一公路新、改建工程项目施工,所发生的符合公路建设成本开支范围的各项生产费用的总和。

根据国有建设单位会计制度的规定,公路新、改建工程成本分为建筑安装工程投资、设备及工具、器具购置费、工程建设其他费、预备费4项内容。

1. 建筑安装工程费

建筑安装工程费包括直接费、间接费、利润及税金。

直接费由直接工程费和其他工程费组成。直接工程费是指施工过程中耗费的构成工程实体和有助于工程形成的各项费用,包括人工费、材料费、施工机械使用费;其他工程费指直接工程费以外施工过程中发生的直接用于工程的费用,如冬季施工增加费、雨季施工增加费、夜间施工增加费、特殊地区施工增加费、临时设施费等。

间接费由规费和企业管理费组成,指施工企业缴纳的养老金、失业保险金、医疗保险金、工伤保险金、住房公积金以及施工企业为组织施工所发生的管理费用。

利润指施工企业完成承包工程应取的盈利,按直接费与间接费之和扣除规费的7%计算。

税金指按国家税法规定应计入建筑安装工程造价内的营业税、城市维护建设税及教育费附加等。

2. 设备及工具、器具购置费

设备及工具、器具购置费包括设备购置费、工器具购置费、办公和生活家具购置费。

设备购置费指为满足公路营运、管理、养护需要,购置的达到固定资产标准的设备和虽低于固定资产标准但属于设计明确列入设备清单的设备的费用,包括渡口设备,隧道照明、消防、通风的动力设备,高等级公路的收费、监控、通信、供电设备,养护用的机械、设备和工具、器具的购置费用。

工器具购置费指建设项目交付使用后为满足初期正常营运必须购置的第一套不构成固定资产的设备、仪器、工卡模具、工作台等费用。

办公和生活家具购置费指为保证新、改建项目初期正常生产、使用和管理所须购置的办公和生活用家具、用具的费用。

3. 工程建设其他费

工程建设其他费包括土地征用及拆迁补偿费、建设项目管理费、专项评估费、建设期贷款利息等。

土地征用及拆迁补偿费指按国家有关法律法规的规定,为进行公路建设需征用土地所支付的土地征用及拆迁补偿等费用。

建设项目管理费指建设单位为项目立项、筹建、验收等工作费用,以及质量监督费、工程监理费、设计文件审查费等。

专项评估费指依据国家法律、法规规定必须评价、咨询等应支付的费用。如环境影响评价费、水土保持评估费、文物勘察费、用地预审报告编制费等。

建设期贷款利息指建设项目分年度使用国内贷款或国外贷款部分,在建设期内应归还的贷款利息。

研究试验费指为建设项目提供或验证设计数据、资料进行必要的研究试验和按照设计规定在施工过程中必须进行试验、验证所需的费用。

建设项目前期工作费指委托勘察设计、咨询单位对建设项目进行可行性研究、工程勘察,以及设计、监理、施工招标文件及招标标底或造价控制值文件编制时,按规定应支付的费用。

施工机构迁移费指施工机构根据建设任务的需要,经有关部门决定成建制地由原驻地迁移到另一地区所发生的一次性搬迁费用。

联合试运转费指新建、改(扩)建工程项目,在竣工验收前按照设计规定的工程质量标准,进行动(静)载荷载实验所需的费用。

生产人员培训费指新建、改(扩)建公路工程项目,为保证生产的正常运行,在工程竣工验收交付使用前对运营部门生产人员和管理人员进行培训所必需的费用 。

4. 预备费

预备费包括价差预备费、基本预备费。

价差预备费指设计文件编制年到工程竣工年期间,人工费、材料费、机械使用费、设备购置费以及其他工程费等由于政策、价格变化可能发生上浮而预留的费用。

基本预备费指在初步设计和概算中难以预料的工程费用。

公路新、改建工程成本是反映公路部门经济活动的一个重要的综合性指标。公路部门在公路产品和经营活动中,各种材料消耗的多少,工程质量的好坏,劳动生产率的高低,机械设备利用是否充分,资金运用是否节约有效等,最终都会通过成本直接或间接地反映出来。因此,加强对公路工程施工管理,合理使用人力、物力和财力,努力降低工程成本,节约开支,提高资金使用效益,是公路部门的一项重要任务。

公路新、改建工程成本统计的任务就是正确反映成本水平、构成及变动情况,分析实际成本与预算成本的差异,检查成本计划的执行情况,揭示降低成本的途径,提出有效控制成本的具体措施。

二、工程成本统计

按照成本的编制依据,工程成本可以分为预算成本和实际成本。

预算成本是根据国家有关预算定额、计费或取费标准编制的某一公路建设工程项目的各项预算费用的总和。预算成本是成本核算的依据和衡量实际成本升降的尺度。

实际成本是指承担某一公路建设工程项目,在施工过程中实际支出的符合公路建设成本开支范围的各项费用的总额。它是反映公路施工企业实际经营活动水平的综合性指标。

工程成本统计的主要方法是将实际发生的成本与预算成本进行比较，计算成本增减额和成本增减率，进行节（超）分析（表3-12-7），计算公式为：

$$成本增减额 = 实际成本 - 预算成本$$

$$成本增减率(\%) = \frac{成本增减额}{预算成本} \times 100\%$$

工程成本统计表

表3-12-7

单位：万元

成本项目	预算成本	实际成本	成本增减额	成本增减率(%)
一、建筑安装工程费				
1. 直接费				
2. 间接费				
3. 利润				
4. 税金				
二、设备及工具、器具购置费				
1. 设备购置费				
2. 工器具购置费				
3. 办公家具购置费				
三、工程建设其他费				
1. 土地征用及拆迁补偿费				
2. 建设项目管理费				
3. 研究试验费				
…				
四、预备费				
1. 价差预备费				
2. 基本预备费				
合计				

成本统计不仅要计算成本增减情况，还要对出现的异常现象进行深入分析，观察各类成本是节约还是超支，如果节约，是使用更先进的施工工艺或提高管理水平所致，还是有偷工减料行为等；如果成本超支，是物价上涨所致，还是存在浪费、管理不善等因素。进行工程成本统计分析，可以为加强公路建设管理，不断降低工程成本提供科学依据。

第四节　公路养护成本统计

一、公路养护成本的概述

公路养护是对公路及其附属设施进行预防保养和修补，使之经常保持完好状态，包括路基、路面、桥梁、涵洞、隧道、标志标线、绿化等方面的保养和维修。这里主要论述小修保养成本统计。

公路养护成本是指公路养护单位根据批准下达的年度公路养护支出计划(预算),承担公路养护过程中,所发生的符合公路养护成本开支范围的各项养护生产费用的总和,由直接费和施工管理费组成。

1. 直接费

直接费是指施工生产中直接用于工程、形成工程实体或有利于工程完成的费用,有4个成本项目。

(1)人工费。是指从事施工的工人所发生的基本工资,包括计时工资、计件工资、各项补贴、社会保险费等。

(2)材料费。指工程耗用的构成工程实体的或有助于工程形成的各种材料、外购结构件的成本,以及周转材料的摊销额。

(3)施工机械使用费。指在施工过程中使用施工机械所发生的费用,包括自有施工机械和租赁机械所支付的费用。

(4)其他直接费。指除上述项目以外直接用于公路工程的其他直接费。如施工现场直接耗用的水、电、气等费用。

2. 施工管理费

施工管理费是指为管理和组织公路养护工程施工而发生的各项管理费用。它包括管理人员的工资、津贴、社会保险费、办公费、交通差旅费、固定资产使用费、低值易耗品使用费、劳保费用、检验和试验费、职工教育经费和其他费用等。

二、标准养护里程的计算

由于公路路网的复杂性,各公路管养单位所辖的公路在宽度、路面结构、已使用年限、交通量等诸多方面存在不同的情况,为了让实际发生的养护费用具有可比性,应计算标准养护里程。影响公路小修保养的因素很多,目前国内尚没有一个科学、系统的折算方法。河南省公路系统经过长期的实践探索,总结了一套折算方法,具体计算过程如下:

$$P_S = L \times (P_1 \times P_2 \times P_3)$$

式中:P_S——折算标准路面养护里程(kg);

L——某路段实际里程;

P_1——路面宽度系数,见表3-12-8所列;

P_2——路面磨耗系数,见表3-12-8所列;

P_3——路面使用年限路况折算系数,见表3-12-9所列。

路面宽度及磨耗系数表(P_1、P_2) 表3-12-8

车道数	路面宽度(m)	路面宽度系数(P_1)	路面磨耗系数(P_2)	$P_1 \times P_2$
单车道	3.5	0.500	1.86	0.93
	4.0	0.571	1.65	0.94
	5.0	0.714	1.35	0.96
双车道	6.0	0.857	1.14	0.98
	7.0	1.000	1.00	1.00
	8.0	1.143	0.89	1.02
	9.0	1.286	0.82	1.05

续上表

车道数	路面宽度(m)	路面宽度系数(P_1)	路面磨耗系数(P_2)	$P_1 \times P_2$
三车道	10	1.429	0.76	1.08
	11	1.571	0.71	1.11
	12	1.714	0.67	1.14
	13	1.857	0.63	1.17
四车道	14~16	2.000	0.60	1.20

标准养护里程路面使用年限路况系数(P_3) 表 3-12-9

路面使用年限(年)	路面状况	沥青(渣油)表处	沥青贯入式或冷拌沥青碎石路面
1-3	一般	0.6×1=0.6	0.5×1=0.50
	较好	0.6×0.9=0.54	0.5×0.9=0.45
	较差	0.6×1.1=0.66	0.5×1.1=0.55
4-5	一般	0.7×1=0.7	0.6×1=0.6
	较好	0.7×0.9=0.63	0.6×0.9=0.54
	较差	0.7×1.1=0.77	0.6×1.1=0.66
6-8	一般	1×1=1.0	0.7×1=0.70
	较好	1×0.9=0.90	0.7×0.9=0.63
	较差	1×1.1=1.10	0.7×1.1=0.77
9-12	一般	1.2×1=1.20	1×1=1.00
	较好	1.2×0.9=1.08	1×0.9=0.90
	较差	1.2×1.1=1.32	1×1.1=1.10
13 年以上	一般	1.3×1=1.30	1.2×1=1.20
	较好	1.3×0.9=1.17	1.2×0.9=1.08
	较差	1.3×1.1=1.43	1.2×1.1=1.32

【例 3-12-3】 ××县公路局管养一段国道实际里程 56km,沥青路面,路面宽度 9m,使用年限 11 年,则该路段标准养护里程 =56×1.05×0.9 =52.92km。

三、养护成本费用分析

统计人员应根据收集到的财务数据,计算养护费用各项开支所占的比重,并进行对比分析,考察养护支出是否合理。

【例 3-12-4】 分析 *A*、*B* 两县 2007 年公路小修保养费用支出。见表 3-12-10、表 3-12-11 所列。

***A* 县 2007 年公路小修保养费用** 表 3-12-10

单位:万元

项目	发生金额	比重	项目	发生金额	比重
合计	159	100%	机械使用费	15	9%
人工费	74	47%	其他费	0	0%
材料费	67	42%	施工管理费	3	2%

B 县 2007 年公路小修保养费用　　表 3-12-11

单位：万元

项　目	发生金额	比　重	项　目	发生金额	比　重
合计	123	100%	机械使用费	9	7%
人工费	72	59%	其他费	0	0%
材料费	39	32%	施工管理费	3	2%

从上面两个表中，可以看出，*B* 县的人工费要比 *A* 县高出 12 个百分点，应分析其中的原因，是否存在超员现象。

为了进一步分析小修保养成本的合理性，增强可对比性，应计算单位养护成本。

(1)小修保养单位成本是指报告期每公里的小修保养费用，计算公式为：

$$小修保养单位成本(万元/公里)=\frac{报告期小修保养成本(万元)}{报告期小修保养里程(公里)}$$

这里的小修保养里程是指折算后的标准养护里程。

【例 3-12-5】　××市所属 3 个县 2007 年小修保养费用对比情况见表 3-12-12 所列。

××市 3 个县 2007 年小修保养费用对比情况　　表 3-12-12

单位 项目	*A* 县	*B* 县	*C* 县
小修保养费用	114 万元	118 万元	412 万元
养护里程	32km	40km	141km
标准里程	43km	45km	160km
小修保养单位成本	2.65 万元/公里	2.62 万元/公里	2.575 万元/公里

从表中可以看出，*C* 县的养护总费用最高，但其单位养护成本最低。通过计算单位养护成本，进行养护费用的对比，可以加强养护单位的成本控制意识。

(2)小修保养成本还可以通过与上期数据作比较，动态反映单位成本的变化。

$$小修保养单位成本增减率(\%)=\frac{本年实际单位成本-上年实际单位成本}{上年实际单位成本}\times100\%$$

该指标也可以分不同等级、不同路面、不同路段分别计算。

(3)公路大(中)修单位成本，指某项大中修工程中修复每公路里程的成本。

$$公路大(中)修单位成本(万元/公里)=\frac{公路大(中)修成本(万元)}{在(中)修里程(公里)}$$

【例 3-12-6】　国道 106 某段大修，项目总投资 4860 万元，大修里程 37km，则该段大修单位成本 =4860/37 =131.35 万元/公里。

第五节　公路经营企业利润统计

公路经营企业利润统计，主要是指对公路部门所属的独立核算，自负盈亏，按国家规定缴纳各种税费的公路施工企业(以下简称施工企业)，一定时期内完成利润指标的统计。不实行独立核算的公路施工单位和公路养护单位，不纳入利润统计范围。

独立核算、自负盈亏的公路施工企业与其他物质生产部门一样，在施工生产过程中既创造新的价值，也担负积累资金的任务。

一、公路经营企业利润的概念和统计的任务

公路经营企业利润是公路施工企业承担公路建设项目施工，完成公路产品取得的工程结算收入扣除工程成本及各项税费后的余额。

公路经营企业的利润形成有两部分：一部分是在已完工程预算的基础上加上一定比例的法定利润；另一部分是预算成本与实际生产费用的差额。建筑工程预算造价体现着公路产品的全部价值。因此，公路施工企业利润，也是企业结算公路产品收入扣除工程成本以后的社会纯收入。利润的高低，集中表现了企业经营管理的好坏，所以，把利润作为考核公路施工企业的重要指标，有利于促使企业改善经营管理，更好地完成各项经营指标，不断提高企业的经济效益。

公路经营企业利润统计的主要任务是在会计核算的基础上，根据会计报表资料，通过利润额和利润率计算，检查分析利润计划的执行情况，研究利润变动的原因，对一定时期内企业的经济活动进行考核和评价。

二、公路经营企业利润统计的内容

公路施工企业的利润主要是工程结算利润。

工程结算利润是指公路施工企业按照已完工程的合同（承包）价格从建设单位（或总包单位，下同）办理工程结算时取得的工程价款结算收入扣除工程实际成本及各项税费后的余额。

向建设单位收取的工程价款结算收入，根据现行制度规定，由下例各项组成：

（1）根据实际完成的工程量按照预算单价和管理费取费标准计算的工程预算成本。

（2）根据前项工程预算成本和规定的取费标准计算的独立费用（如远征工程增加费）。

（3）根据规定计算的法定利润。

工程结算利润是公路施工企业利润的主要来源。但由于公路工程价款结算收入，是根据公路施工企业与项目建设单位签订的项目承包合同总价，及实际完成的工程量、工程质量等因素取得的。因此，以上各项因素的变动，对施工企业的利润水平有直接影响。但在既定的合同总价条件下，工程利润数额的多少，取决于工程成本的降低程度和完成的工程数量和质量。在完成符合质量规定的工程数量情况下，工程成本降低幅度越大，工程结算利润就越多。反之，则取得的工程结算利润就会越少。因此，研究公路工程结算利润额，应着重研究公路施工企业的成本降低情况和存在的问题。

公路施工企业的辅助生产部门（如木材加工、结构件预制、采办砂石、汽车运输等）为公路工程提供的产品（材料、构件 ）和劳务（修理、运输），按实际成本或按内部结算价格与施工部门结算的，附属生产单位为本部门服务所取得的收入，扣除实际成本后的盈余，也纳入公路施工企业利润中，形成公路施工企业利润。

公路施工企业利润，除工程结算利润外，还有产品销售利润、作业销售利润、材料销售利润和其他销售利润，以上 5 项利润总和构成营业利润。投资净收益是公路经营企业对外投资取得的净收益。营业外收支净额是公路施工企业生产流通活动经营成果以外发生的其他收入与支出的结余，它是营业外收入与营业外支出的差额，按照规定要加入公路施工企业的利润总额。公路施工企业的利润总额，是公路施工企业在一定时期内实现的全部利润。

三、公路经营企业利润统计的主要指标

公路企业利润额与公路施工企业的生产规模有着密切关系。利润的多少，并不能说明公

路施工企业的利润水平和盈利程度。因为利润额的大小，不仅取决于工程质量的好坏，而且还受施工任务、工程结构和预算价格等客观因素的影响。因此，只有将利润额同完成的工作量结合起来，考察取得利润的比率，才能比较正确的评价和分析公路单位利润水平的高低。统计中一般将利润额与工作量、成本和资金占用加以比较，计算各种利润率和总利润率，说明公路经营企业的盈利程度。

1. 利润总额

$$利润总额=营业利润+投资净收益+营业外收支净额$$

2. 营业利润

$$营业利润=主营业务利润+其他业务利润-管理费用-财务费用$$

3. 主营业务利润

$$主营业务利润=主营业务收入-主营业务成本-营业费用-营业税金及附加$$

4. 其他业务利润

$$其他业务利润=其他业务收入-其他业务支出$$

5. 营业收入利润率

营业收入利润率是公路施工企业在一定时期内的施工利润与营业收入总额的比率。营业收入利润率用于衡量企业包括主营业务和其他业务在内的全部业务的获利能力，是评价企业经营效益的主要指标。营业收入利润率的计算公式为：

$$营业收入利润率(\%)=\frac{营业利润}{营业收入总额}\times 100\%$$

6. 成本费用利润率

成本费用利润率是公路施工企业在一定时期内的利润总额同企业成本费用总额的比率。成本费用利润率表示企业为取得利润而付出的代价。成本费用利润率的计算公式为：

$$成本费用利润率(\%)=\frac{利润总额}{成本费用总额}\times 100\%$$

其中成本费用总额是指企业主营业务成本、营业费用、管理费用、财务费用之和。

7. 总资产报酬率

总资产报酬率是企业息税前利润与企业平均资产总额的比率。它反映企业资产综合利用效果的指标，也是衡量企业利用债权人和所有者权益总额所取得盈利的重要指标。计算公式为：

$$总资产报酬率(\%)=\frac{息税前利润}{平均资产总额}\times 100\%$$

$$息税前利润=利润总额+利息费用$$

$$平均资产总额=\frac{期初资产总额+期末资产总额}{2}$$

第十三章　公路统计综合分析

第一节　公路统计综合分析概述

一、公路统计综合分析的基本概念

公路统计综合分析，就是以公路统计及有关资料为依据，利用科学的统计分析方法对与公路经济活动相关的数据进行处理，以揭示其内在的关系、规律和发展趋势，寻找其规律性，分析这些规律性的目的是研究公路规模、结构、质量和经济情况，这些数据的规律就表明公路经济活动运行的规律。

二、公路统计综合分析的目的

统计分析的目的是反映公路经济现象产生的原因，揭示内在联系，认识其本质和发展变化的规律，预测其未来的发展，并提出解决问题的建议。

三、公路统计综合分析的基本内容

(1)通过各种经济技术指标和生产(预算)定额，分析公路建设、养护生产、路政管理、交通规费征收等生产活动的投入和产出，探讨如何减少投入，增加产出，降低成本，提高劳动生产率，延长公路使用周期。

(2)分析资金利用效果，提高资金周转速度，降低非生产性支出，提高建设单位(业主)、施工单位(承包人)内部效益和社会效益。

(3)分析路政管理、车速、交通量和交通拥挤程度等有关指标，提高公路通行能力和服务水平。

(4)分析研究公路建设、养护、规费征收等与社会经济发展的比例关系。

(5)结合生产力布局和客、货运输周转量，分析本区域5种运输方式之间的比例关系，提出合理化建议。

(6)对公路的发展方向、公路密度、公路布局和等级结构进行综合分析，为公路网规划提供依据。

(7)对公路工程、养护企业的偿债能力、盈利能力、发展前景等进行分析，分析企业生产经营活动的现状、成果、发展趋势和存在问题等。

(8)根据工作需要，开展一些专题分析等。

四、公路统计分析的种类

在统计实践过程中，根据研究对象和研究目的的不同，公路统计分析是多种多样的，主要包括：

(1)宏观分析和微观分析

依据分析对象涉及的层面分为宏观分析和微观分析。宏观分析是对一个地区或一个部门的统计资料进行综合分析，着眼于全局；微观分析是对其中一项活动的统计资料进行分析，着眼于局部。

(2)综合分析和专题分析

依据与分析对象的关系分为综合分析和专题分析。综合分析是对公路部门的日常经济活动进行全面分析，如公路网布局和等级结构分析、5 种运输方式之间的比例关系分析、公路交通与国民经济适应程度分析等。专题分析是针对某一方面的问题利用统计资料和典型调查进行专门分析，如某项工程的可行性分析、某项工程的效益分析、某公路工程、养护企业的偿债能力、盈利能力分析等。

(3)静态分析和动态分析

静态分析侧重于描述事物在某一时点(或时期)的状态及特性，动态分析侧重于事物较长时间发展变化的趋势，反映事物发展过程的特征及变化规律。

(4)状态分析、规律分析和前景分析

各项统计分析活动都是对客观现象的状态、规律及前景进行分析和研究。客观现象的状态是指一定时间地点条件下的规模、水平、速度及各种构成或比例关系；规律是指事物之间客观存在的必然的依存关系，以及在较长时间内事物发展变化的模式；前景是指客观现象未来可能的状态。统计分析对状态、规律、前景的认识作用是相互联系的，体现了认识上由浅入深的 3 个层次的变化。

五、公路统计综合分析与研究的基本方法

1. 公路经济活动分析方法

(1)静态统计分析和动态统计分析

静态统计分析的重点是公路经济活动状态特征和规律性分析，在公路统计资料上表现为短期资料和截面资料。

动态统计分析把经济活动看做是一个连续的发展过程，统计分析的角度不是时点上的状态，而是过程上的特征和规律性。

(2)专业统计分析和领导需求

专业统计分析，是按学者视角研究分析公路经济活动中的现实问题，回答“是什么”。领导需求则是按照政府或领导的要求去研究问题，为政府提出解决某些问题的方案，回答“应该是什么”。

2. 统计综合分析的方法

(1)描述性分析方法。

(2)多元统计分析方法，如回归、聚类、主成分分析等。

(3)常用的经济和统计分析方法，包括指数分析、因素分析、时间序列分析、弹性分析、综合评价等。

3. 计量分析的方法

计量分析是以事实为依据，以数学和统计学为方法，以电脑技术为工具，从事经济关系与经济活动数量规律的研究，并以建立和应用计量模型为核心的一种统计分析方法。

计量模型由系统或方程组成，方程由变量和系数组成。其中，系统也是由方程组成。因此，构成统计计量模型的基本元素是经济变量、运算符和变量前的系数以及随机扰动项。

六、公路统计分析的步骤

1. 选题

选题，即选好题目，确定分析对象和研究的主要问题。选题是指通过对客观现象的观察，或通过对统计资料的初步分析，选择出所要研究的对象，确定研究目的和范围，规划主题思想和基本内容。选题应遵循以下原则：

(1)实事求是原则。统计分析是为了研究和反映实际情况，因此，选题必须从实际出发，而不能靠想象、凭兴趣。

(2)价值原则。所谓价值原则就是选题要有实用价值和社会价值，要考虑分析对象的实际需要，要有助于解决理论和实际问题。价值原则首先表现为针对性，其次表现为新颖性，第三表现为时效性。

(3)可行性原则。选题在考虑“价值”的同时，还要考虑“可能”，既主观上和客观上是否具备一定的条件。

2. 建立分析指标体系

通过选题，确定了分析对象和分析目的，下一步就是要根据分析目的，使分析对象具体化，对其数量方面进行认识。建立统计指标体系就是数量化过程的重要环节。

对于某些简单的统计分析，可以只就一个统计指标进行分析，如对公路总里程的分析。但综合统计分析是对较复杂的问题进行分析，这就需要应用多个统计指标来较全面地把握分析对象。我们将这样由若干相互联系的统计指标形成的整体称为统计指标体系。

建立分析指标体系，不是随便选择几个指标，而是一个复杂的问题。对于同一分析对象，由于分析目的不同，指标体系就不一样，即使是同一分析对象和同一分析目的，由于人们的认识不同，设置的统计指标体系也不会相同，甚至会有很大差异。关于如何建立指标体系的问题，应注意4个原则，即科学性原则、全面性原则、敏感性原则、实用性原则。

3. 调研和收集资料

(1)搜集有关分析选题方面的经济理论和实证分析的文章、资料。符合要求的统计资料是进行统计分析的前提条件。可进行统计分析的资料有统计资料、会计资料、与分析对象相关的专业资料以及一些定性资料。统计分析多应用现成的统计资料。

(2)对所分析对象的现状做初步调查和整理，了解有关情况。在利用统计资料进行分析之前，一般都要对资料的可信程度、一致性进行基本的判断。

(3)研究分析统计反映体系，包括统计指标体系和收集有关统计资料。分析指标是根据分析目的将分析对象具体化，在多数情况下，选择现成的、常用的统计指标。

①选择统计分析指标的一般原则

a. 要紧扣选题。

b. 要注意指标的全面性和系统性。全面性是指标的选择应尽可能从不同的角度反映分析对象的全貌。系统性是指指标之间要具有一定的内在联系，而不是杂乱无章的罗列。

c. 要简洁有效。

d. 要注意指标的敏感性，应能比较敏感地反映分析对象的变化。

e. 要注意指标的可行性，指标的设置要有利于资料的取得。

②统计指标的选择方法

选择指标的方法可分为定性方法、定量方法和定性与定量相结合的方法。定性方法中常用的有专家评判法等。定量方法中常用的方法是试算法，即通过历史资料的试算来判断指标的有效性。还有一种定量方法是通过相关系数来对指标进行选择,并借助于系统聚类法来实现。

4. 数据处理

选择合适的分析模型,对统计数据进行整理和计算。数据处理过程,即运用统计方法对反映分析对象数量特征的资料进行判断和推理,并由此得出结论的过程。该过程常用的统计分析研究方法主要有评价分析、依存关系和动态分析等。

5. 撰写统计分析报告

包括分析的背景和主要目的、主要问题及其影响、问题形成原因、对策研究、所运用分析方法的介绍等,具体的组织方式因研究内容、目的不同各有差异。

七、统计分析报告的特点、原则和作用

1. 统计分析报告的特点

统计分析报告是对研究过程进行表述的文章,是统计分析结果的最终形式。与一般的文章相比,它具有以下一些特点:

(1)以统计数据为语言。统计分析报告以统计数据为主要语言,通过确凿、翔实的数字和简洁朴素的文字进行说明和分析,并辅之以统计表和统计图来具体而明确地进行表述。并且,统计分析报告所使用的统计数据不是个别的、简单的、杂乱无章的,而是相互联系的,具有逻辑关系的统计数据。

(2)具有简明的表达方式和结构。统计分析报告属于说明文,在表述时不使用夸张、虚构、想象等文学表达方式,也不使用华丽的语言和过多的描写去着意渲染。它要求用尽可能少的文字,做到言简意赅,资料与基本观点统一,论点和论据一致。统计分析报告具有相对确定的结构,其突出特点是层次分明、脉络清晰,先针对问题亮出观点,然后用数据和事实进行证明,在进行科学分析的基础上最后提出对策和建议。

(3)是对研究过程的高度概括,针对性要求强、时效性要求高。统计分析报告是研究过程的叙述,但又不是研究过程的全盘照搬,而是择其主要论点和论据对研究过程的高度概括。它省略研究过程运用多项指标、多种统计方法进行试算的过程,而且也不要对方法的基本原理、特点、推导过程和运算步骤进行过细的讨论(但要有科学的统计方法作支撑),而是通过论点和主要论据的联系直奔主题。

2. 统计分析报告的原则

(1)认准数据说话。数据说话的三境界是从概念认识到统计描述,再到数据算账。

(2)正确使用指标。第一要掌握指标的内在含义,第二要知道指标的统计方法和统计频率,第三要了解指标对经济的解释力。

(3)量化分析三“同时”。同时考虑平均数与差异性、同时考虑总量和结构、同时考虑一般性和特殊性。①统计数据一般反映的是平均水平,许多差异往往被平均数所掩盖,如行业、地区之间的差异往往从平均数上得不到反映,所以在量化分析时既要看平均数,也要看差异性。②既要从总量上看问题,也要从结构上看问题。③既要注意一般性,也要注意特殊性。进行综合分析,肯定要从一般角度看问题,但仅停留在一般还不够,特别是在体制转轨、社会和经济转型的情况下,我们只用一般理论、一般角度看,可能很多现象是不正常的,但是从特殊的角度进行深入的分析,可能有些不正常的现象又变为正常了,一些不合理的事情又变为合理了。

(4)研究波动三“关注”。统计分析在很多情况下就是研究短期波动问题,分析人员更加关心的是波动的起伏,研究这种波动是否与正常运行有大的偏离。所以在研究波动时,要关注

变化，关注细节，好中看坏、坏中看好，这样才能做到辨证、客观、全面。

(5)判断形势三"兼顾"。①现状与趋势兼顾。既要对经济发展现状进行认真的分析研究，又要对未来的发展趋势作出深入的判断，这样才能够对整体问题有一个比较客观的分析，得出一个比较准确的结论。②时期与时点兼顾。在分析数据时，既要看时期数，也要看时点数。往往看一个时期数，差距可能不太明显，但是用时点数进行环比，可能会看到事物新的特征，要注意时期和时点的结合，多角度去判断。③偶然性与必然性兼顾。既要看到事物的必然性，也要看到事物的偶然性。用发展的眼光看动态变化是必然趋势，但在某个时点和某一阶段有些偶然性可能演化成必然性。偶然性是否会变为必然性，需要我们进行认真的分析。

3. 统计分析报告的作用

统计分析的功能只有通过统计分析报告才能得到体现。具体而言，统计分析报告的作用主要有以下 3 个方面：

(1)统计分析报告是表现统计成果最重要的形式之一。表现统计分析成果有表格、图形等多种形式，但在这些形式中，以文章来表现最理想。这是因为：①它能够综合和灵活地运用表格、图形等表现形式；②它可以表现出表格和图形所不能充分表现的活情况；③它可以表现出来表格和图形所不能表现的定性分析；④它可以表现出研究过程中的衍生和逻辑性；⑤它可以运用语言的表现力对重要的问题进行强调，对一些细节进行提示，对数据表现出的规律性进行解释。

(2)统计分析报告是发挥统计整体功能、提高统计地位的重要手段。统计分析报告把数据、情况、问题、对策和建议等融为一体，既有定量分析，又有定性分析，可以比一般统计数据更集中、更系统、更鲜明地反映客观实际，又便于阅读理解，因而是实现统计信息、咨询、监督功能的重要手段。与此同时，一篇好的统计分析报告能引起各级决策和社会公众的广泛关注，还可以扩大统计工作的社会影响，提高统计工作和统计工作者的社会地位。

(3)有利于提高统计工作者的业务素质。要发挥统计整体功能，就要广泛开展统计分析活动，定期或适时向决策机构和社会各界提供有价值的统计分析报告。这是一项综合性、实用性很强的工作，也是成就统计人才的必由之路。统计工作者只有积极进行统计分析活动，认真撰写统计分析报告，才能不断增长才干，提高自身的理论水平、业务水平和分析问题的水平，达到把握全局的能力。

八、统计分析报告的写作方法和要求

一篇统计分析报告，从形式上看，无论怎么变化，无非是情况、问题、对策 3 个部分内容。每一部分总的要求是：情况要全面、问题要准确、对策要可行。

1. 情况写作的 3 种主要形式

(1)平铺直叙式；

(2)特点描述式；

(3)原因分析式。

2. 问题的写作方式

一是当问题仅限于苗头性或有发展的趋势时，用"但是"作为连接词把问题放在情况后写；二是当问题值得充分关注时，通常单独列示；三是当对形势的判断有分歧时，通常在简单的情况描述后，把问题糅合在里面表述，表明自己看法。

3. 情况、问题和对策写作的具体要求

(1)情况宁平毋花。情况的写作要客观、平和、平实，不说过头话，不出现过于肯定或过于否定的词语，要留有余地。

(2)问题宁直毋涩。对问题要开门见山，千万不要绕弯子，是什么问题说什么问题。对问题要从多个角度综合判断分析，防止只提表象，雾里看花。

(3)对策宁圆毋方。对于有十足把握的对策当然要毫不迟疑的亮出来。但是大多数情况下，对于对策的力度、出台时机把握度往往并不是很大，这就需要在具体描述中尽量把话说得圆一些，留有回旋余地。

4.统计分析报告写作的基本要求

(1)要虚实结合。虚就是要有理论支撑，一定可以看到其中的理论痕迹。实就是要有实践意义，必须以反映客观实际、解决实践中存在的问题为宗旨。虚实结合就是不能搞空对空，就理论来谈理论，也不能简单地就事论事，抛开理论来谈形势。即便是理论性很强的统计分析报告，也要力求做到既有理论深度，又要有实践指导性的东西。

(2)要思路清晰。①要求观点鲜明、层次清楚、逻辑性强。②要知道自己想表达的主题是什么，有什么论点和论据，理清思路、完全变成自己的东西后再下笔。③要善于抓住主题，善于把无关紧要的论点、论据甚至数据、词语毫不留情地删掉。④要做到思路清晰，核心是要有思路，不能人云亦云，随波逐流。

(3)要有一定的新意。所谓有新意，就是要见解独到、不落俗套，要发现新情况，揭示新问题，提出新策略。基本的原则是"顺势而动，有所不同"。新意绝非另辟蹊径，甚至标新立异，而是体现大原则下的"不同"。

(4)要文风朴实。除了必要的修辞手法之外，语言要平实，实实在在，不搞生硬的排比，不追求华丽的辞藻堆砌。

(5)要"高、行、明、全"。①"高"就是要站在决策者的高度，想决策者之所想，分析研究决策者最关心的问题，而不是一般的问题。②"行"就是统计分析中提出的政策建议具有可操作性，不能只是理论上的"纸上谈兵"，要紧密联系实际，强调可行性。③"明"就是简明，要求统计分析文章不能过长，要尽可能地短，把自己的观点，想说的话用尽可能少的文字表达出来，做到观点鲜明，主题突出，文字简洁。④"全"就是要有全局观念。

第二节　公路统计综合分析的一般方法

一、直接对比法

直接对比法是将公路经济活动的各项统计指标与被选定的指标直接进行比较，在比较中得出分析结果。

直接对比法包括实际完成数与计划指标数的对比，本期实际与基期或上期的对比，本期实际与历史最高水平对比，以及与同行业先进单位或国际水平对比等。可以用绝对数表现它们之间的差距，也可以用相对数反映其差异的幅度。通过各种对比，分析公路部门生产经济活动所达到的水平或增长幅度，为领导或上级机关提供宏观决策依据。

直接对比法还常常在公路工程可行性研究报告中应用，如经济评价采用"有"、"无"比较法原则，即公路新、改建后所产生的效益(客、货运成本降低额、货物节约在旅途时间价值、旅客节约在旅途时间价值、减少货损和事故降低额等)与公路新、改建前的效益进行对比，得出分析结果净现值(ENPV)、效益费用比(EBCR)、内部收益率(EIRR)和投资回收期(N)，在经济效益上判定公路新、改建的可行性。

二、动态分析法

动态分析法是研究社会经济现象沿时间轴的变化规律，也是我们认识公路经济活动最基本的方法。

动态分析法首先将被研究现象的各项指标，按时间先后顺序排列，组成反映现象动态变化的时间数列。以时间为自变量，求出被研究现象对时间的函数，或直接以数列显示现象的变化趋势。按分析功能的不同可分为两类：一类是反映和描述的方法；一类是判别和检验的方法。反映和描述的方法主要有指标法、图示法和模型法 3 种。指标法是用统计指标来反映动态发展水平、发展速度、增长量、增长速度等。图示法是用统计图形来反映各种动态变动的形式（指标法、图示法举例分析见第二章第六节）。模型法是通过建立统计模型对动态发展趋势进行概括。判别和检验的方法主要用于对反映和描述的科学性进行判断（模型法和判别、检验的方法举例分析见本章第四、五节）。

公路生产活动和其他经济活动一样，往往循时间的延续出现波动，大体上有 4 种形式：

①长期趋势（T）。即在较长时间内循一定方向的一般性变动。

②季节变动（S）。即由于季节因素作用于客观现象而引起的波动，具有一定的周期性。

③循环波动（C）。即由于一些内在原因引起的周期性波动。

④不规则波动（I）。即由于一些偶然因素造成的波动。

为消除经济活动波动造成统计资料失真的因素，在实际工作中，我们要对原始统计资料进行处理后，再进行统计分析。现以公路交通量为例，来介绍两种季节变动指数的测定方法。

1. 平均数季节指数法

平均数季节指数法是指不考虑长期趋势的影响，而直接求月（或季，下同）的平均数对总的月的平均数的相对比率来反映各月的季节变动规律。求交通量平均数季节指数，首先要搜集某观测站 3 年以上各月的交通量调查资料，再计算出 n 年内同月的平均数及总的月的平均数，然后计算季节指数。计算公式为：

$$S_i = \frac{\overline{x_i}}{\overline{x}}$$

式中：S_i——第 i 个月的季节变动指数；

$\overline{x_i}$——n 年内同月的平均数；

$\overline{x}$——总的月的平均数。

【例 3-13-1】 利用××间隙式交通量观测站 1999～2001 年统计资料计算平均数季节指数（表 3-13-1）。

××交通量观测站 1999～2001 年统计资料（平均数季节指数法） 表 3-13-1

交通量单位：辆次/日

年月	1999 年		2000 年		2001 年		平均交通量（si）		季节指数			
									调整前		调整后	
	月	季	月	季	月	季	月	季	月	季	月	季
1	3366		4243		3457		3689		0.92		0.92	
2	2825	3086	3662	4116	3333	3703	3273	3635	0.82	0.91	0.82	0.9077
3	3066		4442		4318		3942		0.98		0.98	

续上表

年月	1999 年		2000 年		2001 年		平均交通量(*si*)		季节指数			
									调整前		调整后	
	月	季	月	季	月	季	月	季	月	季	月	季
4	3458	3687	4294	4084	4161	328	3971	4033	0.99	1.01	0.99	1.0075
5	3938		4442		4553		4311		1.07		1.08	
6	3664		3515		4270		3816		0.95		0.95	
7	3601	4502	4427	4305	3565	4023	3864	4276	0.96	1.07	0.96	1.0673
8	4931		4456		3971		4452		1.11		1.11	
9	4973		4031		4532		4512		1.12		1.13	
10	4595	4619	3633	3894	3401	3739	3876	4084	0.97	1.02	0.97	1.0175
11	4934		4406		3443		4261		1.06		1.06	
12	4329		3644		4372		4115		1.02		1.03	
合计	—		—		—		—		11.97	4.01	12	4
平均	3973		4099		3948		4007		—		—	

计算结果如上表所示。需要注意的是,月变动指数 S_i 的总和必须等于 12,季变动指数 S_i 的总和必须等于 4,否则要用调整系数加以调整,其计算公式为:

$$月变动指数调整系数 = 12/月变动指数 S_i 的总和 = 12/11.97 = 1.0025$$

$$季变动指数调整系数 = 4/季变动指数 S_i 的总和 = 4/4.01 = 0.9975$$

用此系数去乘原季节变动指数,即可得出调整后季节变动指数。

2. *移动平均趋势剔除法*

时间数列的变动可以分解为长期趋势、季节变动、循环波动和随机的不规则变动 4 个部分,它们之间的关系式为:

$$\frac{Y}{T} = S \times C \times I$$

式中:Y——季度(或月)平均日交通量;

T——长期趋势值;

S——季节变动指数;

C——循环波动指数;

I——不规则变动相对数。

先用移动平均法测定时间数列的长期趋势,然后在原数列中将长期趋势剔除,再计算季节指数。仍以【例 3-13-1】× ×间隙式观测站 1999 ~ 2001 年的平均日交通量统计资料为例来计算季节指数(表 3-13-2)。

计算步骤为:

(1)先计算 4 个季度的移动平均数,由于是偶数项移动平均,所以要再计算相邻两个移动平均数的平均数,使平均数移置在对应的各季位置上,这就是长期趋势值 T。

(2)将季度平均日交通量除以对应的趋势值,得出剔除趋势值后的"季节变动和不规则变动相对数",即$\frac{Y}{T} = S \times C \times I$。

(3)将同季的 Y/T 加总求平均数,这就消除了随机的不规则变动因素,这 4 个季度的平均数是反映季节变动的数值。

(4)将4个季度季节变动的数值加总,得出调整前的季节指数之和,计算调整系数后,即可得出季节变动指数 S。

××交通量观测站1999~2001年统计资料(移动平均趋势剔除法)　　表3-13-2

交通量单位:辆次/日

年度	季度	交通量 Y	移动平均	趋势值 T	Y/T	季度指数 S	
						调整前	调整后
1999年	1	3086					
	2	3687	0				
	3	4502	3974	4103	1.0972		
	4	4619	4231	4281	1.0790		
2000年	1	4116	4330	4306	0.9559	0.9382	0.9212
	2	4084	4281	4191	0.9745	1.0326	1.0139
	3	4305	4100	4049	1.0632	1.0802	1.0606
	4	3894	3997	4028	0.9667	1.0229	1.0044
2001年	1	3703	4058	4023	0.9205	$\sum S=4.0739$	$\sum S=4.0000$
	2	4328	3987	3968	1.0907	调整系数=0.9819	
	3	4023	3948				
	4	3739					

通过上面计算,可以看出,用平均数季节指数法得出的季节变动指数1~4季度分别为:0.9077、1.0075、1.0673、1.0175,而用移动平均趋势剔除法得出的季节变动指数1~4季度分别为:0.9212、1.0139、1.0606、1.0044。

同一实例用两种方法测定,其计算结果为什么会不一样呢?这是因为,平均数季节指数法采取按季平均计算季节指数,简单明了,计算方便,各季的平均数中含有长期趋势的影响,计算出来的季节变动指数只能近似地反映变动的大致情况。而用移动平均趋势剔除法,充分考虑了长期趋势和随机的不规则变动影响,因此用此方法计算的季节变动指数与平均数季节指数法相比更具有准确性和代表性。

在公路生产和经济活动中,受自然条件和社会条件的客观影响,公路养护、工程施工、交通规费收入和支出等都有旺季和淡季之分,在应用统计调查资料时,要充分考虑季节变动的影响。如公路部门编制公路小修保养费计划,交通量的大小直接影响着公路养护成本;所有公路工程可行性研究报告的经济评价、模型预测,主要依据交通量调查资料来进行计算;利用交通量调查资料可以对收费站的车辆通行费收入进行预测、监督;利用交通量调查资料可以对公路进行拥挤度分析等。如果不考虑交通量季节变动情况,而直接使用原始数据,就可能导致经济评价和财务评价出现偏差,影响统计分析成果的准确性。

三、指数分析法

指数分析是指在分析相互起作用的各个因素对指标变动的影响程度时,假定其他因素不变而其中一个因素变化,并按一定顺序分别计算各个因素的影响程度。总指数有两种计算形式,即综合指数和平均指数。

指数分析是从数量方面研究现象动态变动中受各种因素变动的影响程度,主要解决分析以下两个问题：

一是利用综合指数体系，分析现象总体总量指标的变动受各种因素变动的影响程度。如分析公路建设总投资的变动，就要分析公路建设里程和公路建设成本变动的影响程度。二是通过平均指标指数体系，分析经济现象总体平均指标变动受各种因素变动的影响程度，这是在分组或划分各个局部的条件下所进行的平均指标变动的结构分析。例如分析公路管理部门总平均工资的变动，就要分析管理、工勤人员平均工资变动和管理、工勤人员结构变动的影响程度。

1. 综合指数

编制综合指数是从现象因素的相互关系中，来确定与研究现象相联系的因素，从而加入这一因素，使各种因素的不同使用价值量，改变为价值形态。对复杂现象总体所包含的两个因素中；把新加入因素作为同度量因素加以固定，来测定我们所关心因素（亦即指数化因素）的变动程度。

作为同度量因素的指标应固定在哪个时期，要根据编制指数的具体任务以及指数式的经济内容来决定。一般情况下，编制质量指标综合指数，把同度量因素的数量指标固定在报告期上，即$\sum p_1q_1/\sum p_0q_1$；编制数量指标综合指数，把同度量因素的质量指标固定在基期上，即$\sum p_0q_1/\sum p_0q_0$。

2. 平均指数

平均指数是从个体指数出发来编制总指数的，计算形式有算术平均数指数和调和平均数指数。

算术平均数指数公式：

$$\sum kp_0q_0/\sum p_0q_0=\sum\frac{q_1}{q_0}p_0q_0/\sum p_0q_0$$

调和平均数指数公式：

$$\sum p_1q_1/\sum\frac{1}{k}p_1q_1=\sum p_1q_1/\sum\frac{p_0}{p_1}p_1q_1$$

式中：k——数量指标的个体指数，即$k=q_1:q_0$；

p——质量指标；

p_0——基期质量指标；

p_1——报告期质量指标；

q——数量指标；

q_0——基期数量指标；

q_1——报告期数量指标。

【例 3-13-2】 某公路工程公司下辖 3 个工程处，其劳动生产率及有关资料见表 3-13-3 所列。

某公路工程公司 2005 ~ 2006 年劳动生产率情况 表 3-13-3

指标	劳动生产率（千元/人）		职工人数（人）		产值（千元）		p_0q_1
	2005 年 p_0	2006 年 p_1	2005 年 q_0	2006 年 q_1	2005 年 p_0q_0	2006 年 p_1q_1	
第一工程处	400	410	60	200	24000	82000	80000
第二工程处	500	520	80	120	40000	62400	60000
第三工程处	600	630	60	80	36000	50400	48000
合计	平均 = 500	平均 = 520	200	400	100000	194800	188000

2006 年该公路工程公司产值发展速度为：

$$\sum p_1q_1/\sum p_0q_0 = 194800/100000 = 194.8\%$$

增长量 $\sum p_1q_1 - \sum p_0q_0 = 194800 - 100000 = 94800$ 千元

其中：

(1)劳动生产率

影响程度： $\sum p_1q_1/\sum p_0q_1 = 194800/188000 = 103.6\%$

影响绝对量： $\sum p_1q_1 - \sum p_0q_1 = 194800 - 188000 = 6800$ 千元

(2)职工人数结构

影响程度： $\sum p_0q_1/\sum q_1(\sum p_0/n) = 188000/(400\times500) = 94\%$

影响绝对量： $\sum p_0q_1 - \sum q_1(\sum p_0/n) = 188000 - (400\times500) = -12000$ 千元

(3)职工人数

影响程度： $\sum q_1(\sum p_0/n)/\sum p_0q_0 = (400\times500)/100000 = 200\%$

影响绝对量： $\sum q_1(\sum p_0/n) - \sum p_0q_0 = (400\times500) - 100000 = 100000$ 千元

以上分析说明，该公路工程公司产值的增加，主要是职工数量增加贡献的。需要注意的是，职工人数结构的影响，使公司产值降低 6%，净减少 12000 千元，今后应妥善安排 3 个工程处的职工人数，进一步提高劳动效率。

四、因素分析法

所谓因素分析是指对影响分析对象的有关因素及其对研究对象的影响程度进行分析研究。

因素分析按其所解释的统计指标不同，可以分为对总量指标的因素分析，对平均指标的因素分析，以及对比重指标、比例指标和强度指标的因素分析。按解释对象的复杂程度不同，可以分为对简单总体的因素分析和对复杂总体的因素分析。按其认识深入程度不同，可以分为平行因素分析和递进因素分析。

1. 和因素分析

形式为：

$$y = \sum x_i$$

即分析对象 y 由因素 x_i 相加组成。

如公路车道总里程 = 高速公路车道里程 + 一级公路车道里程 + 二级公路车道里程 + 三级公路车道里程 + 四级公路车道里程 + 纳入公路统计里程的等外公路车道里程。各技术等级和等外公路车道里程的多少，决定着公路车道总里程的多少，各技术等级和等外公路车道里程就是影响公路车道总里程的因素。

和因素分析包括两项内容：一是增长速度因素分析；二是增量因素分析：

(1)增量分析

分析对象的增量等于各因素增量的和。即：

$$\Delta y = \sum \Delta x_i$$

(2)增长速度分析

$$\frac{y_1}{y_0} = \sum \frac{x_{i0}x_{i1}}{y_0x_{i0}}$$

即分析对象发展速度等于各因素发展速度以各因素所占比重作权数的加权和。

增长速度计算公式为：

$$\frac{\Delta y}{y}=\sum_{i=1}^{n}\frac{x_{i0}}{y}\frac{\Delta x}{x_{i0}}$$

即分析对象增长速度等于各因素增长速度以各因素所占比重作权数的加权和。

【例 3-13-3】 表 3-13-4 是××市公路施工企业 2006 年、2007 年工程利润情况，试分析市内、外工程利润变化对总利润变化的影响。

××市公路施工企业 2006～2007 年工程利润情况 表 3-13-4

单位：万元

年份	工程总利润 y	市内利润 x_1	市外利润 x_2
2006	270	235	35
2007	280	240	40

(1)分析 2006 年与 2007 年相比总利润变化

绝对量变化：工程总利润增加 10 万元(y_1-y_0)；

发展速度为：$\frac{y_1}{y_0}=(280/270)\times100\%=103.7\%$；

增长速度为：发展速度 $-100\%=103.7\%-100\%=3.7\%$。

(2)两因素(市内利润、市外利润)自身的变化

市内利润：绝对量增加 5 万元；

发展速度：$\frac{X_{11}}{X_{10}}=(240/235)\times100\%=102.1\%$；

增长速度：发展速度 $-100\%=102.1\%-100\%=2.1\%$；

市外利润：绝对量增加 5 万元；

发展速度：$\frac{X_{21}}{X_{20}}=(40/35)\times100\%=114.3\%$；

增长速度：发展速度 $-100\%=114.3\%-100\%=14.3\%$。

$$2006\text{ 年市外利润占总利润}\frac{X_{20}}{X_0}=(35/270)\times100\%=13\%$$

$$2006\text{ 年市内利润占总利润}\frac{X_{10}}{X_0}=(235/270)\times100\%=87\%$$

$$2007\text{ 年市外利润占总利润}\frac{X_{21}}{X_1}=(40/280)\times100\%=14.3\%$$

$$2007\text{ 年市内利润占总利润}\frac{X_{11}}{X_1}=(235/270)\times100\%=85.7\%$$

由此及可以进一步计算两部分的贡献率：

市内利润发展速度对工程总利润发展速度的贡献率=(2006 年市内利润占总利润率×市内利润发展速度)/总利润发展速度 $=\frac{X_{10}}{X_0}\times\frac{X_{11}}{X_{10}}/\frac{y_1}{y_0}=87\%\times102.1\%/103.7\%=88.8\%/103.7\%=85.6\%$。

市外利润发展速度对工程总利润发展速度的贡献率=(2006 年市外利润占总利润率×市外利润发展速度)/总利润发展速度 $=\frac{Y_{20}}{Y_0}\times\frac{X_{21}}{X_{20}}/\frac{Y_1}{Y_0}=13\%\times114.3\%/103.7\%=14.9\%/103.7\%=14.4\%$。

从增长速度算，可以进一步看出总利润增长速度 3.7 个百分点中由市内利润、市外利润增

长引起的份额。

由市内利润增长引起的份额： 87% ×2.1% =1.8%

由市外利润增长引起的份额： 13% ×14.3% =1.9%

即在总利润增长速度3.7个百分点中，由市内利润增长引起的是1.8个百分点，由市外利润增长引起的是1.9个百分点。

2.积因素分析

形式为：

$$y = \prod_i x_i$$

即分析对象 y 由因素 x_i 相乘组成。

如公路小修保养费 = ∑公路养护里程×公路小修保养成本。公路养护里程和公路小修保养成本就是影响公路小修保养费的因素。

积因素分析也包括两项内容：一是速度因素分析；二是增量因素分析：

(1)发展速度分析

$$\frac{y_1}{y_0} = \prod_i \frac{x_{i1}}{x_{i0}}$$

即分析对象的发展速度等于各因素发展速度的积。

(2)增量分析

这里我们仍用两因素的公式说明：

$$\begin{aligned} y_1 - y_0 &= (x_{11} \times x_{21}) - (x_{10} \times x_{20}) \\ &= x_{11}(x_{21} - x_{20}) + x_{20}(x_{11} - x_{10}) \\ &= x_{10}(x_{21} - x_{20}) + x_{21}(x_{11} - x_{10}) \end{aligned}$$

【例3-13-4】 表3-13-5是××县2000年、2003年公路小修保养费情况，试分析公路养护里程、公路养护成本变化对公路小修保养费变化的影响。

××县2000年、2003年公路小修保养费情况 表3-13-5

年份	公路小修保养费 y(万元)	公路养护里程 x_1(公里)	公路养护成本 x_2(万元/公里)
2000	540	270	2
2003	532	280	1.9

(1)分析2000年与2003年相比公路小修保养费变化

绝对量变化：$y_1 - y_0 = 532 - 540 = -8$ 万元，说明2003年与2000年相比，公路小修保养费减少了8万元。

发展速度为：$y_1/y_0 = (532/540) \times 100\% = 98.5\%$。

(2)两因素(公路养护里程、公路养护成本)自身的变化

公路养护里程变化：$x_{11} - x_{10} = 280 - 270 = 10$ 公里；

发展速度：$x_{11}/x_{10} = (280/270) \times 100\% = 103.7\%$；

公路养护成本：绝对量减少$(x_{21} - x_{20}) = -0.1$ 万元/公里；

发展速度：$x_{21}/x_{20} = (19/20) \times 100\% = 95\%$。

(3)因素变化对总量的影响

发展速度分析：根据 $y_1/y_0 = (x_{11}/x_{10}) \times (x_{21}/x_{20})$，103.7% ×95% =98.5%，由此可以看出公路小修保养费下降1.5%，是由于公路养护里程增加3.7%和成本下降5%共同引起的。

进一步从增量因素分析可以看出：

$$x_{11}(x_{21}-x_{20})+x_{20}(x_{11}-x_{10})=280\times(-0.1)+2\times10=-28+20$$

即由于养护成本的下降，小修保养费减少了28万元，由于公路养护里程的增加，小修保养费增加了20万元，两种因素共同作用的结果，使公路小修保养费减少了8万元。

五、综合评价法

综合评价的一般步骤为：确定评价指标体系，对评价指标体系进行数学处理，给各评价指标赋权，确定综合评价方法等步骤。

1. 确定评价指标体系

由于反映公路特征的指标有很多，对公路进行综合评价，就需要从中选取最重要的指标，以确定评价指标体系。确定的一般原则是：根据评价目的，选择与评价目的关系最为密切的指标参加评价。这就需要评价者既要熟悉公路生产活动的过程和经济活动内容，又要懂得统计分析的原理和方法，搞清楚指标的经济意义和统计意义，把评价指标体系确定好。

2. 对评价指标进行数学处理

评价指标体系确定后，需要对参评指标进行处理，主要是同方向化和无量纲化。当物理量用基本物理量（通常指长度、质量和时间）表示时，在表达式中的各个指数，称为该物理量对所取基本量的量纲。选定基本量以后，任何物理量都有确定的量纲和量纲式。量纲式表明，所给物理量的单位怎样由基本单位的物理量构成。

（1）同方向化处理

评价指标按其经济意义不同，分为正向指标、反向指标和适度指标。正向指标一般指取值越大越好的指标，反向指标一般指取值越小越好的指标，适度指标是指取值要适度的指标。

为了评价的需要，必须对3类指标同方向化，可将反向指标和适度指标均转化为正向指标，实现3类指标的同方向化。

对反向指标 x_i，同方向化的方法有很多，最直观的方法是求倒数，即 $y_i=\frac{1}{x_i}$，当 x_i 是反向指标时，y_i 即为正向指标。

对适度指标 x_i，其正向化一般要借助于其标准适度 x_i，转化公式为：

$$y_i=\frac{1}{|x_i-x_0|}$$

这时，y_i 即转化为正向指标。

（2）同度量化处理

①中心化。也称均值化。先求出每个评价指标的样本均值 $x_{\bar{i}}$，再将指标的实际值 x_i 与该指标的均值相比较，就得中心化后的评价值 y_i：

$$y_i=\frac{x_i}{x_{\bar{i}}}$$

②规格化。也称极差正规化。先找出每个指标的最大值和最小值，这两者之差称为极差（也称全距），然后以每一个指标实际值 x_i 减去该指标的最小值，再除以极差，就得到正规化评价值 y_i，即：

$$y_i=\frac{x_i-\min}{\max-\min}$$

③标准化。先求出每个指标的样本均值 x_i 和标准差 S，然后从指标实际值中减去该指标的均值，再除以该指标的标准差 S，就得到标准化评价值 y_i 为：

$$y_i = \frac{x_i - x_{\bar{i}}}{S}$$

④比重法。即求出每个评价指标占总评价指标的比率。计算公式为：

$$y_i = \frac{x_i}{\sum_{i=1}^{n} x_i}$$

3. 给参评指标赋权

对各个参评指标进行数学处理后，原则上讲已经可以进行综合评价了，但各个指标对评价目的作用不同，因此，要给各个参评指标赋权。赋权的方法可以分成两大类，即主观赋权法和客观赋权法。

(1) 主观赋权法

主观赋权法是根据专家对参评指标的主观判断进行赋权的，主要有专家赋权法和层次分析法（一种多目标决策分析方法）。在实际工作中，我们经常使用的是专家赋权法。

专家赋权法又称德尔菲法，就是请一些专家组成专家组，让组内每一位专家各自独立地给各个参评指标赋权。求出组内专家对各参评指标权数的均值和方差，通过均值和方差，可以知道专家组意见的离散程度，按照这个标准，当组内专家的意见接近一致时，取各专家对每个参评指标权数的均值作为参评指标的权数。专家赋权，可以让组内专家根据经验赋权若干次，直到用方差判别，专家组意见一致。假定专家组有几位专家，第 i 位专家最后一次给 P 个参评指标赋权分别为 W_{i1}、$W_{i2} \cdots W_{ip}$，则第 j 个指标的权重为：

$$W_j = \frac{1}{n}\sum_{i=1}^{n} W_{ij} \quad (j = 1、2\cdots、P)$$

(2) 客观赋权法

客观赋权法是直接根据各个指标的原始信息经过一定数学处理后获得权数的一种方法。其基本思想是：指标权数应根据各指标间的相互关系或各指标提供的信息量来确定。

①变异系数法

设有 n 个被评价对象，每个被评价对象由 p 个指标 $x_1, x_2, \cdots, x_p$ 来描述。先求出各指标的均值 $x_{\bar{i}}$ 和方差 S_i^2：

$$x_i = \frac{1}{n} = \sum_{j=1}^{n} x_{ji}$$

$$S_i^2 = \frac{1}{n-1}\sum_{j=1}^{n}(x_{ji} - x_{\bar{i}})^2$$

式中，x_{ji}表示第 j 个被评价对象在第 i 项指标上的取值。

则各指标的变异系数 v_i 为：

$$v_i = S_I / x_{\bar{i}} \qquad (i = 1, 2\cdots, p)$$

对 v_i 作归一化处理，便可得各指标的权数为：

$$\omega_i = \frac{v_i}{\sum_{j=1}^{p} v_j} \qquad (i = 1, 2, \cdots, p)$$

②相关系数法

设参评指标体系为 x_1、x_2、$\cdots$、x_p，p 个参评指标可求出多个多元相关系数 R_1、R_2、$\cdots$、R_p。显然，如果 R_i 越大，表示指标 x_i 被其他 $p-1$ 个指标决定的程度越高，因此，它在综合评价中的作用就越小，其权数就越小，反之，权数就越大。于是，将多元相关系数 R_i 求倒数并作标准化处理，就得到指标 x_i 的权数 W_i 为：

$$W_i = \prod_{j \neq i} R_i / \sum_{i=1}^{p} \prod_{j \neq i} R_j \qquad (i = 1, 2, \cdots, p)$$

4. 综合评价的综合方法

(1)算术平均法的计算公式

$$x = \sum_{i=1}^{p} W_i \times x_i$$

式中:x ——被评价事物的综合值;

W_i——第 i 个参评指标的权数;

x_i——第 i 个指标的评价值;

P——指标个数。

(2)几何平均法的计算公式

$$x = \prod_{i=1}^{p} x_i \qquad W_i = \frac{1}{\sum W_i}$$

式中,x、x_i、W_i、p 的含义同算术平均法。

上述原理是最基本的。在实际运用中,对原理的应用方法不同,综合评价方法有多种表现形式。这种不同主要表现在对评价指标实际值的使用和转换形式不同。主要有综合评分法、综合指数法、秩和比法和功效系数评价法等。

5. 综合评分法

这种方法的基本思想是:将各种不可加的指标实际值运用指标分数转换形式(如评分标准表)转换成可加的评价分数值,然后采用算术平均法求得综合分值,用以比较和排序。

【例 3-13-5】 选择劳动生产率(元/人·年)、资金利税率(%)、产值利税率(%)和流动资金周转次数(次/年)对××省 1998 年 *A* 市、*B* 市和 *C* 市 3 个独立核算公路施工企业经营效益状况(表 3-13-6)进行评价(按综合评分法)。

××省 *A* 市、*B* 市、*C* 市 3 个公路施工企业效益 表 3-13-6

项　　目	*A* 市	*B* 市	*C* 市	全省平均水平
劳动生产率(元/人·年)	22368	23399	31694	28704
资金利税率(%)	10.32	15.17	29.64	11.88
产值利税率(%)	9.76	17.18	27.27	10.11
流动资金周转次数(次/年)	2.57	2.37	3.21	3.04

解:假定劳动生产率每高(或低)于全省平均水平 5% 则多(或少)计 1 分;资金利税率和产值利税率每高(或低)于全省平均水平 5 个百分点则多(或少)计 1 分,流动资金周转次数每比全省平均水平快(或慢)1 次则多(或少)计 1 分。各指标实际值与全省平均水平持平则记 5 分。

根据各指标实际值和以上定分标准,就可以计算出××省 *A*、*B*、*C* 市 3 个公路施工企业经济效益总得分,见表 3-13-7 所列。

××省 *A*、*B*、*C* 市公路施工企业经济效益综合分值 表 3-13-7

项　　目	权数	*A* 市	*B* 市	*C* 市
劳动生产率	0.2	0.59	1.3	7.08
资金利税率	0.3	4.7	5.66	8.55

续上表

项　目	权数	A 市	B 市	C 市
产值利税率	0.3	4.93	6.41	8.43
流动资金周转次数	0.2	4.53	4.33	5.17
综合分值	1	3.91	4.75	7.54

根据上表计算的综合分值,得出××省 C 市公路施工企业的综合经济效益水平较高,B 市次之,A 市较差。

6. 综合指数评价法

由于对被评价对象的整体性评价是通过多项指标的差异来进行的。差异有绝对差异和相对差异之分,而相对差异可用指标的个体指数来反映,因此便产生了综合指数评价法。这种方法先选定各指标的评价标准,然后把各指标的实际值与之比较,最后将计算得到的各指标个体指数加权平均。计算公式为:

$$z = \sum_{i=1}^{p} \omega_i \frac{x_i}{x_{i0}}$$

式中:z——为被评价对象获得的综合指数;

x_i——第 i 项指标的实际值;

x_{i0}——第 i 项指标的评价标准;

ω_i——第 i 项指标的权数;

p——评价指标个数。

指数计算公式也可有其他不同形式,如:

$$x = \sum \omega_i \times \frac{x_i - \min x_i}{\max x_i - \min x_i}$$

各指标的权数采用专家赋权法。

指数计算公式为:

$$x_i = \sum_{j=1} \omega_i \times \frac{x_{ij} - \min\limits_j x_{ij}}{\max\limits_j x_{ij} - \min\limits_j x_{ij}} f$$

7. 秩和比评价方法

首先把具有不同经济意义的各评价指标实际值转化为秩(也称等级),然后将各指标的秩加权求和,最后根据秩和比进行比较排序。

(1)等级化

等级化就是将具有不同量纲的评价指标实际值按公路经济意义转化为位次,并规定,对于正向指标,数值越大,其等级数越小(即名次靠前);对于逆向指标和适度指标,应先将它们正向化,再按正向指标处理,即应从大到小按 1、2、3…依次排出位次。对于相同的指标实际值,应取其平均位次,如甲、乙两个被评价对象的某个指标实际值相同,本应在它们之间排出第 12 位与第 13 位,这时均应取为第 12.5 位。

(2)确定指标相对重要性权数

参与综合的各指标的重要性是不同的,因此,为了使综合评价结果更为客观可信,还要确定反映各指标相对重要性的权数。权数的确定既可以是主观的,也可是客观的,具体方法视实际情况而定。

(3)求秩和比

第 i 个被评价对象的秩和比 z_i 按下式计算：

$$z_i = \frac{100}{np}\sum_{j=1}^{p}\omega_j r_{ij}$$

式中：n——被评价对象个数；

p——评价指标个数；

ω_j——第 j 项指标权数；

r_{ij}——第 i 个被评价对象在第 j 项指标上的排列位次。

(4)比较和排序

根据秩和比序列 $\{z_i\}(i=1,2,\cdots,n)$，即可对被评价对象进行优劣位次排序和比较。

秩和比评价方法是通过将指标实际值转化为等级(位次)来解决可综合性问题的。所采用的综合方法是线性加权法，因此，评价指标间仍然有替代，但在替代程度上比综合指数评价方法弱一些；而且这种方法也会突出权数较大的评价指标的作用，这就容易诱导被评价对象突出抓那些权数较大的评价指标平均数获取较高的综合评价值。

秩和比评价方法的主要优点是不受指标形式的约束，有较强的适应性，原理简单，易于理解和操作，结论也比较直观，因此便于在实践中推广。缺陷是这种方法没有考虑评价指标间的相互影响，因此，在选择评价指标体系时，要多注意指标的代表性，尽量使各评价指标相互独立，互不影响。

8. *功效系数评价法*

功效系数评价法是根据多目标规划原理提出来的，其基本思想是，通过功效函数将异度量的各指标实际值转化成无量纲的功效系数，然后采用线性或几何综合法将这些同度量的功效系数综合起来，得到综合评价值，以此作为综合评价的依据。功效系数评价法实际是函数化处理方法，其特点是利用特定的方法将每一个指标的实际值转化为用百分比表示的数值。这种方法不仅可以对每一个指标的好坏优劣做出直观的判断，还可以解决不同性质的指标综合汇总问题。

(1)功效函数

功效函数实质上就是无量纲化公式，它把各指标实际值转化成可比的功效系数 d_i。其转换公式为：

$$d_i = \frac{x_i - x_i^{(s)}}{x_i^{(h)} - x_i^{(s)}} \times 40 + 60$$

其中，x_i 为第 i 个指标的实际值；$x_i^{(h)}$ 是 i 个指标的满意值，它表明经过努力第 i 个指标应获得的非常满意的结果；$x_i^{(s)}$ 是第 i 个指标的不允许值，它表明指标 x_i 的变动不应劣于此值。一般应有 $x_i^{(h)} > x_i^{(s)}$(对正向指标而言)。×40+60 是为了使计算结果不为 0，同时与习惯的百分制评分方法一致。

功效系数 d_i 与指标实际值 x_i 之间是呈线性关系的，因此，功效函数属于直线型无量纲化公式范畴。上述分式还规定了功效系数的取值范围，即指标实际值超过值 $x_i^{(h)}$ 时功效系数 d_i 高于 100，达到 $x_i^{(h)}$ 时为 100，低于允许值 $x_i^{(s)}$ 时 d_i 小于 60，达到 $x_i^{(s)}$ 时为 60，在 $x_i^{(s)}$ 与 $x_i^{(h)}$ 之间的功效系数 d_I 在 60 至 100 之间。

上式是为正向指标设计的"顺加"公式(即在 6 分基础上再加若干分)。对逆向指标则应采用"倒扣"公式(即在 100 的基础上减去若干分)，即：

$$d_i = 100 - \frac{x_i^{(h)} - x_i}{x_i^{(h)} - x_i^{(s)}} \times 40$$

(2)权数 ω_i 的确定

从理论上讲,权数可以取为任意正实数。

但实践证明,只要取1、2、3这3个正整数,就是以区分各评价指标的相对重要性程度。确定权数的基本原则是:比较重要的指标赋权3,与其他评价指标相关的指标赋权1,一般重要的赋权2。

(3)综合功效系数的计算

功效系数评价法既可以用线性综合法,也可以用几何综合法将各指标的功效系数综合起来,从而得到一个综合功效系数 d。

①线性综合法

$$d=\frac{\sum\omega_i d_i}{\sum\omega_i}$$

②几何综合法

$$d=(\Pi d_i^{\omega_i})\frac{1}{\sum\omega_i}$$

第三节　灰色关联度分析及其应用

灰色关联度是灰色数学中的一个方法,用来研究事物相互关联、相互作用的复杂因素的影响作用,确定影响事物的本质因素,使各种影响因素之间的"灰色"关系清晰化。

一、关联度的概念

关联度是事物之间、因素之间关联性大小的量度。它定量地描述了事物或因素之间相互变化的情况,即变化的大小、方向与速度等的相对性。如果事物或因素变化的态势基本一致,则可以认为它们之间的关联度较大,反之,关联度较小。对事物或因素之间的这种关联关系,虽然用回归、相关等统计分析方法也可以做出一定程度的回答,但往往要求数据量较大、数据的分布特征也要求比较明显。而且对于多因素非典型分布特征的现象,回归相关分析的难度常常很大。相对来说,灰色关联度分析所需数据较少,对数据的要求较低,原理简单,易于理解和掌握,对上述不足有所克服和弥补。

二、关联度的计算

灰色关联度分析的核心是计算关联度。一般说来,关联度的计算首先要对原始数据进行处理,然后计算关联系数,由此就可计算出关联度。

1.原始数据的处理

由于各因素各有不同的计量单位,因而原始数据存在量纲和数量级上的差异,不同的量纲和数量级不便于比较,或者比较时难以得出正确结论。因此,在计算关联度之前,通常要对原始数据进行无量纲化处理。其方法包括初值化、均值化等。

(1)初值化。即用同一数列的第一个数据去除后面的所有数据,得到一个各个数据相对于第一个数据的倍数数列,即初值化数列。一般的,初值化方法适用于较稳定的社会经济现象的无量纲化,因为这样的数列多数呈稳定增长趋势,通过初值化处理,可使增长趋势更加明显。比如,社会经济统计中常见的定基发展指数就属于初值化数列。

(2)均值化。先分别求出各个原始数列的平均数,再用数列的所有数据除以该数列的平均数，就得到一个各个数据相对于其平均数的倍数数列，即均值化数列。一般说来，均值化方法比较适合于没有明显升降趋势现象的数据处理。

2. 计算关联系数

设经过数据处理后的参考数列为：

$$\{x_0(t)\} = \{x_{01}, x_{02}, \cdots, x_{0n}\}$$

与参考数列作关联程度比较的 p 个数列（常称为比较数列）为：

$$\{x_1(t), x_2(t), \cdots, x_p(t)\} = \begin{pmatrix} x_{11} & x_{12} & \Lambda & x_{1n} \\ x_{21} & x_{22} & \Lambda & x_{2n} \\ \Lambda & \Lambda & \Lambda & \Lambda \\ x_{p1} & x_{p2} & \Lambda & x_{pn} \end{pmatrix}$$

上式中，n 为数列的数据长度，即数据的个数。

从几何角度看，关联程度实质上是参考数列与比较数列曲线形状的相似程度。凡比较数列与参考数列的曲线形状接近，则两者间的关联度较大；反之，如果曲线形状相差较大，则两者间的关联度较小。因此，可用曲线间的差值大小作为关联度的衡量标准。

将第 k 个比较数列（$k=1,2,\cdots,p$）各期的数值与参考数列对应期的差值的绝对值记为：

$$\Delta_{ok}(t) = |x_0(t) - x_k(t)| \qquad (t=1,2,\cdots,n)$$

对于第 k 个比较数列，分别记 n 个 $\Delta_{ok}(t)$ 中的最小数和最大数为 $\Delta_{ok}(\min)$ 和 $\Delta_{ok}(\max)$。对 p 个比较数列，又记 p 个 $\Delta_{ok}(\min)$ 中的最小者为 $\Delta(\min)$，p 个 $\Delta_{ok}(\max)$ 中的最大者为 $\Delta(\max)$。这样 $\Delta(\min)$ 和 $\Delta(\max)$ 分别是所有 p 个比较数列在各期的绝对差值中的最小者和最大者。于是，第 k 个比较数列与参考数列在 t 时期的关联程度（常称为关联系数）可通过下式计算：

$$\zeta_{ok}(t) = \frac{\Delta(\min) + \rho\Delta(\max)}{\Delta_{ok}(t) + \rho\Delta(\max)}$$

式中，ρ 为分辨系数，用来削弱 $\Delta(\max)$ 过大而使关联系数失真的影响。人为引入这个系数是为了提高关联系数之间的差异显著性。$0<\rho<1$。

可见，关联系数反映了两个数列在某一时期的紧密程度。例如，在使 $\Delta_{ok}(t)=\Delta(\min)$ 的时期，$\zeta_{ok}(t)=1$，关联系数最大；而在使 $\Delta_{ok}(t)=\Delta(\max)$ 的时期，关联系数最小。由此可知，关联系数变化范围为 $0<\zeta_{ok}(t)\leqslant 1$。

显然，当参考数列的长度为 n 时，由 p 个比较数列共可计算出 $n \times p$ 个关联系数。

3. 求关联度

由于每个比较数列与参考数列的关联程度是通过 n 个关联系数来反映的，关联信息分散不便于从整体上进行比较。因此，有必要对关联信息作集中处理。而求平均值便是一种信息集中的方式。即用比较数列与参考数列各个时期的关联系数之平均值来定量反映这两个数列的关联程度，其计算公式为：

$$r_{ok} = \frac{1}{n}\sum_{i=1}^{n}\zeta_{ok}(t)$$

式中，r_{ok} 为第 k 个比较数列与参考数列的关联度。

不难看出，关联度与比较数列、参考数列及其长度有关。而且，原始数据的无量纲化方法和分辨系数的选取不同，关联度也会有变化。

4. 排关联度

由上述分析可见，关联度只是因素间关联性比较的量度，只能衡量因素间密切程度的相对大小，其数值的绝对大小常常意义不大，关键是反映各个比较数列与同一参考数列的关联度哪个大哪个小。

当比较数列有 p 个时，相应的关联度就有 p 个。按其数值的大小顺序排列，便组成关联序。它反映了各比较数列对于同一参考数列的“主次”、“优劣”关系。

灰色关联度分析方法的运用之一，就是因素分析。在实际工作中，影响一个经济变量的因素很多。但由于客观事物很复杂，人们对事物的认识有信息不完全性和不确定性，各个因素对经济总量的影响作用不是一下子就能够看清楚的，需要进行深入的研究，这就是经济变量的因素分析。运用灰色关联度进行因素分析是非常有效的，而且特别适用于各个影响因素和总量之间不存在严格数学关系的情况。

【例 3-13-6】 利用关联度分析方法研究某公路施工企业工资序列（表 3-13-8）。

××公路施工企业工资序列表

表 3-13-8

单位：千元

年份	工资总额	计时工资	档案工资	承包工资
1988	13974.2	3831.0	6587.2	3556.0
1989	15997.6	4228.0	7278.0	4491.6
1990	17681.3	5017.0	7717.4	4946.9
1991	20188.3	5288.6	9102.2	5797.5
1992	24020.3	5744.0	11575.2	6701.0
$\bar{x_i}$	18372.3	4821.7	8450.0	5098.6

根据表中数据，以工资总额为参考数列 $x_0(t)$，以计时工资 $x_1(t)$、档案工资 $x_2(t)$ 和承包工资 $x_3(t)$ 为比较数列，计算 3 种工资对于工资总额的关联度。

第一步，对各数列作均值化处理。

工资总额和 3 种工资的均值分别为：

$$\bar{x_0}=18372.3,\bar{x_1}=4821.7,\bar{x_2}=8450.0,\bar{x_3}=5098.6$$

分别用以上均值去除各原始数列得均值化数列，见表 3-13-9 所列。

均值化处理数列表

表 3-13-9

年份	工资总额	计时工资	档案工资	承包工资
1988	0.7606	0.7945	0.7794	0.6974
1989	0.8707	0.8769	0.8611	0.8809
1990	0.9624	1.0405	0.9131	0.9702
1991	1.0988	1.0968	1.0769	1.1371
1992	1.3074	1.1913	1.3695	1.3143

第二步，计算各比较数列同参考数列在同一时期的绝对差。

当 $t=1988$ 时，有：

$$\Delta_{01}(1988)=|0.7606-0.7945|=0.0339$$

$$\Delta_{02}(1988)=|0.7606-0.7794|=0.0188$$

$$\Delta_{03}(1988)=|0.7606-0.6974|=0.0632$$

再分别计算其余 4 年的各绝对差。全部结果见表 3-13-10 所列。从中找出最大值和最小值为：

$$\Delta_{max}=0.1161 \qquad \Delta_{min}=0.002$$

绝对差计算表 表 3-13-10

年份	$\Delta_{01}(t)$	$\Delta_{02}(t)$	$\Delta_{03}(t)$
1988	0.0339	0.0188	0.0632
1989	0.0061	0.0096	0.0102
1990	0.0781	0.0493	0.0079
1991	0.002	0.0219	0.0382
1992	0.1161	0.0621	0.0069

第三步,计算关联系数,取分辨系数 $P=0.2$,则计算公式为:

$$\zeta_{0i}(t)\frac{\Delta(\min)+0.2\Delta(\max)}{\Delta_{0i}(t)+0.2\Delta(\max)}=\frac{0.002+0.2\times0.1161}{\Delta_{0i}(t)+0.2\times0.1161}=\frac{0.02522}{\Delta_{0i}(t)+0.02322}$$

当 $t=1988$ 时,有:

$$\zeta_{01}(1988)=\frac{0.02522}{0.0339+0.02322}=0.4414$$

$$\zeta_{02}(1988)=\frac{0.02522}{0.0188+0.02322}=0.6008$$

$$\zeta_{03}(1988)=\frac{0.02522}{0.0632+0.02322}=0.2919$$

用同样方法分别计算其余 4 年的各个关联系数,计算结果见表 3-13-11 所列。

关联系数计算表 表 3-13-11

年份	$\zeta_{01}(t)$	$\zeta_{02}(t)$	$\zeta_{03}(t)$
1988	0.4414	0.6008	0.2919
1989	0.8596	0.7673	0.7546
1990	0.2489	0.3478	0.8115
1991	0.9994	0.5588	0.4104
1992	0.1810	0.2956	0.8382

第四步,计算关联度。利用表 3-13-11,分别求各个数列每个时期的关联系数的平均值即得关联度:

$$r_{01}=\frac{1}{5}(0.4414+0.8596+0.2489+0.9994+0.1810)=0.5460$$

$$r_{02}=\frac{1}{5}(0.6008+0.7673+0.3478+0.5588+0.2956)=0.5141$$

$$r_{03}=\frac{1}{5}(0.2919+0.7546+0.8115+0.4104+0.8382)=0.6213$$

第五步,排关联序。由关联度数值可看出,$r_{03}>r_{01}>r_{02}$。这表明,3 种工资对工资总额的关联程度的排列顺序为:承包工资、计时工资、档案工资。即该公路施工企业的工资发展方向是以承包工资为主导,计时工资和档案工资对工资总额的影响属于同一水平。

灰色关联度分析法的应用之二,就是用来进行综合评价。基本思路是,从样本中确定一个理想化的最优样本,以此为参考数列,通过计算各样本序列与该参考序列的关联度,对被评价对象做出综合比较和排序。

设有 n 个被评价对象,每个被评价对象有 p 个评价指标。这样,第 i 个被评价对象可描述为:

$$x_i = \{x_{i1}, x_{i2}, \Lambda, x_{ip}\}, \qquad (i = 1, 2, \cdots, n)$$

三、用灰色关联度分析方法进行综合评价的具体步骤

1. 确定参考序列

根据各评价指标的经济含义，在 n 个被评价对象中选出各项指标的最优值组成参考序列 x_0 为：

$$x_0 = \{x_{01}, x_{02}, \Lambda, x_{0p}\}$$

实际上，参考序列 x_0 构成了一个相对理想化的最优样本，是综合评价的标准。如果第 j 项指标是数值越大越好的正向指标，则 x_{0j} 就是 n 个被评价对象第 j 项指标实际值的最大值；如果是逆向指标，则是最小值；如果是适度指标，便是该指标的适度值。

2. 无量纲化

无量纲化是指通过一定的数学变换来消除原始变量不同量纲的影响，因子分析采用对指标值进行正态标准处理来消除量纲的影响。由于受各评价指标量纲和数量级不同的影响，使各评价指标间不具有可比性。因此，必须对各指标实际值进行无量纲化处理。采用直线型无量纲化公式，即：

$$x_{ij}' = \frac{x_{ij}}{x_{0j}} \qquad (i = 1, 2, \cdots, n, j = 1, 2, \cdots, p)$$

此时，各指标的最优值均为 1。为叙述方便，把无量纲化后的数据仍记为 x_{ij}，则最优参考序列为 $x_0 = \{1, 1, \cdots, 1\}$。

3. 求两级最大差 $\Delta(max)$ 和两级最小差 $\Delta(min)$

为此，要先计算各被评价对象序列与最优参考序列间的绝对差序列。计算公式为：

$$\Delta_{ij} = |x_{ij} - 1| \qquad (i = 1, 2, \cdots, n, j = 1, 2, \cdots, p)$$

在此基础上，依公式：

$$\Delta(\max) = \max_{1 \leqslant i \leqslant 0} \ \max_{1 \leqslant j \leqslant 0} (\Delta ij)$$

$$\Delta(\min) = \min_{1 \leqslant i \leqslant 0} \ \min_{1 \leqslant j \leqslant 0} (\Delta ij)$$

就可求得两级最大差 $\Delta(\max)$ 和两级最小差 $\Delta(\min)$。

求得两级最大差 $\Delta(\max)$ 和两级最小差 $\Delta(\min)$。

4. 计算关联度

计算公式为：

$$\zeta_{ij} = \frac{\Delta(\min) + \rho\Delta(\max)}{\Delta ij + \rho\Delta(\max)}$$

计算第 i 个被评价对象与最优参考序列间的关联度。

5. 计算综合评价系数 E_i

$$E_i = r_i \times 100$$

事实上，E_i 与关联度 r_i 有相同的含义。比例系数设为 100，是与人们习惯的百分制评分标准相一致。

6. 比较和排序

由于 r_i 反映的是第 i 个被评价对象与评价标准序列 X_0 相互关联的程度，因此，如果 $E_i > E_j$，则表明第 i 个样本比第 j 个样本好。所以，根据 $\{E_i\}$ 就可对被评价对象做出排序和比较。

用灰色关联度分析方法进行综合评价的特点是：这种方法能通过改变分辨系数 P 的大小来提高综合评价结果的区分效度，而且数学处理不太繁难，并能使用样本所提供的全部信息。由于评价对象或多或少都具有灰色性，因此，这种方法的适用范围较广。但该方法没有考虑到各评价指标的相对重要性程度，它把各指标等同看待，使用等权$\frac{1}{P}$计算综合评价系数。为了克服这一不足，应引入权数来改进这种评价方法，即综合评价系数应按下述公式计算：

$$E_i = \sum_{j=1}^{\rho} \omega_j \zeta_{ij} \times 100$$

式中，ω_j 为第 j 项指标的权数。

【例 3-13-7】 利用灰色关联度分析方法对 1996～2005 年某省公路施工企业经济效益动态趋势进行评价，评价指标体系由 7 项指标组成（表 3-13-12）。

1996～2005 年××省公路施工企业效益指标值 表 3-13-12

指标 年份	综合投入产出率（%）	综合投入边际产出率（%）	社会劳动生产率（%）	能源净产值率（%）	资金净产值率（%）	资金利税率（%）	投资效果系数
1996	54.05	32.84	914.2	16.34	55.27	24.91	0.3554
1997	53.02	38.17	959.8	15.37	54.45	23.84	0.2252
1998	50.92	34.28	999.9	14.88	55.05	23.45	0.3289
1999	50.61	47.71	1077.8	14.35	56.65	23.20	0.3689
2000	50.82	52.44	1194.4	13.56	60.51	24.24	0.4382
2001	49.49	11.42	1309.9	12.92	65.05	14.02	0.3347
2002	48.37	37.42	1375.3	12.65	63.33	20.65	0.1794
2003	46.77	35.30	1478.7	12.30	42.24	19.95	0.2518
2004	44.08	29.23	1603.8	11.87	60.19	20.69	0.2187
2005	42.71	22.00	1629.2	11.97	57.16	16.79	0.0582
最优值	54.05	52.44	1629.2	16.34	65.05	24.91	0.4382

根据 7 项效益指标的经济含义，在 1996～2005 年 10 年中找出最优值组成参考序列：

$$x_0 = \{54.05, 52.44, 1629.2, 16.34, 65.05, 24.91, 0.4382\}$$

将各年的 7 项效益指标值构成的序列作为比较序列，在进行无量纲化处理后，计算关联系数（分辨系数 ρ 取为 0.8），由此即可求出各年的综合经济效益指数 E_i，计算过程见表3-13-13～表 3-13-16 所列。

无量纲化处理表 表 3-13-13

指标 年份	综合投入产出率	综合投入边际产出率	社会劳动生产率	能源净产值率	资金净产值率	资金利税率	投资效果系数
1996	1.0000	0.6262	0.5611	1.0000	0.8497	1.0000	0.8110
1997	0.9809	0.7279	0.5891	0.9406	0.8370	0.9570	0.5139
1998	0.9421	0.6537	0.6137	0.9106	0.8463	0.9414	0.7506
1999	0.9364	0.9098	0.6616	0.8782	0.8709	0.9314	0.8419
2000	0.9402	1.0000	0.7331	0.8299	0.9302	0.9731	1.0000
2001	0.9156	0.2178	0.8040	0.7907	1.0000	0.5628	0.7638
2002	0.8949	0.7136	0.8442	0.7742	0.9736	0.8290	0.4094
2003	0.8653	0.6732	0.9076	0.7528	0.6493	0.8009	0.5746
2004	0.8155	0.5574	0.9844	0.7264	0.9253	0.8306	0.4991
2005	0.7902	0.4195	1.0000	0.7326	0.8787	0.6740	0.1328

被评价对象序列与最优参考序列间的绝对差序列计算表 表 3-13-14

指标 年份	综合投入产出率	综合投入边际产出率	社会劳动生产率	能源净产值率	资金净产值率	资金利税率	投资效果系数
1996	0.0000	0.3738	0.4389	0.0000	0.1503	0.0000	0.1890
1997	0.0191	0.2721	0.4109	0.0594	0.1630	0.0430	0.4861
1998	0.0579	0.3463	0.3863	0.0894	0.1537	0.0586	0.2494
1999	0.0636	0.0902	0.3384	0.1218	0.1291	0.0686	0.1581
2000	0.0598	0.0000	0.2669	0.1701	0.0698	0.0269	0.0000
2001	0.0844	0.7822	0.1960	0.2093	0.0000	0.4372	0.2362
2002	0.1051	0.2864	0.1558	0.2258	0.0264	0.1710	0.5906
2003	0.1347	0.3268	0.0924	0.2472	0.3507	0.1991	0.4254
2004	0.1845	0.4426	0.0156	0.2736	0.0747	0.1694	0.5009
2005	0.2098	0.5805	0.0000	0.2674	0.1213	0.3260	0.8672
Δ(max)	0.2098	0.7822	0.4389	0.2736	0.3507	0.4372	0.8672
Δ(min)	0.0000	0.0000	0.0000	0.0000	0.0000	0.0000	0.0000

关联度计算表 表 3-13-15

指标 年份	综合投入产出率	综合投入边际产出率	社会劳动生产率	能源净产值率	资金净产值率	资金利税率	投资效果系数
1996	1.0000	0.6261	0.4445	1.0000	0.6511	1.0000	0.7859
1997	0.8980	0.6969	0.4608	0.7866	0.6326	0.8906	0.5880
1998	0.7435	0.6437	0.4762	0.7101	0.6460	0.8565	0.7355
1999	0.7251	0.8740	0.5092	0.6425	0.6848	0.8359	0.8144
2000	0.7374	1.0000	0.5682	0.5627	0.8008	0.9286	1.0000
2001	0.6655	0.4444	0.6418	0.5112	1.0000	0.4445	0.7460
2002	0.6150	0.6860	0.6926	0.4922	0.9139	0.6716	0.5402
2003	0.5548	0.6569	0.7917	0.4696	0.4445	0.6372	0.6199
2004	0.4764	0.5857	0.9575	0.4445	0.7897	0.6737	0.5807
2005	0.4444	0.5188	1.0000	0.4501	0.6982	0.5176	0.4444

综合评价系数 E_i 表 表 3-13-16

年份	1996	1997	1998	1999	2000	2001	2002	2003	2004	2005
E_i(%)	78.68	70.77	68.74	72.66	79.97	63.62	65.88	59.64	64.4	58.19

从表 3-13-16 可以看出，××省公路施工企业经济效益最好的是 2000 年，其综合效益指数高达 79.97%，其次是 1996 年，综合效益指数为 78.68%。最低的是 2005 年，综合效益指数为 58.19%，高低悬殊达 21.78 个百分点。

第四节 回归分析及其应用

一、相关分析与回归分析

经济现象之间的关系包括确定性关系和非确定性关系两类。确定性关系称之为函数关系，非确定性关系称之为相关关系。在统计上，经济现象之间的关系抽象为数据之间的关系，因此，统计指标之间的关系也就可以划分为函数关系和相关关系。相关关系虽然具有不确定性，但是在大量观察下，可以揭示出具体的相关程度，发现它们之间存在的规律性。而达到这种目标的办法就是回归分析。如果只反映相关程度，不进一步探究他们之间的规律，只需要作相关分析就够了。

具体说，相关分析是研究变量之间关系密切程度的常用统计方法。相关系数是描述相关关系程度和方向的统计量，通常用 r 表示。$-1 \leqslant r \leqslant 1$。相关系数大于零，表示正相关，表示因变量随着自变量的增减而增减，反之，如果相关系数小于零，表示负相关。相关系数的绝对值越大，相关性越强，反之，相关系数的绝对值越小，相关性越弱。

回归分析是在相关分析的基础上，研究一个或一组变量（自变量）的变动对另一个变量（因变量）的影响程度，进而发现这些变量之间的规律性，从而得到自变量和因变量之间的经验公式的方法。其主要思想是用最小二乘法拟合线性回归模型，从而把具有不确定关系的若干变量转化为有确定关系的方程式来近似的分析。

在实际工作中，相关分析和回归分析都可以在计算机 SPSS 软件中单独处理。SPSS 是软件英文名称的首字母缩写，原意为 Statistical Package for the Social Sciences，即“社会科学统计软件包”。但是随着 SPSS 产品服务领域的扩大和服务深度的增加，SPSS 公司已于 2000 年正式将英文全称更改为 Statistical Product and Service Solutions，意为“统计产品与服务解决方案”。

二、回归分析的类型及处理

回归分析根据自变量的多少可以划分为一元回归和多元回归；根据曲线类型可以划分为线性回归和非线性回归。通过适当的数学处理，曲线回归可以转化为线性回归。

在计算机一些软件中，直接提供了线性回归、曲线回归、逻辑回归、概率回归和非线形回归等回归分析功能。

1. 曲线回归如何转化为线性回归

经济变量之间的关系在许多情况下，不是线性关系，对这种情况，回归分析中往往先将其转化为线性问题。下面介绍几种常见的曲线转化方法。

（1）多项式曲线

$$y = a_0 + a_1x + a_2x^2 + a_3x^3 + KKa_nx^n$$

令 $x_1 = x, x_i = x^i$，则上式变为线性模型：

（2）指数曲线

$$y = a_0 + a_1x_1 + a_2x_2 + a_3x_3 + KKa_nx_n$$

计算公式为：

$$y = ab^x$$

对上式两边取对数，得：

$$\mathrm{Ln}y = \mathrm{Ln}a + x\mathrm{Ln}b$$

令 $y_1 = \mathrm{Ln}y, a_1 = \mathrm{Ln}a, b_1 = \mathrm{Ln}b$，则线性模型为：

$$y_1 = a_1 + b_1x$$

指数曲线用于描述以几何级数递增或递减的现象，即变量 y 随着 x 的增加按指数规律变化。

（3）修正指数曲线

计算公式为：

$$y = k + ab^x$$

令 $x_1 = b^x$，则线性模型为：

$$y = k + ax_1$$

修正指数曲线用于描述这样一种变化，随着自变量 x 的增加，因变量 y 初期增长迅速，随后增长率逐渐降低，最终则以常数 k 为极限。

(4)Gompertz 曲线

计算公式为：

$$y = Ka^{b^x}$$

式中，K、a、b 为常数，$K>0,0<a\neq1,0<b\neq1$。

通过两边取对数，$\mathrm{Ln}y = \mathrm{Ln}k + (\mathrm{Ln}a)b^x$ 即转化为修正指数曲线。

Gompertz 曲线用于描述这样一种变化，随着自变量 x 的增加，因变量 y 初期增长缓慢，以后逐渐加快，当达到一定程度后，增长率又逐渐下降，最后接近一条水平线。该曲线通常用于描述事物的发展由萌芽、成长到饱和的周期过程。

(5)Logistic 曲线(又称 S 曲线、生长曲线模型)

计算公式为：

$$y = \frac{1}{K + ab^x}$$

式中，K、a、b 为常数，$K>0,a>0,0<b\neq1$。

该曲线表述的现象的特征与 Gompertz 曲线类似。

(6)COBB - DOUGLASS 生产函数

计算公式为：

$$y = a\prod_i {x_i}^{b_i}$$

对上式两边取对数得：

$$\mathrm{Ln}y = \mathrm{Ln}a + \sum b_i \mathrm{Ln}x_i$$

令 $y = \ln y, x_i = \ln x_i (i = 1\cdots n)$，则线性模型为：

$$y = a_0 + b_1 \times 1 + b_2 \times 2 + \cdots + b_n \times n$$

2. 回归分析模型选择

选择回归分析的模型是进行回归分析的首要前提，选择模型不适当，不仅不能正确描述数据之间的规律性，有时还会得出与事实相反的结论。但是，并没有唯一的或者说是应用很广泛的决定方式，只有一些大致的原则。

一元、多元的选择根据自变量的多少选择。

直线、曲线及何种曲线的选择，可以从以下几个角度考虑：

(1)根据数据之间的关系，用某些理论或过去的经验来确定，这在很大程度上取决于研究人员的经验和理论水平。

(2)根据实际得到的数据作出散点图来确定。

(3)借鉴其他人分析同类问题时使用的模型。

(4)首先建立线性方程，从 R^2 的值进一步考虑，一般情况下，如果呈线性关系，即大部分观测值都落到回归直线上，则 R^2 等于 1 或接近于 1，如果自变量和因变量没回归关系，则 R^2 等于 0。

(5)对于一元回归模型的建立，可以借助 EXCEL 中的有关功能来建立模型。利用 EXCEL

中的图表功能，首先对数据作散点图，然后利用其中的添加趋势线的功能添加曲线，同时要求显示“公式”和“R^2”。

图 3-13-1 是根据河南 GDP 以 1952 年为 100 的指数的散点图、趋势线以及进行拟合的指数方程和相关系数。具体操作顺序是：选中“年份”和“GDP 指数”→点击“图表”→点击“XY 散点图”→完成→在做出的散点图上点击右键→点击“添加趋势线”→选择其中一种曲线点击→在选项中选择“显示公式”、“显示”等。

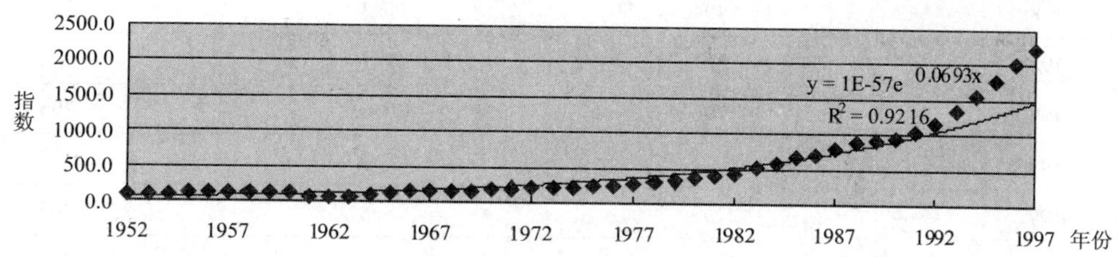

图 3-13-1 散点图

（6）对于时间序列数据，可以按以下标准选择模型：

①若观察值的一次差（逐期增长量）大体相同，可选择直线。

②若观察值的二次差大体相同，可选择二次曲线。

③若观察值对数的一次差大体相同，可选择指数曲线。

④若观察值一次差的环比值大体相同，可选择修正指数曲线。

⑤若观察值对数一次差的环比值大体相同，可选择 Gompertz 曲线。

⑥若观察值倒数一次差的环比值大体相同，可选择 Logistic 曲线。

如果同一时间序列有几种模型可以选择，以估计平方误差最小者为宜。计算公式为：

$$S_y^2 = \frac{\sum (Y_i - \hat{y}_i)^2}{n - m}$$

其中，Y_i 是观测值，$\hat{y}_i$ 为估计值，n 为观测值个数，m 为模型中常数的个数。如在模型 $y = \dfrac{1}{K + ab^x}$ 中，有 3 个常数，$m = 3$。

3. 回归分析过程

【例 3-13-8】 表 3-13-17 是 × × 县公路通车里程与工业增加值和农业增加值的统计数据，现在要分析工业和农业发展对公路通车里程的影响。利用计算机 SPSS 软件的回归分析功能可以实现回归分析过程。

× × 县公路通车里程与工业增加值和农业增加值统计表 表 3-13-17

年　份	公路通车里程（公里）	工业增加值（亿元）	农业增加值（亿元）
1978	516	31.8	49
1979	557	34.3	56
1980	601	40.5	63
1981	652	45.3	66
1982	736	43.5	77
1983	813	47.7	96

续上表

年　份	公路通车里程(公里)	工业增加值(亿元)	农业增加值(亿元)
1984	854	47.1	99
1985	991	49.1	113
1986	1155	58.5	162
1987	1320	65.5	204
1988	1404	71.2	225
1989	1601	74.1	260
1990	1796	80.6	295
1991	1921	87.9	312
1992	2153	98.8	365
1993	2449	118.6	445
1994	2733	124.2	520
1995	3162	128.9	636
1996	3595	130.3	746

通过观测数据可以发现,这是一个线性关系,因此我们选择二元线性回归模型为:

$$y = a_1x_1 + a_2x_2$$

其中,y 为公路通车里程;x_1、x_2 分别表示工业增加值和农业增加值;a_1、a_2 为待估计的系数。

利用 SPSS 软件,在输入数据后单击 Statistics 菜单选择 regression 中的 liner 选择项。

打开线性回归对话框,在左边的源变量框中选择“公路通车里程”作为因变量进入 Dependent 框中,选择“工业增加值”、“农业增加值”作为自变量进入 Independent(s)框中。

使用系统默认的设置,按 ok 健执行,得到分析结果。根据输出结果,我们可以进一步分析。

(1)估计量的检验

对所求得的估计量,能否正确的反映经济现象,在理论上是否有异议,必须进行检验。检验分为经济理论检验与统计检验。

①经济理论检验。经济理论检验也就是经济意义的检验,主要检验参数估计量的符号和大小是否与经济理论和实践经验相符合,能否解释经济现象,即是否有经济意义。

如上例对“GDP”与公路里程作回归分析,用下面的模型进行回归分析:

$$\text{INCOME} = a + b\text{“GDP”}$$

如果回归分析的结果 b 的估计值是正号,说明随着“GDP”的增长,公路里程是增加的,符合经济发展的一般性规律。如果估计值的符号失去了经济意义就需要对其原因进行查找。

原因可能是由于观测数据不足或是观测数据不具有代表性,或者是选择模型不正确,即经济实际现象不符合对模型的假定等。无论是哪一种原因都要认真查找,及时解决。

②统计检验

a. 回归方程与观测值拟合优度的检验

因变量 y 与自变量 x_1、x_2 整体间的相关系数称为复相关系数,SPSS 分析结果中的 R^2 就是复相关系数,它可以评价多元回归方程对样本数据的拟合优度,R^2 越接近于 1,表示回归方程与样本数据拟合得越好,反之,R^2 越接近于0,拟合优度越差。在本例中,R^2 为0.997,拟合度高,说明因变量 y 与自变量 x_1、x_2 整体间的相关性强。

b. 回归方程的显著性检验

即检验回归方程是否显著成立,即因变量 y 与自变量 x_1、x_2 之间的线性关系是否显著。显著性检验是利用SPSS分析结果中的 F 值进行的,它的含义是,对于给定的显著水平 a,可由一般统计学原理上都会有的 F 分布表查得 $F_{a(p,N-p-1)}$ 的值,其中,N 为观察值个数(当观察值个数 $N > 30$ 时,服从正态分布,$N<30$ 时,服从 t ~ 分布,应查 t ~ 分布表),p 为因变量个数。若SPSS分析结果中的 F 值 $>F_{a(p,N-p-1)}$,则我们在显著水平 a 下,认为线性回归方程是显著的,反之则认为线性回归方程不显著。在本例中为 $N=19$,$p=2$,取显著水平 $a=0.05$,查 F 分布表得,$F_{0.05}(2,19-2-1)=F_{0.05}(2,16)=3.63$,而在输出结果中 F 值为2.598,所以 $F>F_{0.05}(2,19-2-1)$,说明回归方程显著成立。

c. 回归系数的显著性检验

回归方程显著,并不表示每个自变量对因变量的影响都是重要的,我们想从回归方程中剔除掉那些次要的变量,重新建立更简单的回归方程,就需要对自变量的显著性进行检验。这是通过SPSS分析结果中对应于每个变量的 T 检验值进行完成的。具体办法是:对于给定的显著水平 a,可由 t ~ 分布表查得 $t_{a(N-p-1)}$ 的值,其中,N 为观察值个数,p 为因变量个数,若SPSS分析结果中对应于某个变量的 t 值 $>t_{a(N-p-1)}$,则我们在置信度 a 下,认为这个变量是重要的,让其留在回归方程中,反之则认为这个变量可以剔除,需要选择新的变量,重新建立回归方程。在本例中,取置信度 $a=0.1$,查 t ~ 分布表得,$t_{0.1(16)}=3.05$,对应于 x_1、x_2 的 T 值分别是4.356和11.943,都大于3.05,因此可以认为这两个变量都具有显著性,可以保留。

(2)利用回归方程进行分析

根据SPSS分析结果中的参数估计,回归方程如下:

$$y=157.4584+7.457850x_1+3.286932x_2$$

第五节 统 计 预 测

预测是指根据已知事件来推测未知事件,既包括对目前尚未发生的事件的推测,也包括对现在已发生但我们尚未观测到的事件的推测。统计预测在公路统计分析中应用非常广泛,如公路里程发展预测,养路费、通行费收入预测,交通量预测等。

一、预测的步骤

1. 确定预测的具体目的

预测的具体目的是根据预测的结果来改变当前的行动。每一项预测活动的具体目的是有所不同的。如投资建设高速公路,就要对未来交通量、收费还贷能力等进行预测。

2. 搜集和审核历史资料

搜集历史资料要力求完整、准确、适用,对搜集到的资料还要进行认真审核。审核的重点要放在近期资料上,因为在统计预测中,近期资料比远期资料更重要。对经过审核和调整的资料,要进行初步分析,绘出统计图形,观测资料结构的特点,选择适当的预测模型。

3. 选择预测模型和预测方法

根据资料所提供的有关结构及其变动信息,用适当的数学模型来模拟这一结构及其变动规律,就是选择预测模型。预测方法指的是估计预测模型中参数值的方法。一种预测方法常有多种预测模型,每种预测模型也可使用多种预测方法,得到的预测结果是不同的。因此,对一个特定的资料,既有选择适当的预测模型问题,也有选择适当的预测方法问题。在实际预测活动中,经常是对同一预测模型,选择几种预测方法,然后通过定性分析,以一种方法为主,参考其他方法,最后得出结论。

4. 进行预测

利用所掌握的资料和选择的预测模型、预测方法进行外推预测。

5. 分析预测误差和改进预测

预测误差指的是预测值与未来实际值的差异,由于在预测时不可能存在未来实际值的资料,因此,常根据模型推出的理论值与过去或现在的实际值进行比较,计算平均意义上的离差来代替。预测误差的大小直接反映预测准确程度的高低。如果预测误差较大,要对历史资料加以充实完善,对预测模型、预测方法进行修改。

二、常用的预测方法

1. 最小平方法

最小平方法,又称最小二乘法,是测定长期趋势普遍使用的一种方法。它的原理是:数列实际值与数列趋势值的离差平方和达到一个最小值。符合这个条件的只有一条线 $y = a + bt$,所以这条线又称原数列最适线,它使趋势线同原数列最佳配合。这条线也同时满足离差之和为零的要求。

根据数学上最小平方法的要求,求解 a、b 两参数的标准方程为:

$$\begin{cases} \sum y = na + b\sum t \\ \sum ty = a\sum t + b\sum t^2 \end{cases}$$

解方程组得:

$$a = \frac{\sum y}{n} - \frac{b\sum t}{n} = \bar{y} - b \cdot \bar{t}$$

$$b = \frac{\sum (t \cdot y) - \frac{\sum t \sum y}{n}}{\sum t^2 - \frac{(\sum t)^2}{n}}$$

我们在工作中经常使用最小平方法来预测公路经济活动,大家已很熟悉,这里不再作详细说明和举例。

2. 折扣最小二乘法

为了在预测中贯彻“近大远小”原则,在应用时间数列资料进行预测时,常常将普通最小二乘法加以改进为折扣最小二乘法。用折扣最小二乘法建立预测模型的准则为:

$$s = \sum_{r=0}^{t-1} \alpha^r \cdot e_{t-r}^2 = \min$$

式中:e_{t-r}^2——第 $t-r$ 期的拟和误差的平方,即 $e_{t-r}^2 = (y_{t-r} - \hat{y}_{t-r})^2$;

α——折扣系数,取值范围为 $0 < \alpha < 1$;

r——折扣指数,如果时间数列有 t 期资料,则令第 t 期(最近期)的 r 为 0,$t-1$ 期的 r 为 1,$t-2$ 期的 r 为 2,依次类推。

在实际工作中,我们习惯应用普通最小二乘法分析,故将上述公式推导为下列方程组:

(1)线性模型方程组

$$\sum a^r y = a\sum a^r + b\sum a^r x$$
$$\sum a^r xy = a\sum a^r x + b\sum a^r x^2$$

(2)抛物线模型方程组

$$\sum a^r y = a\sum a^r + b\sum a^r x + c\sum a^r x^2$$
$$\sum a^r xy = a\sum a^r x + b\sum a^r x^2 + c\sum a^r x^3$$
$$\sum a^r x^2 y = a\sum a^r x^2 + b\sum a^r x^3 + c\sum a^r x^4$$

(3)指数模型方程组

$$\sum a^r \mathrm{Ln}y = \mathrm{Ln}a\sum a^r + \mathrm{Ln}b\sum a^r x$$
$$\sum a^r x\mathrm{Ln}y = \mathrm{Ln}a\sum a^r x + \mathrm{Ln}b\sum a^r x^2$$

应用折扣最小二乘法建立预测模型,关键的问题是确定折扣系数 α,α 值越接近 0,打折越大,α 值越接近 1,打折越小,α 值等于 1,就是最小二乘法了。一般,对于波动较大的资料,折扣要打得大一些,对于波动较小的资料,折扣要打得小一些。对于一个具体的观测资料,到底折扣打多少,要具体情况具体分析。也可以选择几个不同的折扣系数,分别建立模型,辅之以经验判断,从中选择一个较为合适的。

【例 3-13-9】 表 3-13-18 是 1998 ~ 2004 年 × × 收费站通行费的实际收入,假定在收费标准和收费站周围公路网布局不变的情况下,预测 2010 年和 2015 年收入。

1998 ~ 2004 年 × × 收费站通行费收入表 表 3-13-18

年份	时间序号 x_t	通行费收入 y(万元)	年份	时间序号 x_t	通行费收入 y(万元)
1998	1	1081.0215	2002	5	2637.8509
1999	2	1901.3092	2003	6	3326.7680
2000	3	2154.9149	2004	7	4464.7884
2001	4	2632.5308			

通过绘制趋势图(图 3-13-2)进行判断,× × 收费站通行费的收入增长趋势大致成一条直线,适合用线性模型进行拟合,根据试算结果,折扣系数 α 取 0.9。

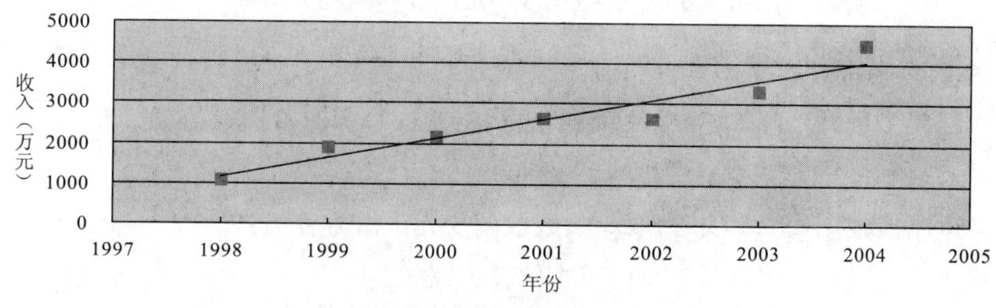

图 3-13-2 趋势图

将表 3-13-19 中的数值代入线性模型方程组:

$\sum a^r y = a\sum a^r + b\sum a^r x$ $\quad$ $14626 = 5.22a + 23.05b$

$\sum a^r xy = a\sum a^r x + b\sum a^r x^2$ $\quad$ $74639 = 23.05a + 122.11b$

解方程组得: $a = 589.3$ $\quad b = 499.6$

预测模型为: $Y_t = 589.3 + 499.6x_t$

$$\hat{y}_{(2010)} = 589.3 + 499.6\, x_{(2010)} = 589.3 + 499.6 \times 13 = 7084.1 \text{ 万元}$$

$$\hat{y}_{(2015)} = 589.3 + 499.6\, x_{(2015)} = 589.3 + 499.6 \times 18 = 9582.1 \text{ 万元}$$

折扣最小二乘法计算表（$\alpha = 0.9$）　　表 3-13-19

年份	x_t	y_t	r	α	α^r	x_t^2	$x_t y_t$	$x_t \alpha^r$	$y_t \alpha^r$	$x_t^2 \alpha^r$	$x_t y_t \alpha^r$	$\hat{y}$
1998	1	1081	6	0.9	0.531	1	1081	0.531	574	0.53	574	1089
1999	2	1901	5	0.9	0.590	4	3803	1.181	1123	2.36	2245	1589
2000	3	2155	4	0.9	0.656	9	6465	1.968	1414	5.90	4242	2088
2001	4	2633	3	0.9	0.729	16	10530	2.916	1919	11.66	7676	2588
2002	5	2638	2	0.9	0.810	25	13189	4.050	2137	20.25	10683	3087
2003	6	3327	1	0.9	0.900	36	19961	5.400	2994	32.40	17965	3587
2004	7	4465	0	0.9	1.000	49	31254	7.000	4465	49.00	31254	4087
$\sum$	—	—	—	—	5.217	—	—	23.047	14626	122.11	74639	—

3. 加权 3 点法

将普通 3 点法加以改进，按“近大远小”进行加权，用于预测，就是加权 3 点法。

加权 3 点法和普通 3 点法一样，需要从时间数列的首尾两端和正中间分别取 5 或 3 项数值（当时间数列大于 15 项时，取 5 项数值；当时间数列小于 15 项时，取 3 项数值），不同的是，要用 1、2、3、4、5 或 1、2、3 分别作权数，求出 3 组共 6 个加权平均数。然后用这 3 组平均数作为 3 个点的坐标，来建立求解抛物线模型 $\bar{y}_t = a + bx_1 + cx_t^2$ 参数的 3 元 1 次方程组。

（1）当时间数列大于 15 项时，取 5 项数值的 3 元 1 次方程组：

$$\bar{y}_1 = a + 11b/3 + (11/3)^2 c$$
$$\bar{y}_2 = a + [d + (2/3)]b + [d + (2/3)]^2 c$$
$$\bar{y}_3 = a + [n - (4/3)]b + [n - (4/3)]^2 c$$

求解参数的数学表达式为：

$$c = 2(\bar{y}_1 + \bar{y}_3 - 2\bar{y}_2)/(n-5)^2$$
$$b = (\bar{y}_3 - \bar{y}_1)/(n-5) - (3n+7)c/3$$
$$a = \bar{y}_1 - 11b/3 - 121c/9$$

（2）当时间数列小于 15 项时，取 3 项数值的 3 元 1 次方程组：

$$\bar{y}_1 = a + 7b/3 + (7/3)^2 c$$
$$\bar{y}_2 = a + [d + (1/3)]b + [d + (1/3)]^2 c$$
$$\bar{y}_3 = a + [n - (2/3)]b + [n - (2/3)]^2 c$$

求解参数的数学表达式为：

$$c = 2(\bar{y}_1 + \bar{y}_3 - 2\bar{y}_2)/(n-3)^2$$
$$b = (\bar{y}_3 - \bar{y}_1)/(n-3) - (3n+5)c/3$$
$$a = \bar{y}_1 - 7b/3 - 44c/9$$

【例 3-13-10】 表 3-13-20 是 1991 ~ 2001 年 × × 省公路货运周转量统计资料，试采用加权 3 点法进行预测。

1991～2001 年××省公路货运周转量计算表(加权三点法)　　表 3-13-20

年份	时间序号 X_t	货运周转量 y_t（亿吨公里）	权数 f_t	$y_t f_t$	预测值	实际值与预测值误差(%)
1991	1	170.03	1	170.03	150	13.35
1992	2	209.03	2	418.06	196.05	6.62
1993	3	227.37	3	682.11	236.66	-3.93
1994	4	258.41	$\sum=6$	$\sum=1270.2$	271.83	-4.94
1995	5	295.18	1	295.18	301.56	-2.12
1996	6	326.16	2	652.32	325.85	0.10
1997	7	352.74	3	1058.22	344.7	2.33
1998	8	355.48	$\sum=6$	$\sum=2005.72$	358.11	-0.73
1999	9	363.56	1	363.56	366.08	-0.69
2000	10	363.94	2	727.88	368.61	-1.27
2001	11	375.78	3	1127.34	365.7	2.76
			$\sum=6$	$\sum=2218.78$		

$$n=11$$

$$\bar{y}_1=1270.2/6=211.7$$

$$\bar{y}_2=2005.72/6=334.3$$

$$\bar{y}_3=2218.78/6=369.8$$

$$c=2(\bar{y}_1+\bar{y}_3-2\bar{y}_2)/(n-3)^2=-174.2/64=-2.72$$

$$b=(\bar{y}_3-\bar{y}_1)/(n-3)-(3n+5)c/3=19.76+34.45=54.21$$

$$a=\bar{y}_1-7b/3-44c/9=211.7-126.49+13.3=98.51$$

××省公路货运周转量预测模型为：

$$\hat{y}_t=98.51+54.21x_t-2.72x_t^2$$

4. 指数平滑法

指数平滑法是直接对各时期的观测值进行加权的一种预测方法(适合短期预测)。它既可以作为预测模型直接用于预测,也可以作为预测方法使用,用于估计预测模型参数。

(1) 指数平滑法直接用于预测

指数平滑法直接用于预测,可以看做是简单移动平均法的改进,其基本公式为：

$$\hat{y}_{t+1}=\alpha y_t+(1-\alpha)\hat{y}_t$$

式中:α——平滑系数,平滑 $0<\alpha<1$;

y_t——第 t 期观测值;

$\hat{y}_t$——第 t 期预测值;

$\hat{y}_{t+1}$——第 $t+1$ 期预测值。

指数平滑法的基本公式还可以用另一种形式表示,即：

$$\hat{y}_{t+1}=\hat{y}_t+\alpha(y_t-\hat{y}_t)$$

应用指数平滑法,要解决好两个问题:一是平滑系数 α 的确定,一般在原数列波动不大时,α 的取值可以小些,如 0.1～0.3,以加重预测值的权数;反之,原数列波动较大时,α 的取值可以大些,如 0.6～0.8,以加重观测值的权数。二是初始预测值 $\hat{y}_1$ 的确定,如果观测资料较多,初始值就对最后的预测值影响较小,可以用第一期观测值作为初始预测值。如果观测资料较少,初始值就对最后的预测值影响较大,可以用最初几期观测值的算术平均数作为初始预测值。

(2)指数平滑法建立预测模型

用指数平滑法直接进行预测只适合做最近一期的预测,而不能做今后若干时期的预测,这主要是没有以后各期的观测值。利用指数平滑法建立预测模型就克服了这一局限性。

指数平滑法建立预测模型的步骤为:

①对观测资料进行一次平滑,得到一次平滑值 $\hat{y}_t$ 序列。

②再对得到的一次平滑值序列进行一次平滑,称为二次指数平滑,这样就可以得到二次指数平滑值 $\hat{\hat{y}}_t$ 序列。二次指数平滑的公式可表示为:

$$\hat{\hat{y}}_{t+1} = \alpha \hat{y}_t + (1-\alpha)\hat{\hat{y}}_t$$

③确定预测模型。如果确定的是线性模型,即为

$$\hat{\hat{\hat{y}}}_{t+T} = a_t + b_t T$$

式中:$\hat{\hat{\hat{y}}}_{t+T}$——$t+T$ 期的预测值;

T——要提前预测的时期数;

a_t、b_t——平滑系数,其中:

$$a_t = 2\hat{y}_t - \hat{\hat{y}}_t$$

$$b_t = \alpha(\hat{y}_t - \hat{\hat{y}}_t)/(1-\alpha)$$

指数平滑法建立预测模型,也只宜做短期预测,如果预测期距离目标太远,预测模型中的 a_t、b_t 长久不变,也就很难保证预测值的准确性了。

5. 区间预测

(1)区间预测和极限误差

用预测模型直接推出的一个预测值,称为点预测值。依据统计学理论,点预测值表示点预测值期一般水平的平均值。未来的实际值可能高于它,也可能低于它。如 2000 年××收费站通行费实际收入 2155 万元,拟合值为 2088 万元,误差约 3%。为了使预测更有把握,就需要进行区间预测,如在置信水平 $1-a=0.95$ 的情况下,预测 2010 年的收入在 6323.6~7844.6 万元之间,这里的 6323.6~7844.6 万元就是置信区间,6323.6 万元是下限,7844.6 万元是上限。上限和下限都是以点预测值为中心设立的,上限(或下限)与点预测值之差称为极限误差,用 $\Delta\hat{y}_i$ 表示。

$$\Delta\hat{y}_i = t_{\alpha/2} \times S(y)$$

式中:$S(y)$——估计标准误差;

$t_{\alpha/2}$——概率度。

概率度 $t_{\alpha/2}$ 可以反映未来实际值包含于置信区间内的把握程度。预测误差总是服从一定的概率分布的,在已知概率分布的前提下,根据对未来实际值包含于置信区间内的置信水平(把握程度)的要求,就可以确定概率度。

(2)预测误差指标的计算

从理论上来讲,预测误差是指预测值与未来实际值之间的差异,但我们在进行预测时,未来实际值是不可能得到的,因此,通常用观测期的实际值与预测模型推出的预测值(理论值)之间的估计标准误差 S_y 来反映。计算公式为:

$$S_y{}^2 = \frac{\sum (Y_i - \hat{y}_i)^2}{n-m}$$

式中：Y_i——观测值；

$\hat{y}_i$——估计值；

n——观测值个数；

m——模型中常数个数。

【例 3-13-11】 表 3-13-21 是 1998～2004 年××收费站通行费收入资料，试计算估计标准误差。令置信水平 $1-\alpha=0.95$，预测 2010 年通行费的收入的置信区间。

1998～2004 年××收费站通行费收入估计标准误差计算表 表 3-13-21

年份	实际收入 y_i	$\hat{y}$	$y_i-\hat{y}$	$(y_i-\hat{y})^2$
1998	1081	1089	-7.88	62.07
1999	1901	1589	312.81	97849.60
2000	2155	2088	66.81	4464.23
2001	2633	2588	44.93	2009.80
2002	2638	3087	-449.45	202004.49
2003	3327	3587	-260.13	67688.66
2004	4465	4087	378.29	143102.11
$\sum$	—	—	—	517160.96

$$S_y^2=\frac{\sum(Y_i-\hat{y}_i)^2}{n-m}=517160.96/5=103432.19$$

$$S_y=321.6 \text{ 万元}$$

根据××收费站通行费收入预测模型 $\hat{y}_t=589.3+499.6x_t$，预测 2010 年××收费站通行费收入为 7084.1 万元。

置信水平 $1-\alpha=0.95$，知 $\alpha=0.05$，则 $\alpha/2=0.025$；自由度 $n=7$，查 t～分布片侧临界值表，概率度 $t_{\alpha/2}=2.36462$；估计标准误差 $S_y=321.6$ 万元。

$$\Delta\hat{y}_i=t_{\alpha/2}\times S_y=2.36462\times321.6=760.5 \text{ 万元}$$

预测收入上限：　　7084.1 万元 + 760.5 万元 = 7844.6 万元

预测收入下限：　　7084.1 万元 − 760.5 万元 = 6323.6 万元

通过计算，在置信水平 $1-\alpha=0.95$（概率为 95%）的情况下，2010 年××收费站通行费的收入的置信区间为：6323.6 万元 $\leqslant\hat{y}_{(2010)}\leqslant$ 7844.6 万元。

三、预 测 示 例

该示例从××市公路勘察设计院编制的《国道 106 线××市西北出入口公路改善工程工程可行性研究报告》中摘录。

1. 交通量预测

(1) ××市 1993～1999 年国民经济主要指标，见表 3-13-22 所列。

××市 1993～1999 年国民经济主要指标 表 3-13-22

指标 \ 年份	1993	1994	1995	1996	1997	1998	1999	年均增长（%）
人口（万人）	322.10	326.72	330.14	333.70	337.00	340.63	343.93	1.1
工农业总产值（万元）	11955953	1471198	1866239	2144594	2529197	2687361	2850277	
工业总产值（万元）	911740	1067322	1368631	1529787	1552482	1978577	2077528	
农业总产值（万元）	284213	403876	497308	614807	676715	708784	772749	

续上表

指标＼年份	1993	1994	1995	1996	1997	1998	1999	年均增长（%）
国内生产总值(万元)	809361	993303	1224970	1485335	1650250	1701233	1781410	14.05
商品零售总额(万元)	132355	180356	251100	236052	397606	450593	484482	
固定资产资产投资(万元)	294025	382618	384511	513138	479204	531865	561361	

(2)根据国道106线××市西出口公路××交调站资料(表3-13-23),2000年日平均混合交通量为6163辆次(折算),其中机动车辆5865辆次(绝对),汽车5446辆次(绝对)。机动车比重为95.17%,汽车比重为88.36%。根据2000年交通量调查统计资料分析,客货车比例约为2:8,客车平均载客20人,实载率为90%左右,货车平均吨位为7吨,实载率为65%左右,该路平均车速约为40公里/小时。

1991～2000年××交通量观测站调查资料

表3-13-23

单位:辆中型车/日

交通量＼年份	1991	1992	1993	1994	1995	1996	1997	1998	1999	2000
年平均(折算)	2958	3215	3448	3610	3824	4241	4726	5383	5860	6163
机动车(绝对)	2393	2887	3103	3406	3655	3925	4401	4968	5538	5865
汽车(绝对)	2017	2435	2766	3156	3403	3604	4137	4742	5203	5446

(3)交通量预测模型的确定

根据交通量调查结果,结合项目影响区国民经济发展状况,采用定基和定标方法分别进行交通量预测。

①定基方法,采用一元回归法。

$$\hat{y} = a + bx$$

式中:$\hat{y}$——预测年度第n年的交通量(辆中型车/日);

x——预测年度第n年的××市国内生产总值(亿元)。

经回归计算得到数学模型为:

$$\hat{y} = 1219.8631 + 24.7079x$$

$R = 0.9732$(按1999年价格回归计算结果)

②定标方法,采用时间序列法。

$$\hat{y} = a + bt$$

式中:$\hat{y}$——预测年度第n年的交通量(辆中型车/日);

t——预测年,即预测年度减去1990年。

经回归计算得到数学模型为:

$$\hat{y} = 2316.1333 + 368.4848t$$

$$R = 0.98055$$

从定标和定基分析结果来看,两个数学模型均具有较好的相关性,报告予以采用,并在广泛结合专家意见的基础上,综合取值,权重分别为0.4和0.6。

(4)影响交通量预测因素

一般来讲,远景交通量由3部分组成,即自然增长的趋势交通量、转移交通量以及项目建成后对影响区域经济产生带动作用从而诱导发生的诱增交通量。××市境内国道106线唐庄至清河头段公路改建工程2003年竣工,通车后将有相当一部分过往车辆转移。因此,本项目的远景交通量主要包括趋势型交通量、转移交通量和诱增型交通量3部分。

(5)趋势型交通量预测

根据交通量预测模型,趋势型交通量特征年预测结果见表3-13-24所列。

趋势型交通量特征年预测表

表3-13-24

单位:辆中型车/日

项目 \ 年份	2002	2006	2011	2013	2016	2021
交通量	6698	8154	9973	10701	11622	13612
年平均增长率(%)		5.04	4.11	3.59	2.79	3.21

(6)诱增型交通量预测

本项目建成后,将会带动沿线经济的发展,势必将会诱发一部分运量。但是,由于是老路改善,且沿线的土地利用率不是很高,工业化程度较低,经调查分析,诱增交通量按趋势型交通量的5%计算,诱增型交通量特征年预测结果见表3-13-25所列。

诱增型交通量特征年预测表

表3-13-25

单位:辆中型车/日

年　　份	2002	2006	2011	2013	2016	2021
交通量	335	407	498	535	581	680

(7)趋势型和诱增型项目交通量预测结果

根据趋势型和诱增型交通量预测结果,本项目趋势型和诱增型交通量特征年预测结果见表3-13-26、表3-13-27所列。

趋势型和诱增型交通量特征年预测表

表3-13-26

单位:辆中型车/日

项目 \ 年份	2002	2006	2011	2013	2016	2021
交通量	7033	8561	10471	11236	12203	14292
年平均增长率(%)		5.04	4.11	3.59	2.79	3.21

趋势型和诱增型交通量预测值表

表3-13-27

单位:辆中型车/日

年份	交通量	年份	交通量	年份	交通量	年份	交通量
2002	7033	2007	8913	2012	10847	2017	12595
2003	7387	2008	9279	2013	11236	2018	12999
2004	7760	2009	9661	2014	11549	2019	13416
2005	8151	2010	10058	2015	11872	2020	13847
2006	8561	2011	10471	2016	12203	2021	14292

(8)转移交通量

国道106线××市西北出入口公路拟于2001年5月开始建设,于2001年10月竣工。而国道106线唐庄至清河头段公路改建工程为2001年至2002年跨年度工程,并且不是收费公路,因此2003年将有相当一部分外省、外市过往车辆从改建段转移,加上油田运输车辆的转移,转移交通量按趋势型交通量、诱增型交通量总和的40%转移。转移交通量从2003年起计算。

(9)项目交通量预测结果

根据趋势型交通量、诱增型交通量及转移交通量的数量确定方式，本项目远景交通量预测结果见表3-13-28所列。

远景交通量预测表 表3-13-28

单位：辆中型车/日

年份	交通量	年份	交通量	年份	交通量	年份	交通量
2002	7033	2007	5348	2012	6508	2017	7557
2003	4430	2008	5567	2013	6742	2018	7799
2004	4656	2009	5797	2014	6911	2019	8050
2005	4891	2010	6035	2015	7123	2020	8308
2006	5137	2011	6283	2016	7322	2021	8575

通过以上分析，此路交通量今后有一定的增长，二级公路的交通量预测远景年限为15年，从上表可知本公路改善完成15年后即2016年的交通量为7322辆中型车/日。

2. 经济评价

(1)评价参数及模型的确定

①评价依据

a. 国家计委、建设部颁发的《建设项目经济评价方法与参数》。

b. 交通部《公路建设项目经济评价办法》。

c. 交通部1988年颁布的《水运、公路建设项目可行性研究报告编制办法》。

d. 交通部公路规划设计院《公路技术经济指标》。

e. 交通部公路规划设计院《公路建设项目可行性研究指南》。

②评价原则

a. 费用、效益范围对应一致的原则。

b. 经济评价采用"有"、"无"比较法原则。

c. 计算期采用统一价格原则。

d. 经济评价年限应服从统一的原则。

③评价参数

a. 社会折现率，根据国家计委规定取12%。

b. 评价基年为项目开工年限(2001年)，评价计算期为建设年限(2001年)和建设后预测年限(2002~2021年)。

c. 贸易费用率采用6%。

d. 影子汇率取为8.96美元。

e. 根据××市统计局提供的资料，1999年××市人均国内生产总值为2724元，根据"××市发展规划"，未来年人均国内生产总值，计算年限内前10年平均增长8%，后12年平均增长6%。

f. 在途货物平均价格，根据交通部公路规划设计院资料，$Pr_{(85)}=745.33$元/吨，物价上涨指数按年平均10%计算，$Pr_{(99)}=2830.39$元/吨，计算年限内前10年平均上涨10%，后12年平均上涨5%。

g. 项目里程为38.5公里。

h. 据调查资料，该路平均车速为50公里/小时以下。

i. 汽车运营成本，参照交通部公路规划设计院的研究成果：

$$V_1 = 99.1 / N^{0.1323}$$

$$V_2 = 156.7 / N^{0.1691}$$

$$C = 501.3328 - 12.3303V + 0.10198V^2$$

式中：V——平均行车速度（公里/小时）；

N——交通量（辆中型标准车/日）；

C——综合汽车运输成本（元/千吨公里）。

按评价基年计算，$C_1 = 207.33$ 元/千吨公里，$C_2 = 186.41$ 元/千吨公里，节约成本比例为 10.1%。据调查目前汽车平均成本为 426.28 元/千吨公里，则实际节约运输成本为 43.01 元/千吨公里。

④项目费用

工程项目费用包括公路改善工程费用、计算年限内的养护中修费、管理费及残值等。根据国民经济应采用影子价格进行评价的要求，将建设费调整如下：

a. 人工。随着我国市场经济的发展，人工工资越来越真实的反映社会劳动力的实际价值。交通部对公路工程概、预算中人工工资，按市场的实际变化情况及时进行调整，各地区按实际予以调整。因此认为，项目估算采用的人工工资基本反映了当时市场经济中的劳动力价格实际情况，以接近影子工资。故在本报告经济评价中影子工资换算系数取为 1.0。

b. 主要材料影子价格调整。对项目的主要投入物原木、锯材、钢材、水泥、沥青等材料进行影子价格调整，影子价格调整及计算参数采用 1993 年国家计委与建设部发布的《建设项目经济评价方法与参数》进行。见表 3-13-29 所列。

主要材料影子价格调整表 表 3-13-29

材料名称	单位	影子价格	材料名称	单位	影子价格
钢材	元/吨	2307.85	原木	元/m^3	1056.50
沥青	元/吨	1648.25	锯材	元/m^3	1258.85
水泥	元/吨	283.60			

⑤土地费用调整

在国民经济评价中，土地影子费用包括项目建设占地使国民经济为此放弃的效益即土地机会成本。项目占用农田的农作物主要是小麦和玉米，根据调查，计算土地在项目使用期间的净效益现值，假设净收益年平均增长 3%，得到该项目土地机会成本为 7488 元/亩。

⑥建设费用调整

扣除建筑安装工程费用中的税金，对项目投资估算调整成经济费用见表 3-13-30 所列。

建设费用调整表 表 3-13-30

单位：万元

项　　目	估算费用(万元)	经济费用(万元)
一、建筑安装工程费	5374.33	5076.00
其中：原木	8.19	9.72
锯材	14.45	13.47
钢材	42.41	32.08

续上表

项　　目	估算费用(万元)	经济费用(万元)
水泥	618.76	649.93
沥青	680.40	534.03
税金	173.35	0
不做调整项目	3836.77	3836.77
二、设备及工具、器具购置	6.78	6.78
三、工程建设其他费	800.31	534.62
其中:用地及青苗补偿费	253.37	103.33
建设起贷款利息	115.65	0
不做调整项目	479.52	479.52
四、预留费	550.26	550.26
合计	6727.42	6167.66

(2)公路养护管理费用

养护及管理费用根据××市公路现状及周围县区情况确定项目养护管理费用,并调整成基年价格适用:①管理及维修保养费每公里取12000元,中修前平均递增10%,中修后平均递增5%。②中修费用采用每公里35万元。

(3)项目残值

项目残值以经济建设费用的50%负值计入费用。见表3-13-31所列。

项目经济费用预测表

表3-13-31

单位:万元

年份	建设费用	养护管理费	中修费用	残值	合计
2001	3084				3084
2002	3084				3084
2003		46.20			46.20
2004		50.82			50.82
2005		55.90			55.90
2006		61.49			61.49
2007		67.64			67.64
2008		74.41			74.41
2009		81.85			81.85
2010		90.03			90.03
2011		99.03			99.03
2012		108.94			108.94
2013		119.83	1347.5		1467.33
2014		125.82			125.82
2015		132.11			132.11
2016		138.72			138.72
2017		145.66			145.66
2018		152.94			152.94

续上表

年份	建设费用	养护管理费	中修费用	残值	合计
2019		160.58			160.58
2020		168.61			168.61
2021		177.04			177.04
2022		185.90		-3084	-2898.10
合计	6168	2243.52	1347.5	-3084	6675.02

(4)项目的经济效益计算

①公路改善(提高等级)后,货物运输成本降低额 B_{hj}采用下式:

$$B_{hj}=(C_hw-C_hy)\times Q_hk$$

式中:B_{hj}——公路改善后,货物成本的降低额(万元);

C_hw——公路改善前,货物运输成本(元/千吨公里);

C_hy——公路改善后,货物运输成本(元/千吨公里);

Q_hk——公路改善后的货物周转量(千万吨公里)。

经计算:$B_{hj}=\sum(C_hw-C_hy)\times Q_hk=25005.86$ 万元。

②公路改善(提高等级)后,客运成本降低额 B_{kj}采用下式:

$$B_{kj}=(C_kw-C_ky)\times Q_kk$$

式中:B_{kj}——公路改善后客运成本的降低额(万元);

C_kw——公路改善前客运运输成本(元/千吨公里);

C_ky——公路改善后客运成本(元/千吨公里);

Q_kk——公路改善后的客运周转量(千万人公里)。

因缺少客运成本资料,采用换算吨公里按货物运输成本进行间接推算:

$$B_{kj}=\sum 0.1\times(C_hw-C_hy)\times Q_kk=2472.53\text{ 万元}$$

③公路改善(提高等级)后,货物节约在旅途时间价值 B_{hs}采用下式:

$$B_{hs}=P_r\times Q_hk\times I\times T/(16\times 365\times L)$$

式中:B_{hs}——公路改善后,货物节约在旅途时间价值(万元);

P_r——计算年度在途货物平均价格(元/吨);

I——社会折现率;

T——全程节约小时数(小时);

L——改善公里长度(公里)。

$$B_{hs}=\sum[P_r\times Q_hk\times I\times T/(16\times 365)\times L]=1245.74\text{ 万元}$$

④公路改善(提高等级)后,旅客节约在旅途时间价值 B_{ks}采用下式:

$$B_{ks}=I_c\times Q_kk\times T/(8\times 365\times L)$$

式中:B_{ks}——公路改善后,旅客节约在旅途时间价值(万元);

I_c——计算年度人均国民生产总值(元/人);

T——全程节约小时数(小时);

L——改善公里长度(公里)。

$$B_{ks}=\sum[I_c\times Q_kk\times T/(8\times 365)\times L]=16780.47\text{ 万元}$$

⑤减少货损事故节约的费用

项目实施后导致减少公路货损事故节约的费用,而产生的效益。

$$B_{ssh}=(S_w-S_y)\times Q_hk\times P_r/L$$

式中：B_{ssh}——货损事故减少节约的费用（万元）；

S_y——有此项目时的货损率（%）；

S_w——无此项目时的货损率（%）；

Q_hk——货物周转量（万吨公里）；

P_r——在途货物平均价格（元/吨）；

L——平均运距（公里）。

$$B_{ssh} = \sum[(S_w - S_y) \times Q_hk \times P_r/L] = 6379.16 \text{ 万元}$$

⑥公路改善后，公路使用者获得的经济效益 B（表 3-13-32）

$$\begin{aligned} B &= B_{hj} + B_{kj} + B_{hs} + B_{ks} + B_{ssh} \\ &= 25005.86 + 2472.53 + 1245.74 + 16780.47 + 6379.16 \\ &= 51883.76 \text{ 万元} \end{aligned}$$

经济效益流量表

表 3-13-32

单位：万元

年份	货物成本降低效益	客运成本降低效益	货运节约时间效益	客运节约时间效益	减少货损效益	合计
2003	788.08	77.92	19.24	330.52	78.87	1294.63
2004	835.71	82.63	21.83	365.21	90.00	1395.38
2005	884.34	87.44	24.72	402.70	107.09	1506.29
2006	934.05	92.36	27.94	443.20	124.42	1621.97
2007	984.89	97.38	31.52	486.95	144.31	1745.05
2008	1032.40	102.08	35.36	531.88	166.40	1868.12
2009	1080.70	106.86	39.60	580.15	191.61	1998.92
2010	1129.84	111.72	44.30	631.99	220.35	2138.2
2011	1179.85	116.66	49.50	687.69	253.11	2286.81
2012	1230.77	121.70	55.25	747.50	290.44	2445.66
2013	1276.68	126.24	60.18	807.95	316.34	2587.39
2014	1323.11	130.83	65.48	872.50	344.24	2736.16
2015	1370.09	135.47	71.20	941.42	374.28	2892.46
2016	1417.62	140.17	77.35	1014.99	406.63	3056.76
2017	1465.74	144.93	83.98	1093.52	441.45	3229.62
2018	1514.45	149.75	91.11	1177.32	478.93	3411.56
2019	1563.77	154.62	98.78	1266.72	519.26	3603.15
2020	1613.74	159.56	107.03	1362.10	562.64	3805.07
2021	1664.36	164.57	115.91	1463.83	609.30	4017.97
2022	1715.67	169.64	125.46	1572.33	659.49	4242.59
合计	25005.86	2472.53	1245.74	16780.47	6379.16	51883.76

⑦公路改善项目的效益费用比 EBCR

$$\text{EBCR} = \{\sum_{t=0}^{t=n} B_tP_t\} / \{\sum_{t=0}^{t=n} C_tP_t\}$$

式中：EBCR——效益费用比；

B_t——第 t 年的效益金额(万元);

C_t——第 t 年的费用金额(万元);

P_t——按社会折现率计算的第 t 年的折算系数;

n——公路项目计算年限。

经计算 EBCR = 2.14。

⑧经济净现值 ENPV

$$ENPV = \sum_{t=0}^{t=n}(B_t - C_t) \times P_t$$

经计算 ENPV = 7362.46 万元。

⑨经济内部收益率 EIRR

$$EIRR = \sum_{t=0}^{t=n}(B_t - C_t) \times P_t = 0$$

式中:B_t——第 t 年的效益金额(万元);

C_t——第 t 年的费用金额(万元);

P_t——按社会折现率计算的第 t 年的折算系数;

n——公路项目计算年限。

用线形插值公式求得经济内部收益率。

$$i = i_1 + (i_2 - i_1)|PV|/(|PV| + |NV|)$$

式中:i——内部收益率(%);

i_1——试算的低折算率;

i_2——试算的高折算率;

$|PV|$——采用低折算率 i_1 时的净现值(正)的绝对值;

$|NV|$——采用高折算率 i_2 时的净现值(负)的绝对值。

经计算 $i = i_1 + (i_2 - i_1)|PV|/(|PV| + |NV|) = 23.98\%$。

⑩投资回收期(N),是以公路项目的净效益抵偿基本建设投资所需时间,经列表计算 N=9年。见表 3-13-33 ~ 表 3-13-36 所列。

敏感性分析表(社会折现率 r = 12%)

表 3-13-33

单位:万元

年份	效益	效益现值	费用	费用现值	净效益	净效益现值	净效益现值累计
2001	0.00	0.00	3084.00	3084.00	-3084.00	-3084.00	-3084.00
2002	0.00	0.00	3084.00	2753.57	-3084.00	-2753.57	-5837.57
2003	1294.63	1032.07	46.20	36.83	1248.43	995.24	-4842.33
2004	1395.38	993.20	50.82	36.17	1344.56	957.03	-3885.33
2005	1506.29	957.27	55.90	35.53	1450.39	921.75	-2963.55
2006	1621.97	920.35	61.49	34.89	1560.48	885.46	-2078.09
2007	1745.05	884.10	67.64	34.27	1677.41	849.83	-1228.26
2008	1868.12	845.04	74.41	33.66	1793.71	811.38	-416.88
2009	1998.92	807.33	81.85	33.06	1917.07	774.27	357.39
2010	2138.20	771.06	90.03	32.47	2048.17	738.59	1095.98

续上表

年份	效益	效益现值	费用	费用现值	净效益	净效益现值	净效益现值累计
2011	2286.81	736.29	99.03	31.89	2187.78	704.41	1800.39
2012	2445.66	703.07	108.94	31.32	2336.72	671.76	2472.14
2013	2587.39	664.12	1467.33	376.63	1120.06	287.49	2759.63
2014	2736.16	627.06	125.82	28.83	2610.34	598.22	3357.85
2015	2892.46	591.85	132.11	27.03	2760.35	564.82	3922.62
2016	3056.76	558.46	138.72	25.34	2918.04	533.11	4455.79
2017	3229.62	526.82	145.66	23.76	3083.96	503.06	4958.85
2018	3411.56	496.87	152.94	22.27	3258.60	474.60	5433.45
2019	3603.15	468.55	160.58	20.88	3442.57	447.67	5881.12
2020	3805.07	441.79	168.61	19.58	3636.46	422.22	6303.34
2021	4017.97	416.53	177.04	18.35	3840.93	398.18	6701.52
2022	4242.59	392.69	-2898.10	-268.25	7140.69	660.94	7362.46

净现值(ENPV)=7362.46 万元
效益费用比(EBCR)=2.14
内部收益率(EIRR)=23.98%
投资回收期(N)=9 年

敏感性分析表(社会折现率 $r=12\%$、费用上升 20%) 表 3-13-34

单位:万元

年份	效益	效益现值	费用	费用现值	净效益	净效益现值	净效益现值累计
2001	0.00	0.00	3700.80	3700.80	-3700.80	-3700.80	-3700.80
2002	0.00	0.00	3700.80	3304.29	-3700.80	-3304.29	-7005.09
2003	1294.63	1032.07	55.44	44.20	1239.19	987.87	-6017.21
2004	1395.38	993.20	60.98	43.41	1334.40	949.80	-5067.41
2005	1506.29	957.27	67.08	42.63	1439.21	914.64	-4152.77
2006	1621.97	920.35	73.79	41.87	1548.18	878.48	-3274.29
2007	1745.05	884.10	81.17	41.12	1663.88	842.97	-2431.32
2008	1868.12	845.04	89.29	40.39	1778.83	804.65	-1626.00
2009	1998.92	807.33	98.22	39.67	1900.70	767.66	-859.00
2010	2138.20	771.06	108.04	38.96	2030.16	732.10	-126.91
2011	2286.81	736.29	118.84	38.26	2167.97	698.03	571.12
2012	2445.66	703.07	130.73	37.58	2314.93	665.49	1236.61
2013	2587.39	664.12	1760.80	451.95	826.59	212.17	1448.78
2014	2736.16	627.06	150.98	34.60	2585.18	592.46	2041.23
2015	2892.46	591.85	158.53	32.44	2733.93	559.42	2600.65
2016	3056.76	558.46	166.46	30.41	2890.30	528.05	3128.69

续上表

年份	效益	效益现值	费用	费用现值	净效益	净效益现值	净效益现值累计
2017	3229.62	526.82	174.79	28.51	3054.83	498.31	3627.00
2018	3411.56	496.87	183.53	26.73	3228.03	470.14	4097.15
2019	3603.15	468.55	192.70	25.06	3410.45	443.49	4540.64
2020	3805.07	441.79	202.33	23.49	3602.74	418.30	4958.94
2021	4017.97	416.53	212.45	22.02	3805.52	394.51	5353.45
2022	4242.59	392.69	-3477.72	-321.90	7720.31	714.59	6068.04

净现值(ENPV)=6068.04 万元

效益费用比(EBCR)=1.78

内部收益率(EIRR)=20.59%

投资回收期(N) =11 年

敏感性分析表(社会折现率 r=12%、效益下降 20%) 表 3-13-35

单位:万元

年份	效益	效益现值	费用	费用现值	净效益	净效益现值	净效益现值累计
2001	0.00	0.00	3084.00	3084.00	-3084.00	-3084.00	-3084.00
2002	0.00	0.00	3084.00	2753.57	-3084.00	-2753.57	-5837.57
2003	1035.70	825.66	46.20	36.83	989.50	788.83	-5048.74
2004	1116.30	794.56	50.82	36.17	1065.48	758.39	-4290.35
2005	1205.03	765.82	55.90	35.53	1149.13	730.29	-3560.06
2006	1297.58	736.28	61.49	34.89	1236.09	701.39	-2858.67
2007	1396.04	707.28	67.64	34.27	1328.40	673.01	-2185.66
2008	1494.50	676.03	74.41	33.66	1420.09	642.37	-1543.29
2009	1599.14	645.86	81.85	33.06	1517.29	612.81	-930.48
2010	1710.56	616.85	90.03	32.47	1620.53	584.38	-346.10
2011	1829.45	589.03	99.03	31.89	1730.42	557.15	211.05
2012	1956.53	562.46	108.94	31.32	1847.59	531.14	742.18
2013	2069.91	531.29	1467.33	376.63	602.58	154.67	896.85
2014	2188.93	501.65	125.82	28.83	2063.11	472.81	1369.66
2015	2313.97	473.48	132.11	27.03	2181.86	446.45	1816.11
2016	2445.41	446.77	138.72	25.34	2306.69	421.42	2237.54
2017	2583.70	421.46	145.66	23.76	2438.04	367.70	2635.23
2018	2729.25	397.50	152.94	22.27	2576.31	375.22	3010.46
2019	2882.52	374.84	160.58	20.88	2721.94	353.96	3364.42
2020	3044.06	353.44	168.61	19.58	2875.45	333.86	3698.28
2021	3214.38	333.22	177.04	18.35	3037.34	314.87	4013.15
2022	3394.07	314.15	-2898.10	-268.25	6292.17	582.40	4595.55

净现值(ENPV)=4595.55 万元

效益费用比(EBCR)=1.71

内部收益率(EIRR)=19.86%

投资回收期(N) =11 年

敏感性分析表(社会折现率 $r=12\%$,效益下降20%、费用上升20%)　表3-13-36

单位:万元

年份	效益	效益现值	费用	费用现值	净效益	净效益现值	净效益现值累计
2001	0.00	0.00	3700.80	3700.80	-3700.80	-3700.80	-3700.80
2002	0.00	0.00	3700.80	3304.29	-3700.80	-3304.29	-7005.09
2003	1035.70	825.66	55.44	44.20	980.26	781.46	-6223.63
2004	1116.30	794.56	60.98	43.41	1055.32	751.16	-5472.47
2005	1205.03	765.82	67.08	42.63	1137.95	723.19	-4749.28
2006	1297.58	736.28	73.79	41.87	1223.79	694.41	-4054.87
2007	1396.04	707.28	81.17	41.12	1314.87	666.16	-3388.72
2008	1494.50	676.03	89.29	40.39	1405.20	635.64	-2753.07
2009	1599.14	645.86	98.22	39.67	1500.92	606.19	-2146.88
2010	1710.56	616.85	108.04	38.96	1602.52	577.89	-1568.99
2011	1829.45	589.03	118.84	38.26	1710.61	550.77	-1018.22
2012	1956.53	562.46	130.73	37.58	1825.80	524.87	-493.35
2013	2069.91	531.29	1760.80	451.95	309.12	79.34	-414.00
2014	2188.93	501.65	150.98	34.60	2037.94	467.04	53.04
2015	2313.97	473.48	158.53	32.44	2155.44	441.04	494.08
2016	2445.41	446.77	166.46	30.41	2278.94	416.35	910.44
2017	2583.70	421.46	174.79	28.51	2408.90	392.94	1303.38
2018	2729.25	397.50	183.53	26.73	2545.72	370.77	1674.15
2019	2882.52	374.84	192.70	25.06	2689.82	349.78	2023.94
2020	3044.06	353.44	202.33	23.49	2841.72	329.94	2353.88
2021	3214.38	333.22	212.45	22.02	3001.93	311.20	2665.08
2022	3394.07	314.15	-3477.72	-321.90	6871.79	636.05	3301.13

净现值(ENPV)=3301.13 万元

效益费用比(EBCR)=1.43

内部收益率(EIRR)=16.89%

投资回收期(N) =14 年

由于经济评价所用的参数,有的来自投资估算,有的来自预测,因此很难做到所有参数都较准确,不排除这些参数变动的可能性,这也是在可行性研究中不可避免的。公路建设项目可能发生变化的因素主要有公路造价、交通量、运输成本等。故对效益及成本的变化引起的经济评价指标变化作敏感性分析。这些参数的变化结果有两种:一种会使项目的经济效益更加显著或者下降;一种会使项目的投资成本提高或者降低,敏感性分析只考虑可能使项目经济效益下降或投资成本提高,从而改变项目研究结论的参数变化的影响。综上所述参数变化将导致效益下降及费用增加。本项目考虑下述3种情况下经济评价指标的变动:

①效益下降20%。

②费用增加20%。

③效益下降20%,同时费用增加20%。

这3种情况下的计算结果见表3-13-34～表3-13-36所列。

评价结果表明,改善为二级公路后,货运成本降低额25005.86万元,客运成本降低额2472.53万元,货运节约在旅途的时间价值为1245.74万元,客运节约在旅途的时间价值为16780.47万元,减少货损的价值6379.16万元,全社会公路使用者获得的经济效益51883.76万元。效益费用比为2.14,经济净现值为7362.46万元,经济内部收益率为23.98%,投资回收期为9年,具有较好的经济效益和较强的抗风险性,项目可行。

第六节　聚类分析及其应用

聚类分析在统计分析中应用很多,因为在实际工作中经常会对研究对象进行分类,从而研究不同类的特征。如研究公路经济,可以利用聚类分析的方法,选择一些主要指标描述公路特征,将处于不同发展时期、不同发展阶段的公路经济进行划分,从而进行比较研究。聚类分析方法很多,从大的方面讲有系统聚类法和动态聚类法。当前应用最广,且最容易理解和掌握的方法应属多元统计中的系统聚类分析法。

一、系统聚类分析方法

1. 聚类方法及过程

聚类分析应用于选择指标的基本思想是:如果有 n 个指标,首先将每一指标看作一类,然后根据指标间的相似程度,通过比较类间距离进行分类。每次将距离最近的两类加以合并,然后剩下 $n-1$ 类。再选择距离最近的两类加以合并。这样,每合并一次,就减少一类,继续这一过程,直至将所有指标合并为一类止,形成由小到大的分类系统。最后整个分类结果画成一张聚类图,来反映所有指标间的亲疏关系。

2. 选择度量类(指标)间相似程度的方法

选择度量类(指标)间相似程度的方法,常用的是相关系数法。首先,计算两两指标的相关系数,然后通过相关系数矩阵 R 综合表现指标间的相互关系。

【例3-13-12】 现有8个指标(表3-13-37),计算两两指标的相关系数,并建立相关矩阵。

相关矩阵(一)　　表3-13-37

指标序号	1	2	3	4	5	6	7	8
1	1	0.4	0.57	0.53	0.43	0.62	0.69	0.55
2		1	0.54	0.55	0.55	0.61	0.21	0.55
3			1	0.88	0.77	0.79	0.35	0.73
4				1	0.78	0.71	0.3	0.77
5					1	0.78	0.2	0.86
6						1	0.34	0.81
7							1	0.23
8								1

第一步,在相关矩阵(一)中找到相关系数最大的两个指标,由 $r_{34}=0.88$ 为最大值可知,指标3与指标4关系密切,应聚为一类。然后从相关矩阵(一)中划去第三行第三列,形成相关矩阵(二),见表3-13-38。

相关矩阵(二)　　表 3-13-38

指标序号	1	2	4	5	6	7	8	
1	1	0.4	0.53	0.43	0.62	0.69	0.55	
2		1	0.55	0.55	0.61	0.21	0.55	
4			1	0.78	0.71	0.3	0.77	
5				1	0.78	0.2	0.86	
6					1	0.34	0.81	
7						1	0.23	
8							1	

第二步,在相关矩阵(二)中找到相关系数最大($r_{58}=0.86$)的指标5,和指标8合为一类,再划去相关矩阵(二)中第五行第五列。重复前述过程,依次聚类。

第三步,$r_{38}=0.81$(指标6与指标5、8合为一类,因为在第二步已将指标5和指标8合为一类)。

第四步,$r_{48}=0.77$(指标3、4与指标5、6、8合为一类)。

第五步,$r_{17}=0.69$(指标1与指标7合为一类)。

第六步,$r_{28}=0.55$(指标2与指标3、4、5、6、8合为一类)。

第七步,$r_{78}=0.23$(指标1、7与指标2、3、4、5、6、8合为一类)。

根据聚类结果确定指标体系,必须以相关程度作为划分标准。如果对指标体系的简约性要求不高,则需选择较大的相关程序,如 $r>0.8$,这时上述8个指标可分为5类:1、2、7、(3、4)、(5、6、8);如果对指标体系的简约性要求较高,则可选择小一些的相关程序,如 $r=0.65$,则上述8个指标可分为3类:(1、7)、2、(3、4、5、6、8)。

在确定了类指标后,还要在类内确定一个指标作为代表指标。当确定为5类时,就要在指标3、4以及指标5、6、8这两类中分别选择一个指标加入指标体系,并将其他指标删除。这样,指标体系就由指标1、2、7,指标3与指标4中的一个,指标5、6、8中的一个组成。在类内确定代表指标需要根据经验做出抉择。

3. 选择度量类间距的方法

类间距有很多定义的方法,如最近距离法、平均距离法、最大距离法、重心法、离差平方法等。

(1)最近距离法

在给定的距离水平下,如果两类元素之间的最近距离小于或者等于给定的距离,而在这一水平下就将这两类归并在一起,从而形成一个新的类,这种方法称为最近距离法。见表3-13-39所列。

在距离水平为0的条件下,所有的元素都各自为一类。从观测单位距离表可以看出,两两类之间的最近距离是2,也就是单位1和单位2之间的距离。所以在距离水平为2的条件下,这两个单位就归并在一个新类。这时就只存在4个类了,即(1,2),3,4,5。下一个最近距离是3,是单位4和单位5之间的距离,所以在距离水平为3的情况下,只有3类:(1,2),3,(4,5)。接下来两个单位之间的最近距离是单位3与单位4之间的距离,所以,在这一水平下所有单位被归并为两类,即(1,2),(3,4,5)。最后一个距离水平是5,单位(3,2)与单位(3,5)之间的距离为5,所以在这一距离水平下,所有的单位都归并成一类,至此,最小距离法聚类分析过程结束。

(2)平均距离法

平均距离法是指定义两类之间的距离为两类内元素之间两两距离的平均值。如果这一平均距离小到一定程度时就将两类归并成一类，对于上面的例子，如果用平均距离法进行聚类，我们可以得到如下聚类过程（表3-13-40）。

聚类分析表（最近距离法） 表3-13-39

距离水平	类
0	1,2,3,4,5
2	(1,2),3,4,5
3	(1,2),3,(4,5)
4	(1,2),(3,4,5)
5	(1,2,3,4,5)

聚类分析表（平均距离法） 表3-13-40

距离水平	类
0	1,2,3,4,5
2	(1,2),3,4,5
3	(1,2),3,(4,5)
4.5	(1,2),(3,4,5)
7.8	(1,2,3,4,5)

例如，类(1,2)和类(3,4,5)在距离水平为7.8的条件下归并成一类，这是因为类(1,2)与类(3,4,5)之间两两元素的距离的平均值是7.8。具体值见表3-13-41所列。

(3)最大距离法

最大距离法是指将两类内的元素之间的最大距离定义为两类之间的距离，当这种最大距离小到一定程度时，才将这两类归并成一类。对于以上的例子，若用最大距离法聚类就会有以下的结果（表3-13-42）。

距 离 计 算 表 表3-13-41

1~3	6
1~4	10
1~5	9
2~3	5
2~4	9
2~5	8
平均值	7.8

聚类分析表（最大距离法） 表3-13-42

距离水平	类
0	1,2,3,4,5
2	(1,2),3,4,5
3	(1,2),3,(4,5)
5	(1,2),(3,4,5)
10	(1,2,3,4,5)

在此过程中类3和类(4,5)在距离水平为5时才归并为一类，这是因为类3和类(4,5)之间的距离定义为单位3和4以及3和5之间的距离的最大者，即为3和5之间的距离，为5。

在进行分类时，可以参考以下几个原则：分类数目要符合实用目的，任何类都必须在邻近各类中是最突出的；各类包含的样本数不宜过多；可以采用多种聚类分析方法，将几种分类方法结果中的共性取出来，对有争议的样本按最短距离原则或用判别分析方法归类等等。

二、聚类分析过程

【例3-13-13】 表3-13-43是反映公路企业经营行为的几个指标，我们将以此为依据对××省各市公路企业进行聚类分析，以此为宏观调控公路企业经营行为提供决策上的依据。为表示方便，我们分别将各市用数字编码。

××省各市公路企业经营行为主要系数 表3-13-43

市地名称	产业分布系数	分化系数	流动系数
1	34.3	56.5	10.8
2	9.1	17.4	5.2
3	26.1	45.8	11.2
4	18.7	33.1	9.2
5	23.8	43.7	13.3
6	17.6	30.9	8.8
7	16.8	30	8.5

续上表

市地名称	产业分布系数	分化系数	流动系数
8	28.5	46.7	10.2
9	11.3	21	6.3
10	23.5	41	11.9
11	29.2	46.1	17.2
12	19.9	35.9	7.7
13	15.2	27.1	8.2
14	13.1	25.1	8.2
15	18.5	34.6	13
16	17.7	33.4	12.3
17	22.6	41.3	14.8
18	33.4	56.3	16.8

注:①产业分布系数=(从事公路企业个数/全部企业数)×100%;该指标用以反映公路企业行为的产业分布情况;

②分化系数=[(兼业公路行业个数+公路企业个数)/全部企业数]×100% =(1-纯其他行业个数/全部企业数)×100%;该指标用以反映公路企业的产业分化情况;

③流动系数=(在本乡以外施工的公路企业数/全部企业数)×100%。该指标用以反映公路企业跨区域作业情况。

在SPSS软件中,系统聚类被称为分层聚类中的凝聚法。具体操作步骤是:在输入数据后,单击Statistics菜单选择Classify中的Hierarchical Claster选择项。

打开Hierarchical Claster对话框,在左边的源变量框中选择产业分布系数、分化系数、流动系数作为变量进入Variables框中,选择"地市"作为标志进入Label cases框中。

单击Statistics按钮,选中决定分几类的选择项Range of solutions,范围定为2至6,之后按continue键应用。

按OK键后,得到输出结果。

根据得到的输出结果,再作进一步分析,将××省18个地市划分成3类(表3-13-44)。

××省18个地市聚类分析分类结果 表3-13-44

类别	市地代码或编号
第一类(8个)	11、1、5、10、15、18、8、3
第二类(4个)	2、9、13、14
第三类(6个)	4、6、7、12、16、17

根据上述划类,就可以对不同类别间公路企业经营行为进行比较,如同一类别内部背景情况分析,不同类别公路企业分布比较;分化程度比较;跨区域作业状况比较;生产行为的市场化倾向比较等。

第七节 主成分分析及其应用

一、主成分分析的基本思想

1. 主成分分析的概念

在公路统计实际工作中,研究多指标问题是经常碰到的,然而在多数情况下,不同指标之间具有一定的相关性，势必增加了问题的复杂性。主成分分析就是设法将原来指标重新组合成一组新的相互无关的几个综合指标来代替原来的指标，同时根据实际需要从中提取几个较少的综合指标来尽可能多地反映原来指标的信息。这种将多个指标化为少数互相无关的综合指标的统计方法称为主成分分析。

2. 主成分分析的基本思想

在统计分析中，我们常常会碰到如表 3-13-45 的数据。

主成分分析表　　表 3-13-45

单位	指　标				
1	X_{11}	x_{12}	…	…	x_{1k}
2	X_{21}	x_{22}	…	…	x_{2k}
…	…	…	…	…	
n	X_{n1}	x_{n2}	…	…	x_{nk}

其中，1、2、…、n 为对应观测单位的序号。

在这个数据表中，每个观测单位都由 K 个指标来描述，而这 K 个指标中，可能又有一部分信息交叉，当 K 比较大时，分析起来比较困难，并且容易重复信息。

那么，能否找到几个主要的综合指标，这种综合指标能最大限度地包含原来 K 个指标所蕴涵的信息，然后根据各观测单位在这种综合指标上的值来分析他们的性质以及相互关系呢？主成分分析就是寻找这种综合指标的方法之一。

主成分分析的基本思想是：将每一个观测单位都看成是空间中的一个点，这样有 n 个观测单位就有 n 个点。首先要在空间中寻找一个方向 $\cup_1$，把所有的点都投影到这个方向上，而且使得各个点在这一方向上的投影从总体上讲最大可能地反映它们原来的各种属性。换句话说，如果通过分析各点投影的性质就能把握原来各点的主要特征，我们所选择的这一方向就是第一主方向，而各点在这个方向上的投影分别称为对应各观测单位的第一成分。各个观测单位投影的合计就是第一主成分，这个第一主成分就是我们要找的第一个综合指标。接下来寻找第二主方向和第二主成分。第二主方向 $\cup_2$ 满足两个条件：与第一主方向 $\cup_1$ 垂直；各点在 $\cup_2$ 上的投影最大可能地包含原来的信息。依次类推，可以求出第三、第四……主方向和主成分，一直求到第 K 个为止。

但是各个主成分反映原始数据信息的程度是不同的，在主成分分析中，一般用“贡献率”来反映不同主成分的重要性。贡献率的含义是反映该主成分所能解释的原来 K 个指标信息的比重，累积贡献率是指前几个成分合在一起能解释的原来 K 个指标信息的比重。

主成分分析的目的在于将原来较多的指标转化为少数几个综合指标（即主成分），而且还要尽可能多地保留原始指标的信息。因此，关键的问题是如何确定主成分的个数。根据前面叙述的主成分分析基本思想可知，确定主成分个数就是在主成分个数和累积贡献率之间进行权衡，一方面，要使主成分尽可能地少，另一方面，要使累积贡献率尽可能地大。即以较少的主成分获取足够多的原始信息。

在实践中确定主成分的原则很多，但最常用的是根据实际问题需要，使所要选择的那几个主成分的累积贡献率达到一定的要求，通常要求累积贡献率大于或等于 85%。

二、主成分分析结果的解释和使用

1. 解释

假定 Y_1、Y_2……Y_m（$m<k$）是选定的 m 个主成分，则这 m 个主成分与原来 k 个指标 x_1、x_2、…、x_k 的关系实际上是线性组合关系。具体为：

$$Y_i = a_{i1}x_1 + a_{i2}x_2 + \cdots + a_{ik}x_k \qquad (i = 1,2,\cdots,m)$$

每个主成分都包含了比原始指标更复杂的内容。从众多主成分分析应用实际看，每个主成分含义的解释通常是根据各评价指标 x_j 的含义及其在主成分中的系数 a_{ij}值的符号和大小来进行的。

从系数 a_{ij}值的大小看，如果一个主成分表达式中的某个指标 x_j 的系数 a_{ij}较大，则表明这个主成分主要反映的是该指标 x_j 的信息。如果各个指标的系数都大致相同，则要注意是否存在一个共性的影响因素。

从系数 a_{ij}的符号看，如果 a_{ij}是正数，则表明该指标与该主成分作用同向，反之则逆向。

2. 使用

主成分分析通过减少变量个数，实际上起到了优化数据结构的作用。这种作用在前面讲到的回归分析，聚类分析中都可以用到。因为在这两类统计分析中，在变量很多的情况下，即有可能造成信息交叉重叠，也会出现工作量过大。在这种时候就有必要利用主成分分析简化变量，然后根据简化后的综合变量进行回归分析或聚类分析。

另一个广泛使用的领域是多指标排序或比较。先对数据进行主成分分析，然后利用主成分进行排序或比较，但在用一个主成分还是多个主成分的问题上有多种观点：一种观点认为，第一主成分就能够最大限度地反映被评价对象之间的差异，只用第一主成分进行排序或比较。另一种观点则认为，不仅要充分重视第一主成分，而且还要顾及其他主成分的作用。提出的改进办法是：先按累积贡献率不低于某阈值（一般情况下≥80%）的原则确定前 m 个主成分，然后以选择的每个主成分各自的贡献率为权数将它们线性加权求和求得综合评价值，最后以这个综合评价值进行排序或比较。目前使用较多的是第二种做法。

三、主成分分析过程

主成分分析过程主要包括以下几个方面：

（1）列出指标数据矩阵 x。

（2）计算指标数据的协方差矩阵。为消除指标间不同量纲的影响，一般需先对原始数据 x 进行标准化处理，而处理后的标准化值的协方差矩阵恰好是原始数据的相关矩阵。

（3）计算协方差矩阵（或相关矩阵）的特征值 λ 和特征向量 a（指标 x 的系数）。对矩阵的特征值和特征向量计算方法很多，一般都有标准程序。

（4）计算贡献率和累计贡献率，并确定主成分（即综合指标的个数），建立主成分方程。每个主成分的贡献率等于它的特征值 λ 除以原始指标 p 的个数，累计贡献率等于各主成分贡献率顺序相加，前 r 个主成分的累计贡献率等于 $\sum_{k=1}^{r}\lambda_k/p(r\pi p)$，如果 r 个主成分的累计贡献率≥80%，则选定 r 个主成分。根据特征向量 a 建立 r 个主成分的线性方程。

（5）解释各主成分的意义，并将各单位的原始数据代入方程中，计算综合评价值进行分析比较。

在实际工作中，由于主成分分析计算太烦琐，一般使用计算机 SPSS 软件进行计算分析。

在 SPSS 软件中，主成分分析是作为因子分析的特例进行介绍的。主成分分析和因子分析的区别就是主成分分析中各主成分彼此之间是不相关的，而在因子分析中主成分之间不一定是不相关的。在 SPSS 中的因子分析中，系统的默认方法是主成分分析。在进行主成分分析时，为了清除不同变量的不同度量尺度对分析的影响，首先要对数据进行标准化处理。

【例 3-13-14】 我们选择××省 18 个市的几个综合指标（表 3-13-46）进行主成分分析，并利用分析结果进行排序。

××省各市主要综合指标 表 3-13-46

地市代码	GDP y_1(亿元)	人均 GDP y_2(元)	财政收入 y_3(亿元)	农民人均纯收入 y_4(元)
01	5744045	9385.7	264231	2336
02	1757100	3844.9	62889	1871
03	3350102	5537.4	159007	1605
04	2257818	4824.4	90042	1669
05	2175825	4300.0	90786	1879
06	699629	5260.4	24146	1790
07	2469749	4731.3	114855	2154
08	2463681	7821.2	109064	2586
09	1650250	4911.5	58300	1614
10	2220949	5177.0	63800	2202
11	1260487	5230.2	45869	2157
12	1309258	6089.6	51121	1675
13	4390280	4245.9	146942	1777
14	2248588	2905.2	64938	1631
15	2761449	2780.9	81054	1768
16	2250929	2860.1	89572	1669
17	2105415	2784.9	71919	1589
18	448963	7015.0	22576	2170

使用 SPSS 程序中的 Factor Analysis,进行主成分分析,具体步骤为:

在输入数据后, 单击 Statistics 菜单选择 Data Reduction 中的 Factor 选择项。

打开 Factor 对话框,在左边的源变量框中选择"GDP"、人均"GDP"、财政收入、农民人均纯收入进入 Variables 框中。

按 OK 键运行得到分析结果。根据计算机处理结果,前两个主成分的累积贡献率已达到 91% 以上,说明这两个主成分已保留了 91% 的原始信息,损失的信息极少,不足 9%。因此,我们选择 $PRIN_1$ 和 $PRIN_2$。

根据主成分分析结果,可以得到两个主成分分析与原来 4 个指标的线性组合如下:

$$PRIN_1 = 0.816Y_1 + 0.733Y_2 + 0.897Y_3 + 0.613Y_4$$

$$PRIN_2 = -0.558Y_1 + 0.559Y_2 - 0.424Y_3 + 0.696Y_4$$

由此可以看出,第一主成分主要反映财政收入、"GDP"和人均"GDP"的情况,第二主成分主要反映农民人均纯收入的情况。本例中选择的四个指标与第一主成分都是同向的,"GDP"和财政收入与第二主成分是逆向的,人均"GDP"和农民人均纯收入与第二主成分是同向的。

按照根据贡献率加权的平均值排队,全省 18 个市地综合实力由高到低的顺序是:01、08、07、18、10、11、13、03、05、12、04、02、06、09、15、16、14、17(进一步分析略)。

多元统计分析是运用数理统计方法来研究解决多指标问题的理论和方法。构成多元统计分析模型的数学方法并不新颖,然而,当随机变量较多时,多变量分析的计算工作量极端繁冗,没有计算机根本无法完成。随着计算机应用技术的发展和科研生产的迫切需要,多元统计分析技术被广泛地应用于社会经济活动的许多领域,已经成为解决实际问题的有效方法。

在采用多元统计分析技术进行数据处理、建立宏观或微观系统模型时，需要研究以下几个方面的问题：

(1)简化系统结构，探讨系统内核。可采用主成分分析等方法，在众多因素中找出各个变量最佳的子集合，从子集合所包含的信息描述多变量的系统结果及各个因子对系统的影响。“从树木看森林”，抓住主要矛盾，把握主要矛盾的主要方面，舍弃次要因素，以简化系统的结构，认识系统的内核。

(2)构造预测模型，进行预报控制。在经济研究中，探索多变量系统运动的客观规律及其与外部环境的关系，进行预测预报，以实现对经济系统运行规律的把握与控制，是应用多元统计分析技术的主要目的。在多元分析中，用于预测的模型，通常采用多元回归分析等建模技术。

(3)进行分类，构造分类模式。在多变量系统的分析中，往往需要将系统性质相似的事物或现象归为一类。以便找出它们之间的联系和内在规律。构造分类模式一般采用聚类分析和判别分析技术。

如何选择适当的方法来解决实际问题，需要对问题进行综合考虑。对一个问题可以综合运用多种统计方法进行分析。例如一个预测模型的建立，可先收集有关资料，对资料进行初步提炼，然后应用统计分析方法（如相关分析、回归分析、主成分分析等）研究各个变量之间的相关性，选择最佳的变量子集合，在此基础上构造预测模型。

第八节　公路生产经营活动分析

随着公路建设和养护体制改革的不断深入，市场作用日益增强，影响公路生产经营活动的因素大大增加，不仅有市场因素、环境因素，还有政策、技术、决策水平等多种因素影响。多种因素影响的综合作用，对我们进行公路生产经营活动分析提出了客观要求。

一、公路生产经营活动分析的作用

公路生产经营活动分析的作用，可以从两方面理解：一是上级有关部门了解生产经营活动信息的要求；二是公路部门为取得更好的经济效益了解本身信息的要求。重视公路生产经营活动分析，就是重视信息的作用，就是承认信息对价值的增值的作用。

(1)可以了解公路生产经营活动的现状和发展趋势。

(2)可以掌握公路生产经营活动的成果与问题。

(3)可以寻求良策，克服公路生产经营中存在的困难。

(4)有助于沟通公路内部各种信息的交流，强化统计、会计和业务核算。

二、公路生产经营活动分析的主要内容

公路生产经营活动的复杂性，决定了统计分析内容的广泛性。要全部列出影响公路生产经营活动的内容，既不现实，又费事费力，应抓住主要的因素加以具体分析，就能牵住牛鼻子，从而达到分析目的。

公路生产经营活动分析的主要内容，应包括以下 4 个方面：

(1)偿债能力分析。为加快基础设施建设，拉动经济增长，特别是 1998 年以来，公路部门大量举债，投资公路建设。以××省为例，1998 ~ 2005 年省统贷资金达 360 亿元，其中：干线公路新建 20.2 亿元、改建 286.3 亿元、大修 17.3 亿元、中修等 7.8 亿元，农村公路 28.4 亿元。

债务的多少,会直接影响公路事业的发展,公路生产经营活动分析首先应对债务状况做出判断,分析偿债能力,根据偿债能力,做出下一步公路生产特别是规模上的决策。具体指标有总资产负债率、流动资产负债率、流动比率、速动比率、交通规费收入、贷款余额、还款年限等。

(2)效益分析。效益分析分公路部门内部效益分析和社会效益分析两部分。公路部门内部效益分析,主要是指单位内部财务收支与费用成本分析,如工程、养护计划(预算)与实际支出对比分析,单项工程预算与实际招标金额和工程决算对比分析等。具体指标有费用成本、利润总额、利润率等。社会效益分析,是指公路建成后,为社会带来的效益,具体指标有效益费用比、内部收益率、净现值和投资回收期等。

(3)运营能力分析。运营能力反映了每个单位经营管理的整体水平,它既包括外部环境的影响,也包括了各生产要素之间的协调程序,还包括了领导者的管理水平。具体指标可以选用资金周转率、存货周转率、流动资产占有率、流动资产周转次数等。

(4)发展能力分析。发展能力主要是对目前公路部门适应社会与市场程度的判断。从宏观上来说,国家经济形式越好,各项交通规费收入越高,公路事业发展潜力越大。从微观上来说,公路部门技术水平越高,管理能力越强,发展潜力就越大。具体指标包括净资产增长率、固定资产净值率、技术进步贡献率等,也可以通过具体数据进行分析。

三、公路生产经营活动分析的主要方法

1. 静态分析与动态分析相结合,突出动态分析

静态分析是公路生产活动在现阶段所达到的水平、规模和发展程度的分析,着重现实状况。动态分析则是从公路生产经营活动变化的角度,揭示变化的方向,并对变化的趋势做出判断。一篇好的生产经营分析报告,一般都具备静态分析与动态分析两种特性,因为,分析的最终目的是为找出问题,总结经验、摸清规律,以便有的放矢,不做盲目决策。

2. 定性分析与定量分析相结合,突出定量分析

任何分析都需要定性分析与定量分析相结合,公路生产经营活动分析也不例外。

3. 宏观分析与微观分析相结合,突出微观分析

公路经济是国民经济的一个组成部分,宏观经济的好坏对公路经济必然产生重大影响,因此,在对公路生产经营活动分析时,一定要就宏观经济对本单位的影响做出判断。这就要求把眼光放远一些,不仅要看到本单位、本部门,还要看到同行业、甚至整个国民经济,不仅要看到经济因素,还要看到非经济因素,包括技术进步的影响。由于公路生产经营活动分析主要是为微观服务的,因此,应围绕微观看宏观,做到准确判断宏观经济形式可能走向及对本行业的影响,对国家颁布的宏观经济政策既要及早做出预见,又要仔细分析,找出其对本单位、本部门生产经营活动的有利和不利影响。

四、公路生产经营活动分析应注意的事项

1. 分析的科学性

具体来说,就是运用的分析方法要科学,选择素材要科学,目的是做到判断准确、定量准确、预测趋势准确。要结合实际,利用现代先进的统计技术和理论方法,灵活运用。

2. 分析的层次性

目前,公路经济活动越来越复杂,所涉及的矛盾也越来越多,要想判断准确,必须抓住最本质的东西,这就需要有层次地进行分析,切忌东楼西抓,发现不了主要的矛盾和问题。

3. 分析的真实性

分析的真实性首先是分析素材的真实可靠，不得弄虚作假；其次是分析思路的真实、清晰，不能凭空臆想。统计分析人员一方面要有全面的观点，切忌以偏赅全，另一方面要用数字说话，用事实说话，切忌无根据地主观判断。

另外，公路生产经营活动分析还应注意：①分析报告的篇幅不宜太长；②论点鲜明有力；③论据尽量全面；④结论简明扼要。

第九节 公路科技进步贡献率的测算

一、科技进步与经济增长的关系

经济增长是指一个国家或地区在一定时期内生产总量的增加。决定经济增长的因素和条件很多，如劳动力、生产资料及其增加，生产资料和劳动力在生产过程中的社会结合及其改进，社会需要的增加，自然资源条件等。同时，经济发展是整个社会发展的一部分，对社会发展有影响的所有因素，也会影响到经济增长。

科学技术进步是指科学的发展与技术的变革互相促进、互相转化的过程。科学技术进步与经济增长的关系，一方面表现为经济的发展不断对科学技术提出新的要求，促进科学技术的不断发展和变革；另一方面，表现为在创造、应用和推广科技成果的基础上，不断促进经济的增长. 科学技术进步作为影响经济增长的一个重要因素，对提高社会生产效率起着决定性作用。

科技进步对经济增长的影响，是指能够使一定数量的生产要素的组合，生产出更多产品(使用价值)的所有因素共同发生作用的过程。可将其概括为以下 4 个方面：提高装备技术水平；改革工艺；提高劳动者素质；提高管理决策水平等。即在影响经济增长的诸因素中，剔除了由于增加资金和增加劳动力数量因素以后的部分即为科技进步的因素。所以科技进步对经济增长的作用，是一种内含的扩大再生产。

科技进步对经济增长的影响还表现在其他方面，如科技进步促使整个产业结构、经济结构发生重大变化；科技进步促使人的劳动方式发生了革命性的变化等。

二、测算模型的选择

科技进步贡献率测算模型采用索洛增长速度方程：

$$a = y - \alpha k - \beta l$$

式中：a——科技进步的年平均增长速度；

y——产出的年平均增长速度；

k——资金的年平均增长速度；

l——劳动者的年平均增长速度；

α——资金的产出弹性系数(指在其他条件不变的情况下，资金增加 1% 时，产出增加 $\alpha\%$)；

β——劳动的产出弹性系数(指在其他条件不变的情况下，劳动增加 1% 时，产出增加 $\beta\%$)。

产出、资金和劳动的年平均增长速度均按水平法计算，以产出为例，计算公式为：

$$y = (y_t / y_0)\hat{}(1/t)$$

式中：y_t——计算期 t 年的产出；

y_0——基期的产出；

符号“^”表示代数运算中的乘方。

科技进步、资金、劳动对产出增长速度的贡献率 EA、EK、EL 分别为：

$$EA = (a/y) \times 100\%$$

$$EK = (\alpha k/y) \times 100\%$$

$$EL = (\beta l/y) \times 100\%$$

三、测算指标的确定

在测算科技进步对经济增长的影响时，必须对产出量、资金量和劳动量等经济量指标做统一规定，否则会测算出不同的结果，缺乏可比性。

1. 产出量的确定

测算科技进步的模型是定量地确定产出量和投入量关系的数学表达式，它说明的是具体劳动过程，即使用价值的创造过程。所以，从理论上讲，应当按实物量来分析产出量。在实际进行宏观分析时，往往需要把各种产品综合起来加以考察。采用实物量是难以做到的，一般只能以产值的形式来表示，根据计算范围和内容的要求，可分别采用总产值、净产值（或国民收入）或销售额。全社会产出量指标采用国内生产总值，农业、工业和建筑业则采用农业总产值、工业总产值、建筑业总产值，第三产业采用第三产业增加值。

2. 劳动量的确定

在用宏观方法研究生产过程时，可以采用劳动者人数来说明劳动的消耗。但是，劳动者人数只说明可能的劳动消耗，它没有反映出劳动年龄、职业以及劳动者工作日长短的差别，也没有反映工时的损失情况。目前，由于一些物质生产部门的劳动者人数往往与实际需要不一致，因此，采用劳动者人数计量劳动量，对计算结果会有一定影响。但考虑统计资料取得方便，我们测算农业采用农业劳动力人数，工业采用职工人数，建筑业、第三产业和全社会劳动量指标采用从业人员数。

3. 资金量的确定

根据有关测算方法介绍，我们认为把固定资产原值和定额流动资金年平均余额加起来，作为投入的资金总额，比较符合实际情况。从测算情况看，由于各行业情况不同，资金总额的选择，很难统一。工业、建筑业和第三产业资金总额选择和上述要求一致；而农业则选用农机总动力和化肥施用量实物量指标作为资金量指标；全社会资金总量指标则是采用国民收入统计资料推算的。

四、参数的选择

在应用增长速度方程研究技术进步的作用时，必须确定资金的产出弹性 α 和劳动力的弹性 β，在其他条件不变的情况下，由资金带来的产值与总产值之比，就是资金的产出弹性；由劳动力带来的产值与总产值之比，就是劳动产出弹性。也可以把资金和劳动产出弹性的经济意义理解为：资金产出弹性 α，就是在其他条件不变的情况下，资金投入增加 1% 时，产出增加 $\alpha\%$；劳动产出弹性 β，就是在其他条件不变的情况下，劳动投入增加 1% 时，产出增加 $\beta\%$。

资金产出弹性和劳动产出弹性经济意义的确定，只是理论上的经济意义。因为实际上当资金投入量发生变化时，劳动的投入量也在发生变化，两者不可能绝对分开，因此，很难进行假定在其他条件不变情况下的实验和检验，这也正是技术进步度量模型参数估计的困难所在，因此，只能作一种在其他条件不变的情况下，劳动和资金投入量变化的假定。

近年来,国内外经济学界通过对大量实验数据测算和分析,进行了广泛和深入的研究,提出了若干确定产出弹性系数的方法,在对这些确定产出弹性系数方法的分析和比较的基础上,我们建议采用以下方法供参考:

(1)数学回归法确定产出弹性系数。回归法是以实际数据为基础,利用最小二乘法得到参数最佳拟合的方法。采用这种方法,需要较多年份的历史数据,样本过少时,回归结果缺乏代表性,同时,对回归结果必须进行统计检验,只有当检验获得通过,并且经济意义合理时,才能用回归出来的参数评价技术进步。

(2)根据国家统计局推荐的 α 为 0.3、β 为 0.7 进行适当调整。我国 α 经验值为 0.3 ~ 0.5,β 经验值为 0.6 ~ 0.7。考虑到地域差异,经济发展不平衡,对参数可以进行修正。

五、对科技进步贡献率指标本身的认识

以科技进步对经济增长的贡献份额来衡量科技进步的速度、比重,目前被有关部门广泛使用,也是各级领导及社会各界使用较为频繁的一个指标。科技进步贡献率计算公式其理论基础是亚当斯密的增长 3 要素理论,以后一些西方经济学家不断加以完善,索洛首创"全要素生产论"概念,即把技术进步的含义定义为以下几个方面:

①科学技术和组织管理的改进。

②给定要求投入量的产量增加。

③其他。包括诸如规模经济,资源配置的改进等。

因此,按照索洛增长速度方程计量的科技进步贡献率实际上是一个广义的技术进步贡献率,并且是按倒减法算出的"余值",即技术进步是总产出增长减去资本和劳动投入贡献后的余留部分,其结果是建立在以下前提假设基础上的。

技术进步是独立于要素投入变化的外生变量,即技术进步"中性"假说;生产要素的边际生产率是递减的,即其系数取值范围在 0 ~ 1 之间。

不难看出,按此公式计算的科技进步贡献率有以下几个缺陷:

①科技进步贡献率是广义的,包括了组织管理、规模经营、资源配置技术等因素,不能看出狭义的即单纯的科技进步贡献率。

②科技进步贡献率只是严格意义上的科技进步,而且只会形成产出的科技进步,因而不能看出科学成果、实验室技术等对产出的潜在影响;计算结果是用倒减法求得的,因而常常夸大科技进步对产出的贡献份额,因为其他未知要素在计算中都渗透进了科技进步中。

尽管如此,索洛的最大贡献不在于公式本身和计算结果的意义,而在于把制约经济增长的两大源泉,即要素投入的增加和要素效率的提高分离开来,从而一定程度上解决了科技进步成果无法计量的问题,这种计量科技成果效益的方法和思路才是最大意义的贡献。所以按这一公式计算的科技进步贡献率还是能比较科学地反映一个地区的科技进步速度、水平,尤其是对总产出的影响。当然为了更好地全面反映一个地区科技进步的状况,除科技进步贡献率指标以外,还应设置一些其他指标,构成一套科技进步评价指标体系,以避免单一使用科技进步贡献率指标来评价科技进步状况所带来的一系列矛盾和不足。

在理解科技进步对经济增长速度的贡献率这一指标时应注意以下几点:

①由于计算方法的不同,目前这个指标只能做到反映各因素综合作用的平均效果,因而它不能反映某项具体的政策或技术措施在短时间内的效果。

②科技进步指标反映的是趋势而不是状况,如果这个指标很高,只能说明利用效率本身很高。一个成熟的潜力挖尽的系统可能有很高的投入产出比,但科技进步贡献率不一定很高。

相反，一个新建的或原有基础较差的经济系统，在一定时期内可能会有较高的科技进步贡献率。

③由于科技进步贡献率反映的是一种趋势，测算的时间跨度不宜太短，一般为 5 年或 10 年以上。

六、索洛方程和 *C-D* 生产函数

索洛方程又可以通过适当的数学变换由 *C-D* 函数转换而来。

$$Y = A(t)K^{\alpha}L^{\beta}$$

其中，Y 表示总产出，K、L 分别表示资金和劳动力，α、β 分别表示资金和劳动力的弹性，$A(t)$表示技术水平。

对上式两边取对数

$$\mathrm{Ln}y = \mathrm{Ln}A(t) + \alpha \mathrm{Ln}K + \beta \mathrm{Ln}L$$

关于时间 t 进行微分，有

$$\frac{1}{Y}\frac{\mathrm{d}Y(t)}{\mathrm{d}t} = \frac{1}{A(t)}\frac{\mathrm{d}A(t)}{\mathrm{d}t} + \alpha\frac{1}{K}\frac{\mathrm{d}K(t)}{\mathrm{d}t} + \beta\frac{1}{L}\frac{\mathrm{d}L(t)}{\mathrm{d}t}$$

以增长量代替微分，则有

$$\frac{\Delta Y}{Y} = \frac{\Delta A}{A} + \alpha\frac{\Delta K}{K} + \beta\frac{\Delta L}{L}$$

进一步变形为：

$$\frac{\Delta A}{A} = \frac{\Delta Y}{Y} - \alpha\frac{\Delta K}{K} - \beta\frac{\Delta L}{L}$$

这就是索洛模型，即科技进步增长速度可以在总产出增长速度中扣除劳动力和资金的增长速度以后得到。

科技进步贡献率计算公式为：

技术进步贡献率 = 技术进步年均增长速度/总产出年均增长速度

第十四章　Excel在统计中的应用

Microsoft Excel 是美国微软公司开发的 Windows 环境下的电子表格系统，是 Microsoft Office的重要组件之一，目前主要使用 Excel 2000、Excel XP、Excel 2003、Excel 2004 和 Excel 2007 等不同的版本。Excel 具有操作的简易性和强大的数据处理功能，可完成许多复杂的数据运算，进行数据的分析和预测，并能实现图、文、表的完美结合等特点，非常适合应用于各种数据的统计处理。本章所介绍的内容是以 Excel 2003 版本为基础进行的，而这些操作方法也适用于 Excel 的其他版本。

第一节　Excel 程序统计功能

一、Excel 的函数统计功能

函数是 Excel 预定义的内置公式，它可以接受被称为参数的特定值，按函数的内置语法进行特定的运算，返回一定的函数运算结果。Excel 提供了丰富的函数，其中统计函数就多达 80 余种。

在 Excel 2003 中，要使用函数，通常有两种方法：一种是点击“插入”菜单，选择“函数”命令，然后在“插入函数”对话框中选择具体函数，即可打开函数参数设置对话框进行参数设置；另一种是直接在参数单元格内输入函数及参数。下面以表 3-14-1 的数据为例，用在单元格内直接输入函数及参数的方法，简要说明一些常用的统计函数的功能。

(1) AVERAGE 函数。返回参数的平均值（算术平均值）。

语法：AVERAGE (number1 , number2 …) 其中 number1、number2 … 为需要计算平均值的 1 ~ 30个参数，各参数可以是数字，或者是包含数字的名称、数值或引用。如果数组或引用参数包含文本、逻辑数或空白单元格，则这些数值将被忽略；但包含零值的单元格将计算在内。

河南省 2006 年各省辖市公路局管养里程统计表　　表 3-14-1

A	B	C	D
序号	单位名称	总里程（km）	二级公路里程（km）
1	郑州市	868.931	666.878
2	开封市	672.171	652.356
3	洛阳市	1863.139	1073.287
4	平顶山市	1040.093	974.056
5	安阳市	880.416	831.753
6	鹤壁市	327.591	327.591
7	新乡市	963.662	937.038
8	焦作市	722.166	629.691
9	濮阳市	588.146	537.902

续上表

A	B	C	D
序号	单位名称	总里程(km)	二级公路里程(km)
10	许昌市	646.865	614.837
11	漯河市	337.313	337.313
12	三门峡市	1071.357	247.684
13	南阳市	2364.299	1907.006
14	商丘市	1403.801	1320.541
15	信阳市	1452.262	1351.787
16	周口市	1504.076	1359.081
17	驻马店市	1342.682	1342.682
18	济源市	273.485	214.507

例如:单击任一空格输入“ = AVERAGE(C2:C19)”,返回结果即各市公路局平均里程为1017.914 公里。

(2)CORREL 函数。返回单元格区域 array1 和 array2 之间的相关系数。使用相关系数可以确定两种属性之间的关系。

语法:CORREL(array1,array2)。其中 array1 为第一组数值单元格区域,array2 为第二组数值单元格区域。

例如:单击一空单元格输入“ = CORREL(C2:C19,D2:D19)”,返回结果即总里程和二级公路里程间的相关系数为 0.88937。

(3)FORECAST 函数。根据已有的数值计算或预测未来值,此预测值为基于给定的 x 值推导出的 y 值。已知 x 值和 y 值,再利用线性回归对新值进行预测。

语法:FORECAST(x,known_y's,known_x's)。需要进行预测的数据点;known_y's 为因变量数组或数据区域;known_x's 为自变量数组或数据区域。

例如:单击一空单元格输入“ = FORECAST(1500,D2:D19,C2:C19)”返回结果1212.469,即给定总里程 1500 公里,则预测二级公路里程为 1212.469 公里。

(4)GEOMEAN 函数。返回正数数组或区域的几何平均值。语法:GEOMEAN(number1,number2…)其中 number1、number2…是用于计算平均数的 1 ~ 30 个参数,也可以不使用这种用逗号分隔参数的形式,而用单个数组或数组引用的形式。

例如:输入“=GEOMEAN(2,3,4,5)”,返回结果 3.309751。

(5)HARMEAN 函数。返回数据集合的调和平均值。调和平均值与倒数的算术平均值互为倒数。

语法:HARMEAN(number1,number2…)其中 number1、number2…是用于计算平均数的1 ~ 30个参数,也可以不使用这种用逗号分隔参数的形式,而用单个数组或数组引用的形式。

例如:输入“ = HARMEAN(C2:C19)”,返回结果 726.3396。

(6)LINEST 函数。使用最小二乘法对已知数据进行最佳直线拟合,并返回描述此直线的数组。因为此函数返回数值数组,所以必须以数组公式的形式输入。

语法:LINEST(known_y's,known _x's,const,stats)其中 known_y's 是关系表达式 $y = mx + b$ 中已知的可选 y 值集合;known_ x's 是关系表达式 $y = mx + b$ 中已知的可选 x 值集合;Const 为一逻辑值,用于指定是否将常量 b 强制设为 0,若 const 为 TRUE 或省略,b 将按正常计算;Stats

为一逻辑值，指定是否返回附加回归统计值，若 stats 为 FALSE 或省略，LINEST 函数只返回回归系数 m 和常量 b。

例如：参阅 Excel 在回归分析中应用。

(7)MAX 函数。返回一组值中的最大值。

语法：MAX(number1, number2…)其中 number1、number2…是要从 1～30 个数字参数中找出最大值。

例如：输入"= MAX(C2: C19)"，返回结果 2364.299。

(8)MIN 函数。返回一组值中最小值。

语法：MIN(number1, number2…)其中 number1, number2…是要从 1～30 个数字参数中找出最小值。

例如：输入"= MIN(C2: C19)"，返回结果 273.485。

(9)MEDIAN 函数。返回给定数值集合的中位数。

语法：MEDIAN(number1, number2…)其中 number1、number2…是要计算中值的 1～30 个数字参数。如果参数集合中包含偶数个数字，函数 MEDIAN 将返回位于中间的两个数的平均值。

例如：输入"= MEDIAN(C2: C19)"，返回结果 922.039。

(10)MODE 函数。返回在某一数组或数据区域中出现频率最多的数值(众数)。

语法：MODE(number1, number2…)其中 number1、number2…是要计算众数的 1～30 个数字参数。如果数据集合中不含有重复的数据，则 MODE 函数返回错误值#N/A。

例如：输入"= MODE(C2: C19)"，返回结果#N/A。

(11)LARGE 函数。返回数据集中第 k 个最大值。

语法：LARGE(array, k)其中 array 为需要从中选择第 k 个最大值的数组或数据区域。k 为返回值在数组或数据单元格区域中的位置(从大到小排)。

例如：输入"= LARGE(C2: C19, 3)"，返回结果即公路局管辖里程排名第三名为 1504.076。

(12)SMALL 函数。返回数据集中第 k 个最小值。

语法：SMALL(array, k)其中 array 为需要从中选择第 k 个最小值的数组或数据区域。k 为返回值在数组或数据单元格区域中的位置(从小到大排)。

例如：输入"= SMALL(C2: C19, 3)"，返回结果即公路局管辖里程排名倒数第三名为 337.313。

(13)PERCENTRANK 函数。返回特定数值在一个数据集中的百分比排位。此函数可用于查看特定数据在数据集中所处的位置。

语法：PERCENTRANK(array, x, significance)其中 array 为定义相对位置的数组或数字区域；x 为该数组中需要得到其排位的值；Significance 为可选项，表示返回的百分数值的有效位数。

例如：输入"= PERCENTRANK(C2: C19, 1200)"，返回结果 0.674。如图 3-14-1 所示。

(14)VAR 函数。计算基于给定样本的方差。

语法：VAR(number1, number2…)其中 number1、number2…为对应于总体样本的 1～30 个参数，也可以是单个数组或对数组的引用。

例如：输入"= VAR(C2: C19)"，返回结果即各公路局所辖里程的方差 310427.4。

(15)STDEV 函数。估算样本的标准差。

语法：STDEV(number1,number2…)其中 number1、number2…为对应于总体样本的 1～30 个参数，也可以是单个数组或对数组的引用。

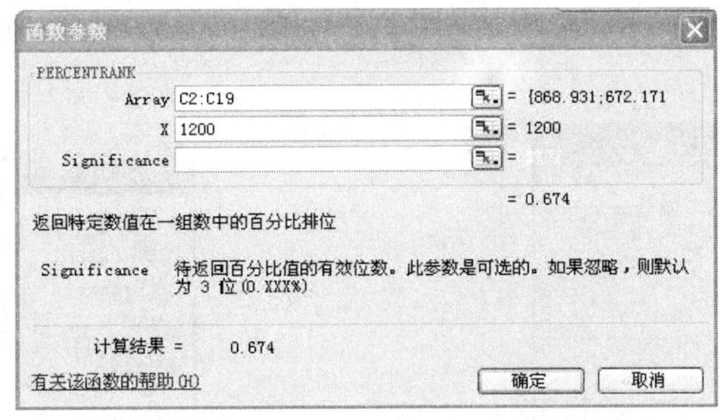

图 3-14-1 函数参数

例如：输入"＝STDEV(C2：C19)"，返回结果即各公路局所辖里程的标准差 557.1602。

标准差是方差的开方数，如果知道方差，也可以用 POWER 函数求标准差。输入"＝POWER(310427.4,1/2)"，即返回标准差 557.1602。

其他函数不再一一说明，在 Excel 2003 中每个函数参数设置对话框中均有该函数的"帮助"链接，读者可自行参阅。

二、Excel 的数据管理功能

利用 Excel 可以把工作表中的数据做成一个类似数据库的数据清单，可以实现记录的增加、修改、删除、查找与编辑，具有排序、筛选、分类汇总等功能。

数据清单中的列是数据库的字段，列标志是字段名称，数据清单中的每一行对应数据库中的一个记录。例如，某班部分学生资料见表 3-14-2 所列，可以对记录进行排序、筛选和分类汇总。

某班部分学生资料 表 3-14-2

A	B	C	D	E
学号	姓名	性别	年龄	政治面貌
2003001	李春	男	19	团员
2003002	王鹏	男	20	党员
2003003	李伟	男	19	团员
2003004	白峰	女	19	群众
2003005	朱震	女	20	团员
2003006	肖佳	女	19	党员
2003007	陈军	男	21	团员
2003008	马亮	男	20	群众

(1)记录表。首先单击一下数据清单中任一单元格，再单击"数据"菜单中"记录单"，打开记录单对话框，如图 3-14-2 所示。在此对话框中，单击"新建"按钮可增加新记录；通过滚动条或上一条、下一条选择原有记录进行修改或删除；单击"条件"按钮，输入查找条件后单击下一条，查找出符合条件的记录。

（2）排序。排序是根据某一列的数据顺序重新对行的位置进行调整。单击“数据”菜单中的“排序”或工具栏上快捷按钮，打开“排序”对话框，如图 3-14-3 所示。该对话框可选择按“主要关键字”、“次要关键字”和“第三关键字”进行排序，并且可以选择是按“递增”或是“递减”排序。

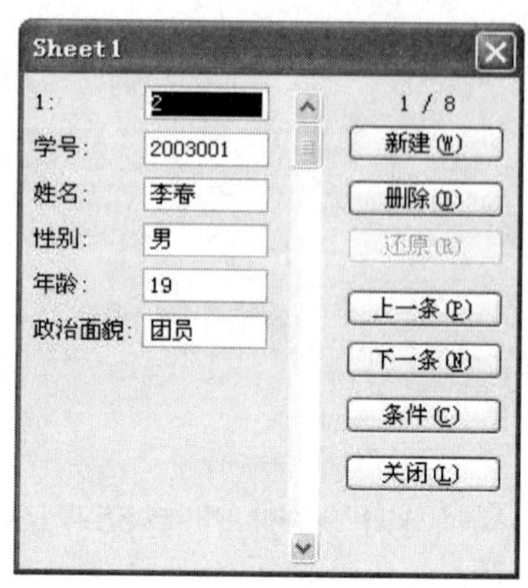

图 3-14-2　记录单

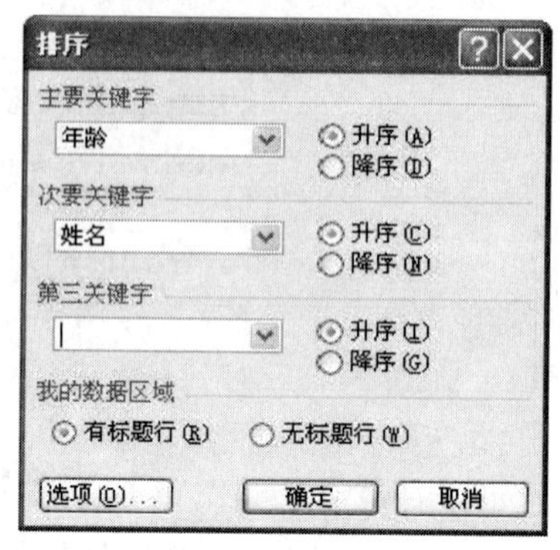

图 3-14-3　排序

（3）筛选。筛选是将满足条件的记录显示出来，而将不满足条件的记录暂时隐藏。单击数据清单中任一单元格后，选择“数据”菜单中“筛选”命令的子命令“自动筛选”，这时清单第一行出现一个下拉箭头，单击下拉箭头，选择筛选所需的条件，如图 3-14-4 所示。选择“政治面貌”为“党员”，将显示所有政治面貌为党员的学生记录。

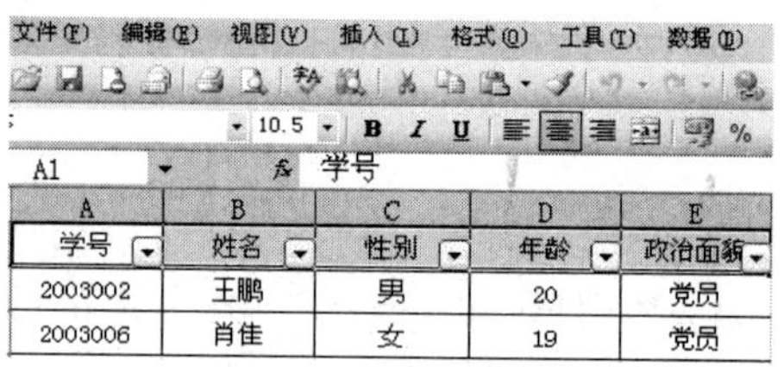

图 3-14-4　自动筛选

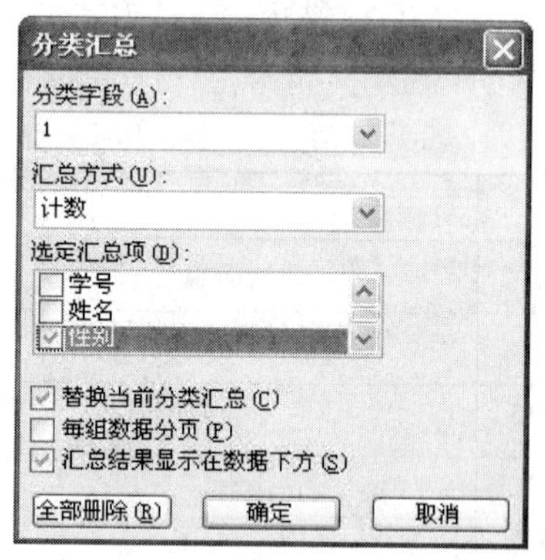

图 3-14-5　分类汇总

（4）分类汇总。要对数据清单进行分类汇总，首先要对需要汇总的列进行排序，然后单击“数据”菜单中“分类汇总”命令，打开分类汇总对话框，如图 3-14-5 所示。在“汇总方式”中选择求和、计数、平均值、最大值、最小值和乘积等某一种方式，例如选择计数，统计每个年龄的人数，单击确定即可。单击“全部删除”按钮，可删除分类汇总，恢复原始数据。

三、Excel 绘图功能

Excel 具有强大的绘制统计图表功能，可以绘制柱状图、条形图、折线图、饼图、散点图、面积图、圆形图、雷达图、曲面图、气泡图、股价图、圆锥图、棱锥图等，而且每一种类型又提供了几种不同的子类型，并利用图表向导可轻松完成。

下面以表 3-14-3 来说明利用图表向导绘制直方图（柱状图）的操作方法。

2001 年、2006 年河南省部分城市县道对比表　　表 3-14-3

A	B	C
城　　市	2001 年	2006 年
郑 州 市	861.2	931.4

续上表

A	B	C
开 封 市	630.4	691.2
洛 阳 市	1345.5	1488.3
平顶山市	765.2	1259.4
安 阳 市	536.4	667.2
鹤 壁 市	190	255.2

(1)选中数据区域 A2: C7,再单击“插入”菜单中的“图表”命令,打开“图表向导”。选择图表类型,如图 3-14-6 所示。

选择柱状图,并在子图表类型中根据提示查看图形示例并选择具体的图表类型,例如,可选择第一种类型。选定图表类型后,可单击“下一步”进入图表向导之二,选择图表数据源,如图 3-14-7 所示。

图 3-14-6　图片向导

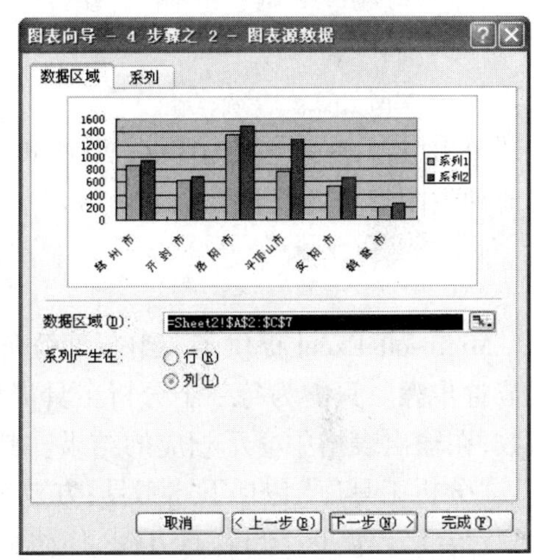

图 3-14-7　图表向导之二

(2)图表向导之二有两个选项卡,在“数据区域”选项卡中,“数据区域”列出了已选定的数据区域。“系列产生在”有“行”和“列”两个选项卡,如果选择“行”,则所绘图形的横轴按照列标题分组,柱状高度表示各行的数值;如果选择“列”,则所绘图形的横轴按照行标题分组,柱状高度表示各列的数值。本例选择“列”(即横轴按照行标题一、二、三…分组,柱状高度表示各列的数值即公路里程)。

在“系列”选项卡中,如图 3-14-8 所示,选中“系列 1”,在“名称”框中输入“2001 年”,即将“系列 1”改为“2001 年”并在图例中显示出来。照此可将“系列 2”改为“2006 年”。在“分类(x)轴标志”中也可以替换。

(3)单击“下一步”,进入图表向导之三,图表选项,如图 3-14-9 所示。在图表选项中共有标题、坐标轴、网格线、图例、数据标志、数据表等 6 个选项卡,在不同的选项卡中可以对图形进行不同的设置。比如在标题选项卡中分类(X)轴和数值(Y)轴可分别设为“2001,2006 年”和“公路里程(公里)”;在网格线选项卡中设置是否要网格线;在图例选项卡中设置是否显示图例以及图例所在的位置;在数据标志选项卡中设置是否显示值、数据标志;在数据表选项卡中设置是否显示数据表等。

(4)设置完成后，单击“下一步”，进入图表向导之四，图表位置，如图 3-14-10 所示。在此可选择是将图表作为新工作表插入还是将图表作为原工作表的对象插入。

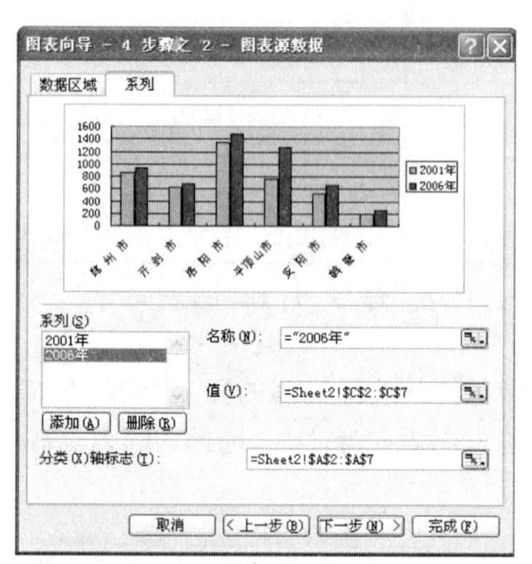

图 3-14-8 系列选项卡

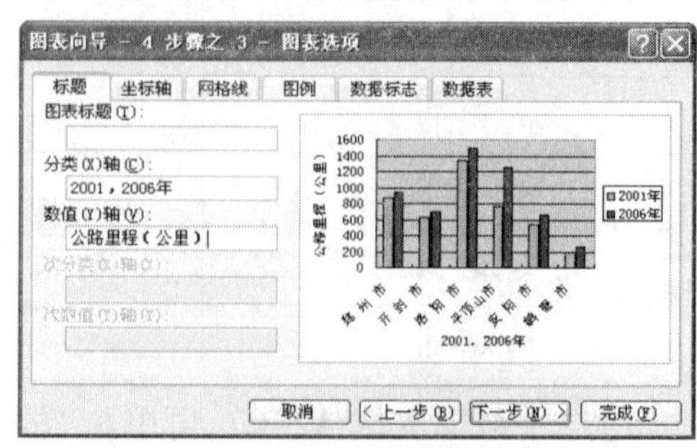

图3-14-9 图表向导之三

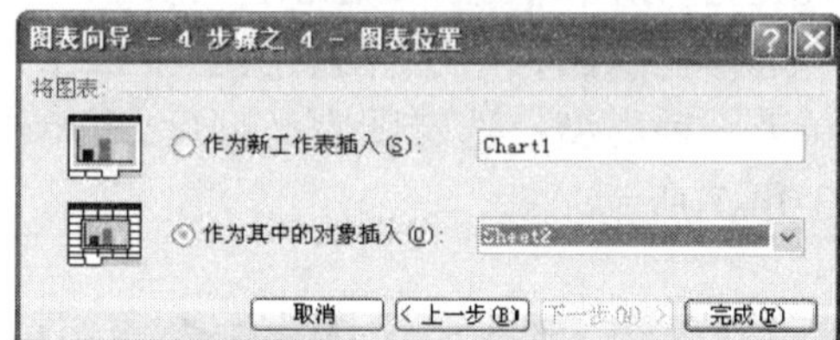

图 3-14-10 图表向导之四

单击“完成”，绘出 2001 年、2006 年河南省部分城市县道直方图，如图 3-14-11 所示。绘制其他种类图形与此操作类似。

四、分析工具库

Microsoft Excel 提供了一组数据分析工具，称为“分析工具库”，在建立复杂的统计分析时可节省步骤。只需为每一个分析工具提供必要的数据和参数，该工具就会使用适当的统计宏函数，在输出表格中显示相应的结果。其中有些工具在生成输出表格时还能同时生成图表。

“分析工具库”包括下述工具：方差分析、相关系数、协方差、描述统计、指数平滑、双样本 F 检验分析、傅利叶分析、直方图、移动平均、随机数发生器、排位与百分比排位、回归分析、抽样分析、t 检验、Z 检验。若要使用这些工具，单击“工具”菜单中的“数析”命令，在“数据分析”对话框中选择相应分析工具即可，如图 3-14-12 所示。

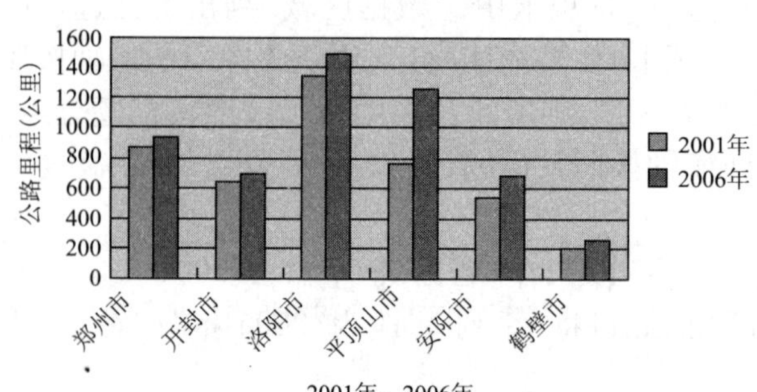

图 3-14-11 2001 年、2006 年河南省部分城市县道直方图

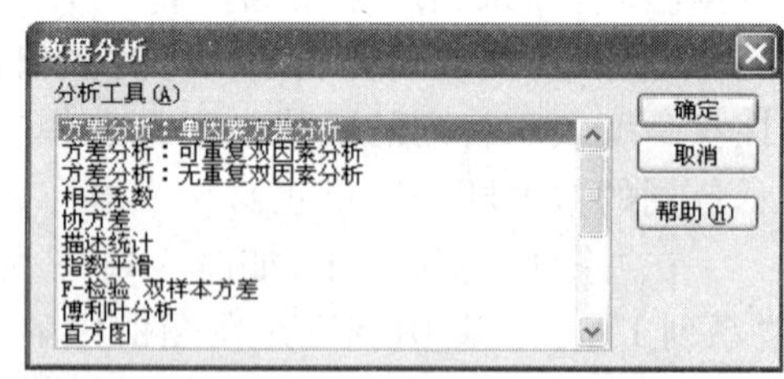

图 3-14-12 数据分析

如果“工具”菜单中没有显示“数据分析”命令，则需要装载“分析工具库”；单击“工具”菜单中“加载宏”，打开加载宏对话框，复选框“分析工具库”即可，如图 3-14-13 所示。

(1)方差分析。Anova 分析工具提供了几种方差分析工具：单因素方差分析、可重复双因素方差分析和无重复双因素方差分析。具体使用哪一种工具则根据因素的个数以及待检验样本总体中所含样本的个数而定。

(2)相关系数。相关系数分析工具可用于度量两组数据集(可以使用不同的度量单位)之间的关系。即使用相关系数分析工具来确定两个区域中数据的变化是否相关:一个集合的较大数据是否与另一个集合的较大数据相对应(正相关);或者一个集合的较小数据是否与另一个集合的较大的数据对应(负相关);还是两个集合中的数据互不相关(相关性接近零)。

(3)协方差。协方差用于度量两个区域中数据的关系,返回各数据点与其各自的平均值之间的偏差乘积的平均值。协方差分析工具也是确定两个区域中数据的变化是否相关的。

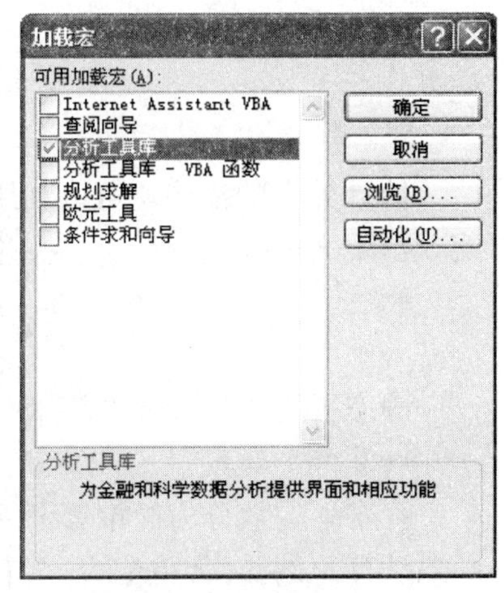

图 3-14-13　加载宏

(4)描述统计。描述统计分析工具用于生成数据源区域中数据的单位变量统计分析报表,提供有关数据趋中性和易变性的信息。

(5)指数平滑。指数平滑分析工具用于基于前期预测值导出相应的新预测值,并修正前期预测值的误差。此工具将使用平滑常数,其大小决定了本次预测对前期预测误差的修正程度。

(6)双样本 F 检验方差分析。工具通过双样本 F 检验,对两个样本总体的方差进行比较。

(7)傅利叶分析。傅利叶分析工具可以解决线性系统问题,并能通过快速傅利叶变换(FFT)进行数据变换来分析周期性的数据。此工具也支持逆变换,即通过对变换后的数据的逆变换返回初始数据。

(8)直方图。直方图分析工具可计算数据单元格区域和数据接收区间的单个和累积频率。此工具可用于统计数据集中某个数据出现的次数。

(9)移动平均。移动平均分析工具可以基于特定的过去某段时期中变量的平均值,对未来值进行预测。移动平均值提供了由所有历史数据的简单的平均值所代表的趋势信息。

(10)随机数发生器。随机数发生器分析工具可按照用户指定的分布,在工作表特定的区域中生成一系列独立的随机数字,可以通过概率分布来表示总体中的主体特征。例如,可以使用正态分布来表示人体身高的总体特征,或者使用双值输出的伯努利分布来表示掷币实验结果的总体特征。

(11)排位与百分比排位。排位与百分比排位分析工具可以产生一个数据表,对数据集中的各个数值进行顺序排位和百分比排位。该工具用来分析数据集中各数值间的相对位置关系。

(12)回归分析。回归分析工具通过对一组观察值使用“最小二乘法”进行线性回归分析。此工具可用来分析单个因变量是如何受一个或几个自变量影响的。

(13)抽样分析。抽样分析工具以数据源区域为总体,为其创建一个样本。当总体太大而不能进行处理或绘制时,可以选用具有代表性的样本。如果确认数据源区域中的数据是周期性的,还可以对一个周期中特定时间段中的数值进行采样。

(14)t 检验。t 检验分析工具可检验各种样本总体的平均值。

(15)Z 检验。Z 检验分析工具可以进行方差已知的双样本平均值 Z 检验,检验两个总体平均值之间是否存在差异。

第二节　Excel 在描述统计中的应用

统计数据的描述均可以利用 Excel 中提供的有关统计函数和公式或描述统计分析工具来完成。下面就描述统计里有关静态平均指标、标志变异指标如何在 Excel 中实现加以说明。

一、静态平均指标

静态平均指标主要有算术平均数、调和平均数、位置平均数(众数、中位数)等。

1. 算术平均数

算术平均数分为简单算术平均数和加权算术平均数。简单算术平均数可利用 AVERAGE 函数计算。例如,某单位 10 名管理人员的月工资(单位:元)分别为:2120、2200、3100、2650、2100、2330、2560、3530、3840、3620,则平均工资的计算过程为:

首先,将这 10 名管理人员的月工资输入 Al ~ A10 单元格内。然后,单击任一空单元格,输入"= AVERAGE(A1:A10)",回车确定即可得到月平均工资 2805(元/人)。

加权算术平均数,首先列出计算表,然后利用公式计算。现以表 3-14-6 河南省 2006 年各省辖市公路局管养里程为例,说明其操作方法。

首先,将分组资料输入。例如,*A*、*B* 两列,填写组中值(*C* 列),见表 3-14-4 所列。

河南省 2006 年各省辖市公路局管养里程统计表　　表 3-14-4

A	B	C	D
里程(km)	单位数(*F*)	组中值(*X*)	*XF*
500 以下	3	350	1050
500 ~ 800	4	650	2600
800 ~ 1100	5	950	4750
1100 ~ 1400	1	1250	1250
1400 ~ 1700	3	1550	4650
1700 ~ 2000	1	1850	1850
2000 以上	1	2150	2150
合计	18	—	18300

然后,计算各组公路里程,并求出总里程。单击 D2 单元格,输入"= C2 * B2",回车确定。利用填充柄功能,即鼠标指向 D2 单元格右下角小黑方块,鼠标指针变为黑"+"字时,按下左键,并向下拖曳至 D8 单元格后松开,得出各组总里程。接着,单击 D9 单元格,并输入"=SUM(D2:D8)"计算出总里程,并利用填充柄功能,计算出总单位数(B9 单元格)。

最后单击任一空单元格,输入"= D9/B9",确定后即得出各省辖市公路局的平均里程是 1016.667。

注:SUM 是求和函数。

2. 调和平均数

简单调和平均数可以用 HARMEAN 函数计算。例如,买同一种菜,分 3 次买,各买 1 元,每次价格不同,分别为 0.6 元/斤、0.4 元/斤、0.5 元/斤,则可先单击任一单元格,再输入"=

HARMEAN(0.6,0.4,0.5)”,确定后,便得到3次购买的平均价格0.49元。

加权调和平均数可列表按照公式计算。例如,有一加权调和平均数计算资料,将金额和价格输入后,见表3-14-5所列。

金额和价格资料 表3-14-5

A	B	C	D
购买次数	金额	价格	金额/价格
1	10	2	5
2	37	1.85	20
3	27	1.80	15
合计	74	—	40

下面先计算购买量:单击D2单元格,输入“ = B2/C2”得出一次购买量5,并利用填充柄功能计算出第2、第3次购买量。然后单击D5单元格,输入“ = SUM(D2:D4)”求出购买总量,利用填充柄功能,计算出总金额,最后单击任一空格单元格,输入“ = B5/D5”,即得出平均价格1.85元。

二、标志变异指标

标志变异指标有全距、平均差、标准差和变异系数。

1.全距

如果数据排序后,那么最大标志值和最小标志值自然就显示出来,全距就容易求出。如果数据没有排序,可用MAX和MIN函数求得最大标志值和最小标志值来计算全距。

2.平均差

现仍以河南省2006年各省辖市公路局管养里程资料为例,说明平均差的计算。原始数据输入Excel(*A*、*B*两列)后,在*C*列填入组中值,见表3-14-6所列。

河南省2006年各省辖市公路局管养里程资料 表3-14-6

A	B	C	D	E	F
里程(公里)	单位数f	组中值x	$x \cdot f$	$\lvert x-\bar{x} \rvert$	$\lvert x-\bar{x} \rvert \cdot f$
500以下	3	350	1050	667	2000
500~800	4	650	2600	367	1467
800~1100	5	950	4750	67	333
1100~1400	1	1250	1250	233	233
1400~1700	3	1550	4650	533	1600
1700~2000	1	1850	1850	833	833
2000以上	1	2150	2150	1133	1133
合计	18	1017	18300	3833	7600

下面计算*D*、*E*、*F* 3列。单击D2,输入“ = B2 * C2”并用填充柄计算D3-D8,然后在D9单元格输入“ = SUM(D2:D6)”;在C9单元格中存放平均里程,输入“ = D9/B9”保留整数得1017(公里)。

单击 E2,输入“ = ABS(C2-$C$9)”(ABS 为求绝对值函数),并用填充柄计算 E3-E8;单击 F2,输入“ = E2 * B2”并用填充柄计算 F3-F8,最后利用填充柄计算 F9 即合计数;最后,单击一空单元格,输入“ = F9/B9”,即得平均差 422.22。

注:$C$9 中$为绝对引用符号。

3. 标准差

在 Excel 中,对于未分组的资料,可直接用统计函数 STDEVP 计算标准差;对于已分组的资料,由于各组权数不同,计算时必须加权计算。其操作过程和上例求平均差类似,在计算 E 列时,输入“ =POWER(C2-1017,2)”或输入“ =(C2-1017) * (C2-1017)”(1017 也可用$C$9 标识)即可计算$(x-\bar{x})$的平方项。

注:POWER 是幂函数。

4. 标志变异系数

标准差除以算术平均数得到标志变异系数,因此,要计算标志变异系数,可先按照上述方法计算算术平均数和标准差,再计算标志变异系数。

第三节 Excel 在抽样推断中的应用

一、区 间 估 计

利用 Excel 提供的有关统计函数,可以对总体平均数进行区间估计。现以表 3-14-7 为例,假定要求在 95% 的概率保证程度下,对该企业工人的平均日产量进行估计。

20 个工人日产量分组资料 表 3-14-7

A	B	C	D	E	F	G
日产量(件)	x	工人数f	$x \cdot f$	$x-\bar{x}$	$(x-\bar{x})^2$	$(x-\bar{x})^2 \cdot f$
20 ~ 30	25	1	25	-16	256	256
30 ~ 40	35	8	280	-6	36	288
40 ~ 50	45	9	405	4	16	144
50 ~ 60	55	2	110	14	196	392
合计		20	820			1080

注:$\bar{x}$ = D6/C6 = 41。

首先参阅本章第二节操作方法,计算出样本平均数和标准差(假定它们分别放在 H1、H2 单元格内)。再计算样本平均误差:单击 H3,输入“H2/SQRT(20)”。

利用函数 NORMINV 计算平均日产量的上限和下限。下面使用函数对话框方式使用函数。单击 H4 单元格,选择“插入”菜单中“函数”命令,打开选择函数对话框,如图 3-14-14 所示。

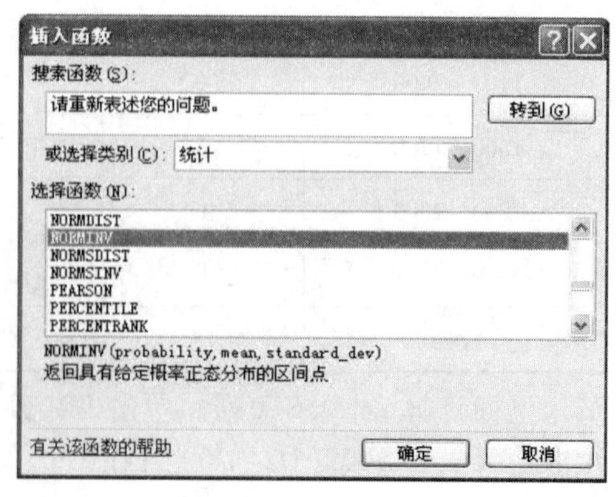

图 3-14-14 插入函数

在“函数分类”中选择“统计”类别,在“函数名”栏内选择“NORMINV 函数”,单击确定,打开 NORM-

INV 函数设置对话框,如图 3-14-15 所示。

本例中,给定的概率保证程度为 95%,因此在进行 NORMINV 函数参数设置时,Probability 项要输入“0.95 + (1 -0.95)/ 2”即 0.975;在 Mean 和 Standard_dev 项内输入样本平均数和样本平均误差,即 H1、H3,确定后计算出样本平均数的上限 44.22。

在 Probability 项中输入“(1 -0.95)/2”即 0.025,计算出样本平均数的下限 37.78。如图 3-14-16 所示。

样本平均数的上限和下限分别为 44 和 38。

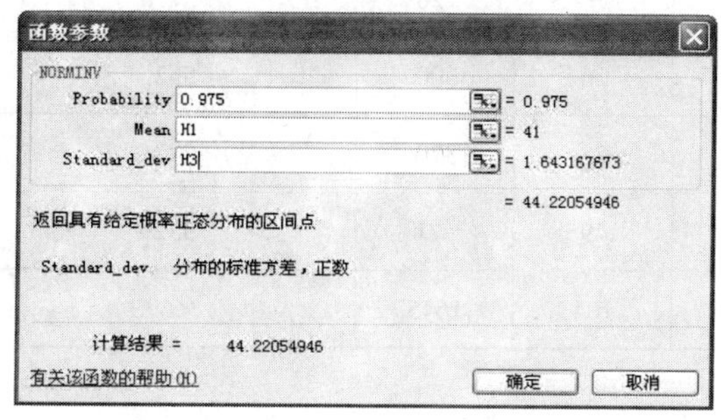

图 3-14-15 NORMINV 函数

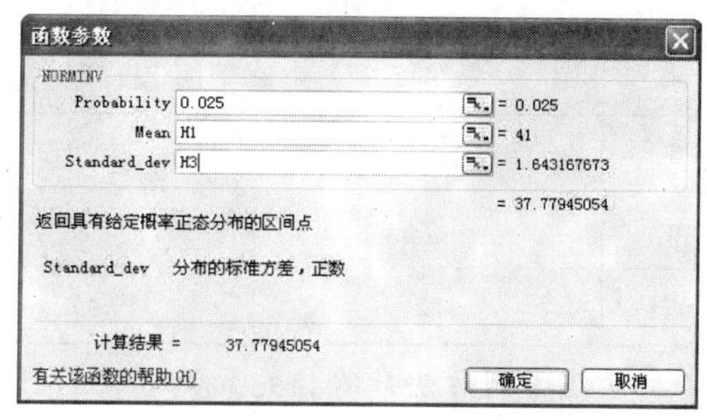

图 3-14-16 样本平均数的下限

二、随 机 数

Excel 提供了随机数产生器工具,可用来产生基于均匀分布、正态分布、二项分布、泊松分布以及一般离散型分布的随机数。例如,对于编号 1 ~ 100 的总体进行抽样,样本容量为 30,就可以使用随机数产生器产生 1 ~ 100 间的 30 个随机数。在 *A* 列输入 1 ~ 100(可用填充柄填充),在 *B* 列输入 *A* 列对应数字的概率(本例是随机抽样,均输入 0.01)。单击“工具”菜单“数据分析”命令,打开“随机数发生器”对话框,如图 3-14-17 所示。

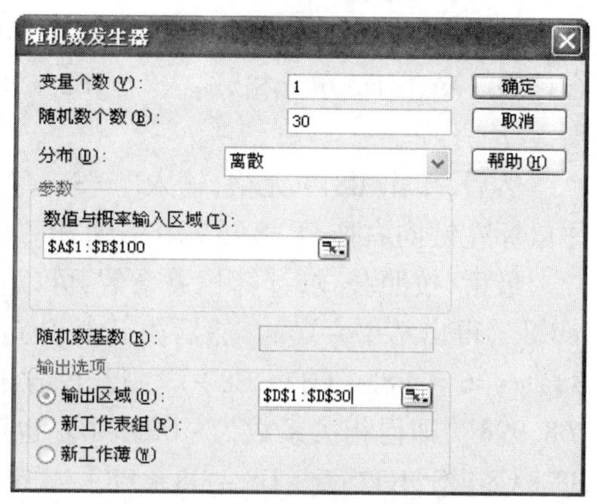

图 3-14-17 随即数发生器

变量个数:指定输出表中数值列的个数,例如 1,表示产生一套 30 个随机数。

数值与概率输入区域:输入“$ A $ 1 : $ B $ 100”,*A* 列是数值,*B* 列是对应的概率。

输出选项:指定随机数放置的位置。

确定后即可产生 30 个随机数。

第四节 Excel 在相关与回归分析中的应用

一、相关系数的计算

利用 Excel 计算相关系数,即可以按照相关系数公式使用常规方法计算,也可使用 CORREL 函数或相关系数分析工具计算。现以表 3-14-8 生产同类产品的 6 个企业的月产量和单位成本资料，说明月产量与单位成本之间的相关系数如何利用 Excel 进行计算。

月产量和单位成本间相关系数计算表 表 3-14-8

A	B	C	D	E	F
序号	月产量 x(百件)	单位成本 y(元)	x^2	xy	y^2
1	1	80	1	80	6400
2	2	78	4	156	6084
3	3	76	9	228	5776
4	4	75	16	300	5625
5	5	74	25	370	5476
6	7	73	49	511	5329
合计	22	456	104	1645	34690

1. 使用常规方法计算相关系数

使用常规方法就是利用公式：

$$r = \frac{n\sum xy - (\sum x)(\sum y)}{\sqrt{n\sum x^2 - (\sum x)^2} \cdot \sqrt{n\sum y^2 - (\sum y)^2}}$$

来计算相关系数。

首先，将数据输入 Excel 中，例如表 3-14-8 中 B、C 两列，然后计算相关系数所需要的各项合计数。单击 D2 单元格，输入“ = B2 * B2”，并利用填充柄功能，计算 D 列。类此，可以计算出 E、F 两列。

然后，单击 B8 单元格，输入“ =SUM(B2: B7)”，求出 B 列合计数，并利用填充柄功能，按住鼠标左键向右拖至 F8 单元格计算出 C、D、E、F 各列的合计数。

最后，按照公式，计算相关系数，可以首先计算分子，单击任一空单元格，输入“6 * E8 - B8 * C8”，得出结果 -162。然后再计算分母，单击另一单元格，输入“ =SQRT((6 * D8 - B8 * B8) * (6 * F8 - C8 * C8))”，得出结果 168.998。然后单击一单元格输入“ = -162/168.998”，即得相关系数为 -0.9586。也可将分子分母合成一个式子计算，输入“ =(6 * E8 - B8 * C8)/SQRT((6 * D8 - B8 * B8) * (6 * F8 - C8 * C8))”。

2. 用 CORREL 函数计算相关系数

单击“插入”菜单里的“函数”命令，选择函数类别“统计”里的“CORREL 函数”，打开相关系数函数 CORREL 对话框，如图 3-14-18 所示。

在 Array1、Array2 里分别输入两列数据所在区域“B2: B7”和“C2: C7”，即可求得相关系数 -0.9586。

3. 利用相关系数分析工具计算

单击“工具”菜单中“数据分析”命令，选择相关系数分析工具，如图 3-14-19 所示。

在输入区域内输入“$B$2:$C$7”，分组方式需要指出数据是按列还是按行排列。如果输入数据区域第一行中包含标志项，选中“标志位于第一行”。

在输出选项中，选择结果放置位置，是在原工作表、新工作表还是新工作簿中。

设置完成单击“确定”，得到变量间的相关系数，见表 3-14-9 所列。

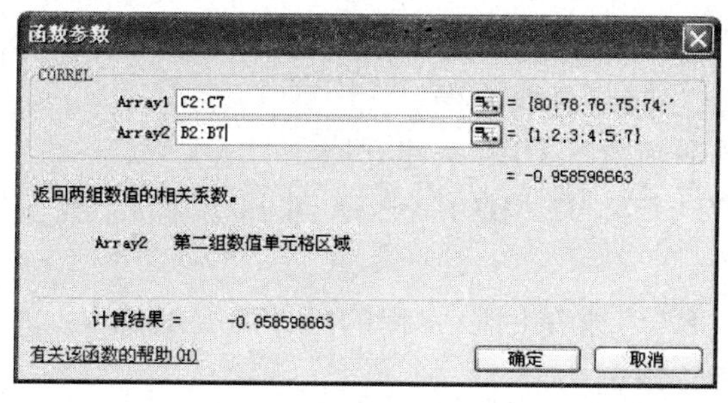

图 3-14-18　相关函数 CORREL

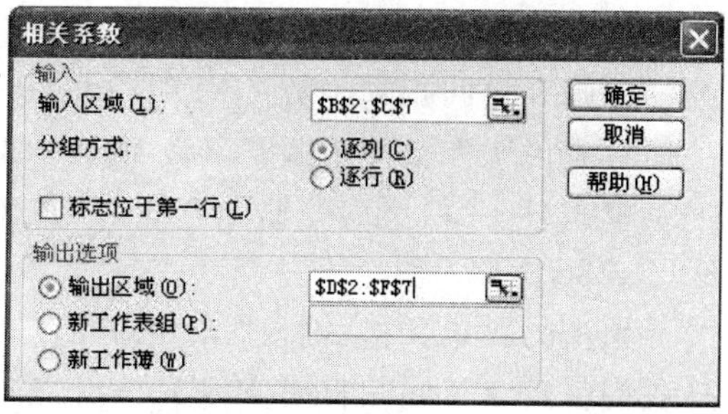

图 3-14-19　相关系数分析工具

月产量和单位成本间相关系数计算结果　　表 3-14-9

A	B	C	D	E	F
序号	月产量 x(百件)	单位成本 y(元)	x^2	xy	y^2
1	1	80		列 1	列 2
2	2	78	列 1	1	
3	3	76	列 2	-0.9586	1
4	4	75			
5	5	74			
6	7	73			
合计	22	456			

利用相关系数分析工具可进行多个变量间的相关系数的计算。

若取得的资料是分组资料，只有利用常规方法，相应的利用公式：

$$r=\frac{\sum f\sum xyf-(\sum xf)(\sum yf)}{\sqrt{\sum f\sum x^2f-(\sum xf)^2}\cdot\sqrt{\sum f\sum y^2f-(\sum yf)^2}}$$

来计算相关系数，其操作过程与未分组资料类似。

二、一元线性回归分析

在 Excel 中拟合回归直线，可使用常规方法，建立回归直线方程。也可以使用回归函数或回归分析工具来建立回归方程。

现仍以表 3-14-8 生产同类产品的 6 个企业的月产量和单位成本资料说明一元线性回归分析方法。

1. 用常规方法建立回归直线方程

通过公式：

$$b=\frac{n\sum xy-\sum x\sum y}{n\sum x^2-(\sum x)^2}$$

$$a=\bar{y}-b_{\bar{x}}$$

求得参数 a、b 的值，其操作的方法与计算相关系数相同，不再具体说明。

2. 用统计函数建立回归直线方程

Excel 提供了一个求截距的函数 INTERCEPT 和一个求斜率的函数 SLOPE，这样用这两个函数可以建立回归直线方程；另外，Excel 还提供了一个既能用于一元线性回归，又能用于多元线性回归和自回归的函数 LINEST，也可以用它来建立回归直线方程。

首先说明如何使用截距函数 INTERCEPT 和斜率函数 SLOPE 来建立回归方程。

单击任一单元格，输入“= INTERCEPT(C2: C7, B2: B7)”求得回归方程的截距 80.24286。

单击另一单元格，输入“= SLOPE(C2: C7, B2: B7)”求得回归方程的斜率 -1.15714。这样我们就建立了回归直线方程 $Y_C = 80.24286 - 1.15714x$。

下面说明如何使用 LINEST 函数来建立回归直线方程。

在 LINEST 函数中，回归方程的表达式与常规不同，是用 $y = mx + b$ 的形式来表示的，而且给出的结果除斜率和截距外，还给出估计标准误差等数值，并以数组的形式给出。具体操作如下：

首先，选定 2 列 5 行作为放置计算结果的单元格区域，例如选定 D2：E6。然后单击“插入”菜单中的“函数”命令，选择函数类别“统计”里的“LINEST 函数”，打开回归函数 LINEST，如图 3-14-20 所示。

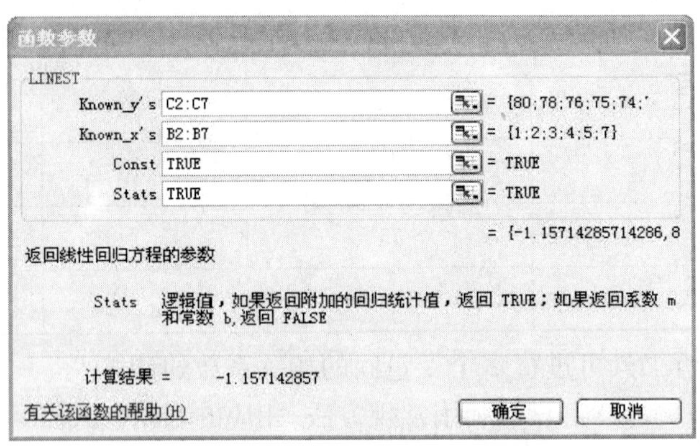

图 3-14-20 回归函数 LINEST

在 known_y's 里输入因变量数据所在区域“C2: C7”，在 known_ x's 里输入自变量数据所在区域“B2: B7”。

Const 栏内要输入逻辑值，用以指定是否要强制常数 $b=0$。如果输入“TRUE”，或忽略，则给出正常 B 值，如果输入“FALSE”，则给出 $B=0$。我们输入“TURE”。

Stats 栏内也要输入逻辑值，如果要给出附加的回归统计值，则输入“TRUE”，如果只需给出斜率和截距，则输入“FALSE”；我们输入“TURE”。

输入后，按 Ctrl + Shift + Enter 组合键，则计算结果计入选定的区域，见表 3-14-10 所列。

LINEST 函数输出结果 表 3-14-10

A	B	C	D	E
序号	月产量 x（百件）	单位成本 y（元）		
1	1	80	-1.1571429	80.24285714
2	2	78	0.1718744	0.715570274
3	3	76	0.9189076	0.830232325
4	4	75	45.326425	4

续上表

A	B	C	D	E
序号	月产量 x(百件)	单位成本 y(元)		
5	5	74	31.242857	2.757142857
6	7	73		
合计	22	456		

其中,D 列和 E 列中 2 行分别为斜率和截距;第 3 行分别为斜率和截距的标准差;第 4 行分别为判定系数和估计标准误差;第 5 行分别为 F 统计量和自由度;第 6 行分别为回归平方和和剩余平方和。这些数据用于回归直线拟合度和显著性的检验。

LINEST 函数可用于多元线性分析,在 known_x's 里输入多变量数据所在区域,其他项不变。

3. 利用回归分析工具进行回归分析

单击“工具”菜单中“数据分析”命令,打开“回归”工具参数设置对话框,如图 3-14-21 所示。

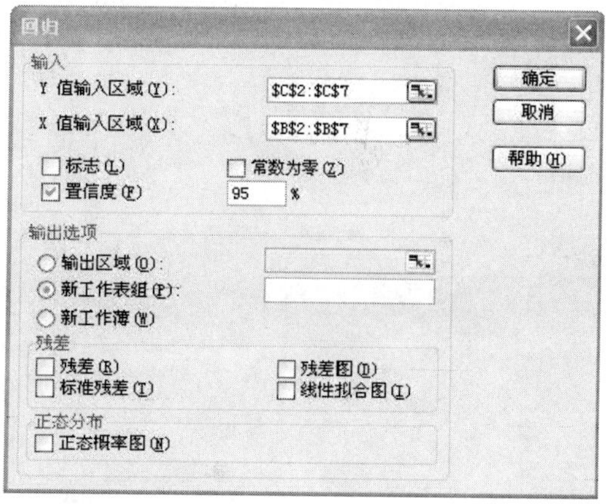

Y 值输入区域:输入对因变量数据区域的引用。X 值输入区域:输入对自变量数据区域的引用。

标志:如果输入区域的第一行或第一列包含标志,要选中此复选框。如果在输入区域中没有标志,要清除此复选框,Excel 将在输出表中生成适宜的数据标志。

常数为零:如果要强制回归线经过原点,可选中此复选框。

图 3-14-21　回归工具

置信度:如果需要在汇总输出表中包含附加的置信度信息,可选中此复选框并在右侧的框中,输入所要使用的置信度。默认值为 95%。

输出区域:在此输入结果输出表放置位置。

新工作表:单击此选项可在当前工作簿中插入新工作表,并在新工作表的 A1 单元格开始粘贴计算结果。

新工作簿:单击此选项可创建一新工作簿,并在新工作簿的新工作表中粘贴计算结果。

残差:如果需要在残差输出表中包含残差,可选中此复选框。

标准残差:如果需要在残差输出表中包含标准残差,可选中此复选框。

残差图:如果需要为每个自变量及其残差生成一张图表,可选中此复选框。

线性拟合图:如果需要为预测值和观察值生成一张图表,可选中此复选框。

正态概率图:如果需要生成一张图表来绘制正态概率,可选中此复选框。

设置完毕后,单击确定,得到回归分析结果,见表 3-14-11 所列。

分析结果说明:第一部分是回归统计;第二部分是方差分析结果;第三部分是回归方程的截距、斜率的估计值、估计标准误差、t 统计量值、t 统计量的双尾概率及估计置信限。由此可知,回归方程为:$Y = 80.24286 - 1.15714x$。

对于非线性回归分析,可进行线性化后,利用函数或回归分析工具进行回归分析,建立回归方程。

回归分析结果 表 3-14-11

回 归 统 计	
Multiple R	0.958596663
R Square	0.918907563
Adjusted R Square	0.898634454
标准误差	0.830232325
观测值	6

方差分析

	df	SS	MS	F	Significance F
回归分析	1	31.2428571	31.2428571	45.3264249	0.002535867
残差	4	2.75714286	0.68928571		
总计	5	34			

	Coefficients	标准误差	t Stat	P – value	Lower 95%	Upper 95%	下限 95.0%	上限 95.0%
Intercept	80.24285714	0.71557027	112.138332	3.7923E – 08	78.25611556	82.2295987	78.2561156	82.2295987
X Variable 1	–1.157142857	0.17187442	–6.7324902	0.00253587	–1.63434275	–0.679943	–1.6343427	–0.679943

第五节　Excel 在时间数列分析中的应用

进行时间数列分析，要计算一系列的分析指标，可按照其计算方法，利用 Excel 提供的公式和函数，均可以方便地实现。下面我们主要介绍利用 Excel 进行现象趋势分析。

一、长期趋势的测定

长期趋势的测定方法主要有时距扩大法、移动平均法和最小二乘法。对于时距扩大法，可通过 SUM 函数（求和函数）方便求得，这里就不再举例说明。

1. *移动平均法*

在 Excel 中，移动平均法可使用移动平均工具进行。现以表 3-14-12 资料为例，进行 4 项、5 项平均。原始资料输入 Excel 后，见表 3-14-12 所示 *A*、*B* 两列。

移　动　平　均　　　　表 3-14-12

A	B	C	D	E
月份	产量	4 项移动平均		5 项移动平均
1	410			
2	420			
3	520	445		
4	430	455	450	446
5	450	477.5	466.25	466
6	510	480	478.75	488
7	530	472.5	476.25	464
8	400	487.5	480	480
9	510	482.5	485	488
10	490	490	486.25	498
11	560	525	507.5	500
12	540			

首先，进行 4 项移动平均。单击“工具”菜单中“数据分析”命令，选择“移动平均”工具，打开移动平均设置对话框，如图 3-14-22 所示。

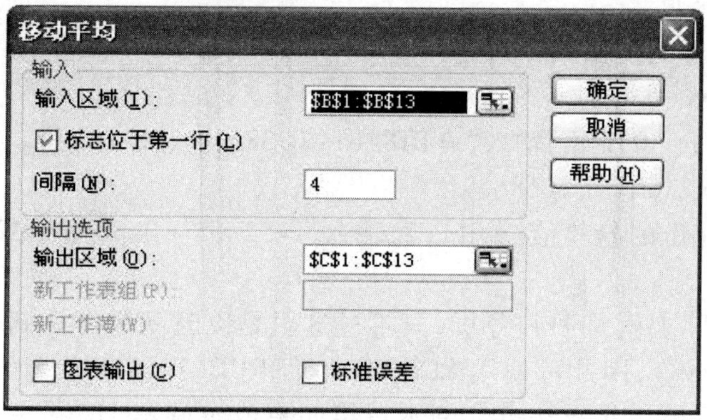

移动平均
输入
输入区域(I): $B$1:$B$13
☑ 标志位于第一行(L)
间隔(N): 4
输出选项
输出区域(O): $C$1:$C$13
新工作表组(P):
新工作薄(W)
☐ 图表输出(C)　☐ 标准误差
确定
取消
帮助(H)

图 3-14-22　移动平均

其次，在“输入区域”内输入数据所在区域“$B$1:$B$13”，“间隔”栏内输入“4”（再进行移动平均时输入“2”），“输出区域”栏内输入放置结果区域“$C$1:$C$13”，确定即可。

5 项移动平均与此类似。

2. 最小二乘法

利用最小二乘法可以对直线趋势进行测定，也可以对曲线趋势进行测定。

（1）直线趋势的测定。以表 3-14-13 资料为例，说明在 Excel 中如何运用最小二乘法来建立直线趋势方程。原始资料输入 Excel 后，见表 3-14-13 所列。

最 小 二 乘 法　　表 3-14-13

A	B	C	D	E
年号 t	产量 Y	t^2	$t \cdot Y$	Y_c
1	3	1	3	3.0368
2	2	4	4	3.4236
3	4	9	12	3.8104
4	5	16	20	4.1972
5	4	25	20	4.584
6	5	36	30	4.9708
7	6	49	42	5.3576
8	7	64	56	5.7444
9	6	81	54	6.1312
10	7	100	70	6.518
11	6	121	66	6.9048
12	8	144	96	7.2916
13	7	169	91	7.6784
14	8	196	112	8.0652
15	9	225	135	8.452
16	8	256	128	8.8388
136	95	1496	939	

计算 *C* 列。单击 C2，输入“ = A2 * A2”，并用填充柄功能计算 C3—C17，再计算 *D* 列，单击 *D*2，输入“ = *A*2 * *B*2”，并利用填充柄功能计算 *D*3—*D*17。然后计算合计，单击 *A*18，输入“ = *SUM*(*A*2: *A*17)”得 136，再次利用填充柄功能，计算 *B*、*C*、*D* 各列的合计数（即 18 行的值）。

下面计算参数 a、b。

先计算 b，单击任一单元格，输入“ = (D18 − A18 * B18/16)/(C18 − A18 * A18/16)”确定后即得 b 的值 0.3868。

再计算 a，单击任一单元格，输入“ = B18/16 − 0.3868 * A18/16”得 a 的值 2.65。于是，建立直线趋势方程：$y = 2.65 + 0.3868t$。

若计算各对应年份的趋势值，单击 E2，输入“ = 2.65 + 0.3868 * A2”，并用填充柄计算即可。

最小二乘法实际上就是回归分析，只不过这里是以时间为可控制变量（X），所分析的动态指标为因变量（Y），因此可使用 LINEST、INTERCEPT、SLOPE 等函数或回归分析工具来建立趋势方程，具体操作方法可参阅本章第四节或参阅本书第十一章公路通行费管理统计第四节。

(2)曲线趋势的测定。对于曲线趋势的测定，由于曲线的类型很多，下面只介绍指数曲线趋势的测定在 Excel 中如何实现。

在 Excel 中测定指数曲线趋势，可以用最小二乘法进行，也可以用 LOGEST 函数来进行。

现根据某市近 6 年的某种商品的销售量资料为例，说明如何通过 Excel 来建立指数曲线趋势方程。指数曲线方程形式为：$y = ab^t$，两边取对数为：$\lg y = \lg a + t \times \lg b$ 即可变形为 $Y = A + Bt$。现将原始数据输入 Excel，见表 3-14-14 所列。

利用最小二乘法进行指数曲线趋势测定 表 3-14-14

A	B	C	D	E	F
年份 t	销售量 y	$\lg y$	$t \cdot \lg y$	t^2	y_c
1	23	1.361727836	1.361727836	1	22.815
2	25.53	1.407050815	2.81410163	4	25.666875
3	28.85	1.460145817	4.380437452	9	28.8752344
4	32.31	1.509336958	6.037347832	16	32.4846387
5	36.83	1.566201719	7.831008594	25	36.5452185
6	41.25	1.615423953	9.692543717	36	41.1133708
21	187.77	8.919887098	32.11716706	91	

第一，最小二乘法。

首先，计算 C、D、E 3 列。单击 C2，输入“=LOG10(B2)”并用填充柄功能计算 C 列；单击 D2，输入“=A2 * C2”，并用填充柄功能计算 D 列；单击 E2，输入“= A2 * A2”，并用填充柄功能计算 E 列。

然后，求和。单击 E8，输入“= SUM(E2:E7)”并用填充柄计算各列合计数。

最后，单击任一单元格，输入“(D8-A8 * C8/6)/(E8-A8 * A8/6)”即得 $B(\lg b)$ 的值 0.0513；单击另一单元格，输入“=(C8-A8 * 0.0513)/6”即得 $A(\lg a)$ 的值 1.307。查反对数表或通过计数器可得：$a = 1.125$。

所以指数曲线方程为：$y = 20.28 \times 1.125^t$

若计算各对应年份的趋势值，单击 F2，输入“=20.28 * 1.125^A2”或“=20.28 * POWER(1.125,A2)”，并用填充柄计算即可。

第二，利用 LOGEST 函数来建立指数曲线趋势方程(Excel 中指数形式为 $y = bm^t$)。

首先，选定放置计算结果的位置。我们选定 D、E 两列 2～6 行，见表 3-14-15 所列。

利用 LOGEST 函数进行指数曲线测定 表 3-14-15

A	B	C	D	E
年份 t	销售量 y	预测值	附加回归统计值	
1	23	22.815	1.125354	20.28315
2	25.53	25.666875	0.00162	0.006308
3	28.85	28.8752344	0.999248	0.006776
4	32.31	32.4846387	5315.342	4
5	36.83	36.5452185	0.244075	0.000184
6	41.25	41.1133708		

然后打开“插入”菜单里 LOGEST 函数，进入 LOGEST 函数对话框，如图 3-14-23 所示。

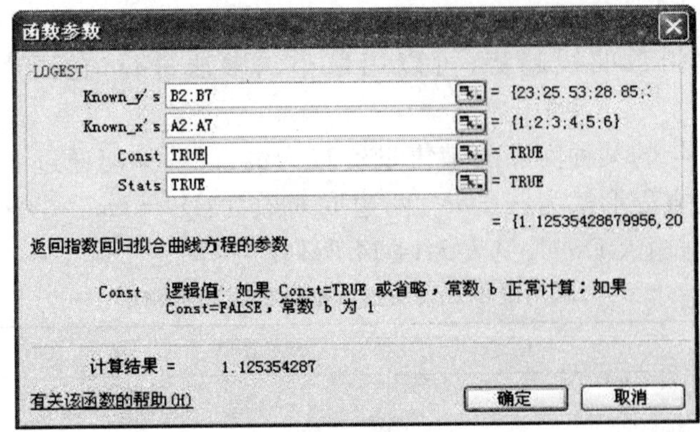

图 3-14-23　指数曲线函数 LOGEST

在 known_y's 中输入销售量数据所在区域“B2: B7”；在 known_x's 中输入年序所在区域“A2: A7”；在 Const 中如要正常计算 b 值，则输入“TRUE”，或省略，如要指定输出的 b 值为 1，则输入“FALSE”，本例输入“TRUE”；在 Stats 中，如要计算其他回归统计值，可输入“TRUE”，如要只计算 b 和 m，则输入“FALSE”，本例输入“TRUE”。

最后，按 Ctrl + Shift + Enter 组合键，计算结果自动计入选定的 D2: E6 单元格。其中，第 1 行（即 D2 和 E2 单元格）分别为回归系数 m 和常数 b；第 2 行（D3 和 E3）分别为回归系数 m 的标准差和常数 b 的标准差；第 3 行（D4 和 E4）分别为判定系数和估计标准差；第 4 行（D5 和 E5）分别为 F 统计量和自由度；第 5 行（D6 和 E6）分别为回归平方和和剩余平方和。

这样，我们就可以建立指数曲线方程：$y = 20.28 \times 1.125^t$。

根据所求指数曲线方程，可求得各年销售量的趋势值。单击 C2 单元格，输入“ =20.28 * 1.125^A2”，即得第一年的趋势值，再利用填充柄功能，计算其他各年的趋势值。

二、季节变动的测定

季节变动的测定方法主要有按月（季）平均法和移动平均趋势剔除法两种。

1. 按月（季）平均法

现以某预制厂 2005 ~2007 年的预制件销售量分季资料为例，说明在 Excel 中按月（季）平均法来测定季节变动趋势如何进行，见表 3-14-16 所列。

各季节销售量资料　　表 3-14-16

A	B	C	D	E	F	G
年度	一季度	二季度	三季度	四季度	合计	平均
2005	1.4	4.0	9.0	1.0	15.4	3.85
2006	1.6	6.1	10.2	1.4	19.3	4.825
2007	1.8	7.0	12.3	1.5	22.6	5.65
同季平均	1.6	5.7	10.5	1.3	19.1	4.775
季节比率	0.335	1.194	2.199	0.272	4.000	1.000

首先，计算 3 年的同年合计和同季平均。单击 F2，输入“ = SUM(B2: E2)”得 2005 年的合计数 15.4，并利用填充柄功能，计算 2006 年、2007 年的合计数；再单击 G2，输入“ = F2/4”并利用填充柄计算每季度的平均销售量。

然后，计算同季平均。可以单击 B5，输入"= SUM(B2: B4)/3"，并利用填充柄功能至 G5，计算出第 5 行，同季平均和总平均。

最后，计算季节比率。单击 B6，输入"= B5/4.775"，并利用填充柄功能计算各季的季节变动比率(6 行)。

计算出各季节变动比率后，可利用图表向导绘制出季节变动图。首先，选定季节变化比率所在区域"B6: E6"，然后，单击"插入"菜单"图表"命令，打开图表向导，在图表向导第一步中选择"折线图"的"子图表类型"中的第 4 种"数据点折线图"，再按照向导操作，完成后得到季节变动图，如图 3-14-24 所示。

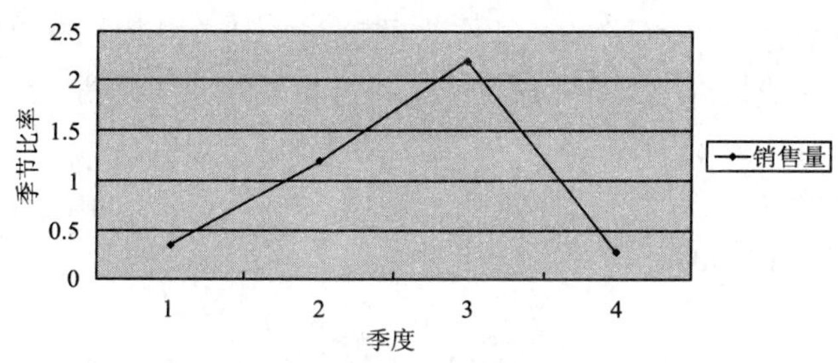

图 3-14-24　预制件销售量季节变化图

2. 移动平均趋势剔除法

这种方法是，首先列表对时间数列进行移动平均，作为相应时期的趋势值(T)，然后将原数列中的各期实际值(Y)除以对应的趋势值(T)，得出剔除长期趋势因素后的新数列(Y/T)，最后将新数列按照上例的形式列表并求出月(季)的季节比率。

第六节　Excel 在指数分析中的应用

Excel 中没有专门的函数来计算指数，但用一般的公式和函数计算也很方便。下面我们举例说明综合指数和平均数指数的计算方法以及如何利用指数体系进行因素分析。

一、综 合 指 数

综合指数又分为数量指标综合指数和质量指标综合指数。下面以某商场 3 种商品的价格及销售量资料为例，输入 Excel 后，见表 3-14-17 所列。

某石料厂三种石料的价格及销售量资料　　表 3-14-17

A	B	C	D	E	F	G	H	I	J
产品名称	计量单位	价格		销售量		销售额		假定销售额	
		基期 P_0	报告期 P_1	基期 q_0	报告期 q_1	基期 P_0q_0	报告期 P_1q_1	P_0q_1	P_1q_0
A	吨	1798	1458	700	650	1258600	947700	1168700	1020600
B	吨	3200	3600	500	550	1600000	1980000	1760000	1800000
C	吨	800	900	1000	1100	800000	990000	880000	90000
合计						3658600	3917700	3808700	3720600

单击 G3 单元格，输入"=C3 * E3"，并利用填充柄功能计算 G4 和 G5；H、I、J 列均可仿此计算；然后单击 G6 单元格，输入"= SUM(G3: G5)"，并利用填充柄功能，计算出 G、H、I、J 各

列的总销售额。

1. 数量指标综合指数的计算

数量指标综合指数就是以价格作为同度量因素(权数),来编制商品销售量指数,并反映销售量的变动情况。在一般情况下,同度量因素(价格)要固定在基期。因此,单击任一空单元格,输入"= I6/G6 * 100"得 104.103%,即商品销售量综合指数 K_q 为 104.103%,它说明了该商场 3 种商品总的销售量报告期比基期平均增长了 4.103%,而由于销售量的增长使商品销售额增加了(=I6 - G6)即 150100 元。

2. 质量指标综合指数的计算

质量指标综合指数就是以商品销售量作为同度量因素(权数),来编制价格指数,反映商品价格的变动情况。一般情况下,同度量因素(销售量)固定在报告期。因此,单击任一空单元格,输入"= H6/I6 * 100",得 102.862%,即商品价格综合指数 K_p 为 102.862%,它说明了该商场 3 种商品综合价格指数报告期比基期平均增长了 2.862%,由于价格的增长,使商品销售额增加了(=H6 - I6)109000 元。

3. 销售额指数

单击任一单元格,输入"=H6/G6 * 100",得 107.082%,即销售额指数为 107.082%。说明由于价格和销售量共同影响,使报告期销售额增长了 107.082%,共增加了 259100 元,它是由于销售量提高使销售额增加 150100 元和价格增长使销售额增加了 109000 元两个因素共同影响的结果。

二、平均指数

1. 加权算术平均指数

在一定条件下,根据基期同度量因素编制的数量指标综合指数可以变形为加权算术平均数指数。一般来说,加权算术平均数指数公式多用于计算数量指标指数。下面以表 3-14-18 资料为例,说明如何计算算术平均数指数。

算术平均数指数计算表 表 3-14-18

A	B	C	D	E	F	G
产品名称	计量单位	销售量		个体销售量指数 K_q(%)	销售额	
		基期 q_0	报告期 q_1		基期 P_0q_0	报告期 P_0q_1
A	吨	700	650	92.86	1258600	1168700
B	吨	500	550	110.00	1600000	1760000
C	吨	1000	1100	110.00	800000	880000
合计					3658600	3917700
		—				100.275

表 3-14-18 中,首先计算 E、G 两列:单击 E3 单元格,输入"=D3/C3";然后利用填充柄功能计算 E4、E5 的值;单击 G3,输入"= E3 * F3"并利用填充柄功能计算 G4、G5;最后计算合计数,单击 F6,输入"=SUM(F3:F5)"求出基期总销售量,并利用填充柄功能计算 G6。

单击任一空单元格,例如 G7,输入"= G6/F6 * 100",即得销售量的算术平均数指数为 104.103%。

2. 加权调和平均指数

在一定条件下,根据报告期同度量因素计算的质量指标综合指数可以变形为加权调和平均指数。一般来说,加权调和平均指数公式多用于计算质量指标指数。具体方法与加权算术平均数类似。

三、平均指标指数

现以某市公路部门各类职工年工资及职工人数资料为例,说明平均工资指数的编制操作方法。见表 3-14-19 所列。

平均指数计算表 表 3-14-19

A	B	C	D	E	F	G	H
职工分类	年平均工资(万元)		职工人数(人)		年工资总额(万元)		
	基期 X_0	报告期 X_1	基期 f_0	报告期 f_1	基期 X_0f_0	报告期 X_1f_1	假定数 X_0f_1
行政管理人员	1.5	1.51	600	510	900	770.1	765
专业技术人员	1.11	1.13	490	610	543.9	689.3	677.1
合计			1090	1110	1443.9	1459.4	1442.1
					可变	固定	构成
				指数	98.4	101.2	97.2
				绝对数	-220	150	-370

表 3-14-19 中,首先计算年工资总额,单击 F3,输入"= B3 * D3",并用填充柄功能计算 F4;单击 G3,输入"= C3 * E3",并用填充柄功能计算 G4;单击 H3,输入"= B3 * E3",并用填充柄功能计算 H4。然后计算合计数,单击 D5,输入"=SUM(D3:D4)"得 1090,并利用填充柄功能,计算 *E*、*F*、*G*、*H* 列的合计数。

可变构成指数(平均工资指数):单击一空单元格,例如 F7,输入"=(G5/E5)/(F5/D5) * 100"得 98.4%,说明总平均工资降低了 1.6%,每个职工平均降低了"=G5/E5 - F5/D5"220 元。而行政管理人员和专业技术人员的职工工资水平却都有所提高,分别增长"C3/B3 * 100 - 100"0.7% 和"C4/B4 * 100 - 100"1.8%。以下对此进行分析。

固定构成指数:单击一空单元格,例如 G7,输入"=(G5/E5)/(H5/E5) * 100",得 101.2%,这个指数说明,在假定各类职工结构固定在报告期的条件下,则此公路部门报告期的平均工资水平比基期提高 1.2%,对总平均工资的影响额为"=G5/E5 - H5/E5"150 元。

结构影响指数:单击一空单元格,输入"=(H5/E5)/(F5/D5) * 100",得 97.2%,这个指数说明,假定各类职工工资水平和基期一样没有变动,那么由于员工结构的影响,使该公路部门的平均工资水平下降 2.8%,影响的绝对额为"=H5/E5 - F5/D5"370 元。